浙江经济普查年鉴

Zhejiang Economic Census Yearbook

2013

第二产业卷（中册）

浙江省人民政府第三次经济普查领导小组办公室　编

中国统计出版社
China Statistics Press

图书在版编目（CIP）数据

浙江经济普查年鉴. 2013 / 浙江省人民政府第三次经济普查领导小组办公室编著. -- 北京 : 中国统计出版社, 2016.5
ISBN 978-7-5037-7770-7

Ⅰ. ①浙… Ⅱ. ①浙… Ⅲ. ①经济－普查－浙江省－2013－年鉴 Ⅳ. ①F127.55-54

中国版本图书馆 CIP 数据核字（2016）第 084697 号

浙江经济普查年鉴—2013/第二产业卷(中册)

作　　者/浙江省人民政府第三次经济普查领导小组办公室
责任编辑/王振宇　许立舫　冯燕玲
封面设计/黄俊杰　李雪燕
出版发行/中国统计出版社
通信地址/北京市丰台区西三环南路甲 6 号　邮政编码/100073
电　　话/邮购（010）63376909　书店（010）68783171
网　　址/http://www.zgtjcbs.com/
印　　刷/河北天普润印刷厂
经　　销/新华书店
开　　本/880mm×1230mm　1/16
字　　数/1276 千字
印　　张/40.5
版　　别/2016 年 5 月第 1 版
版　　次/2016 年 5 月第 1 次印刷
定　　价/1980.00 元（全七册附光盘）

本书附同版本 CD-ROM 一张，光盘内容以书面文字为准。
如有印装差错，由本社发行部调换。

第二产业卷　目录

（上册）

第一篇　工业

A. 全部工业

1-A-1　按轻重工业、规模、登记注册类型和控股情况分组的全部工业法人单位主要经济指标 ………… 2
1-A-2　按行业小类分组的全部工业法人单位主要经济指标 ………… 6
1-A-3　按地区分组的全部工业法人单位主要经济指标 ………… 60
1-A-4　按轻重工业、规模和登记注册类型分组的全部国有及国有控股工业法人单位主要经济指标 ………… 64
1-A-5　按行业小类分组的全部国有及国有控股工业法人单位主要经济指标 ………… 66
1-A-6　按地区分组的全部国有及国有控股工业法人单位主要经济指标 ………… 96
1-A-7　按轻重工业、规模、登记注册类型和控股情况分组的全部外商投资和港澳台投资工业法人单位主要经济指标 ………… 100
1-A-8　按行业小类分组的全部外商投资和港澳台投资工业法人单位主要经济指标 ………… 102
1-A-9　按地区分组的全部外商投资和港澳台投资工业法人单位主要经济指标 ………… 150
1-A-10　按轻重工业、规模、登记注册类型和控股情况分组的全部私营工业法人单位主要经济指标 ………… 154
1-A-11　按行业小类分组的全部私营工业法人单位主要经济指标 ………… 156
1-A-12　按地区分组的全部私营工业法人单位主要经济指标 ………… 208

B. 规模以上工业

1-B-1　按轻重工业、规模、登记注册类型和控股情况分组的规模以上工业法人单位数和总产值 ………… 212
1-B-2　按行业小类分组的规模以上工业法人单位数和总产值 ………… 213
1-B-3　按地区分组的规模以上工业法人单位数和总产值 ………… 238
1-B-4　按轻重工业、规模、登记注册类型和控股情况分组的规模以上工业法人单位财务状况 ………… 242
1-B-5　按行业小类分组的规模以上工业法人单位财务状况 ………… 248
1-B-6　按地区分组的规模以上工业法人单位财务状况 ………… 398
1-B-7　按轻重工业、规模和登记注册类型分组的规模以上国有及国有控股工业法人单位财务状况 ………… 416
1-B-8　按行业小类分组的规模以上国有及国有控股工业法人单位财务状况 ………… 422
1-B-9　按地区分组的规模以上国有及国有控股工业法人单位财务状况 ………… 488

1-B-10 按轻重工业、规模和登记注册类型分组的规模以上外商投资和港澳台投资工业法人单位财务状况 …… 506
1-B-11 按行业小类分组的规模以上外商投资和港澳台投资工业法人单位财务状况 …… 512
1-B-12 按地区分组的规模以上外商投资和港澳台投资工业法人单位财务状况 …… 638
1-B-13 按轻重工业、规模和登记注册类型分组的规模以上私营工业法人单位财务状况 …… 656

（中册）

1-B-14 按行业小类分组的规模以上私营工业法人单位财务状况 …… 662
1-B-15 按地区分组的规模以上私营工业法人单位财务状况 …… 806
1-B-16 按轻重工业、规模、登记注册类型分组的规模以上工业法人单位主要经济效益指标 …… 824
1-B-17 按行业小类分组的规模以上工业法人单位主要经济效益指标 …… 826
1-B-18 按地区分组的规模以上工业企业主要经济效益指标 …… 851
1-B-19 规模以上工业法人单位主要产品生产和销售情况 …… 852
1-B-20 按轻重工业、登记注册类型和控股情况分组的规模以上大型工业法人单位财务状况 …… 882
1-B-21 按行业小类分组的规模以上大型工业法人单位财务状况 …… 888
1-B-22 按地区分组的规模以上大型工业法人单位财务状况 …… 954
1-B-23 规模以上大型工业法人单位主要产品生产和销售情况 …… 972
1-B-24 按轻重工业、登记注册类型和控股情况分组的规模以上中型工业法人单位财务状况 …… 986
1-B-25 按行业小类分组的规模以上中型工业法人单位财务状况 …… 992
1-B-26 按地区分组的规模以上中型工业法人单位财务状况 …… 1106
1-B-27 规模以上中型工业法人单位主要产品生产和销售情况 …… 1124
1-B-28 按轻重工业、登记注册类型和控股情况分组的规模以上小微工业法人单位财务状况 …… 1144
1-B-29 按行业小类分组的规模以上小微工业法人单位财务状况 …… 1150

（下册）

1-B-30 按地区分组的规模以上小微工业法人单位财务状况 …… 1300
1-B-31 规模以上小微工业法人单位主要产品生产和销售情况 …… 1318
1-B-32 按轻重工业、规模、登记注册类型和控股情况分组的规模以上工业法人单位从业人员 …… 1346
1-B-33 按行业小类分组的规模以上工业法人单位从业人员 …… 1348
1-B-34 按地区分组的规模以上工业法人单位从业人员 …… 1398
1-B-35 按轻重工业、规模和登记注册类型分组的规模以上国有及国有控股工业人单位从业人员 …… 1404
1-B-36 按行业小类分组的规模以上国有及国有控股工业法人单位从业人员 …… 1406
1-B-37 按地区分组的规模以上国有及国有控股工业法人单位从业人员 …… 1426

1-B-38　按轻重工业、规模和登记注册类型分组的规模以上外商投资和港澳台投资工业法人单位从业人员……1432
1-B-39　按行业小类分组的规模以上外商投资和港澳台投资工业法人单位从业人员……1434
1-B-40　按地区分组的规模以上外商投资和港澳台投资工业法人单位从业人员……1476
1-B-41　按轻重工业、规模和登记注册类型分组的规模以上私营工业法人单位从业人员……1482
1-B-42　按行业小类分组的规模以上私营工业法人单位从业人员……1484
1-B-43　按地区分组的规模以上私营工业法人单位从业人员……1532
1-B-44　按轻重工业、规模、登记注册类型和控股情况分组的规模以上工业法人单位信息化情况……1538
1-B-45　按行业小类分组的规模以上工业法人单位信息化情况……1540
1-B-46　按地区分组的规模以上工业法人单位信息化情况……1590
1-B-47　按行业大类、地区分组的规模以上工业企业综合能源消费量……1593
1-B-48　按轻重工业、行业大类和能源品种分组的规模以上工业企业分品种能源消费量情况……1594
1-B-49　按能源品种分组的规模以上工业企业能源加工转换情况……1606

C. 规模以上工业企业科技活动

1-C-1　按轻重工业、规模、登记注册类型、隶属关系和控股情况分组的规模以上工业法人单位 R&D 活动情况……1608
1-C-2　按行业中类分组的规模以上工业法人单位 R&D 活动情况……1609
1-C-3　按地区分组的规模以上工业法人单位 R&D 活动情况……1617
1-C-4　按轻重工业、规模、登记注册类型、隶属关系和控股情况分组的规模以上工业法人单位科技活动人员情况……1620
1-C-5　按行业中类分组的规模以上工业法人单位科技活动人员情况……1622
1-C-6　按地区分组的规模以上工业法人单位科技活动人员情况……1629
1-C-7　按轻重工业、规模、登记注册类型、隶属关系和控股情况分组的规模以上工业法人单位科技活动经费情况……1632
1-C-8　按行业中类分组的规模以上工业法人单位科技活动经费情况……1634
1-C-9　按地区分组的规模以上工业法人单位科技活动经费情况……1648
1-C-10　按轻重工业、规模、登记注册类型、隶属关系和控股情况分组的规模以上工业法人单位科技项目情况……1654
1-C-11　按行业中类分组的规模以上工业法人单位科技项目情况……1656
1-C-12　按地区分组的规模以上工业法人单位科技项目情况……1663
1-C-13　按轻重工业、规模、登记注册类型、隶属关系和控股情况分组的规模以上工业法人单位办科技机构情况……1666
1-C-14　按行业中类分组的规模以上工业法人单位办科技机构情况……1668
1-C-15　按地区分组的规模以上工业法人单位办科技机构情况……1682
1-C-16　按轻重工业、规模、登记注册类型、隶属关系和控股情况分组的规模以上工业法人单位科技活动成果情况……1688
1-C-17　按行业中类分组的规模以上工业法人单位科技活动成果情况……1690
1-C-18　按地区分组的规模以上工业法人单位科技活动成果情况……1704
1-C-19　按轻重工业、规模、登记注册类型、隶属关系和控股情况分组的规模以上工业法人单位技术改造、技术获取及减免税情况……1710

1-C-20 按行业中类分组的规模以上工业法人单位技术改造、技术获取及减免税情况……1712
1-C-21 按地区分组的规模以上工业法人单位技术改造、技术获取及减免税情况……1726
1-C-22 按轻重工业、规模、登记注册类型、隶属关系和控股情况分组的规模以上大中型工业法人单位 R&D 活动情况……1729
1-C-23 按行业中类分组的规模以上大中型工业法人单位 R&D 活动情况……1730
1-C-24 按地区分组的规模以上大中型工业法人单位 R&D 活动情况……1737
1-C-25 按轻重工业、规模、登记注册类型、隶属关系和控股情况分组的规模以上大中型工业法人单位科技活动人员情况……1740
1-C-26 按行业中类分组的规模以上大中型工业法人单位科技活动人员情况……1741
1-C-27 按地区分组的规模以上大中型工业法人单位科技活动人员情况……1747
1-C-28 按轻重工业、规模、登记注册类型、隶属关系和控股情况分组的规模以上大中型工业法人单位科技活动经费情况……1750
1-C-29 按行业中类分组的规模以上大中型工业法人单位科技活动经费情况……1752
1-C-30 按地区分组的规模以上大中型工业法人单位科技活动经费情况……1764
1-C-31 按轻重工业、规模、登记注册类型、隶属关系和控股情况分组的规模以上大中型工业法人单位科技项目情况……1767
1-C-32 按行业中类分组的规模以上大中型工业法人单位科技项目情况……1768
1-C-33 按地区分组的规模以上大中型工业法人单位科技项目情况……1774
1-C-34 按轻重工业、规模、登记注册类型、隶属关系和控股情况分组的规模以上大中型工业法人单位办科技机构情况……1777
1-C-35 按行业中类分组的规模以上大中型工业法人单位办科技机构情况……1778
1-C-36 按地区分组的规模以上大中型工业法人单位办科技机构情况……1790
1-C-37 按轻重工业、规模、登记注册类型、隶属关系和控股情况分组的规模以上大中型工业法人单位科技活动成果情况……1796
1-C-38 按行业中类分组的规模以上大中型工业法人单位科技活动成果情况……1798
1-C-39 按地区分组的规模以上大中型工业法人单位科技活动成果情况……1810
1-C-40 按轻重工业、规模、登记注册类型、隶属关系和控股情况分组的规模以上大中型工业法人单位技术改造、技术获取及减免税情况……1816
1-C-41 按行业中类分组的规模以上大中型工业法人单位技术改造、技术获取及减免税情况……1818
1-C-42 按地区分组的规模以上大中型工业法人单位技术改造、技术获取及减免税情况……1830

第二篇 建筑业

A. 全部建筑业企业

2-A-1 按登记注册类型、隶属关系、资质等级、控股情况和行业小类分组的全部建筑业企业主要经济指标……1834
2-A-2 按地区分组的全部建筑业企业主要经济指标……1840

B. 联网直报总承包和专业承包建筑业企业

2-B-1 按登记注册类型、隶属关系、资质等级、控股情况和行业小类分组的总承包和专业承包建筑业企业财务状况……1846
2-B-2 按地区分组的总承包和专业承包建筑业企业财务状况……1864

2-B-3　按登记注册类型、隶属关系、资质等级、控股情况和行业小类分组的总承包和专业承包建筑业企业生产经营情况……1882
2-B-4　按地区分组的总承包和专业承包建筑业企业生产经营情况……1894
2-B-5　按登记注册类型、隶属关系、资质等级、控股情况和行业小类分组的总承包和专业承包建筑业企业在外省完成产值情况……1906
2-B-6　按地区分组的总承包和专业承包建筑业企业在外省完成产值情况……1914
2-B-7　按登记注册类型、隶属关系、资质等级、控股情况和行业小类分组的总承包和专业承包建筑业企业房屋竣工面积及价值……1926
2-B-8　按地区分组的总承包和专业承包建筑业企业房屋竣工面积及价值……1930
2-B-9　按登记注册类型、隶属关系、资质等级、总承包和专业承包控股情况、行业小类、人员类型和职业类型分组的 建筑业企业从业人员……1936
2-B-10　按地区分组的总承包和专业承包建筑业企业从业人员……1942
2-B-11　按登记注册类型、隶属关系、资质等级、控股情况和行业小类分组的总承包和专业承包建筑业企业信息化情况……1948
2-B-12　按地区分组的总承包和专业承包建筑业企业信息化情况……1954

C. 联网直报劳务分包建筑业企业

2-C-1　按登记注册类型、隶属关系、资质等级、控股情况和行业小类分组的劳务分包建筑业企业生产与财务状况……1960
2-C-2　按地区分组的劳务分包建筑业企业生产与财务状况……1968
2-C-3　按登记注册类型、隶属关系、资质等级、控股情况和行业小类分组的劳务分包建筑业企业从业人员……1980
2-C-4　按地区分组的劳务分包建筑业企业从业人员……1984
2-C-5　按登记注册类型、隶属关系、资质等级、控股情况和行业小类分组的劳务分包建筑业企业信息化情况……1990
2-C-6　按地区分组的劳务分包建筑业企业信息化情况……1994

D. 非联网直报建筑业企业

2-D-1　按登记注册类型、隶属关系、资质等级、控股情况和行业小类分组的非联网直报建筑业企业主要经济指标……2000
2-D-2　按地区分组的非联网直报建筑业企业主要经济指标……2006

1-B-14 按行业小类分组的规模

行业	单位数(个)	资产总计	流动资产合计	#应收账款	#存货	#产成品
总　计	**26440**	**226076323**	**144885948**	**40257101**	**31905514**	**14217459**
采矿业	**97**	**935028**	**461943**	**81350**	**64276**	**35035**
煤炭开采和洗选业	1					
褐煤开采洗选	1					
褐煤开采洗选	1					
黑色金属矿采选业	3	24816	18681	4118	4698	3853
铁矿采选	3	24816	18681	4118	4698	3853
铁矿采选	3	24816	18681	4118	4698	3853
有色金属矿采选业	15	221453	104072	12844	24435	17036
常用有色金属矿采选	7	141092	73041	11498	9218	5097
铜矿采选	2	56903	18078	2122	1859	1160
铅锌矿采选	5	84189	54963	9376	7359	3938
贵金属矿采选	1					
银矿采选	1					
稀有稀土金属矿采选	7	77365	30055	1346	14967	11719
钨钼矿采选	7	77365	30055	1346	14967	11719
非金属矿采选业	78	686486	337570	63615	34745	13749
土砂石开采	69	628007	304723	57301	27941	12693
石灰石、石膏开采	10	81091	38357	6693	3518	1816
建筑装饰用石开采	24	164126	79346	22988	9005	3902
耐火土石开采	14	80969	45748	12008	7964	4522
粘土及其他土砂石开采	21	301823	141272	15612	7453	2453
化学矿开采	1					
化学矿开采	1					
石棉及其他非金属矿采选	8	46698	23586	5791	4032	769
其他未列明非金属矿采选	8	46698	23586	5791	4032	769
制造业	**26275**	**223728744**	**143961821**	**40093147**	**31814203**	**14177309**
农副食品加工业	567	4163956	2531214	561226	840111	485172
谷物磨制	38	170635	116455	28350	29679	14045
谷物磨制	38	170635	116455	28350	29679	14045

以上私营工业法人单位财务状况

单位：万元

固定资产合计	固定资产原价	累计折旧	#本年折旧	在建工程(个)	负债合计	流动负债合计	#应付账款	所有者权益合计
51512567	**73639496**	**27103206**	**5423211**	**6201692**	**147961824**	**136963624**	**23568911**	**77618043**
171207	**236734**	**102671**	**23623**	**14581**	**621684**	**569015**	**63305**	**319331**
3095	5877	3525	590		14781	14654	3001	10035
3095	5877	3525	590		14781	14654	3001	10035
3095	5877	3525	590		14781	14654	3001	10035
21851	33250	21731	2584	1792	127823	125005	5977	90169
14830	20609	15311	1051	1390	79465	77359	3849	61191
10203	10692	8908	672	559	13327	12947	267	43576
4627	9917	6403	379	831	66138	64411	3581	17614
6657	11960	6103	1447	402	47445	46734	2049	26895
6657	11960	6103	1447	402	47445	46734	2049	26895
145710	196893	76845	19880	12786	476309	426585	54184	219625
136207	185509	73348	18757	8804	432619	383735	45313	205638
16434	16695	8502	1279	480	71969	70141	4044	21283
49481	80620	32022	9335	424	72235	64105	14877	90697
11464	18849	9619	2312	654	46664	43427	8813	34305
58829	69345	23206	5831	7247	241751	206061	17579	59354
7372	8873	3115	826	3481	35821	34980	8678	10076
7372	8873	3115	826	3481	35821	34980	8678	10076
50636712	**72338468**	**26582654**	**5340178**	**6103166**	**146442941**	**135799277**	**23415865**	**76783570**
1074018	1335820	396867	83080	185813	2546641	2287949	307777	1611126
30678	43573	13528	2504	1294	115261	109476	13278	56409
30678	43573	13528	2504	1294	115261	109476	13278	56409

1-B-14 续表 1

行业	单位数(个)	资产总计	流动资产合计	#应收账款	#存货	#产成品
饲料加工	98	663250	441529	119276	124099	29102
饲料加工	98	663250	441529	119276	124099	29102
植物油加工	21	150013	102647	12476	25019	19912
食用植物油加工	18	142984	97398	11337	23466	19136
非食用植物油加工	3	7030	5249	1139	1552	777
制糖业	1					
制糖业	1					
屠宰及肉类加工	55	305699	188576	43450	72226	42674
牲畜屠宰	6	21475	9493	1638	961	396
禽类屠宰	1					
肉制品及副产品加工	48	279410	175532	41779	71160	42173
水产品加工	221	1787442	1124950	226482	422793	303551
水产品冷冻加工	170	1442236	907452	188253	328478	245562
鱼糜制品及水产品干腌制加工	24	193198	130069	18595	60183	31089
水产饲料制造	22	125254	78168	17878	31651	26254
其他水产品加工	5	26754	9261	1757	2481	646
蔬菜、水果和坚果加工	108	869748	457359	103248	136816	63732
蔬菜加工	53	461111	231380	37216	73847	37400
水果和坚果加工	55	408637	225979	66032	62969	26332
其他农副食品加工	25	213801	97998	27762	28209	11324
淀粉及淀粉制品制造	3	8614	5754	2350	987	644
豆制品制造	10	139945	50579	14339	14211	4338
蛋品加工	4	14529	8192	1474	4405	3573
其他未列明农副食品加工	8	50713	33472	9599	8606	2769
食品制造业	192	1388458	775185	188080	286073	155109
焙烤食品制造	29	134014	57029	16246	18692	6309
糕点、面包制造	19	82988	36432	9174	12504	3463
饼干及其他焙烤食品制造	10	51026	20597	7072	6188	2846
糖果、巧克力及蜜饯制造	13	59529	43166	21143	11552	6239
糖果、巧克力制造	4	10348	4070	782	1538	659
蜜饯制作	9	49181	39096	20361	10014	5580

单位：万元

固定资产合计	固定资产原价	累计折旧	#本年折旧	在建工程(个)	负债合计	流动负债合计	#应付账款	所有者权益合计
141261	207411	75893	14748	13737	413187	358003	78041	244833
141261	207411	75893	14748	13737	413187	358003	78041	244833
21013	30573	11305	3157	6283	85145	66788	5505	64868
19244	27951	9976	2959	5819	79669	62368	5818	63314
1768	2622	1329	198	464	5475	4420	-313	1554
81924	88676	30674	8175	25943	155849	137426	18287	148654
10842	8995	1745	294	3627	15183	15183	1432	6292
70831	79283	28783	7844	21386	140042	121619	16439	138172
496939	575463	150511	31786	76545	1216873	1130495	129932	569832
399709	457159	118596	24730	66087	986152	905353	101201	454656
46147	64682	20595	3798	2249	142681	138689	21126	50517
37515	37882	8828	2546	8199	76945	75358	4931	49009
13568	15741	2492	712	11	11095	11095	2673	15650
216589	287706	93767	18266	58827	440498	379224	43781	429189
121432	164247	56666	9667	25821	230042	191521	20293	231027
95158	123459	37101	8599	33006	210456	187703	23487	198162
84057	99535	19849	4149	3172	116618	103329	18062	97183
2698	4939	2241	157		4436	4436	1108	4179
68207	75900	9684	2895	2013	81973	71582	13195	57973
6337	7547	1414	168	82	6823	6546	801	7706
6816	11150	6510	929	1078	23387	20765	2959	27326
386816	492917	160093	35537	60054	853059	776835	98163	526136
46444	59509	16315	4627	1397	79750	70263	6479	52691
26622	34217	9607	2593	952	57775	49354	4486	23641
19822	25292	6709	2034	445	21976	20909	1994	29051
14672	18770	5951	1365	1850	30262	28968	4465	28845
5585	8416	2831	724		2916	2916	1769	7431
9087	10354	3121	641	1850	27345	26051	2696	21414

1-B-14 续表 2

行业	单位数(个)	资产总计	流动资产合计	#应收账款	#存货	#产成品
方便食品制造	22	115493	63519	12908	25079	13657
米、面制品制造	6	13476	5564	1133	2394	1157
速冻食品制造	7	17831	10947	2208	7283	2820
方便面及其他方便食品制造	9	84186	47009	9568	15402	9680
乳制品制造	11	170259	68826	13041	14396	3879
乳制品制造	11	170259	68826	13041	14396	3879
罐头食品制造	37	305090	189738	37219	96362	74573
水产品罐头制造	1					
蔬菜、水果罐头制造	35	285757	175743	35179	90923	71484
其他罐头食品制造	1					
调味品、发酵制品制造	12	75313	44710	13231	12851	4860
味精制造	5	19255	11506	2041	3111	612
酱油、食醋及类似制品制造	2	25293	11437	2722	5919	3176
其他调味品、发酵制品制造	5	30765	21766	8469	3821	1073
其他食品制造	68	528759	308196	74292	107141	45593
营养食品制造	7	33600	19157	5666	8563	2689
保健食品制造	14	108463	74593	23186	25505	10727
冷冻饮品及食用冰制造	4	28772	6365	1447	2881	555
食品及饲料添加剂制造	39	347081	199986	41479	68008	31173
其他未列明食品制造	4	10843	8095	2513	2184	450
酒、饮料和精制茶制造业	130	1289707	711308	188623	284347	122027
酒的制造	22	222047	141970	12855	96994	45743
酒精制造	1					
白酒制造	3	9178	4024	1132	2049	1622
啤酒制造	1					
黄酒制造	16	197955	128611	10675	90502	43049
其他酒制造	1					
饮料制造	21	556452	214344	63292	53743	23432
碳酸饮料制造	2	6184	939	8	704	155
瓶(罐)装饮用水制造	6	220860	98958	49779	27480	8909
果菜汁及果菜汁饮料制造	6	190904	50329	10784	16987	7709
含乳饮料和植物蛋白饮料制造	3	7691	3842	387	597	247
固体饮料制造	2	14105	7095	770	1082	537
茶饮料及其他饮料制造	2	116709	53181	1564	6894	5875

单位：万元

固定资产合计	固定资产原价	累计折旧	#本年折旧	在建工程(个)	负债合计	流动负债合计	#应付账款	所有者权益合计
37920	49580	13871	3037	4349	66085	57534	9257	47531
6290	7675	1885	663	200	6975	6975	1729	6492
6080	9037	2957	611		11743	11059	3378	6739
25550	32868	9029	1764	4149	47367	39499	4150	34300
56840	81145	31302	5115	8730	95336	83094	10080	73248
56840	81145	31302	5115	8730	95336	83094	10080	73248
55326	81817	34101	6097	11029	245242	240670	20446	59769
51993	77408	32898	5787	10255	232553	227981	18704	53126
23352	25602	6622	1791	1836	49041	36852	3641	25999
5244	5562	2223	287	854	10874	9949	291	8107
9352	10421	1068	650	104	19090	8870	955	6203
8756	9620	3331	854	878	19077	18034	2395	11689
152262	176494	51931	13507	30862	287343	259455	43795	238053
12186	9333	4305	789	7164	17971	13680	4346	15629
28122	33517	9330	2646	5969	70416	62080	12988	38047
19510	25446	5988	1841	53	19823	17680	1276	8949
89945	104629	31117	7920	17642	173019	159901	23760	170699
2498	3570	1191	311	34	6114	6114	1426	4729
376089	528130	189336	45362	27118	778312	727077	148411	503583
48932	62852	20075	4289	5153	154102	147739	20582	67648
4014	4403	455	146	54	3558	2269	397	5620
40648	48013	13454	3516	5086	139229	134176	19320	58430
220691	318190	117246	33287	9474	318323	288515	52323	231499
4646	4544	949	226	1269	4474	2474	-208	1711
58003	118893	69692	15574	1942	115702	115463	21049	105158
125651	154277	37133	13994	5415	127497	105339	12663	63407
3320	5823	2658	358	117	3461	3317	276	4230
897	2101	1204	252	100	5485	670	172	1990
28175	32552	5611	2885	631	61704	61252	18372	55005

1-B-14 续表 3

行　业	单位数(个)	资产总计	流动资产合　计	#应收账款	#存　货	#产成品
精制茶加工	87	511207	354994	112475	133610	52852
精制茶加工	87	511207	354994	112475	133610	52852
纺织业	3824	31511715	19736474	4850924	4559484	2249942
棉纺织及印染精加工	1712	18747834	11539736	2467522	2507746	1274902
棉纺纱加工	477	4186534	2634208	495600	672814	352521
棉织造加工	885	8647895	5556914	1214641	1324622	729842
棉印染精加工	350	5913404	3348614	757280	510310	192538
毛纺织及染整精加工	144	789609	516188	129365	151980	67736
毛条和毛纱线加工	69	358155	237783	60722	84689	40711
毛织造加工	46	303119	214564	42390	54729	21727
毛染整精加工	29	128336	63841	26254	12562	5298
麻纺织及染整精加工	10	42166	24881	7428	8163	4705
麻纤维纺前加工和纺纱	5	23187	10701	2505	4072	1868
麻织造加工	5	18979	14181	4923	4091	2837
丝绢纺织及印染精加工	263	1365698	942870	271378	282605	140781
缫丝加工	53	394846	311477	91428	83033	25842
绢纺和丝织加工	193	905720	595943	163245	194177	112508
丝印染精加工	17	65132	35450	16706	5395	2431
化纤织造及印染精加工	250	1158764	706622	250260	168967	89936
化纤织造加工	226	957285	609456	204629	154515	86108
化纤织物染整精加工	24	201479	97166	45631	14452	3828
针织或钩针编织物及其制品制造	808	6089356	3874294	1115650	915498	455853
针织或钩针编织物织造	679	5143836	3321308	911709	802297	397000
针织或钩针编织物印染精加工	30	286790	154903	56564	19995	8851
针织或钩针编织品制造	99	658730	398082	147378	93206	50002
家用纺织制成品制造	359	1656158	1074992	310202	268533	118724
床上用品制造	181	828277	549662	151648	138767	59435
毛巾类制品制造	12	55805	34998	9438	10352	4325
窗帘、布艺类产品制造	101	557666	344025	92997	84579	40997
其他家用纺织制成品制造	65	214410	146307	56119	34835	13967

单位：万元

固定资产合计	固定资产原价	累计折旧	#本年折旧	在建工程(个)	负债合计	流动负债合计	#应付账款	所有者权益合计
106466	147088	52014	7786	12491	305886	290823	75506	204436
106466	147088	52014	7786	12491	305886	290823	75506	204436
8269893	12963259	5262540	964308	568458	21469057	19589962	2517551	9905591
5117091	8214877	3463186	614035	359753	12834036	11621720	1304066	5816772
1130105	1675166	608852	123041	95582	3067111	2775035	289423	1126202
2110320	3528486	1559985	275027	113595	5675640	5082821	504365	2918568
1876667	3011225	1294349	215967	150576	4091285	3763864	510279	1772002
213978	338904	140864	21860	15573	582356	561784	114396	206235
93171	142224	62002	9579	9560	256505	253665	61096	101465
67751	113962	47981	7629	970	227716	215528	30641	74569
53057	82718	30881	4652	5043	98135	92592	22659	30201
9049	14759	6577	940	1078	26486	26475	8891	15680
5420	8046	2960	492	333	15685	15685	6834	7502
3630	6713	3618	448	745	10802	10790	2057	8178
238049	403624	184908	30570	14843	926417	891908	148206	435832
38241	77271	47376	6465	6070	312283	303594	39923	82562
176205	286581	121341	21624	8367	568956	544424	96482	335593
23603	39773	16191	2482	406	45178	43890	11801	17676
336362	508089	183115	44222	20095	776271	753204	108965	381344
259324	392956	143160	36165	12968	627891	612702	87336	328280
77037	115133	39955	8057	7128	148379	140502	21629	53064
1524422	2310224	875829	167652	82490	4009043	3546211	457261	2056753
1217181	1889737	734550	141146	69576	3410085	3004948	367846	1716759
85118	134701	55134	9635	4936	196307	162426	21866	88637
222122	285786	86145	16872	7978	402650	378837	67549	251357
388227	544184	177153	36178	33285	1151242	1083059	214735	503069
167777	236000	79419	15068	12558	551954	519391	111544	275528
17054	22252	6375	1756	1260	39502	39429	6322	16254
157144	221284	69844	14608	16817	398370	366502	64607	158307
46253	64648	21515	4745	2650	161416	157736	32262	52981

1-B-14 续表 4

行业	单位数(个)	资产总计	流动资产合计	#应收账款	#存货	#产成品
非家用纺织制成品制造	278	1662131	1056890	299120	255993	97305
非织造布制造	120	859538	554416	164448	106616	49734
绳、索、缆制造	20	69975	44967	13521	13837	5134
纺织带和帘子布制造	54	307887	197446	54717	61132	20772
篷、帆布制造	41	233825	149343	29066	54836	13627
其他非家用纺织制成品制造	43	190907	110718	37367	19572	8039
纺织服装、服饰业	1592	9255329	6108183	1472782	1429578	679923
机织服装制造	870	5915803	3953277	935204	831210	410307
机织服装制造	870	5915803	3953277	935204	831210	410307
针织或钩针编织服装制造	553	2534939	1647881	410931	467562	214732
针织或钩针编织服装制造	553	2534939	1647881	410931	467562	214732
服饰制造	169	804587	507026	126647	130806	54885
服饰制造	169	804587	507026	126647	130806	54885
皮革、毛皮、羽毛及其制品和制鞋业	1320	6269241	4383236	1300604	1001128	352352
皮革鞣制加工	56	670470	461741	87750	162384	45318
皮革鞣制加工	56	670470	461741	87750	162384	45318
皮革制品制造	329	1336608	940194	244360	247934	108122
皮革服装制造	89	358231	243227	56192	75199	35664
皮箱、包(袋)制造	199	660797	456159	139825	116682	59581
皮手套及皮装饰制品制造	21	44373	27987	9859	6746	2911
其他皮革制品制造	20	273207	212822	38484	49308	9967
毛皮鞣制及制品加工	64	294662	238762	74751	53971	5227
毛皮鞣制加工	8	61111	47451	17584	9468	1397
毛皮服装加工	12	120021	100413	18221	28329	2594
其他毛皮制品加工	44	113530	90898	38947	16173	1237
羽毛(绒)加工及制品制造	39	684964	574218	144773	138524	44469
羽毛(绒)加工	18	166741	132054	47627	32168	7623
羽毛(绒)制品加工	21	518223	442164	97146	106356	36846

单位：万元

固定资产合计	固定资产原价	累计折旧	#本年折旧	在建工程(个)	负债合计	流动负债合计	#应付账款	所有者权益合计
442714	628598	230908	48851	41343	1163206	1105601	161031	489905
232390	339540	128350	29076	22251	580761	546643	65317	278693
21845	25304	9407	2386	2160	39724	35513	6293	30252
89232	133517	53177	9230	4724	222282	216197	36793	84676
47423	58470	16715	3426	8039	185824	176711	36452	47249
51825	71767	23259	4733	4169	134616	130537	16176	49035
1893693	2746497	1006454	176518	169655	5638751	5343123	1036015	3588288
1124308	1613215	590488	95518	124843	3376987	3162101	601148	2514457
1124308	1613215	590488	95518	124843	3376987	3162101	601148	2514457
579715	853776	312860	59698	30689	1697408	1635029	328840	833801
579715	853776	312860	59698	30689	1697408	1635029	328840	833801
189670	279506	103106	21302	14123	564357	545993	106026	240030
189670	279506	103106	21302	14123	564357	545993	106026	240030
1211939	1700884	581959	105376	96684	4302529	4169877	760060	1935331
115209	190179	84033	13842	7405	471939	465759	58431	198009
115209	190179	84033	13842	7405	471939	465759	58431	198009
281444	395588	129063	25622	24462	1001288	976165	282685	333126
71330	98547	30036	7026	12783	272575	268321	67085	85399
152591	214469	71906	13559	7550	496036	479473	145486	163270
9499	14199	5740	1184	2894	29062	28639	4433	15312
48023	68373	21381	3853	1235	203616	199732	65682	69145
44852	56334	18616	3618	5075	235964	229596	34099	58698
11514	16317	5262	901	459	47783	45764	10252	13328
16316	18585	6418	1142	2663	95470	91221	12854	24551
17021	21432	6936	1575	1954	92711	92612	10993	20819
51682	66185	21725	4018	5431	555447	546213	45262	129497
17426	20113	3826	493	338	135439	128105	14056	31282
34256	46072	17899	3525	5093	420008	418108	31206	98215

1-B-14 续表 5

行业	单位数(个)	资产总计	流动资产合计	#应收账款	#存货	#产成品
制鞋业	832	3282538	2168321	748970	398315	149216
纺织面料鞋制造	40	96707	61305	20489	13596	4456
皮鞋制造	622	2646624	1768989	625615	314139	109137
塑料鞋制造	44	102325	65199	25025	8132	3056
橡胶鞋制造	110	371859	224206	69222	57468	30574
其他制鞋业	16	65024	48622	8620	4979	1993
木材加工和木、竹、藤、棕、草制品业	384	1975141	1283429	311020	468875	197766
木材加工	36	114621	81349	26557	22061	12906
锯材加工	12	28276	17335	7639	6690	3349
木片加工	10	20010	17365	6978	5149	3498
单板加工	12	61656	43802	10245	9954	5997
其他木材加工	2	4679	2848	1695	268	63
人造板制造	115	472975	316259	78364	113545	45518
胶合板制造	64	291345	195698	55283	76757	27606
纤维板制造	13	75553	51577	10573	13748	9973
刨花板制造	1					
其他人造板制造	37	101227	68630	12508	22941	7878
木制品制造	162	1106653	719058	153140	278047	112787
建筑用木料及木材组件加工	11	49102	32512	7935	9748	3638
木门窗、楼梯制造	46	283891	148411	39463	38882	13676
地板制造	60	619032	434193	75520	205521	83098
木制容器制造	18	70354	50232	16184	5188	1590
软木制品及其他木制品制造	27	84275	53710	14038	18709	10785
竹、藤、棕、草等制品制造	71	280892	166763	52960	55223	26556
竹制品制造	59	257532	150237	50080	48922	24021
藤制品制造	3	2666	2247	828	1286	810
草及其他制品制造	9	20694	14280	2052	5015	1726
家具制造业	465	3317433	2234163	510471	527238	153349
木质家具制造	163	1119711	694995	114230	217325	61239
木质家具制造	163	1119711	694995	114230	217325	61239

单位：万元

固定资产合　　计	固定资产原　　价	累计折旧	#本年折旧	在建工程(个)	负债合计	流动负债合　　计	#应付账款	所 有 者权益合计
718752	992599	328522	58275	54311	2037891	1952144	339583	1216002
28590	38305	10951	2125	809	58817	56427	19762	37633
545139	767696	261242	43662	39148	1619348	1582614	250799	1007253
28467	37865	12123	2980	1427	71107	68483	19093	30880
107102	133854	38698	8250	11708	240429	216677	42755	129820
9455	14879	5509	1258	1219	48190	27943	7174	10416
492004	630943	190803	43154	54754	1195190	1099832	176787	768332
17816	23502	6298	1236	93	82803	80786	10220	31330
4918	7107	2190	284		13095	12115	2756	14741
1249	1757	508	166		18511	18511	2642	1499
9883	12407	3135	654	93	47257	46220	3884	14351
1767	2232	465	132		3940	3940	938	739
115264	161307	55652	11738	9763	317212	275820	49058	149471
67850	94161	31766	6304	4377	193163	168284	24183	91889
18707	26830	10712	2225	4045	61266	57125	8728	14287
24706	35817	12674	2711	1341	62488	50411	16147	38740
273252	349367	105231	24870	31394	638714	594257	93033	463100
12795	16393	5030	1802	1228	32033	30259	5650	17069
94498	112075	30595	7140	15967	146215	135448	24600	136613
133742	179237	56742	13142	9968	351846	326566	40073	266191
11336	14547	4219	988	1495	49898	49486	13076	19551
20882	27115	8645	1799	2737	58722	52497	9635	23676
85672	96767	23623	5310	13504	156461	148970	24475	124431
79533	87332	20191	4772	13478	143280	136378	23587	114252
266	472	224	40		1937	1349	524	730
5872	8964	3207	499	26	11244	11244	365	9450
674736	870383	268661	57858	83427	2262049	2116154	443116	1045619
276116	339787	102652	21654	37594	701334	661609	92854	413402
276116	339787	102652	21654	37594	701334	661609	92854	413402

1-B-14 续表 6

行业	单位数(个)	资产总计	流动资产合计	#应收账款	#存货	#产成品
竹、藤家具制造	11	42365	28999	7281	7403	2459
竹、藤家具制造	11	42365	28999	7281	7403	2459
金属家具制造	182	1558066	1113922	279049	220310	59557
金属家具制造	182	1558066	1113922	279049	220310	59557
塑料家具制造	22	102278	62156	10817	14827	5599
塑料家具制造	22	102278	62156	10817	14827	5599
其他家具制造	87	495013	334093	99094	67373	24495
其他家具制造	87	495013	334093	99094	67373	24495
造纸和纸制品业	650	6123379	3874488	1332223	630392	305988
纸浆制造	1					
木竹浆制造	1					
造纸	338	4114805	2562662	845071	427180	229090
机制纸及纸板制造	320	4040412	2514696	828038	420592	226414
手工纸制造	1					
加工纸制造	17	73336	47167	16398	6535	2630
纸制品制造	311	2003145	1310970	487200	202658	76385
纸和纸板容器制造	216	1400793	937004	381839	119962	32285
其他纸制品制造	95	602352	373966	105361	82695	44100
印刷和记录媒介复制业	345	2597893	1509665	494566	210528	70204
印刷	336	2538777	1481393	488475	206186	68673
书、报刊印刷	30	232297	126335	28643	22457	10914
本册印制	13	102746	54814	11743	11917	2557
包装装潢及其他印刷	293	2203734	1300244	448089	171813	55202
装订及印刷相关服务	8	33104	14634	5284	2471	986
装订及印刷相关服务	8	33104	14634	5284	2471	986
记录媒介复制	1					
记录媒介复制	1					
文教、工美、体育和娱乐用品制造业	843	5794069	3718690	780174	936581	492360
文教办公用品制造	153	1217621	797061	176877	161961	83685
文具制造	64	823926	574677	121463	94180	54256
笔的制造	73	331301	187583	42076	60879	26586

单位：万元

固定资产合计	固定资产原价	累计折旧	#本年折旧	在建工程(个)	负债合计	流动负债合计	#应付账款	所有者权益合计
11171	12702	2521	505	1579	35106	35067	6896	7258
11171	12702	2521	505	1579	35106	35067	6896	7258
254616	348087	116802	23986	27298	1121864	1022252	242935	432334
254616	348087	116802	23986	27298	1121864	1022252	242935	432334
33192	40407	9863	3587	4295	72175	69832	11701	29758
33192	40407	9863	3587	4295	72175	69832	11701	29758
99641	129401	36825	8126	12660	331569	327394	88731	162866
99641	129401	36825	8126	12660	331569	327394	88731	162866
1549033	2182903	760147	162044	135594	4255523	3964760	653715	1837220
1038225	1467079	514444	109228	96565	2876665	2642617	418867	1238460
1018716	1439706	505839	107281	96150	2819483	2590299	404557	1221562
19251	26951	8439	1915	413	56231	52057	14315	16792
506541	711648	245550	52722	38786	1372728	1316013	234542	599461
340215	489512	180330	35402	25102	950524	909603	161014	420030
166326	222136	65220	17321	13684	422203	406410	73528	179431
726902	1122231	445080	78020	99886	1776999	1614956	283826	815905
704239	1094413	437469	76821	97429	1733040	1573291	281389	800748
87811	125140	51722	7401	8927	169680	148947	21962	62617
29529	43280	14106	2797	175	73567	56844	15295	29179
586899	925994	371641	66623	88328	1489793	1367500	244132	708952
16796	20266	5927	1133	2457	20579	19079	2096	12525
16796	20266	5927	1133	2457	20579	19079	2096	12525
1317286	1726940	549782	105624	162686	3658984	3308461	497266	2112640
263317	362877	118883	22925	38600	855270	826272	146017	355354
127069	178653	59671	11520	30676	596876	581843	106625	223604
112326	156688	52007	9988	5152	224832	211539	32893	102918

1-B-14 续表 7

行　业	单位数(个)	资产总计	流动资产合　计	#应收账款	#存　货	#产成品
教学用模型及教具制造	6	25186	16443	5416	1425	829
墨水、墨汁制造	1					
其他文教办公用品制造	9	33753	16641	7497	4795	1647
乐器制造	11	65382	29909	9614	8698	3366
西乐器制造	6	42947	16575	2626	6608	2668
电子乐器制造	2	13541	5909	1314	1642	578
其他乐器及零件制造	3	8894	7425	5674	448	121
工艺美术品制造	423	3287083	2165096	430977	613755	346652
雕塑工艺品制造	42	287481	128737	27777	65499	33187
金属工艺品制造	51	413212	241072	53141	70554	19211
漆器工艺品制造	11	35881	21744	3202	6577	3120
花画工艺品制造	12	99475	56981	14388	5622	1807
天然植物纤维编织工艺品制造	22	81075	56701	13428	8499	2054
抽纱刺绣工艺品制造	129	850081	541677	146661	106845	48806
地毯、挂毯制造	27	135064	85468	22116	29244	11412
珠宝首饰及有关物品制造	19	942558	769785	82735	270671	207412
其他工艺美术品制造	110	442255	262931	67529	50243	19643
体育用品制造	117	628589	366818	81029	81086	30597
球类制造	12	32714	19880	2955	7512	2108
体育器材及配件制造	28	163657	94533	18748	18553	8386
训练健身器材制造	57	344736	206802	45199	41170	14156
运动防护用具制造	7	17695	8410	3691	2532	1644
其他体育用品制造	13	69786	37193	10435	11319	4303
玩具制造	109	369710	213214	59269	46552	17213
玩具制造	109	369710	213214	59269	46552	17213
游艺器材及娱乐用品制造	30	225684	146592	22408	24529	10848
露天游乐场所游乐设备制造	14	157662	101156	14512	14592	6729
游艺用品及室内游艺器材制造	9	20735	15693	4151	2549	760
其他娱乐用品制造	7	47288	29743	3746	7388	3359

单位：万元

固定资产合计	固定资产原价	累计折旧	#本年折旧	在建工程(个)	负债合计	流动负债合计	#应付账款	所有者权益合计
6924	8002	1405	283	133	11646	10989	1931	13540
15676	18093	5679	1061	2639	19581	19567	3856	14172
27920	35807	9683	1830	1801	34257	28057	6208	31125
23160	28153	4993	1232	5	21273	15073	2500	21674
3693	5962	4065	451	1796	6340	6340	287	7202
1068	1692	624	147		6645	6645	3421	2249
688630	910978	294484	54662	71737	1966464	1711934	227151	1311134
110712	108274	11020	3511	16881	107766	80019	12155	178962
107951	134649	37807	6121	12832	258301	246167	27188	152277
12773	16967	4892	1147	818	29289	29289	3528	6592
23213	24242	8700	1335	36	61382	49497	10732	38911
13475	20527	8148	1225	7485	46547	39029	10917	34436
219019	333641	123613	21758	4810	575495	516871	74868	273399
40125	54723	16837	4845	3392	98913	94262	20844	34279
56702	80596	36897	4074	11915	488787	366549	22875	450205
104660	137360	46569	10645	13568	299984	290252	44045	142073
188036	219369	65164	12589	30868	412613	375998	51657	208641
10199	15771	5907	837	439	23317	21326	3816	9397
56493	61300	11987	2875	1893	100194	83498	13267	58870
89003	95064	29637	6013	26039	226840	208913	21529	116776
7031	8632	2292	852	536	12090	12090	2307	5605
25311	38602	15341	2013	1961	50171	50171	10738	17993
106487	147245	48014	9294	7457	253349	233316	54465	117844
106487	147245	48014	9294	7457	253349	233316	54465	117844
42895	50664	13554	4325	12224	137031	132884	11769	88542
23365	28073	8935	2244	12106	106113	105521	6755	51455
3421	5757	2505	495	86	9549	8370	1951	11168
16109	16834	2115	1586	32	21369	18994	3063	25919

1-B-14 续表 8

行业	单位数(个)	资产总计	流动资产合计	#应收账款	#存货	#产成品
石油加工、炼焦和核燃料加工业	27	173308	108402	41337	28478	12426
精炼石油产品制造	27	173308	108402	41337	28478	12426
原油加工及石油制品制造	25	161363	99569	38837	26514	11448
人造原油制造	2	11944	8833	2500	1964	979
化学原料和化学制品制造业	944	12352621	7792184	1785035	1480685	712006
基础化学原料制造	170	1570533	1010918	238591	152181	72127
无机酸制造	12	68939	45870	9205	8204	4139
无机碱制造	2	15048	14299	7530	315	51
无机盐制造	29	324474	255923	54433	20400	7401
有机化学原料制造	109	1044483	619792	144817	109647	58088
其他基础化学原料制造	18	117588	75034	22605	13615	2448
肥料制造	12	77971	48453	4030	9718	3872
氮肥制造	3	54418	32792	1491	3983	1256
复混肥料制造	6	16051	12067	1752	4590	2227
有机肥料及微生物肥料制造	3	7502	3594	787	1144	390
农药制造	26	385232	255428	52025	70680	46272
化学农药制造	22	278198	196126	47837	54331	38539
生物化学农药及微生物农药制造	4	107035	59302	4188	16348	7733
涂料、油墨、颜料及类似产品制造	169	1734279	1080016	347974	231384	94382
涂料制造	94	952592	552848	186732	99912	30595
油墨及类似产品制造	12	64743	41489	17284	10405	4199
颜料制造	16	176134	96089	31277	33854	21228
染料制造	38	509046	367320	99854	83559	36138
密封用填料及类似品制造	9	31764	22270	12827	3653	2223
合成材料制造	179	4456277	2533693	501960	581468	264429
初级形态塑料及合成树脂制造	125	2036116	1268951	381737	201907	82219
合成橡胶制造	10	493558	197042	16553	57602	32277
合成纤维单(聚合)体制造	28	1723399	954497	73796	292756	140972
其他合成材料制造	16	203204	113202	29875	29204	8960
专用化学产品制造	306	2023196	1295550	473817	214235	100377
化学试剂和助剂制造	178	1031577	708687	282808	103288	48806

单位：万元

固定资产合计	固定资产原价	累计折旧	#本年折旧	在建工程(个)	负债合计	流动负债合计	#应付账款	所有者权益合计
40195	58152	19484	6615	6599	121109	115971	22117	47989
40195	58152	19484	6615	6599	121109	115971	22117	47989
38028	55717	18929	6456	6599	112919	112074	21141	44234
2168	2435	555	160		8190	3897	976	3754
2639177	3728750	1344831	299252	394596	7098685	6360272	1264430	5231899
326903	480880	180096	38026	30557	1061441	1024716	215293	510288
15907	29890	14378	2730	1575	46339	44217	5319	22600
695	2764	2069	211		6362	6362	-603	8687
52905	74788	26220	5713	3954	229212	221911	67855	95810
225920	330493	125311	25290	23411	713492	694093	131466	331639
31476	42945	12117	4081	1617	66036	58134	11255	51552
24570	42284	17775	2657	131	45412	44439	2879	32559
19132	33871	14774	2157	45	30866	30866	1899	23552
2638	3786	1176	180	43	12088	11515	981	3963
2801	4627	1826	320	43	2458	2058	-1	5044
52634	96578	52313	7335	5178	256059	242942	30693	125298
40391	72963	39277	5305	4063	183369	172720	25554	94727
12243	23614	13036	2030	1114	72690	70222	5139	30571
351004	523754	201900	40510	44751	818554	758503	192291	915424
165267	231331	80032	16313	27091	359686	351189	97179	593000
19318	24473	7729	1756	3033	26982	26955	5029	37761
55852	78726	26617	5138	4886	117315	96567	32172	58756
103043	178757	84142	16510	9380	295905	265461	52802	212938
7524	10468	3380	793	362	18666	18331	5109	12969
1106452	1462814	461204	132494	198335	2943074	2511963	417635	1495309
286980	387644	140071	33577	46315	1232252	1081791	246327	788497
191948	254626	62679	23902	58747	310592	242808	27831	182966
562455	749323	250262	70155	89195	1257371	1059126	113974	463400
65070	71221	8192	4859	4078	142859	128239	29503	60445
507067	694843	229084	51088	63739	1249195	1107602	279563	774577
214488	288080	92019	20867	19828	639738	555892	95086	393801

1-B-14 续表 9

行业	单位数(个)	资产总计	流动资产合计	#应收账款	#存货	#产成品
专项化学用品制造	39	224277	126479	43873	31792	20708
林产化学产品制造	17	62010	34936	9088	11012	7243
信息化学品制造	31	501718	297051	84855	39976	10822
环境污染处理专用药剂材料制造	5	59761	33353	13524	3972	731
动物胶制造	2	2616	2138	916	898	858
其他专用化学产品制造	34	141236	92908	38753	23298	11210
炸药、火工及焰火产品制造	3	30066	12040	922	2198	1728
炸药及火工产品制造	3	30066	12040	922	2198	1728
日用化学产品制造	79	2075068	1556086	165715	218823	128819
肥皂及合成洗涤剂制造	17	1457093	1160073	87495	155055	101965
化妆品制造	42	325590	198131	49226	38905	17293
口腔清洁用品制造	1					
香料、香精制造	7	180805	155980	19919	14095	3873
其他日用化学产品制造	12	108139	38763	8343	9467	5500
医药制造业	191	2021573	1115790	284005	332139	155667
化学药品原料药制造	56	882312	481207	73502	155725	71826
化学药品原料药制造	56	882312	481207	73502	155725	71826
化学药品制剂制造	20	257021	151564	41165	41000	18496
化学药品制剂制造	20	257021	151564	41165	41000	18496
中药饮片加工	19	123911	76364	24611	30937	15680
中药饮片加工	19	123911	76364	24611	30937	15680
中成药生产	14	207979	90466	24504	27512	14217
中成药生产	14	207979	90466	24504	27512	14217
兽用药品制造	9	54912	29462	4524	11641	4293
兽用药品制造	9	54912	29462	4524	11641	4293
生物药品制造	23	213528	131564	47064	35512	14582
生物药品制造	23	213528	131564	47064	35512	14582
卫生材料及医药用品制造	50	281908	155163	68634	29812	16574
卫生材料及医药用品制造	50	281908	155163	68634	29812	16574

单位：万元

固定资产合计	固定资产原价	累计折旧	#本年折旧	在建工程(个)	负债合计	流动负债合计	#应付账款	所有者权益合计
75122	101221	39036	6690	13590	123739	97149	19044	98807
16030	20905	7381	1506	2993	38464	37420	5103	23503
149937	215557	69510	17045	19127	326758	299300	135810	175479
15778	18168	3201	1115	2775	28122	26572	6178	31639
479	1186	716	141	9	1704	1704	310	913
35234	49726	17221	3725	5417	90671	89566	18031	50436
11001	17876	6875	1507		20454	17900	635	9612
11001	17876	6875	1507		20454	17900	635	9612
259546	409722	195585	25635	51906	704497	652208	125442	1368833
128809	216973	129694	13959	41563	308905	295723	50458	1148188
64595	85379	23480	5540	9356	210921	201813	54060	112933
21819	32440	10912	1910	712	140909	110909	10160	39896
44022	74445	31187	4017	274	42392	42392	10528	65747
564724	779770	287631	59989	107562	1178120	1046226	214739	819044
279663	383678	137105	28799	51274	545310	488816	95294	313580
279663	383678	137105	28799	51274	545310	488816	95294	313580
66050	101146	43262	8732	11279	165097	139756	22752	91879
66050	101146	43262	8732	11279	165097	139756	22752	91879
15897	20203	5379	1436	3533	68829	65606	16888	55082
15897	20203	5379	1436	3533	68829	65606	16888	55082
67555	99915	39284	7121	12683	84988	56984	7951	122991
67555	99915	39284	7121	12683	84988	56984	7951	122991
12297	17890	8275	1169	2565	36504	33514	4920	17553
12297	17890	8275	1169	2565	36504	33514	4920	17553
43257	57627	21678	4892	10844	110772	106850	38135	102687
43257	57627	21678	4892	10844	110772	106850	38135	102687
80006	99312	32650	7840	15385	166621	154700	28800	115272
80006	99312	32650	7840	15385	166621	154700	28800	115272

1-B-14 续表 10

行业	单位数(个)	资产总计	流动资产合计	#应收账款	#存货	#产成品
化学纤维制造业	412	6885790	4252247	659179	947790	564298
纤维素纤维原料及纤维制造	12	66473	56074	10719	11880	8945
化纤浆粕制造	2	8256	6148	2545	296	154
人造纤维(纤维素纤维)制造	10	58217	49926	8174	11583	8790
合成纤维制造	400	6819318	4196174	648460	935910	555353
锦纶纤维制造	39	1212387	751415	132586	171718	114337
涤纶纤维制造	213	4503028	2680360	371613	594286	328752
腈纶纤维制造	1					
维纶纤维制造	1					
丙纶纤维制造	12	97989	83202	12674	15110	9059
氨纶纤维制造	9	180103	103846	17198	22965	16842
其他合成纤维制造	125	604190	424707	105391	91906	55973
橡胶和塑料制品业	1623	11845563	7709326	2204296	1446350	630747
橡胶制品业	196	1246322	816507	284839	162709	89970
轮胎制造	18	143494	103608	29092	17273	8197
橡胶板、管、带制造	60	463015	300792	104951	62241	36914
橡胶零件制造	48	271812	186322	65172	28405	16560
再生橡胶制造	8	60528	34871	10076	9182	3427
日用及医用橡胶制品制造	16	63794	42814	13782	15502	10135
其他橡胶制品制造	46	243679	148100	61766	30106	14735
塑料制品业	1427	10599241	6892819	1919458	1283641	540777
塑料薄膜制造	134	2128000	1351252	243823	184436	81458
塑料板、管、型材制造	211	1641881	1114434	315382	211522	115373
塑料丝、绳及编织品制造	94	408406	265576	119509	54238	30057
泡沫塑料制造	70	439899	293626	87177	41370	22853
塑料人造革、合成革制造	161	2106006	1404165	315072	328013	89008
塑料包装箱及容器制造	113	760021	444773	114005	67969	30572
日用塑料制品制造	265	1217955	719920	212363	161859	65115
塑料零件制造	165	743889	498936	216281	84671	40531
其他塑料制品制造	214	1153184	800136	295845	149564	65810

单位：万元

固定资产合计	固定资产原价	累计折旧	#本年折旧	在建工程(个)	负债合计	流动负债合计	#应付账款	所有者权益合计
1787145	2678354	1039481	195754	185556	4979459	4574341	345564	1907131
9245	14854	6029	1410	598	52816	52715	6322	13657
1800	2315	514	190	214	6818	6818	305	1438
7444	12539	5515	1220	384	45998	45897	6018	12218
1777901	2663500	1033451	194344	184958	4926644	4521626	339242	1893474
315362	422948	141237	27364	66495	769327	694096	110333	443007
1204229	1845035	720866	140068	86970	3255026	2965756	166832	1247688
10788	19748	9109	1059		79365	79096	6530	18624
69832	88251	46599	3903	19388	130556	123535	7322	49547
131758	208751	82805	18496	7254	470878	437652	40746	134477
2832381	4166362	1746742	331482	430971	7793584	7385648	1100416	4032970
276729	417591	161033	31266	39492	771061	745447	135761	477664
28670	38938	12994	3057	5434	102924	102516	16947	40570
103192	155140	63575	11785	15751	275710	268223	52367	191110
49043	89394	42002	6082	10892	172304	160259	28519	99086
20603	23870	6276	2531	832	32096	32096	1498	28432
12544	20467	8272	1243	2720	48933	48744	7171	14861
62677	89782	27914	6568	3863	139093	133609	29259	103605
2555653	3748771	1585710	300217	391479	7022523	6640201	964655	3555306
564180	867802	458149	67934	155956	1270743	1113443	144682	855364
330609	455900	204712	32276	48690	947770	912239	116421	686536
89906	133391	47846	9292	7008	254630	248778	29486	152122
82526	122243	42606	8227	17887	323283	309339	51645	115532
531537	823674	341669	80411	42677	1598614	1520670	209386	503367
201006	260240	93653	19364	39457	506032	492634	48058	252611
355173	491386	167769	35658	45380	780321	746151	120928	435557
155988	244331	102261	19244	16881	503812	489611	110997	239218
244728	349803	127045	27811	17544	837318	807337	133052	315001

1-B-14 续表 11

行业	单位数(个)	资产总计	流动资产合计	#应收账款	#存货	#产成品
非金属矿物制品业	1007	10533909	6542673	2438250	1199166	570657
水泥、石灰和石膏制造	118	1721726	880284	182310	139275	47526
水泥制造	99	1632249	824828	170767	118029	33823
石灰和石膏制造	19	89477	55456	11543	21246	13703
石膏、水泥制品及类似制品制造	411	4421305	3235663	1491036	548195	298030
水泥制品制造	372	4073974	3009156	1401600	504271	272693
砼结构构件制造	21	241470	174878	57569	33785	19579
石棉水泥制品制造	1					
轻质建筑材料制造	14	75628	33092	16474	9375	5602
其他水泥类似制品制造	3	24607	16727	14451	712	144
砖瓦、石材等建筑材料制造	93	599356	347460	110963	65906	41071
粘土砖瓦及建筑砌块制造	38	151523	79146	35223	16771	11759
建筑陶瓷制品制造	5	27616	13730	1790	5456	3368
建筑用石加工	7	39285	27474	7825	6010	3011
防水建筑材料制造	23	278962	168809	43834	25632	15491
隔热和隔音材料制造	8	47289	26574	12169	3801	1386
其他建筑材料制造	12	54681	31727	10122	8237	6057
玻璃制造	42	713078	321567	71490	96086	13813
平板玻璃制造	7	468078	173231	23292	53715	2222
其他玻璃制造	35	245000	148336	48199	42371	11591
玻璃制品制造	108	1503864	743623	170454	157873	69064
技术玻璃制品制造	26	640412	271628	85444	56334	33500
光学玻璃制造	7	96436	32982	7707	17270	5652
日用玻璃制品制造	44	424590	263314	41083	50156	16452
玻璃包装容器制造	5	30844	17040	7994	4384	2472
玻璃保温容器制造	3	10454	5881	1337	905	382
制镜及类似品加工	11	221717	103234	16751	16780	6646
其他玻璃制品制造	12	79412	49544	10137	12045	3960
玻璃纤维和玻璃纤维增强塑料制品制造	68	330094	195082	72637	40214	20561
玻璃纤维及制品制造	40	221179	120215	45221	27910	14216
玻璃纤维增强塑料制品制造	28	108915	74867	27416	12304	6345

单位：万元

固定资产合计	固定资产原价	累计折旧	#本年折旧	在建工程（个）	负债合计	流动负债合计	#应付账款	所有者权益合计
2556780	3947118	1600444	308519	246638	6803396	6098118	1521286	3711437
541287	1003573	493603	61733	41530	904145	738087	173894	817413
516698	975105	485680	59303	37663	851707	689448	157164	780375
24589	28467	7923	2429	3866	52438	48639	16730	37038
822081	1405336	632220	134114	43457	3140411	3023757	862375	1267817
732261	1265603	577041	122198	35453	2910837	2805686	802181	1150059
45160	68801	26737	6540	5094	165669	155204	42378	75801
35794	59414	25667	4347	2788	44277	43851	10743	31351
6079	8330	2374	822	123	16199	15588	6284	8409
152846	196682	63792	18997	14782	356140	332857	60715	242456
58415	78630	24203	6505	2305	94068	84152	20235	57314
10819	14342	4646	1019	1135	16818	13592	1478	10799
10255	14145	4985	1292	1092	23717	21130	2314	15568
37235	48575	17531	7002	1955	150509	147960	26704	128262
17220	14055	2651	910	6090	30124	28515	3795	17165
18902	26935	9776	2269	2206	40905	37508	6189	13348
152005	190575	49994	8495	18358	510752	294055	98597	204293
97261	108370	14533	2683	12315	354641	145131	73421	115947
54745	82206	35461	5813	6044	156111	148925	25176	88346
531009	631756	165369	47969	74777	899980	774948	101303	596315
261127	332644	76420	25294	4045	353263	272831	49098	287148
51768	59388	7733	4742	7820	62185	52559	10504	34251
89102	134944	49696	9677	7774	284497	260353	20183	133125
11833	20034	8201	2217	435	14733	13327	2839	16112
1386	2250	1194	189	849	6348	5010	1073	4105
89045	55022	17217	4138	50094	132926	124928	8361	88791
26747	27474	4908	1712	3759	46028	45941	9246	32784
86391	112904	41192	8742	20109	245589	226990	49675	84503
61306	81959	32227	6409	16535	165032	150804	26202	56145
25085	30945	8966	2333	3574	80557	76186	23473	28358

1-B-14 续表 12

行　业	单位数(个)	资产总计	流动资产合计	#应收账款	#存　货	#产成品
陶瓷制品制造	32	137947	93474	26495	24649	10351
卫生陶瓷制品制造	15	53606	36627	9082	11110	4165
特种陶瓷制品制造	8	60185	43561	12601	8969	4681
日用陶瓷制品制造	1					
园林、陈设艺术及其他陶瓷制品制造	8	20725	11625	4684	4253	1416
耐火材料制品制造	89	742824	529451	242366	87347	54852
石棉制品制造	2	22212	11971	5201	3055	1763
云母制品制造	1					
耐火陶瓷制品及其他耐火材料制造	86	710958	514589	235274	84135	53089
石墨及其他非金属矿物制品制造	46	363715	196070	70500	39621	15388
石墨及碳素制品制造	9	159366	74019	28837	12582	2867
其他非金属矿物制品制造	37	204349	122050	41663	27039	12522
黑色金属冶炼和压延加工业	780	8307730	5722955	1343284	1388410	648782
炼铁	1					
炼铁	1					
炼钢	11	501970	418747	62285	93248	46484
炼钢	11	501970	418747	62285	93248	46484
黑色金属铸造	251	1379627	883336	383187	177178	104074
黑色金属铸造	251	1379627	883336	383187	177178	104074
钢压延加工	505	6291931	4304665	851812	1099544	485928
钢压延加工	505	6291931	4304665	851812	1099544	485928
铁合金冶炼	12	131812	114193	44384	18042	12297
铁合金冶炼	12	131812	114193	44384	18042	12297
有色金属冶炼和压延加工业	554	7008342	5154571	1074622	1229104	454189
常用有色金属冶炼	43	846594	704788	79594	214865	48517
铜冶炼	8	432616	360698	1977	162912	25926
铅锌冶炼	7	54247	41374	3217	6093	2265
镍钴冶炼	6	261417	224751	48219	38257	17241
锡冶炼	2	4163	3632	786	1340	51
铝冶炼	19	88297	69974	24780	5749	2694
其他常用有色金属冶炼	1					

单位：万元

固定资产合计	固定资产原价	累计折旧	#本年折旧	在建工程(个)	负债合计	流动负债合计	#应付账款	所有者权益合计
34355	51641	19924	3599	3672	85074	76937	14256	52872
14439	21139	7694	1565	245	34565	30837	6551	19041
11316	20803	9488	1308	1360	34377	29981	3412	25808
7357	8263	2551	557	2011	14347	14335	4198	6378
127588	200791	79135	13772	19157	441894	433900	127196	301502
3376	5459	2089	361	4218	7836	7836	2865	14376
118718	189775	76540	13121	14497	425587	420093	123266	285943
109219	153860	55215	11099	10795	219412	196586	33276	144265
47957	70349	28053	4581	5696	90343	76642	12993	69024
61262	83512	27163	6518	5100	129070	119944	20282	75241
1780671	2458924	879299	222226	255603	5770219	5560657	688103	2540454
31961	51233	20042	3642	6462	437791	419199	48487	64140
31961	51233	20042	3642	6462	437791	419199	48487	64140
350380	515557	190422	38840	40251	956902	929290	168125	421430
350380	515557	190422	38840	40251	956902	929290	168125	421430
1383635	1871547	660431	178143	206583	4282640	4129876	453697	2013567
1383635	1871547	660431	178143	206583	4282640	4129876	453697	2013567
14319	20211	8328	1575	2306	91189	80714	17566	40623
14319	20211	8328	1575	2306	91189	80714	17566	40623
1087158	1474545	535188	110462	170492	5003465	4826019	594433	1971312
61431	98267	41157	6982	9041	627704	624198	61867	218276
13925	36187	22317	1753	278	289680	288934	28037	142937
7182	8456	2034	869	748	43027	42610	1368	11220
23225	32389	10975	2500	6431	214631	214631	27239	46785
242	450	208	56	3	2978	2978	316	1184
15523	19261	5433	1659	1582	72254	70041	4901	15430

1-B-14 续表 13

行业	单位数(个)	资产总计	流动资产合计	#应收账款	#存货	
						#产成品
贵金属冶炼	5	134157	100597	-16544	61009	45701
金冶炼	2	103697	80577	-16613	46657	36313
银冶炼	2	6816	5840	69	999	88
其他贵金属冶炼	1					
稀有稀土金属冶炼	3	38875	24991	15535	3351	1057
钨钼冶炼	1					
稀土金属冶炼	2	29813	16381	14218	603	43
有色金属合金制造	59	880551	629033	137163	144041	38135
有色金属合金制造	59	880551	629033	137163	144041	38135
有色金属铸造	7	50756	36684	10819	12912	8313
有色金属铸造	7	50756	36684	10819	12912	8313
有色金属压延加工	437	5057410	3658478	848055	792927	312466
铜压延加工	196	2974254	2259122	470272	462876	174753
铝压延加工	179	1545349	1018486	251066	230869	81905
贵金属压延加工	5	77097	64142	19283	7703	3788
稀有稀土金属压延加工	14	77862	58752	21817	17268	9459
其他有色金属压延加工	43	382847	257975	85617	74211	42563
金属制品业	1754	13486009	8841028	2312880	1968928	873101
结构性金属制品制造	331	4314369	2909276	674011	610901	290543
金属结构制造	129	1603797	1069254	286104	232441	145522
金属门窗制造	202	2710572	1840022	387908	378460	145021
金属工具制造	253	1254153	801346	201466	183738	87723
切削工具制造	51	313207	193319	51092	54223	28763
手工具制造	99	443480	271452	70502	69152	31511
农用及园林用金属工具制造	52	246684	179915	38549	29898	14387
刀剪及类似日用金属工具制造	11	74657	49238	14163	14452	7654
其他金属工具制造	40	176125	107422	27160	16013	5408
集装箱及金属包装容器制造	70	667253	430797	118711	140291	68834
集装箱制造	2	108263	79807	8540	55173	49761
金属压力容器制造	26	307990	210951	66889	53230	8585
金属包装容器制造	42	250999	140039	43283	31887	10488

单位：万元

固定资产合　计	固定资产原　价	累计折旧	#本年折旧	在建工程(个)	负债合计	流动负债合　计	#应付账款	所有者权益合计
16060	11677	3216	574	6951	89107	86107	519	45050
7772	7960	2286	460	1450	62668	62668	32	41029
390	811	466	60	45	7182	7182	136	-367
6330	8311	2116	644		14511	14511	7845	24364
6139	6842	837	599		9394	9394	6455	20419
176139	190754	54077	13039	28318	537743	529817	66425	340686
176139	190754	54077	13039	28318	537743	529817	66425	340686
10817	13474	3493	795	343	41963	41123	4405	8793
10817	13474	3493	795	343	41963	41123	4405	8793
816381	1152062	431131	88428	125839	3692438	3530263	453373	1334142
384505	532462	204267	38226	87587	2232174	2148212	294141	732572
330439	488001	185823	40459	33285	1082346	1020880	106148	441683
2438	4742	2336	444	31	67096	67096	4437	10001
13661	24910	11273	2279	24	51265	48155	13491	26597
85338	101947	27432	7020	4911	259557	245920	35156	123290
3160331	4143777	1296088	301205	337800	8657557	7787401	1007357	4838102
956811	1204682	310729	94375	61433	2546939	1894332	251230	1785850
435183	514799	99585	44970	19076	1020341	477606	82340	590436
521628	689883	211144	49405	42357	1526598	1416727	168890	1195414
314488	440761	155947	31371	37098	837025	807131	133717	416351
82072	125408	47518	9747	6633	188528	186442	22304	124064
121850	173555	63638	11609	11499	299817	287272	49321	143517
43872	59273	19037	4672	8516	178657	177029	33579	67646
15519	22119	7126	1203	743	41207	39778	11897	33449
51176	60406	18628	4140	9706	128817	116611	16617	47675
155937	185418	62120	13785	12511	493785	480828	70573	173467
13472	15968	2540	1340	38	81709	81709	16261	26554
75193	80585	28680	6066	5830	224484	220977	30410	83506
67273	88865	30901	6379	6643	187592	178142	23903	63407

1-B-14 续表 14

行业	单位数(个)	资产总计	流动资产合计	#应收账款	#存货	#产成品
金属丝绳及其制品制造	104	494935	308442	106955	58076	25574
金属丝绳及其制品制造	104	494935	308442	106955	58076	25574
建筑、安全用金属制品制造	353	2294824	1401560	422674	392153	168516
建筑、家具用金属配件制造	158	810654	474522	123251	135085	47792
建筑装饰及水暖管道零件制造	150	1310177	821625	264833	231408	107395
安全、消防用金属制品制造	30	123754	71833	21640	18495	10154
其他建筑、安全用金属制品制造	15	50239	33580	12950	7166	3174
金属表面处理及热处理加工	158	1029363	665183	206494	145646	57959
金属表面处理及热处理加工	158	1029363	665183	206494	145646	57959
搪瓷制品制造	24	97089	66601	14550	21858	10288
生产专用搪瓷制品制造	1					
建筑装饰搪瓷制品制造	1					
搪瓷卫生洁具制造	10	34603	21637	7464	7923	3505
搪瓷日用品及其他搪瓷制品制造	12	48434	36310	3536	12564	5905
金属制日用品制造	296	2326533	1556468	341045	289965	113549
金属制厨房用器具制造	51	573162	441441	84585	67994	31693
金属制餐具和器皿制造	164	1463698	936307	193249	175392	63897
金属制卫生器具制造	27	115663	64349	25964	16461	5096
其他金属制日用品制造	54	174011	114372	37247	30119	12863
其他金属制品制造	165	1007491	701355	226974	126300	50116
锻件及粉末冶金制品制造	83	479062	324190	109101	58568	23318
交通及公共管理用金属标牌制造	4	35085	30460	5871	7581	4430
其他未列明金属制品制造	78	493344	346705	112001	60151	22368
通用设备制造业	2452	21202986	13403281	4062256	2927969	1225064
锅炉及原动设备制造	69	709588	473900	137909	117686	31636
锅炉及辅助设备制造	30	293954	222150	67046	55562	17291
内燃机及配件制造	22	149604	85276	28821	16201	6532
汽轮机及辅机制造	10	125056	80506	16799	15660	2179
水轮机及辅机制造	7	140975	85968	25244	30262	5634

单位：万元

固定资产合计	固定资产原价	累计折旧	#本年折旧	在建工程(个)	负债合计	流动负债合计	#应付账款	所有者权益合计
127405	182023	62038	12335	13779	324482	315969	30569	167718
127405	182023	62038	12335	13779	324482	315969	30569	167718
576346	775213	252249	47905	71381	1306761	1259952	150580	976772
236145	310520	89578	16707	11486	509775	485833	62886	297030
297509	406530	142045	26939	51402	683358	663344	65242	620909
30247	38816	13289	2689	7630	82688	80238	14531	39535
12445	19347	7337	1570	863	30940	30537	7920	19299
268065	372667	123137	29437	22385	745010	713668	80383	296449
268065	372667	123137	29437	22385	745010	713668	80383	296449
24036	31682	10958	2498	1745	74189	73975	12582	22895
7988	9590	2911	1369	923	27311	27151	4705	7289
10651	15106	6303	858	822	37107	37053	6308	11327
521915	645635	204464	45934	93090	1617301	1542680	204246	704444
92803	115021	37418	7167	7932	450907	440975	66718	119854
347450	430061	134433	31878	74793	975675	914468	101331	485977
36227	42205	11784	2246	2593	76096	74696	13283	39227
45435	58348	20829	4643	7772	114624	112542	22914	59387
215329	305697	114446	23566	24381	712065	698866	73478	294156
121193	174064	72330	13704	17732	330615	320992	34740	147251
3000	5140	2141	418	606	23998	23701	755	11087
91136	126493	39975	9444	6042	357452	354173	37983	135818
4498609	6350240	2355936	452009	584350	13426272	12474342	2562923	7749018
168387	223875	76300	16580	28574	469822	424163	110256	239755
41659	63911	23125	4674	7908	191704	178284	69271	102250
45729	62761	20901	4578	8105	95926	94423	16687	53677
40138	46276	13586	3669	4778	81448	68369	7700	43597
40861	50927	18689	3658	7784	100743	83087	16597	40232

1-B-14 续表 15

行业	单位数(个)	资产总计	流动资产合计	#应收账款	#存货	#产成品
金属加工机械制造	179	1183277	785235	222856	212003	81878
金属切削机床制造	58	442485	304527	97061	82036	28380
金属成形机床制造	37	171902	108962	29722	44056	19398
铸造机械制造	21	74521	41769	17623	9085	2447
金属切割及焊接设备制造	32	315168	223532	49012	39185	18454
机床附件制造	11	74673	45242	13916	16541	7641
其他金属加工机械制造	20	104530	61202	15522	21100	5558
物料搬运设备制造	226	2530766	1585973	580269	322534	107525
轻小型起重设备制造	40	260358	162638	62950	44456	15199
起重机制造	30	459728	301332	143494	59205	24320
生产专用车辆制造	22	186541	120606	46705	27345	8295
连续搬运设备制造	30	158032	98901	44377	23288	6870
电梯、自动扶梯及升降机制造	94	1410996	868468	270178	156016	48594
其他物料搬运设备制造	10	55111	34027	12566	12224	4247
泵、阀门、压缩机及类似机械制造	705	4901142	3175282	1064010	653820	263966
泵及真空设备制造	171	1225370	804732	252823	179035	71594
气体压缩机械制造	67	822738	577284	158359	131431	63340
阀门和旋塞制造	377	2113990	1373550	527943	261017	91350
液压和气压动力机械及元件制造	90	739045	419716	124885	82338	37683
轴承、齿轮和传动部件制造	396	4015990	2288050	701035	476642	226350
轴承制造	260	2750900	1634043	494402	317748	164835
齿轮及齿轮减、变速箱制造	96	825538	430263	142079	101636	36117
其他传动部件制造	40	439553	223744	64553	57259	25399
烘炉、风机、衡器、包装等设备制造	325	3486560	2222559	534614	522113	206660
烘炉、熔炉及电炉制造	6	54155	37553	2119	4005	1040
风机、风扇制造	28	201395	133294	47201	17704	5931
气体、液体分离及纯净设备制造	69	614428	426611	105250	113872	57505
制冷、空调设备制造	69	1202951	689413	168306	175066	64423
风动和电动工具制造	108	1024175	673291	159583	126504	42749

单位：万元

固定资产合　计	固定资产原　价	累计折旧	#本年折旧	在建工程（个）	负债合计	流动负债合　计	#应付账款	所有者权益合计
270108	352455	120873	25162	51548	778730	758157	136934	403235
93063	106092	33039	7459	21898	284341	279770	52779	156980
52131	69258	22982	4640	3260	113043	109645	29510	58858
23254	31915	8979	2040	3334	42697	41122	12852	31824
48352	61798	24705	5320	18291	205570	200811	26091	109449
21539	42049	21235	3054	4329	47954	44855	2821	26719
31770	41344	9934	2649	436	85125	81954	12881	19405
410653	520524	169211	36159	80544	1546235	1423551	348037	979404
54452	84825	34260	5623	1587	168539	165592	44023	91249
92499	114431	26139	7932	22925	300712	293317	75939	159024
41908	48671	16414	3204	9080	129747	123813	28821	55172
32630	41185	15029	3019	5478	95613	87441	18056	62349
176552	215161	71858	15260	39421	811685	714953	169276	599204
12611	16252	5511	1121	2052	39939	38436	11921	12407
1009283	1374047	492224	98864	137744	2969300	2835093	520522	1923220
231696	352125	141472	24312	30334	727621	716370	139818	494558
180551	217844	74046	17019	27889	584512	560965	130247	238186
418144	554122	193290	41034	63042	1198186	1159002	189162	911742
178893	249956	83416	16499	16479	458981	398757	61295	278734
954581	1404411	553005	93798	97120	2530346	2358181	543586	1487549
544256	809515	327108	53637	46398	1738488	1627741	423006	1015718
272676	397517	155000	27828	39963	526171	501414	78360	298139
137648	197378	70896	12333	10760	265687	229026	42219	173692
727374	1055878	404784	73667	100174	2206308	2050957	398120	1271036
11895	15944	4049	1023	1962	24174	24174	6265	29980
46360	63017	19927	3398	3897	130816	126015	20254	70579
104740	144549	53114	10611	20276	374808	344930	73450	240038
275215	417245	173037	30040	31193	739345	659324	109983	460349
215944	306429	109287	20506	39697	684945	648645	137584	332961

1-B-14 续表 16

行　业	单位数(个)	资产总计	流动资产合　计	#应收账款	#存　货	#产成品
喷枪及类似器具制造	16	136561	75175	24181	30105	5861
衡器制造	9	45304	35237	6228	4288	905
包装专用设备制造	20	207591	151987	21748	50569	28247
文化、办公用机械制造	41	256940	158109	54545	44698	15871
电影机械制造	1					
幻灯及投影设备制造	1					
照相机及器材制造	10	33636	21947	6582	7617	762
复印和胶印设备制造	11	68791	26462	9176	8908	2993
计算器及货币专用设备制造	12	119929	90568	35519	21669	10391
其他文化、办公用机械制造	6	26737	16537	2815	5455	1651
通用零部件制造	486	3974281	2620878	738966	558597	284888
金属密封件制造	22	147084	85056	34520	20453	6678
紧固件制造	266	1514467	1002403	337041	267942	135799
弹簧制造	23	111274	71649	29111	8392	2764
机械零部件加工	92	455768	277919	111485	64707	25538
其他通用零部件制造	83	1745688	1183851	226811	197104	114110
其他通用设备制造业	25	144442	93296	28052	19876	6289
其他通用设备制造业	25	144442	93296	28052	19876	6289
专用设备制造业	996	7325665	4705785	1402351	1076597	391511
采矿、冶金、建筑专用设备制造	83	662924	423887	146863	101735	47753
矿山机械制造	35	253661	159475	59613	40776	21203
石油钻采专用设备制造	8	84861	48608	11545	9807	5780
建筑工程用机械制造	15	77882	43117	21063	11586	4703
建筑材料生产专用机械制造	14	134211	95717	27997	20743	9189
冶金专用设备制造	11	112309	76971	26647	18824	6879
化工、木材、非金属加工专用设备制造	305	2420686	1498627	455663	338429	100824
炼油、化工生产专用设备制造	26	205488	130023	47151	27784	5484
橡胶加工专用设备制造	4	14554	7115	1832	1012	458
塑料加工专用设备制造	86	735653	443444	140753	100982	33465
模具制造	185	1432098	894852	257891	203390	59773
其他非金属加工专用设备制造	4	32893	23193	8037	5261	1644

单位：万元

固定资产合计	固定资产原价	累计折旧	#本年折旧	在建工程(个)	负债合计	流动负债合计	#应付账款	所有者权益合计
35969	55095	23956	4084	189	87778	84778	25690	48783
7226	11069	4347	854	60	34061	34056	2025	11242
30024	42530	17067	3151	2899	130379	129035	22870	77103
44445	64754	22377	5075	2148	152289	151445	26126	104651
5213	7821	2632	843	64	16856	16856	4838	16780
16565	22901	6586	1872	268	50764	50755	3961	18027
16239	24325	8627	1640	579	66640	65878	11306	53289
3893	7677	3801	579	1	12868	12796	5701	13869
875602	1293401	493746	98952	83014	2674604	2379203	461596	1294368
44731	72822	29211	5814	4808	94271	85699	18702	52812
368569	561960	230901	42336	30718	1089406	1042601	190972	422882
22889	38263	18396	2936	3377	70962	70215	16615	40311
124382	160834	46081	11493	15671	296067	264491	50489	157766
315031	459522	169157	36375	28441	1123898	916196	184818	620597
38176	60895	23416	3753	3483	98639	93594	17748	45801
38176	60895	23416	3753	3483	98639	93594	17748	45801
1665644	2331871	819554	171161	198229	4596647	4380250	839571	2715561
145827	202528	71620	15110	21358	413112	393658	86819	247565
57521	73364	27925	5747	12008	175155	168870	44815	77295
16720	23721	8588	2006	5016	52147	51756	3820	32714
21049	26628	6310	1901	2229	50428	41777	20915	27455
26347	41491	15574	2762	769	72704	72543	9459	60471
24190	37325	13224	2694	1337	62679	58712	7810	49630
558354	843728	341998	62258	58352	1518150	1429803	282726	901278
41522	61248	21951	4695	2005	120583	114548	19157	83625
4906	5756	987	251	333	8162	7123	1500	6392
141662	218150	90752	16125	15813	419419	408532	92988	316132
363909	551295	226492	40593	38913	945934	875549	162713	486290
6356	7278	1816	594	1288	24052	24051	6368	8840

1-B-14 续表 17

行　业	单位数(个)	资产总计	流动资产合　计	#应收账款	#存　货	#产成品
食品、饮料、烟草及饲料生产专用设备制造	36	202247	109876	28224	41092	14155
食品、酒、饮料及茶生产专用设备制造	25	151203	83338	21514	30438	11561
农副食品加工专用设备制造	4	14059	5471	791	3509	224
烟草生产专用设备制造	4	17273	7653	2659	2299	1095
饲料生产专用设备制造	3	19713	13415	3260	4846	1275
印刷、制药、日化及日用品生产专用设备制造	72	264589	174351	57094	47552	24550
制浆和造纸专用设备制造	9	29250	18776	5692	4194	2798
印刷专用设备制造	25	92489	60124	16777	19852	13058
制药专用设备制造	23	87303	60510	23265	13962	6609
照明器具生产专用设备制造	7	31361	24244	8159	6922	793
玻璃、陶瓷和搪瓷制品生产专用设备制造	2	3007	1915	973	746	135
其他日用品生产专用设备制造	6	21178	8783	2228	1876	1158
纺织、服装和皮革加工专用设备制造	210	1263724	849023	264925	192635	72614
纺织专用设备制造	126	840180	569715	175608	116809	46600
皮革、毛皮及其制品加工专用设备制造	4	16461	8743	5696	2304	93
缝制机械制造	79	405136	268941	82125	73519	25919
洗涤机械制造	1					
电子和电工机械专用设备制造	26	177261	125898	39751	23108	9277
电工机械专用设备制造	14	129308	91481	26431	14445	4524
电子工业专用设备制造	12	47954	34417	13320	8663	4753
农、林、牧、渔专用机械制造	74	519482	373605	101578	101702	39485
拖拉机制造	10	109872	92531	36199	23395	7804
机械化农业及园艺机具制造	38	317180	229094	40298	66414	26187
营林及木竹采伐机械制造	1					
畜牧机械制造	2	3921	3168	1733	133	11
渔业机械制造	2	7420	6069	1260	2055	785
农林牧渔机械配件制造	17	60787	34574	19263	7924	3874
棉花加工机械制造	1					
其他农、林、牧、渔业机械制造	3	4892	3248	144	918	227

单位：万元

固定资产合计	固定资产原价	累计折旧		在建工程(个)	负债合计	流动负债合计		所有者权益合计
			#本年折旧				#应付账款	
65389	80048	23873	8008	3589	136840	134043	16105	65408
49533	57362	15407	6581	1765	106620	103823	12429	44583
6082	9675	3904	500	128	5933	5933	739	8127
5700	7628	3117	527	1189	11694	11694	295	5578
4074	5382	1444	400	507	12593	12593	2642	7120
65614	90346	30929	6871	6925	172380	168266	40591	89553
8582	13447	5488	865	459	18898	18497	5104	10353
22717	33500	11958	2427	2178	54263	54162	13498	38226
17728	24857	9133	2106	1905	58562	56159	9636	28369
6239	8809	2609	850	73	26061	25232	8074	4977
1092	1451	550	93	193	2696	2696	727	311
9255	8283	1191	531	2119	11902	11521	3552	7317
297215	429644	155574	32873	28273	812925	786549	167597	444968
202327	271824	88346	21655	18423	537313	520049	94369	296891
6562	9177	3668	683		11849	11755	2270	5135
88002	148272	63512	10501	9851	261930	252912	70349	142826
32567	43943	13451	3131	5945	116092	114627	28922	59575
21732	28310	8630	2057	5244	81316	80846	16144	46398
10835	15633	4821	1074	700	34776	33781	12778	13177
103075	140510	43222	10302	10683	391646	377901	66382	127175
12955	26055	13879	2297	1088	73295	73295	15158	36578
59882	76502	20032	5384	6331	255283	247784	38626	61270
237	347	109	54		3013	3013	1299	908
935	2194	1258	62		6324	6324	2037	1095
18746	24257	6260	1495	3264	43387	37141	8566	17400
1412	1991	588	149		3252	3252	114	1607

1-B-14 续表 18

行业	单位数(个)	资产总计	流动资产合计	#应收账款	#存货	#产成品
医疗仪器设备及器械制造	53	427843	273770	58894	69640	17360
医疗诊断、监护及治疗设备制造	5	63542	42514	8433	28108	1778
口腔科用设备及器具制造	5	21466	11006	4978	2929	1101
医疗实验室及医用消毒设备和器具制造	1					
医疗、外科及兽医用器械制造	26	189711	117235	32063	22101	8070
机械治疗及病房护理设备制造	3	78692	59815	3315	6502	2240
假肢、人工器官及植(介)入器械制造	2	12490	7891	1805	1548	379
其他医疗设备及器械制造	11	56318	31773	7402	6177	2003
环保、社会公共服务及其他专用设备制造	137	1386910	876748	249360	160705	65491
环境保护专用设备制造	70	626963	414820	141192	88799	31474
地质勘查专用设备制造	1					
邮政专用机械及器材制造	1					
商业、饮食、服务专用设备制造	3	4162	2471	270	1407	231
社会公共安全设备及器材制造	36	576461	330948	61606	42852	22944
交通安全、管制及类似专用设备制造	4	14689	12162	6290	2190	1271
水资源专用机械制造	4	28624	14352	2981	6084	2351
其他专用设备制造	18	123525	91936	31742	17964	7049
汽车制造业	973	8038644	4971709	1639714	1050286	461983
汽车整车制造	26	877769	495427	97630	103660	40613
汽车整车制造	26	877769	495427	97630	103660	40613
改装汽车制造	5	43648	18671	4338	4397	712
改装汽车制造	5	43648	18671	4338	4397	712
汽车车身、挂车制造	4	36002	18793	2282	2914	395
汽车车身、挂车制造	4	36002	18793	2282	2914	395
汽车零部件及配件制造	938	7081225	4438818	1535465	939315	420263
汽车零部件及配件制造	938	7081225	4438818	1535465	939315	420263
铁路、船舶、航空航天和其他运输设备制造业	400	5798172	3448611	836639	807604	209026
铁路运输设备制造	12	236385	176509	55467	12583	5959
铁路机车车辆配件制造	4	174482	125929	36065	7319	4083
铁路专用设备及器材、配件制造	8	61903	50580	19401	5264	1876

单位：万元

固定资产合计	固定资产原价	累计折旧	#本年折旧	在建工程(个)	负债合计	流动负债合计	#应付账款	所有者权益合计
93257	132189	45352	8587	8632	213954	205330	46350	214808
14339	16626	3874	921	1398	33265	32886	6286	30277
7256	9005	1998	418	78	13604	13534	1997	7862
42996	67388	27393	4783	2348	123712	116485	27376	65999
11846	15969	4475	794	3667	10521	10521	4672	68172
973	1286	406	147	145	1315	1315	531	11174
14344	18921	5715	1296	997	28576	27627	4935	28661
304346	368937	93535	24021	54471	821547	770073	104080	565233
124181	148362	40722	10214	27785	386712	372081	51752	240251
1689	1851	752	168		3273	3273	758	889
144197	174540	40445	10408	24559	340424	305786	33935	235908
1821	2940	1239	262	52	7466	7466	3249	7223
11947	14156	2717	686		15942	14940	1081	12683
18822	24765	7009	2026	2076	60466	59263	10310	63058
2027667	2828258	1003505	218913	219993	5104326	4825143	936619	2916678
226800	410569	207030	42033	11325	514238	490996	61936	362070
226800	410569	207030	42033	11325	514238	490996	61936	362070
16991	11580	1892	455	6015	29600	25034	5162	14048
16991	11580	1892	455	6015	29600	25034	5162	14048
13094	3907	914	227	7190	24106	20525	4641	8890
13094	3907	914	227	7190	24106	20525	4641	8890
1770781	2402202	793668	176198	195463	4536382	4288588	864880	2531670
1770781	2402202	793668	176198	195463	4536382	4288588	864880	2531670
1430131	1870110	560318	113667	174722	4292073	4011744	809495	1504450
20617	34244	13635	2575	1782	85604	82352	25498	150781
11899	19696	7804	1311	1714	61102	58432	20649	113380
8718	14548	5831	1264	68	24503	23920	4849	37401

1-B-14 续表 19

行 业	单位数(个)	资产总计	流动资产合计	#应收账款	#存 货	#产成品
船舶及相关装置制造	98	3191847	1663044	284431	493538	94673
金属船舶制造	65	2812977	1430485	209196	428177	68108
娱乐船和运动船制造	5	21505	11225	3482	3213	863
船用配套设备制造	24	250020	161177	52529	38224	10538
船舶改装与拆除	4	107345	60156	19224	23924	15165
航空、航天器及设备制造	5	51518	35657	24119	3542	723
飞机制造	3	17752	13314	10686	94	22
航空、航天相关设备制造	1					
其他航空航天器制造	1					
摩托车制造	150	1131884	750364	215390	141856	52206
摩托车整车制造	17	233961	172903	40901	32118	9599
摩托车零部件及配件制造	133	897923	577461	174489	109738	42607
自行车制造	115	1116480	777745	242409	145274	53632
脚踏自行车及残疾人座车制造	68	529248	379130	127186	54593	24383
助动自行车制造	47	587232	398616	115223	90681	29249
非公路休闲车及零配件制造	12	47503	29783	9221	6556	1408
非公路休闲车及零配件制造	12	47503	29783	9221	6556	1408
潜水救捞及其他未列明运输设备制造	8	22556	15510	5603	4256	425
潜水及水下救捞装备制造	1					
其他未列明运输设备制造	7	20083	14149	4690	3979	359
电气机械和器材制造业	2458	23452322	15519814	5313330	3097681	1289861
电机制造	366	3411722	2286430	685614	458686	148834
发电机及发电机组制造	37	365886	268174	85131	79534	22115
电动机制造	135	1253451	853979	237744	170135	47539
微电机及其他电机制造	194	1792386	1164278	362739	209018	79180
输配电及控制设备制造	729	7662790	4931612	2103661	779393	363504
变压器、整流器和电感器制造	110	1166331	803500	355661	170943	85466
电容器及其配套设备制造	17	97765	71705	30254	5542	2484
配电开关控制设备制造	326	3633115	2457402	1054517	319475	149110
电力电子元器件制造	156	911811	658791	300590	126992	54463
光伏设备及元器件制造	68	1458222	678925	236676	120185	59932
其他输配电及控制设备制造	52	395546	261288	125963	36256	12047

单位：万元

固定资产合　　计	固定资产原　　价	累计折旧		在建工程(个)	负债合计	流动负债合　　计		所有者权益合计
			#本年折旧				#应付账款	
934959	1157651	278700	56485	91658	2414900	2188387	517110	776950
817590	1015058	245101	48980	86999	2177582	1970062	482152	635398
8629	9944	2615	714	1412	15058	13884	3267	6447
67790	87202	22305	4751	3234	163809	146551	22876	86211
40949	45447	8679	2040	13	58451	57889	8816	48894
7706	12061	4355	1023	25	30762	29621	3051	20756
3172	5484	2311	485		13570	12570	460	4182
255203	371858	151948	25123	47815	828857	810258	111426	301291
36854	52687	18706	2716	1527	178917	178917	46983	54511
218349	319171	133242	22407	46288	649941	631342	64443	246781
190684	264035	99800	26790	33320	880212	849476	143821	236352
109516	152445	56310	16429	14398	393859	369051	39122	135473
81169	111589	43490	10361	18922	486353	480425	104700	100879
14710	21168	9024	1096	3	35947	35858	4094	11556
14710	21168	9024	1096	3	35947	35858	4094	11556
6253	9094	2857	575	120	15792	15792	4494	6764
5141	7730	2605	482	120	13950	13950	3776	6133
4323908	6030490	2127722	456168	867430	15478459	14480478	3097079	7941572
644582	954952	353190	70369	88741	2296904	2173324	438993	1117327
69364	91336	26989	6389	5633	268216	261479	80251	97076
257182	379394	134934	29094	27863	854067	831805	145075	397668
318036	484222	191267	34886	55245	1174621	1080040	213667	622584
1252589	1731037	595105	131191	480908	4547614	4240778	944289	3088667
185200	241832	91768	16031	33924	654612	640730	141489	506355
19985	25433	9298	1955	3856	49028	35259	14012	48737
500853	713110	261514	53349	76696	2143022	2043909	452454	1471682
146752	230519	92706	17682	14555	585988	576307	150488	324392
339040	426520	99410	35618	331679	914283	746772	138010	542677
60760	93623	40409	6556	20199	200680	197801	47835	194825

1-B-14 续表 20

行业	单位数(个)	资产总计	流动资产合计	#应收账款	#存货	#产成品
电线、电缆、光缆及电工器材制造	359	3776240	2689515	1016061	516249	269733
电线、电缆制造	317	3300339	2331218	908107	477192	255475
光纤、光缆制造	12	300673	258053	64617	21115	7866
绝缘制品制造	12	56655	36987	15662	6864	2543
其他电工器材制造	18	118573	63257	27675	11079	3849
电池制造	79	1022532	681749	201901	157002	55699
锂离子电池制造	11	135426	89760	27742	14643	2796
镍氢电池制造	6	32360	26851	7506	2709	389
其他电池制造	62	854746	565138	166653	139650	52514
家用电力器具制造	432	5013139	3256041	733055	809463	294537
家用制冷电器具制造	28	581747	382250	58517	114614	45378
家用空气调节器制造	29	577948	479173	109446	125097	47718
家用通风电器具制造	34	374557	235422	47872	43257	11469
家用厨房电器具制造	97	985778	612929	117209	138048	53318
家用清洁卫生电器具制造	52	856564	562673	126230	138591	48852
家用美容、保健电器具制造	43	226300	129611	34613	30345	9822
家用电力器具专用配件制造	62	423034	279309	113512	70466	27280
其他家用电力器具制造	87	987212	574674	125657	149046	50699
非电力家用器具制造	64	384375	234589	66623	61887	29757
燃气、太阳能及类似能源家用器具制造	48	275965	167774	46196	47343	23852
其他非电力家用器具制造	16	108410	66816	20427	14544	5906
照明器具制造	408	2113690	1392697	488458	304659	124686
电光源制造	159	900729	590734	249381	129195	63941
照明灯具制造	196	1036943	677946	202994	146608	50858
灯用电器附件及其他照明器具制造	53	176018	124018	36082	28856	9887
其他电气机械及器材制造	21	67834	47181	17958	10343	3113
电气信号设备装置制造	12	33841	22221	6981	6492	2097
其他未列明电气机械及器材制造	9	33992	24960	10977	3851	1016

单位：万元

固定资产合计	固定资产原价	累计折旧	#本年折旧	在建工程(个)	负债合计	流动负债合计	#应付账款	所有者权益合计
627912	887992	341093	69037	79083	2431938	2316454	352117	1343438
549238	790937	310103	61468	66068	2072448	1966939	319463	1228817
32391	42531	16108	2655	5739	255688	251724	16736	43927
15036	13872	4715	1127	6070	37178	34940	5236	19476
31246	40652	10167	3786	1206	66625	62851	10682	51218
232755	298351	86150	22949	20301	648685	510235	124746	362336
33167	43132	12223	2867	2445	99360	94236	12452	36066
4284	6618	2590	415	110	27836	26836	4125	4675
195304	248601	71336	19667	17746	521489	389163	108170	321594
957546	1306940	460709	98833	135203	3739039	3497207	751042	1283227
111194	150923	41717	13453	3780	461990	383364	86779	136496
58692	85966	32428	5922	9224	457205	438917	62625	120743
52928	72487	27710	5926	8584	268407	265972	41890	106149
228583	281940	95224	18282	33533	690938	676809	163421	290657
181017	239625	85196	18142	17282	696047	639866	141118	157114
53942	80373	28306	6132	15017	163559	159187	43593	62677
92915	137059	52621	11228	8840	285760	280651	70806	136759
178275	258568	97507	19747	38944	715134	652441	140810	272632
104677	132249	39985	9550	12251	254394	245385	39143	129420
74438	93825	30799	6910	11319	183149	175691	28133	92717
30239	38424	9186	2640	932	71245	69694	11010	36704
489814	699431	245787	52842	49960	1514708	1451923	438835	594501
214972	313274	118277	26500	17182	628575	594606	219781	267147
238570	326390	102229	21400	29799	740906	715432	187503	296816
36273	59767	25281	4942	2978	145227	141885	31552	30539
14033	19539	5704	1399	984	45176	45172	7916	22657
5494	8415	2921	760	942	22739	22738	4064	11103
8539	11125	2783	640	42	22438	22433	3852	11554

1-B-14 续表 21

行业	单位数(个)	资产总计	流动资产合计	#应收账款	#存货	#产成品
计算机、通信和其他电子设备制造业	672	6695997	4499956	1649727	821487	373009
计算机制造	16	89108	66226	27064	11708	4287
计算机整机制造	1					
计算机零部件制造	3	25318	19638	7473	2484	1071
计算机外围设备制造	6	31503	20438	10509	4694	376
其他计算机制造	6	27444	21307	5030	4523	2840
通信设备制造	77	672984	489290	153481	80219	32078
通信系统设备制造	50	367443	258734	92845	44703	17071
通信终端设备制造	27	305542	230557	60636	35516	15007
广播电视设备制造	37	769707	609908	324737	115933	68141
广播电视节目制作及发射设备制造	4	103740	77127	10022	6407	4236
广播电视接收设备及器材制造	25	332222	217007	114044	49253	12835
应用电视设备及其他广播电视设备制造	8	333745	315774	200671	60274	51070
视听设备制造	51	751791	557517	250697	115986	55207
电视机制造	6	265547	160399	35586	28411	6423
音响设备制造	37	165349	94460	28867	24636	7469
影视录放设备制造	8	320895	302658	186244	62940	41316
电子器件制造	97	1121322	654016	215257	123052	49774
电子真空器件制造	2	17933	13823	8008	2037	847
半导体分立器件制造	15	112537	65977	22376	21594	7944
集成电路制造	13	446056	224473	55080	33848	9024
光电子器件及其他电子器件制造	67	544797	349744	129793	65573	31959
电子元件制造	356	2978081	1925603	630801	334853	145741
电子元件及组件制造	314	2662242	1719043	554617	302539	130200
印制电路板制造	42	315839	206560	76184	32314	15541
其他电子设备制造	38	313004	197396	47689	39735	17780
其他电子设备制造	38	313004	197396	47689	39735	17780
仪器仪表制造业	360	2500108	1662333	655622	370276	133891
通用仪器仪表制造	219	1612492	1106015	467364	258219	80209
工业自动控制系统装置制造	86	690816	452132	174695	116251	36792

单位：万元

固定资产合　计	固定资产原　价	累计折旧	#本年折旧	在建工程(个)	负债合计	流动负债合　计	#应付账款	所 有 者权益合计
1250765	1787874	647571	131362	152847	4153678	3905536	853285	2545843
19204	25989	7129	2010	237	56166	54298	18246	34311
4796	6478	1924	733	14	19216	18889	7527	7057
9504	12271	2774	902		22813	21494	7316	9104
4903	7239	2430	375	223	11856	11634	2894	15588
96429	132198	42053	8747	10499	352447	347232	77075	320749
59920	83230	28772	5527	7367	180002	179639	46538	187653
36509	48968	13281	3220	3132	172446	167593	30537	133096
102248	136337	43998	10091	11150	512365	490655	103637	257710
13938	19623	6091	2022	752	78661	74484	3221	25079
75477	95670	29678	6721	10380	196305	184722	46549	136284
12833	21044	8230	1348	19	237399	231448	53867	96346
99598	155293	64618	7105	8826	549214	515915	131032	208060
37703	58726	27563	1402	7858	200810	178118	7642	70253
46113	66612	22708	4528	793	108119	106178	33484	57198
15783	29955	14347	1175	175	240286	231619	89907	80609
203866	277863	94481	21178	31543	647699	550347	156969	473033
1513	2570	1058	230	1357	9957	9907	4864	7977
32450	40053	16317	2704	10018	59496	54554	13366	53041
40234	62531	22700	4498	4540	202741	134147	35181	243314
129670	172709	54406	13746	15627	375505	351740	103558	168702
670120	979006	368168	76771	76076	1836237	1757086	332587	1139322
592540	873177	325227	69299	68963	1619329	1543023	286250	1040402
77580	105829	42941	7472	7113	216907	214063	46338	98920
59301	81189	27123	5461	14515	199550	190003	33739	112657
59301	81189	27123	5461	14515	199550	190003	33739	112657
507442	724704	268520	52559	76429	1531608	1472287	427441	966147
308029	429735	154804	32718	36337	939918	911199	309590	671435
152370	203501	64366	13516	22809	361356	345829	120326	329205

1-B-14 续表 22

行业	单位数(个)	资产总计	流动资产合计	#应收账款	#存货	#产成品
电工仪器仪表制造	35	356250	274427	130661	47014	18042
绘图、计算及测量仪器制造	11	52645	25348	5881	8434	4016
实验分析仪器制造	17	46252	35749	12779	8459	1795
试验机制造	7	27609	22012	5790	6562	1832
供应用仪表及其他通用仪器制造	63	438921	296347	137559	71499	17733
专用仪器仪表制造	60	373508	253821	104809	49821	22422
环境监测专用仪器仪表制造	2	19429	15074	6475	3084	2339
运输设备及生产用计数仪表制造	27	159411	110849	48582	21475	11350
导航、气象及海洋专用仪器制造	3	37788	16611	9558	4941	3092
农林牧渔专用仪器仪表制造	1					
地质勘探和地震专用仪器制造	2	11727	10109	5959	3525	1149
教学专用仪器制造	13	58222	41707	13992	9088	2061
电子测量仪器制造	4	35585	21824	8940	1167	317
其他专用仪器制造	8	48483	37342	11244	6343	2113
钟表与计时仪器制造	9	114051	81988	14723	10253	3386
钟表与计时仪器制造	9	114051	81988	14723	10253	3386
光学仪器及眼镜制造	60	351279	183314	54630	44929	25216
光学仪器制造	10	68493	37810	15146	9229	5279
眼镜制造	50	282786	145504	39484	35700	19937
其他仪器仪表制造业	12	48778	37195	14097	7054	2658
其他仪器仪表制造业	12	48778	37195	14097	7054	2658
其他制造业	232	1122225	732860	212568	172410	69532
日用杂品制造	200	952434	621479	176784	146027	61031
鬃毛加工、制刷及清扫工具制造	27	109152	84368	14312	16625	5906
其他日用杂品制造	173	843283	537111	162472	129402	55124
煤制品制造	2	12109	9241	1631	3865	1948
煤制品制造	2	12109	9241	1631	3865	1948
其他未列明制造业	30	157682	102140	34152	22518	6553
其他未列明制造业	30	157682	102140	34152	22518	6553

单位：万元

固定资产合计	固定资产原价	累计折旧	#本年折旧	在建工程(个)	负债合计	流动负债合计	#应付账款	所有者权益合计
41203	53855	23093	7085	2903	219030	212836	80024	137194
21215	25737	7272	804	2827	31515	31515	5941	21129
9777	14810	5667	1183	641	22875	21868	11341	23376
4695	7894	3765	530	198	14938	14732	1833	12671
78770	123937	50641	9599	6959	290204	284418	90126	147859
71344	111849	49320	8549	9959	203419	199757	50944	169492
3309	7379	4095	579	26	11967	11692	2069	7462
33351	59607	29764	4386	2557	80113	77256	27879	79298
6760	6952	2937	698	2745	22621	22621	5707	15167
1257	2193	936	163		5981	5981	2038	5746
10510	13667	4516	956	2452	32780	32736	6690	25442
6989	9356	3078	1130	1241	18318	17831	661	17267
7546	10493	3412	517	939	29511	29511	5650	18376
15817	25468	10593	2184	1002	88360	86021	19206	25491
15817	25468	10593	2184	1002	88360	86021	19206	25491
105035	144904	48180	8039	28591	264198	240140	41943	86666
21235	31355	10512	2034	1057	35345	29612	9244	33141
83800	113549	37668	6004	27534	228853	210528	32699	53525
7216	12748	5624	1070	541	35714	35171	5759	13064
7216	12748	5624	1070	541	35714	35171	5759	13064
251345	355967	125882	23648	17983	725535	692184	111585	392671
223505	308288	103454	19586	14472	617020	585689	97999	334294
21545	32370	11700	2201	889	89422	88568	17790	19730
201961	275918	91754	17384	13584	527599	497121	80209	314564
2735	3383	648	205	61	11989	11989	1404	120
2735	3383	648	205	61	11989	11989	1404	120
25104	44296	21780	3857	3450	96526	94506	12182	58258
25104	44296	21780	3857	3450	96526	94506	12182	58258

1-B-14 续表 23

行 业	单位数(个)	资产总计	流动资产合计	#应收账款	#存 货	#产成品
废弃资源综合利用业	95	984166	772231	152505	276453	136722
金属废料和碎屑加工处理	68	798815	654366	128060	250356	127274
金属废料和碎屑加工处理	68	798815	654366	128060	250356	127274
非金属废料和碎屑加工处理	27	185351	117865	24445	26097	9448
非金属废料和碎屑加工处理	27	185351	117865	24445	26097	9448
金属制品、机械和设备修理业	33	307296	140034	34854	18057	649
通用设备修理	1					
通用设备修理	1					
铁路、船舶、航空航天等运输设备修理	29	292470	128624	31312	16895	47
船舶修理	29	292470	128624	31312	16895	47
电气设备修理	2	7592	6018	800	888	421
电气设备修理	2	7592	6018	800	888	421
其他机械和设备修理业	1					
其他机械和设备修理业	1					
电力、热力、燃气及水生产和供应业	**68**	**1412550**	**462183**	**82605**	**27036**	**5115**
电力、热力生产和供应业	44	1160967	385274	60889	23797	4030
电力生产	36	1014517	324552	47031	18534	3987
火力发电	20	637941	276355	41580	17603	3640
水力发电	9	194586	25442	458	488	347
风力发电	1					
其他电力生产	6	141697	19697	4684	443	
热力生产和供应	8	146450	60722	13858	5263	43
热力生产和供应	8	146450	60722	13858	5263	43
燃气生产和供应业	15	134899	60675	15148	2546	1071
燃气生产和供应业	15	134899	60675	15148	2546	1071
燃气生产和供应业	15	134899	60675	15148	2546	1071
水的生产和供应业	9	116684	16234	6568	693	14
自来水生产和供应	1					
自来水生产和供应	1					
污水处理及其再生利用	8	93794	12835	6458	677	14
污水处理及其再生利用	8	93794	12835	6458	677	14

单位：万元

固定资产合　计	固定资产原　价	累计折旧	#本年折旧	在建工程（个）	负债合计	流动负债合　计	#应付账款	所有者权益合计
153416	151384	44952	13774	26554	810943	659767	83079	174941
113067	98093	30558	10503	15101	680821	547457	72017	120112
113067	98093	30558	10503	15101	680821	547457	72017	120112
40349	53292	14394	3271	11452	130122	112310	11062	54829
40349	53292	14394	3271	11452	130122	112310	11062	54829
106816	170912	67785	14533	4682	180715	143911	13657	126582
104245	167442	66880	14168	4457	170887	134099	12495	121583
104245	167442	66880	14168	4457	170887	134099	12495	121583
1307	1721	414	176	219	5132	5132	608	2460
1307	1721	414	176	219	5132	5132	608	2460
704648	**1064295**	**417882**	**59411**	**83945**	**897199**	**595332**	**89741**	**515142**
583654	906558	376103	49219	76857	713364	472168	69982	447393
512710	781195	320873	40422	72196	616277	377950	57832	398030
240089	428685	236600	23752	50385	378514	304941	42144	259426
162821	219212	60545	8779	2965	130415	34872	1068	63952
88591	111072	22712	6898	3764	81584	29745	8595	60122
70944	125362	55230	8797	4661	97087	94218	12150	49363
70944	125362	55230	8797	4661	97087	94218	12150	49363
59997	71229	16268	4099	5265	101563	81259	9999	33337
59997	71229	16268	4099	5265	101563	81259	9999	33337
59997	71229	16268	4099	5265	101563	81259	9999	33337
60997	86508	25511	6093	1824	82273	41906	9761	34412
60947	86376	25429	6069	1824	69167	38530	9353	24627
60947	86376	25429	6069	1824	69167	38530	9353	24627

1-B-14 续表 24

行业	#实收资本	国家资本	集体资本	法人资本	个人资本	港澳台资本
总 计	**35510510**	**112256**	**60398**	**11574491**	**23559805**	**139123**
采矿业	**224198**	**15200**	**120**	**58008**	**149591**	
煤炭开采和洗选业						
褐煤开采洗选						
褐煤开采洗选						
黑色金属矿采选业	5600			4994	606	
铁矿采选	5600			4994	606	
铁矿采选	5600			4994	606	
有色金属矿采选业	36079		120	4036	31922	
常用有色金属矿采选	14598			500	14098	
铜矿采选	2950				2950	
铅锌矿采选	11648			500	11148	
贵金属矿采选						
银矿采选						
稀有稀土金属矿采选	20681			2980	17701	
钨钼矿采选	20681			2980	17701	
非金属矿采选业	182020	15200		48977	116562	
土砂石开采	174782	15200		45789	112512	
石灰石、石膏开采	11733			10083	1650	
建筑装饰用石开采	68678	15200		1489	51989	
耐火土石开采	17594			11439	6155	
粘土及其他土砂石开采	76776			22778	52718	
化学矿开采						
化学矿开采						
石棉及其他非金属矿采选	3620			1570	2050	
其他未列明非金属矿采选	3620			1570	2050	
制造业	**34980336**	**89000**	**60278**	**11328609**	**23313401**	**138123**
农副食品加工业	700943	300	3078	208970	486439	2157
谷物磨制	39233		40	16005	23189	
谷物磨制	39233		40	16005	23189	

单位：万元

外商资本	营业收入	#主营业务收入	营业成本	#主营业务成本	营业税金及附加	#主营业务税金及附加	其他业务利润
64438	**255003655**	**252095120**	**220759320**	**218268531**	**1225184**	**1196996**	**405930**
1280	**1011295**	**1010968**	**819845**	**819043**	**24958**	**24087**	**-166**
	69863	69863	63003	63003	261	261	
	69863	69863	63003	63003	261	261	
	69863	69863	63003	63003	261	261	
	294652	294608	254411	254408	3655	3277	
	199668	199624	181466	181463	1205	827	
	25443	25443	14477	14477	379	379	
	174225	174182	166989	166986	826	447	
	92309	92309	71729	71729	2342	2342	
	92309	92309	71729	71729	2342	2342	
1280	639781	639497	496665	495865	21038	20546	-166
1280	597051	596821	465976	465176	20029	19537	-220
	42905	42682	25649	25471	3789	3428	
	217288	217288	168832	168211	8834	8702	
	91610	91603	74115	74115	885	885	-220
1280	245247	245247	197380	197380	6522	6522	
	32571	32517	22155	22155	946	946	54
	32571	32517	22155	22155	946	946	54
50926	**253336695**	**250439159**	**219427823**	**216940798**	**1197543**	**1170246**	**402731**
	5771905	5725599	5177366	5128595	19113	18502	6879
	392649	386691	374322	368535	1377	1306	164
	392649	386691	374322	368535	1377	1306	164

1-B-14 续表 25

行　　业	#实收资本	国家资本	集体资本	法人资本	个人资本	港澳台资本
饲料加工	106026			41725	64301	
饲料加工	106026			41725	64301	
植物油加工	25967		2500	3905	19562	
食用植物油加工	24915		2500	3905	18510	
非食用植物油加工	1052				1052	
制糖业						
制糖业						
屠宰及肉类加工	63478			16531	46947	
牲畜屠宰	1634			745	889	
禽类屠宰						
肉制品及副产品加工	61344			15286	46058	
水产品加工	299233	300	538	61238	235312	1845
水产品冷冻加工	224329	300	150	35158	186876	1845
鱼糜制品及水产品干腌制加工	34720			9400	25320	
水产饲料制造	30614		388	11610	18616	
其他水产品加工	9570			5070	4500	
蔬菜、水果和坚果加工	133930			58339	75591	
蔬菜加工	86768			52735	34033	
水果和坚果加工	47163			5604	41558	
其他农副食品加工	32576			11226	21038	313
淀粉及淀粉制品制造	1108				1108	
豆制品制造	16639			8768	7871	
蛋品加工	1250			1000	250	
其他未列明农副食品加工	13579			1458	11809	313
食品制造业	269235	1196	3439	96258	164067	
焙烤食品制造	29301			7152	22150	
糕点、面包制造	17968			1152	16816	
饼干及其他焙烤食品制造	11334			6000	5334	
糖果、巧克力及蜜饯制造	17507			5300	12207	
糖果、巧克力制造	1453				1453	
蜜饯制作	16054			5300	10754	

单位：万元

外商资本	营业收入	#主营业务收入	营业成本	#主营业务成本	营业税金及附加	#主营业务税金及附加	其他业务利润
	1474752	1463156	1342686	1334682	3019	2883	800
	1474752	1463156	1342686	1334682	3019	2883	800
	299066	297454	271255	269856	1262	1261	512
	284901	283322	258785	257385	1185	1184	479
	14165	14132	12470	12470	77	77	33
	450408	450014	397275	397170	2553	2384	125
	70357	70176	66535	66450	75	74	96
	371039	370825	322987	322967	2478	2311	29
	2022505	1998413	1829129	1799717	5206	5012	3996
	1595822	1589697	1447380	1434672	3901	3843	2837
	204599	186846	180389	163685	819	819	1063
	186545	186339	174199	174198	372	236	88
	35539	35532	27161	27161	115	115	8
	893621	891866	756199	754991	4497	4457	413
	442941	442121	378757	378284	2307	2294	13
	450680	449745	377442	376708	2190	2163	400
	233321	232420	201205	198350	1162	1162	868
	20004	19998	15959	15959	81	81	6
	92244	92141	74410	74405	545	545	98
	31908	31908	28450	28450	87	87	
	89166	88374	82386	79536	450	450	765
4275	1435774	1427338	1189281	1182983	7929	7804	771
	165194	164446	133357	132940	1018	1018	140
	106153	105435	83923	83517	565	565	117
	59041	59011	49435	49423	453	453	23
	102076	102076	81783	81783	543	543	
	22862	22862	19376	19376	136	136	
	79215	79215	62407	62407	407	407	

1-B-14 续表 26

行业	#实收资本	国家资本	集体资本	法人资本	个人资本	港澳台资本
方便食品制造	28754			8705	20049	
米、面制品制造	4625			2495	2130	
速冻食品制造	5610			2310	3300	
方便面及其他方便食品制造	18519			3900	14619	
乳制品制造	20528			13602	6926	
乳制品制造	20528			13602	6926	
罐头食品制造	47351			7140	40212	
水产品罐头制造						
蔬菜、水果罐头制造	43969			7140	36830	
其他罐头食品制造						
调味品、发酵制品制造	17887			11410	6477	
味精制造	3772			1120	2652	
酱油、食醋及类似制品制造	5500			4890	610	
其他调味品、发酵制品制造	8615			5400	3215	
其他食品制造	107907	1196	3439	42950	56047	
营养食品制造	6207			2389	3818	
保健食品制造	22227			5189	12764	
冷冻饮品及食用冰制造	11555			10555	1000	
食品及饲料添加剂制造	66018	1196	3439	24517	36866	
其他未列明食品制造	1900			300	1600	
酒、饮料和精制茶制造业	233071	5846	75	98750	127855	545
酒的制造	37557	5846		8500	23082	129
酒精制造						
白酒制造	1600			1100	500	
啤酒制造						
黄酒制造	28953			7400	21424	129
其他酒制造						
饮料制造	110885			56487	54398	
碳酸饮料制造	1600			600	1000	
瓶(罐)装饮用水制造	42107			30927	11180	
果菜汁及果菜汁饮料制造	32878			24760	8118	
含乳饮料和植物蛋白饮料制造	3700			200	3500	
固体饮料制造	800				800	
茶饮料及其他饮料制造	29800				29800	

单位：万元

外商资本	营业收入	#主营业务收入	营业成本	#主营业务成本	营业税金及附加	#主营业务税金及附加	其他业务利润
	138028	137802	112401	112322	1096	1096	147
	31742	31742	27823	27823	192	192	
	24257	24228	20235	20215	247	247	9
	82028	81832	64343	64284	658	658	138
	159233	157663	134878	134136	392	392	361
	159233	157663	134878	134136	392	392	361
	226521	224694	202330	200015	1521	1521	391
	206597	204770	183804	181489	1478	1478	390
	72266	71806	58641	58445	468	468	1
	23514	23071	18968	18789	194	194	
	16085	16085	12921	12921	109	109	
	32667	32651	26752	26735	166	166	1
4275	572456	568851	465891	463343	2891	2766	-268
	38387	38159	31720	31629	309	309	-4
4275	154385	153706	122106	120990	810	810	-437
	43088	41967	37578	36577	159	159	72
	316519	314950	257307	256975	1530	1405	101
	20077	20069	17180	17172	84	84	
	1577330	1529755	1207899	1166990	12475	11871	5099
	173807	172984	127820	126970	6697	6363	147
	11401	11340	7574	7528	892	884	
	148597	148170	110028	109583	4681	4355	61
	717132	670988	492053	452264	3659	3400	4750
	6211	6206	5311	5311	68	68	5
	297263	272033	191470	169809	1547	1547	3576
	256457	237786	190850	173881	1001	1001	
	7417	7417	6412	6412	57	57	
	8761	8749	8081	8075	38	38	6
	141024	138797	89930	88777	949	689	1164

1-B-14 续表 27

行业	#实收资本					
		国家资本	集体资本	法人资本	个人资本	港澳台资本
精制茶加工	84629		75	33763	50375	416
精制茶加工	84629		75	33763	50375	416
纺织业	4379516	515	5456	1370313	2993106	4342
棉纺织及印染精加工	2522349		2469	836434	1679092	1802
棉纺纱加工	631438		2250	199600	429588	
棉织造加工	1222540		69	366019	853974	
棉印染精加工	668371		150	270814	395530	1802
毛纺织及染整精加工	103737		90	13775	89536	
毛条和毛纱线加工	55341			5958	49383	
毛织造加工	29561			5297	23928	
毛染整精加工	18835		90	2520	16225	
麻纺织及染整精加工	4316				4316	
麻纤维纺前加工和纺纱	2328				2328	
麻织造加工	1988				1988	
丝绢纺织及印染精加工	178057		316	68641	108647	
缫丝加工	54980			26552	27976	
绢纺和丝织加工	115196		316	38761	76118	
丝印染精加工	7881			3328	4553	
化纤织造及印染精加工	171029			26128	144901	
化纤织造加工	136757			22861	113896	
化纤织物染整精加工	34271			3267	31005	
针织或钩针编织物及其制品制造	824992	515	1909	280501	539574	50
针织或钩针编织物织造	693835	311	1513	240832	451179	
针织或钩针编织物印染精加工	30136	104	96	13469	16150	
针织或钩针编织品制造	101022	100	300	26200	72245	50
家用纺织制成品制造	312055		72	83412	226081	2490
床上用品制造	194897			41416	153481	
毛巾类制品制造	7106			1266	5840	
窗帘、布艺类产品制造	81415			36234	42691	2490
其他家用纺织制成品制造	28637		72	4496	24069	

单位：万元

外商资本	营业收入	#主营业务收入	营业成本	#主营业务成本	营业税金及附加	#主营业务税金及附加	其他业务利润
	686390	685783	588026	587756	2119	2109	202
	686390	685783	588026	587756	2119	2109	202
5784	38074748	37870504	33971235	33794423	180678	177739	41705
2552	21528126	21413444	19342668	19234202	102634	101421	20550
	4280655	4247710	3858193	3828899	17976	17519	3612
2478	10598829	10539071	9604286	9537557	45844	45355	7340
75	6648642	6626664	5880189	5867746	38814	38547	9598
336	801443	796038	710337	707920	4610	4399	3009
	447968	444071	400227	398908	2008	1843	2680
336	229265	228466	201641	201206	1470	1458	285
	124209	123502	108468	107806	1132	1098	45
	49628	48872	43055	42404	269	268	105
	22255	22249	19675	19675	121	121	7
	27373	26623	23381	22729	147	147	98
453	1986593	1966578	1775479	1763752	8373	8258	8699
453	550726	547774	507611	505374	2204	2154	858
	1321806	1304909	1169731	1160407	5541	5477	7841
	114060	113896	98138	97971	628	628	
	2051873	2048308	1811752	1808524	9074	8879	330
	1831483	1828256	1621196	1619862	7985	7910	167
	220390	220053	190556	188663	1089	969	163
2443	7224553	7185211	6403636	6370721	35850	35079	5491
	6218891	6182714	5532704	5502291	29818	29224	5251
317	231283	230730	201522	201095	1186	1086	62
2126	774379	771767	669409	667335	4846	4769	178
	2310550	2298959	2042891	2034385	10085	9996	1208
	1062287	1056886	932705	928742	4789	4710	381
	77984	77953	67489	67483	398	398	4
	815351	809405	724574	720071	3520	3510	635
	354928	354715	318123	318089	1379	1379	188

1-B-14 续表 28

行业	#实收资本	国家资本	集体资本	法人资本	个人资本	港澳台资本
非家用纺织制成品制造	262981		600	61423	200958	
非织造布制造	131589		600	24351	106639	
绳、索、缆制造	10837			1260	9577	
纺织带和帘子布制造	48383			12960	35422	
篷、帆布制造	35362			12698	22664	
其他非家用纺织制成品制造	36810			10154	26656	
纺织服装、服饰业	1324907	880	10	404546	917611	703
机织服装制造	836435	880		290940	543102	406
机织服装制造	836435	880		290940	543102	406
针织或钩针编织服装制造	351210		10	92291	258612	297
针织或钩针编织服装制造	351210		10	92291	258612	297
服饰制造	137261			21315	115897	
服饰制造	137261			21315	115897	
皮革、毛皮、羽毛及其制品和制鞋业	982260			223615	754911	
皮革鞣制加工	112083			13967	98116	
皮革鞣制加工	112083			13967	98116	
皮革制品制造	195354			48767	142894	
皮革服装制造	60362			9963	50399	
皮箱、包(袋)制造	87297			14151	73146	
皮手套及皮装饰制品制造	6970			1152	5818	
其他皮革制品制造	40725			23500	13532	
毛皮鞣制及制品加工	34879			6902	27977	
毛皮鞣制加工	4710			1500	3210	
毛皮服装加工	15244			1826	13418	
其他毛皮制品加工	14925			3576	11349	
羽毛(绒)加工及制品制造	66385			37031	29355	
羽毛(绒)加工	16515			3078	13437	
羽毛(绒)制品加工	49871			33953	15918	

单位：万元

外商资本	营业收入	#主营业务收入	营业成本	#主营业务成本	营业税金及附加	#主营业务税金及附加	其他业务利润
	2121982	2113093	1841417	1832516	9785	9440	2314
	1106919	1102210	958515	952659	4675	4416	575
	149418	149138	128320	128220	600	600	23
	396360	393354	347106	344612	2264	2194	1221
	264705	264296	230732	230543	1158	1157	273
	204580	204096	176744	176482	1088	1073	222
1157	11206958	11116481	9479702	9410918	64619	62953	14102
1107	7035050	6974370	5904597	5861853	43327	42460	9867
1107	7035050	6974370	5904597	5861853	43327	42460	9867
	3228595	3208907	2763585	2746275	16541	15840	2821
	3228595	3208907	2763585	2746275	16541	15840	2821
50	943313	933204	811520	802790	4751	4654	1414
50	943313	933204	811520	802790	4751	4654	1414
3734	8906411	8879377	7754362	7731637	43632	43218	3897
	745924	734754	665177	654349	2659	2659	661
	745924	734754	665177	654349	2659	2659	661
3693	2112314	2108485	1876131	1873367	9724	9552	1017
	450918	449109	398593	397096	2535	2469	558
	1029925	1028419	904006	903097	5752	5662	439
	91146	91025	78308	78271	533	533	
3693	540326	539931	495223	494903	903	888	21
	341643	341407	299096	298981	1405	1405	55
	98126	98012	91997	91882	217	217	5
	114853	114791	93023	93023	527	527	2
	128664	128604	114076	114076	662	662	48
	570147	569576	515252	514969	2296	2296	137
	205553	205375	196215	196215	689	689	69
	364594	364201	319037	318753	1607	1607	68

1-B-14 续表 29

行业	#实收资本	国家资本	集体资本	法人资本	个人资本	港澳台资本
制鞋业	573558			116949	456568	
纺织面料鞋制造	9336			1263	8073	
皮鞋制造	484340			103215	381083	
塑料鞋制造	14674			1280	13394	
橡胶鞋制造	58823			9536	49287	
其他制鞋业	6386			1655	4731	
木材加工和木、竹、藤、棕、草制品业	319369			109941	208585	677
木材加工	22895			5197	17698	
锯材加工	11706			3470	8236	
木片加工	3280			1088	2192	
单板加工	7409			189	7220	
其他木材加工	500			450	50	
人造板制造	77916			32683	44791	276
胶合板制造	46433			19553	26855	25
纤维板制造	12648			2700	9531	251
刨花板制造						
其他人造板制造	15335			10430	4905	
木制品制造	173053			51206	121847	
建筑用木料及木材组件加工	9828			3622	6206	
木门窗、楼梯制造	59396			15175	44222	
地板制造	73588			22719	50869	
木制容器制造	11148			2420	8728	
软木制品及其他木制品制造	19093			7270	11823	
竹、藤、棕、草等制品制造	45506			20856	24248	401
竹制品制造	41563			20699	20462	401
藤制品制造	155			5	150	
草及其他制品制造	3788			152	3636	
家具制造业	553467		3000	183949	352939	10039
木质家具制造	225991		3000	64884	155758	2350
木质家具制造	225991		3000	64884	155758	2350

单位：万元

外商资本	营业收入	#主营业务收入	营业成本	#主营业务成本	营业税金及附加	#主营业务税金及附加	其他业务利润
41	5136383	5125156	4398706	4389971	27547	27306	2026
	163482	163401	142101	142070	1111	1108	40
41	4214945	4204904	3597293	3589192	22126	21931	1892
	162825	162725	143817	143731	793	786	50
	528157	527338	456164	455831	3180	3143	13
	66974	66788	59330	59146	338	338	31
166	3030060	3015709	2599938	2588836	28600	28091	3268
	170507	170078	151731	151447	988	987	34
	39913	39857	33914	33914	338	338	
	43959	43959	42313	42313	183	183	
	71301	71290	62635	62628	375	375	4
	15334	14972	12869	12592	91	91	31
166	699123	693911	605459	601535	4159	4115	764
…	422591	419552	369888	368212	2047	2007	148
166	75650	75567	67674	67604	387	387	13
	188154	187063	157433	156665	1627	1626	603
	1743547	1736244	1497062	1491963	19380	19185	1630
	77729	77728	67724	67724	482	417	1
	411173	407246	338466	335582	2923	2897	1493
	1082096	1079831	939097	937616	14941	14836	-322
	67850	67214	59300	58831	567	567	246
	104700	104224	92474	92210	468	468	211
	416883	415477	345687	343892	4073	3804	840
	380176	378810	314099	312305	3719	3450	840
	8550	8549	8070	8070	34	34	
	28153	28118	23518	23517	320	320	
3541	3515687	3504837	2929979	2918838	19002	18831	2020
	1124109	1122117	939681	938795	5988	5933	371
	1124109	1122117	939681	938795	5988	5933	371

1-B-14 续表 30

行　业	#实收资本	国家资本	集体资本	法人资本	个人资本	港澳台资本
竹、藤家具制造	4996			3230	1766	
竹、藤家具制造	4996			3230	1766	
金属家具制造	208760			63160	140605	1453
金属家具制造	208760			63160	140605	1453
塑料家具制造	16702			9296	7406	
塑料家具制造	16702			9296	7406	
其他家具制造	97019			43380	47404	6235
其他家具制造	97019			43380	47404	6235
造纸和纸制品业	919511		74	251329	664056	4052
纸浆制造						
木竹浆制造						
造纸	614583			192621	417910	4052
机制纸及纸板制造	600693			190161	406480	4052
手工纸制造						
加工纸制造	13790			2360	11430	
纸制品制造	304808		74	58588	246146	
纸和纸板容器制造	184148		44	36662	147441	
其他纸制品制造	120661		30	21926	98705	
印刷和记录媒介复制业	394130	595	3190	112028	278317	
印刷	382072	595	3190	107028	271259	
书、报刊印刷	33603			5523	28080	
本册印制	18045			6700	11345	
包装装潢及其他印刷	330424	595	3190	94805	231834	
装订及印刷相关服务	6558				6558	
装订及印刷相关服务	6558				6558	
记录媒介复制						
记录媒介复制						
文教、工美、体育和娱乐用品制造业	787075	2000		245993	515814	21370
文教办公用品制造	168469			61744	106644	
文具制造	95962			42140	53821	
笔的制造	57415			13376	43959	

单位：万元

外商资本	营业收入	#主营业务收入	营业成本	#主营业务成本	营业税金及附加	#主营业务税金及附加	其他业务利润
	50306	50291	41695	41695	199	195	9
	50306	50291	41695	41695	199	195	9
3541	1580307	1576836	1316790	1312751	8732	8700	1221
3541	1580307	1576836	1316790	1312751	8732	8700	1221
	120006	119848	95619	95533	889	881	40
	120006	119848	95619	95533	889	881	40
	640959	635745	536196	530064	3195	3122	380
	640959	635745	536196	530064	3195	3122	380
	5897201	5834540	5109809	5061917	33059	31796	10990
	3807412	3759712	3298069	3259638	20148	19298	6173
	3722034	3675226	3221300	3183347	19774	18941	5928
	83257	82365	74832	74354	365	348	245
	2087625	2072665	1809729	1800267	12904	12491	4817
	1424771	1411158	1235422	1226848	8836	8488	4244
	662855	661507	574307	573419	4068	4003	573
	1972220	1957908	1672197	1656863	10396	10073	4816
	1938335	1924101	1645163	1629829	10102	9780	4738
	133125	130827	111769	111085	688	630	683
	87102	86423	70955	70375	416	416	97
	1718108	1706851	1462440	1448369	8998	8734	3958
	31642	31642	25890	25890	252	252	
	31642	31642	25890	25890	252	252	
1898	6877182	6821720	5908932	5870599	36633	35827	17121
81	1320813	1317876	1132689	1131532	5559	5419	1500
	823845	822929	710893	710450	2815	2768	389
81	430152	428379	365626	365067	2404	2311	1090

1-B-14 续表 31

行业	#实收资本	国家资本	集体资本	法人资本	个人资本	港澳台资本
教学用模型及教具制造	7834			4628	3206	
墨水、墨汁制造						
其他文教办公用品制造	6258			1600	4658	
乐器制造	6506			4477	1987	41
西乐器制造	4756			3427	1287	41
电子乐器制造	1500			1000	500	
其他乐器及零件制造	250			50	200	
工艺美术品制造	376994			127532	247645	
雕塑工艺品制造	42098			11163	30935	
金属工艺品制造	56270			39066	17204	
漆器工艺品制造	3660			518	3142	
花画工艺品制造	19700			4435	15265	
天然植物纤维编织工艺品制造	12815			5303	7512	
抽纱刺绣工艺品制造	122736			35794	86432	
地毯、挂毯制造	19137			6038	11792	
珠宝首饰及有关物品制造	31540			11208	20332	
其他工艺美术品制造	69039			14008	55031	
体育用品制造	104581	2000		33345	69236	
球类制造	6340			1917	4423	
体育器材及配件制造	24832			11185	13647	
训练健身器材制造	57402	2000		10838	44564	
运动防护用具制造	5108			2608	2500	
其他体育用品制造	10899			6797	4102	
玩具制造	59183			10904	48280	
玩具制造	59183			10904	48280	
游艺器材及娱乐用品制造	71342			7991	42022	21329
露天游乐场所游乐设备制造	41690			6355	35335	
游艺用品及室内游艺器材制造	5015			1175	3840	
其他娱乐用品制造	24637			461	2847	21329

单位：万元

外商资本	营业收入	#主营业务收入	营业成本	#主营业务成本	营业税金及附加	#主营业务税金及附加	其他业务利润
	23568	23498	18985	18985	91	90	
	39958	39781	34762	34607	230	230	21
	56392	56372	48211	48202	378	378	12
	32616	32596	27675	27665	188	188	12
	11086	11086	9232	9232	95	95	
	12690	12690	11304	11304	96	96	
1817	3930618	3885647	3410907	3378387	21768	21367	13918
	218313	218313	151159	151159	2002	1996	
	326424	325894	263420	262957	2263	2263	43
	48035	45357	40962	38297	393	393	13
	72485	72434	54954	54334	652	652	
	103320	103319	83089	83089	954	868	…
510	1200207	1196124	1072475	1070259	8069	7798	1905
1307	209494	209395	185657	185218	648	648	8
	1138033	1101739	1038482	1012854	3096	3096	11551
	614307	613071	520710	520221	3691	3652	397
	714138	711112	588761	587558	4579	4503	902
	66908	66492	55745	55413	658	651	1
	182286	181016	153493	152883	1219	1219	538
	372844	371736	304193	303984	2144	2075	184
	26203	26189	22859	22851	187	187	6
	65898	65680	52472	52427	372	371	173
	622109	619125	537972	534945	3226	3084	637
	622109	619125	537972	534945	3226	3084	637
	233112	231587	190392	189977	1124	1077	153
	130561	129036	103914	103506	677	631	153
	53308	53308	45956	45956	209	209	…
	49243	49243	40522	40515	238	238	

1-B-14 续表 32

行业	#实收资本	国家资本	集体资本	法人资本	个人资本	港澳台资本
石油加工、炼焦和核燃料加工业	37621		700	14491	22430	
精炼石油产品制造	37621		700	14491	22430	
原油加工及石油制品制造	36721		700	13891	22130	
人造原油制造	900			600	300	
化学原料和化学制品制造业	1883661	237	6276	779744	1088719	1184
基础化学原料制造	252276		5190	110608	136478	
无机酸制造	17293			13183	4110	
无机碱制造	2050				2050	
无机盐制造	52910		3000	33345	16565	
有机化学原料制造	142127		2190	48083	91854	
其他基础化学原料制造	37896			15997	21899	
肥料制造	10272	237		5238	4797	
氮肥制造	5746	237		2913	2596	
复混肥料制造	3008			1950	1058	
有机肥料及微生物肥料制造	1518			375	1143	
农药制造	68502			15598	52904	
化学农药制造	50402			15598	34804	
生物化学农药及微生物农药制造	18100				18100	
涂料、油墨、颜料及类似产品制造	231734		640	64786	158808	
涂料制造	123760		640	35320	80299	
油墨及类似产品制造	15823			3220	12603	
颜料制造	36338			18638	17701	
染料制造	50248			6253	43995	
密封用填料及类似品制造	5565			1355	4210	
合成材料制造	738217		446	342711	394965	95
初级形态塑料及合成树脂制造	367143		26	98038	268983	95
合成橡胶制造	147395			122894	24502	
合成纤维单(聚合)体制造	186909		420	110907	75582	
其他合成材料制造	36770			10872	25898	
专用化学产品制造	416327			195960	220368	
化学试剂和助剂制造	177137			73348	103790	

单位：万元

外商资本	营业收入	#主营业务收入	营业成本	#主营业务成本	营业税金及附加	#主营业务税金及附加	其他业务利润
	355858	355823	325166	325130	1355	1355	3
	355858	355823	325166	325130	1355	1355	3
	327863	327828	299103	299066	1311	1311	3
	27995	27995	26064	26064	44	44	
7500	15491865	14960234	13335476	12881332	62011	61052	61080
	1866284	1685178	1633981	1452137	7237	7103	1373
	84598	84167	75091	73754	446	445	49
	24097	24097	20150	20150	343	343	
	231021	215157	198656	183448	1056	1034	654
	1391934	1228014	1226613	1061921	4933	4872	558
	134635	133743	113471	112865	460	408	112
	77973	75774	69115	66497	496	496	328
	47621	45449	42355	39740	320	320	327
	22705	22679	20230	20227	137	136	
	7647	7646	6530	6530	40	40	2
	391455	387132	333452	329810	959	937	430
	330299	326300	283830	280189	723	701	307
	61155	60832	49621	49621	236	236	123
7500	1834565	1820275	1473352	1465696	9957	9681	3615
7500	1009711	1004524	798973	796563	6155	5895	1781
	89117	88321	68861	68240	494	486	169
	179832	175122	148871	147008	880	873	832
	514751	511754	420955	418775	2222	2221	818
	41155	40555	35693	35111	206	206	15
	5886785	5677528	5276215	5116424	14662	14450	46358
	1898031	1869930	1663702	1641882	6490	6311	3890
	499588	493264	438130	432480	467	467	-91
	3268802	3096511	2994020	2864418	6593	6591	42535
	220364	217823	180363	177643	1113	1082	24
	2560830	2516633	2207806	2184570	12673	12378	2972
	1619555	1611415	1404242	1399120	7466	7375	907

1-B-14 续表 33

行业	#实收资本	国家资本	集体资本	法人资本	个人资本	港澳台资本
专项化学用品制造	36393			22977	13416	
林产化学产品制造	10974			1735	9239	
信息化学品制造	139871			69950	69921	
环境污染处理专用药剂材料制造	27530			18000	9530	
动物胶制造	326			80	246	
其他专用化学产品制造	24096			9870	14226	
炸药、火工及焰火产品制造	4000			1000	3000	
炸药及火工产品制造	4000			1000	3000	
日用化学产品制造	162332			43844	117399	1089
肥皂及合成洗涤剂制造	49074			25840	22145	1089
化妆品制造	51501			12494	39008	
口腔清洁用品制造						
香料、香精制造	13883			1000	12883	
其他日用化学产品制造	45874			2510	43364	
医药制造业	393589		7513	192735	193340	
化学药品原料药制造	156906		4199	71287	81419	
化学药品原料药制造	156906		4199	71287	81419	
化学药品制剂制造	47937		3014	27909	17014	
化学药品制剂制造	47937		3014	27909	17014	
中药饮片加工	15697			9758	5939	
中药饮片加工	15697			9758	5939	
中成药生产	59351			46062	13289	
中成药生产	59351			46062	13289	
兽用药品制造	9950			3717	6233	
兽用药品制造	9950			3717	6233	
生物药品制造	46664			4407	42258	
生物药品制造	46664			4407	42258	
卫生材料及医药用品制造	57085		300	29596	27189	
卫生材料及医药用品制造	57085		300	29596	27189	

单位：万元

外商资本	营业收入	#主营业务收入	营业成本	#主营业务成本	营业税金及附加	#主营业务税金及附加	其他业务利润
	335182	316904	284838	281257	1946	1832	54
	96777	96627	83603	83445	925	895	
	250181	235460	219365	207305	1018	958	1972
	68863	66586	54725	52937	337	337	2
	6860	6860	6326	6326	37	37	
	183412	182781	154708	154181	945	945	37
	29092	28926	17236	17173	249	249	103
	29092	28926	17236	17173	249	249	103
	2844882	2768788	2324319	2249026	15777	15758	5902
	2068476	1993176	1699058	1624305	7594	7592	5741
	328073	328024	235224	235221	4845	4835	-25
	60504	59788	50168	49638	383	378	186
	381082	381061	334906	334906	2941	2939	
	1831079	1809719	1316961	1299033	11377	10592	3846
	695550	688534	531110	522097	3603	3497	1045
	695550	688534	531110	522097	3603	3497	1045
	249277	242913	166902	164171	2292	1787	1187
	249277	242913	166902	164171	2292	1787	1187
	119495	119363	90036	89923	417	417	19
	119495	119363	90036	89923	417	417	19
	245003	244173	154019	153256	1715	1606	510
	245003	244173	154019	153256	1715	1606	510
	57435	57292	45738	45617	245	245	-5
	57435	57292	45738	45617	245	245	-5
	184017	180474	119217	116140	1385	1381	392
	184017	180474	119217	116140	1385	1381	392
	280303	276970	209939	207830	1721	1659	698
	280303	276970	209939	207830	1721	1659	698

1-B-14 续表 34

行业	#实收资本	国家资本	集体资本	法人资本	个人资本	港澳台资本
化学纤维制造业	985402	25000		403550	539898	16954
纤维素纤维原料及纤维制造	9931			444	9487	
化纤浆粕制造	1288			144	1144	
人造纤维(纤维素纤维)制造	8643			300	8343	
合成纤维制造	975471	25000		403106	530411	16954
锦纶纤维制造	203743	25000		79980	86763	12000
涤纶纤维制造	635999			282586	348459	4954
腈纶纤维制造						
维纶纤维制造						
丙纶纤维制造	7097			1323	5774	
氨纶纤维制造	23000			13100	9900	
其他合成纤维制造	89352			25221	64131	
橡胶和塑料制品业	1843559		220	447988	1384237	5615
橡胶制品业	205363			47064	158299	
轮胎制造	20034			2680	17354	
橡胶板、管、带制造	82160			12205	69955	
橡胶零件制造	37549			16854	20695	
再生橡胶制造	9580			180	9400	
日用及医用橡胶制品制造	9297			5048	4249	
其他橡胶制品制造	46743			10097	36646	
塑料制品业	1638195		220	400923	1225938	5615
塑料薄膜制造	223998			45450	178107	441
塑料板、管、型材制造	349882		20	118966	225721	5174
塑料丝、绳及编织品制造	101935			13059	88876	
泡沫塑料制造	63481			11060	52421	
塑料人造革、合成革制造	275851			45645	230206	
塑料包装箱及容器制造	112278			30002	76778	
日用塑料制品制造	221442			55191	166250	
塑料零件制造	109629			26656	82973	
其他塑料制品制造	179701		200	54895	124606	

单位：万元

外商资本	营业收入	#主营业务收入	营业成本	#主营业务成本	营业税金及附加	#主营业务税金及附加	其他业务利润
	8600208	8441442	8018546	7878290	21194	20666	14229
	62740	62345	56908	56667	325	325	319
	10106	10076	9671	9671	17	17	25
	52634	52269	47237	46996	308	308	294
	8537469	8379097	7961638	7821623	20869	20341	13911
	932902	914929	829809	819216	3114	3058	6944
	6159664	6026891	5778695	5655527	13761	13308	6194
	99547	99362	92272	92098	394	394	11
	93006	92795	79733	79730	255	255	211
	1137459	1130237	1071346	1065291	3256	3237	566
5498	14787278	14579257	12884153	12692784	68994	64933	15024
	1203958	1183873	979974	962134	7067	7017	2110
	131749	129624	111704	110311	771	771	784
	458607	452232	376698	370605	2481	2439	520
	208911	206870	162275	161282	1676	1675	705
	74545	74471	60360	60352	303	303	66
	91057	82475	79998	71282	419	419	-38
	239088	238201	188939	188302	1416	1410	73
5498	13583321	13395384	11904179	11730651	61928	57916	12914
	3391198	3290515	3074283	2977283	9096	9039	3174
	1875108	1850766	1588998	1573636	8711	8670	1487
	541752	541566	483853	482059	2568	2552	89
	437760	432278	388114	381705	2007	1889	165
	2855361	2845985	2535844	2532341	14411	11107	4099
5498	739647	723747	639454	624036	3802	3726	257
	1494860	1482501	1266936	1254580	10298	10239	1412
	754681	749169	624052	619194	4693	4369	748
	1492955	1478858	1302645	1285817	6342	6326	1482

1-B-14 续表 35

行　业	#实收资本	国家资本	集体资本	法人资本	个人资本	港澳台资本
非金属矿物制品业	1871257	48910	8107	776376	1036265	
水泥、石灰和石膏制造	284178	41425	4211	102176	134766	
水泥制造	270359	41425	4211	97870	125253	
石灰和石膏制造	13819			4306	9513	
石膏、水泥制品及类似制品制造	731327	3622	3250	243960	480495	
水泥制品制造	661051	3622	3250	218604	435575	
砼结构构件制造	35179			5197	29982	
石棉水泥制品制造						
轻质建筑材料制造	30217			19289	10928	
其他水泥类似制品制造	2700			870	1830	
砖瓦、石材等建筑材料制造	102955			27156	75799	
粘土砖瓦及建筑砌块制造	33350			8391	24959	
建筑陶瓷制品制造	10033				10033	
建筑用石加工	12688			2600	10088	
防水建筑材料制造	28947			10015	18932	
隔热和隔音材料制造	7868			1380	6488	
其他建筑材料制造	10070			4770	5300	
玻璃制造	193549			141466	52083	
平板玻璃制造	150800			140000	10800	
其他玻璃制造	42749			1466	41283	
玻璃制品制造	289830			158276	131555	
技术玻璃制品制造	129460			93428	36032	
光学玻璃制造	31150			8000	23150	
日用玻璃制品制造	56161			19619	36542	
玻璃包装容器制造	3283			383	2900	
玻璃保温容器制造	1834			866	968	
制镜及类似品加工	41108			34899	6209	
其他玻璃制品制造	26834			1080	25754	
玻璃纤维和玻璃纤维增强塑料制品制造	56700		510	17554	38636	
玻璃纤维及制品制造	31937		510	11069	20359	
玻璃纤维增强塑料制品制造	24763			6485	18278	

单位：万元

外商资本	营业收入	#主营业务收入	营业成本	#主营业务成本	营业税金及附加	#主营业务税金及附加	其他业务利润
1600	9604821	9546816	8132244	8078664	56553	55147	8962
1600	1568236	1564255	1368823	1365741	9241	9236	1385
1600	1465691	1461743	1284424	1282208	8338	8337	1356
	102544	102512	84400	83533	903	899	29
	4276526	4253009	3680160	3656296	23019	22974	3106
	3886324	3863220	3346049	3322419	21531	21488	3341
	243138	242964	207782	207684	966	966	-309
	115359	115120	98978	98842	417	416	73
	27200	27200	23360	23360	83	83	
	632804	631152	528188	526547	4538	3464	235
	134302	133442	99866	99845	550	534	52
	22499	22450	19122	19122	485	485	49
	40086	40086	33968	33968	419	419	
	310863	310647	272151	270982	1916	1004	60
	34907	34380	26960	26508	229	198	75
	90147	90147	76123	76123	939	823	
	304051	302544	258157	257086	1531	1526	213
	135359	134128	115656	114691	473	473	22
	168692	168416	142500	142395	1058	1053	191
	1162398	1156557	972760	967737	5549	5404	1227
	471398	468630	382851	380389	966	946	319
	47738	47653	40152	40105	225	225	
	381803	380517	320028	318883	2253	2209	787
	56937	56784	49781	49631	586	586	3
	14581	14495	12440	12440	161	161	85
	121201	120609	107820	107337	476	476	19
	68740	67870	59689	58952	883	802	14
	366539	363834	317821	315639	2350	2329	455
	237953	235799	204178	202444	1542	1531	431
	128586	128035	113643	113195	809	798	24

1-B-14 续表 36

行业	#实收资本	国家资本	集体资本	法人资本	个人资本	港澳台资本
陶瓷制品制造	18555		116	4303	14136	
卫生陶瓷制品制造	9364			2018	7346	
特种陶瓷制品制造	4750			695	4055	
日用陶瓷制品制造						
园林、陈设艺术及其他陶瓷制品制造	2841		116	1590	1135	
耐火材料制品制造	146417	3863	20	66310	76225	
石棉制品制造	1300			500	800	
云母制品制造						
耐火陶瓷制品及其他耐火材料制造	143819	3863	20	65810	74127	
石墨及其他非金属矿物制品制造	47747			15176	32571	
石墨及碳素制品制造	16935			3844	13091	
其他非金属矿物制品制造	30812			11332	19480	
黑色金属冶炼和压延加工业	1349676		430	464868	879618	4760
炼铁						
炼铁						
炼钢	25953			7898	18055	
炼钢	25953			7898	18055	
黑色金属铸造	218712		533	73998	139421	4760
黑色金属铸造	218712		533	73998	139421	4760
钢压延加工	1090684			380723	709961	
钢压延加工	1090684			380723	709961	
铁合金冶炼	14028		-104	1950	12181	
铁合金冶炼	14028		-104	1950	12181	
有色金属冶炼和压延加工业	967927		3512	390042	564347	10025
常用有色金属冶炼	98502			52000	46503	
铜冶炼	22890			1100	21790	
铅锌冶炼	12643			4688	7955	
镍钴冶炼	49456			43242	6214	
锡冶炼	950				950	
锑冶炼	11314			2970	8344	
其他常用有色金属冶炼						

单位：万元

外商资本	营业收入	#主营业务收入	营业成本	#主营业务成本	营业税金及附加	#主营业务税金及附加	其他业务利润
	175631	175452	148205	147442	1184	1184	103
	85510	85417	74580	74080	736	736	93
	59762	59677	48287	48153	223	223	10
	26768	26768	22214	22084	191	191	
	786532	769272	594476	579684	6175	6088	2177
	19906	19543	13553	13426	97	97	235
	754997	738167	570079	555476	6050	5963	1935
	332106	330741	263655	262494	2966	2942	62
	135452	135197	107152	107152	998	998	255
	196654	195545	156503	155342	1969	1945	-194
	12710544	12574356	11676415	11561594	39788	39416	43929
	880156	880147	824382	824382	2842	2819	
	880156	880147	824382	824382	2842	2819	
	1536493	1519701	1334543	1319880	8356	8193	909
	1536493	1519701	1334543	1319880	8356	8193	909
	10062644	9943478	9309815	9209657	27900	27722	42798
	10062644	9943478	9309815	9209657	27900	27722	42798
	226518	226296	203532	203532	687	680	221
	226518	226296	203532	203532	687	680	221
	11225851	10921391	10449431	10147585	23120	22830	16156
	1480822	1473922	1400969	1394277	1753	1721	862
	1125332	1124907	1076164	1076164	987	987	425
	52451	47467	47284	42205	113	107	227
	153661	152954	140764	140054	175	175	-3
	9674	9668	9303	9301	3	3	3
	134829	134051	122865	121964	457	430	209

1-B-14 续表 37

行　业	#实收资本	国家资本	集体资本	法人资本	个人资本	港澳台资本
贵金属冶炼	11790			3500	8290	
金冶炼	7160			3500	3660	
银冶炼	1050				1050	
其他贵金属冶炼						
稀有稀土金属冶炼	20000			16000	4000	
钨钼冶炼						
稀土金属冶炼	17000			16000	1000	
有色金属合金制造	128485		2850	71805	53830	
有色金属合金制造	128485		2850	71805	53830	
有色金属铸造	5636			4818	818	
有色金属铸造	5636			4818	818	
有色金属压延加工	703514		662	241919	450907	10025
铜压延加工	382404		470	118998	252911	10025
铝压延加工	240626			96984	143641	
贵金属压延加工	12318			150	12168	
稀有稀土金属压延加工	7176		192	1230	5754	
其他有色金属压延加工	60990			24557	36433	
金属制品业	2074706	98	258	564971	1489700	19254
结构性金属制品制造	616216			222256	393791	
金属结构制造	196225			62726	133499	
金属门窗制造	419991			159531	260293	
金属工具制造	189342			44405	144681	174
切削工具制造	47769			5958	41811	
手工具制造	57903			17689	40213	
农用及园林用金属工具制造	30049			8794	21172	
刀剪及类似日用金属工具制造	19518			9418	9926	174
其他金属工具制造	34104			2545	31559	
集装箱及金属包装容器制造	110793	16	227	22641	87652	82
集装箱制造	10500			6000	4500	
金属压力容器制造	49188	16		10748	38424	
金属包装容器制造	51105		227	5893	44728	82

单位：万元

外商资本	营业收入	#主营业务收入	营业成本	#主营业务成本	营业税金及附加	#主营业务税金及附加	其他业务利润
	432404	432373	405826	405821	902	902	25
	415063	415063	388958	388958	874	874	
	13193	13162	13445	13440	23	23	25
	58684	50620	53315	46887	161	161	1636
	51460	43402	47018	40591	140	140	1631
	981886	965950	885224	863339	2599	2594	1108
	981886	965950	885224	863339	2599	2594	1108
	30721	30532	26184	26090	107	107	75
	30721	30532	26184	26090	107	107	75
	8241334	7967994	7677913	7411170	17598	17346	12450
	5166691	4930884	4882235	4658917	8325	8208	9080
	2385703	2352446	2171457	2131448	7231	7129	2754
	157146	157145	152948	152948	58	58	1
	94525	93143	81050	80473	352	352	407
	437270	434376	390223	387384	1633	1599	207
426	15314242	15229085	13109918	13041929	77403	75919	18739
168	4906107	4883789	4131225	4106937	26238	25827	3029
	1767386	1757426	1521279	1514123	12208	12149	1497
168	3138721	3126362	2609947	2592814	14030	13678	1532
83	1265991	1259993	1054670	1050811	6959	6935	2213
	290955	288982	229752	228996	1763	1746	1108
	506134	504076	432141	430648	2752	2752	580
83	247483	246758	207431	207109	1303	1303	223
	63554	62628	49300	48531	342	342	158
	157866	157550	136045	135526	799	792	144
175	639537	633454	555787	551943	2327	2272	-418
	127931	127731	114217	114217	13	13	
	278406	275719	236066	233985	1147	1146	-1525
175	233200	230004	205504	203742	1167	1114	1107

1-B-14 续表 38

行 业	#实收资本	国家资本	集体资本	法人资本	个人资本	港澳台资本
金属丝绳及其制品制造	122639			24224	79615	18800
金属丝绳及其制品制造	122639			24224	79615	18800
建筑、安全用金属制品制造	407912	50		79078	328601	183
建筑、家具用金属配件制造	166128			28913	137032	183
建筑装饰及水暖管道零件制造	214937	50		43895	170992	
安全、消防用金属制品制造	20281			6220	14061	
其他建筑、安全用金属制品制造	6566			50	6516	
金属表面处理及热处理加工	147225	32	31	19763	127400	
金属表面处理及热处理加工	147225	32	31	19763	127400	
搪瓷制品制造	15426			2966	12460	
生产专用搪瓷制品制造						
建筑装饰搪瓷制品制造						
搪瓷卫生洁具制造	2998			1200	1798	
搪瓷日用品及其他搪瓷制品制造	7270			1766	5504	
金属制日用品制造	314254			113453	200785	16
金属制厨房用器具制造	56393			16563	39814	16
金属制餐具和器皿制造	207311			81150	126161	
金属制卫生器具制造	18539			3568	14971	
其他金属制日用品制造	32012			12173	19839	
其他金属制品制造	150900			36186	114714	
锻件及粉末冶金制品制造	62312			17636	44676	
交通及公共管理用金属标牌制造	9388			1388	8000	
其他未列明金属制品制造	79200			17162	62038	
通用设备制造业	3384459	2100	2112	1018303	2339164	16840
锅炉及原动设备制造	116830			37925	78905	
锅炉及辅助设备制造	41471			10743	30728	
内燃机及配件制造	25667			17788	7879	
汽轮机及辅机制造	28015			900	27115	
水轮机及辅机制造	21677			8494	13183	

单位：万元

外商资本	营业收入	#主营业务收入	营业成本	#主营业务成本	营业税金及附加	#主营业务税金及附加	其他业务利润
	670760	657669	614253	603337	2320	2295	1210
	670760	657669	614253	603337	2320	2295	1210
	2863966	2853802	2455566	2445103	15890	15735	2835
	999282	993751	874686	869497	6703	6587	1902
	1617529	1614156	1373684	1371454	7383	7381	450
	160522	159323	132368	129325	1212	1175	452
	86633	86572	74828	74828	592	592	31
	1426722	1417649	1273191	1267336	6371	6098	2814
	1426722	1417649	1273191	1267336	6371	6098	2814
	100073	99281	84411	84381	716	716	326
	35679	35303	28574	28544	261	261	
	51351	50935	45495	45495	355	355	326
	2325396	2314273	1961642	1957121	11173	10654	5065
	424598	423537	350108	349764	2027	1837	512
	1486060	1477977	1248884	1246326	7205	7077	4318
	153549	153247	130619	130498	699	699	46
	261190	259512	232030	230533	1241	1041	189
	1115690	1109174	979174	974960	5410	5387	1666
	404621	399054	343326	339150	2067	2055	1028
	61112	61112	52135	52135	943	943	
	649957	649008	583712	583676	2400	2389	638
5940	20430913	20228263	17125836	16963126	105133	102975	27303
	595558	586722	495455	492153	3003	2939	2312
	295042	290454	244189	242495	1590	1527	1450
	165384	162348	142653	141357	629	628	366
	75154	74762	63114	62999	407	407	166
	59979	59158	45498	45302	376	376	331

1-B-14 续表 39

行　业	#实收资本	国家资本	集体资本	法人资本	个人资本	港澳台资本
金属加工机械制造	207276			72486	134720	70
金属切削机床制造	79630			33887	45673	70
金属成形机床制造	33142			11394	21748	
铸造机械制造	14860			5510	9350	
金属切割及焊接设备制造	52362			8627	43735	
机床附件制造	14056			5850	8206	
其他金属加工机械制造	13226			7218	6008	
物料搬运设备制造	422371			106676	315695	
轻小型起重设备制造	55407			5545	49862	
起重机制造	94326			56788	37538	
生产专用车辆制造	25027			5369	19658	
连续搬运设备制造	29250			4975	24275	
电梯、自动扶梯及升降机制造	209341			31199	178142	
其他物料搬运设备制造	9021			2800	6221	
泵、阀门、压缩机及类似机械制造	931861		900	259037	664406	3041
泵及真空设备制造	207443			44707	162736	
气体压缩机械制造	94638			38873	55765	
阀门和旋塞制造	484051		900	142222	333410	3041
液压和气压动力机械及元件制造	145729			33235	112495	
轴承、齿轮和传动部件制造	623356	900	1212	148352	470098	1332
轴承制造	428177	900	600	113615	310268	1332
齿轮及齿轮减、变速箱制造	131048		612	25395	105041	
其他传动部件制造	64131			9343	54788	
烘炉、风机、衡器、包装等设备制造	539481	200		232008	297047	10226
烘炉、熔炉及电炉制造	5315				5315	
风机、风扇制造	38181			6120	32061	
气体、液体分离及纯净设备制造	112017			27436	84581	
制冷、空调设备制造	167271			111593	55678	
风动和电动工具制造	161354	200		67359	83569	10226

单位：万元

外商资本	营业收入	#主营业务收入	营业成本	#主营业务成本	营业税金及附加	#主营业务税金及附加	其他业务利润
	1065909	1056439	875991	869244	5739	5649	2696
	399043	396396	323694	321415	2235	2233	390
	177342	176385	145443	144726	864	855	182
	86383	86070	73096	73021	533	528	182
	239193	235737	194250	190734	1272	1200	81
	71831	70027	61560	61508	415	415	1703
	92118	91825	77949	77840	419	418	159
	2415508	2362816	1988708	1942517	11775	11608	3584
	273101	270945	226348	226188	1047	1047	1678
	337246	315771	275977	253878	1504	1440	-929
	202125	198317	164907	161711	1153	1153	426
	183468	178811	152355	148351	1027	1027	373
	1368720	1348204	1126030	1109491	6741	6637	2158
	50848	50769	43091	42897	304	304	-123
4478	5041040	5009365	4227451	4203191	24666	24233	5970
	1234880	1230958	1017572	1014254	6064	6032	1519
	891594	870767	755964	739430	4629	4596	2138
4478	2314052	2308118	1962286	1958265	10270	9906	2043
	600513	599523	491629	491242	3704	3700	270
1462	2866131	2829615	2427528	2397042	14166	14032	6785
1462	1762284	1733996	1507839	1482978	8626	8568	4768
	655670	653571	543802	542851	3580	3557	726
	448177	442048	375887	371213	1960	1907	1291
	3886603	3857592	3234422	3209292	21485	20784	1320
	39800	39511	32463	32232	374	374	58
	143189	141841	109372	108777	1092	1092	369
	511794	509036	383465	382114	3556	3022	742
	1780184	1768313	1543070	1528411	9350	9294	-2028
	1076565	1067993	903238	897803	4987	4910	1172

1-B-14 续表 40

行业	#实收资本	国家资本	集体资本	法人资本	个人资本	港澳台资本
喷枪及类似器具制造	19659			9330	10329	
衡器制造	7938			50	7888	
包装专用设备制造	27746			10120	17626	
文化、办公用机械制造	66950			19608	47342	
电影机械制造						
幻灯及投影设备制造						
照相机及器材制造	8907			4444	4463	
复印和胶印设备制造	10242			3800	6442	
计算器及货币专用设备制造	34921			9444	25477	
其他文化、办公用机械制造	10880			920	9960	
通用零部件制造	438751			136448	300133	2171
金属密封件制造	25672			6204	19468	
紧固件制造	212998			63339	147918	1741
弹簧制造	21786			3038	18748	
机械零部件加工	86184			49361	36824	
其他通用零部件制造	92111			14506	77175	430
其他通用设备制造业	37583	1000		5765	30818	
其他通用设备制造业	37583	1000		5765	30818	
专用设备制造业	1167145	280	1105	329662	834711	186
采矿、冶金、建筑专用设备制造	106506	100		19350	87056	
矿山机械制造	48792			9052	39740	
石油钻采专用设备制造	12088			635	11453	
建筑工程用机械制造	16963			6941	10022	
建筑材料生产专用机械制造	16284	100		2371	13813	
冶金专用设备制造	12380			352	12028	
化工、木材、非金属加工专用设备制造	329402		310	104243	224515	186
炼油、化工生产专用设备制造	46491			9828	36663	
橡胶加工专用设备制造	2923			118	2805	
塑料加工专用设备制造	94565			23284	71281	
模具制造	178663		310	66464	111556	186
其他非金属加工专用设备制造	6760			4550	2210	

单位：万元

外商资本	营业收入	#主营业务收入	营业成本	#主营业务成本	营业税金及附加	#主营业务税金及附加	其他业务利润
	136510	134798	113005	112006	696	671	630
	27722	27652	22466	22442	203	196	27
	170838	168448	127342	125506	1227	1226	350
	262870	261534	212179	211474	1399	1389	464
	46976	46904	39224	39161	362	362	14
	55375	55285	45794	45794	342	342	3
	120698	119694	94372	93756	472	461	361
	32961	32853	27277	27251	209	209	25
	4182135	4159990	3564900	3550000	22282	21723	4278
	88124	87894	68686	68618	760	730	149
	1681313	1665686	1489338	1479333	7287	6822	2987
	103915	103577	89788	89465	470	466	23
	511533	509704	436655	435051	2532	2474	420
	1797250	1793129	1480433	1477534	11233	11231	699
	115159	104190	99203	88212	618	618	-105
	115159	104190	99203	88212	618	618	-105
1201	6357246	6309882	5177186	5145684	37489	36802	15550
	506457	502141	411539	406201	2679	2679	551
	203710	203417	169703	167655	1013	1013	211
	66465	63516	53386	50561	349	349	10
	71260	70779	57691	57541	332	332	296
	80981	80868	67561	67561	508	508	15
	84041	83561	63197	62884	476	476	19
147	1850764	1827542	1486868	1470822	12434	12104	6851
	147590	146568	115026	114418	969	944	392
	17851	17851	15049	15049	111	111	
	483495	473863	385764	380946	3215	3049	4250
147	1175528	1163016	949252	938676	8097	7957	2197
	26300	26244	21778	21734	42	42	11

1-B-14 续表 41

行业	#实收资本	国家资本	集体资本	法人资本	个人资本	港澳台资本
食品、饮料、烟草及饲料生产专用设备制造	35747			12490	22305	
食品、酒、饮料及茶生产专用设备制造	24317			6140	17225	
农副食品加工专用设备制造	5750			5150	600	
烟草生产专用设备制造	2700				2700	
饲料生产专用设备制造	2980			1200	1780	
印刷、制药、日化及日用品生产专用设备制造	54850			13044	41704	
制浆和造纸专用设备制造	8441				8441	
印刷专用设备制造	21213			6500	14713	
制药专用设备制造	16142			2454	13688	
照明器具生产专用设备制造	3350			1994	1254	
玻璃、陶瓷和搪瓷制品生产专用设备制造	258				258	
其他日用品生产专用设备制造	5446			2096	3350	
纺织、服装和皮革加工专用设备制造	210263			60405	149858	
纺织专用设备制造	146630			40141	106488	
皮革、毛皮及其制品加工专用设备制造	4702			2508	2194	
缝制机械制造	58831			17756	41076	
洗涤机械制造						
电子和电工机械专用设备制造	33673			13268	20406	
电工机械专用设备制造	22916			10203	12713	
电子工业专用设备制造	10757			3065	7693	
农、林、牧、渔专用机械制造	78688			26659	52029	
拖拉机制造	20840			5000	15840	
机械化农业及园艺机具制造	43818			19171	24647	
营林及木竹采伐机械制造						
畜牧机械制造	800			300	500	
渔业机械制造	736				736	
农林牧渔机械配件制造	8938			2188	6750	
棉花加工机械制造						
其他农、林、牧、渔业机械制造	1350				1350	

单位：万元

外商资本	营业收入	#主营业务收入	营业成本	#主营业务成本	营业税金及附加	#主营业务税金及附加	其他业务利润
952	184723	182517	150418	149767	1456	1456	1395
952	138360	136402	114463	113812	1195	1195	1359
	9746	9534	7462	7462	51	50	
	15669	15633	12384	12384	122	122	36
	20949	20949	16109	16109	89	89	
102	316261	314214	255280	253914	2037	2037	494
	31904	30998	25709	24885	225	225	16
	95842	95217	74520	74241	754	754	346
	114703	114492	91557	91478	734	734	131
102	42019	41744	36432	36277	185	185	
	7413	7411	6170	6169	17	17	2
	24380	24352	20893	20865	121	121	…
	1433537	1428365	1202989	1199444	8220	8023	1827
	909629	905455	764892	763127	4351	4224	2045
	10412	10381	8360	8360	68	68	31
	510929	509962	427283	425503	3793	3723	-249
	180897	180575	151686	151152	562	536	126
	128131	128081	108058	107536	372	372	50
	52765	52495	43628	43616	190	164	76
	491235	490104	414528	413999	1667	1661	210
	127378	127073	109499	109324	312	312	66
	257471	257148	216031	215711	861	861	73
	14917	14886	12947	12947	13	13	
	6201	6201	5500	5500	35	35	
	64411	63998	54051	54019	329	329	14
	9300	9300	7855	7855	17	17	

1-B-14 续表 42

行业	#实收资本	国家资本	集体资本	法人资本	个人资本	港澳台资本
医疗仪器设备及器械制造	84281		90	13731	70459	
医疗诊断、监护及治疗设备制造	6125			1146	4980	
口腔科用设备及器具制造	3087			300	2787	
医疗实验室及医用消毒设备和器具制造						
医疗、外科及兽医用器械制造	30827			3360	27467	
机械治疗及病房护理设备制造	17388				17388	
假肢、人工器官及植(介)入器械制造	9588			6668	2920	
其他医疗设备及器械制造	16018		90	1010	14918	
环保、社会公共服务及其他专用设备制造	233736	180	705	66472	166379	
环境保护专用设备制造	141713	180	455	42913	98165	
地质勘查专用设备制造						
邮政专用机械及器材制造						
商业、饮食、服务专用设备制造	401				401	
社会公共安全设备及器材制造	46367			6170	40197	
交通安全、管制及类似专用设备制造	5225			510	4715	
水资源专用机械制造	5400			3000	2400	
其他专用设备制造	31604		250	13879	17475	
汽车制造业	1216950		72	481629	717086	15560
汽车整车制造	82540			25199	55541	
汽车整车制造	82540			25199	55541	
改装汽车制造	18010			16000	2010	
改装汽车制造	18010			16000	2010	
汽车车身、挂车制造	5800			320	5480	
汽车车身、挂车制造	5800			320	5480	
汽车零部件及配件制造	1110600		72	440109	654055	15560
汽车零部件及配件制造	1110600		72	440109	654055	15560
铁路、船舶、航空航天和其他运输设备制造业	960046	266		377425	581902	242
铁路运输设备制造	37684			3302	34382	
铁路机车车辆配件制造	17886			3066	14820	
铁路专用设备及器材、配件制造	19798			236	19562	

单位：万元

外商资本	营业收入	#主营业务收入	营业成本	#主营业务成本	营业税金及附加	#主营业务税金及附加	其他业务利润
	302663	301862	212553	212370	2476	2355	356
	39560	39528	25966	25966	244	244	
	22008	21843	16712	16706	215	215	159
	146279	146212	106594	106594	1253	1168	59
	35194	34834	21130	20955	310	310	1
	5041	5041	2188	2188	35	29	
	52054	51876	37905	37901	417	387	137
	1090709	1082564	891325	888015	5958	5951	3741
	461714	455751	370432	368598	3392	3387	3433
	14967	14967	12206	12206	60	60	
	440695	440027	378102	377712	1345	1344	168
	49770	49770	44329	44329	370	370	
	24687	24686	18797	18797	159	159	1
	88897	87618	61280	60302	536	534	13
2604	7735367	7619811	6274282	6206822	45973	45432	25648
1800	1028985	1019531	817321	816056	8771	8659	7315
1800	1028985	1019531	817321	816056	8771	8659	7315
	70354	70354	61337	61337	448	448	
	70354	70354	61337	61337	448	448	
	56728	56173	51800	51491	225	54	246
	56728	56173	51800	51491	225	54	246
804	6579301	6473753	5343824	5277938	36529	36271	18088
804	6579301	6473753	5343824	5277938	36529	36271	18088
211	3955382	3812181	3452951	3343830	17573	17151	2400
	105749	105130	79886	79446	680	673	133
	63734	63592	47488	47462	302	302	66
	42014	41539	32397	31984	378	370	66

1-B-14 续表 43

行　业	#实收资本					
		国家资本	集体资本	法人资本	个人资本	港澳台资本
船舶及相关装置制造	615451			296175	319277	
金属船舶制造	544967			271728	273239	
娱乐船和运动船制造	3093			1513	1580	
船用配套设备制造	43235			12433	30801	
船舶改装与拆除	24156			10500	13656	
航空、航天器及设备制造	8980			2887	6093	
飞机制造	1980				1980	
航空、航天相关设备制造						
其他航空航天器制造						
摩托车制造	162941	266		34084	128591	
摩托车整车制造	33388	246		13318	19824	
摩托车零部件及配件制造	129553	20		20766	108767	
自行车制造	120082			36778	82851	242
脚踏自行车及残疾人座车制造	50935			14177	36305	242
助动自行车制造	69147			22601	46546	
非公路休闲车及零配件制造	8790			4099	4691	
非公路休闲车及零配件制造	8790			4099	4691	
潜水救捞及其他未列明运输设备制造	6117			100	6017	
潜水及水下救捞装备制造						
其他未列明运输设备制造	5589			100	5489	
电气机械和器材制造业	3922302	778	8905	1084156	2824301	2609
电机制造	463933		563	135375	327915	80
发电机及发电机组制造	54601		51	16830	37719	
电动机制造	167818		30	43720	123989	80
微电机及其他电机制造	241515		482	74826	166207	
输配电及控制设备制造	1754769	20	6726	412585	1333897	1541
变压器、整流器和电感器制造	267060			34684	232377	
电容器及其配套设备制造	22718			2668	20050	
配电开关控制设备制造	789873	20	6726	137526	644060	1541
电力电子元器件制造	206619			27933	178687	
光伏设备及元器件制造	353594			193262	160332	
其他输配电及控制设备制造	114904			16512	98392	

单位：万元

外商资本	营业收入	#主营业务收入	营业成本	#主营业务成本	营业税金及附加	#主营业务税金及附加	其他业务利润
	1441114	1361370	1326361	1277272	5223	5130	-2232
	1189727	1130801	1122619	1090650	3690	3634	-3194
	21408	20955	16972	16541	119	119	23
	171608	155068	143592	128034	759	735	939
	58372	54546	43178	42046	656	643	
	46886	46415	37007	36786	256	256	3
	22557	22529	19558	19532	100	100	3
	1042111	1033545	872093	863947	6807	6546	1551
	172120	170775	144857	143942	2428	2428	180
	869991	862770	727235	720006	4379	4118	1371
211	1247966	1194674	1077016	1025982	4204	4165	2630
211	482306	479930	409895	407993	2299	2260	1526
	765660	714745	667121	617989	1904	1904	1104
	40775	40536	34063	33924	242	222	98
	40775	40536	34063	33924	242	222	98
	30782	30511	26526	26474	160	160	219
	27703	27432	23782	23730	152	152	219
1554	24919575	24706235	21335884	21125721	109361	106007	27325
	3435900	3405615	2876175	2853907	18829	16527	8149
	348753	347829	295382	294708	1416	1416	130
	1298081	1292153	1101056	1099583	7419	7257	2269
	1789066	1765633	1479737	1459616	9995	7855	5750
	6754402	6702685	5642844	5599243	29741	29403	8591
	962738	953026	777273	771062	5369	5366	1504
	96550	96297	79312	79062	598	598	-32
	3584162	3571834	2979183	2965556	15657	15414	2140
	974255	962255	805382	795305	4631	4598	2088
	791939	774718	716197	702835	1757	1697	2974
	344757	344556	285497	285422	1730	1730	-82

1-B-14 续表 44

行业	#实收资本					
		国家资本	集体资本	法人资本	个人资本	港澳台资本
电线、电缆、光缆及电工器材制造	610195	758	487	217966	389828	
电线、电缆制造	565416	120	42	203988	360110	
光纤、光缆制造	26069		445	4499	21125	
绝缘制品制造	8776			5746	3030	
其他电工器材制造	9934	638		3733	5564	
电池制造	163610		1130	59380	103100	
锂离子电池制造	30007		1130	14230	14648	
镍氢电池制造	3514			500	3014	
其他电池制造	130089			44651	85438	
家用电力器具制造	554271			140168	413119	825
家用制冷电器具制造	70898			32190	38708	
家用空气调节器制造	45371			14840	30531	
家用通风电器具制造	52473			13918	38555	
家用厨房电器具制造	122942			25306	96678	801
家用清洁卫生电器具制造	81785			13810	67975	
家用美容、保健电器具制造	27672			2819	24853	
家用电力器具专用配件制造	54700			27633	27042	25
其他家用电力器具制造	98430			9652	88779	
非电力家用器具制造	82956			32968	49747	
燃气、太阳能及类似能源家用器具制造	65330			26417	38912	
其他非电力家用器具制造	17626			6551	10835	
照明器具制造	274511			74490	199859	162
电光源制造	106535			22650	83723	162
照明灯具制造	154182			47566	106616	
灯用电器附件及其他照明器具制造	13795			4275	9520	
其他电气机械及器材制造	18058			11223	6835	
电气信号设备装置制造	9629			6540	3089	
其他未列明电气机械及器材制造	8429			4683	3746	

单位：万元

外商资本	营业收入	#主营业务收入	营业成本	#主营业务成本	营业税金及附加	#主营业务税金及附加	其他业务利润
1156	5553472	5512942	5016775	4948569	15246	15162	1711
1156	4997810	4966300	4524083	4464993	11918	11878	1909
	346030	338041	313136	305214	2453	2453	118
	47126	46424	39287	38244	290	247	-340
	162506	162178	140269	140118	585	585	25
	1287681	1270793	1133103	1116024	5308	5291	1071
	141165	140628	120797	120376	543	543	360
	34257	34257	30685	30685	173	173	
	1112259	1095908	981622	964963	4593	4575	712
158	5062523	5000218	4281888	4236255	24238	23843	4881
	638814	613206	548400	536335	2501	2440	559
	440833	438981	365471	363707	1573	1539	455
	380202	377967	302212	300705	3364	3269	664
158	1058381	1055382	891474	889667	4867	4810	1235
	841756	823094	727554	707144	4215	4192	635
	322101	321361	273584	273223	1465	1449	166
	519696	514651	439183	435354	2564	2459	1064
	860741	855577	734011	730120	3689	3686	104
240	417289	416186	344685	344082	1886	1843	296
	295731	295205	243861	243659	1120	1095	213
240	121558	120980	100824	100423	766	748	83
	2332104	2321685	1977819	1965131	13693	13519	2622
	908917	902363	781847	776543	5231	5123	1563
	1188538	1185511	996845	992591	6570	6517	937
	234649	233812	199127	195998	1892	1880	123
	76206	76111	62595	62509	420	419	3
	42598	42586	33698	33673	256	255	1
	33607	33525	28897	28836	165	165	2

1-B-14 续表 45

行业	#实收资本	国家资本	集体资本	法人资本	个人资本	港澳台资本
计算机、通信和其他电子设备制造业	1205079		2474	451567	749807	747
计算机制造	24288			13536	10752	
计算机整机制造						
计算机零部件制造	5400			900	4500	
计算机外围设备制造	10951			10001	950	
其他计算机制造	5938			2636	3302	
通信设备制造	208313			39594	168453	
通信系统设备制造	119131			16789	102342	
通信终端设备制造	89182			22805	66111	
广播电视设备制造	66730			11982	54748	
广播电视节目制作及发射设备制造	5500			4100	1400	
广播电视接收设备及器材制造	53322			6982	46340	
应用电视设备及其他广播电视设备制造	7908			900	7008	
视听设备制造	74382			44950	29431	
电视机制造	23580			14520	9060	
音响设备制造	28606			10430	18175	
影视录放设备制造	22196			20000	2196	
电子器件制造	283020			175290	107513	
电子真空器件制造	6400				6400	
半导体分立器件制造	39003			9526	29477	
集成电路制造	115293			106393	8900	
光电子器件及其他电子器件制造	122324			59371	62736	
电子元件制造	487367		2474	145888	338258	747
电子元件及组件制造	431381		2474	115404	312756	747
印制电路板制造	55987			30485	25502	
其他电子设备制造	60980			20327	40653	
其他电子设备制造	60980			20327	40653	
仪器仪表制造业	494119		273	140576	352629	
通用仪器仪表制造	347761			101825	245936	
工业自动控制系统装置制造	153054			34904	118150	

单位：万元

外商资本	营业收入	#主营业务收入	营业成本	#主营业务成本	营业税金及附加	#主营业务税金及附加	其他业务利润
484	6091427	6033834	4949353	4897332	30254	29938	7205
	119033	116925	101491	99723	385	379	344
	37735	36862	33466	32777	103	96	183
	39754	38577	36904	35862	81	81	134
	27840	27781	17873	17837	182	182	26
267	597610	594022	467048	466356	2839	2800	2338
	292488	290553	212044	211483	1762	1722	1358
267	305123	303469	255004	254874	1078	1078	980
	815451	812750	619664	617647	4218	4191	769
	108843	108464	92948	92948	293	293	379
	472415	470125	389892	387907	2312	2286	389
	234193	234161	136825	136793	1613	1613	…
	683148	661927	552842	532594	3052	2976	-222
	257632	240000	227695	210101	249	249	37
	237369	235242	199752	197868	1429	1353	-300
	188148	186685	125394	124625	1374	1374	41
217	791485	786015	658187	651077	3233	3210	543
	14738	14692	12181	12118	81	81	-17
	76006	75671	56842	56716	351	347	105
	215145	214428	183160	182380	746	746	127
217	485596	481225	406005	399863	2055	2036	328
	2793059	2772222	2313857	2294232	15026	14890	3059
	2518020	2497947	2084698	2065441	13659	13523	2751
	275040	274275	229159	228791	1367	1367	308
	291640	289974	236264	235701	1501	1493	374
	291640	289974	236264	235701	1501	1493	374
640	2256278	2233625	1788280	1773406	14103	13803	4149
	1548695	1532798	1221814	1210833	9515	9255	2936
	647029	638662	498380	494458	4249	4054	2126

1-B-14 续表 46

行业	#实收资本	国家资本	集体资本	法人资本	个人资本	港澳台资本
电工仪器仪表制造	83281			35623	47658	
绘图、计算及测量仪器制造	5947			1268	4679	
实验分析仪器制造	8180			3348	4832	
试验机制造	8981			4639	4342	
供应用仪表及其他通用仪器制造	88318			22043	66275	
专用仪器仪表制造	66051		273	12118	53660	
环境监测专用仪器仪表制造	5300				5300	
运输设备及生产用计数仪表制造	20035		273	3973	15789	
导航、气象及海洋专用仪器制造	6818			1300	5518	
农林牧渔专用仪器仪表制造						
地质勘探和地震专用仪器制造	1650				1650	
教学专用仪器制造	14860			1335	13525	
电子测量仪器制造	9688			4000	5688	
其他专用仪器制造	7200			1510	5690	
钟表与计时仪器制造	7340			2250	5090	
钟表与计时仪器制造	7340			2250	5090	
光学仪器及眼镜制造	61405			23783	37064	
光学仪器制造	11473			9718	1197	
眼镜制造	49932			14065	35867	
其他仪器仪表制造业	11562			600	10879	
其他仪器仪表制造业	11562			600	10879	
其他制造业	184336			38724	142637	261
日用杂品制造	149116			31801	114600	
鬃毛加工、制刷及清扫工具制造	11213			3900	7313	
其他日用杂品制造	137903			27901	107287	
煤制品制造	1100				1100	
煤制品制造	1100				1100	
其他未列明制造业	34121			6923	26937	261
其他未列明制造业	34121			6923	26937	261

单位：万元

外商资本	营业收入	#主营业务收入	营业成本	#主营业务成本	营业税金及附加	#主营业务税金及附加	其他业务利润
	304253	301932	231720	230003	1544	1544	300
	76070	75863	65245	65231	887	887	152
	64836	64661	48945	48900	436	436	95
	33382	33200	25018	24778	172	168	126
	423124	418481	352507	347464	2228	2167	137
	332659	331375	250649	250241	2090	2053	314
	12687	12652	9169	9162	59	59	
	149391	148734	116703	116469	911	911	95
	36428	36306	27411	27411	167	133	87
	11479	11428	6377	6377	104	104	51
	70127	69804	56698	56617	349	349	81
	15122	15122	8997	8997	136	136	
	35493	35394	23549	23463	359	356	
	85760	83365	73035	71202	628	628	3
	85760	83365	73035	71202	628	628	3
557	252510	249827	212670	211247	1676	1672	888
557	42637	42130	33288	32952	271	271	165
	209873	207697	179382	178296	1404	1401	723
83	36654	36261	30113	29882	195	195	8
83	36654	36261	30113	29882	195	195	8
2714	1379838	1375390	1182491	1178447	7831	7676	327
2714	1149052	1145533	983891	980480	6835	6680	108
	113508	113262	91971	91863	634	625	11
2714	1035545	1032271	891920	888618	6201	6055	97
	31546	31546	28262	28262	75	75	
	31546	31546	28262	28262	75	75	
	199240	198311	170339	169705	921	921	219
	199240	198311	170339	169705	921	921	219

1-B-14 续表 47

行　业	#实收资本	国家资本	集体资本	法人资本	个人资本	港澳台资本
废弃资源综合利用业	132211			56260	75951	
金属废料和碎屑加工处理	92802			24259	68543	
金属废料和碎屑加工处理	92802			24259	68543	
非金属废料和碎屑加工处理	39409			32001	7408	
非金属废料和碎屑加工处理	39409			32001	7408	
金属制品、机械和设备修理业	42811			9850	32961	
通用设备修理						
通用设备修理						
铁路、船舶、航空航天等运输设备修理	38911			8050	30861	
船舶修理	38911			8050	30861	
电气设备修理	2300			300	2000	
电气设备修理	2300			300	2000	
其他机械和设备修理业						
其他机械和设备修理业						
电力、热力、燃气及水生产和供应业	**305976**	**8057**		**187874**	**96814**	**1000**
电力、热力生产和供应业	249312			171095	64986	1000
电力生产	220917			145055	62631	1000
火力发电	121102			65761	42110	1000
水力发电	51164			31268	19896	
风力发电						
其他电力生产	35190			34565	625	
热力生产和供应	28395			26040	2355	
热力生产和供应	28395			26040	2355	
燃气生产和供应业	27379	57		7494	19828	
燃气生产和供应业	27379	57		7494	19828	
燃气生产和供应业	27379	57		7494	19828	
水的生产和供应业	29285	8000		9285	12000	
自来水生产和供应						
自来水生产和供应						
污水处理及其再生利用	21285			9285	12000	
污水处理及其再生利用	21285			9285	12000	

单位：万元

外商资本	营业收入	#主营业务收入	营业成本	#主营业务成本	营业税金及附加	#主营业务税金及附加	其他业务利润
	1775851	1770508	1678681	1673645	9283	9237	164
	1613351	1608090	1535716	1530857	8361	8315	133
	1613351	1608090	1535716	1530857	8361	8315	133
	162500	162418	142965	142788	922	922	31
	162500	162418	142965	142788	922	922	31
	247597	247541	213871	213847	2610	2610	26
	229681	229660	199357	199357	2310	2310	15
	229681	229660	199357	199357	2310	2310	15
	10896	10861	9234	9210	249	249	11
	10896	10861	9234	9210	249	249	11
12231	**655664**	**644994**	**511651**	**508689**	**2684**	**2662**	**3365**
12231	470732	461806	353331	350829	2200	2178	3305
12231	375604	368209	279105	277117	1792	1792	2288
12231	299848	295655	243961	241973	1235	1235	2219
	37493	37424	16152	16152	259	259	-76
	35287	32154	17775	17775	299	299	145
	95129	93598	74226	73712	408	386	1017
	95129	93598	74226	73712	408	386	1017
	148039	146316	130574	130113	416	416	41
	148039	146316	130574	130113	416	416	41
	148039	146316	130574	130113	416	416	41
	36893	36872	27747	27747	68	68	20
	32619	32598	25387	25387	49	49	20
	32619	32598	25387	25387	49	49	20

1-B-14 续表 48

行业	管理费用	#税金	财务费用	#利息支出	投资收益	营业利润
总计	**10529274**	**482251**	**5135484**	**5191564**	**441177**	**12177083**
采矿业	**51488**	**2743**	**17910**	**18531**	**1122**	**80861**
煤炭开采和洗选业						
褐煤开采洗选						
褐煤开采洗选						
黑色金属矿采选业	980	30	560	553		3967
铁矿采选	980	30	560	553		3967
铁矿采选	980	30	560	553		3967
有色金属矿采选业	11082	414	3622	3774	419	20245
常用有色金属矿采选	7942	390	2767	2931	419	5843
铜矿采选	4863	336	451	451	5	5017
铅锌矿采选	3080	54	2316	2480	414	826
贵金属矿采选						
银矿采选						
稀有稀土金属矿采选	2688	22	788	776		13614
钨钼矿采选	2688	22	788	776		13614
非金属矿采选业	39259	2296	13332	13814	703	56598
土砂石开采	37850	2231	11289	11433	386	52568
石灰石、石膏开采	6967	34	1383	1335		2666
建筑装饰用石开采	15540	1938	825	972		20821
耐火土石开采	4191	95	1964	1897	386	7347
粘土及其他土砂石开采	11152	164	7117	7229		21734
化学矿开采						
化学矿开采						
石棉及其他非金属矿采选	1085	21	1552	1887	317	3557
其他未列明非金属矿采选	1085	21	1552	1887	317	3557
制造业	**10446028**	**477189**	**5076218**	**5132346**	**437357**	**12036569**
农副食品加工业	149076	7232	105342	99504	4898	212882
谷物磨制	4993	312	4247	4458	43	4442
谷物磨制	4993	312	4247	4458	43	4442

单位：万元

营业外收入		营业外支出	利润总额	应交所得税	利税总额	应付工资总额	本年应交增值税
	#补贴收入						
859242	**324627**	**514037**	**12796979**	**1777272**	**20691326**	**14612520**	**6641921**
1702	**218**	**1882**	**81454**	**7681**	**153897**	**33643**	**48355**
			3967	31	5446	1539	1218
			3967	31	5446	1539	1218
			3967	31	5446	1539	1218
124	40	165	20623	2650	37086	9662	13186
81		139	6205	1558	12144	4911	5113
14		37	5000	1520	7827	3014	2448
67		102	1205	38	4317	1898	2665
40	40		13654	901	23730	4465	7733
40	40		13654	901	23730	4465	7733
1575	178	1710	56818	5001	111277	22401	33913
1312	176	854	53061	4623	103192	21135	30593
5	...	19	2651	670	9525	2114	3446
389		283	20927	517	41280	8218	11650
505	8	72	7800	784	13273	3642	4588
413	168	480	21682	2653	39113	7160	10910
264	2	641	3499	266	7145	1169	2700
264	2	641	3499	266	7145	1169	2700
847369	**316726**	**510496**	**12644490**	**1758190**	**20445815**	**14549738**	**6576062**
24295	9407	11522	228612	26358	328456	200864	79662
1090	402	214	5422	298	8697	4299	1747
1090	402	214	5422	298	8697	4299	1747

1-B-14 续表 49

行 业	管理费用	#税 金	财务费用	#利息支出	投资收益	营业利润
饲料加工	33331	1749	14414	13520	1126	51356
饲料加工	33331	1749	14414	13520	1126	51356
植物油加工	4713	276	3418	3515	1443	16539
食用植物油加工	4177	250	3236	3331	1443	16027
非食用植物油加工	535	26	182	184		512
制糖业						
制糖业						
屠宰及肉类加工	16204	710	8343	8339	1130	16863
牲畜屠宰	1081	9	827	814		506
禽类屠宰						
肉制品及副产品加工	14944	697	7519	7525	1130	15533
水产品加工	50744	2139	54146	49408	2379	54987
水产品冷冻加工	36206	1426	45725	41036	2755	43175
鱼糜制品及水产品干腌制加工	8474	427	5078	4919	-432	5028
水产饲料制造	4130	188	2301	2407	56	5434
其他水产品加工	1934	98	1041	1046		1350
蔬菜、水果和坚果加工	29682	1478	17564	17228	-1865	56852
蔬菜加工	16345	748	9877	9733	-1886	22995
水果和坚果加工	13337	730	7687	7495	21	33857
其他农副食品加工	9258	569	3112	2933	643	11852
淀粉及淀粉制品制造	1399	52	208	205	3	1206
豆制品制造	5168	387	1667	1585	62	5457
蛋品加工	820		324	213		1832
其他未列明农副食品加工	1872	130	914	930	578	3356
食品制造业	78429	3733	29178	28203	1763	64914
焙烤食品制造	10502	349	2660	2618		7543
糕点、面包制造	7030	178	1547	1487		3642
饼干及其他焙烤食品制造	3473	171	1113	1131		3901
糖果、巧克力及蜜饯制造	4816	252	937	957		3397
糖果、巧克力制造	1590	21	63	62		1113
蜜饯制作	3226	231	874	895		2285

单位：万元

营业外收入	#补贴收入	营业外支出	利润总额	应交所得税	利税总额	应付工资总额	本年应交增值税
3266	1092	1247	54205	4827	77769	36154	20666
3266	1092	1247	54205	4827	77769	36154	20666
564	378	1028	16469	2036	22389	5017	4659
551	372	1028	15945	1952	21393	4557	4265
13	6		525	84	995	460	394
1552	1040	432	18256	2180	26866	16947	6225
376	415	35	983	11	1179	1518	123
984	625	366	16288	2169	24701	14969	6103
10928	3965	6313	61732	7717	91820	84846	23716
9181	2749	5384	48939	5925	71205	66899	17063
450	843	679	4939	889	11396	11426	5638
1265	335	201	6516	750	7401	4028	650
33	32	49	1338	155	1818	2493	365
6544	2377	939	61073	7774	84151	39562	18544
4335	1614	462	25455	2640	34359	21283	6535
2209	763	477	35619	5134	49792	18280	12009
332	135	1349	11444	1527	16552	13782	3938
173	90	83	1300	255	1871	963	490
100	14	76	5481	942	7639	9234	1605
17	3	38	1811	42	2188	690	290
43	29	1153	2853	288	4855	2896	1553
10841	5116	4631	72218	9699	123487	94113	43247
1903	583	442	9006	972	15968	15551	5944
831	5	404	4070	609	8169	9626	3535
1073	578	38	4936	363	7798	5924	2409
460	197	123	3735	308	7477	6840	3199
148	3	83	1177	63	1951	1964	638
312	194	40	2557	245	5525	4876	2561

1-B-14 续表 50

行业	管理费用	#税金	财务费用	#利息支出	投资收益	营业利润
方便食品制造	6582	553	2473	2352	-8	5957
米、面制品制造	1163	132	306	307		842
速冻食品制造	1322	23	279	287	-8	746
方便面及其他方便食品制造	4097	399	1888	1759		4369
乳制品制造	8494	197	3521	3716	92	2823
乳制品制造	8494	197	3521	3716	92	2823
罐头食品制造	10009	468	7353	6856	26	1853
水产品罐头制造						
蔬菜、水果罐头制造	9607	457	6980	6526	20	1350
其他罐头食品制造						
调味品、发酵制品制造	4196	304	1414	1607	95	4742
味精制造	1044	7	66	225	14	2708
酱油、食醋及类似制品制造	815	146	778	857	50	1052
其他调味品、发酵制品制造	2337	151	569	525	31	982
其他食品制造	33829	1610	10820	10097	1560	38599
营养食品制造	1567	107	574	451		3529
保健食品制造	7390	224	3194	3273	333	15608
冷冻饮品及食用冰制造	1827	163	382	339	39	-1329
食品及饲料添加剂制造	22370	1095	6423	5892	1188	19397
其他未列明食品制造	676	21	247	142		1395
酒、饮料和精制茶制造业	54155	3098	21353	23336	13817	126406
酒的制造	12594	489	5922	5946	223	12879
酒精制造						
白酒制造	1004	34	124	124	5	1402
啤酒制造	795	75	-30	2		-50
黄酒制造	10472	363	5556	5547	218	11218
其他酒制造						
饮料制造	25168	1829	2577	5399	12758	63516
碳酸饮料制造	335		161	160		58
瓶(罐)装饮用水制造	7196	792	733	899	-75	7683
果菜汁及果菜汁饮料制造	6977	793	2260	2929		32852
含乳饮料和植物蛋白饮料制造	463	7	179	180		74
固体饮料制造	276		58	55		152
茶饮料及其他饮料制造	9922	237	-813	1175	12833	22697

单位：万元

营业外收入	#补贴收入	营业外支出	利润总额	应交所得税	利税总额	应付工资总额	本年应交增值税
493	317	182	6260	952	13275	9922	5919
109	21	53	898	187	2329	2111	1239
53		18	773	21	1951	2094	932
331	296	111	4589	745	8995	5716	3748
2099	285	574	4348	1416	7269	9223	2312
2099	285	574	4348	1416	7269	9223	2312
1847	786	2213	1683	1694	10692	21827	7488
1501	440	2208	840	1583	9800	21085	7482
490	378	71	5211	826	8737	4651	3059
29		21	2716	663	3689	868	779
			1102		2052	878	841
462	378	51	1393	163	2997	2905	1439
3549	2572	1026	41977	3531	60069	26100	15327
143	139	63	3609	270	6119	931	2201
590	636	375	16210	1088	20927	6571	3907
564	115	35	-800	-131	828	1269	1469
2218	1674	538	21544	2046	30325	16322	7376
34	8	15	1413	257	1870	1006	373
8442	2809	2411	133177	17632	200130	59573	54979
655	144	145	13399	1784	27522	10287	7760
40		65	1383	26	2505	513	239
27		1	-24		1242	735	383
588	144	68	11742	1683	23089	8757	6992
4887	1307	624	67799	10323	106896	29312	35594
25		…	82	16	336	502	186
3823	1222	432	11094	6390	30196	8064	17452
509	79	63	33299	2179	45864	8485	11564
2	1	10	66	27	396	736	273
		6	146	23	393	443	209
529	5	113	23113	1689	29710	11083	5909

1-B-14 续表 51

行 业	管理费用	#税 金	财务费用	#利息支出	投资收益	营业利润
精制茶加工	16393	780	12853	11992	836	50012
精制茶加工	16393	780	12853	11992	836	50012
纺织业	1008024	52653	843193	853740	53072	1703964
棉纺织及印染精加工	521679	27508	502991	523582	23765	915429
棉纺纱加工	109002	6905	116034	120016	2687	149121
棉织造加工	202934	9955	226904	230179	9725	462592
棉印染精加工	209744	10648	160053	173387	11354	303716
毛纺织及染整精加工	31780	1291	17412	17803	610	30510
毛条和毛纱线加工	14087	473	8119	8235	374	19905
毛织造加工	11267	458	5982	6206	210	6676
毛染整精加工	6425	360	3311	3362	25	3929
麻纺织及染整精加工	1477	64	746	671	660	3528
麻纤维纺前加工和纺纱	775	32	253	216	614	1221
麻织造加工	702	32	493	455	46	2307
丝绢纺织及印染精加工	51733	2475	31394	33523	1755	108309
缫丝加工	11510	407	9237	12222	348	17916
绢纺和丝织加工	36354	1961	20946	20128	1369	81088
丝印染精加工	3870	108	1211	1173	38	9305
化纤织造及印染精加工	45954	2316	30609	28740	1011	138232
化纤织造加工	36083	1685	25914	24194	986	123416
化纤织物染整精加工	9872	631	4695	4546	24	14817
针织或钩针编织物及其制品制造	196817	10952	165662	161635	23560	330218
针织或钩针编织物织造	160844	8880	144434	139655	23088	273974
针织或钩针编织物印染精加工	12224	336	5803	7307	67	7562
针织或钩针编织品制造	23748	1736	15426	14672	406	48682
家用纺织制成品制造	82608	3993	43382	37861	330	73537
床上用品制造	37772	2356	20891	19040	250	36376
毛巾类制品制造	3213	86	2479	2417	14	2843
窗帘、布艺类产品制造	29409	977	14844	11654	52	24334
其他家用纺织制成品制造	12213	575	5168	4750	13	9985

单位：万元

营业外收入	#补贴收入	营业外支出	利润总额	应交所得税	利税总额	应付工资总额	本年应交增值税
2901	1358	1643	51979	5525	65712	19973	11624
2901	1358	1643	51979	5525	65712	19973	11624
61666	20849	75532	1735976	214752	2841808	1948093	921845
33550	13739	39392	932235	125113	1576161	1103160	537819
13355	4336	7360	158949	22526	264935	229325	87297
10291	4675	21075	457986	65197	733294	415194	226877
9904	4729	10957	315301	37389	577932	458640	223645
2315	170	2349	30970	3138	59490	54668	24122
1242	111	1809	19775	1565	34901	24666	13283
691	59	289	7109	885	13765	17712	5199
383		251	4086	689	10824	12290	5640
608	73	257	4507	813	6395	3427	1620
37		18	1854	315	2663	1800	687
570	73	239	2653	498	3733	1627	932
2988	1342	2931	110056	9049	162189	107846	43808
1552	547	553	19220	2143	37693	27678	16318
1266	781	2207	81478	6614	111261	69779	24240
170	14	171	9358	291	13235	10388	3250
2512	759	9218	132086	16747	181963	90013	40998
1946	734	5390	120513	15255	162002	68447	33579
566	25	3828	11573	1493	19961	21566	7419
12998	2568	15518	346771	40517	542457	317838	160608
11473	2443	13309	291090	32716	450991	244052	130677
917	93	274	8271	1934	19168	23482	9811
609	33	1935	47410	5868	72299	50304	20120
3718	1067	2327	75390	10546	144411	146268	57700
2075	398	1105	37628	6127	67583	70598	24956
75	100	73	2845	374	5925	6337	2683
1189	454	852	24829	2730	51471	47095	22264
379	116	297	10088	1315	19431	22237	7797

1-B-14 续表 52

行　业	管理费用	#税　金	财务费用	#利息支出	投资收益	营业利润
非家用纺织制成品制造	75976	4054	50998	49927	1382	104202
非织造布制造	30075	1877	27768	28368	743	71933
绳、索、缆制造	6421	75	1961	1949		9201
纺织带和帘子布制造	15837	676	8371	8586	8	14475
篷、帆布制造	13015	633	7759	6418	2	3413
其他非家用纺织制成品制造	10629	793	5139	4606	629	5180
纺织服装、服饰业	543458	21698	185743	192870	16150	579693
机织服装制造	334342	15192	104072	115585	12858	384777
机织服装制造	334342	15192	104072	115585	12858	384777
针织或钩针编织服装制造	163321	5086	60398	57241	2590	153850
针织或钩针编织服装制造	163321	5086	60398	57241	2590	153850
服饰制造	45795	1420	21273	20044	702	41067
服饰制造	45795	1420	21273	20044	702	41067
皮革、毛皮、羽毛及其制品和制鞋业	378023	17343	153986	145831	9807	387220
皮革鞣制加工	26356	1770	17840	19585	695	31252
皮革鞣制加工	26356	1770	17840	19585	695	31252
皮革制品制造	84564	1882	32087	29238	1177	69152
皮革服装制造	23443	250	7121	6894	221	13280
皮箱、包(袋)制造	47491	1178	14811	12426	956	28344
皮手套及皮装饰制品制造	4903	127	1360	1257		4075
其他皮革制品制造	8727	327	8795	8661		23453
毛皮鞣制及制品加工	8587	334	7633	7655	307	22319
毛皮鞣制加工	1695	101	1195	1340		2329
毛皮服装加工	3002	47	3091	3084	83	14698
其他毛皮制品加工	3890	185	3348	3232	224	5292
羽毛(绒)加工及制品制造	9440	456	17018	15638	186	16987
羽毛(绒)加工	1244	61	3554	3638	5	3089
羽毛(绒)制品加工	8196	395	13463	12000	181	13898

单位：万元

营业外收入	#补贴收入	营业外支出	利润总额	应交所得税	利税总额	应付工资总额	本年应交增值税
2977	1131	3541	103962	8829	168742	124875	55170
924	376	1334	71623	4351	102171	50004	26090
356	75	151	9420	559	13181	8918	3161
648	214	1666	13645	1951	27286	23289	11447
318	150	174	3578	948	12403	24553	7540
731	317	216	5695	1019	13701	18111	6933
29543	6302	21678	594785	112217	1030940	1079861	372567
22664	3169	11915	401437	80976	700157	695870	255664
22664	3169	11915	401437	80976	700157	695870	255664
5059	1991	7225	152762	26014	260265	300342	91645
5059	1991	7225	152762	26014	260265	300342	91645
1821	1143	2538	40586	5228	70518	83650	25258
1821	1143	2538	40586	5228	70518	83650	25258
12939	2135	10307	412090	63664	736630	900026	279231
1197	432	1552	31367	4818	59705	35705	25679
1197	432	1552	31367	4818	59705	35705	25679
2636	731	3342	69326	10923	140192	201047	61237
901	83	845	13356	2154	29560	42584	13735
1383	564	752	29833	5208	64600	123508	29028
28	1	99	4006	555	7933	9747	3394
325	83	1646	22131	3006	38100	25208	15080
522	89	256	22937	796	34005	16058	9664
58	30	54	2333	125	4400	3301	1851
290	47	139	14976	252	19253	7033	3750
175	11	63	5628	420	10352	5724	4062
582	154	308	17442	2015	29517	14593	9611
50	45	80	3059	340	6996	1403	3248
532	110	228	14383	1675	22521	13190	6362

1-B-14 续表 53

行　业	管理费用	#税　金	财务费用	#利息支出	投资收益	营业利润
制鞋业	249077	12903	79408	73716	7442	247510
纺织面料鞋制造	8743	162	1620	1531	33	6511
皮鞋制造	201780	11368	64947	59383	7296	209329
塑料鞋制造	7649	205	2257	1962	25	6358
橡胶鞋制造	26154	1080	9354	9399	46	25100
其他制鞋业	4751	88	1231	1441	43	212
木材加工和木、竹、藤、棕、草制品业	100385	4421	52061	50103	639	178481
木材加工	4252	150	2103	2597		8707
锯材加工	1380	31	459	446		3394
木片加工	542	5	360	322		388
单板加工	2101	95	1102	1640		3240
其他木材加工	230	18	182	189		1686
人造板制造	24728	1354	12190	11119	156	37341
胶合板制造	13435	864	8447	7533	332	20008
纤维板制造	3504	152	1395	1307	-186	1352
刨花板制造						
其他人造板制造	7654	333	2297	2229	10	14041
木制品制造	54223	1862	28885	27880	468	103624
建筑用木料及木材组件加工	2329	110	1881	1679		3737
木门窗、楼梯制造	17009	673	5843	5430	38	33734
地板制造	27217	825	17647	17399	126	60935
木制容器制造	2593	106	1411	1399	18	2792
软木制品及其他木制品制造	5075	148	2103	1973	287	2426
竹、藤、棕、草等制品制造	17182	1055	8883	8507	15	28810
竹制品制造	15786	996	8242	7945	14	26812
藤制品制造	293	14	…			96
草及其他制品制造	1104	45	642	562	1	1902
家具制造业	182573	10233	85972	78875	2421	160018
木质家具制造	57041	3484	29496	28838	1022	51385
木质家具制造	57041	3484	29496	28838	1022	51385

单位：万元

营业外收入	#补贴收入	营业外支出	利润总额	应交所得税	利税总额	应付工资总额	本年应交增值税
8002	729	4849	271019	45111	473210	632622	173041
122	22	125	6567	1251	14237	20889	6562
7154	555	4041	216854	38467	379836	513219	139207
91	3	193	6255	949	12327	20206	5286
587	149	461	25279	4167	48396	69326	19974
48		29	16064	277	18415	8982	2013
7886	3501	3719	183822	20940	292062	149337	80148
35		41	8701	758	12842	8112	3153
8		7	3396	229	4873	1857	1140
10		3	394	151	1627	1942	1050
17		32	3226	360	4289	3970	688
			1686	18	2052	342	276
2819	1355	949	39531	3363	64407	33570	20761
1617	884	754	21123	1739	34234	18195	11104
578	322	179	1808	87	4770	4919	2574
625	149	15	14660	1537	22686	10311	6401
3440	1611	1680	105959	13408	167672	80423	42528
18	282	213	3819	347	5930	5002	1694
1635	1061	587	34804	4478	50372	29187	12671
928	30	281	61629	7790	99369	32044	22905
241	77	187	2864	466	5520	5193	2089
619	163	412	2843	327	6481	8998	3169
1591	534	1049	29631	3411	47141	27232	13706
1565	534	899	27756	3095	43862	23461	12656
19		2	113	34	293	1166	146
7		148	1762	283	2985	2606	904
10151	4605	5286	165147	26612	297721	316536	112668
2168	714	1952	51723	7589	91316	102844	33573
2168	714	1952	51723	7589	91316	102844	33573

1-B-14 续表 54

行业	管理费用	#税金	财务费用	#利息支出	投资收益	营业利润
竹、藤家具制造	2929	131	1430	1202		3645
竹、藤家具制造	2929	131	1430	1202		3645
金属家具制造	82420	4838	39852	36426	1332	68725
金属家具制造	82420	4838	39852	36426	1332	68725
塑料家具制造	7818	581	2134	1655		4907
塑料家具制造	7818	581	2134	1655		4907
其他家具制造	32365	1199	13060	10753	68	31356
其他家具制造	32365	1199	13060	10753	68	31356
造纸和纸制品业	221851	12016	162745	171429	2703	267078
纸浆制造						
木竹浆制造						
造纸	135635	8787	117395	124915	1221	182363
机制纸及纸板制造	132525	8683	115674	123152	1221	180931
手工纸制造						
加工纸制造	3049	102	1650	1691		1415
纸制品制造	86082	3229	45345	46509	1481	84707
纸和纸板容器制造	55759	2098	32310	33649	1360	62121
其他纸制品制造	30324	1131	13035	12860	121	22586
印刷和记录媒介复制业	110403	4631	51943	56665	3823	88947
印刷	108340	4447	49652	54331	3823	87794
书、报刊印刷	8804	326	5030	5163	47	4496
本册印制	7117	120	2130	1958	158	3474
包装装潢及其他印刷	92419	4001	42493	47210	3618	79824
装订及印刷相关服务	1434	70	1037	1091		2261
装订及印刷相关服务	1434	70	1037	1091		2261
记录媒介复制						
记录媒介复制						
文教、工美、体育和娱乐用品制造业	278729	13396	141115	144431	19059	338737
文教办公用品制造	65198	3666	23013	35314	10914	55759
文具制造	38891	2255	13125	26196	10557	34476
笔的制造	22396	1212	8921	8153	332	17546

单位：万元

营业外收入	#补贴收入	营业外支出	利润总额	应交所得税	利税总额	应付工资总额	本年应交增值税
84	30	36	3693	487	5376	6155	1488
84	30	36	3693	487	5376	6155	1488
5715	2201	1682	72717	12472	133974	144525	52549
5715	2201	1682	72717	12472	133974	144525	52549
466	377	278	5115	1156	9999	9729	3462
466	377	278	5115	1156	9999	9729	3462
1719	1283	1338	31900	4908	57056	53283	21597
1719	1283	1338	31900	4908	57056	53283	21597
27606	9193	19257	277229	28430	469896	293792	160734
18620	5502	14308	187392	18598	318303	172281	111611
18489	5310	14178	185995	18404	314400	168706	109463
132	191	129	1382	194	3837	3451	2107
8977	3684	4949	89822	9832	151527	121342	49079
7480	2864	3824	66833	6353	111986	86703	36546
1497	820	1125	22989	3480	39541	34639	12533
8788	3229	4783	96318	15887	167877	148841	61327
8608	2445	4746	94308	15666	164370	145559	60123
531	354	135	5101	259	9883	11190	4152
675	480	200	4104	545	6113	10246	1593
7402	1611	4412	85104	14862	148374	124124	54378
114	71	37	2337	222	3664	2896	1074
114	71	37	2337	222	3664	2896	1074
15594	5479	8568	347146	43389	550878	480022	167710
4337	1217	1526	59161	7677	95694	116814	31115
2882	309	1087	36579	4633	58260	58123	18912
1080	568	419	18505	2610	31272	53828	10456

1-B-14 续表 55

行 业	管理费用	#税 金	财务费用	#利息支出	投资收益	营业利润
教学用模型及教具制造	1397	86	303	293	26	2325
墨水、墨汁制造						
其他文教办公用品制造	1996	112	612	621		1290
乐器制造	2504	90	1359	1247	4	2488
西乐器制造	1743	78	976	894	4	939
电子乐器制造	261	6	287	272		1008
其他乐器及零件制造	499	7	96	81		541
工艺美术品制造	123792	6173	80621	77969	6921	207366
雕塑工艺品制造	12581	653	3901	3692	24	40964
金属工艺品制造	20274	968	9910	10654	2618	21638
漆器工艺品制造	2554	200	1232	1141		1198
花画工艺品制造	6135	217	3163	2776	432	4566
天然植物纤维编织工艺品制造	4806	171	1494	1357	11	6776
抽纱刺绣工艺品制造	31178	1864	22336	20173	4	47138
地毯、挂毯制造	6534	348	4068	3352		8241
珠宝首饰及有关物品制造	9955	569	21591	23204	2573	46815
其他工艺美术品制造	29776	1185	12927	11621	1259	30031
体育用品制造	45733	1984	19001	15729	781	33477
球类制造	3583	117	1289	1207		4116
体育器材及配件制造	11534	608	4928	4351	59	5680
训练健身器材制造	21886	989	9444	6888	558	22134
运动防护用具制造	1600	50	355	233	5	371
其他体育用品制造	7129	220	2985	3051	158	1176
玩具制造	28817	930	10419	9531	419	24523
玩具制造	28817	930	10419	9531	419	24523
游艺器材及娱乐用品制造	12685	553	6702	4641	20	15124
露天游乐场所游乐设备制造	7378	427	5150	3705	20	9425
游艺用品及室内游艺器材制造	1959	89	492	472		3636
其他娱乐用品制造	3348	38	1060	464		2064

单位：万元

营业外收入	#补贴收入	营业外支出	利润总额	应交所得税	利税总额	应付工资总　额	本年应交增值税
73	73	10	2373	63	3022	1214	559
301	267	7	1584	342	2706	3199	892
127	5	21	2597	377	4354	5702	1379
114		18	1038	183	2004	3437	778
			1008	40	1296	837	194
14	5	3	551	155	1054	1428	407
7072	2527	4460	210255	28214	325529	230034	93711
1126	72	90	42050	1718	51969	24452	7902
998	268	436	22251	1704	31908	34805	7395
20	106	23	1283	317	4397	5792	2721
596	118	81	5082	508	9410	8611	3677
487	57	88	7169	1583	11550	7006	3513
675	331	819	47141	7511	82266	74490	27327
259	14	85	8415	1105	12781	10109	3663
2022	1251	1617	47219	8612	69478	15380	19044
888	310	1220	29647	5156	51770	49389	18471
2089	869	1423	34254	3628	61723	55731	22966
61	41	9	4175	163	6573	6536	1747
453	160	194	5978	1296	14529	12007	7333
948	263	997	22151	1801	35513	25636	11287
16	12	17	369	18	1625	3234	1069
612	393	206	1581	350	3483	8318	1531
1535	748	890	25494	1813	42028	53042	13450
1535	748	890	25494	1813	42028	53042	13450
434	113	249	15384	1680	21550	18699	5089
417	107	84	9832	1192	13992	9696	3530
	2	38	3599	292	4695	3200	888
17	4	127	1954	196	2863	5803	671

1-B-14 续表 56

行 业	管理费用	#税 金	财务费用	#利息支出	投资收益	营业利润
石油加工、炼焦和核燃料加工业	9216	184	5270	5228	126	6266
精炼石油产品制造	9216	184	5270	5228	126	6266
原油加工及石油制品制造	8545	136	4950	5022	126	6389
人造原油制造	672	48	319	206		-123
化学原料和化学制品制造业	551095	20000	257865	267899	80581	832845
基础化学原料制造	74929	2716	32984	39589	501	78371
无机酸制造	4189	211	1281	1394	…	2283
无机碱制造	516		381	376		2703
无机盐制造	10192	342	3624	8244		9760
有机化学原料制造	53129	1928	24570	26455	424	57089
其他基础化学原料制造	6902	235	3129	3121	77	6536
肥料制造	4284	186	2005	2259	-9	2160
氮肥制造	2986	172	1546	1834	-20	900
复混肥料制造	682	13	356	357	11	968
有机肥料及微生物肥料制造	616	1	104	69		292
农药制造	23180	1504	8092	7757	547	12687
化学农药制造	20269	1315	5825	5134	166	10746
生物化学农药及微生物农药制造	2911	189	2267	2624	381	1941
涂料、油墨、颜料及类似产品制造	104560	3030	25035	28096	1228	174031
涂料制造	55741	1273	8851	11404	-594	115233
油墨及类似产品制造	6823	112	1132	1085	67	8488
颜料制造	10944	341	3443	3007	1662	9844
染料制造	28932	1263	10816	11799	93	39922
密封用填料及类似品制造	2120	41	794	801		545
合成材料制造	153344	6410	124779	126321	33555	272987
初级形态塑料及合成树脂制造	76632	2455	34159	40361	30932	105374
合成橡胶制造	17306	476	9597	10093	1694	28698
合成纤维单(聚合)体制造	50943	3264	76442	71623	920	116560
其他合成材料制造	8464	215	4581	4244	9	22355
专用化学产品制造	111566	3808	48667	47402	923	118764
化学试剂和助剂制造	60521	1903	25809	23766	576	78668

单位：万元

营业外收入	#补贴收入	营业外支出	利润总额	应交所得税	利税总额	应付工资总额	本年应交增值税
6533	5167	509	12289	1715	19938	4966	6092
6533	5167	509	12289	1715	19938	4966	6092
6532	5167	491	12430	1592	19653	4712	5711
1		18	-141	123	285	254	381
45277	21243	61870	866211	136297	1328386	466528	378902
6054	3093	2868	83329	10943	135136	66698	44661
254	67	287	2289	566	5008	4108	2274
805		9	3499	7	5811	1020	1970
1246	550	539	10459	1321	17234	11920	5741
3403	2320	1894	60327	8393	96077	43379	30835
345	155	139	6756	656	11005	6271	3841
283	47	220	2203	432	4809	5175	2111
215	25	126	969	279	3219	3479	1931
30	23	81	918	118	1106	1148	52
38		13	317	35	484	548	128
1990	729	696	14723	835	22427	15605	6767
1950	427	587	12180	652	18114	11352	5233
40	302	109	2543	183	4313	4253	1534
12065	4539	4419	181146	27268	249022	73547	58195
5123	3517	2573	116981	17770	154636	33312	31760
80	8	69	8573	1659	12166	5786	3107
4852	490	217	14488	1342	21187	8911	5826
1970	510	1493	40571	6418	58864	22953	16072
40	13	66	533	79	2170	2585	1431
15522	9433	42840	248698	33109	401262	128124	116329
6722	3271	3186	109234	8476	159128	59101	43539
1295	164	188	31480	4292	36536	14417	-1564
6755	5415	39114	85222	15998	177761	46592	70652
750	584	352	22763	4343	27838	8014	3702
5536	2831	7381	118531	17960	191083	80903	59800
2325	1227	1907	80109	12830	122495	42424	34942

1-B-14 续表 57

行　　业	管理费用	#税　金	财务费用	#利息支出	投资收益	营业利润
专项化学用品制造	13899	846	6775	7190	355	17911
林产化学产品制造	4082	141	1724	1670	3	4133
信息化学品制造	18336	430	10139	10534	-19	1995
环境污染处理专用药剂材料制造	3984	178	1081	1081	…	7026
动物胶制造	157	9	73	72	6	203
其他专用化学产品制造	10588	302	3067	3090	1	8828
炸药、火工及焰火产品制造	5683	136	1145	1142	6	3284
炸药及火工产品制造	5683	136	1145	1142	6	3284
日用化学产品制造	73550	2211	15158	15333	43831	170561
肥皂及合成洗涤剂制造	37345	1409	7331	8176	40642	105112
化妆品制造	25266	700	6556	5993	348	31256
口腔清洁用品制造						
香料、香精制造	4984	48	297	313		3138
其他日用化学产品制造	5365	52	974	851	2841	30903
医药制造业	177570	5869	42612	42705	5083	159333
化学药品原料药制造	67119	2124	18537	19340	1313	52019
化学药品原料药制造	67119	2124	18537	19340	1313	52019
化学药品制剂制造	20908	1215	5914	5789	6	10728
化学药品制剂制造	20908	1215	5914	5789	6	10728
中药饮片加工	5908	307	2467	2311	63	12766
中药饮片加工	5908	307	2467	2311	63	12766
中成药生产	38573	1079	3517	3595	1304	33510
中成药生产	38573	1079	3517	3595	1304	33510
兽用药品制造	4116	214	1422	1496		3591
兽用药品制造	4116	214	1422	1496		3591
生物药品制造	18009	245	4050	3991	2391	29135
生物药品制造	18009	245	4050	3991	2391	29135
卫生材料及医药用品制造	22937	685	6706	6183	6	17585
卫生材料及医药用品制造	22937	685	6706	6183	6	17585

单位：万元

营业外收入	#补贴收入	营业外支出	利润总额	应交所得税	利税总额	应付工资总额	本年应交增值税
182	170	1317	16929	2146	26923	10316	8161
423	278	40	4602	218	7238	4254	1742
1538	795	3806	-79	1160	10082	13688	9198
76	75	81	7021	690	9382	2154	1723
6	6		210	27	525	292	279
986	279	231	9738	888	14439	7774	3756
204	4	1206	2292	381	5020	2533	2479
204	4	1206	2292	381	5020	2533	2479
3624	568	2241	215290	45369	319625	93944	88560
1564	312	1342	145959	32986	213515	59449	59964
1714	122	714	32295	4386	50492	21918	13362
203	22	99	3243	628	5534	3539	1913
143	113	79	33649	7334	49803	8772	13198
12189	4896	5473	167073	23796	254637	130805	76972
3540	2035	2723	53223	8445	83650	53833	26930
3540	2035	2723	53223	8445	83650	53833	26930
2465	180	858	12355	2354	27209	15179	13067
2465	180	858	12355	2354	27209	15179	13067
1126	91	96	13852	288	16598	6425	2329
1126	91	96	13852	288	16598	6425	2329
2376	2090	154	35911	4783	47827	16249	10310
2376	2090	154	35911	4783	47827	16249	10310
115	243	123	3796	852	6068	3902	2027
115	243	123	3796	852	6068	3902	2027
1129	36	575	29790	4199	42200	13692	11029
1129	36	575	29790	4199	42200	13692	11029
1440	222	943	18147	2876	31087	21524	11281
1440	222	943	18147	2876	31087	21524	11281

1-B-14 续表 58

行业	管理费用	#税金	财务费用	#利息支出	投资收益	营业利润
化学纤维制造业	152076	12339	143137	154742	9352	242572
纤维素纤维原料及纤维制造	2161	97	1674	1863	31	853
化纤浆粕制造	85	10	207	213		121
人造纤维(纤维素纤维)制造	2076	87	1466	1650	31	732
合成纤维制造	149915	12242	141464	152880	9321	241719
锦纶纤维制造	29528	1851	28000	30313	-6	33816
涤纶纤维制造	95984	8600	86567	92640	8507	173719
腈纶纤维制造						
维纶纤维制造						
丙纶纤维制造	1658	303	2264	2290		2355
氨纶纤维制造	4087	311	2464	3543	1	7910
其他合成纤维制造	16511	988	15089	15491	819	28820
橡胶和塑料制品业	577634	27841	274564	276094	11791	735002
橡胶制品业	76679	2374	32065	30584	883	76220
轮胎制造	6310	324	4494	4581	14	6243
橡胶板、管、带制造	25850	791	11862	11180	328	29038
橡胶零件制造	18732	493	5728	5375	463	15313
再生橡胶制造	3595	130	2245	2260	41	6939
日用及医用橡胶制品制造	3781	172	2446	2157		2515
其他橡胶制品制造	18411	464	5289	5031	38	16171
塑料制品业	500955	25467	242499	245510	10909	658782
塑料薄膜制造	71534	2405	50679	54669	1128	149280
塑料板、管、型材制造	78829	3631	39101	39287	4771	108141
塑料丝、绳及编织品制造	16040	1310	11629	11048	354	21876
泡沫塑料制造	19096	940	12161	12560	779	11764
塑料人造革、合成革制造	79317	6603	39283	42642	811	169160
塑料包装箱及容器制造	36229	1527	15819	17671	551	30849
日用塑料制品制造	79134	3504	31573	27851	339	66406
塑料零件制造	51724	1509	12806	12438	743	40338
其他塑料制品制造	69052	4037	29450	27346	1432	60970

单位：万元

营业外收入	#补贴收入	营业外支出	利润总额	应交所得税	利税总额	应付工资总　额	本年应交增值税
18576	10821	7332	261064	32544	400420	222993	115329
15	10	29	870	314	2871	3405	1576
…		…	121	30	221	179	83
15	10	29	749	284	2650	3226	1593
18561	10812	7303	260194	32230	397549	219589	113653
4563	2330	644	38329	5670	47327	28041	5940
12365	8086	5208	187069	20242	292329	149902	88818
20	3	34	2340	181	4144	2733	1409
27		91	7846	896	9311	3949	1210
1520	355	1194	29575	5242	48543	33078	15504
32024	13351	26829	746902	106537	1182139	761198	369898
5164	3356	2426	80290	13120	127957	95340	40649
351	11	147	6473	1112	11300	7359	4057
1667	798	645	30809	5999	46277	32553	13029
1169	606	303	16221	2482	26988	25584	9091
522	415	447	7013	91	9328	3111	2012
97	133	293	2411	440	5784	6108	2954
1359	1393	591	17363	2995	28280	20625	9507
26860	9995	24403	666612	93416	1054182	665859	329249
4114	1023	1938	152352	25132	219179	60512	57788
5146	1481	1919	112005	15381	166625	75659	45777
768	128	434	22211	2623	42696	42123	17927
1133	413	916	12717	1655	25326	22018	10720
3350	730	8352	164708	13963	242042	140665	66147
2155	1244	1922	31483	6742	56188	53825	20979
3634	2010	2192	68673	10999	123750	116806	44838
3105	1654	2289	41632	7364	75451	68379	29450
3455	1314	4442	60833	9557	102924	85872	35622

1-B-14 续表 59

行业	管理费用	#税金	财务费用	#利息支出	投资收益	营业利润
非金属矿物制品业	401874	21287	203035	210675	28509	528013
水泥、石灰和石膏制造	53465	3558	28299	33109	11813	82782
水泥制造	49731	3540	26090	30781	11813	74405
石灰和石膏制造	3735	19	2209	2328	...	8377
石膏、水泥制品及类似制品制造	154238	8697	81848	85033	6266	199090
水泥制品制造	138949	7876	75806	79042	6221	176794
砼结构构件制造	8163	416	4210	4460	26	16668
石棉水泥制品制造						
轻质建筑材料制造	5671	319	1498	1181	19	4009
其他水泥类似制品制造	1087	44	328	337		1634
砖瓦、石材等建筑材料制造	25399	1413	12855	12653	189	47693
粘土砖瓦及建筑砌块制造	9052	281	3377	3312	189	10044
建筑陶瓷制品制造	1004	85	793	783		714
建筑用石加工	1954	271	876	878		2247
防水建筑材料制造	7687	690	4533	4434	...	27888
隔热和隔音材料制造	3290	20	1223	1226		2007
其他建筑材料制造	2412	67	2053	2021		4792
玻璃制造	19095	1383	9451	9633	706	10190
平板玻璃制造	7942	1072	4247	4222	76	5851
其他玻璃制造	11153	311	5204	5412	630	4338
玻璃制品制造	50598	3002	34948	35643	7588	82501
技术玻璃制品制造	24852	1891	16365	16124	6615	39475
光学玻璃制造	3213	151	2791	2879	3	794
日用玻璃制品制造	12102	674	11293	10841	242	30530
玻璃包装容器制造	2276	43	588	556	472	3294
玻璃保温容器制造	705	26	275	250	25	723
制镜及类似品加工	4300	177	2060	3327	191	5024
其他玻璃制品制造	3152	41	1576	1666	41	2661
玻璃纤维和玻璃纤维增强塑料制品制造	16744	520	9106	8768	416	11485
玻璃纤维及制品制造	11138	357	6099	6114	416	10044
玻璃纤维增强塑料制品制造	5605	163	3007	2654		1442

单位：万元

营业外收入	#补贴收入	营业外支出	利润总额	应交所得税	利税总额	应付工资总额	本年应交增值税
58819	31421	22321	575871	83167	986098	462851	353261
27161	15280	5139	109309	16740	179301	61844	60756
27018	15276	5071	100853	16213	166583	58462	57394
143	4	68	8456	527	12718	3382	3362
14616	6716	8946	209224	31794	409807	173171	177472
13938	6484	8262	186903	26828	376234	154810	167707
203	43	566	16336	3154	23804	11232	6502
376	189	103	4283	522	7246	6152	2548
68	1	15	1687	1286	2336	889	567
2307	1069	782	49842	2218	72750	31323	19443
1593	790	464	11601	467	14966	12118	2830
15	163	30	862	137	2014	2161	667
15	6	…	2262	154	3969	2066	1288
470	36	176	28217	509	40602	9924	11381
192	74	53	2146	328	3334	1808	990
23		59	4756	623	7865	3246	2286
1116	217	1723	9756	2202	18810	19492	7529
9	77	1232	4782	860	8241	6634	2986
1107	140	492	4973	1342	10569	12858	4543
6299	4012	2801	86399	14188	115981	77164	22496
2193	367	2268	39460	8715	45973	27656	3885
1698	1475	42	2450	106	3401	4761	726
548	256	217	31094	3458	46308	27287	13005
177	176	48	3423	585	5609	3447	1601
28	28	38	713	127	1250	1242	377
1638	1607	87	6581	579	8462	4571	1405
18	105	101	2678	618	4978	8202	1498
1066	761	583	12466	2140	24569	24440	9774
726	716	481	10756	1975	18789	16673	6501
340	46	103	1710	166	5780	7767	3272

1-B-14 续表 60

行　业	管理费用	#税　金	财务费用	#利息支出	投资收益	营业利润
陶瓷制品制造	7906	331	3325	2845	18	11959
卫生陶瓷制品制造	2294	105	1665	1295	18	4873
特种陶瓷制品制造	3567	53	1302	1212	...	5831
日用陶瓷制品制造						
园林、陈设艺术及其他陶瓷制品制造	1853	173	257	256		1233
耐火材料制品制造	49986	1755	13625	13484	1259	62793
石棉制品制造	1967	61	680	613	584	3756
云母制品制造						
耐火陶瓷制品及其他耐火材料制造	47479	1694	12618	12589	675	59392
石墨及其他非金属矿物制品制造	24443	627	9579	9509	254	19520
石墨及碳素制品制造	11784	338	3801	3768	44	6553
其他非金属矿物制品制造	12658	289	5778	5741	210	12967
黑色金属冶炼和压延加工业	275573	19041	211930	220786	8732	405081
炼铁						
炼铁						
炼钢	18775	553	12459	12601		17747
炼钢	18775	553	12459	12601		17747
黑色金属铸造	77332	2900	34161	33716	1202	66110
黑色金属铸造	77332	2900	34161	33716	1202	66110
钢压延加工	173511	15222	161838	171062	7530	310129
钢压延加工	173511	15222	161838	171062	7530	310129
铁合金冶炼	5708	336	3399	3334		10906
铁合金冶炼	5708	336	3399	3334		10906
有色金属冶炼和压延加工业	179932	14491	171559	190438	1194	354476
常用有色金属冶炼	17219	1568	25506	28933	-5482	35863
铜冶炼	7285	657	16427	18302	-5741	27377
铅锌冶炼	1089	59	1973	2002		1596
镍钴冶炼	4648	380	3549	4740	258	4129
锡冶炼	86	8	105	107		142
铝冶炼	3916	458	3240	3577	...	2758
其他常用有色金属冶炼						

单位：万元

营业外收入	#补贴收入	营业外支出	利润总额	应交所得税	利税总额	应付工资总额	本年应交增值税
714	407	399	12296	1192	19201	13166	5721
304	80	23	5154	918	8478	3862	2588
320	229	106	6046	173	7991	5434	1722
90	82	270	1058	101	2449	3792	1201
4642	2300	1129	66308	9206	106242	39031	33846
391	265	133	4014	229	4766	2541	655
4026	1959	996	62348	8977	101502	35982	33191
898	660	820	20272	3488	39439	23220	16225
365	630	227	7365	1029	15623	11016	7260
533	30	593	12907	2459	23816	12204	8965
29576	9822	18624	420456	47036	697999	400568	237813
343	126	413	17677	3619	31094	9064	10598
343	126	413	17677	3619	31094	9064	10598
6052	3644	3784	69834	10148	123697	138115	45581
6052	3644	3784	69834	10148	123697	138115	45581
23064	5996	14364	321796	31340	527135	248640	177394
23064	5996	14364	321796	31340	527135	248640	177394
117	56	63	10960	1929	15700	4233	4060
117	56	63	10960	1929	15700	4233	4060
65610	5478	16557	409308	43065	605754	205424	173278
48096	789	543	83724	3675	110439	17159	24918
47103	225	278	74510	3253	91296	6767	15798
174	158	71	1699	82	2298	1715	416
205	77	106	4228	126	10742	3442	6339
18	15	5	154	39	179	115	21
596	314	83	3271	175	6014	4928	2313

1-B-14 续表 61

行业	管理费用	#税金	财务费用	#利息支出	投资收益	营业利润
贵金属冶炼	3430	80	3344	3388	-214	17881
金冶炼	2806	54	2826	2841	-217	18605
银冶炼	448	9	150	179	3	-897
其他贵金属冶炼						
稀有稀土金属冶炼	991	217	190	194		4621
钨钼冶炼						
稀土金属冶炼	729	188	158	162		4081
有色金属合金制造	28502	1665	17177	18128	-1744	41274
有色金属合金制造	28502	1665	17177	18128	-1744	41274
有色金属铸造	1597	100	1962	1964		688
有色金属铸造	1597	100	1962	1964		688
有色金属压延加工	128195	10861	123380	137831	8635	254150
铜压延加工	55216	6263	68259	79164	7460	140034
铝压延加工	49798	3635	39853	42569	119	95134
贵金属压延加工	1468	151	3311	3696	892	-881
稀有稀土金属压延加工	6634	80	1587	1584	144	3449
其他有色金属压延加工	15078	733	10370	10818	20	16414
金属制品业	615643	36305	332690	319166	5900	886105
结构性金属制品制造	160451	12371	90356	84465	571	417705
金属结构制造	68200	5497	26648	27542	75	101791
金属门窗制造	92251	6875	63708	56924	496	315914
金属工具制造	74030	2644	33413	31775	2583	67708
切削工具制造	18617	630	8830	8014	2101	26185
手工具制造	27310	1091	11485	12234	-201	21481
农用及园林用金属工具制造	14632	641	6571	5458	11	11375
刀剪及类似日用金属工具制造	6002	89	1501	1367	312	2807
其他金属工具制造	7471	193	5026	4702	360	5859
集装箱及金属包装容器制造	33554	1348	15247	14888	947	14550
集装箱制造	2389	100	1181	1028		5662
金属压力容器制造	16865	779	8694	8345	620	6784
金属包装容器制造	14301	469	5372	5515	326	2104

单位：万元

营业外收入	#补贴收入	营业外支出	利润总额	应交所得税	利税总额	应付工资总　　额	本年应交增 值 税
144	105	2690	15225		16923	1740	796
142	105	2688	15947		17576	1407	755
2		2	-894		-872	167	
69		56	4634	1156	5674	1043	879
69		52	4098	1022	4987	501	749
3766	1521	1049	44278	3258	69692	27789	22820
3766	1521	1049	44278	3258	69692	27789	22820
304	8	49	951	79	1752	2641	694
304	8	49	951	79	1752	2641	694
13232	3055	12170	260496	34897	401274	155052	123171
8164	1947	9611	143800	24142	216109	68103	63934
2503	1002	1730	94995	8077	146576	67384	44356
155		118	49	51	672	1340	565
181	10	153	3477	601	6011	6154	2182
2229	96	559	18175	2026	31908	12072	12134
34814	11481	23526	899821	109377	1358149	921336	377579
7528	1160	4335	420856	40137	557440	256503	110732
4823	406	1346	105382	19869	154521	88684	36966
2705	754	2989	315474	20268	402918	167819	73767
4436	2203	3000	68987	10239	113088	110764	36548
1101	387	443	26970	3588	37654	27260	8938
1575	838	894	21865	3608	38904	44215	14287
1171	629	1383	11167	2028	19736	18595	7266
365	238	74	3098	302	6586	8582	3146
224	110	206	5887	712	10208	12112	2911
3114	950	1053	17155	1734	34862	47951	15062
12	1		5674	15	10305	4601	4619
1537	793	695	8040	847	14193	21131	4653
1565	155	358	3441	872	10364	22219	5791

1-B-14 续表 62

行业	管理费用	#税金	财务费用	#利息支出	投资收益	营业利润
金属丝绳及其制品制造	22014	1171	12432	12244	219	11827
金属丝绳及其制品制造	22014	1171	12432	12244	219	11827
建筑、安全用金属制品制造	114920	8644	62356	59379	-601	155198
建筑、家具用金属配件制造	47000	3592	22374	21506	-973	30479
建筑装饰及水暖管道零件制造	53768	4806	35386	34071	292	112048
安全、消防用金属制品制造	9857	187	3370	2897	78	9174
其他建筑、安全用金属制品制造	4296	58	1226	905	2	3498
金属表面处理及热处理加工	52810	2006	23498	24274	359	57293
金属表面处理及热处理加工	52810	2006	23498	24274	359	57293
搪瓷制品制造	5614	294	3356	3249	3	2971
生产专用搪瓷制品制造						
建筑装饰搪瓷制品制造						
搪瓷卫生洁具制造	2220	125	1021	944		1823
搪瓷日用品及其他搪瓷制品制造	2372	104	1627	1581	3	529
金属制日用品制造	101810	5958	67401	62475	524	121138
金属制厨房用器具制造	21779	1097	17660	16690	212	14648
金属制餐具和器皿制造	61511	4345	42844	39406	149	89779
金属制卫生器具制造	8030	194	2878	2673	1	7308
其他金属制日用品制造	10491	321	4019	3708	162	9403
其他金属制品制造	50439	1868	24632	26417	1295	37715
锻件及粉末冶金制品制造	24095	801	11183	11405	276	17663
交通及公共管理用金属标牌制造	2150	25	1938	1668		1321
其他未列明金属制品制造	24194	1042	11510	13345	1020	18731
通用设备制造业	1184079	42737	452458	452168	58460	1098618
锅炉及原动设备制造	42519	1817	13502	13410	2094	32449
锅炉及辅助设备制造	22044	1162	4274	4834	1940	20123
内燃机及配件制造	7745	291	2945	2919	1	9190
汽轮机及辅机制造	4776	258	3194	2901	99	3121
水轮机及辅机制造	7954	106	3089	2756	54	15

单位：万元

营业外收入	#补贴收入	营业外支出	利润总额	应交所得税	利税总额	应付工资总额	本年应交增值税
1963	239	642	13249	2163	25726	27581	10182
1963	239	642	13249	2163	25726	27581	10182
5861	2775	5049	156506	25029	246652	164965	71006
2731	1356	879	32207	4793	64106	81646	25312
2403	865	3919	110822	18374	162270	64376	40661
551	429	187	9863	1298	14890	13310	3852
177	126	64	3614	563	5387	5634	1181
2730	1050	1910	58368	6638	94156	76593	29618
2730	1050	1910	58368	6638	94156	76593	29618
420	56	539	2899	634	6929	11235	3315
35		34	1824	326	3533	2761	1448
354	56	505	425	254	2193	7053	1412
4894	1383	4934	121492	15313	206598	167727	74429
1938	448	1148	15437	2818	33265	34993	15992
2035	690	2732	89322	10407	141862	103381	45442
322	190	511	7225	768	13458	11735	5534
600	54	543	9509	1321	18013	17618	7463
3869	1666	2065	40309	7491	72698	58016	26686
2315	927	1357	18810	3649	34333	29914	13152
93		129	1285	532	3239	1222	1011
1461	739	578	20215	3310	35126	26881	12523
85611	28318	49144	1176940	181139	1859915	1414029	577381
1467	1193	1173	33845	5016	54818	45357	18034
989	266	464	20866	3225	32340	20843	9947
154	148	416	9031	1057	13218	10747	3559
155	57	157	3174	479	5993	7046	2412
169	723	136	774	255	3267	6722	2116

1-B-14 续表 63

行业	管理费用	#税金	财务费用	#利息支出	投资收益	营业利润
金属加工机械制造	75682	2155	27723	27545	795	57479
金属切削机床制造	26689	687	12165	12113	46	25980
金属成形机床制造	14072	239	3004	2981	4	9850
铸造机械制造	6509	110	900	919	…	3887
金属切割及焊接设备制造	17435	562	6752	6438	98	13271
机床附件制造	4604	247	2097	2084		1926
其他金属加工机械制造	6373	310	2805	3012	646	2564
物料搬运设备制造	151838	4336	37404	38896	11655	143738
轻小型起重设备制造	19807	649	6051	5318	740	11625
起重机制造	20472	818	4546	4579	5	20872
生产专用车辆制造	14052	595	7420	7697	21	8608
连续搬运设备制造	11424	250	2804	2859	398	10459
电梯、自动扶梯及升降机制造	82646	1978	15079	17036	10488	91166
其他物料搬运设备制造	3436	46	1503	1407	4	1008
泵、阀门、压缩机及类似机械制造	290373	10836	95405	94293	7533	299102
泵及真空设备制造	79318	2441	25255	25044	1979	77651
气体压缩机械制造	52270	1681	14645	15857	1543	45251
阀门和旋塞制造	113573	5493	40944	39230	3358	145823
液压和气压动力机械及元件制造	45213	1222	14561	14163	653	30378
轴承、齿轮和传动部件制造	176089	7085	78336	82949	22343	126234
轴承制造	106262	3761	48044	52446	19534	69476
齿轮及齿轮减、变速箱制造	44379	2193	18932	19153	2174	34326
其他传动部件制造	25449	1131	11360	11350	635	22432
烘炉、风机、衡器、包装等设备制造	202232	6763	89495	88341	7151	243878
烘炉、熔炉及电炉制造	3565	18	-481	313		3337
风机、风扇制造	15781	473	5678	5945	30	3708
气体、液体分离及纯净设备制造	44996	1320	13157	13596	113	42396
制冷、空调设备制造	61673	1512	38255	38113	6191	97230
风动和电动工具制造	48594	2495	26297	23844	313	78028

单位：万元

营业外收入	#补贴收入	营业外支出	利润总额	应交所得税	利税总额	应付工资总额	本年应交增值税
5826	2873	1160	63001	8042	100754	89773	31907
3339	1040	480	28786	3967	42117	27869	11098
384	199	183	10143	1300	16775	16479	5661
156	34	118	3931	349	6618	6917	2160
1473	1005	201	14557	1798	24785	18516	8947
116	228	73	2070	224	4449	10838	1964
359	367	105	3515	405	6010	9155	2077
9949	5110	4533	160346	24260	242762	149968	70760
619	628	1045	11703	853	20791	19440	8040
2342	1532	332	22922	3371	31345	28836	6984
1989	583	275	10334	2192	15664	10369	4130
725	214	456	10738	1744	17673	13920	5908
3850	2074	2108	103534	15898	154829	73316	44657
425	80	318	1115	202	2460	4087	1041
13919	6287	7822	307747	40633	487609	379676	155538
4237	1661	1649	80537	11064	123662	94293	37022
3298	1567	2304	47401	7221	86897	58227	34900
4298	1950	2197	148489	16612	222808	172777	64393
2086	1109	1671	31319	5737	54242	54379	19223
24692	4198	15047	159154	21875	248789	244737	74960
21277	2173	13597	96779	12393	148595	153788	42756
2212	1407	1035	38526	6136	62208	57948	19976
1203	618	416	23850	3346	37986	33002	12229
11777	4085	11666	245393	39172	369442	245032	103014
256	3	265	3328	761	5682	2059	1980
629	129	285	4103	963	10796	11656	5601
2714	890	965	44298	6242	67083	42419	19743
4850	841	2241	100261	21103	141992	79109	32211
2085	1693	7009	73587	7683	109610	75087	31113

1-B-14 续表 64

行业	管理费用	#税金	财务费用	#利息支出	投资收益	营业利润
喷枪及类似器具制造	11515	499	3411	2853	100	4704
衡器制造	2006	137	838	849		1151
包装专用设备制造	14103	309	2339	2830	404	13324
文化、办公用机械制造	24155	592	5719	4959	-265	10618
电影机械制造						
幻灯及投影设备制造						
照相机及器材制造	4760	46	177	144	-344	279
复印和胶印设备制造	3390	173	1721	1647		2955
计算器及货币专用设备制造	12775	264	2767	2375	79	6338
其他文化、办公用机械制造	2778	84	778	563		797
通用零部件制造	213687	8655	101982	98839	7114	182904
金属密封件制造	9550	223	3702	3446		2604
紧固件制造	63814	3168	39742	37793	726	43119
弹簧制造	4577	266	2117	2236		4703
机械零部件加工	24927	1080	10112	9607	-117	31028
其他通用零部件制造	110819	3917	46308	45759	6505	101450
其他通用设备制造业	7504	498	2894	2937	41	2216
其他通用设备制造业	7504	498	2894	2937	41	2216
专用设备制造业	462999	13748	136745	136681	14423	380600
采矿、冶金、建筑专用设备制造	44076	1479	12192	12367	454	19898
矿山机械制造	14463	616	4532	4140	60	6971
石油钻采专用设备制造	5293	119	2485	2866	2	3026
建筑工程用机械制造	6367	497	1719	1601		2175
建筑材料生产专用机械制造	7002	136	1828	2053	397	1641
冶金专用设备制造	10951	110	1629	1707	-5	6086
化工、木材、非金属加工专用设备制造	157232	3647	45561	46819	8533	105305
炼油、化工生产专用设备制造	18724	385	3767	3385	1004	5492
橡胶加工专用设备制造	929	116	320	320		1283
塑料加工专用设备制造	41266	1232	11400	11634	970	24369
模具制造	94123	1874	29306	30673	6559	73194
其他非金属加工专用设备制造	2191	40	768	807		968

单位：万元

营业外收入	#补贴收入	营业外支出	利润总额	应交所得税	利税总额	应付工资总额	本年应交增值税
323	199	524	4794	478	10531	15995	5067
12		20	1143	158	2269	2798	931
909	330	358	13880	1784	21479	15909	6370
2284	1468	334	12697	2453	24076	28155	9990
697	649	33	943	280	2334	7144	1029
366	129	29	3420	486	5122	3814	1360
841	644	252	6927	1451	13589	13413	6200
316	25	11	1101	186	2529	3193	1220
14336	2576	6344	192232	38977	324658	220713	109314
1653	313	490	3809	739	7511	10391	2972
4405	1694	4243	44297	8497	91278	92110	40123
140	20	98	4745	1119	8298	7689	3086
942	329	647	31349	5965	46108	36545	10931
7196	221	868	108032	22656	171464	73979	52201
1361	528	1065	2525	712	7008	10620	3865
1361	528	1065	2525	712	7008	10620	3865
33042	18987	9947	411527	55875	653623	505457	205062
3060	1800	701	23404	4263	44699	40703	18616
785	415	161	7700	1316	16123	11814	7410
685	147	97	3622	499	5619	7929	1648
353	638	75	3083	566	5757	6630	2342
336	318	34	2391	487	6507	6737	3609
901	283	334	6609	1396	10692	7593	3607
10713	4831	3511	115014	18135	194348	185169	67169
1112	476	194	6909	975	12866	13317	5013
14		1	1296	303	1778	732	371
2716	1147	1253	26987	5559	46612	48638	16535
6790	3158	2051	78786	11282	131753	120532	44991
81	50	12	1036	16	1338	1949	259

1-B-14 续表 65

行　业	管理费用	#税　金	财务费用	#利息支出	投资收益	营业利润
食品、饮料、烟草及饲料生产专用设备制造	13271	389	3828	3797	9	9103
食品、酒、饮料及茶生产专用设备制造	8961	260	2789	2754	9	5518
农副食品加工专用设备制造	1011	104	291	296		528
烟草生产专用设备制造	1595	1	173	179		1213
饲料生产专用设备制造	1704	25	575	568		1845
印刷、制药、日化及日用品生产专用设备制造	28629	743	4305	4115	136	15038
制浆和造纸专用设备制造	3284	54	688	660		646
印刷专用设备制造	9755	413	1024	1033	22	5971
制药专用设备制造	9781	135	1673	1619	114	6717
照明器具生产专用设备制造	3369	87	508	417		691
玻璃、陶瓷和搪瓷制品生产专用设备制造	791	9	51	24		89
其他日用品生产专用设备制造	1648	46	361	362		925
纺织、服装和皮革加工专用设备制造	80626	2509	25903	24001	1017	90325
纺织专用设备制造	49075	1139	17766	16797	719	57366
皮革、毛皮及其制品加工专用设备制造	968	45	271	271		577
缝制机械制造	30505	1325	7865	6934	298	32365
洗涤机械制造						
电子和电工机械专用设备制造	11848	454	3373	3364	89	9250
电工机械专用设备制造	5708	305	2557	2587	89	8734
电子工业专用设备制造	6141	149	816	777	-1	516
农、林、牧、渔专用机械制造	29161	1053	13653	13360	61	20426
拖拉机制造	4373	175	2627	2611		8507
机械化农业及园艺机具制造	16687	658	9139	8866	30	8167
营林及木竹采伐机械制造						
畜牧机械制造	701	3	134	63		310
渔业机械制造	381	29	79	209	30	94
农林牧渔机械配件制造	5291	137	1138	1088		1878
棉花加工机械制造						
其他农、林、牧、渔业机械制造	703	23	225	205		317

单位：万元

营业外收入	#补贴收入	营业外支出	利润总额	应交所得税	利税总额	应付工资总额	本年应交增值税
198	392	267	9359	1005	16558	14047	5662
132	371	119	5855	723	11367	10118	4236
36		18	546	12	842	1145	246
8		60	1162	225	1906	1312	622
21	21	69	1796	46	2442	1472	557
1140	415	543	15841	2201	29506	29739	11604
61	22	66	651	175	2226	2674	1350
435	208	295	6297	900	10684	10237	3633
396	117	101	7015	801	11835	10136	4086
239	40	19	895	243	2448	3825	1344
	4	4	88	30	647	975	542
10	24	58	895	51	1666	1893	650
5705	2833	1523	95679	12839	148311	91916	44608
3997	2390	854	61383	8706	95708	49965	30101
11	10	7	581	84	1087	1406	438
1696	432	661	33698	4047	51423	40391	14002
612	411	342	9527	886	13655	9890	3592
138	73	275	8597	699	11503	5095	2533
474	338	68	930	187	2152	4795	1059
3662	2705	336	24047	2944	33717	33610	7952
21	1	4	8524	1150	9511	5414	618
2695	2499	227	10759	1149	15658	17542	4038
33		13	331	41	426	671	82
6		10	120	4	408	1219	253
656	188	64	2594	455	5019	7076	2096
167	17	6	494	71	611	637	101

1-B-14 续表 66

行业	管理费用	#税金	财务费用	#利息支出	投资收益	营业利润
医疗仪器设备及器械制造	33317	1132	5854	6704	3203	31850
医疗诊断、监护及治疗设备制造	6024	353	1119	1002	2231	3235
口腔科用设备及器具制造	2240	87	444	332	600	1187
医疗实验室及医用消毒设备和器具制造						
医疗、外科及兽医用器械制造	14682	336	3547	3636	372	13260
机械治疗及病房护理设备制造	3604	166	-848	252		8562
假肢、人工器官及植(介)入器械制造	824	3	122	131		1943
其他医疗设备及器械制造	5560	185	1310	1192		3834
环保、社会公共服务及其他专用设备制造	64840	2342	22078	22153	923	79405
环境保护专用设备制造	31106	1072	11771	11966	407	31246
地质勘查专用设备制造						
邮政专用机械及器材制造						
商业、饮食、服务专用设备制造	1322	47	64	23		797
社会公共安全设备及器材制造	13982	532	6577	6609	446	33807
交通安全、管制及类似专用设备制造	2518	215	590	581		1431
水资源专用机械制造	2170	223	890	895	3	1554
其他专用设备制造	12581	245	1936	1838	67	8767
汽车制造业	499198	33493	172829	167171	15879	486967
汽车整车制造	62066	17299	21142	20879	837	71220
汽车整车制造	62066	17299	21142	20879	837	71220
改装汽车制造	3867	141	1492	1494		642
改装汽车制造	3867	141	1492	1494		642
汽车车身、挂车制造	2403	118	403	455	-3	1311
汽车车身、挂车制造	2403	118	403	455	-3	1311
汽车零部件及配件制造	430862	15935	149792	144343	15045	413794
汽车零部件及配件制造	430862	15935	149792	144343	15045	413794
铁路、船舶、航空航天和其他运输设备制造业	194609	8894	99121	115966	3396	102694
铁路运输设备制造	8395	149	2223	3540	1791	12643
铁路机车车辆配件制造	5341	140	1014	2395	1783	8821
铁路专用设备及器材、配件制造	3054	10	1208	1144	8	3822

单位：万元

营业外收入	#补贴收入	营业外支出	利润总额	应交所得税	利税总额	应付工资总额	本年应交增值税
3132	2443	1320	34924	3762	51534	33710	14254
1273	937	52	4456	254	6911	3490	2212
42	228	101	1955	237	2577	2158	406
558	366	934	13310	1669	21651	16855	7174
191		69	8685	1160	11608	3807	2513
742	742	131	2555		2983	1450	400
325	171	32	4135	442	5969	5497	1447
4820	3156	1406	83732	9840	121297	66673	31606
2083	1089	855	32794	5420	51436	29923	15255
9		12	794	190	1236	1471	382
1287	1020	268	35250	2198	46112	20183	9517
6	1	11	1427	365	2421	2918	624
7	12	22	1552	201	2679	1840	968
1379	1029	156	10145	1299	14928	9473	4241
32488	15448	21770	506340	78749	803444	610091	251066
4752	2618	3396	72664	14319	105327	32675	24004
4752	2618	3396	72664	14319	105327	32675	24004
40		352	330	13	1759	2871	981
40		352	330	13	1759	2871	981
59	3	14	1356	1	1812	1648	402
59	3	14	1356	1	1812	1648	402
27636	12826	18008	431990	64416	694546	572896	225680
27636	12826	18008	431990	64416	694546	572896	225680
14745	2650	7359	111554	20845	228799	264198	97894
1057	117	105	13620	1542	18984	6551	4691
855	39	64	9612	1143	12805	4082	2891
201	78	41	4008	400	6179	2470	1800

1-B-14 续表 67

行 业	管理费用	#税 金	财务费用	#利息支出	投资收益	营业利润
船舶及相关装置制造	74730	3473	37698	55028	678	-20708
金属船舶制造	59551	3160	24664	41798	490	-30870
娱乐船和运动船制造	2336	67	421	410		879
船用配套设备制造	10027	170	6965	7171	62	6723
船舶改装与拆除	2817	77	5648	5649	127	2561
航空、航天器及设备制造	4791	88	855	712	13	2569
飞机制造	1197	18	31	35	13	1128
航空、航天相关设备制造						
其他航空航天器制造						
摩托车制造	52648	2387	31856	32030	645	53384
摩托车整车制造	10795	825	5160	5406	45	4165
摩托车零部件及配件制造	41853	1561	26696	26624	600	49220
自行车制造	49893	2607	24533	22901	268	53152
脚踏自行车及残疾人座车制造	21551	1364	15094	13709	20	17538
助动自行车制造	28342	1243	9439	9192	249	35614
非公路休闲车及零配件制造	2177	154	1400	1271		1156
非公路休闲车及零配件制造	2177	154	1400	1271		1156
潜水救捞及其他未列明运输设备制造	1976	37	558	484		498
潜水及水下救捞装备制造						
其他未列明运输设备制造	1769	31	555	482		458
电气机械和器材制造业	1304920	47759	515130	505741	30352	1069365
电机制造	201145	6462	84793	82359	1346	193090
发电机及发电机组制造	19772	504	8886	8208	1953	17198
电动机制造	66965	2762	31852	30304	-904	68949
微电机及其他电机制造	114408	3196	44054	43847	297	106943
输配电及控制设备制造	417309	13396	141353	143402	18875	323597
变压器、整流器和电感器制造	59754	1571	21628	22265	1558	61826
电容器及其配套设备制造	6785	382	1530	1578	1	6488
配电开关控制设备制造	206370	7237	74741	76898	16387	200360
电力电子元器件制造	72445	2076	18628	17860	526	40864
光伏设备及元器件制造	44781	1410	18323	18622	263	-535
其他输配电及控制设备制造	27175	721	6503	6180	141	14594

单位：万元

营业外收入	#补贴收入	营业外支出	利润总额	应交所得税	利税总额	应付工资总额	本年应交增值税
7738	800	3317	-15665	6010	19122	75337	27483
6637	245	2680	-26452	4511	1330	58480	21974
107	22	11	985	251	1501	2626	397
868	533	194	7422	1242	12901	12399	4744
126		433	2380	6	3391	1833	369
499	216	88	2993	1081	4795	3582	1546
86	7	88	1140	279	1824	1773	584
2694	779	1739	55084	5697	93465	93663	31810
953	143	276	4887	1180	13691	10554	6355
1741	636	1462	50197	4517	79775	83109	25455
2499	650	1962	53749	6176	87151	79387	29237
646	188	1216	17019	1167	30156	35944	10877
1853	462	746	36730	5009	56995	43442	18360
161	75	90	1227	251	2819	3279	1370
161	76	90	1227	251	2819	3279	1370
97	13	58	546	88	2462	2399	1757
95	13	58	504	78	2334	2153	1678
94486	37005	51283	1131070	166184	1889217	1618638	649831
15121	6855	7220	201288	27393	326679	254676	108375
1214	621	454	17958	1281	29112	21646	9738
3675	1455	1231	70594	10621	118920	88960	41029
10233	4779	5535	112736	15491	178647	144070	57608
36544	11580	19790	349199	56578	586261	436932	206564
3440	1057	3739	62275	8489	101751	53452	34111
394	326	58	6823	976	9843	4932	2422
22544	5431	8345	221060	33652	337088	225096	100518
3473	906	3987	41107	7194	74890	87761	29048
5201	3120	3293	2215	3150	35309	40158	30690
1492	740	367	15719	3117	27381	25534	9776

1-B-14 续表 68

行业	管理费用	#税金	财务费用	#利息支出	投资收益	营业利润
电线、电缆、光缆及电工器材制造	149300	6419	98549	99314	1301	222849
电线、电缆制造	132438	5856	84974	85065	1164	204123
光纤、光缆制造	7407	253	10169	10935	92	6542
绝缘制品制造	3358	73	1014	1007	44	2475
其他电工器材制造	6098	237	2392	2307		9709
电池制造						
锂离子电池制造						
镍氢电池制造	1305	34	855	860	16	628
其他电池制造	35436	1252	15821	13436	316	53861
家用电力器具制造	310192	14452	111807	109489	7683	160551
家用制冷电器具制造	33638	2927	10172	13195	854	21860
家用空气调节器制造	31301	1646	11310	13094	-74	11371
家用通风电器具制造	25560	1845	6109	6646	810	13634
家用厨房电器具制造	63629	2285	23579	20607	2261	41504
家用清洁卫生电器具制造	40216	1789	23750	21209	240	17630
家用美容、保健电器具制造	23694	916	4686	3549	480	9063
家用电力器具专用配件制造	35732	1115	11774	11906	287	23099
其他家用电力器具制造	56422	1929	20429	19285	2826	22391
非电力家用器具制造	25216	925	9418	8860	83	21528
燃气、太阳能及类似能源家用器具制造	19380	699	6409	6211	83	13546
其他非电力家用器具制造	5835	227	3010	2648		7983
照明器具制造	151455	4326	46753	42516	728	84475
电光源制造	59104	1786	15135	12765	75	25029
照明灯具制造	77761	2154	25261	23959	438	51693
灯用电器附件及其他照明器具制造	14590	387	6357	5792	215	7754
其他电气机械及器材制造	7553	86	1583	1575	4	1380
电气信号设备装置制造	5333	41	847	965	4	698
其他未列明电气机械及器材制造	2221	45	736	611		682

单位：万元

营业外收入	#补贴收入	营业外支出	利润总额	应交所得税	利税总额	应付工资总额	本年应交增值税
9229	5071	4882	228761	22965	331946	136865	87937
7840	4811	4351	208989	21390	289629	121289	68677
593	11	194	7037	517	20640	5393	11150
213	97	57	2721	413	4233	3434	1265
583	152	279	10014	645	17444	6750	6845
217	65	73	772	173	2161	3362	1216
3236	1238	1923	55610	4421	77545	46588	17360
18882	7691	11019	173583	34073	343356	454223	145869
2711	633	1328	24277	4867	42701	41530	15965
1520	1157	1205	12504	1692	28162	29472	14120
1337	625	1010	14548	3840	34814	33138	16998
4184	1628	3018	42865	8855	74782	92842	27106
2658	257	798	20796	4699	47941	60102	22953
784	522	401	9814	1949	17769	40902	6464
2402	1239	1573	24002	4676	41634	51545	15173
3286	1629	1687	24777	3495	55555	104692	27092
1667	767	1047	22376	3842	34552	30890	10333
1423	649	890	14210	2298	21923	19706	6618
244	118	157	8167	1544	12629	11185	3714
7935	3332	5010	89283	15867	171615	241002	68487
3283	1735	1903	27338	4007	63268	104564	30561
4223	1464	2010	54613	9975	93961	109922	32752
429	132	1096	7332	1885	14385	26517	5174
309	132	94	1672	314	3633	7635	1542
211	67	53	900	151	2172	4384	1017
98	65	42	772	163	1461	3251	524

1-B-14 续表 69

行业	管理费用	#税金	财务费用	#利息支出	投资收益	营业利润
计算机、通信和其他电子设备制造业	438903	12668	139257	134553	30304	403090
计算机制造	8129	498	1456	1402	37	4702
计算机整机制造						
计算机零部件制造	2001	267	699	605		942
计算机外围设备制造	1809	132	534	522		-181
其他计算机制造	4210	48	221	274	37	3569
通信设备制造	57414	1303	9672	10684	957	31503
通信系统设备制造	35515	957	5858	5853	318	17584
通信终端设备制造	21899	346	3814	4831	639	13919
广播电视设备制造	49387	1481	23625	19715	351	102627
广播电视节目制作及发射设备制造	8066	242	2481	2792	343	5355
广播电视接收设备及器材制造	23475	850	10001	6650		39775
应用电视设备及其他广播电视设备制造	17846	389	11143	10273	8	57497
视听设备制造	47085	1667	23109	23084	2978	45615
电视机制造	10564	460	10336	12005	267	7305
音响设备制造	19974	1059	3760	3093	2705	9365
影视录放设备制造	16547	148	9013	7987	6	28945
电子器件制造	78402	2290	17267	17508	11224	19730
电子真空器件制造	1289	20	295	277		551
半导体分立器件制造	10393	277	2035	1838	63	4054
集成电路制造	22938	306	5221	6261	10957	9320
光电子器件及其他电子器件制造	43783	1688	9715	9132	204	5805
电子元件制造	176903	4974	57611	55780	11040	178827
电子元件及组件制造	160676	4313	51510	49820	10885	161781
印制电路板制造	16227	662	6101	5960	156	17046
其他电子设备制造	21583	456	6520	6381	3716	20086
其他电子设备制造	21583	456	6520	6381	3716	20086
仪器仪表制造业	205887	5385	40400	41875	2441	133578
通用仪器仪表制造	137146	2969	23978	22506	1385	103909
工业自动控制系统装置制造	60606	1504	8913	8226	491	49028

单位：万元

营业外收入	#补贴收入	营业外支出	利润总额	应交所得税	利税总额	应付工资总 额	本年应交增 值 税
33390	17532	12918	434095	56994	651630	466064	186677
872	606	131	5443	960	8692	7147	2869
41	29	13	970	336	1897	1149	831
127	11	49	-103	84	346	2856	368
618	480	69	4118	540	5558	3077	1258
3118	3084	875	35900	6603	55652	40879	16952
1195	851	674	18686	3441	31883	26831	11475
1923	2233	201	17214	3162	23769	14048	5477
2513	1403	2818	102333	12468	139783	39761	33259
534	499	928	4961	772	6768	3907	1514
1355	887	524	40609	3679	57835	29529	14940
624	18	1366	56764	8017	75180	6325	16804
1625	863	1787	45636	4958	72270	41980	23599
703	506	379	7717		14753	8011	6728
746	288	468	9687	881	17031	28947	5991
176	70	940	28232	4077	40487	5023	10880
12732	5757	2104	30945	3974	51206	87239	16436
51		45	558	62	1218	998	580
1425	489	126	5438	606	7480	9836	1695
4377	1082	241	13512	503	16445	22113	1950
6879	4186	1692	11437	2803	26063	54293	12211
10763	5095	4849	188575	24066	290708	220002	86997
10015	4879	4007	171467	22025	264666	196412	79559
748	216	841	17108	2041	26042	23590	7438
1766	724	354	25262	3965	33321	29055	6566
1766	724	354	25262	3965	33321	29055	6566
16644	8282	4564	149240	22337	240110	216679	76990
12013	6108	2878	115872	17738	176966	132616	51762
5287	4059	1030	55230	7284	78506	57287	19171

1-B-14 续表 70

行业	管理费用	#税金	财务费用	#利息支出	投资收益	营业利润
电工仪器仪表制造	27509	593	3516	3778	204	29817
绘图、计算及测量仪器制造	3518	101	1559	1439	40	3748
实验分析仪器制造	8518	112	490	283	43	2656
试验机制造	4344	53	410	399		2370
供应用仪表及其他通用仪器制造	32652	605	9090	8382	608	16289
专用仪器仪表制造	36226	1119	7203	7058	545	22691
环境监测专用仪器仪表制造	2003	48	475	518		632
运输设备及生产用计数仪表制造	15882	463	3039	3105	448	8243
导航、气象及海洋专用仪器制造	2615	74	905	914		2396
农林牧渔专用仪器仪表制造						
地质勘探和地震专用仪器制造	1528	21	171	174	1	3163
教学专用仪器制造	5702	340	1479	1423		2846
电子测量仪器制造	3164	48	660	532	96	1362
其他专用仪器制造	5225	90	453	371		3992
钟表与计时仪器制造	6630	180	1610	4382		2060
钟表与计时仪器制造	6630	180	1610	4382		2060
光学仪器及眼镜制造	21643	1071	6458	6763	522	5407
光学仪器制造	4663	147	990	1046	357	2809
眼镜制造	16980	925	5468	5716	165	2597
其他仪器仪表制造业	4242	47	1152	1167	-10	-488
其他仪器仪表制造业	4242	47	1152	1167	-10	-488
其他制造业	63762	3133	26911	25287	175	61987
日用杂品制造	50558	2660	22395	20976	75	53474
鬃毛加工、制刷及清扫工具制造	7287	128	2400	2169	7	4375
其他日用杂品制造	43271	2532	19995	18807	68	49099
煤制品制造	770	4	354	397		504
煤制品制造	770	4	354	397		504
其他未列明制造业	12435	469	4162	3914	100	8009
其他未列明制造业	12435	469	4162	3914	100	8009

单位：万元

营业外收入	#补贴收入	营业外支出	利润总额	应交所得税	利税总额	应付工资总额	本年应交增值税
1675	623	467	31177	5682	43418	21193	10672
98	33	65	3821	885	7696	5642	2988
748	695	70	3399	404	6609	6662	2774
191	102	17	2544	277	3939	3231	1227
4015	596	1230	19700	3206	36798	38601	14931
3047	1572	675	25651	2629	40582	31289	12879
79	8	16	695	90	1155	2097	402
1730	1029	454	9853	1067	16305	15640	5542
144	120	31	2511	1	3858	2245	1213
31		4	3190	18	4088	1119	794
172	333	72	3197	470	5474	4764	1929
416	40	7	1771	481	2977	1431	1071
477	43	91	4378	484	6604	3910	1869
166	15	110	2131	177	4485	8359	1726
166	15	110	2131	177	4485	8359	1726
1350	577	726	6184	1678	17294	37996	9438
795	441	466	3145	488	4740	5879	1324
555	136	260	3038	1190	12554	32118	8115
67	10	176	-597	116	783	6419	1185
67	10	176	-597	116	783	6419	1185
3316	594	1398	64110	8985	108244	119298	36458
2029	524	1124	54523	7117	92411	104731	31207
415	327	157	4692	567	8608	12576	3291
1614	196	967	49831	6550	83802	92155	27916
18		26	496	88	927	445	356
18		26	496	88	927	445	356
1269	70	248	9091	1781	14906	14123	4895
1269	70	248	9091	1781	14906	14123	4895

1-B-14 续表 71

行业	管理费用	#税金	财务费用	#利息支出	投资收益	营业利润
废弃资源综合利用业	29679	1211	13228	16000	2505	34184
金属废料和碎屑加工处理	24781	965	10066	12973	1332	23900
金属废料和碎屑加工处理	24781	965	10066	12973	1332	23900
非金属废料和碎屑加工处理	4898	245	3162	3027	1173	10284
非金属废料和碎屑加工处理	4898	245	3162	3027	1173	10284
金属制品、机械和设备修理业	16275	353	4847	4185		7452
通用设备修理						
通用设备修理						
铁路、船舶、航空航天等运输设备修理	14580	310	4489	3849		6993
船舶修理	14580	310	4489	3849		6993
电气设备修理	727	...	259	238		168
电气设备修理	727	...	259	238		168
其他机械和设备修理业						
其他机械和设备修理业						
电力、热力、燃气及水生产和供应业	**31757**	**2319**	**41357**	**40687**	**2698**	**59654**
电力、热力生产和供应业	23217	2030	35919	35518	2573	53084
电力生产	20112	1665	31773	31383	2569	40343
火力发电	14620	1222	16843	17575	2560	24127
水力发电	2549	69	9938	9731	10	8074
风力发电						
其他电力生产	2795	375	4306	3392		7069
热力生产和供应	3105	365	4147	4135	4	12741
热力生产和供应	3105	365	4147	4135	4	12741
燃气生产和供应业	4997	108	1848	1889		4759
燃气生产和供应业	4997	108	1848	1889		4759
燃气生产和供应业	4997	108	1848	1889		4759
水的生产和供应业	3543	180	3589	3281	124	1811
自来水生产和供应						
自来水生产和供应						
污水处理及其再生利用	3090	179	3242	2915	15	863
污水处理及其再生利用	3090	179	3242	2915	15	863

单位：万元

营业外收入	#补贴收入	营业外支出	利润总额	应交所得税	利税总额	应付工资总额	本年应交增值税
12190	1543	969	46732	1970	113362	31513	57367
10364	911	823	34770	631	95248	25691	52164
10364	911	823	34770	631	95248	25691	52164
1826	632	147	11963	1340	18114	5823	5204
1826	632	147	11963	1340	18114	5823	5204
291	63	410	7364	1997	24068	56045	14094
275	56	380	6913	1913	22200	52192	12977
275	56	380	6913	1913	22200	52192	12977
4	2	12	160	12	1100	2771	692
4	2	12	160	12	1100	2771	692
10171	**7684**	**1659**	**71034**	**11401**	**91615**	**29139**	**17504**
8954	7318	1146	63759	10623	81870	23492	15818
8159	7179	1041	50322	7823	65816	19879	13702
4752	5373	690	31015	5336	41779	15299	9529
58	35	147	8021	2003	10427	1597	2147
3349	1771	201	10216	485	12540	2888	2025
795	139	105	13438	2799	16054	3613	2116
795	139	105	13438	2799	16054	3613	2116
15		348	4426	590	6452	3207	1310
15		348	4426	590	6452	3207	1310
15		348	4426	590	6452	3207	1310
1202	366	164	2849	188	3293	2441	376
547	366	164	1246	188	1514	1800	219
547	366	164	1246	188	1514	1800	219

1-B-15 按地区分组的规模以上

地 区	单位数(个)	资产总计	流动资产合 计	#应收账款	#存 货	#产成品	固定资产合 计
全 省	**26440**	**226076323**	**144885948**	**40257101**	**31905514**	**14217459**	**51512567**
杭州市	**3925**	**36159899**	**23582411**	**6438023**	**5069085**	**2261072**	**7661448**
上城区	14	95944	69366	10209	19312	3934	12290
下城区	20	71469	57570	22543	19073	10457	11489
江干区	82	1033759	705995	232897	195147	114918	150834
拱墅区	53	884773	467562	141460	81009	59383	96868
西湖区	84	619999	443161	123227	130296	61223	102623
滨江区	94	1085885	636039	175783	118629	39432	187421
萧山区	1217	14606810	9523198	2127005	2044434	889577	3333865
余杭区	844	6118036	4020263	1280101	896050	423162	1284787
桐庐县	252	1484360	922722	261677	239039	91237	421141
淳安县	91	620818	320591	99576	88175	40226	200527
建德市	295	1489445	905350	278169	169814	62426	409877
富阳市	502	6079643	4177556	1140724	796562	352554	1007130
临安市	377	1968958	1333040	544653	271546	112544	442597
宁波市	**4401**	**34293491**	**23105735**	**6562695**	**5315855**	**2223289**	**7135475**
海曙区	6	30734	16508	11156	2313	741	13092
江东区	31	266570	191045	71877	31026	10109	45939
江北区	149	1132880	708052	219059	181733	68716	268005
北仑区	204	1646812	1057014	338895	250025	86107	428060
镇海区	281	2446250	1719342	449388	520972	238721	520269
鄞州区	1095	7189572	4918099	1569723	1050503	457250	1402020
象山县	304	2342222	1516928	355825	433748	138584	511159
宁海县	327	2852449	1970849	503636	433815	192925	556541
余姚市	744	4740436	3293595	897463	601270	239973	1014420
慈溪市	934	9716747	6414076	1740936	1523531	647880	1942571
奉化市	326	1928820	1300228	404738	286919	142284	433400
温州市	**2933**	**22277490**	**14384630**	**4982684**	**2486820**	**1105099**	**4110894**
鹿城区	252	1808521	992608	354416	218217	68809	423974
龙湾区	555	4661775	3161148	921015	584414	254086	863660
瓯海区	404	3133953	1979791	579685	310958	147278	681501
洞头县	16	136174	82361	28407	18252	6281	30384
永嘉县	163	972073	657156	257117	100390	40058	171738
平阳县	113	661605	404130	117569	108630	40969	163463

私营工业法人单位财务状况

单位：万元

固定资产原价	累计折旧	#本年折旧	在建工程(个)	负债合计	流动负债合计	#应付账款	所有者权益合计
73639496	**27103206**	**5423211**	**6201692**	**147961824**	**136963624**	**23568911**	**77618043**
11514417	**4678384**	**870923**	**873530**	**23328722**	**21469666**	**3554948**	**12786479**
18664	8566	1481	686	53422	50531	8608	41827
24149	12703	1865		50421	50004	14895	21032
230558	87884	15743	20177	704502	673078	178023	329255
149816	64504	11149	15388	389161	304400	87068	496491
147540	59102	11982	23058	367308	363869	94276	252690
280145	103675	17752	8747	486263	406811	114335	599419
5195415	2231021	378970	407525	9547014	8682526	1066873	5018238
1976293	802196	149143	152604	4038564	3884774	840658	2075170
528263	179023	44442	45820	995862	804377	144234	488038
332563	154984	37648	14152	307354	258779	45438	311444
533618	166696	37561	27078	882318	806198	144287	606502
1445879	564244	115914	124071	4133040	3843932	481066	1950979
651515	243789	47275	34226	1373493	1340387	335188	595393
10488669	**3924271**	**748737**	**764281**	**24976038**	**23602086**	**4673168**	**9246042**
17097	4005	1269	37	26620	25411	5357	4114
64458	18731	3863	3223	181727	167720	41786	84843
389316	137926	26677	26543	807909	759412	164108	324113
605834	217946	40838	56166	1126963	992281	254775	485747
773749	286192	53494	33382	1916214	1772024	306396	534771
2111041	802245	150883	104222	4841769	4625367	1058048	2335381
673215	212993	40988	92741	1602898	1489034	271603	735417
823391	324308	53107	73913	2115205	2067727	443753	726316
1487610	532633	107729	111117	3630163	3473163	638019	1108193
2899440	1149332	222269	228796	7292325	6837004	1194852	2412784
643518	237959	47621	34143	1434246	1392943	294470	494364
6040430	**2356449**	**419399**	**539002**	**13487366**	**12836274**	**2178972**	**8716643**
585318	201439	29131	38988	1063314	1033463	153353	730624
1357362	571108	100764	92703	3034448	2948483	517953	1629138
904801	257153	49057	66556	1654400	1551406	273612	1463642
43330	16634	2778	5622	79059	78033	15188	57115
260732	101966	16737	16266	527992	502021	88782	443759
208644	67757	14042	30813	422734	414393	59810	238099

1-B-15 续表 1

地区	单位数(个)	资产总计	流动资产合计	#应收账款	#存货	#产成品	固定资产合计
苍南县	222	1689672	1029030	344345	145338	59205	352808
文成县	23	101426	67365	22365	25015	19134	23166
泰顺县	14	107639	68426	11283	16385	9207	33352
瑞安市	631	3880039	2395773	752224	481855	243381	737339
乐清市	540	5124614	3546843	1594259	477367	216692	629509
嘉兴市	**3189**	**22226593**	**13652085**	**4383110**	**3410629**	**1541085**	**6191797**
南湖区	225	2239113	1304125	430634	330613	131226	615346
秀洲区	347	2409531	1373310	431278	377354	196178	788568
嘉善县	357	2018666	1410340	605244	328811	153821	418556
海盐县	300	1739255	1082932	309030	269397	120219	438353
海宁市	851	6686238	3982457	1253869	988896	478955	1877420
平湖市	364	3059076	1885255	522502	416040	192049	881120
桐乡市	745	4074713	2613667	830553	699519	268636	1172433
湖州市	**1847**	**14243672**	**8801455**	**2779807**	**2157703**	**987781**	**3560224**
吴兴区	311	3752081	2411384	665714	628592	241223	917325
南浔区	381	2741567	1823601	578692	458930	212494	573597
德清县	385	2112997	1233071	423338	327522	170016	597140
长兴县	481	3623856	2134170	726568	503346	275381	927544
安吉县	289	2013171	1199229	385496	239314	88667	544618
绍兴市	**2811**	**36607980**	**23098343**	**5398434**	**4935833**	**2440293**	**8135564**
越城区	270	3786454	2304146	428790	471149	199186	1050130
绍兴县	975	14368831	8973171	1898916	1855857	1017763	3419842
新昌县	171	2465092	1669207	355849	279114	143146	442342
诸暨市	735	9077966	5699133	1544744	1289728	614845	1709931
上虞市	359	4882351	3146539	794240	763138	384417	1119974
嵊州市	301	2027286	1306147	375895	276846	80936	393345
金华市	**3176**	**27771811**	**18051356**	**4034794**	**3526463**	**1474596**	**6489315**
婺城区	250	2299450	1531865	339827	357534	162806	483490
金东区	202	1179390	746927	201013	161831	67452	311525
武义县	457	3683649	2417509	531158	508798	180418	812790
浦江县	284	2103513	1346414	403639	269484	117739	500791
磐安县	78	445620	283193	87564	48565	23374	106858
兰溪市	284	2366359	1412741	318645	418698	213218	720037
义乌市	679	5329900	3191880	759591	640663	299092	1497771
东阳市	348	2209846	1407483	371582	310276	115384	594457
永康市	594	8154083	5713342	1021776	810615	295115	1461598

单位：万元

固定资产原价	累计折旧	#本年折旧	在建工程(个)	负债合计	流动负债合计	#应付账款	所有者权益合计
531953	210850	40537	58985	1123877	1067823	134445	562307
33928	13551	3173	5232	65317	63152	12568	35127
41316	14476	4511	3562	72766	69326	15429	34873
1092946	453906	88472	96359	2455785	2258007	363453	1409641
980101	447611	70199	123915	2987675	2850168	544380	2112320
8773132	**3061469**	**659700**	**769978**	**14959233**	**14213804**	**2877341**	**7262060**
821562	265433	56056	74056	1247945	1188418	315345	991167
1154528	401192	89702	37501	1643491	1538454	254159	766041
600451	219522	44934	49089	1315332	1275170	314728	703041
635415	228504	53411	36359	1142895	1080504	227116	596021
2733766	943354	212317	297402	4549582	4297340	796654	2132498
1167139	391554	75995	169917	2214169	2117379	453485	844682
1660271	611910	127284	105655	2845818	2716539	515855	1228611
4805837	**1648476**	**359074**	**676711**	**8849746**	**8042537**	**1612900**	**5407153**
1265542	450916	82658	134007	2260283	2084147	345375	1499675
826615	307419	60000	49427	1826572	1690880	301334	916054
815278	312427	67454	69312	1229763	1138640	265250	897976
1252008	401458	89405	348447	2182921	1939648	396666	1448705
646394	176256	59558	75519	1350208	1189222	304275	644743
12240599	**4947793**	**895218**	**834573**	**23144543**	**20235332**	**2851635**	**13336455**
1733812	786373	118690	84105	2618162	2339124	303917	1173087
5323782	2171397	424070	225686	9659454	7848640	1011184	4607309
644839	248159	48846	53868	1602069	1365611	272628	864126
2405705	909265	155325	239875	4766380	4414199	568010	4280045
1546678	597922	108927	163421	2953985	2774281	483743	1926802
585784	234679	39360	67618	1544494	1493477	212153	485085
8810711	**2922149**	**656986**	**690554**	**18192271**	**17158683**	**2256081**	**9481665**
710039	265020	47585	44615	1490856	1438367	220730	803981
419594	142708	27315	37888	854094	825190	119800	317259
1081555	358269	90765	89411	2770885	2631002	302714	922159
662019	184047	45863	22330	1235438	1128521	122423	853792
125139	35869	8339	20416	297191	293404	53118	148181
946339	277513	97880	55933	1719073	1562410	277839	645445
1989460	594548	116287	94336	3186549	2907292	445061	2087530
797468	269858	55040	79656	1448851	1390957	208425	757962
2079099	794317	167912	245971	5189334	4981540	505973	2945357

1-B-15 续表 2

地 区	单位数(个)	资产总计	流动资产合计	#应收账款	#存货	#产成品	固定资产合计
衢州市	**796**	**6735511**	**4000192**	**1321841**	**1047926**	**503174**	**1964588**
柯城区	98	942019	599268	130476	152892	58861	235649
衢江区	139	1353992	717125	205181	220220	108737	437517
常山县	93	637974	335649	89451	107881	58395	211664
开化县	66	947725	744516	414167	171812	111883	172717
龙游县	143	1263507	659971	166960	189393	82930	469724
江山市	257	1590294	943663	315606	205728	82368	437317
舟山市	**286**	**4588109**	**2413858**	**491453**	**635383**	**278614**	**1341403**
定海区	117	1639239	859891	233601	217677	89663	541397
普陀区	120	1864534	1103003	157137	270426	119059	324289
岱山县	41	1053924	432736	98441	138469	61371	465282
嵊泗县	8	30413	18229	2274	8811	8521	10435
台州市	**2023**	**12345945**	**7908447**	**2446668**	**1951522**	**762848**	**2899266**
椒江区	99	760903	533684	107222	91253	35518	137055
黄岩区	212	1320079	831103	288824	194660	76290	320091
路桥区	121	1228434	846898	236235	228923	104815	233315
玉环县	229	1219628	847523	313225	180879	57592	252631
三门县	128	1176492	694954	177645	180752	81391	311481
天台县	88	872092	559376	189888	120995	48883	179122
仙居县	81	386170	233888	81530	61998	28414	110555
温岭市	772	2717972	1786057	659551	402310	144655	642619
临海市	293	2664176	1574966	392547	489752	185290	712396
丽水市	**1053**	**8825824**	**5887436**	**1417593**	**1368296**	**639608**	**2022593**
莲都区	196	3148499	2263946	428144	431569	181112	595760
青田县	166	1431085	1052623	271935	221900	115987	216097
缙云县	257	1936856	1253509	347601	296095	129740	471261
遂昌县	24	208257	125850	35251	34681	23816	61409
松阳县	115	745424	442575	108486	160356	82770	219560
云和县	30	121061	72336	32343	16792	8754	35029
庆元县	60	322222	148721	46661	46645	22844	137727
景宁县	30	79467	46078	19197	16867	10063	26954
龙泉市	175	832954	481798	127976	143392	64521	258796

单位：万元

固定资产原价	累计折旧	#本年折旧	在建工程(个)	负债合计	流动负债合计	#应付账款	所有者权益合计
2454142	**724479**	**198149**	**301795**	**4232288**	**3759223**	**778579**	**2492311**
288103	81144	25455	35694	660336	631482	111725	281683
566106	167325	45621	69939	827173	760554	162723	523957
301569	112228	21770	46449	409642	363992	58864	228759
190558	46714	10628	29948	604297	558314	164204	343951
573753	160594	50259	64622	827780	641994	122073	434669
534054	156475	44415	55143	903060	802887	158990	679292
1692783	**464223**	**92204**	**140312**	**3273481**	**2902091**	**658235**	**1312666**
652231	178132	34978	74695	1156624	1002141	174046	480653
432778	139423	24492	37589	1454335	1278849	389400	410198
592706	141883	32073	27839	641041	600776	91879	412882
15068	4784	661	189	21481	20325	2910	8932
4100820	**1457442**	**305269**	**373764**	**8519075**	**8151636**	**1426419**	**3795332**
192583	66938	14246	32318	463078	449109	69079	297467
484552	202635	37109	51973	917449	861753	124630	400589
370184	167180	29861	20072	906657	887340	186695	321359
389594	156467	28754	36930	862030	829172	128670	354288
396684	120081	30251	55205	822534	780552	143206	354049
243113	84119	16019	25793	457320	426065	119037	419203
148904	52133	11841	11158	257179	251338	37934	128835
919736	318073	67373	65520	1860488	1811885	276815	857519
955471	289815	69815	74795	1972341	1854424	340354	662024
2717958	**918071**	**217554**	**237192**	**4999060**	**4592292**	**700633**	**3781237**
845629	337557	69874	86731	1599266	1489742	205813	1544354
291198	90645	25029	14404	1006140	950458	167484	410110
669638	239964	56601	54648	1030410	941274	161943	900891
72511	18580	7268	8999	143850	132611	14936	63524
291216	91590	29522	21679	454790	400633	44795	279596
47530	14593	3533	1499	63584	59766	9421	57333
164402	40170	7151	12324	175165	139122	29156	146603
32597	8937	2194	5225	49455	47466	10564	29742
303238	76035	16383	31681	476400	431221	56520	349084

1-B-15 续表 3

地　　区	#实收资本						
		国家资本	集体资本	法人资本	个人资本	港澳台资本	外商资本
全　省	**35510510**	**112256**	**60398**	**11574491**	**23559805**	**139123**	**64438**
杭州市	**6146629**	**1455**	**10206**	**2253815**	**3849972**	**24596**	**6586**
上城区	32189		227	12562	19318	82	
下城区	12481			2418	10063		
江干区	216009		1960	109850	104199		
拱墅区	212995		90	85379	127526		
西湖区	121944			35110	86834		
滨江区	273459		2850	173143	97466		
萧山区	2160477		2572	798260	1351216	2399	6029
余杭区	1133610		2610	332198	798245		557
桐庐县	331590			137460	172918	21213	
淳安县	101087	20		47418	53648		
建德市	233116	1315	-104	75185	156719		
富阳市	1013497			290395	722601	500	
临安市	304177	120		154437	149219	401	
宁波市	**4086451**	**20**	**3373**	**1367468**	**2708425**	**3548**	**3618**
海曙区	1350			350	1000		
江东区	43455			20714	22741		
江北区	163724	16		90314	73394		
北仑区	244507		75	106097	138335		
镇海区	300361		192	79753	220254	161	
鄞州区	807131			319883	487152	96	
象山县	390933	4	106	125327	264459		1038
宁海县	293800			94414	199386		
余姚市	476191		3000	175458	297733		
慈溪市	1090821			241942	843008	3291	2580
奉化市	274179			113215	160963		
温州市	**4772297**		**1232**	**811558**	**3959508**		
鹿城区	363539			98428	265111		
龙湾区	941245			228602	712643		
瓯海区	487550			155465	332085		
洞头县	29409			6712	22697		
永嘉县	282744		750	58669	223325		
平阳县	158134			14412	143722		

单位：万元

营业收入	#主营业务收入	营业成本	#主营业务成本	营业税金及附加	#主营业务税金及附加	其他业务利润
255003655	**252095120**	**220759320**	**218268531**	**1225184**	**1196996**	**405930**
40960740	**40378619**	**35672186**	**35194686**	**183644**	**180928**	**111481**
67386	66471	48972	48782	779	747	146
96724	96136	76045	75749	691	691	199
1062468	1055915	961127	927471	3413	3393	-2411
529504	521918	456219	452931	2655	2563	3638
631425	626802	460374	457616	4447	4385	1484
734514	707830	572512	549100	4298	4181	2592
16302551	16059550	14456772	14295104	69498	68911	68389
6968981	6819629	6061166	5928527	28490	28244	17064
2486785	2478244	2154902	2143500	15774	15406	237
1614743	1588423	1353722	1331968	7048	7043	3347
1848664	1826686	1543200	1524050	10336	9686	450
6315603	6241487	5516574	5463125	25569	25186	15339
2301393	2289528	2010602	1996764	10646	10493	1006
36427961	**35812683**	**31215883**	**30665326**	**167952**	**165239**	**54170**
22246	22180	19174	19119	76	50	12
248481	239318	212881	204216	990	989	1903
1032949	1008568	838686	824333	5397	5233	7367
1513235	1453549	1305076	1247388	9225	9060	2709
2906372	2869109	2662185	2631055	10005	9862	5152
9103074	9030256	7723825	7659349	45620	44758	3451
1992189	1965065	1693218	1669745	9531	9412	1380
2791362	2744237	2304341	2262968	15891	15617	3664
5186970	5152988	4459359	4428029	21239	20908	1625
9770114	9483710	8424221	8155969	38408	38090	21135
1860969	1843704	1572919	1563154	11572	11260	5773
21368481	**21251928**	**18134101**	**18049562**	**107307**	**101551**	**29026**
2024803	2010570	1721040	1706741	10177	9971	1844
4493332	4471105	3797687	3783430	25859	22065	9441
3104172	3077951	2572617	2563414	17899	17629	3727
93521	93402	70088	69810	786	767	-97
977521	975612	807304	806125	4385	4368	339
776786	772471	680408	678741	4008	3804	1481

1-B-15 续表 4

地 区	#实收资本	国家资本	集体资本	法人资本	个人资本	港澳台资本	外商资本
苍南县	455544			62968	392576		
文成县	20248			4280	15968		
泰顺县	19484			6688	12796		
瑞安市	767370		482	85604	681284		
乐清市	1247031			89729	1157302		
嘉兴市	**4063813**	**836**	**14139**	**1316669**	**2690806**	**17861**	**23502**
南湖区	451098		30	116463	320201	3394	11010
秀洲区	423890			168481	255409		
嘉善县	402763		6004	150392	246367		
海盐县	348872			95794	247672	4126	1280
海宁市	1294634	499	3275	377885	898948	9752	4275
平湖市	523494		3190	219152	296338	183	4631
桐乡市	619062	337	1640	188502	425870	406	2306
湖州市	**2661364**	**104705**	**15048**	**1038548**	**1446940**	**38825**	**17298**
吴兴区	712622	16775	5273	320513	356062	1402	12598
南浔区	327395	32	1033	92926	228197	4934	274
德清县	456073	10604	5331	111073	318377	9706	982
长兴县	816700	44238	3111	406935	340985	21329	102
安吉县	348572	33057	300	107102	203318	1453	3342
绍兴市	**4574964**	**491**	**3921**	**1786641**	**2756553**	**18739**	**8619**
越城区	444772		2523	160120	281129	1000	
绍兴县	1574225	311	998	688181	883514	321	900
新昌县	186548			36790	149759		
诸暨市	1353528	180	250	565311	782639	3171	1978
上虞市	718326		150	277648	420541	14246	5741
嵊州市	297564			58592	238972		
金华市	**4116136**	**4429**	**8404**	**1519309**	**2544746**	**34433**	**4816**
婺城区	359100	638	1500	146782	197645	10736	1800
金东区	190561	200	30	23602	166729		
武义县	516769		777	216922	299070		
浦江县	269982			91201	178060		721
磐安县	85304		20	39600	45683		
兰溪市	399781		824	127873	271084		
义乌市	985115	100	300	335448	635091	12050	2126
东阳市	339171	3196	4953	134561	196462		
永康市	970353	296		403319	554923	11647	168

单位：万元

营业收入	#主营业务收入	营业成本	#主营业务成本	营业税金及附加	#主营业务税金及附加	其他业务利润
1339483	1335607	1195050	1183014	6863	6838	622
156855	156484	141348	141217	566	539	181
136516	136223	117894	117859	1311	1311	291
3942308	3916435	3361796	3345873	17916	16922	8353
4323183	4306069	3668869	3653337	17537	17338	2845
26131188	**25687648**	**23289012**	**22906055**	**101225**	**99023**	**54791**
2405146	2369303	2118261	2090654	10966	10603	8046
2456532	2432224	2158093	2141766	10108	9996	7871
2814088	2803651	2515240	2508253	10538	10212	1915
2568066	2550679	2315463	2302579	10265	10101	4064
7375420	7244443	6595782	6491257	25431	24615	25290
3099513	2900672	2802273	2608925	12850	12669	5133
5412423	5386676	4783900	4762622	21068	20827	2471
19693200	**19568239**	**17061213**	**16975495**	**129047**	**125860**	**18054**
4164030	4112875	3643318	3602757	20563	20451	9482
4113551	4105358	3671275	3666037	24523	24349	2328
3690363	3656489	3245668	3234384	27421	26131	3123
4952900	4929653	4185475	4166154	34954	33901	2121
2772356	2763865	2315476	2306162	21586	21027	1000
45385242	**45083083**	**40043286**	**39779398**	**205001**	**202492**	**46545**
3578662	3501284	3246762	3180364	12837	12435	7497
19447211	19371667	17549531	17498975	96106	95195	26704
2528794	2519695	2064204	2053240	14063	14013	1060
12399481	12344355	10779454	10721840	50407	50051	6023
5502778	5446322	4737412	4691493	21574	21304	296
1928316	1899760	1665922	1633486	10015	9494	4966
27420992	**27277971**	**23289080**	**23170914**	**156401**	**150663**	**22962**
2047439	2012012	1785142	1756349	8689	8440	2801
1134403	1127408	985710	980007	5647	5559	1462
3675484	3656260	3155311	3146123	16105	15602	5733
2565184	2562343	2202247	2197754	18697	18165	1558
396443	392572	333697	330748	2520	2454	257
2810913	2790375	2491432	2470903	11212	10818	1757
5004008	4976602	4175023	4152721	37263	35797	2776
2283740	2281343	1934647	1928538	13001	12828	306
7503377	7479057	6225872	6207772	43268	41000	6312

1-B-15 续表 5

地 区	#实收资本	国家资本	集体资本	法人资本	个人资本	港澳台资本	外商资本
衢州市	**1198719**	**20**	**1190**	**418761**	**778748**		
柯城区	186098		400	102690	83008		
衢江区	310783			122874	187909		
常山县	108899		600	47096	61203		
开化县	81227			22779	58448		
龙游县	223230			69814	153417		
江山市	288482	20	190	53508	234764		
舟山市	**703247**	**300**		**317293**	**385524**	**129**	
定海区	284139			108874	175136	129	
普陀区	204731			73042	131689		
岱山县	212036	300		135319	76417		
嵊泗县	2340			58	2282		
台州市	**2008356**		**2620**	**360583**	**1644159**	**993**	
椒江区	130794			14709	115092	993	
黄岩区	184925			20770	164155		
路桥区	178883			41059	137824		
玉环县	165553			43733	121820		
三门县	210152			20655	189497		
天台县	156890		120	29088	127682		
仙居县	78158			24774	53384		
温岭市	475292			64690	410602		
临海市	427710		2500	101106	324104		
丽水市	**1178535**		**266**	**383846**	**794424**		
莲都区	287663			100972	186691		
青田县	197414			52727	144687		
缙云县	260366			80344	180021		
遂昌县	39194			11915	27279		
松阳县	177055			43619	133436		
云和县	26582		150	4728	21704		
庆元县	54831			16864	37967		
景宁县	17452			10913	6539		
龙泉市	117980		116	61764	56100		

单位：万元

营业收入	#主营业务收入	营业成本	#主营业务成本	营业税金及附加	#主营业务税金及附加	其他业务利润
7717835	**7465373**	**6452695**	**6219205**	**42194**	**41647**	**16860**
1157848	966441	1041407	858131	5570	5525	6700
1213005	1177076	1050394	1020414	6640	6616	5276
721955	719737	634744	633275	2224	2194	724
705518	705345	515484	515168	3680	3680	47
1541842	1534915	1291812	1285110	5643	5377	255
2377667	2361860	1918854	1907108	18438	18254	3858
3313886	**3212377**	**3010467**	**2940498**	**13166**	**12828**	**5763**
1105987	1088950	1007665	994724	5276	5192	5857
1655075	1580777	1538293	1489630	4741	4684	3640
525719	515544	439489	431124	2986	2936	-3734
27106	27106	25020	25020	163	16	
12973750	**12869947**	**11140808**	**11050305**	**60339**	**59567**	**20075**
598877	594006	520125	516190	2400	2396	232
1199032	1186009	984393	973230	7907	7846	1799
1558166	1534951	1392013	1372792	7447	7383	2876
1379407	1370568	1181287	1173958	6777	6597	724
958064	954231	821756	818541	4002	3992	787
820725	815652	684037	676128	3511	3366	253
421097	417576	344753	339191	2581	2552	666
3710039	3700457	3202581	3197516	15004	14889	3459
2328345	2296499	2009863	1982759	10711	10546	9279
13610380	**13487252**	**11450589**	**11317088**	**58908**	**57199**	**26204**
3888875	3807804	3196795	3116475	15890	15728	7967
2260346	2242031	1868613	1850382	14251	14109	17278
3310130	3302989	2747600	2734089	10428	10246	280
210934	210663	176505	176494	1667	1666	184
1539818	1529336	1367146	1356423	5308	4795	415
382191	381663	341685	339183	1127	967	19
473644	473281	402187	400117	3373	3205	
129832	129727	116111	115037	455	455	-28
1414612	1409759	1233949	1228888	6408	6029	89

1-B-15 续表 6

地 区	管理费用	#税 金	财务费用	#利息支出	投资收益	营业利润
全 省	**10529274**	**482251**	**5135484**	**5191564**	**441177**	**12177083**
杭州市	**1700461**	**63407**	**836071**	**866914**	**74837**	**1782610**
上城区	8613	164	1224	1106	102	4862
下城区	12954	66	831	819	3	2054
江干区	63471	1225	18773	19535	4194	8922
拱墅区	42045	811	7503	8802	19089	104
西湖区	69415	1204	6132	6290	394	49875
滨江区	86369	1354	13264	13170	15088	38570
萧山区	502820	21191	373881	393844	18317	730498
余杭区	381032	10796	133936	132919	11033	172962
桐庐县	83500	4763	24212	24678	924	169756
淳安县	30681	1385	13916	12820	-70	111526
建德市	77172	3672	27166	25924	783	133186
富阳市	222501	13218	176625	189856	4661	292216
临安市	119888	3559	38609	37153	319	68080
宁波市	**2107838**	**73182**	**746120**	**765037**	**45901**	**1330691**
海曙区	1798	36	608	522		186
江东区	17051	530	4332	3835	75	9330
江北区	82696	2933	21614	21649	701	42272
北仑区	103848	2204	33233	32170	1649	29869
镇海区	138401	2984	57448	54444	4879	-11924
鄞州区	507623	13022	135042	139158	4672	500142
象山县	110610	3781	51232	50410	1754	78514
宁海县	181341	5173	71704	82211	11022	142298
余姚市	296719	14699	110822	117750	3704	185421
慈溪市	533496	23788	209379	215094	13970	311850
奉化市	134256	4033	50706	47795	3476	42733
温州市	**1138066**	**67984**	**439607**	**456365**	**66176**	**998560**
鹿城区	120048	5720	37972	36273	8831	84833
龙湾区	242102	19134	95103	96609	8055	231751
瓯海区	172275	10641	33886	46977	3249	163235
洞头县	8888	239	2552	2528	503	7029
永嘉县	56466	4584	19369	18730	479	54064
平阳县	31905	2331	14644	14748	131	31204

单位：万元

营业外收入	#补贴收入	营业外支出	利润总额	应交所得税	利税总额	应付工资总额	本年应交增值税
859242	**324627**	**514037**	**12796979**	**1777272**	**20691326**	**14612520**	**6641921**
209954	**55411**	**112585**	**1932970**	**258326**	**3148131**	**2018203**	**1009154**
238	105	74	5026	993	8456	6455	2683
355	232	407	2001	446	7453	16233	4761
3203	1270	1596	10750	4036	30683	50305	15863
20227	2067	10898	29045	2811	47263	24143	15656
3924	2020	1251	53067	8565	84449	44705	26997
11816	3650	1094	52480	4691	78925	67782	22261
44823	18647	63833	727878	122982	1179007	718075	361079
31494	10124	13894	196970	32978	399967	465716	172914
6290	1436	2997	173542	10971	268894	93453	79807
5112	1842	982	115712	17593	167371	60163	44616
6503	1894	3817	136352	14385	194214	83785	47664
67395	6605	8667	356382	29545	536413	233420	154588
8574	5520	3076	73766	8331	145035	153969	60267
181452	**68016**	**110081**	**1449063**	**279327**	**2552043**	**2904222**	**930850**
227	106	17	501	160	1248	2871	697
2166	1461	247	11414	2418	16674	21565	4271
16509	3373	8043	52769	10294	86684	98195	28442
8933	4080	2568	53097	11211	121639	145726	58069
22609	10881	5371	11291	13543	64060	177716	42751
36207	12946	30700	508861	93133	776893	662656	222896
8706	4772	2251	86072	15884	154928	154251	59445
15181	4530	8908	149915	24552	253028	253226	87493
21093	7459	22483	188387	35366	328375	383347	118839
37849	12478	21374	337402	60642	633211	782059	256885
11972	5930	8119	49356	12126	115304	222611	51061
48959	**15772**	**39571**	**1020498**	**184092**	**1825454**	**1737597**	**700793**
3445	829	2260	90672	17785	166247	219673	63720
8457	2899	12668	229961	39878	401639	338450	149585
9803	725	4018	169671	43682	318178	302694	130877
929	425	244	7874	973	15053	7692	6412
1368	562	811	54802	7681	90376	87534	31189
1036	469	1084	31156	4332	62173	63802	27213

1-B-15 续表 7

地 区	管理费用	#税 金	财务费用	#利息支出	投资收益	营业利润
苍南县	60848	4333	38002	42597	2117	27507
文成县	4878	289	1951	1831	229	5439
泰顺县	6472	308	1598	1719	5	5997
瑞安市	200206	9128	90518	91060	33056	205538
乐清市	233979	11276	104014	103296	9520	181964
嘉兴市	**1029149**	**30274**	**455138**	**458379**	**35831**	**846629**
南湖区	109432	2553	34196	35767	3492	85892
秀洲区	109808	2895	58905	59135	7378	77171
嘉善县	107953	4589	38476	36801	3926	89408
海盐县	83775	2222	37039	34051	1135	79582
海宁市	297039	7994	145013	145820	10833	196478
平湖市	131967	4394	61532	64795	2616	37487
桐乡市	189176	5627	79977	82010	6451	280611
湖州市	**677395**	**39103**	**315938**	**306430**	**37931**	**1107268**
吴兴区	148551	11451	83814	86077	18874	182675
南浔区	115216	4116	62276	63062	10645	187375
德清县	114210	5836	40756	38649	3209	206351
长兴县	174118	10126	66204	61791	4918	380121
安吉县	125301	7574	62889	56851	284	150747
绍兴市	**1227843**	**68406**	**926798**	**926871**	**80771**	**2368832**
越城区	105886	8550	98331	98236	11050	91960
绍兴县	371800	24119	360824	366736	27604	899539
新昌县	157404	5448	68171	67101	9433	140483
诸暨市	293345	15827	210432	203156	22355	873326
上虞市	198974	9841	119364	120049	7289	324103
嵊州市	100435	4621	69678	71594	3041	39420
金华市	**1115938**	**74091**	**714274**	**706907**	**26779**	**1526402**
婺城区	105445	3872	55639	57920	2007	37990
金东区	63430	2437	30568	28478	354	20107
武义县	167381	7867	115997	115766	2285	138173
浦江县	82411	3932	57778	55230	1505	152476
磐安县	22701	688	12757	12160	178	13239
兰溪市	76710	5041	61688	64850	643	121050
义乌市	218408	11403	118020	116393	11612	336606
东阳市	106842	5272	61226	59301	1200	114569
永康市	272611	33579	200603	196808	6994	592192

单位：万元

营业外收入	#补贴收入	营业外支出	利润总额	应交所得税	利税总额	应付工资总额	本年应交增值税
4607	1955	4838	27357	5623	73520	80250	39325
728	519	150	6068	946	11824	6621	5218
361	256	238	6126	862	10790	6740	3352
8311	4110	7888	207274	25225	358408	344496	133717
9912	3023	5373	189536	37105	317248	279646	110185
80190	**37527**	**61165**	**892293**	**131991**	**1712517**	**1607441**	**712546**
10011	9887	3634	100331	15698	175705	135694	64549
7362	1837	5164	81331	16868	138944	155832	46071
4760	1209	1875	92944	13209	168295	148104	64988
6683	2508	7082	81348	7402	143554	123726	52104
22412	12350	18945	203955	33342	470721	453305	242148
11680	4888	3472	48676	9337	135496	274536	67425
17282	4849	20994	283707	36137	479802	316244	175260
52753	**21497**	**26577**	**1150457**	**140987**	**1769160**	**815297**	**492298**
10044	3755	5454	190748	23848	304006	172309	92724
7666	1313	3372	202694	20593	318773	146143	91588
7250	3071	4049	209727	23998	317351	147372	81473
17463	8779	10906	389062	45115	546231	185856	122968
10331	4579	2796	158226	27434	282798	163619	103546
80005	**36305**	**47114**	**2449133**	**353182**	**3668754**	**1731566**	**1015281**
11986	9089	5958	102908	16301	179753	161506	64392
21979	7545	11591	934764	102833	1497652	719748	467083
8932	2471	1923	149374	29087	237207	106830	73821
13720	5586	15260	877700	149217	1130227	375819	201958
15488	6707	7226	338257	48353	509264	247903	149046
7900	4908	5157	46131	7391	114650	119761	58981
85230	**44428**	**38233**	**1587313**	**179933**	**2511506**	**1649252**	**768473**
16560	11984	3803	53291	8290	107194	115414	45045
5678	4521	1412	26071	3439	66806	76526	35129
13247	4901	5059	147718	16502	285960	268614	122641
5044	1541	1964	156621	18410	235375	147315	60208
2463	1364	394	15583	2238	33671	34602	15634
8411	3648	4401	125112	11110	197455	108168	58419
12234	7086	4972	348574	29810	507315	375298	122138
6634	3060	2422	119552	14500	192207	141952	59547
14960	6323	13806	594792	75633	885524	381364	249712

1-B-15 续表 8

地　　区	管理费用	#税　金	财务费用	#利息支出	投资收益	营业利润
衢州市	**302547**	**15978**	**165283**	**157595**	**3820**	**570691**
柯城区	39113	2765	18844	18843	-54	29322
衢江区	48742	2604	28532	27774	525	45990
常山县	26878	1887	17549	16367	549	28670
开化县	40297	1025	28308	25888	57	97404
龙游县	53274	4092	31933	31613	292	127374
江山市	94244	3605	40117	37109	2452	241932
舟山市	**140995**	**5089**	**89576**	**97733**	**8773**	**17186**
定海区	53717	1622	37955	39741	2098	-15186
普陀区	59436	2091	35328	40069	2153	883
岱山县	27215	1364	15691	17248	4487	32074
嵊泗县	628	13	603	676	35	-586
台州市	**717293**	**28329**	**256667**	**259272**	**16338**	**507810**
椒江区	32048	1090	10307	11264	7658	28550
黄岩区	87864	3839	28825	30151	1180	45430
路桥区	64344	3357	24909	27219	2765	43772
玉环县	78945	2524	29420	25250	565	42062
三门县	52812	2336	25828	26755	1503	30699
天台县	48504	1210	16294	16486	-66	45049
仙居县	34010	691	10797	9820	295	16927
温岭市	178832	4986	55093	51071	1626	189408
临海市	139935	8296	55195	61256	813	65914
丽水市	**371750**	**16409**	**190011**	**190061**	**44021**	**1120406**
莲都区	117177	5480	51618	54135	41378	238778
青田县	69017	2689	32170	32521	-990	225320
缙云县	74536	3266	46190	45668	1034	401243
遂昌县	10691	578	6554	6204	10	9735
松阳县	31345	1445	17414	16672	1585	103970
云和县	6930	201	2091	1930	276	26091
庆元县	17079	359	10449	10450	61	27412
景宁县	3781	190	1162	1203		6173
龙泉市	41195	2203	22363	21278	666	81684

单位：万元

营业外收入	#补贴收入	营业外支出	利润总额	应交所得税	利税总额	应付工资总额	本年应交增值税
28109	**12284**	**27427**	**574767**	**55575**	**866459**	**305769**	**249868**
3129	2221	8649	24525	4847	68739	30725	38689
6886	3466	1900	51996	7298	98028	49232	39412
5394	2505	2792	31284	4064	52100	46389	18579
3061	768	2360	98616	13394	134816	16978	32390
2108	765	5859	123893	9035	170012	68331	40742
7531	2559	5868	244453	16937	342765	94114	80057
18837	**5437**	**10445**	**29819**	**13190**	**100601**	**191611**	**54686**
4186	1759	2651	-12228	4929	20516	64658	25387
10447	1175	5684	7885	1714	34411	95625	20903
2851	2345	2044	33435	6416	44659	30504	8288
1353	159	66	727	130	1015	824	108
40264	**18231**	**27897**	**526286**	**84945**	**973233**	**1029426**	**386426**
3667	970	1929	30465	5499	47399	43736	14018
7468	3172	4665	48623	11952	107038	95128	50568
3529	1987	2086	45380	8310	89274	96934	36511
3721	678	3143	42635	8889	91279	139767	42047
3279	1986	1876	34077	6506	65607	68710	27527
5142	2961	1110	49165	6488	75445	46356	22743
1438	1271	724	18198	3183	35399	42310	14628
8323	1675	8617	190099	22812	317835	313351	112801
3696	3533	3746	67645	11306	143958	183132	65584
33490	**9721**	**12941**	**1184381**	**95725**	**1563469**	**622137**	**321546**
8883	3403	3908	286858	34039	405001	162427	102257
6777	500	1264	229372	25581	322583	122586	79102
5802	2313	2650	405081	13738	474419	156885	59092
829	203	1107	9460	834	20198	10592	9073
2765	519	692	106434	6395	140331	57942	29021
2804	1369	165	28739	1093	37382	21269	7676
2165	75	881	28744	2659	42304	25721	10355
842	320	264	6751	900	10106	7194	2796
2624	1019	2011	82942	10486	111146	57521	22175

1-B-16 按轻重工业、规模、登记注册类型

项　目	每百元固定资产原值实现利税(元)	每百元主营业务收入实现利税(元)
总　计	**24.48**	**9.76**
一、按轻重工业分		
轻工业	28.96	10.21
重工业	22.08	9.47
二、按规模分		
大型企业	27.44	11.47
中型企业	23.63	9.03
小型企业	21.72	8.34
微型企业	37.32	24.07
三.按登记注册类型分组		
内资企业	24.06	9.67
国有企业	11.99	9.27
集体企业	28.83	10.33
股份合作企业	32.15	10.97
联营企业	9.97	4.48
集体联营企业	58.04	2.80
其他联营企业	7.13	6.31
有限责任公司	20.05	11.08
国有独资公司	30.78	40.04
其他有限责任公司	18.30	9.24
股份有限公司	36.48	13.35
私营企业	28.13	8.20
私营独资企业	40.02	8.76
私营合伙企业	30.58	8.14
私营有限责任公司	27.45	8.07
私营股份有限公司	36.85	10.37
其他企业	21.32	7.07
港、澳、台商投资	28.06	10.01
内地与港澳台合资经营企业	25.77	9.04
内地与港澳台合作经营企业	28.66	10.64
港澳台商独资经营企业	27.44	10.36
港台商投资股份有限公司	90.99	22.13
其他港澳台商投资	-0.71	-0.74
外商投资企业公司	23.86	10.04
中外合资经营企业	30.06	10.51
中外合作经营企业	19.11	14.21
外商独资经营企业	18.12	8.58
外商投资股份有限公司	19.66	16.96
其他外商投资	186.88	23.28

分组的规模以上工业法人单位主要经济效益指标

产销率 (%)	资产负债率 (%)	成本费用利润率 (%)	存货周转次数 (次)	亏损率 (%)
97.30	**59.95**	**6.18**	**6.73**	**6.17**
97.35	59.75	6.07	5.90	5.76
97.27	60.08	6.25	7.39	6.42
98.06	54.30	7.62	7.59	1.47
96.88	59.92	5.79	6.58	6.37
96.99	63.67	5.35	6.47	9.63
99.75	58.08	10.00	5.03	9.43
97.09	61.57	5.91	6.91	5.09
99.81	55.72	2.88	26.13	0.61
98.56	46.24	6.21	12.49	1.55
96.13	68.78	7.47	5.64	4.75
98.28	76.41	0.40	15.63	
100.00	78.95	0.68	11.07	
96.47	75.43	0.10	28.34	
97.67	62.93	6.63	6.29	7.06
99.31	49.44	13.84	2.26	10.28
97.57	64.38	6.29	6.80	6.72
96.16	46.82	8.78	5.65	1.32
96.70	65.52	5.32	6.88	5.53
97.39	69.63	5.70	10.85	1.99
97.61	70.01	4.80	8.69	5.72
96.72	66.21	5.20	6.83	5.72
95.70	52.32	7.73	6.23	4.34
99.16	68.54	2.65	12.13	
97.60	56.81	6.70	6.06	7.46
97.66	61.10	5.30	6.56	7.38
98.33	41.78	8.40	11.51	1.56
97.68	53.22	7.71	5.48	9.57
95.29	37.82	20.80	3.27	1.19
95.51	68.71	-3.98	3.72	392.95
98.26	53.45	7.24	6.42	10.03
97.36	57.62	7.63	6.48	8.26
98.21	42.41	11.11	9.66	8.39
99.38	49.94	5.93	6.18	14.42
99.50	45.43	14.58	7.92	2.42
88.75	23.98	21.44	10.84	

1-B-17 按行业小类分组的规模以上工业法人单位主要经济效益指标

行业	每百元固定资产原值实现利税(元)	每百元主营业务收入实现利税(元)	产销率(%)	资产负债率(%)	成本费用利润率(%)	存货周转次数(次)	亏损率(%)
总计	**24.48**	**9.76**	**97.30**	**59.95**	**6.18**	**6.73**	**6.17**
采矿业	**49.60**	**14.03**	**97.52**	**63.79**	**8.32**	**15.85**	**3.41**
煤炭开采和洗选业	12.37	1.26	57.19	121.87	0.66	14.50	
褐煤开采洗选	12.37	1.26	57.19	121.87	0.66	14.50	
褐煤开采洗选	12.37	1.26	57.19	121.87	0.66	14.50	
黑色金属矿采选业	22.12	8.75	99.51	32.25	4.98	12.78	
铁矿采选	22.12	8.75	99.51	32.25	4.98	12.78	
铁矿采选	22.12	8.75	99.51	32.25	4.98	12.78	
有色金属矿采选业	75.40	12.92	93.03	57.24	7.13	9.30	1.12
常用有色金属矿采选	38.36	7.20	101.97	55.93	2.99	14.30	3.55
铜矿采选	33.84	25.88	99.92	26.20	17.00	7.73	
铅锌矿采选	46.65	3.68	102.36	78.07	0.75	15.82	14.47
贵金属矿采选	178.03	45.30	58.96	30.46	42.95	4.87	
银矿采选	178.03	45.30	58.96	30.46	42.95	4.87	
稀有稀土金属矿采选	198.41	25.71	74.21	61.33	18.02	4.79	
钨钼矿采选	198.41	25.71	74.21	61.33	18.02	4.79	
非金属矿采选业	50.40	14.97	98.58	69.98	9.06	19.96	4.05
土砂石开采	53.44	15.07	98.60	64.73	9.39	24.76	2.06
石灰石、石膏开采	32.41	19.82	93.29	84.12	6.99	8.41	5.79
建筑装饰用石开采	60.96	14.12	99.26	48.49	9.42	32.54	0.08
耐火土石开采	61.78	15.11	97.85	61.72	9.58	10.38	2.59
粘土及其他土砂石开采	56.26	14.95	99.35	71.72	9.90	42.98	3.38
化学矿开采	37.44	9.26	100.00	66.80	2.68	3.08	
石棉及其他非金属矿采选	20.46	13.77	97.78	117.36	3.20	4.29	57.74
其他未列明非金属矿采选	20.46	13.77	97.78	117.36	3.20	4.29	57.74
制造业	**28.90**	**9.59**	**97.10**	**60.12**	**6.06**	**6.28**	**6.47**
农副食品加工业	23.38	5.34	97.37	62.34	3.85	6.38	4.80
谷物磨制	14.73	2.48	99.89	62.94	1.49	9.49	18.88
谷物磨制	14.73	2.48	99.89	62.94	1.49	9.49	18.88

1-B-17 续表 1

行 业	每百元固定资产原值实现利税(元)	每百元主营业务收入实现利税(元)	产销率(%)	资产负债率(%)	成本费用利润率(%)	存货周转次数(次)	亏损率(%)
饲料加工	33.18	5.39	98.66	62.45	3.85	10.77	3.22
饲料加工	33.18	5.39	98.66	62.45	3.85	10.77	3.22
植物油加工	33.04	4.06	100.22	81.11	3.55	9.78	2.61
食用植物油加工	32.96	4.03	100.29	81.13	3.55	9.80	2.56
非食用植物油加工	37.96	7.04	94.04	77.89	3.86	8.03	6.94
制糖业	7.39	3.82	100.00	95.32	0.18	4.16	
制糖业	7.39	3.82	100.00	95.32	0.18	4.16	
屠宰及肉类加工	25.16	5.00	96.62	47.41	3.66	7.39	5.53
牲畜屠宰	29.89	2.92	97.60	47.48	2.85	27.07	1.57
禽类屠宰	53.38	7.26	99.07	44.70	6.86	17.06	
肉制品及副产品加工	23.15	7.36	95.36	47.42	4.54	3.80	8.49
水产品加工	16.03	4.75	94.65	65.29	3.11	4.08	7.35
水产品冷冻加工	15.88	4.70	94.72	64.99	3.12	4.15	5.34
鱼糜制品及水产品干腌制加工	17.26	6.03	91.79	71.69	2.72	2.84	20.74
水产饲料制造	18.52	4.02	96.07	62.01	3.60	5.15	9.06
鱼油提取及制品制造	5.91	1.08	100.00	66.33	1.06	0.77	
其他水产品加工	11.14	4.56	99.97	50.75	2.61	12.53	29.15
蔬菜、水果和坚果加工	26.25	8.87	97.39	53.43	6.74	5.21	1.99
蔬菜加工	18.32	7.22	97.33	53.98	5.41	4.69	3.87
水果和坚果加工	41.42	11.01	97.46	52.57	8.50	6.10	0.35
其他农副食品加工	28.97	9.50	99.87	53.66	7.23	7.78	4.02
淀粉及淀粉制品制造	91.95	14.26	108.11	52.87	12.91	6.42	8.08
豆制品制造	18.02	10.69	99.38	55.09	7.84	6.97	0.87
蛋品加工	30.01	7.23	95.15	51.02	6.65	7.51	
其他未列明农副食品加工	39.99	4.83	96.06	50.68	2.55	10.79	3.77
食品制造业	38.19	13.61	96.84	51.51	10.21	5.64	5.54
焙烤食品制造	24.96	11.65	97.60	48.95	5.81	8.12	19.08
糕点、面包制造	21.48	10.08	97.61	56.80	3.59	8.35	17.41
饼干及其他焙烤食品制造	31.02	14.33	97.58	35.83	9.87	7.79	20.15
糖果、巧克力及蜜饯制造	25.48	15.17	95.99	59.93	13.43	7.36	3.69
糖果、巧克力制造	25.22	18.26	95.05	55.32	17.71	8.61	0.10
蜜饯制作	29.19	4.83	99.01	74.70	1.14	5.00	63.09

1-B-17 续表 2

行　业	每百元固定资产原值实现利税(元)	每百元主营业务收入实现利税(元)	产销率(%)	资产负债率(%)	成本费用利润率(%)	存货周转次数(次)	亏损率(%)
方便食品制造	30.51	14.76	96.41	53.77	10.34	8.29	2.30
米、面制品制造	30.34	7.34	102.65	51.76	2.92	11.62	24.35
速冻食品制造	15.09	7.98	97.84	55.33	3.77	4.68	10.23
方便面及其他方便食品制造	34.90	16.91	95.70	53.46	12.56	10.39	1.21
乳制品制造	17.03	4.86	99.92	62.76	3.00	8.93	17.38
乳制品制造	17.03	4.86	99.92	62.76	3.00	8.93	17.38
罐头食品制造	20.39	6.59	93.12	75.62	2.69	2.48	43.86
肉、禽类罐头制造	67.30	14.74	99.39	63.04	9.13	6.68	
水产品罐头制造	29.75	6.65	100.52	56.77	6.00	4.26	
蔬菜、水果罐头制造	16.10	5.53	91.54	77.63	1.42	2.21	64.98
其他罐头食品制造	19.33	15.06	84.90	74.16	11.69	1.95	
调味品、发酵制品制造	45.19	19.87	98.49	52.50	15.86	2.87	7.08
味精制造	30.10	18.00	96.84	46.23	12.55	6.71	2.68
酱油、食醋及类似制品制造	73.47	27.14	101.31	57.67	25.51	1.73	1.00
其他调味品、发酵制品制造	15.54	7.16	94.76	46.02	2.92	7.70	53.13
其他食品制造	58.23	15.85	96.99	41.84	13.15	6.49	1.24
营养食品制造	59.97	16.90	98.50	52.42	11.28	6.94	
保健食品制造	81.52	19.84	97.52	49.46	17.36	8.23	0.37
冷冻饮品及食用冰制造	16.95	9.80	118.78	41.99	4.40	12.67	16.04
盐加工	101.32	26.46	75.00	41.66	26.35	1.21	
食品及饲料添加剂制造	59.09	15.11	95.16	39.44	13.07	6.20	1.23
其他未列明食品制造	63.54	12.65	99.35	47.01	10.32	8.06	
酒、饮料和精制茶制造业	31.45	17.20	97.41	50.91	11.58	3.15	5.76
酒的制造	22.19	21.49	94.56	53.20	9.58	1.12	9.28
酒精制造	73.17	8.12	97.50	72.72	5.65	25.17	
白酒制造	21.81	21.07	94.41	18.29	14.15	1.98	
啤酒制造	19.72	23.29	100.03	60.19	7.16	2.50	18.05
黄酒制造	27.77	19.76	87.96	48.54	12.93	0.64	
其他酒制造	-9.96	-4.73	95.59	86.05	-14.09	1.00	1813.14

1-B-17　续表 3

行　业	每百元固定资产原值实现利税(元)	每百元主营业务收入实现利税(元)	产销率(%)	资产负债率(%)	成本费用利润率(%)	存货周转次数(次)	亏损率(%)
饮料制造	38.35	17.96	98.65	45.29	13.84	11.48	5.55
碳酸饮料制造	31.98	12.41	94.81	61.63	7.86	11.44	
瓶(罐)装饮用水制造	33.82	13.95	96.99	51.71	7.81	7.48	
果菜汁及果菜汁饮料制造	35.51	25.98	100.18	42.85	24.95	10.82	1.02
含乳饮料和植物蛋白饮料制造	90.14	34.06	100.66	34.77	36.33	9.57	0.10
固体饮料制造	4.59	2.81	93.58	39.22	0.84	4.57	
茶饮料及其他饮料制造	24.19	9.97	98.59	46.10	4.97	17.82	28.25
精制茶加二	42.38	9.06	97.54	61.51	7.33	3.86	0.80
精制茶加工	42.38	9.06	97.54	61.51	7.33	3.86	0.80
烟草制品业	344.49	86.70	100.24	17.72	42.00	0.41	
卷烟制造	348.05	86.93	100.23	17.62	41.74	0.41	
卷烟制造	348.05	86.93	100.23	17.62	41.74	0.41	
其他烟草制品制造	84.46	48.16	101.43	36.58	60.28	9.94	
其他烟草制品制造	84.46	48.16	101.43	36.58	60.28	9.94	
纺织业	20.90	7.91	97.07	64.03	5.10	6.62	4.46
棉纺织及印染精加工	19.59	8.14	97.19	63.79	5.20	6.92	4.19
棉纺纱加工	17.76	7.16	96.67	63.14	4.59	4.85	8.24
棉织造加工	20.97	7.50	97.18	63.67	5.02	6.85	4.22
棉印染精加工	19.32	9.51	97.55	64.41	5.81	9.67	2.01
毛纺织及染整精加工	18.10	7.69	96.97	65.78	4.42	3.70	10.30
毛条和毛纱线加工	25.65	8.44	96.27	62.21	5.18	3.52	6.12
毛织造加工	12.40	6.74	98.07	67.96	3.97	3.64	8.00
毛染整精加工	9.89	6.15	98.05	72.78	1.67	5.36	51.01
麻纺织及染整精加工	18.44	10.04	94.54	57.92	5.75	3.17	3.54
麻纤维纺前加工和纺纱	17.78	10.34	95.24	57.83	5.82	2.81	0.25
麻织造加工	25.76	11.64	107.54	56.49	6.31	6.53	27.32
麻染整精加工	18.96	7.03	81.95	61.36	4.90	5.75	
丝绢纺织及印染精加工	29.21	7.58	97.74	61.68	5.29	5.33	3.44
缫丝加工	40.19	6.64	99.02	78.12	3.38	5.75	4.67
绢纺和丝织加工	29.21	7.54	97.15	58.06	5.60	4.85	3.89
丝印染精加工	22.35	9.20	98.52	58.10	6.87	7.98	0.78

1-B-17 续表 4

行业	每百元固定资产原值实现利税(元)	每百元主营业务收入实现利税(元)	产销率(%)	资产负债率(%)	成本费用利润率(%)	存货周转次数(次)	亏损率(%)
化纤织造及印染精加工	29.81	8.69	95.76	64.46	6.62	9.24	1.22
化纤织造加工	32.47	8.44	96.48	63.08	6.62	8.88	1.28
化纤织物染整精加工	20.55	10.44	90.91	70.95	6.61	13.07	0.82
针织或钩针编织物及其制品制造	22.97	7.76	96.80	63.59	5.09	6.74	2.53
针织或钩针编织物织造	23.67	7.61	96.94	64.05	5.07	6.70	1.86
针织或钩针编织物印染精加工	14.46	8.13	97.65	65.20	3.33	9.70	17.96
针织或钩针编织品制造	22.06	8.77	95.62	60.12	5.69	6.51	3.92
家用纺织制成品制造	22.76	5.93	97.89	69.37	3.16	7.17	15.26
床上用品制造	19.29	4.75	97.21	73.47	2.36	6.90	27.05
毛巾类制品制造	39.76	10.60	96.53	65.29	7.08	3.90	1.65
窗帘、布艺类产品制造	23.55	6.63	98.88	63.35	3.66	8.85	4.63
其他家用纺织制成品制造	24.15	6.14	97.95	68.95	3.11	7.18	17.20
非家用纺织制成品制造	20.05	8.07	96.67	62.98	5.37	6.36	4.62
非织造布制造	22.81	9.62	96.96	59.58	7.28	7.46	1.97
绳、索、缆制造	39.08	8.69	99.01	54.51	6.53	7.85	2.22
纺织带和帘子布制造	14.27	5.31	97.37	69.10	2.33	6.07	17.41
篷、帆布制造	22.81	5.70	95.73	74.15	2.71	4.00	12.43
其他非家用纺织制成品制造	14.56	9.26	94.58	55.31	6.00	7.16	2.98
纺织服装、服饰业	32.82	9.48	97.70	57.12	5.79	5.52	8.10
机织服装制造	34.78	10.30	97.46	55.01	6.15	5.31	7.52
机织服装制造	34.78	10.30	97.46	55.01	6.15	5.31	7.52
针织或钩针编织服装制造	32.93	8.59	98.08	59.41	5.54	5.90	7.20
针织或钩针编织服装制造	32.93	8.59	98.08	59.41	5.54	5.90	7.20
服饰制造	20.10	6.78	98.09	65.67	4.05	5.77	17.52
服饰制造	20.10	6.78	98.09	65.67	4.05	5.77	17.52
皮革、毛皮、羽毛及其制品和制鞋业	42.80	8.75	97.28	63.63	5.12	6.68	4.12
皮革鞣制加工	31.67	8.45	96.54	62.25	4.73	3.29	6.39
皮革鞣制加工	31.67	8.45	96.54	62.25	4.73	3.29	6.39

1-B-17 续表 5

行 业	每百元固定资产原值实现利税(元)	每百元主营业务收入实现利税(元)	产销率(%)	资产负债率(%)	成本费用利润率(%)	存货周转次数(次)	亏损率(%)
皮革制品制造	35.43	7.23	97.31	70.20	3.69	7.06	9.85
皮革服装制造	26.98	6.34	95.87	74.17	2.64	5.43	9.99
皮箱、包(袋)制造	34.35	7.34	97.10	71.15	3.92	7.42	9.40
皮手套及皮装饰制品制造	51.60	7.59	97.98	55.79	3.61	8.34	5.32
其他皮革制品制造	42.97	7.66	98.80	67.78	4.21	7.96	11.80
毛皮鞣制及制品加工	53.11	9.81	94.58	75.23	6.84	4.48	0.76
毛皮鞣制加工	23.75	4.76	96.38	75.14	2.72	8.97	
毛皮服装加工	73.16	14.07	90.39	72.55	11.13	2.80	0.10
其他毛皮制品加工	48.95	8.02	99.04	79.18	4.72	6.79	2.84
羽毛(绒)加工及制品制造	42.70	5.66	99.01	77.04	2.99	4.30	8.40
羽毛(绒)加工	53.20	5.36	99.65	72.73	2.44	6.35	
羽毛(绒)制品加工	40.10	5.77	98.79	78.02	3.18	3.83	10.47
制鞋业	48.39	9.89	97.30	57.23	6.06	10.11	1.97
纺织面料鞋制造	37.94	8.26	98.03	55.69	3.86	8.31	0.68
皮鞋制造	51.26	9.97	97.38	55.46	6.18	10.66	1.63
塑料鞋制造	31.84	7.48	96.42	68.74	3.84	17.91	1.32
橡胶鞋制造	32.00	8.81	96.50	67.26	4.69	6.75	4.94
其他制鞋业	90.06	22.29	97.59	73.25	18.80	9.73	4.67
木材加工和木、竹、藤、棕、草制品业	40.74	9.17	97.74	57.41	6.05	5.30	2.48
木材加工	45.50	9.48	100.99	46.00	7.02	5.19	4.83
锯材加工	47.88	9.99	99.88	36.85	7.51	5.58	
木片加工	27.97	7.61	102.09	29.21	3.86	4.33	12.28
单板加工	57.12	9.95	100.92	66.36	8.27	5.16	4.96
其他木材加工	91.87	13.33	99.80	73.67	12.29	27.12	
人造板制造	31.24	7.93	96.73	60.28	4.92	4.93	2.57
胶合板制造	33.45	7.55	96.69	59.14	4.86	4.73	1.84
纤维板制造	12.89	6.17	92.83	63.45	2.28	4.77	19.76
刨花板制造	60.47	20.14	100.13	9.53	17.26	15.61	
其他人造板制造	39.97	9.09	98.42	62.77	5.75	5.44	0.79
木制品制造	46.47	9.60	98.11	56.22	6.52	5.40	1.05
建筑用木料及木材组件加工	40.32	8.13	98.40	63.57	5.40	7.57	0.43

1-B-17 续表 6

行　业	每百元固定资产原值实现利税(元)	每百元主营业务收入实现利税(元)	产销率(%)	资产负债率(%)	成本费用利润率(%)	存货周转次数(次)	亏损率(%)
木门窗、楼梯制造	39.76	12.13	98.97	50.68	9.08	7.83	0.46
地板制造	51.34	9.35	97.98	55.32	6.12	4.45	
木制容器制造	107.83	8.92	98.29	64.87	7.83	29.55	0.57
软木制品及其他木制品制造	18.51	5.89	96.34	66.85	1.95	5.20	31.98
竹、藤、棕、草等制品制造	41.49	10.04	97.08	62.31	6.25	5.95	6.63
竹制品制造	43.58	10.42	97.27	61.10	6.47	6.40	7.29
藤制品制造	62.21	3.43	98.14	72.63	1.34	6.28	8.13
草及其他制品制造	27.88	8.05	95.50	70.22	5.28	3.90	
家具制造业	27.94	8.45	96.85	66.21	4.87	5.05	10.05
木质家具制造	17.82	7.28	96.29	65.61	3.56	4.00	16.93
木质家具制造	17.82	7.28	96.29	65.61	3.56	4.00	16.93
竹、藤家具制造	55.59	12.68	98.98	79.84	6.39	7.23	1.76
竹、藤家具制造	55.59	12.68	98.98	79.84	6.39	7.23	1.76
金属家具制造	27.93	7.69	96.07	67.49	4.02	5.09	13.19
金属家具制造	27.93	7.69	96.07	67.49	4.02	5.09	13.19
塑料家具制造	33.61	8.33	96.33	58.37	5.74	8.28	3.83
塑料家具制造	33.61	8.33	96.33	58.37	5.74	8.28	3.83
其他家具制造	48.26	10.54	98.73	61.12	7.86	6.64	3.74
其他家具制造	48.26	10.54	98.73	61.12	7.86	6.64	3.74
造纸和纸制品业	14.97	8.55	97.84	63.11	5.48	7.03	6.06
纸浆制造	1.59	3.07	98.37	112.92	0.73	3.63	
木竹浆制造	1.59	3.07	98.37	112.92	0.73	3.63	
造纸	12.83	8.39	97.94	65.26	5.37	6.39	5.37
机制纸及纸板制造	12.74	8.48	97.97	64.99	5.45	6.31	5.15
手工纸制造	19.18	7.12	96.65	78.24	4.57	8.50	0.77
加工纸制造	13.80	4.97	98.18	69.38	1.92	10.44	38.35
纸制品制造	21.06	8.84	97.64	57.65	5.70	8.57	7.23
纸和纸板容器制造	20.21	8.72	98.45	57.44	5.42	9.80	6.49
其他纸制品制造	23.23	9.13	95.79	58.16	6.35	6.56	8.69

1-B-17 续表 7

行 业	每百元固定资产原值实现利税(元)	每百元主营业务收入实现利税(元)	产销率(%)	资产负债率(%)	成本费用利润率(%)	存货周转次数(次)	亏损率(%)
印刷和记录媒介复制业	16.11	9.32	97.40	60.28	5.96	8.40	3.75
印刷	16.03	9.19	97.40	60.21	5.96	8.43	3.65
书、报刊印刷	8.95	8.52	98.18	57.47	5.71	7.98	6.14
本册印制	21.46	7.71	95.74	50.74	5.72	12.72	0.61
包装装潢及其他印刷	17.11	9.48	97.54	61.42	6.03	8.10	3.72
装订及印刷相关服务	23.43	17.94	97.19	53.89	6.87	9.18	
装订及印刷相关服务	23.43	17.94	97.19	53.89	6.87	9.18	
记录媒介复制	-2.08	-7.26	98.03	89.88	-9.90	0.61	
记录媒介复制	-2.08	-7.26	98.03	89.88	-9.90	0.61	
文教、工美、体育和娱乐用品制造业	32.69	8.07	97.91	59.46	5.64	5.88	4.99
文教办公用品制造	30.01	8.23	99.84	63.15	5.64	7.54	5.57
文具制造	24.48	6.53	99.71	70.68	3.81	6.97	10.67
笔的制造	18.76	6.79	102.43	66.96	4.14	6.15	6.03
教学用模型及教具制造	120.76	15.88	96.30	12.90	14.74	22.34	
墨水、墨汁制造	30.14	13.21	100.00	67.58	3.79	3.55	
其他文教办公用品制造	15.29	6.20	99.68	47.92	3.82	6.75	13.38
乐器制造	18.95	9.61	100.46	33.18	6.15	3.84	6.84
西乐器制造	14.02	8.64	101.60	26.63	4.96	3.66	11.37
电子乐器制造	21.74	11.69	99.94	46.82	10.10	5.62	
其他乐器及零件制造	56.31	11.93	97.58	53.28	8.91	4.24	
工艺美术品制造	35.03	8.00	97.48	58.09	5.65	5.00	3.46
雕塑工艺品制造	81.02	30.80	97.81	34.35	35.50	2.59	1.28
金属工艺品制造	20.86	9.02	97.06	62.17	6.40	3.91	4.97
漆器工艺品制造	25.85	9.32	97.86	72.39	2.44	6.33	7.29
花画工艺品制造	30.05	11.40	95.26	64.96	5.90	4.96	18.40
天然植物纤维编织工艺品制造	44.35	9.53	98.43	55.87	6.27	8.25	2.24
抽纱刺绣工艺品制造	21.81	6.92	98.33	64.98	4.16	8.60	5.55
地毯、挂毯制造	13.67	5.59	97.60	67.41	3.58	3.73	7.92
珠宝首饰及有关物品制造	79.75	5.32	97.08	52.93	4.01	3.91	1.42
其他工艺美术品制造	34.32	9.03	97.11	59.20	5.71	8.45	4.38

1-B-17 续表 8

行　业	每百元固定资产原值实现利税(元)	每百元主营业务收入实现利税(元)	产销率(%)	资产负债率(%)	成本费用利润率(%)	存货周转次数(次)	亏损率(%)
体育用品制造	23.48	7.93	97.31	61.60	4.37	5.58	16.41
球类制造	41.79	8.56	96.41	71.49	6.24	7.53	8.91
体育器材及配件制造	24.92	8.92	97.10	53.32	4.03	6.89	9.91
训练健身器材制造	27.01	8.12	98.56	66.93	4.78	6.10	15.16
运动防护用具制造	8.79	3.67	96.17	69.43	-0.76	4.85	165.87
其他体育用品制造	12.88	6.35	94.59	51.52	3.65	3.23	28.04
玩具制造	21.97	5.90	96.32	64.54	3.67	8.69	8.76
玩具制造	21.97	5.90	96.32	64.54	3.67	8.69	8.76
游艺器材及娱乐用品制造	96.01	10.38	98.46	61.95	9.22	9.86	0.51
露天游乐场所游乐设备制造	48.48	10.93	94.48	61.26	7.07	9.28	
游艺用品及室内游艺器材制造	173.10	10.64	99.66	66.83	10.27	10.67	0.33
其他娱乐用品制造	13.92	4.77	96.60	46.49	3.21	5.43	10.70
石油加工、炼焦和核燃料加工业	78.06	17.57	94.76	56.39	4.86	14.67	4.72
精炼石油产品制造	78.06	17.57	94.76	56.39	4.86	14.67	4.72
原油加工及石油制品制造	78.10	17.60	94.74	56.36	4.87	14.68	4.67
人造原油制造	11.70	1.02	105.17	68.57	-0.50	13.27	156.58
化学原料和化学制品制造业	23.44	8.60	97.23	57.30	6.41	9.39	6.19
基础化学原料制造	18.12	7.70	96.96	57.54	5.44	12.85	8.40
无机酸制造	15.40	16.92	99.20	53.97	18.27	9.37	1.19
无机碱制造	8.63	9.53	99.39	71.86	5.47	16.33	28.75
无机盐制造	30.37	12.12	98.89	64.53	8.91	8.49	3.49
有机化学原料制造	20.34	7.07	96.57	57.44	4.86	13.15	7.37
其他基础化学原料制造	11.19	8.85	98.25	48.67	6.37	12.29	16.26
肥料制造	11.88	6.06	93.78	62.41	3.47	5.95	6.52
氮肥制造	12.46	6.94	93.74	63.72	3.49	6.88	2.78
复混肥料制造	14.76	3.29	90.80	58.28	2.47	4.53	24.44
有机肥料及微生物肥料制造	8.61	8.41	100.08	57.74	7.92	7.12	
其他肥料制造	8.06	3.54	96.63	65.04	0.87	4.06	
农药制造	24.79	10.55	94.88	49.17	9.48	5.35	3.98
化学农药制造	29.40	10.51	94.73	49.73	9.64	5.51	4.39
生物化学农药及微生物农药制造	11.15	10.95	96.31	46.82	8.27	4.32	

1-B-17 续表 9

行　业	每百元固定资产原值实现利税(元)	每百元主营业务收入实现利税(元)	产销率(%)	资产负债率(%)	成本费用利润率(%)	存货周转次数(次)	亏损率(%)
涂料、油墨、颜料及类似产品制造	39.32	12.82	97.06	45.66	9.91	5.61	0.57
涂料制造	52.62	14.12	97.57	42.84	11.50	7.09	1.27
油墨及类似产品制造	45.52	15.20	96.90	43.09	12.05	6.81	
颜料制造	26.74	11.69	95.77	64.22	7.65	4.57	1.06
染料制造	36.84	12.16	96.96	44.76	9.39	5.17	0.06
密封用填料及类似品制造	15.90	9.57	98.12	33.38	4.77	5.36	5.09
合成材料制造	18.37	6.74	97.54	64.15	5.30	10.35	6.69
初级形态塑料及合成树脂制造	19.00	6.68	98.36	59.08	4.84	8.60	7.56
合成橡胶制造	12.08	6.88	98.81	63.87	5.97	7.49	26.70
合成纤维单(聚合)体制造	18.39	6.68	97.11	67.63	5.44	11.86	5.18
其他合成材料制造	19.10	9.74	97.39	61.26	7.37	6.01	10.25
专用化学产品制造	19.07	7.37	96.61	58.88	4.77	8.94	16.85
化学试剂和助剂制造	29.04	7.49	97.38	61.78	5.04	10.41	15.26
专项化学用品制造	27.26	10.46	94.24	50.90	6.97	9.56	6.73
林产化学产品制造	27.43	6.36	95.37	59.57	4.07	5.37	21.05
信息化学品制造	4.64	3.31	97.31	61.41	1.52	7.77	50.36
环境污染处理专用药剂材料制造	45.93	14.69	97.84	47.51	11.78	6.46	
动物胶制造	21.54	14.39	89.22	48.82	11.14	2.59	23.53
其他专用化学产品制造	17.98	6.53	98.06	56.58	3.83	8.13	15.71
炸药、火工及焰火产品制造	35.92	19.75	96.41	59.53	12.62	6.11	
炸药及火工产品制造	35.92	19.75	96.41	59.53	12.62	6.11	
日用化学产品制造	95.69	17.20	98.83	37.99	12.94	7.71	0.39
肥皂及合成洗涤剂制造	87.85	10.41	98.74	23.89	7.53	10.10	0.07
化妆品制造	218.47	30.99	99.25	53.29	25.27	4.86	0.28
口腔清洁用品制造	46.82	4.84	98.68	46.85	1.71	2.92	
香料、香精制造	28.15	19.68	100.87	49.08	17.74	3.80	1.59
其他日用化学产品制造	57.50	10.54	97.08	51.08	7.37	11.27	0.74
医药制造业	37.23	17.23	97.09	47.89	12.04	3.44	5.16
化学药品原料药制造	24.07	13.46	92.54	45.92	9.51	3.55	6.34
化学药品原料药制造	24.07	13.46	92.54	45.92	9.51	3.55	6.34

1-B-17 续表 10

行　业	每百元固定资产原值实现利税(元)	每百元主营业务收入实现利税(元)	产销率(%)	资产负债率(%)	成本费用利润率(%)	存货周转次数(次)	亏损率(%)
化学药品制剂制造	61.36	22.10	110.46	57.08	14.36	2.84	7.37
化学药品制剂制造	61.36	22.10	110.46	57.08	14.36	2.84	7.37
中药饮片加工	61.38	13.95	94.82	49.16	12.43	3.39	0.19
中药饮片加工	61.38	13.95	94.82	49.16	12.43	3.39	0.19
中成药生产	58.29	27.64	94.69	41.94	21.76	2.69	0.52
中成药生产	58.29	27.64	94.69	41.94	21.76	2.69	0.52
兽用药品制造	36.80	11.96	94.04	50.62	8.77	5.07	9.37
兽用药品制造	36.80	11.96	94.04	50.62	8.77	5.07	9.37
生物药品制造	46.12	17.22	93.92	40.30	12.90	3.64	2.11
生物药品制造	46.12	17.22	93.92	40.30	12.90	3.64	2.11
卫生材料及医药用品制造	23.97	9.28	96.55	61.12	5.46	7.03	7.28
卫生材料及医药用品制造	23.97	9.28	96.55	61.12	5.46	7.03	7.28
化学纤维制造业	16.48	5.73	97.40	63.55	3.90	9.13	6.48
纤维素纤维原料及纤维制造	14.24	5.74	99.58	67.78	3.70	4.74	2.11
化纤浆粕制造	9.57	2.20	99.27	82.58	1.21	32.66	
人造纤维(纤维素纤维)制造	14.29	5.81	99.58	67.66	3.75	4.66	2.12
合成纤维制造	16.54	5.73	97.37	63.33	3.91	9.32	6.58
锦纶纤维制造	10.73	4.98	93.38	63.92	4.05	4.76	10.74
涤纶纤维制造	18.00	5.50	97.77	63.63	3.58	10.65	5.41
腈纶纤维制造	2.43	1.56	94.18	83.64	-0.06	4.15	103.53
维纶纤维制造	-14.36	-24.16	83.75	118.04	-25.64	0.39	
丙纶纤维制造	16.90	3.67	98.32	81.63	1.92	5.82	17.67
氨纶纤维制造	12.81	13.77	96.04	51.80	11.86	4.96	5.91
其他合成纤维制造	23.73	4.55	98.14	67.07	3.36	11.73	7.95
橡胶和塑料制品业	27.47	9.32	99.15	61.48	6.62	7.95	5.02
橡胶制品业	28.91	10.72	108.02	57.97	8.17	7.10	1.38
轮胎制造	26.12	9.93	114.08	60.82	7.78	7.72	0.11
橡胶板、管、带制造	38.68	13.26	96.13	45.20	10.68	5.67	1.61
橡胶零件制造	24.45	11.14	95.65	59.09	6.90	5.25	9.50
再生橡胶制造	29.80	11.82	96.98	53.73	8.38	5.78	
日用及医用橡胶制品制造	32.19	8.68	98.07	73.66	4.03	4.82	21.93
其他橡胶制品制造	46.97	13.01	96.50	58.92	9.23	8.71	2.51

1-B-17　续表 11

行　业	每百元固定资产原值实现利税（元）	每百元主营业务收入实现利税（元）	产销率（%）	资产负债率（%）	成本费用利润率（%）	存货周转次数（次）	亏损率（%）
塑料制品业	27.00	8.92	96.71	62.46	6.18	8.23	6.31
塑料薄膜制造	17.49	6.49	98.19	65.05	4.25	12.40	11.28
塑料板、管、型材制造	34.09	9.98	97.26	53.55	7.02	6.38	9.02
塑料丝、绳及编织品制造	29.36	7.67	97.54	61.65	4.23	7.71	2.88
泡沫塑料制造	26.20	7.23	97.45	68.05	4.23	8.56	2.07
塑料人造革、合成革制造	24.95	7.98	93.66	72.98	5.45	7.44	4.78
塑料包装箱及容器制造	46.18	21.96	96.30	50.27	19.73	8.15	1.26
日用塑料制品制造	26.91	8.36	96.88	61.78	5.48	7.20	6.71
塑料零件制造	25.32	9.61	97.75	64.02	5.31	7.39	9.56
其他塑料制品制造	28.60	7.30	96.63	66.05	4.87	8.43	4.80
非金属矿物制品业	21.63	10.98	97.62	62.86	6.93	6.66	6.36
水泥、石灰和石膏制造	20.00	13.98	98.93	53.81	10.05	11.51	3.02
水泥制造	19.46	14.13	98.91	53.37	10.10	11.79	3.16
石灰和石膏制造	64.43	11.12	99.19	68.24	9.13	7.90	0.04
石膏、水泥制品及类似制品制造	29.05	9.67	98.15	71.06	5.09	6.70	7.07
水泥制品制造	29.33	9.51	98.65	72.14	4.80	6.80	7.78
砼结构构件制造	37.27	11.84	92.89	66.47	8.11	5.06	3.09
石棉水泥制品制造	5.85	4.14	100.00	60.95	0.34	76.75	
轻质建筑材料制造	17.32	9.32	96.96	52.11	6.78	9.60	2.37
其他水泥类似制品制造	8.83	7.18	99.64	41.68	4.29	13.32	6.08
砖瓦、石材等建筑材料制造	30.74	9.75	98.69	68.26	6.44	6.64	5.78
粘土砖瓦及建筑砌块制造	11.70	9.13	97.66	65.82	7.09	6.81	16.61
建筑陶瓷制品制造	33.96	6.67	99.51	78.77	3.42	5.90	6.92
建筑用石加工	30.92	10.65	95.77	58.07	8.13	5.40	8.91
防水建筑材料制造	66.05	13.61	98.47	56.34	9.72	9.79	2.63
隔热和隔音材料制造	20.98	13.87	98.58	50.82	11.06	3.80	0.05
其他建筑材料制造	33.19	12.33	98.02	52.44	8.67	8.15	0.83

1-B-17 续表 12

行　业	每百元固定资产原值实现利税(元)	每百元主营业务收入实现利税(元)	产销率(%)	资产负债率(%)	成本费用利润率(%)	存货周转次数(次)	亏损率(%)
玻璃制造	9.63	5.39	96.61	66.59	2.92	2.62	33.43
平板玻璃制造	6.37	4.17	95.96	68.75	1.37	1.88	57.77
其他玻璃制造	13.49	6.44	97.16	59.85	4.26	3.97	20.83
玻璃制品制造	17.43	9.97	94.68	57.79	7.54	5.50	6.02
技术玻璃制品制造	16.40	10.82	92.71	58.35	9.43	5.04	1.87
光学玻璃制造	5.25	6.94	91.07	44.89	5.91	3.00	0.55
玻璃仪器制造	17.62	8.66	96.56	58.83	6.16	11.94	
日用玻璃制品制造	26.35	10.36	95.04	64.64	7.18	6.42	4.85
玻璃包装容器制造	20.38	10.93	98.05	57.69	6.16	5.77	12.54
玻璃保温容器制造	39.10	10.09	99.02	59.42	6.14	6.14	2.13
制镜及类似品加工	17.03	9.15	98.25	50.01	7.13	7.45	1.62
其他玻璃制品制造	12.16	6.81	96.39	57.19	3.45	5.05	43.33
玻璃纤维和玻璃纤维增强塑料制品制造	9.24	11.37	99.40	60.81	6.48	4.64	16.79
玻璃纤维及制品制造	9.49	13.63	100.01	59.00	8.27	4.34	11.03
玻璃纤维增强塑料制品制造	5.24	1.97	96.75	78.81	-0.58	6.29	131.40
陶瓷制品制造	18.77	7.13	88.46	60.86	4.53	3.94	16.68
卫生陶瓷制品制造	19.67	6.63	99.41	64.45	3.76	5.15	18.41
特种陶瓷制品制造	17.78	7.50	81.76	59.24	5.37	3.44	16.81
日用陶瓷制品制造	19.71	7.88	100.00	52.04	1.09	9.85	
园林、陈设艺术及其他陶瓷制品制造	22.20	7.04	86.79	65.64	3.16	3.29	6.38
耐火材料制品制造	40.07	12.83	94.37	56.83	8.41	6.00	2.21
石棉制品制造	87.30	24.38	94.32	35.28	24.29	4.39	
云母制品制造	-0.46	-0.22	99.17	87.74	-0.45	68.24	
耐火陶瓷制品及其他耐火材料制造	39.96	12.75	94.31	57.02	8.22	5.95	2.26
石墨及其他非金属矿物制品制造	27.86	13.81	97.18	57.43	7.43	6.27	9.20
石墨及碳素制品制造	26.00	14.31	98.49	56.73	5.71	7.58	6.06
其他非金属矿物制品制造	29.52	13.45	96.26	57.97	8.73	5.55	10.68
黑色金属冶炼和压延加工业	15.11	4.87	97.26	69.57	3.01	7.30	8.61
炼铁	98.75	7.86	100.00	70.96	4.15	10.43	
炼铁	98.75	7.86	100.00	70.96	4.15	10.43	

1-B-17 续表 13

行　业	每百元固定资产原值实现利税（元）	每百元主营业务收入实现利税（元）	产销率（%）	资产负债率（%）	成本费用利润率（%）	存货周转次数（次）	亏损率（%）
炼钢	9.51	3.99	97.62	64.74	2.39	6.05	
炼钢	9.51	3.99	97.62	64.74	2.39	6.05	
黑色金属铸造	20.15	7.97	94.90	63.97	4.90	6.67	8.54
黑色金属铸造	20.15	7.97	94.90	63.97	4.90	6.67	8.54
钢压延加工	15.36	4.67	97.48	71.51	2.90	7.56	9.67
钢压延加工	15.36	4.67	97.48	71.51	2.90	7.56	9.67
铁合金冶炼	74.72	6.62	95.55	66.24	4.85	11.82	4.33
铁合金冶炼	74.72	6.62	95.55	66.24	4.85	11.82	4.33
有色金属冶炼和压延加工业	33.23	4.68	96.13	67.30	3.29	8.93	6.45
常用有色金属冶炼	47.31	4.94	94.96	67.78	3.76	7.32	2.35
铜冶炼	90.24	4.60	96.31	68.21	3.69	7.53	2.77
铅锌冶炼	43.18	7.39	100.37	74.25	6.09	5.65	6.53
镍钴冶炼	58.55	7.20	91.29	65.43	5.28	6.02	0.04
锡冶炼	39.70	1.85	100.00	71.55	1.62	6.94	
铝冶炼	5.58	2.44	91.59	70.34	1.06	10.93	0.95
镁冶炼	25.81	5.81	100.00	57.73	3.52	25.81	
其他常用有色金属冶炼	-2.43	-1.72	110.41	81.91	-2.43	2.15	1892.77
贵金属冶炼	53.58	2.55	84.43	65.05	2.23	5.85	27.87
金冶炼	76.93	2.75	83.76	62.37	2.47	7.10	25.25
银冶炼	2.26	0.25	91.11	70.92	-0.09	3.43	107.60
其他贵金属冶炼	9.61	4.06	87.25	79.06	2.15	0.66	
稀有稀土金属冶炼	33.86	8.80	94.83	56.07	7.17	6.59	7.65
钨钼冶炼	41.81	7.89	98.02	53.23	6.15	2.89	
稀土金属冶炼	32.71	8.99	94.27	56.77	7.38	8.92	8.84
有色金属合金制造	31.20	6.41	95.58	51.92	4.76	5.79	3.39
有色金属合金制造	31.20	6.41	95.58	51.92	4.76	5.79	3.39
有色金属铸造	14.58	8.51	97.76	62.96	5.31	3.70	16.06
有色金属铸造	14.58	8.51	97.76	62.96	5.31	3.70	16.06
有色金属压延加工	31.41	4.49	97.10	69.72	3.05	10.43	6.93
铜压延加工	35.90	3.68	98.03	70.84	2.46	11.63	4.81
铝压延加工	24.06	6.46	94.14	66.25	4.44	8.70	9.69

1-B-17 续表 14

行业	每百元固定资产原值实现利税(元)	每百元主营业务收入实现利税(元)	产销率(%)	资产负债率(%)	成本费用利润率(%)	存货周转次数(次)	亏损率(%)
贵金属压延加工	111.46	5.00	98.61	69.42	3.95	16.58	30.41
稀有稀土金属压延加工	26.45	6.99	92.72	71.50	4.38	6.24	7.70
其他有色金属压延加工	35.09	8.10	96.57	71.26	6.03	5.65	5.48
金属制品业	28.19	8.43	96.62	61.80	5.70	5.85	6.18
结构性金属制品制造	38.72	9.93	97.10	61.73	7.57	4.96	4.34
金属结构制造	24.72	7.15	96.68	66.29	4.33	4.00	12.28
金属门窗制造	55.72	12.54	97.51	56.40	10.80	6.50	0.74
金属工具制造	24.54	8.90	95.97	61.40	5.69	5.66	8.15
切削工具制造	28.36	13.41	93.59	57.86	10.75	4.46	1.35
手工具制造	20.75	7.31	96.94	61.73	3.93	5.80	15.56
农用及园林用金属工具制造	30.79	8.04	95.04	65.71	4.46	6.37	9.65
刀剪及类似日用金属工具制造	31.13	9.94	101.50	50.25	6.12	5.11	1.10
其他金属工具制造	18.00	6.62	95.82	67.50	4.42	7.82	13.15
集装箱及金属包装容器制造	19.03	7.39	95.78	62.40	5.14	5.30	4.65
集装箱制造	25.83	5.51	92.96	61.43	4.58	4.90	
金属压力容器制造	16.68	6.59	93.88	70.41	4.17	4.41	9.04
金属包装容器制造	18.31	9.12	99.16	57.44	6.12	6.48	4.83
金属丝绳及其制品制造	16.35	4.82	96.66	60.75	2.76	12.03	14.27
金属丝绳及其制品制造	16.35	4.82	96.66	60.75	2.76	12.03	14.27
建筑、安全用金属制品制造	27.28	7.88	96.21	58.23	5.01	5.62	5.35
建筑、家具用金属配件制造	20.60	6.69	94.52	61.11	3.43	6.10	10.75
建筑装饰及水暖管道零件制造	32.07	8.77	96.68	55.98	6.05	5.15	3.99
安全、消防用金属制品制造	27.92	6.85	100.31	64.27	4.34	6.96	1.56
其他建筑、安全用金属制品制造	20.08	6.48	95.01	53.42	4.42	9.99	0.70
金属表面处理及热处理加工	22.63	7.00	96.23	70.23	4.29	8.66	9.25
金属表面处理及热处理加工	22.63	7.00	96.23	70.23	4.29	8.66	9.25
搪瓷制品制造	30.97	9.65	105.68	60.19	5.62	3.15	4.60
生产专用搪瓷制品制造	42.28	7.66	95.25	92.49	5.04	21.06	
建筑装饰搪瓷制品制造	39.88	14.62	124.44	47.87	10.20	2.56	
搪瓷卫生洁具制造	36.83	8.51	98.67	65.46	4.83	3.63	2.13
搪瓷日用品及其他搪瓷制品制造	16.07	5.42	96.00	73.72	1.85	3.26	27.81

1-B-17 续表 15

行 业	每百元固定资产原值实现利税(元)	每百元主营业务收入实现利税(元)	产销率(%)	资产负债率(%)	成本费用利润率(%)	存货周转次数(次)	亏损率(%)
金属制日用品制造	32.30	9.51	96.31	62.27	6.11	5.82	5.86
金属制厨房用器具制造	22.65	7.23	98.63	74.99	3.26	4.09	16.03
金属制餐具和器皿制造	37.75	10.98	95.20	57.59	7.76	6.12	2.54
金属制卫生器具制造	20.79	6.49	98.25	67.55	3.08	5.84	22.40
其他金属制日用品制造	26.48	7.16	97.78	60.45	3.88	7.88	13.28
其他金属制品制造	22.74	7.35	97.16	62.69	4.67	6.85	9.89
锻件及粉末冶金制品制造	23.58	11.56	96.19	62.58	8.03	5.36	10.19
交通及公共管理用金属标牌制造	17.96	5.66	100.53	62.61	1.59	4.87	52.59
其他未列明金属制品制造	22.18	4.72	97.54	62.83	2.86	8.58	4.35
通用设备制造业	31.69	10.33	96.93	57.57	7.23	4.96	5.48
锅炉及原动设备制造	37.87	12.27	96.62	55.86	9.11	3.31	11.56
锅炉及辅助设备制造	41.13	10.54	94.81	54.85	7.19	4.14	2.49
内燃机及配件制造	6.56	2.20	97.49	77.77	0.29	6.36	92.74
汽轮机及辅机制造	86.45	24.40	97.76	43.51	22.45	2.60	0.09
水轮机及辅机制造	16.65	13.05	98.49	46.01	8.15	1.00	10.14
风能原动设备制造	24.87	9.93	95.01	53.82	8.92	23.84	
金属加工机械制造	24.10	10.02	96.01	56.41	6.60	2.91	10.66
金属切削机床制造	24.45	10.22	98.41	55.48	6.76	2.54	13.61
金属成形机床制造	32.71	13.19	98.74	49.64	9.27	2.38	8.33
铸造机械制造	23.27	10.83	97.00	51.07	6.97	3.90	10.11
金属切割及焊接设备制造	25.34	7.49	87.49	65.72	4.59	4.75	4.25
机床附件制造	15.52	10.84	95.67	44.88	7.28	3.01	11.89
其他金属加工机械制造	11.43	6.09	97.12	68.69	3.79	3.42	2.14
物料搬运设备制造	76.29	13.14	97.44	59.44	9.97	7.28	0.83
轻小型起重设备制造	35.21	10.47	97.59	60.32	5.88	4.74	1.08
起重机制造	32.12	9.93	98.35	63.41	7.26	4.33	1.36
生产专用车辆制造	48.73	7.31	100.77	59.28	5.19	6.88	5.29
连续搬运设备制造	23.99	8.37	97.28	60.90	4.50	5.86	1.97
电梯、自动扶梯及升降机制造	133.22	16.38	96.08	58.12	13.28	9.83	0.13
其他物料搬运设备制造	41.94	10.34	99.89	62.20	6.79	4.28	0.26

1-B-17 续表 16

行业	每百元固定资产原值实现利税(元)	每百元主营业务收入实现利税(元)	产销率(%)	资产负债率(%)	成本费用利润率(%)	存货周转次数(次)	亏损率(%)
泵、阀门、压缩机及类似机械制造	35.16	10.62	96.45	53.09	7.53	5.41	2.86
泵及真空设备制造	37.54	12.16	97.38	48.94	8.61	5.21	2.05
气体压缩机械制造	34.97	9.84	97.08	56.43	7.01	4.64	1.66
阀门和旋塞制造	37.01	9.32	95.62	54.87	6.57	6.10	2.99
液压和气压动力机械及元件制造	26.61	13.23	96.19	52.73	9.66	5.04	6.19
轴承、齿轮和传动部件制造	16.42	8.98	97.40	58.97	5.99	4.27	11.11
轴承制造	16.70	8.58	97.43	60.26	5.81	4.38	14.25
齿轮及齿轮减、变速箱制造	14.57	9.93	97.50	57.16	6.65	3.60	7.71
其他传动部件制造	19.45	9.00	97.16	56.30	5.66	5.18	3.99
烘炉、风机、衡器、包装等设备制造	36.11	9.96	97.22	59.67	7.17	5.36	4.71
烘炉、熔炉及电炉制造	25.69	14.40	101.36	28.64	8.13	1.40	27.71
风机、风扇制造	31.38	10.78	97.20	45.82	7.47	7.16	13.87
气体、液体分离及纯净设备制造	54.27	13.11	96.00	63.06	10.06	3.95	0.11
制冷、空调设备制造	32.29	8.18	98.77	59.97	5.98	6.53	6.40
风动和电动工具制造	32.18	9.12	96.19	65.45	6.28	7.06	4.10
喷枪及类似器具制造	21.09	7.42	93.19	61.87	3.83	4.67	0.13
衡器制造	24.13	8.07	99.08	72.78	3.91	5.24	
包装专用设备制造	43.88	15.32	97.60	57.67	11.63	2.26	0.37
文化、办公用机械制造	19.73	6.51	93.90	58.90	2.53	4.82	42.06
电影机械制造	49.87	10.07	97.29	33.00	6.01	11.96	
幻灯及投影设备制造	13.33	5.08	98.00	76.34	3.56	3.49	
照相机及器材制造	-3.17	-1.31	93.87	60.15	-4.57	4.63	490.51
复印和胶印设备制造	24.74	11.20	96.06	67.31	7.49	5.01	5.52
计算器及货币专用设备制造	50.38	9.88	92.34	51.34	5.42	5.45	1.66
其他文化、办公用机械制造	15.48	5.09	94.49	57.82	2.06	3.57	1.80
通用零部件制造	22.79	8.15	97.35	60.71	5.08	5.28	6.25
金属密封件制造	17.23	11.78	97.32	53.59	8.27	3.79	15.15
紧固件制造	16.49	6.44	96.07	59.62	3.51	4.51	10.69
弹簧制造	27.38	12.15	94.12	55.89	7.92	4.94	0.44
机械零部件加工	29.77	9.91	98.34	60.18	7.07	6.26	3.15
其他通用零部件制造	33.99	9.22	99.45	64.39	6.15	7.19	2.72

1-B-17 续表 17

行 业	每百元固定资产原值实现利税（元）	每百元主营业务收入实现利税（元）	产销率（%）	资产负债率（%）	成本费用利润率（%）	存货周转次数（次）	亏损率（%）
其他通用设备制造业	17.87	8.97	94.82	61.18	4.90	3.84	10.02
其他通用设备制造业	17.87	8.97	94.82	61.18	4.90	3.84	10.02
专用设备制造业	29.01	10.70	95.35	57.10	7.70	4.29	5.33
采矿、冶金、建筑专用设备制造	17.72	7.80	97.26	59.02	4.91	5.29	15.42
矿山机械制造	25.74	9.02	96.27	67.54	5.04	3.83	9.40
石油钻采专用设备制造	28.14	6.09	95.07	66.86	3.82	6.36	17.79
建筑工程用机械制造	30.28	10.56	99.64	46.71	8.13	5.62	3.18
海洋工程专用设备制造	-1.30	-1.40	99.52	66.21	-2.05	45.44	213.09
建筑材料生产专用机械制造	16.93	8.66	93.27	48.98	4.80	3.38	5.47
冶金专用设备制造	26.53	12.09	96.44	56.51	7.83	3.49	0.09
化工、木材、非金属加工专用设备制造	29.01	12.77	93.02	53.43	9.22	3.67	4.92
炼油、化工生产专用设备制造	32.55	9.26	97.13	60.59	4.61	3.55	13.51
橡胶加工专用设备制造	30.02	11.24	93.07	35.38	6.51	7.21	3.22
塑料加工专用设备制造	41.23	14.86	93.69	43.89	12.43	3.28	3.31
木材加工机械制造	17.43	8.05	99.54	64.13	4.97	8.96	
模具制造	22.90	12.21	91.65	59.20	8.16	3.91	5.16
其他非金属加工专用设备制造	16.59	4.96	95.18	72.59	3.33	3.93	46.67
食品、饮料、烟草及饲料生产专用设备制造	23.91	9.20	95.82	67.77	5.61	3.60	6.41
食品、酒、饮料及茶生产专用设备制造	24.82	8.67	95.81	70.66	4.87	3.63	9.10
农副食品加工专用设备制造	13.38	10.58	93.69	46.81	8.70	2.78	
烟草生产专用设备制造	21.07	11.47	97.04	58.26	7.13	4.41	
饲料生产专用设备制造	41.86	11.10	96.48	63.06	9.10	3.57	
印刷、制药、日化及日用品生产专用设备制造	34.71	11.33	96.91	57.09	7.55	4.34	2.57
制浆和造纸专用设备制造	22.75	9.22	98.59	68.57	6.14	2.48	10.98
印刷专用设备制造	31.15	12.68	95.31	47.84	8.24	3.84	1.46
日用化工专用设备制造	50.58	9.44	82.66	23.75	6.41	16.11	
制药专用设备制造	47.89	12.83	97.92	59.26	9.45	5.07	0.15
照明器具生产专用设备制造	28.06	5.84	97.94	84.48	2.19	4.94	21.46
玻璃、陶瓷和搪瓷制品生产专用设备制造	17.47	5.60	96.98	75.97	-1.23	5.09	223.64
其他日用品生产专用设备制造	23.72	7.33	99.63	61.30	4.69	8.10	

1-B-17 续表 18

行　业	每百元固定资产原值实现利税(元)	每百元主营业务收入实现利税(元)	产销率(%)	资产负债率(%)	成本费用利润率(%)	存货周转次数(次)	亏损率(%)
纺织、服装和皮革加工专用设备制造	33.36	10.32	96.67	59.49	7.34	4.62	3.01
纺织专用设备制造	34.13	10.96	96.95	57.82	7.86	5.22	5.20
皮革、毛皮及其制品加工专用设备制造	14.22	6.99	95.14	55.31	2.65	1.97	20.88
缝制机械制造	33.52	9.88	96.49	61.06	7.05	4.36	0.67
洗涤机械制造	25.05	3.63	99.97	94.11	0.68	1067.39	
电子和电工机械专用设备制造	34.92	10.34	96.19	59.52	8.02	4.80	13.46
电工机械专用设备制造	63.93	14.12	97.05	59.51	12.30	4.82	0.30
电子工业专用设备制造	5.27	2.39	94.45	59.54	-0.11	4.77	103.25
农、林、牧、渔专用机械制造	22.49	6.40	96.44	67.58	5.00	4.30	6.99
拖拉机制造	14.11	3.21	97.18	73.96	2.87	6.39	7.80
机械化农业及园艺机具制造	25.36	7.37	96.32	65.77	5.86	3.60	7.73
营林及木竹采伐机械制造	14.38	15.62	100.00	50.00	10.02	9.35	
畜牧机械制造	122.90	2.86	99.11	76.85	2.24	97.64	
渔业机械制造	18.59	6.58	81.21	85.24	1.97	2.68	
农林牧渔机械配件制造	20.32	7.46	97.47	69.88	4.49	7.95	0.46
棉花加工机械制造	241.69	24.37	97.65	32.09	16.52	12.84	
其他农、林、牧、渔业机械制造	15.91	7.13	87.35	60.42	5.52	3.39	
医疗仪器设备及器械制造	32.14	15.35	96.95	42.54	12.13	4.24	4.26
医疗诊断、监护及治疗设备制造	29.99	13.08	98.23	38.49	8.82	3.11	0.28
口腔科用设备及器具制造	18.55	8.19	96.95	61.77	5.82	4.57	23.70
医疗实验室及医用消毒设备和器具制造	-15.47	-15.64	94.23	24.12	-13.60	0.90	
医疗、外科及兽医用器械制造	29.09	15.69	97.58	48.32	12.96	5.50	3.55
机械治疗及病房护理设备制造	50.32	24.41	97.60	32.23	19.99	2.87	8.85
假肢、人工器官及植(介)入器械制造	27.04	20.45	100.00	14.35	21.35	3.56	
其他医疗设备及器械制造	49.18	15.88	93.48	47.06	13.17	5.89	
环保、社会公共服务及其他专用设备制造	32.16	9.55	95.63	60.02	7.10	4.81	4.27
环境保护专用设备制造	38.46	9.16	96.20	60.47	6.94	4.36	5.17
地质勘查专用设备制造	4.73	17.92	102.79	86.31	11.63	1.51	

1-B-17 续表 19

行 业	每百元固定资产原值实现利税(元)	每百元主营业务收入实现利税(元)	产销率(%)	资产负债率(%)	成本费用利润率(%)	存货周转次数(次)	亏损率(%)
邮政专用机械及器材制造	52.81	12.19	92.73	83.03	5.46	6.42	
商业、饮食、服务专用设备制造	66.74	8.26	98.66	78.65	5.62	8.68	
社会公共安全设备及器材制造	27.46	10.13	94.49	58.29	7.56	7.20	1.85
交通安全、管制及类似专用设备制造	82.34	4.86	98.24	50.83	2.98	20.24	
水资源专用机械制造	15.22	6.74	99.04	55.47	3.34	2.82	10.60
其他专用设备制造	49.33	12.86	91.47	50.30	9.05	4.04	5.85
汽车制造业	31.60	11.24	94.91	60.83	7.91	6.25	6.45
汽车整车制造	26.31	9.46	97.10	64.67	5.02	6.34	18.15
汽车整车制造	26.31	9.46	97.10	64.67	5.02	6.34	18.15
改装汽车制造	2.22	0.60	98.20	70.56	-1.78	4.24	227.71
改装汽车制造	2.22	0.60	98.20	70.56	-1.78	4.24	227.71
低速载货汽车制造	-73.51	-0.92	99.38	90.40	-0.96	11.60	
低速载货汽车制造	-73.51	-0.92	99.38	90.40	-0.96	11.60	
汽车车身、挂车制造	21.43	3.99	98.80	61.76	2.77	11.24	2.79
汽车车身、挂车制造	21.43	3.99	98.80	61.76	2.77	11.24	2.79
汽车零部件及配件制造	33.26	11.89	94.29	59.57	8.86	6.24	3.94
汽车零部件及配件制造	33.26	11.89	94.29	59.57	8.86	6.24	3.94
铁路、船舶、航空航天和其他运输设备制造业	7.76	4.56	98.54	72.70	2.34	3.22	39.24
铁路运输设备制造	50.97	16.50	95.25	38.78	12.88	6.07	0.10
铁路机车车辆配件制造	57.38	18.55	94.60	37.41	15.34	5.58	
铁路专用设备及器材、配件制造	40.97	13.29	96.31	42.72	9.12	6.98	0.35
船舶及相关装置制造	1.22	1.03	99.69	74.89	-0.09	2.35	104.03
金属船舶制造	0.60	0.54	100.08	75.65	-0.46	2.32	123.44
娱乐船和运动船制造	15.80	5.42	99.50	70.19	3.56	4.40	16.76
船用配套设备制造	11.60	8.01	98.22	62.22	4.87	2.23	15.46
船舶改装与拆除	4.68	1.00	94.94	70.79	0.56	2.95	70.45
航空、航天器及设备制造	22.06	9.01	83.16	52.97	5.90	6.47	1.88
飞机制造	33.26	8.10	90.67	76.44	5.35	207.12	
航空、航天相关设备制造	12.96	10.57	69.10	45.28	6.55	2.19	4.57
其他航空航天器制造	104.51	8.22	99.53	40.68	5.84	23.44	

1-B-17 续表 20

行业	每百元固定资产原值实现利税(元)	每百元主营业务收入实现利税(元)	产销率(%)	资产负债率(%)	成本费用利润率(%)	存货周转次数(次)	亏损率(%)
摩托车制造	28.28	9.50	96.27	64.67	5.84	5.69	5.15
摩托车整车制造	34.43	9.46	98.18	60.13	5.02	4.63	10.39
摩托车零部件及配件制造	25.27	9.52	95.04	67.50	6.39	6.71	2.17
自行车制造	30.93	7.17	97.67	75.21	4.37	6.42	17.24
脚踏自行车及残疾人座车制造	18.75	5.81	96.84	72.03	2.74	6.83	24.65
助动自行车制造	46.42	8.15	98.25	78.36	5.55	6.15	14.22
非公路休闲车及零配件制造	14.61	7.05	97.25	74.01	3.33	5.60	22.02
非公路休闲车及零配件制造	14.61	7.05	97.25	74.01	3.33	5.60	22.02
潜水救捞及其他未列明运输设备制造	20.40	7.07	99.95	74.74	0.76	6.06	49.75
潜水及水下救捞装备制造	8.89	6.66	98.21	76.91	0.73	4.62	
其他未列明运输设备制造	26.73	7.15	100.33	73.86	0.76	6.44	54.05
电气机械和器材制造业	31.24	8.12	97.25	60.63	5.41	6.58	9.16
电机制造	28.94	9.68	97.37	55.58	6.88	5.72	11.18
发电机及发电机组制造	15.64	6.12	98.38	62.92	3.34	2.90	39.30
电动机制造	31.72	10.23	97.77	51.15	7.73	6.86	1.88
微电机及其他电机制造	30.23	10.04	96.75	57.82	6.97	6.23	15.03
输配电及控制设备制造	33.63	9.67	96.90	58.56	6.49	6.15	8.29
变压器、整流器和电感器制造	27.91	10.35	95.91	57.85	6.95	3.76	3.44
电容器及其配套设备制造	39.78	12.19	95.63	47.63	8.84	9.83	0.41
配电开关控制设备制造	64.13	11.98	97.03	56.09	8.80	7.24	2.68
电力电子元器件制造	33.32	7.22	97.41	61.35	4.49	6.49	12.30
光伏设备及元器件制造	8.50	4.95	96.77	62.72	1.79	7.05	51.61
其他输配电及控制设备制造	28.05	7.94	97.33	59.61	5.16	4.02	2.55
电线、电缆、光缆及电工器材制造	28.63	5.74	96.82	62.74	3.85	8.41	8.77
电线、电缆制造	31.07	5.64	96.69	62.13	3.86	8.86	8.92
光纤、光缆制造	17.28	5.61	98.28	66.07	3.44	6.02	1.71
绝缘制品制造	18.48	6.24	98.54	65.03	3.15	5.67	48.01
其他电工器材制造	42.29	10.88	93.14	54.71	6.65	11.70	0.57
电池制造	30.89	6.45	99.20	54.53	4.72	9.12	9.94
锂离子电池制造	14.64	5.03	96.87	60.54	3.73	5.04	21.53
镍氢电池制造	5.19	2.85	103.26	61.15	-0.40	4.25	108.96
其他电池制造	36.94	6.74	99.38	53.12	4.99	10.48	6.18

1-B-17　续表 21

行　　业	每百元固定资产原值实现利税(元)	每百元主营业务收入实现利税(元)	产销率(%)	资产负债率(%)	成本费用利润率(%)	存货周转次数(次)	亏损率(%)
家用电力器具制造	35.13	7.88	97.62	67.29	5.06	6.09	7.05
家用制冷电器具制造	30.28	5.77	94.28	75.59	3.59	5.60	10.49
家用空气调节器制造	30.44	3.88	97.21	72.62	2.20	5.05	6.65
家用通风电器具制造	55.74	13.76	96.11	62.72	9.06	5.33	7.32
家用厨房电器具制造	54.66	11.83	100.09	58.85	8.56	6.39	4.45
家用清洁卫生电器具制造	27.72	7.04	96.30	71.26	4.80	7.02	7.68
家用美容、保健电器具制造	22.06	4.99	95.89	73.67	2.56	7.01	12.03
家用电力器具专用配件制造	23.09	5.93	100.21	60.60	3.76	8.28	10.06
其他家用电力器具制造	24.31	7.40	97.15	71.05	3.66	5.07	9.01
非电力家用器具制造	31.73	9.58	95.98	60.86	6.26	5.71	5.42
燃气、太阳能及类似能源家用器具制造	28.49	8.40	95.51	63.68	5.53	5.32	7.23
其他非电力家用器具制造	36.60	11.47	96.73	55.29	7.46	6.48	3.13
照明器具制造	26.10	7.83	96.59	65.87	4.47	5.83	12.17
电光源制造	27.24	8.39	96.97	65.95	4.39	5.94	12.02
照明灯具制造	26.14	7.70	96.67	65.12	4.69	5.66	11.22
灯用电器附件及其他照明器具制造	20.15	6.17	94.07	72.89	3.10	6.97	23.37
其他电气机械及器材制造	7.55	2.49	97.76	69.79	-0.52	5.86	120.90
电气信号设备装置制造	15.33	4.24	98.77	61.99	0.81	6.46	67.58
其他未列明电气机械及器材制造	0.34	0.14	96.37	77.45	-2.23	5.24	190.32
计算机、通信和其他电子设备制造业	39.82	12.43	97.07	51.23	10.27	5.69	5.23
计算机制造	16.77	3.71	98.37	50.43	2.40	9.92	23.79
计算机整机制造	37.42	2.15	99.87	70.71	2.13	25.05	
计算机零部件制造	2.95	1.00	95.82	55.36	0.59	8.60	37.62
计算机外围设备制造	9.30	5.17	98.20	39.54	3.23	5.56	51.02
其他计算机制造	71.68	12.27	98.03	42.31	5.72	4.77	12.23
通信设备制造	163.67	25.20	98.08	40.50	24.69	4.54	2.12
通信系统设备制造	285.48	34.68	99.30	34.92	38.34	3.63	0.40
通信终端设备制造	35.63	7.63	96.00	53.77	5.92	6.25	15.17

1-B-17 续表 22

行业	每百元固定资产原值实现利税(元)	每百元主营业务收入实现利税(元)	产销率(%)	资产负债率(%)	成本费用利润率(%)	存货周转次数(次)	亏损率(%)
广播电视设备制造	76.02	13.43	98.07	61.59	10.96	5.60	0.57
广播电视节目制作及发射设备制造	32.07	6.56	94.83	72.50	4.75	12.57	
广播电视接收设备及器材制造	42.67	10.49	97.41	59.65	7.98	6.39	1.27
应用电视设备及其他广播电视设备制造	190.77	18.08	99.49	61.11	15.89	4.32	0.19
雷达及配套设备制造	493.65	6.72	95.66	73.59	7.21	29.17	
雷达及配套设备制造	493.65	6.72	95.66	73.59	7.21	29.17	
视听设备制造	35.17	7.08	96.37	69.49	4.99	2.68	5.72
电视机制造	47.13	5.27	96.81	70.60	3.76	2.03	4.29
音响设备制造	16.33	5.98	98.50	61.92	3.73	7.48	7.91
影视录放设备制造	91.20	16.36	90.60	74.28	13.09	2.27	5.87
电子器件制造	15.64	6.13	96.82	51.31	5.11	7.65	15.62
电子真空器件制造	27.80	9.47	100.52	52.49	2.55	4.28	30.60
半导体分立器件制造	9.33	7.46	95.61	46.71	4.48	3.37	49.66
集成电路制造	17.19	10.13	94.93	48.58	8.21	3.91	7.62
光电子器件及其他电子器件制造	16.39	5.49	97.15	52.66	4.76	9.65	13.04
电子元件制造	24.74	11.16	96.04	52.83	7.93	6.34	4.30
电子元件及组件制造	25.26	11.44	95.98	51.80	8.17	6.26	3.43
印制电路板制造	17.86	7.67	96.70	66.14	4.95	7.61	19.23
其他电子设备制造	28.38	10.10	98.75	56.95	7.90	5.49	5.84
其他电子设备制造	28.38	10.10	98.75	56.95	7.90	5.49	5.84
仪器仪表制造业	42.80	14.10	96.00	48.20	10.64	4.07	3.20
通用仪器仪表制造	56.22	15.17	95.67	46.37	11.69	3.86	2.27
工业自动控制系统装置制造	58.37	16.59	95.23	42.18	13.52	2.93	1.22
电工仪器仪表制造	85.81	18.13	97.30	47.86	15.32	5.38	1.59
绘图、计算及测量仪器制造	17.41	7.94	95.52	64.56	3.38	5.21	14.32
实验分析仪器制造	36.47	10.53	98.31	50.32	5.68	5.05	6.22
试验机制造	25.44	10.12	98.68	55.62	5.65	3.16	14.24
供应用仪表及其他通用仪器制造	43.29	11.72	94.09	47.67	7.80	4.07	4.22

1-B-17 续表 23

行 业	每百元固定资产原值实现利税(元)	每百元主营业务收入实现利税(元)	产销率(%)	资产负债率(%)	成本费用利润率(%)	存货周转次数(次)	亏损率(%)
专用仪器仪表制造	35.68	12.96	96.76	48.81	9.30	4.52	1.46
环境监测专用仪器仪表制造	88.79	22.61	94.73	56.37	21.07	2.02	
运输设备及生产用计数仪表制造	25.47	10.68	96.68	49.08	7.49	5.02	1.61
导航、气象及海洋专用仪器制造	43.64	10.88	95.66	45.02	7.56	4.65	11.44
农林牧渔专用仪器仪表制造	5.48	6.24	100.00	74.36	2.95	8.85	
地质勘探和地震专用仪器制造	186.42	35.77	100.85	51.00	38.85	1.81	
教学专用仪器制造	62.48	12.74	95.69	46.88	8.20	5.68	0.96
电子测量仪器制造	73.22	21.03	98.56	43.08	15.29	2.63	
其他专用仪器制造	82.72	26.76	101.13	49.99	22.39	3.02	
钟表与计时仪器制造	15.35	6.98	98.48	68.85	3.38	5.05	27.04
钟表与计时仪器制造	15.35	6.98	98.48	68.85	3.38	5.05	27.04
光学仪器及眼镜制造	19.47	11.67	96.15	52.37	8.95	4.55	8.52
光学仪器制造	24.42	15.15	96.74	33.69	14.01	4.85	4.38
眼镜制造	14.77	8.58	95.64	70.27	4.82	4.34	17.03
其他仪器仪表制造业	5.85	1.98	99.06	71.80	-1.43	3.85	191.11
其他仪器仪表制造业	5.85	1.98	99.06	71.80	-1.43	3.85	191.11
其他制造业	23.90	8.81	95.79	60.81	5.88	6.05	4.05
日用杂品制造	31.08	9.72	95.24	55.53	6.52	5.62	3.98
鬃毛加工、制刷及清扫工具制造	18.05	5.84	97.45	74.76	3.16	5.85	20.63
其他日用杂品制造	32.44	10.11	95.02	53.88	6.87	5.60	3.01
煤制品制造	2.57	2.29	99.48	76.54	1.68	13.81	
煤制品制造	2.57	2.29	99.48	76.54	1.68	13.81	
其他未列明制造业	23.71	7.52	97.32	61.07	4.74	6.22	6.44
其他未列明制造业	23.71	7.52	97.32	61.07	4.74	6.22	6.44
废弃资源综合利用业	40.92	3.59	100.36	78.61	1.16	5.54	58.99
金属废料和碎屑加工处理	55.90	3.10	100.56	79.93	0.68	5.34	70.89
金属废料和碎屑加工处理	55.90	3.10	100.56	79.93	0.68	5.34	70.89
非金属废料和碎屑加工处理	21.24	7.86	98.68	72.76	5.58	8.71	25.47
非金属废料和碎屑加工处理	21.24	7.86	98.68	72.76	5.58	8.71	25.47

1-B-17 续表 24

行　业	每百元固定资产原值实现利税(元)	每百元主营业务收入实现利税(元)	产销率(%)	资产负债率(%)	成本费用利润率(%)	存货周转次数(次)	亏损率(%)
金属制品、机械和设备修理业	4.83	5.11	99.14	66.24	0.51	3.87	82.05
通用设备修理	59.32	9.81	95.14	69.05	2.52	5.30	
通用设备修理	59.32	9.81	95.14	69.05	2.52	5.30	
专用设备修理	276.35	10.69	97.50	72.05	4.38	6.68	
专用设备修理	276.35	10.69	97.50	72.05	4.38	6.68	
铁路、船舶、航空航天等运输设备修理	3.43	3.91	99.47	66.71	-0.40	3.68	118.45
船舶修理	3.43	3.91	99.47	66.71	-0.40	3.68	118.45
电气设备修理	112.15	22.81	91.93	44.48	17.77	17.46	
电气设备修理	112.15	22.81	91.93	44.48	17.77	17.46	
其他机械和设备修理业	132.74	20.47	91.31	51.45	12.56	110.79	
其他机械和设备修理业	132.74	20.47	91.31	51.45	12.56	110.79	
电力、热力、燃气及水生产和供应业	**9.61**	**11.66**	**99.77**	**58.17**	**7.57**	**34.96**	**3.23**
电力、热力生产和供应业	10.39	12.14	99.80	57.84	7.91	37.21	0.44
电力生产	12.72	26.90	99.58	58.41	23.68	10.20	0.40
火力发电	13.92	23.76	99.57	55.02	21.21	23.62	0.41
水力发电	6.40	34.01	99.84	55.66	32.33	42.43	1.20
核力发电	13.01	48.14	100.00	68.49	38.42	1.42	
风力发电	7.40	48.35	99.26	55.23	56.39	20.16	
其他电力生产	15.41	56.36	92.35	51.05	55.33	28.12	0.38
电力供应	7.54	5.69	99.94	56.65	2.14	353.02	0.36
电力供应	7.54	5.69	99.94	56.65	2.14	353.02	0.36
热力生产和供应	10.90	13.50	98.41	67.78	11.60	35.00	2.21
热力生产和供应	10.90	13.50	98.41	67.78	11.60	35.00	2.21
燃气生产和供应业	14.44	6.97	99.63	58.97	5.51	25.62	7.72
燃气生产和供应业	14.44	6.97	99.63	58.97	5.51	25.62	7.72
水的生产和供应业	1.82	7.49	98.87	59.76	2.75	16.61	67.35
自来水生产和供应	2.18	9.02	98.53	59.48	2.89	13.93	64.92
自来水生产和供应	2.18	9.02	98.53	59.48	2.89	13.93	64.92
污水处理及其再生利用	0.65	2.61	100.00	60.97	2.33	37.26	74.51
污水处理及其再生利用	0.65	2.61	100.00	60.97	2.33	37.26	74.51

1-B-18 按地区分组的规模以上工业企业主要经济效益指标

地 区	每百元固定资产原值实现利税（元）	每百元主营业务收入实现利税（元）	产销率（%）	资产负债率（%）	成本费用利润率（%）	存货周转次数（次）	亏损率（%）
全 省	**24.48**	**9.76**	**97.30**	**59.95**	**6.18**	**6.73**	**6.17**
杭州市	33.65	11.89	99.15	57.64	7.54	5.99	6.57
宁波市	26.23	10.47	96.71	61.17	5.89	6.61	8.57
温州市	27.47	9.71	96.56	58.12	5.99	7.26	4.64
嘉兴市	16.95	8.97	97.68	58.70	5.68	6.30	6.66
湖州市	29.30	9.16	97.33	58.32	6.26	8.09	3.04
绍兴市	25.62	8.28	97.29	59.41	5.98	7.45	3.92
金华市	24.47	9.24	96.26	63.25	6.05	6.36	4.41
衢州市	21.94	9.85	97.90	59.88	6.64	6.27	6.11
舟山市	5.15	2.99	96.84	73.41	1.10	4.00	57.81
台州市	22.41	9.35	94.37	60.65	5.83	5.47	6.23
丽水市	40.24	11.49	95.35	55.63	9.26	8.57	0.78

1-B-19 规模以上工业法人单位主要产品生产和销售情况

产品名称	计量单位	本年生产量	本年销售量	本年销售金额(万元)
铁矿石原矿	吨	1579282	481623	48745
铁矿石成品矿	吨	886929	385519	37151
铁精矿	吨	880957	379852	33494
铜金属含量	吨	99188	86150	360008
铅金属含量	吨	37941	38783	49622
锌金属含量	吨	51888	53760	52187
镍金属含量	吨	30977	30943	323811
锡金属含量	吨	495	480	6746
铝土矿	吨	2016	2007	4352
稀有稀土金属矿	吨	30995	30059	86892
钼精矿折合量(折纯钼45%)	吨	11384	11344	79931
石灰石	吨	42585475	41221933	103817
水泥用石灰石	吨	34250333	34229930	59761
建筑用天然石料	立方米	7035873	6916143	60309
天然花岗石荒料	立方米	36538	37412	2683
萤石	吨	538962	533178	76670
高岭土(瓷土)	吨	129356	85522	4848
膨润土	吨	23000	23992	8192
砂石	吨	30731757	30662190	96093
石英砂	吨	49614	49557	2593
化学矿	吨	708163	680777	80844
硫铁矿石(折含硫35%)	吨	73040	51438	2018
滑石粉	吨	260000	240000	3727
小麦粉	吨	844000	840708	239245
大米	吨	794711	799308	290014
饲料	吨	5350611	5270443	2201341
配合饲料	吨	4446411	4413945	1739967
混合饲料	吨	217265	217187	111056
宠物食品	吨	34824	33184	117823
食用植物油	吨	621897	613629	571699
精制食用植物油	吨	453273	445138	429125

1-B-19　续表 1

产品名称	计量单位	本年生产量	本年销售量	本年销售金额(万元)
鲜、冷藏肉	吨	348596	348425	664333
熟肉制品	吨	38146	38305	192975
冷冻水产品	吨	1152985	1144111	2039784
冷冻蔬菜	吨	156623	163302	142098
淀粉及淀粉制品	吨	190960	191096	118595
豆腐及豆制品	吨	187036	192243	132241
糕点	吨	55428	55525	176785
面包	吨	15022	15012	47477
饼干	吨	55295	55011	70638
膨化食品	吨	870833	836069	3859055
焙烤松脆食品	吨	14554	14820	14688
糖果	吨	25591	25648	76966
速冻食品	吨	117367	117208	194311
速冻米面食品	吨	94321	95404	146683
方便面	吨	283944	286180	437717
乳制品	吨	556944	555476	773182
液体乳	吨	481131	480323	410148
灭菌乳	吨	85177	83459	51589
巴氏杀菌乳	吨	83644	84991	72666
酸牛乳	吨	131500	131805	108917
其他液体乳	吨	180810	180069	176975
固体及半固体乳制品	吨	75814	75153	363034
婴幼儿配方乳粉	吨	46737	46830	291934
炼乳	吨	10423	10423	13272
乳粉	吨	54923	54479	334573
罐头	吨	694283	686371	559471
味精(谷氨酸钠)	吨	46464	45195	42363
酱油	吨	182424	182540	108808
醋及醋代用品	吨	4335	4341	1029
食醋	吨	4335	4341	1029
复合调味品	吨	55882	54764	69995

1-B-19 续表 2

产品名称	计量单位	本年生产量	本年销售量	本年销售金额(万元)
鸡精	吨	227	233	345
食品用氨基酸	吨	1658	1614	7195
营养、保健食品	吨	36987	35512	268720
蜂蜜营养制品	吨	7677	7708	20968
冷冻饮品	吨	136669	134587	131034
食用盐	吨	84188	64575	15174
食品添加剂	吨	457081	446330	849903
饲料添加剂	吨	535028	554647	119470
饮料酒	千升	3590340	3395170	1010421
白酒(折65度，商品量)	千升	20664	20703	23132
啤酒	千升	2886507	2851421	564619
黄酒	千升	668786	507976	412027
果酒及配制酒	千升	8764	9716	3464
软饮料	吨	9287456	9178732	2506442
碳酸型饮料(汽水)	吨	753974	740353	258542
包装饮用水	吨	3236010	3190020	333407
果汁和蔬菜汁类饮料	吨	1292089	1293383	446203
蛋白饮料	吨	228100	228226	127395
含乳饮料	吨	220966	221217	124753
植物蛋白饮料	吨	7134	7009	2642
茶饮料	吨	338990	354230	211593
精制茶	吨	347467	334752	820422
卷烟	万支	9234650	9205169	3772023
一类烟	万支	3496649	3512408	2448315
二类烟	万支	2606005	2606176	1059312
三类烟	万支	121982	121382	26989
四类烟	万支	1561776	1557026	156905
五类烟	万支	1448238	1408177	80502
纱	吨	2344312	2245421	4644064
棉纱	吨	1116955	1063766	2446391
棉混纺纱	吨	480187	454073	1050803

1-B-19 续表 3

产品名称	计量单位	本年生产量	本年销售量	本年销售金额(万元)
化学纤维纱	吨	747170	727582	1146870
棉线	吨	12393	12362	26263
缝纫线	吨	65721	65411	197456
布	万米	1677413	1645131	13785616
其中：色织布(含牛仔布)	万米	32268	30700	425204
其中：棉布	万米	356824	342710	3618715
棉混纺布	万米	300543	298082	2853040
化学纤维短纤布	万米	1020046	1004339	7313861
印染布	万米	3339495	3313177	9053196
漂白布	万米	161326	159720	413301
染色布	万米	2417241	2393177	5711898
印花布	万米	762513	761866	2930185
毛条	吨	41856	40392	211855
绒线(俗称毛线)	吨	54249	53177	411821
毛纱	吨	20492	20119	92819
毛机织物(呢绒)	万米	4074	3980	189426
亚麻纱	吨	11031	11756	87890
亚麻布(含亚麻≥55%)	万米	2360	2452	38213
蚕丝	吨	16431	15690	487244
绢纺丝	吨	7245	7178	151847
蚕丝及交织机织物	万米	25213	24003	744253
蚕丝及交织机织物(含蚕丝≥50%)	万米	17031	16329	614771
印染蚕丝及交织机织物	万米	18105	18054	32036
化纤长丝机织物	万米	490024	469142	1233676
合成纤维长丝机织物	万米	50724	49869	193587
人造纤维长丝机织物	万米	12769	12958	81831
其他化纤长丝机织物	万米	58798	56592	127532
床褥单	万条	8443	8796	100416
枕套	万件	8561	8603	136207
蚕丝被	万条	264	259	94629
被罩	万个	1472	1482	77672

1-B-19 续表 4

产品名称	计量单位	本年生产量	本年销售量	本年销售金额(万元)
床罩	万个	2482	2493	139850
毯子	条	109369214	107454785	379882
羽绒被	万条	1123	1103	319834
棉被	万条	4098	4025	379124
毛巾	万条	41819	41041	144969
无纺布(无纺织物)	吨	602478	585832	1025633
纤维纺制线、绳、索、缆	吨	29496	29209	47621
帘子布	吨	170348	168252	347047
帐篷	万顶	1719	1687	296829
毡呢	吨	4011	3680	13383
降落伞	万个	168907	168907	2798
服装	万件	411866	405849	18395530
梭织服装	万件	164468	161929	10870475
羽绒服装	万件	3649	3573	510972
西服套装	万件	5074	5015	1136279
衬衫	万件	28815	28680	1316590
运动服类服装	万件	571	561	41939
针织服装	万件	247200	243724	7486978
针织运动类服装	万件	4518	4468	150688
针织袜	万双	1112349	1074072	2829277
针织手套	万双	103752	103809	188057
围巾	万条	20382	20173	196602
领带	万条	14895	14804	228040
帽子	万个	5923	5865	61299
成品革	平方米	186031252	178702230	1576226
轻革	平方米	131947562	126683321	1381858
皮革服装	万件	2495	2454	683342
衣箱、提箱及类似容器	万个	7846	7845	591828
手提包(袋)、背包	万个	23590	23155	489595
毛皮服装	万件	147	141	134326
天然毛皮服装	万件	143	136	132032

1-B-19 续表 5

产品名称	计量单位	本年生产量	本年销售量	本年销售金额(万元)
鞋	万双	2255932	2246240	10165381
纺织面鞋	万双	1141986	1135531	3550627
皮革鞋靴	万双	292439	290172	6045745
塑料鞋	万双	794619	794596	56339
胶鞋	万双	26693	25776	502839
人造板	立方米	3696578	3670694	896123
胶合板	立方米	2278063	2268290	642448
纤维板	立方米	833159	817614	119101
刨花板	立方米	139954	139764	31099
人造板表面装饰板	平方米	62901354	61840772	176514
细木工板	立方米	445403	445027	103474
实木木地板	平方米	29733613	29474478	689759
复合木地板	平方米	63600779	62321767	685194
竹地板	平方米	4745491	4734418	58762
家具	件	213486125	208202717	6897753
木质家具	件	29605416	29423295	2579483
金属家具	件	129135425	126421441	2089696
软体家具	件	16229256	15859779	1309361
纸浆(原生浆及废纸浆)	吨	44679	45762	13811
废纸纸浆	吨	5686	6789	551
机制纸及纸板(外购原纸加工除外)	吨	16562910	16680514	6230264
未涂布印刷书写用纸	吨	48293	48372	26208
新闻纸	吨	45970	46092	23634
涂布类印刷用纸	吨	31831	32992	10063
卫生用纸原纸	吨	61732	57595	43558
包装用纸及纸板	吨	1923088	1978013	710582
箱纸板	吨	1391435	1443879	536444
包装纸	吨	274121	273814	102655
纸制品	吨	7807973	7715883	3514820
瓦楞纸箱	吨	5274243	5247822	2180507
卫生用纸制品	吨	120200	120387	114951

1-B-19 续表 6

产品名称	计量单位	本年生产量	本年销售量	本年销售金额(万元)
单色印刷品	令	2043347	2042541	30256
多色印刷品	对开色令	32841862	33249015	452487
本册	万本	68592	66193	179455
自来水笔	万支	39636	39678	34959
圆珠笔	万支	318264	315794	143789
记号笔	万支	70827	70448	57294
墨水	吨	1436	1365	4995
西乐器	把	940969	933099	144667
机制地毯、挂毯	平方米	56655916	55138872	101663
室内训练健身器材	台	2915864	2915011	154562
硫酸(折100%)	吨	1235219	944070	40566
盐酸(氯化氢，含量31%)	吨	439736	210162	5525
浓硝酸(折100%)	吨	228742	217500	28529
磷酸(含量85%)	吨	7599	7601	3040
烧碱(折100%)	吨	1431057	1352143	250019
离子膜法烧碱(折100%)	吨	1431057	1352143	250019
纯碱(碳酸钠)	吨	258639	223774	26501
碳化钙(电石，折300升/千克)	吨	45068	6737	2191
碳化硅	吨	746	746	97
乙烯	吨	1115571	280442	230148
丙烯	吨	901667	328039	283471
纯苯	吨	399025	402695	329456
甲醛	吨	467912	453478	61178
精甲醇	吨	153019	62467	18558
冰乙酸(冰醋酸)	吨	176	175	56
过氧化氢(双氧水)	吨	329531	325979	34822
硫磺	吨	219946	220773	17592
硅	吨	110258	109781	142552
合成氨(无水氨)	吨	624987	167362	46185
农用氮、磷、钾化学肥料(折纯)	吨	308843	304280	89051
氮肥(折含氮100%)	吨	293642	289362	82438

1-B-19 续表 7

产品名称	计量单位	本年生产量	本年销售量	本年销售金额(万元)
尿素(折含氮100%)	吨	102620	102452	41796
磷肥(折五氧化二磷100%)	吨	15201	14918	6613
复合肥、复混合肥	吨	275994	268448	44727
化学农药原药(折有效成分100%)	吨	292136	214329	968247
杀虫剂(杀螨剂)原药	吨	25993	24899	176514
杀菌剂原药	吨	16324	15139	102074
除草剂原药	吨	210069	134225	497628
涂料	吨	749112	736507	1022588
建筑涂料	吨	3426	3426	2056
油墨	吨	103067	101469	205251
颜料	吨	223424	222271	692098
有机颜料	吨	126950	127058	554117
染料	吨	467359	454773	1089277
初级形态塑料	吨	7179345	7063080	7571564
低密度聚乙烯树脂(LDPE)	吨	56931	56547	72728
线型低密度聚乙烯树脂(LLDPE)	吨	487441	487875	454985
中密度聚乙烯树脂(MDPE)	吨	8758	9135	9671
超高分子量聚乙烯(UHMW)	吨			
聚丙烯树脂	吨	1807371	1806777	1782295
聚氯乙烯树脂	吨	678165	681794	440028
聚苯乙烯树脂	吨	271580	262338	306940
ABS树脂	吨	402734	396507	484220
合成橡胶	吨	298543	284658	491330
合成纤维单体	吨	9137613	8960664	6474457
精对苯二甲酸(PTA)	吨	6212367	6039569	4439961
已内酰胺	吨	34580	34171	51890
乙二醇	吨	524526	522723	344144
合成纤维聚合物	吨	6918328	5861147	6182267
聚酯	吨	4448427	3455094	3339019
化学试剂	吨	6364202	6263459	776504
催化剂	吨	41883	40265	51053

1-B-19 续表 8

产品名称	计量单位	本年生产量	本年销售量	本年销售金额(万元)
橡胶助剂	吨	123634	123467	128976
塑料助剂	吨	752163	701339	767624
表面活性剂	吨	167909	171193	145845
活性炭	吨	31997	31077	22706
单晶硅	千克	1695121	1704511	84168
多晶硅	千克	5987977	6068464	288163
感光胶片	万平方米	178	163	5386
单晶硅片	千片	158012	158396	79243
多晶硅片	千片	743176	742854	401567
炸药	吨	121888	121914	71564
肥(香)皂	吨	85181	85491	76248
合成洗涤剂	吨	795583	787351	228242
合成洗衣粉	吨	283144	275650	37649
牙膏(折65克标准支)	万支	3380	3384	6768
香料	吨	46287	47300	164818
香精	吨	5241	5174	26825
食品用香精	吨	3993	3910	21453
化学药品原药	吨	259498	230799	3488300
抗菌素(抗感染药)	吨	97541	93353	1526565
消化系统用药	吨	4554	4814	83346
解热镇痛药	吨	26685	22845	90950
维生素类	吨	51270	31876	263657
抗寄生虫病药	吨	70	66	16517
中枢神经系统用药	吨	1369	1390	47639
激素类药	吨	1226	1133	233937
抗肿瘤药	吨	507	427	43022
心血管系统用药	吨	14266	12506	459802
呼吸系统用药	吨	17	18	584
泌尿系统用药	吨			
血液系统用药	吨	106	107	31464
诊断用原药	吨	2153	2106	79587

1-B-19 续表 9

产品名称	计量单位	本年生产量	本年销售量	本年销售金额(万元)
调解水、电解质、酸碱平衡药	吨	207	188	242
抗组织胺类药及解毒药	吨	15	8	1435
生化药(酶及辅酶)	吨	341	310	66930
制剂用辅料及附加剂	吨	59171	59654	542622
中成药	吨	22006	21664	807699
兽用药品	吨	16712	15921	76156
化学纤维用浆粕	吨	10145	9506	6642
化学纤维	吨	18942638	18241677	21995977
人造纤维(纤维素纤维)	吨	245381	245769	321536
粘胶短纤维	吨	155270	156507	185288
粘胶纤维长丝	吨	9522	9057	19500
合成纤维	吨	18696223	17995166	21666736
锦纶纤维	吨	581319	545839	1281532
涤纶纤维	吨	16549124	15954355	16936491
涤纶短纤维	吨	1594296	1573698	1554257
涤纶长丝	吨	12942010	12558598	13494443
腈纶纤维	吨	123762	108710	166420
丙纶纤维	吨	36402	35789	50621
氨纶纤维	吨	244011	243245	1142249
橡胶轮胎外胎	条	193753984	193820550	3918736
其中：子午线轮胎外胎	条	67201518	67168911	2114478
汽车子午线轮胎外胎	条	30576004	31175377	1097361
专用车辆子午线轮胎外胎	条	39327	38723	2518
其中：汽车橡胶轮胎外胎	条	73796875	73764872	3273591
专用车辆橡胶轮胎外胎	条	7236052	7151249	312051
非机动车橡胶轮胎外胎	条	102765427	103267627	278151
摩托车橡胶轮胎外胎	条	9955630	9636802	54944
高分子防水卷(片)材	平方米	14620	14300	2196
塑料制品	吨	11286095	11034364	15739978
塑料薄膜	吨	3352633	3259627	4223765
农用薄膜	吨	160300	157992	186228

1-B-19 续表 10

产品名称	计量单位	本年生产量	本年销售量	本年销售金额(万元)
泡沫塑料	吨	224109	213139	267080
塑料人造革、合成革	吨	1429083	1398641	3035495
日用塑料制品	吨	1202856	1177490	2024817
硅酸盐水泥熟料	吨	50609410	22988843	601504
窑外分解窑水泥熟料	吨	47324792	20867370	549956
水泥	吨	125054150	125340104	3513962
散装水泥	吨	93970402	94060113	2595512
强度等级42.5水泥(含R型)	吨	20515127	20676194	561007
强度等级52.5水泥(含R型)	吨	377066	372489	10822
石灰	吨	1206251	1180990	44237
商品混凝土	立方米	149874603	148882435	4784562
水泥混凝土排水管	千米	354	326	4039
钢筋混凝土排水管	千米	1	1	2010
水泥混凝土压力管	千米	226	211	43297
水泥混凝土电杆	根	678133	731976	94712
预应力混凝土桩	米	62300007	61275721	826736
遁构法施工用钢筋混凝土管片	米	5435	7052	9504
混凝土轨枕及铁道用混凝土制品	根	1003535	951846	22771
水泥混凝土预制构件	立方米	1290666	1272716	53195
石膏板	万平方米	5510	5496	30929
砖	万块	237740	237511	134856
烧结粘土砖	万块	5873	5619	2918
瓦	万片	8730	9168	20082
瓷质砖	平方米	101865452	99624281	743746
细炻砖	平方米	1517000	1437000	3594
陶质砖	平方米	2890347	2458785	19891
天然大理石建筑板材	平方米	243878	246209	12654
天然花岗石建筑板材	平方米	496488	529870	9325
建筑防水卷材及制品	平方米	20521537	20875029	43939
沥青和改性沥青防水卷材	平方米	15030908	15032807	26931
玻纤胎沥青瓦	平方米	692255	918730	1371

1-B-19 续表 11

产品名称	计量单位	本年生产量	本年销售量	本年销售金额(万元)
隔热、隔音人造矿物材料及其制品	吨	147772	128466	31782
平板玻璃	重量箱	22926732	22584039	162075
钢化玻璃	平方米	78926601	76827307	431937
夹层玻璃	平方米	1672507	1648321	27676
中空玻璃	平方米	4446186	4406039	72797
日用玻璃制品	吨	1409527	1602099	257309
玻璃包装容器	吨	504392	505732	192450
玻璃保温容器	万个	1016	1016	41958
玻璃纤维纱	吨	732647	694777	367014
玻璃纤维布	米	159257456	156485656	36848
纤维增强塑料制品	吨	204625	204037	89961
卫生陶瓷制品	件	1427677	1430290	87367
日用陶瓷制品	件	13814643	15628465	20406
石棉制品	吨	1391	507	679
耐火材料制品	吨	1988583	1947364	683685
石墨及炭素制品	吨	23633	23222	85825
生铁	吨	10597902		
粗钢	吨	17168818	1655070	1333781
铸铁件	吨	1230359	1193320	872834
铸钢件	吨	699451	677257	629427
钢材	吨	39340576	38797284	19182958
铁道用钢材	吨	91806	93379	30214
轻轨	吨	74288	75861	24143
重轨	吨	17518	17518	6072
大型型钢	吨	95008	96092	38016
中小型型钢	吨	1254693	1253200	438910
棒材	吨	7315019	7304221	2768761
钢筋	吨	1114875	1131288	362212
线材(盘条)	吨	3160908	3053676	1674504
厚钢板	吨	7812	6250	3284
中板	吨	787517	777263	932524

1-B-19 续表 12

产品名称	计量单位	本年生产量	本年销售量	本年销售金额(万元)
热轧薄板	吨	337777	333604	161595
冷轧薄板	吨	4954786	4953420	2833811
中厚宽钢带	吨	3848967	3839434	1238855
热轧薄宽钢带	吨	1744960	1734220	686437
冷轧薄宽钢带	吨	742399	718633	432563
热轧窄钢带	吨	868974	862934	433329
冷轧窄钢带	吨	1583977	1545504	803406
镀层板(带)	吨	4326972	4092070	1591273
涂层板(带)	吨	484338	484226	237776
电工钢板(带)	吨	452773	395899	179107
无缝钢管	吨	1540438	1526388	2174119
焊接钢管	吨	3004375	2984192	1352718
其他钢材	吨	1622203	1611390	809543
用外购国产钢材再加工生产钢材	吨	19236585	18766696	9817609
用进口钢材再加工生产钢材	吨	56233	52663	45837
用外购钢材再加工生产钢材	吨	19292819	18819359	9863445
铁合金	吨	225171	213571	275553
十种有色金属	吨	382472	304616	1302625
精炼铜(电解铜)	吨	260537	259153	1235097
铅	吨	1153	1153	2045
锌	吨	42961	43679	59509
镍	吨		22	56
锡	吨	609	609	5917
原铝(电解铝)	吨	77212		
黄金	千克	21082	19701	566747
白银(银锭)	千克	1159478	1063098	470064
稀有金属	千克	329891	327228	8339
钨	千克	103900	97771	3780
单一稀土金属	千克	97757	97757	3899
铜合金	吨	118391	114700	389804
铝合金	吨	458833	456033	670155

1-B-19 续表 13

产品名称	计量单位	本年生产量	本年销售量	本年销售金额(万元)
锌合金	吨	135057	135887	225539
铜材	吨	2624946	2590219	11193154
铜盘条(电工用铜线坯)	吨	4930	4890	24108
铝材	吨	1791137	1771347	2948286
铝盘条(电工用圆铝杆)	吨	6183	6080	7800
锌材	吨	5653	6213	9736
镍材	吨	2239	2286	6132
钢结构	吨	1053837	1014544	909864
金属门窗及类似制品	吨	3031874	2974580	922065
金属制门及其框架、门槛	吨	696580	689732	174557
金属制窗及窗框	吨	7957	7974	13710
金属切削工具	万件	30235	31914	267037
通用手工具	万把	365676	349159	343310
日常用剪刀	万把	11213	10483	66624
日常用刀	万把	17844	19056	30881
金属集装箱	立方米	7131807	7118942	247554
金属压力容器	吨	1322191	1314334	314483
金属包装容器	吨	907413	907860	323695
金属丝	吨	901417	885322	545472
钢丝	吨	844661	829844	481459
钢丝绳	吨	124814	125549	158225
钢绞线	吨	88939	86548	121910
裸电线	吨	33222	32804	164824
裸铜线	吨	16125	15664	78250
锁具	万把	94153	92344	475922
保险箱、柜、库门及钱箱	个	2408042	2416423	104604
搪瓷制品	吨	59255	58336	59195
不锈钢日用制品	吨	186588	184747	603980
铸铁锅	万口	3731	3658	242305
锻件	吨	510492	496902	408247
粉末冶金零件	吨	114678	113035	179161

1-B-19 续表 14

产品名称	计量单位	本年生产量	本年销售量	本年销售金额(万元)
焊条	吨	143906	144888	84038
锚	吨	2169	2169	4355
电站锅炉	蒸发量吨	11756	12188	196631
工业锅炉	蒸发量吨	16749	15692	175980
船用蒸汽锅炉	蒸发量吨	808581	787889	14129
锅炉用辅助设备及装置	台	38409	38376	72529
发动机	千瓦	56766336	55715652	700980
发动机	台	1524708	1515348	604025
汽车用发动机	千瓦	40851109	40191012	412680
汽车用发动机	台	510705	510296	247531
船舶用发动机	千瓦	463858	433158	33018
船舶用发动机	台	1588	1433	101261
汽轮机	千瓦	4998981	4928830	352646
电站用汽轮机	千瓦	3445673	3399864	273094
工业用汽轮机	千瓦	1553308	1528966	79553
燃气轮机	千瓦	53600	82700	55237
发电用燃气轮机	千瓦	53600	82700	55237
水轮机	千瓦	785819	907703	57037
电站水轮机	千瓦	593905	738505	40117
金属切削机床	台	116006	116511	952954
数控金属切削机床	台	43894	44356	645667
金属成形机床	台	29711	31515	408090
数控金属成形机床(数控锻压设备)	台	4148	4002	61929
铸造机械	台	3219	3257	64029
铸造机械	吨	24519	24348	62080
电焊机	台	2758914	2680203	163105
机床数控装置	套	10938	10673	7037
金属非切削、成形加工机械	台	154544	152251	34459
轻小型起重设备	吨	3707076	3678184	170974
轻小型起重设备	台	6580952	6618527	171896
手动葫芦	吨	20269	19061	14018

1-B-19　续表 15

产品名称	计量单位	本年生产量	本年销售量	本年销售金额(万元)
手动葫芦	台	402171	406440	14018
电动葫芦	吨	5903	5871	16687
电动葫芦	台	329567	327903	16687
千斤顶	吨	2240519	2261325	71348
千斤顶	台	3241015	3312510	71348
汽车举升机	吨	118350	118710	11871
汽车举升机	台	26300	26380	11871
起重机	吨	234156	230379	237605
起重机	台	46160	9885	236938
桥式起重机	吨	17611	17422	15455
桥式起重机	台	1076	1072	15084
门式起重机(龙门起重机)	吨	13421	13008	3849
门式起重机(龙门起重机)	台	447	432	3553
塔式起重机	吨	34023	34222	40623
塔式起重机	台	1080	1069	40623
工业车辆	台	1787109	1797130	763508
电动车辆(电动叉车)	台	32779	33063	110371
内燃叉车	台	77422	78464	509553
越野叉车	台		1	24
连续搬运设备	吨	76702	74617	79255
连续搬运设备	台	11245	11425	77543
输送机械(输送机和提升机)	吨	76702	74617	79255
输送机械(输送机和提升机)	台	11245	11425	77543
带式输送机	吨	11422	10656	15674
带式输送机	台	196	191	15674
刮板输送机	吨	1000	1000	2013
刮板输送机	台	1000	1000	2013
电梯、自动扶梯及升降机	台	126639	124805	1692661
电梯	台	108396	106641	1422366
·乘客电梯	台	28231	26292	288199

1-B-19 续表 16

产品名称	计量单位	本年生产量	本年销售量	本年销售金额(万元)
载货电梯	台	4886	4890	55010
连续运载乘客输送机	台	16883	16857	249254
自动扶梯	台	13658	13656	204355
自动人行道	台	922	930	9215
升降机	台	1360	1307	21042
施工升降机	台	798	750	13797
立体(高架)仓库存储系统	台(套)	25360	25360	64375
机械式停车设备	台(套)	6018	5968	16052
泵	台	40369727	40172448	1737820
真空泵	台	1561564	1513355	158241
真空应用设备	台	68	68	4537
气体压缩机	台	43825239	44553084	1342932
制冷设备用压缩机	台	40384408	41181431	732555
冰箱压缩机	台	19440956	20142434	265450
车用空调压缩机	台	585030	560823	45115
非制冷设备用压缩机	台	3440831	3371653	610377
往复式压缩机	台	68096	67991	41533
空气压缩机	台	3354008	3285010	545393
工艺压缩机	台	42	15	1617
离心式压缩机	台	3	5	5098
阀门	吨	5679356	5547702	5019793
龙头	只(套)	83243103	81572663	319133
水龙头(水嘴)	只(套)	15453791	14981807	56149
液压元件	件	17163256	16661809	467094
气动元件	件	133970741	133388640	3887387
滚动轴承	万套	15501498	16331311	1737217
球轴承	万套	52532	52665	118412
滚子轴承	万套	17932	17875	74575
齿轮传动轴	万套	8921	8155	34827
齿轮	吨	222634	218058	318341

1-B-19　续表 17

产品名称	计量单位	本年生产量	本年销售量	本年销售金额(万元)
齿轮传动装置(齿轮箱)	台(套)	4225706	4315516	539914
变速器(机、箱)	台	338267	370109	92008
离合器	万件	1078	1076	96180
钢铁铰接链(工业链条)	吨	375387	372582	451530
联轴器	万件	21370	21270	7527
真空炉	台	68	68	4537
工业电炉	台	634	621	50882
风机	台	2483876	2469293	412047
离心式通风机	台	64429	64593	9013
鼓风机	台	69389	68667	12226
轴流式通风机	台	332159	331291	17948
气体分离及液化设备	台	12212	12099	543431
制氮设备	台	135	134	2957
制氧设备	台	4	4	982
利用温度变化加工机械	台	38164	37874	56405
发酵、提取设备	台	980	980	1592
浓缩设备	台	1006	1009	10826
干燥、分散、混合设备及类似设备	台	162	162	1480
冷却设备	台	34555	34448	42372
气体冷凝器	台	9364	9353	644
冷却塔	台	18458	18551	32106
液体过滤、净化机械	台	28085	27857	25177
压滤机	台	2363	2304	14832
气体过滤、净化机械及装置	台	1269	1303	11327
发动机燃油、进气过滤器	台	66332574	65379893	62545
工商用制冷、空调设备	台(套)	425449	424242	166651
工商用制冷设备	台(套)	112623	99578	31932
工商用冷藏、冷冻柜及类似设备	台(套)	178954	184183	30799
中央空调冷水/热泵机组	台(套)	126460	133205	87574
工商用空调设备	台(套)	7412	7276	16345

1-B-19 续表 18

产品名称	计量单位	本年生产量	本年销售量	本年销售金额(万元)
房间空调器，制冷量＞14000W	台(套)	1075	1238	1315
车用空调设备	台(套)	6799	6500	14354
风动手提工具	台	10804686	10681159	103599
电动手提式工具	台	97433726	96891005	1473643
喷枪	台	33604449	32889639	118397
衡器(秤)	台	9047773	9155075	87293
包装专用设备	台	23134	23224	105448
照相机	台	306461	316396	6158
数码照相机	台	276908	286825	2691
复印和胶版印制设备	台	196956	196858	39897
银行专用机器	台	262102	259646	15693
金属密封件	万件	10583	10615	85583
机械密封件	万件	16261	15934	68111
金属紧固件	吨	2396450	2446867	1885594
弹簧	吨	219013	212422	235072
减速机	台	2330052	2352593	252112
离心机	台	3692	3685	6652
矿山专用设备	台	480397	485185	149601
凿岩机	台	36418	36137	33957
矿物破碎机械	台	2404	2336	3500
石油钻探、开采专用设备	台(套)	88053	95382	35167
石油钻井设备	台(套)	1626	1599	10004
建筑工程用机械	台	5134	5121	213828
挖掘、铲土运输机械	台	4264	4294	187789
挖掘机	台	3286	3316	160038
装载机	台	978	978	27751
工程钻机	台	25	20	16
桩工机械	台	303	307	11927
打桩机	台	198	202	8301
公共工程用机械	台	253	253	2881

1-B-19 续表 19

产品名称	计量单位	本年生产量	本年销售量	本年销售金额(万元)
筑路机械	台	253	253	2881
混凝土路面机械	台	253	253	2881
建筑材料及制品专用生产机械	吨	21031	21138	31213
建筑材料及制品专用生产机械	台	324	322	28721
水泥专用设备	吨	11716	11823	16635
水泥专用设备	台	288	286	14142
混凝土机械	台	289	247	11215
混凝土搅拌车	台	109	69	3208
冶金专用设备	台	8171	8237	113725
冶金专用设备	吨	47736	47303	123795
金属冶炼设备	吨	5113	4358	11572
金属冶炼设备	台	110	94	11572
炼钢设备	台	107	91	8386
炼钢设备	吨	3520	2765	8386
有色金属冶炼设备	台	3	3	3186
有色金属冶炼设备	吨	1593	1593	3186
金属轧制设备	吨	11185	11733	28242
金属轧制设备	台	1710	1704	16223
炼油、化工生产专用设备	台	15542	15484	175455
炼油、化工生产专用设备	吨	106997	108004	332690
热交换装置	台	1461	1275	136
橡胶加工专用设备	台	2004	2003	50524
橡胶硫化设备	台	220	219	8067
塑料加工专用设备	台	141765	140181	1417084
塑料加工专用设备	吨	1551481	1537747	1466343
注塑机	台	9139	9081	119586
注塑机	吨	575412	556901	118709
挤塑机	台	6	6	58
挤塑机	吨	42	42	58
吹塑机	台	915	877	9019

1-B-19 续表 20

产品名称	计量单位	本年生产量	本年销售量	本年销售金额(万元)
吹塑机	吨	3231	3095	9019
木材加工、处理机械	台	151422	152393	19721
模具	套	670039	677165	812468
金属、硬质合金用模具	套	586	587	7991
金属冲压模具	套	150	150	3126
金属铸造模具	套	416	417	4232
塑料用模具	套	6837	6716	25658
橡胶用模具	套	1979	2997	4269
食品制造机械	台	6031	5717	34149
乳品加工机械	台	3299	3279	6018
酒及饮料加工机械	台	11353	11312	52636
农产品加工专用设备	台	23714	21474	4908
农产品初加工机械	台	4219	4310	2728
烟草加工机械	台	27102	25662	10041
饲料生产专用设备	台	70	70	10711
制浆和造纸专用设备	台	2544	2479	29824
印刷专用设备	吨	20098	19731	87145
印刷专用设备	台	4927	4819	88479
印前设备	吨	532	518	15311
印前设备	台	532	518	15311
印刷机设备	吨	7008	6992	19262
印刷机设备	台	1017	1022	21677
装订机械	吨	1622	1622	12025
装订机械	台	111	111	12025
印刷包装机械	吨	10937	10599	40547
印刷包装机械	台	3267	3168	39465
制药专用设备	台	6740	5886	72025
照明器具生产专用设备	台	99	99	2600
纺织专用设备	台	164749	163434	510036
织机	台	10959	10460	60692

1-B-19 续表 21

产品名称	计量单位	本年生产量	本年销售量	本年销售金额(万元)
皮革、毛皮及其制品加工专用设备	台	47	49	4161
服装、鞋帽加工机械	台	3990016	3878771	597694
缝纫机	台	3745745	3633897	512483
家用型缝纫机	台	1388607	1376952	46099
工业用缝纫机	台	2357138	2256945	466384
电工机械专用设备	台	25179	25144	13408
电线、电缆专用生产机械	台	23680	23691	4723
电子工业专用设备	台	163207	153383	64109
空气净化设备	台	9387	9500	24184
拖拉机	台	76445	75908	241149
大型拖拉机	台	1	1	8
中型拖拉机	台	45295	44721	190116
小型拖拉机	台	31149	31186	51025
机械化农业及园艺机具	台	4637032	4572042	490047
土壤耕整机械	台	626697	638365	37496
耕地机械	台	37063	37163	4165
整地机械	台	589634	601202	33331
种植施肥机械	台	421	1131	2396
栽植机械	台	421	1131	2396
水稻插秧机	台	421	1131	2396
自走履带式谷物联合收获机(全喂入)	台	14364	11609	81702
半喂入联合收割机	台	96	73	1241
收获机械	台	30025	26220	168023
谷物收获机械	台	27659	23580	147665
畜牧机械	台	67048	67025	4413
医疗仪器设备及器械	台	8582921	8310371	128273
医用X射线设备	台	213	209	4306
临床检验分析仪器及诊断系统	台	240	295	1721
一次性注射器	万支	142016	142047	25828
静脉采血针	万支	206	192	246

1-B-19 续表 22

产品名称	计量单位	本年生产量	本年销售量	本年销售金额(万元)
中医用针	万支	452260	449500	2427
环境污染防治专用设备	台(套)	49836	49796	1005143
大气污染防治设备	台(套)	11938	11749	820517
水质污染防治设备	台(套)	36249	36448	152852
固体废弃物处理设备	台(套)	1470	1484	25535
噪音与振动控制设备	台(套)	179	115	6240
地质勘查专用设备	台	110	109	3850
邮政专用机械及器材	台	174712	194918	2611
自动售货机、售票机	台	720	708	1558
灭火器	台	25168438	24453938	134781
工业机器人	套	2410	2386	250498
金属处理机械	台	1749	1761	34295
汽车	辆	373874	371614	2444069
基本型乘用车(轿车)	辆	274461	273944	1277572
轿车，排量≤1升	辆	4287	4287	74505
轿车，1升＜排量≤1.6升	辆	211202	211181	852147
轿车，1.6升＜排量≤2.0升	辆	58972	58476	350920
多功能乘用车(MPV)	辆	6182	5929	60295
运动型多用途乘用车(SUV)	辆	20564	20952	352835
客车	辆	31364	31411	484546
大型客车(车长＞10米)	辆	5853	5817	346625
中型客车(7米＜车长≤10米)	辆	1821	1822	51961
轻型客车(车长≤7米)	辆	23690	23772	85961
载货汽车	辆	39934	38009	258582
重型载货车	辆	201	222	6206
中型载货车	辆	8	8	261
轻型载货车	辆	39725	37779	252115
汽车底盘	辆	1369	1369	10238
公路机动车底盘	辆	1301	1301	9051
货车底盘	辆	1301	1301	9051

1-B-19 续表 23

产品名称	计量单位	本年生产量	本年销售量	本年销售金额(万元)
汽车用汽油发动机	千瓦	28312373	27939782	198282
汽车用汽油发动机	台	356836	352396	33133
汽车用柴油发动机	千瓦	12538736	12251230	214398
汽车用柴油发动机	台	153869	157900	214398
改装汽车	辆	74240	74398	500833
改装载货汽车	辆	1616	1665	28491
民用钢质船舶	载重吨	5719475	5977998	2879230
民用钢质船舶	艘	675	694	3046980
钢质机动货船	载重吨	5376546	5637529	2401525
钢质机动货船	艘	340	353	2491282
散货船	载重吨	3949408	4055977	1609709
散货船	艘	163	167	1666078
全集装箱船	载重吨	414850	447250	290740
全集装箱船	艘	19	21	324256
滚装船	载重吨	1578	1828	1013
滚装船	艘	1	2	1013
钢质机动非货船	载重吨	342794	340334	477571
钢质机动非货船	艘	334	340	555562
客船	载重吨	800	800	577
客船	艘	2	2	577
渔船	载重吨	187555	182044	115365
渔船	艘	248	257	115365
工程(工作)船	载重吨	110736	122718	343869
工程(工作)船	艘	65	65	421860
钢质非机动船	载重吨	135	135	135
钢质非机动船	艘	1	1	135
船用推进器	吨	330	330	5293
摩托车整车	辆	1979381	1971334	804687
两轮摩托车	辆	1918513	1912365	700040
三轮摩托车	辆	60868	58969	104647

1-B-19 续表 24

产品名称	计量单位	本年生产量	本年销售量	本年销售金额(万元)
摩托车用发动机	千瓦	5065738	5065738	75957
摩托车用发动机	台	716427	716427	75957
两轮脚踏自行车	辆	19701614	19876848	395478
残疾人座车	辆	157921	157906	4972
电动自行车	辆	6280640	6216890	1026847
发电机组(发电设备)	千瓦	5144769	5017424	401324
发电机组(发电设备)	千瓦	26631	26662	401324
水轮发电机组	千瓦	2823950	2692750	164487
水轮发电机组	千瓦	74	66	164487
汽轮发电机组	千瓦	125	125	20914
汽轮发电机组	千瓦	1767800	1705300	20914
风力发电机组	千瓦	408000	445000	156138
风力发电机组	千瓦	259	273	156138
内燃发电机组	千瓦	461037	475178	67360
内燃发电机组	千瓦	411584	419440	67360
电动机	千瓦	168002384	171647754	2158584
直流电动机	千瓦	2245752	2183027	46930
交流电动机	千瓦	48521902	48012236	1053134
小功率电动机	千瓦	263563	258522	5887
微电机	千瓦	30721702	30777355	476251
微电机	万台	25774	25517	467231
变压器	千伏安	86664916	84223762	811795
变压器	台	470671	467894	784786
电力变压器	千伏安	21167794	21035529	158270
电力变压器	台	24579	24226	128092
电力变压器，额定容量≥8000kVA	千伏安	13763733	13496580	82606
电力变压器，额定容量≥8000kVA	台	4808	4315	58162
电力变压器，额定容量≥8000kVA，电压≥500kV	千伏安	13763733	13496580	82606
电力变压器，额定容量≥8000kVA，电压≥500kV	台	4808	4315	58162
电力变压器，5000kVA<额定容量<8000kV	千伏安	1189363	1201761	6943

1-B-19 续表 25

产品名称	计量单位	本年生产量	本年销售量	本年销售金额(万元)
电力变压器，5000kVA＜额定容量＜8000kV	台	354	304	4650
电力变压器，额定容量≤5000kVA	千伏安	6214698	6337188	68721
电力变压器，额定容量≤5000kVA	台	19417	19607	65280
干式变压器	千伏安	1994024	1923725	17126
干式变压器	台	2530	2436	17126
互感器	台	8014123	8052754	48753
电力电容器	千乏	65221806	60987165	65583
高压开关板	面	71197	69411	241468
低压开关板	面	649949	640549	499721
高压开关设备(11万伏以上)	台	19175	19201	109459
全封闭组合电器(GIS)	台	5779	5826	31988
全封闭组合电器(GIS)，550kV(含330kV)及以上	台	4274	4445	26278
全封闭组合电器(GIS)，252kV	台	453	377	1478
全封闭组合电器(GIS)，126kV	台	1052	1004	4233
六氟化硫断路器	台	1684	1739	39039
六氟化硫断路器，126kV	台	1684	1739	39039
敞开式组合电器	台	7136	7243	8427
隔离开关	台	2268	2167	5858
接地开关	台	510	429	2065
配电或电器控制设备	台(套、面)	3419000	3336231	2072352
高压电路开关、保护电器装置	台(套、面)	211631	210732	342087
低压开关、保护控制装置	台(套、面)	1871177	1812470	511398
电路连接装置	台(套、面)	319221	320568	418483
电力控制或电力分配装置	台(套、面)	1019410	994900	801212
安全、自动化监控设备	台(套)	295825	282501	59194
绝缘电线	吨	221511	220859	984881
通信及电子网络用电缆	对千米	14364472	13807531	854277
电力电缆	千米	3127866	3013409	2293410
光纤	千米	13064616	9475554	47656
光缆	芯千米	28872193	29358959	541467

1-B-19 续表 26

产品名称	计量单位	本年生产量	本年销售量	本年销售金额(万元)
绝缘制品	吨	126717	124446	261445
蓄电池	千伏安时	92327521	92502931	3175810
蓄电池	只(自然只)	305700604	312932597	3137410
锂原电池(组)	万只	11934584	12159903	8889
锂离子电池	只(自然只)	97593922	103173030	177007
锂离子电池	千伏安时	28978504	28536515	177007
铅酸蓄电池	千伏安时	63199488	63824055	2956955
铅酸蓄电池	只(自然只)	189211221	189583649	2922115
用于启动活塞发动机铅酸蓄电池	千伏安时	876895	877052	79228
用于启动活塞发动机铅酸蓄电池	只(自然只)	8204475	8204706	79228
电动自行车用铅酸蓄电池	千伏安时	2564564	2549396	122776
电动自行车用铅酸蓄电池	只(自然只)	9301466	9679296	122776
碱性蓄电池	只(自然只)	16256169	17581571	5349
碱性蓄电池	千伏安时	32390	34967	5349
原电池及原电池组(非扣式)	万只	13737048	13963784	467063
碱性锌锰原电池(组)	万只	7580	7602	7282
物理电池	千瓦	5153797	4759458	1433443
物理电池	只(自然只)	320007568	318839671	1427179
太阳能电池(光伏电池)	千瓦	4531012	4133934	1234484
太阳能电池(光伏电池)	只(自然只)	319767903	318599367	1370223
家用电冰箱(家用冷冻冷藏箱)	台	9167877	8967309	830546
家用冷藏箱	台	379570	370810	4669
家用冷柜(家用冷冻箱)	台	4339447	4202736	402407
房间空气调节器	台	5698379	5548403	956917
家用空气湿度调节装置	台	668474	638368	13406
家用电风扇	台	10314099	9938097	91871
家用吸排油烟机	台	5988655	5899138	559620
电饭锅	个	25170242	24361952	273140
家用电热烘烤器具	个	58405436	56975868	454845
家用水及饮料加热器具	台	16331900	16414612	257840

1-B-19 续表 27

产品名称	计量单位	本年生产量	本年销售量	本年销售金额(万元)
电冷热饮水机	台	7501403	7489489	220281
家用食品加工电动器具	台	33804025	33463782	406686
家用洗衣机	台	19099258	19019455	1222654
家用电热水器	台	976148	983826	90731
家用吸尘器	台	18217180	17861339	315384
家用电热取暖器具	台	19102875	18765109	182486
电暖气	台	5406978	5450253	55750
家用电熨烫器具	台	25562919	25582773	142007
电熨斗	台	22938067	22986656	120664
家用燃气用具	台	5403946	5271426	383026
家用燃气灶具	台	3877263	3809694	272959
家用燃气热水器	台	144458	138787	10496
太阳能热水器	平方米	314288	293948	40043
电光源	万只	6505210	6175727	1194656
白炽灯泡	万只	35781	34539	88676
荧光灯	万只	6287124	5962403	445865
灯具及照明装置	套(台、个)	879982540	867724840	1776141
室内照明灯具	套(台、个)	40143872	39832105	175021
户外照明用灯具及装置	套(台、个)	36224728	33869082	39609
街灯及照明装置	套(台、个)	21665	21102	1893
车辆专用照明、信号及其装置	套(台、个)	25145219	25159406	52841
电子计算机整机	台	1680475	1671806	670862
微型计算机设备	台	1642163	1637730	657963
台式微型计算机	台	22346	22270	7303
笔记本计算机	台	1619817	1615460	650660
显示器	台	38977	39116	2724
打印机	台	5322	5323	24393
硬盘存储器	台	295900	315900	11968
半导体存储盘	个	115545	133674	801
路由器	台	1180470	1125858	138513

1-B-19 续表 28

产品名称	计量单位	本年生产量	本年销售量	本年销售金额(万元)
程控交换机	线	1131557	1198329	10082
数字程控交换机	线	1046095	1097462	9606
卫星导航定位接收机	部	798996	799199	10008
微波通信设备	部	3365	3392	3935
微波终端机	部	920	1001	387
移动通信基站设备	信道	27	28	2177
移动通信手持机(手机)	台	64673455	64145123	1347613
彩色电视机	台	6194171	6164579	703112
显像管彩色(CRT)电视机	台	6195	11239	506
液晶(LCD)电视机	台	3714131	3689684	400458
等离子(PDP)电视机	台	3054	4165	2243
组合音响	台	3150514	3185727	67992
数字激光音、视盘机	台	643100	643100	14684
电视接收机顶盒	台	3965308	3879351	63488
彩色显像管	只	4717500	4640300	4640
半导体分立器件	万只	1822529	1804971	148018
传感器	万只	83948	82655	46084
集成电路	万块	492955	469422	240429
集成电路圆片	万片	392	391	95850
光电子器件	万只(片、套)	1602522	1572057	4043810
遥控器	万只	675	664	16238
发光二极管(LED管)	万只	744114	719833	211467
液晶显示屏	万片	32	31	21245
液晶显示模组	万套	13426	13333	2731036
电子元件	万只	7339679	7204359	3065095
电声器件	万只	28649	28484	132537
射频元器件	万只	11117	11289	12220
印制电路板	平方米	10711182	10589914	239321
工业自动调节仪表与控制系统	台(套)	3561175	3527609	663039
工业自动控制系统	台(套)	1213	1146	37337

1-B-19 续表 29

产品名称	计量单位	本年生产量	本年销售量	本年销售金额(万元)
分散型控制系统(DCS系统)	台(套)	61	63	4639
电工仪器仪表	台	88688465	89074005	1098319
电能表	台	4900430	5423077	77909
量具	台	30405631	29642305	31506
量仪	台	2292	2337	9633
工业仪表	台(套)	20738920	20450145	136048
温度测量仪表	台	1102955	1072955	1460
压力测量仪表	台	7006400	6976440	6919
流量测量仪表	台(个)	10008828	9829055	82110
物位、液位测量仪表	台	7685	7732	8598
显示仪表、记录仪	台	957668	926867	6057
分析仪器及装置	台(套)	71862	71966	12482
色谱仪器	台(套)	1658	1540	4834
试验机	台	6519	6531	12305
水表	个	6462674	6420105	55024
执行器	台	1655384	1637096	30904
环境监测专用仪器仪表	台	23478	23638	77269
汽车仪器仪表	台	13342444	12871432	93388
钟	只	3968691	3759719	15658
表	只	12839360	12137330	20815
光学仪器	台(个)	4416924	4310039	110420
眼镜成镜	副	321561291	323080907	252552
伞类制品	把	393401115	393522393	579570
拉链	万米	355888	331050	166471
打火机	万个	45653	45871	64489
熔炼用废钢	吨	74448	74116	18696
熔炼用废铁	吨	174091	173562	39990
船舶修理	载重吨	80749844	80535563	430353
自来水生产量	万立方米	485146	450640	802729
自来水供应量	万立方米	131242	126712	171787

1-B-20 按轻重工业、登记注册类型和控股情况

项　目	单位数(个)	资产总计	流动资产合计	#应收账款	#存货	#产成品
总　计	**602**	**158411799**	**85221215**	**18136800**	**18398503**	**6971077**
一、按轻重工业分						
轻工业	303	57017493	33505662	5925623	7834766	3478263
重工业	299	101394306	51715552	12211177	10563738	3492814
三、按登记注册类型分						
内资	386	114202951	57550073	10813628	12885281	4454112
国有	10	19502985	4951311	89040	969511	60500
有限责任公司	114	32166356	15415029	3141169	3979486	1283288
国有独资公司	9	3405507	1173252	166320	389587	113517
其他有限责任公司	105	28760849	14241777	2974849	3589899	1169771
股份有限公司	113	37794550	21269555	4746308	4881274	1631074
私营企业	149	24739060	15914179	2837112	3055009	1479250
私营有限责任公司	129	20905477	13525517	2381780	2705852	1318292
私营股份有限公司	20	3833583	2388662	455333	349158	160958
港澳台商投资	92	22004282	13781195	2878709	2556264	1248337
与港澳台商合资经营	49	11787184	6513784	1283972	1235096	636632
港澳台商独资	37	6965481	4890360	1082130	890883	438937
港澳台商投资股份有限公司	6	3251617	2377051	512607	430285	172769
外商投资	124	22204566	13889947	4444463	2956959	1268628
中外合资经营	66	12158077	7763867	1939653	1617906	773801
外资企业	53	8786098	5538842	2308106	1179968	411227
外商投资股份有限公司	5	1260390	587238	196704	159085	83600
四、按控股情况分						
国有控股	49	44364175	15052565	2001959	3850022	1002118
集体控股	24	4172549	2197376	518614	669001	358976
私人控股	354	70715810	42529643	8639185	8756948	3551836
港澳台商控股	64	15328340	10537813	2445034	1935992	971153
外商控股	91	14798465	9338274	3267340	1860409	712769
其他	20	9032460	5565544	1264668	1326131	374224

分组的规模以上大型工业法人单位财务状况

单位：万元

固定资产合 计	固定资产原 价	累计折旧	#本年折旧	在建工程(个)	负债合计	流动负债合 计	#应付账款	所 有 者权益合计
43305117	**69021438**	**29227009**	**4665584**	**6673874**	**86013795**	**69943133**	**21820031**	**72394163**
13045415	19904379	8237336	1314862	2178928	28513505	24266071	5981551	28479913
30259702	49117059	20989673	3350722	4494946	57500290	45677062	15838480	43914250
33733151	53932713	22931008	3596398	5560820	62956956	49453878	13811404	51261205
8688963	17382094	8723302	1214339	1966791	11591562	6945660	2748308	7911423
10868292	15867600	6126993	995268	1944831	20116565	15567466	4132068	12090018
1277019	2012334	907821	103057	353893	1521197	970307	227758	1884310
9591273	13855266	5219172	892211	1590939	18595368	14597159	3904309	10205708
9160831	13241130	5184759	810852	991863	17196892	15074226	4963633	20589673
5015065	7441888	2895954	575939	657334	14051937	11866526	1967395	10670091
4363196	6544153	2628097	520307	610312	12113093	10192854	1401262	8775352
651869	897735	267857	55633	47022	1938844	1673672	566134	1894739
4209813	6569421	2525386	446104	711335	10782524	9429522	3468959	11219595
2748258	4299761	1640559	280366	530738	7043801	5934229	2016760	4743383
1243823	1981527	798628	132090	134743	2715191	2487620	998353	4248142
217732	288133	86199	33649	45853	1023532	1007673	453846	2228070
5362154	8519305	3770615	623081	401719	12274315	11059734	4539667	9913363
2750313	3866959	1510097	310358	276783	7186021	6280858	2394636	4955169
2492722	4385055	2109991	293264	114548	4426803	4210263	1887229	4359295
119118	267291	150528	19459	10388	661491	568613	257803	598899
19262032	32299739	14647569	2070774	3525074	25467905	17439763	6057119	18896270
1290612	1838791	664879	124283	234683	2284333	1979427	568666	1871670
14661825	21527097	8222242	1565672	2030050	38103775	32213162	7915593	32643302
2695809	4159333	1556155	290081	257611	6663203	6300594	2760218	8662974
3681191	6427340	3030797	460409	235620	7665069	7126425	3016835	7116996
1713648	2769138	1105367	154365	390835	5829509	4883761	1501602	3202951

1-B-20 续表 1

项 目	#实收资本	国家资本	集体资本	法人资本	个人资本	港澳台资本
总 计	**24485200**	**2539812**	**538221**	**9617235**	**5192635**	**2768399**
一、按轻重工业分						
轻工业	8179911	778553	33259	3278648	1889898	1066806
重工业	16305289	1761259	504963	6338587	3302737	1701593
三、按登记注册类型分						
内资	15186731	2298923	500011	7432251	4808667	78060
国有	791053	746393		44660		
有限责任公司	5438897	1425182	473190	2589174	903601	33042
国有独资公司	931192	743192		188000		
其他有限责任公司	4507705	681990	473190	2401174	903601	33042
股份有限公司	6866669	127349	26400	3875140	2785365	5238
私营企业	2090112		420	923277	1119701	39781
私营有限责任公司	1669582		420	623875	1017465	23655
私营股份有限公司	420530			299402	102236	16126
港澳台商投资	4692988	174420	10347	1369803	263038	2659189
与港澳台商合资经营	2578171		10347	1335683	102036	1020294
港澳台商独资	1474315			1670		1366265
港澳台商投资股份有限公司	640502	174420		32450	161002	272630
外商投资	4605482	66469	27864	815180	120930	31150
中外合资经营	1946865	66368	19050	734771	57837	31150
外资企业	2447239		8813	34452	1058	
外商投资股份有限公司	211378	101		45957	62035	
四、按控股情况分						
国有控股	6783499	2194243		4018543	120758	265152
集体控股	542226	30000	50102	403406	45219	9919
私人控股	8895127	132753	464824	3150464	4683577	197522
港澳台商控股	3199652	174420	5835	450222	162052	2176548
外商控股	3421245		17461	218652	57702	5395
其他	1643452	8397		1375948	123327	113864

单位：万元

外商资本	营业收入	#主营业务收入	营业成本	#主营业务成本	营业税金及附加	#主营业务税金及附加	其他业务利润
3828898	**169677167**	**165096346**	**143813955**	**139690797**	**2724156**	**2713296**	**430503**
1132748	56986279	54984090	46627501	44734359	1091508	1087468	142025
2696150	112690888	110112256	97186453	94956438	1632648	1625828	288479
68818	122844233	119572195	105718228	102829043	2476619	2466821	299635
	22532460	21588912	20529321	19594421	904685	901759	13101
14709	32162218	31258165	27905552	27144460	153021	151687	109464
	1317175	1283445	1096987	1063749	20007	19799	2016
14709	30845043	29974720	26808565	26080711	133014	131888	107449
47176	38798869	37754442	32138803	31212107	1286289	1283079	103800
6933	29350686	28970676	25144552	24878055	132624	130297	73270
4167	25564316	25242313	21950494	21717831	118491	116240	70813
2766	3786370	3728364	3194058	3160225	14133	14057	2457
216191	19579226	18957273	15464029	14914329	125359	124823	76255
109811	10098742	9592355	8466437	8006601	72564	72127	65061
106380	7616720	7567843	5773193	5738702	38642	38544	9156
	1863764	1797075	1224399	1169026	14153	14153	2038
3543889	27253709	26566879	22631698	21947426	122178	121652	54613
1037688	15154070	14791785	12223190	11839586	71056	70925	20081
2402916	10798382	10581349	9233818	9057987	47981	47965	29974
103285	1301257	1193744	1174690	1049853	3141	2762	4558
184803	50154947	48609563	43303368	41873340	2221212	2216872	93087
3580	4244498	4077618	3557090	3396416	21711	21682	6934
265988	76707119	74748148	65506586	63793470	315304	308949	209253
230575	13592112	13284940	10423667	10153995	69471	69357	49049
3122036	18568477	18097100	15372615	14928963	85479	85463	58833
21916	6410013	6278978	5650630	5544613	10979	10972	13348

1-B-20 续表 2

项目	管理费用	#税金	财务费用	#利息支出	投资收益	营业利润
总计	**6315747**	**285461**	**1749249**	**2215889**	**845181**	**10960644**
一、按轻重工业分						
轻工业	2437552	118595	648199	829041	422800	3830916
重工业	3878195	166866	1101050	1386848	422381	7129727
三、按登记注册类型分						
内资	4026999	193061	1503910	1780183	597065	7076410
国有	196336	7601	228480	279178	33839	720196
有限责任公司	1279430	66731	449012	558063	88834	1881833
国有独资公司	109305	5617	20214	22884	5663	43175
其他有限责任公司	1170125	61114	428798	535179	83171	1838658
股份有限公司	1605018	55356	298671	383979	333281	2745189
私营企业	946215	63373	527747	558964	141111	1729192
私营有限责任公司	800741	57199	485267	494123	126973	1470489
私营股份有限公司	145474	6174	42480	64841	14138	258704
港澳台商投资	1110916	38818	117414	222395	145275	1998437
与港澳台商合资经营	464193	23330	120185	170686	61901	659294
港澳台商独资	510504	13161	3584	41721	51205	952641
港澳台商投资股份有限公司	136219	2328	-6355	9988	32169	386502
外商投资	1177833	53582	127925	213311	102841	1885797
中外合资经营	674340	22833	96949	130354	56997	1297487
外资企业	457726	29010	20887	67831	33536	541236
外商投资股份有限公司	45767	1739	10089	15126	12309	47075
四、按控股情况分						
国有控股	1212403	50680	431188	555472	142197	2479605
集体控股	201350	17112	66831	69637	13190	307729
私人控股	2938457	136502	1057618	1224812	442269	4923344
港澳台商控股	826294	27115	41484	107655	128349	1617357
外商控股	844501	42854	41453	121062	80582	1369771
其他	292744	11199	110676	137252	38594	262837

单位：万元

营业外收入	#补贴收入	营业外支出	利润总额	应交所得税	利税总额	应付工资总额	本年应交增值税
945032	**427681**	**459136**	**11621153**	**1778434**	**18929563**	**7713886**	**4537437**
295089	114061	154825	4081926	641839	7043460	3293839	1866352
649942	313620	304311	7539227	1136595	11886103	4420047	2671085
551141	248566	314845	7421794	1204700	13283962	4763955	3354970
23869	7812	87314	656751	162886	2329064	286329	770555
252165	111681	83354	2067104	296272	2966059	1538921	740361
14654	2615	7223	50606	14237	127525	132430	57120
237511	109067	76131	2016498	282036	2838534	1406491	683241
193434	97335	64863	2891812	431618	5281578	1580957	1090022
81673	31738	79314	1806127	313924	2707261	1357748	754033
58408	25485	74703	1525768	258844	2313387	1169307	656083
23264	6253	4611	280359	55080	393875	188441	97949
210807	75938	53003	2159242	221162	2843263	1227656	557461
74710	42992	37849	698557	77635	1022953	524126	251513
87220	28889	14595	1025864	96582	1292467	581074	227078
48877	4057	559	434820	46945	527843	122457	78871
183084	103177	91288	2040117	352572	2802339	1722275	625006
109484	81635	63592	1362950	214649	1863649	896913	429053
70749	20033	25330	628265	131726	872651	779619	181579
2851	1509	2367	48902	6196	66038	45743	14374
202016	72478	159498	2522123	544209	6322910	1356420	1583915
21360	3905	8444	325325	46281	473745	273888	126738
352703	168876	191320	5189150	698149	7451390	3616953	1927706
175468	74203	19143	1776667	182565	2268927	959756	421248
139671	82897	68719	1503248	269232	2030997	1253407	426723
53815	25322	12012	304640	37998	381595	253464	51108

1-B-21 按行业小类分组的规模

行业	单位数(个)	资产总计	流动资产合计	#应收账款	#存货	#产成品
总计	**602**	**158411799**	**85221215**	**18136800**	**18398503**	**6971077**
采矿业	**2**	**155437**	**83092**	**2276**	**5645**	**3136**
黑色金属矿采选业	1					
铁矿采选	1					
铁矿采选	1					
非金属矿采选业	1					
土砂石开采	1					
建筑装饰用石开采	1					
制造业	**588**	**138918149**	**82001498**	**18007676**	**18305308**	**6967611**
农副食品加工业	5	445435	303124	34761	96946	60468
饲料加工	1					
饲料加工	1					
屠宰及肉类加工	1					
牲畜屠宰	1					
水产品加工	2	149002	110460	13132	66541	46170
水产品冷冻加工	2	149002	110460	13132	66541	46170
其他农副食品加工	1					
豆制品制造	1					
食品制造业	4	764750	468616	199943	64450	21816
方便食品制造	2	538632	334266	181624	22396	9390
方便面及其他方便食品制造	2	538632	334266	181624	22396	9390
乳制品制造	1					
乳制品制造	1					
其他食品制造	1					
食品及饲料添加剂制造	1					
酒、饮料和精制茶制造业	11	2214541	1240157	65412	507732	206296
酒的制造	4	1183884	591512	28612	434522	177124
啤酒制造	1					
黄酒制造	3	1079038	540695	21748	393350	175059
饮料制造	7	1030656	648645	36801	73210	29172
碳酸饮料制造	1					
含乳饮料和植物蛋白饮料制造	1					
茶饮料及其他饮料制造	5	699868	446531	21895	31915	16726

以上大型工业法人单位财务状况

单位：万元

固定资产合计	固定资产原价	累计折旧	#本年折旧	在建工程（个）	负债合计	流动负债合计	#应付账款	所有者权益合计
43305117	**69021438**	**29227009**	**4665584**	**6673874**	**86013795**	**69943133**	**21820031**	**72394163**
30902	**65814**	**38175**	**3672**	**3263**	**48708**	**39304**	**3639**	**106729**
32798245	**49373707**	**19919449**	**3365998**	**4465520**	**74415458**	**63604532**	**19181680**	**64498850**
94862	176989	82247	9501	2905	283095	263756	31293	162340
29279	78739	49580	3201	120	99876	81195	11653	49126
29279	78739	49580	3201	120	99876	81195	11653	49126
226124	301436	98202	12984	26544	397261	385980	121166	367489
154197	218890	72699	7697	8004	292237	291737	98543	246395
154197	218890	72699	7697	8004	292237	291737	98543	246395
505198	807009	356670	44716	82280	1036159	841721	193190	1178382
249309	347702	150972	14146	73943	536673	342466	71218	647212
199701	240917	90228	10355	69511	497927	304007	65204	581111
255889	459306	205698	30570	8337	499486	499256	121972	531170
166913	292644	128011	15740	1404	322443	322395	70342	377425

1-B-21 续表 1

行业	单位数(个)	资产总计	流动资产合计	#应收账款	#存货	#产成品
烟草制品业	1					
卷烟制造	1					
卷烟制造	1					
纺织业	62	8759309	5362764	889967	1223774	538986
棉纺织及印染精加工	42	5827874	3549187	529397	823417	373993
棉纺纱加工	9	1857176	1257208	153699	333042	175431
棉织造加工	9	1526849	879504	114930	212899	74287
棉印染精加工	24	2443849	1412475	260768	277476	124275
毛纺织及染整精加工	1					
毛条和毛纱线加工	1					
麻纺织及染整精加工	2	362948	232106	29178	73105	22500
麻纤维纺前加工和纺纱	2	362948	232106	29178	73105	22500
丝绢纺织及印染精加工	2	414060	254764	31103	31986	16957
绢纺和丝织加工	1					
丝印染精加工	1					
化纤织造及印染精加工	1					
化纤织物染整精加工	1					
针织或钩针编织物及其制品制造	6	1276994	703821	139437	139586	46056
针织或钩针编织物织造	4	1059683	579790	108128	113489	32430
针织或钩针编织品制造	2	217310	124031	31309	26098	13627
家用纺织制成品制造	5	541753	410652	127624	78103	54719
床上用品制造	2	233061	172549	92031	31869	25700
毛巾类制品制造	1					
窗帘、布艺类产品制造	2	129430	93410	21205	16159	7497
非家用纺织制成品制造	3	184213	133902	21147	35958	6451
纺织带和帘子布制造	1					
篷、帆布制造	2	105257	68022	9845	30363	957
纺织服装、服饰业	39	6120087	4103418	945164	950792	534859
机织服装制造	32	4854618	3158297	641721	719824	436914
机织服装制造	32	4854618	3158297	641721	719824	436914

单位：万元

固定资产合计	固定资产原价	累计折旧	#本年折旧	在建工程(个)	负债合计	流动负债合计	#应付账款	所有者权益合计
2023584	3482060	1589971	258853	175964	4795463	4074186	653695	3955860
1436012	2525507	1179868	198082	123760	3068181	2694342	458541	2759692
255992	442943	201616	29788	29308	921074	802462	170112	936102
459012	805563	368417	68648	39611	788955	664672	92431	737894
721009	1277002	609835	99646	54840	1358152	1227208	195998	1085696
68444	138368	77750	6278	10419	211031	197468	31228	151918
68444	138368	77750	6278	10419	211031	197468	31228	151918
67052	107747	40951	4842	274	222796	178699	20563	191264
284297	462572	198931	29830	32760	731790	450286	47009	537219
209586	383320	184299	25556	30596	605024	351020	19654	454659
74711	79253	14631	4274	2163	126766	99266	27355	82560
80853	106250	33778	9475	19	368203	363997	57928	173550
31217	40497	9280	1618		165272	161433	15412	67790
34086	41696	15991	5238	19	81739	81668	12777	47692
30523	59931	29825	5054	417	98160	98154	21139	86053
23142	35593	12868	3709	417	74331	74325	20831	30927
1125624	1644063	551859	83259	113712	2624253	2401784	860056	3495619
982553	1372485	419874	66335	98103	2102417	1888801	655001	2751987
982553	1372485	419874	66335	98103	2102417	1888801	655001	2751987

1-B-21 续表 2

行业	单位数(个)	资产总计	流动资产合计	#应收账款	#存货	#产成品
针织或钩针编织服装制造	6	1122152	856553	288927	215560	91823
针织或钩针编织服装制造	6	1122152	856553	288927	215560	91823
服饰制造	1					
服饰制造	1					
皮革、毛皮、羽毛及其制品和制鞋业	25	2432213	1658855	398571	357513	162501
皮革鞣制加工	2	432767	303184	54586	69239	18889
皮革鞣制加工	2	432767	303184	54586	69239	18889
皮革制品制造	3	271060	200625	29605	48159	14135
皮箱、包(袋)制造	1					
其他皮革制品制造	2	234888	172987	24262	36561	9681
毛皮鞣制及制品加工	1					
毛皮服装加工	1					
羽毛(绒)加工及制品制造	2	99383	67435	29310	17122	2703
羽毛(绒)加工	1					
羽毛(绒)制品加工	1					
制鞋业	17	1580408	1050990	274503	202752	121264
皮鞋制造	17	1580408	1050990	274503	202752	121264
木材加工和木、竹、藤、棕、草制品业	1					
木制品制造	1					
木门窗、楼梯制造	1					
家具制造业	21	2044453	1445205	316440	261219	86855
木质家具制造	5	576751	413662	107921	75712	36062
木质家具制造	5	576751	413662	107921	75712	36062
竹、藤家具制造	1					
竹、藤家具制造	1					
金属家具制造	7	500300	373642	93852	63513	16149
金属家具制造	7	500300	373642	93852	63513	16149
塑料家具制造	1					
塑料家具制造	1					
其他家具制造	7	570237	368195	82213	87197	29314
其他家具制造	7	570237	368195	82213	87197	29314
造纸和纸制品业	9	4420679	2088047	275146	303955	110482
造纸	8	4278217	2010155	243947	289940	108372
机制纸及纸板制造	8	4278217	2010155	243947	289940	108372

单位：万元

固定资产合计	固定资产原价	累计折旧	#本年折旧	在建工程(个)	负债合计	流动负债合计	#应付账款	所有者权益合计
138362	238535	103651	14627	10586	458923	450070	202619	663229
138362	238535	103651	14627	10586	458923	450070	202619	663229
511071	623461	195990	32050	17991	1067497	1036085	237963	1349330
78643	106957	29189	3819	875	207934	203353	49093	224833
78643	106957	29189	3819	875	207934	203353	49093	224833
56708	79230	25686	4297	3032	170343	170343	52092	100716
52015	71588	22737	3926	2924	157217	157217	45137	77671
12430	20467	8037	1511	1663	47770	47770	16347	51613
355358	404066	127937	21618	12088	607321	580491	111576	957701
355358	404066	127937	21618	12088	607321	580491	111576	957701
379156	575238	223503	29982	26349	1259636	1196215	400870	784817
138166	249262	111985	10937	1141	345667	318864	69337	231083
138166	249262	111985	10937	1141	345667	318864	69337	231083
72271	107533	35263	6122	1	317159	285159	67874	183141
72271	107533	35263	6122	1	317159	285159	67874	183141
109285	145839	53479	8083	19811	284378	283911	98067	285859
109285	145839	53479	8083	19811	284378	283911	98067	285859
1430157	2451800	1047175	145374	400539	2543110	1825761	249943	1877569
1373420	2336105	971164	133947	390705	2523732	1817383	248842	1754485
1373420	2336105	971164	133947	390705	2523732	1817383	248842	1754485

1-B-21 续表 3

行业	单位数(个)	资产总计	流动资产合计	#应收账款	#存货	#产成品
纸制品制造	1					
纸和纸板容器制造	1					
印刷和记录媒介复制业	1					
印刷	1					
本册印制	1					
文教、工美、体育和娱乐用品制造业	10	1825147	1378799	186881	387739	259323
文教办公用品制造	4	688091	517418	107303	85512	57022
文具制造	1					
笔的制造	2	126944	73675	18503	29613	14339
教学用模型及教具制造	1					
乐器制造	1					
西乐器制造	1					
工艺美术品制造	3	892859	722106	57531	245672	187934
金属工艺品制造	1					
珠宝首饰及有关物品制造	1					
其他工艺美术品制造	1					
玩具制造	1					
玩具制造	1					
游艺器材及娱乐用品制造	1					
游艺用品及室内游艺器材制造	1					
石油加工、炼焦和核燃料加工业	1					
精炼石油产品制造	1					
原油加工及石油制品制造	1					
化学原料和化学制品制造业	27	13725257	7565732	1253185	1324274	532025
基础化学原料制造	4	2657253	1114004	129019	169590	83256
无机酸制造	1					
有机化学原料制造	3	2253187	1038968	115500	155072	78828
农药制造	3	820242	339594	63039	82810	54129
化学农药制造	2	610602	268857	59118	71936	47697
生物化学农药及微生物农药制造	1					

单位：万元

固定资产合计	固定资产原价	累计折旧	#本年折旧	在建工程(个)	负债合计	流动负债合计	#应付账款	所有者权益合计
209811	341372	141592	21255	35856	1035733	910874	160849	789414
96455	151519	55711	9450	21577	460577	441322	82430	227514
41408	66749	25988	4281	681	87610	77355	7399	39334
49856	95605	54096	6009	6467	431052	331282	10559	461806
4234702	6285073	2499649	408853	592015	7219477	5708303	1228111	6505780
978107	1654449	632105	101994	202015	1391472	1049874	189390	1265781
725788	1341000	570975	85090	158519	1172065	870271	122167	1081122
157877	317542	159665	18141	24381	256523	213207	77651	563718
110936	220331	109395	12337	22864	181399	171084	70897	429203

1-B-21 续表 4

行业	单位数(个)	资产总计	流动资产合计	#应收账款	#存货	#产成品
涂料、油墨、颜料及类似产品制造	2	1660329	1052194	283373	223762	98383
染料制造	2	1660329	1052194	283373	223762	98383
合成材料制造	11	5643050	3195913	461709	653145	184937
初级形态塑料及合成树脂制造	1					
合成纤维单(聚合)体制造	10	5352543	2934840	364648	593496	153154
专用化学产品制造	3	1377846	689460	238392	27888	4028
化学试剂和助剂制造	1					
专项化学用品制造	1					
信息化学品制造	1					
日用化学产品制造	4	1566537	1174567	77654	167079	107292
肥皂及合成洗涤剂制造	2	1350545	1093123	71393	141178	93440
香料、香精制造	1					
其他日用化学产品制造	1					
医药制造业	23	5725677	3011896	525676	702511	296327
化学药品原料药制造	12	4351902	2171067	325341	417402	196607
化学药品原料药制造	12	4351902	2171067	325341	417402	196607
化学药品制剂制造	6	976748	583820	142292	234312	81726
化学药品制剂制造	6	976748	583820	142292	234312	81726
中成药生产	3	266300	157032	29404	26659	12126
中成药生产	3	266300	157032	29404	26659	12126
生物药品制造	1					
生物药品制造	1					
卫生材料及医药用品制造	1					
卫生材料及医药用品制造	1					
化学纤维制造业	21	7263662	3367722	270619	638573	289453
纤维素纤维原料及纤维制造	1					
人造纤维(纤维素纤维)制造	1					
合成纤维制造	20	6506801	2909069	238923	569806	254537
锦纶纤维制造	1					
涤纶纤维制造	16	5675515	2444278	164841	465615	218558
氨纶纤维制造	2	551801	311742	30667	75475	17555
其他合成纤维制造	1					

单位：万元

固定资产合计	固定资产原价	累计折旧	#本年折旧	在建工程（个）	负债合计	流动负债合计	#应付账款	所有者权益合计
398494	505278	245312	42543	34159	544350	419207	152270	1115979
398494	505278	245312	42543	34159	544350	419207	152270	1115979
1942063	3027613	1105353	189098	143326	3788937	2861284	584004	1854113
1927747	3001785	1092377	187145	141866	3651160	2723506	596330	1701383
555836	424438	167935	37568	149155	915959	857235	166626	461887
202326	355752	189280	19510	38980	322236	307496	58169	1244301
100949	173654	108558	10455	35853	254231	241896	40334	1096314
1415604	1659420	629222	108348	512383	2426028	1706482	365051	3299648
1085954	1258598	499940	84109	471708	1734553	1112401	221219	2617349
1085954	1258598	499940	84109	471708	1734553	1112401	221219	2617349
246293	271819	83335	16944	36076	529518	460560	112685	447230
246293	271819	83335	16944	36076	529518	460560	112685	447230
61750	93334	31703	4469	4024	80542	70305	17519	185758
61750	93334	31703	4469	4024	80542	70305	17519	185758
2111696	3347469	1360770	279727	183788	4499599	3854590	923377	2763575
2055577	3253690	1322563	273914	183241	3941694	3356538	873840	2564619
1765958	2776458	1134949	234670	144418	3602399	3034231	656753	2072628
209155	341460	132304	29620	17156	247600	246620	183135	304201

1-B-21 续表 5

行业	单位数(个)	资产总计	流动资产合计	#应收账款	#存货	#产成品
橡胶和塑料制品业	18	5040878	2671172	560796	598215	306924
橡胶制品业	9	3451485	1683140	451326	459392	244059
轮胎制造	6	3126320	1491913	396573	415307	226001
橡胶板、管、带制造	3	325165	191227	54753	44085	18057
塑料制品业	9	1589393	988032	109470	138824	62866
塑料薄膜制造	1					
塑料板、管、型材制造	2	406867	234721	33038	23598	10077
塑料丝、绳及编织品制造	1					
塑料人造革、合成革制造	1					
塑料包装箱及容器制造	1					
日用塑料制品制造	2	318347	170348	24164	30641	14385
其他塑料制品制造	1					
非金属矿物制品业	9	2966155	1357987	292873	235784	186058
水泥、石灰和石膏制造	1					
水泥制造	1					
石膏、水泥制品及类似制品制造	1					
砼结构构件制造	1					
砖瓦、石材等建筑材料制造	2	749163	558980	52843	82459	75842
建筑陶瓷制品制造	2	749163	558980	52843	82459	75842
玻璃制品制造	2	318252	133150	44809	21411	17552
技术玻璃制品制造	1					
其他玻璃制品制造	1					
玻璃纤维和玻璃纤维增强塑料制品制造	1					
玻璃纤维及制品制造	1					
陶瓷制品制造	1					
特种陶瓷制品制造	1					
耐火材料制品制造	1					
耐火陶瓷制品及其他耐火材料制造	1					
黑色金属冶炼和压延加工业	10	6821230	3344588	151860	1117262	158736
炼钢	2	2941840	1817902	8209	366254	75969
炼钢	2	2941840	1817902	8209	366254	75969
钢压延加工	8	3879390	1526686	143650	751008	82767
钢压延加工	8	3879390	1526686	143650	751008	82767

单位：万元

固定资产合计	固定资产原价	累计折旧	#本年折旧	在建工程(个)	负债合计	流动负债合计	#应付账款	所有者权益合计
1469780	2037523	969088	187947	297776	2712502	2234388	540849	2328376
1183057	1567824	680939	137308	175369	1976672	1561459	472721	1474813
1114775	1461791	639170	129626	173350	1907451	1492438	443909	1218869
68282	106033	41770	7682	2020	69221	69022	28812	255944
286722	469699	288149	50638	122407	735830	672928	68128	853563
36739	71635	34896	5194	17235	136826	120305	14872	270041
20478	43082	25899	3765	3295	155672	155672	7642	162675
976548	1197878	283709	72928	119016	1826636	1272031	355862	1139519
55952	104573	49215	6565	594	564420	505667	193920	184743
55952	104573	49215	6565	594	564420	505667	193920	184743
131495	169332	37837	12059	7302	147205	79579	24856	171047
2413716	3787342	1546318	217755	232193	4801773	4451361	976251	2019457
538500	1211266	672766	57629	32200	1804173	1659841	240472	1137667
538500	1211266	672766	57629	32200	1804173	1659841	240472	1137667
1875216	2576076	873552	160126	199992	2997599	2791520	735779	881791
1875216	2576076	873552	160126	199992	2997599	2791520	735779	881791

1-B-21 续表 6

行　业	单位数(个)	资产总计	流动资产合计	#应收账款	#存　货	#产成品
有色金属冶炼和压延加工业	7	2286340	876136	161742	219225	65404
常用有色金属冶炼	1					
铝冶炼	1					
有色金属合金制造	1					
有色金属合金制造	1					
有色金属压延加工	5	1887698	659860	132641	150185	39981
铜压延加工	4	1781091	612633	129226	133955	33187
铝压延加工	1					
金属制品业	20	4122642	2680839	639734	625829	244707
结构性金属制品制造	8	2510471	1694148	444969	478698	159882
金属结构制造	2	1804724	1247243	340776	391227	116465
金属门窗制造	6	705747	446905	104193	87471	43417
集装箱及金属包装容器制造	1					
集装箱制造	1					
金属丝绳及其制品制造	3	470915	312880	34457	19314	6466
金属丝绳及其制品制造	3	470915	312880	34457	19314	6466
建筑、安全用金属制品制造	2	126951	56553	19729	11463	5542
建筑、家具用金属配件制造	2	126951	56553	19729	11463	5542
金属制日用品制造	6	961070	582410	126125	106545	67168
金属制厨房用器具制造	1					
金属制餐具和器皿制造	5	733159	397559	103517	96259	61706
通用设备制造业	41	9389435	5655836	1433300	1428411	603358
锅炉及原动设备制造	3	1013015	654781	226405	222324	52517
内燃机及配件制造	1					
汽轮机及辅机制造	1					
水轮机及辅机制造	1					
金属加工机械制造	2	335593	222067	24541	122488	49812
金属切削机床制造	2	335593	222067	24541	122488	49812
物料搬运设备制造	6	1446952	987830	341375	150997	32216
起重机制造	1					
生产专用车辆制造	1					
连续搬运设备制造	1					
电梯、自动扶梯及升降机制造	2	719363	564308	166087	40597	5371
其他物料搬运设备制造	1					

单位：万元

固定资产合计	固定资产原价	累计折旧	#本年折旧	在建工程(个)	负债合计	流动负债合计	#应付账款	所有者权益合计
339341	556969	232011	41662	44438	1201428	771804	245245	1084912
247206	394420	161597	27214	18446	1052024	626128	218114	835674
227280	358405	145506	24684	18446	1040856	616740	215100	740235
788248	1069943	349931	76790	172360	2391445	1734096	333226	1731197
504133	669186	178738	57259	124607	1593373	1005464	259791	917098
388403	508982	120579	44357	105366	1246770	672657	229309	557954
115730	160204	58159	12903	19241	346603	332808	30482	359144
79697	174627	97241	7572	2303	233352	197639	8601	237563
79697	174627	97241	7572	2303	233352	197639	8601	237563
50415	56434	6019	1177		88494	81494	3689	38457
50415	56434	6019	1177		88494	81494	3689	38457
140595	148429	60074	9581	44632	443207	417112	48990	517863
113646	121480	50445	8545	38824	258618	233441	37744	474541
1614320	2381434	882237	165046	205002	4733493	4244151	1374630	4655942
98048	187987	89939	12865	15884	391685	382889	173174	621330
79762	114575	34878	8340	1261	213767	204868	61381	121826
79762	114575	34878	8340	1261	213767	204868	61381	121826
182490	253339	75598	19942	18337	861269	805327	341724	585683
23456	43231	22024	4290	2770	454060	433057	205018	265303

1-B-21 续表 7

行业	单位数(个)	资产总计	流动资产合计	#应收账款	#存货	#产成品
泵、阀门、压缩机及类似机械制造	11	2009776	1156113	251872	281324	134185
泵及真空设备制造	4	594956	289249	38378	56767	20323
气体压缩机械制造	3	1088295	706130	154662	172139	101323
阀门和旋塞制造	3	204620	120143	37577	37335	11314
液压和气压动力机械及元件制造	1					
轴承、齿轮和传动部件制造	7	949066	394267	83168	176218	69703
轴承制造	1					
齿轮及齿轮减、变速箱制造	3	576917	242005	50411	127669	48957
其他传动部件制造	3	271561	120570	31154	40206	15088
烘炉、风机、衡器、包装等设备制造	10	1909296	1119100	315236	241346	123956
风机、风扇制造	1					
气体、液体分离及纯净设备制造	1					
制冷、空调设备制造	3	792328	488745	80807	107795	46847
风动和电动工具制造	3	234595	146544	66732	23352	4777
喷枪及类似器具制造	1					
包装专用设备制造	1					
通用零部件制造	2	1725737	1121678	190702	233715	140969
紧固件制造	1					
其他通用零部件制造	1					
专用设备制造业	12	2105812	1455191	305469	288177	161586
化工、木材、非金属加工专用设备制造	4	1035599	741700	127204	124489	71330
炼油、化工生产专用设备制造	1					
塑料加工专用设备制造	1					
模具制造	2	110472	77224	13008	8515	4022
纺织、服装和皮革加工专用设备制造	4	606113	397604	112202	108685	64361
缝制机械制造	4	606113	397604	112202	108685	64361
农、林、牧、渔专用机械制造	2	151597	106824	32821	26199	9876
拖拉机制造	1					
机械化农业及园艺机具制造	1					

单位：万元

固定资产合计	固定资产原价	累计折旧	#本年折旧	在建工程(个)	负债合计	流动负债合计	#应付账款	所有者权益合计
350384	469281	151583	32920	66386	741663	716803	281306	1268114
83730	121280	38685	8614	17273	151035	129091	58235	443921
177937	233040	82328	18130	34435	459058	456340	209214	629236
21235	23569	6660	1651	4283	94698	94501	11589	109922
327210	446408	149140	24349	47796	442090	353630	113531	506976
178108	277606	106814	19716	25170	249845	225153	51856	327073
91011	122773	40167	4272	8406	146404	83221	16419	125157
298896	452768	178225	32241	32010	1097312	1010279	245625	811984
169509	274776	124603	20525	19336	470729	415917	67589	321598
58805	81895	24964	5993	8747	155202	152202	57964	79393
277530	457076	202873	34389	23327	985707	770355	157889	740030
379968	509490	217473	31738	67635	1004793	913109	274868	1101018
150637	201549	94132	12544	30808	371433	371100	146581	664167
22169	22118	10588	1782		66146	66146	3093	44326
106268	113005	41439	8886	16056	350425	303904	67954	255688
106268	113005	41439	8886	16056	350425	303904	67954	255688
23277	36044	17943	1479	15332	107359	96183	29892	44238

1-B-21 续表 8

行 业	单位数(个)	资产总计	流动资产合 计	#应收账款	#存 货	#产成品
医疗仪器设备及器械制造	1					
医疗、外科及兽医用器械制造	1					
环保、社会公共服务及其他专用设备制造	1					
社会公共安全设备及器材制造	1					
汽车制造业	45	10979794	6323886	1810005	1020666	376852
汽车整车制造	11	5264780	2934872	874509	449070	76709
汽车整车制造	11	5264780	2934872	874509	449070	76709
汽车零部件及配件制造	34	5715015	3389014	935496	571595	300143
汽车零部件及配件制造	34	5715015	3389014	935496	571595	300143
铁路、船舶、航空航天和其他运输设备制造业	13	6501502	4200078	1042291	1080616	48752
船舶及相关装置制造	7	5716693	3744975	827068	946811	5165
金属船舶制造	7	5716693	3744975	827068	946811	5165
摩托车制造	3	513441	275853	137243	103647	25436
摩托车整车制造	3	513441	275853	137243	103647	25436
自行车制造	3	271368	179250	77980	30158	18151
脚踏自行车及残疾人座车制造	1					
助动自行车制造	2	159866	91239	29379	21480	13796
电气机械和器材制造业	76	13533620	8627476	2508225	1631049	812242
电机制造	21	3453862	2325365	554680	399010	128359
发电机及发电机组制造	1					
电动机制造	8	2063169	1410657	247368	191463	42907
微电机及其他电机制造	12	1248232	800984	267214	154867	85452
输配电及控制设备制造	18	4623917	2810563	1052835	376884	218832
变压器、整流器和电感器制造	1					
配电开关控制设备制造	11	2454128	1666765	425971	217280	144489
电力电子元器件制造	2	136410	116024	67494	16716	6605
光伏设备及元器件制造	4	1571029	819721	454622	80897	27699
电线、电缆、光缆及电工器材制造	4	664219	466302	197052	84383	38213
电线、电缆制造	4	664219	466302	197052	84383	38213
电池制造	5	902994	434562	69221	104564	20850
锂离子电池制造	1					
其他电池制造	4	845891	389614	50872	87885	7633

单位：万元

固定资产合计	固定资产原价	累计折旧	#本年折旧	在建工程（个）	负债合计	流动负债合计	#应付账款	所有者权益合计
2094702	2955753	1072944	263656	368337	6176353	4993460	2228225	4782888
987115	1341901	444094	119711	179519	3161735	2657506	1407366	2103045
987115	1341901	444094	119711	179519	3161735	2657506	1407366	2103045
1107587	1613852	628850	143945	188819	3014618	2335954	820859	2679844
1107587	1613852	628850	143945	188819	3014618	2335954	820859	2679844
1358839	1917247	579815	106414	35053	4808445	4331454	1437379	1693056
1207501	1685385	484455	84954	20681	4383301	3914170	1283279	1333392
1207501	1685385	484455	84954	20681	4383301	3914170	1283279	1333392
106075	164524	68487	8944	6718	244139	240826	119350	269302
106075	164524	68487	8944	6718	244139	240826	119350	269302
45262	67338	26873	12516	7654	181006	176458	34751	90362
21772	39332	17560	4485	2857	121619	117071	34541	38248
2306537	3373555	1224180	232953	337296	7197369	6447672	2181189	6393584
626334	1075329	500317	80706	95701	1603157	1475464	438967	1850705
345843	561085	263540	41496	53124	863704	758612	190965	1199466
254563	460979	209440	36327	42421	647189	624982	230230	601043
888150	1158338	315990	71395	87087	2601440	2235532	707490	2022477
203518	329420	131737	25702	26281	1376224	1181478	461306	1077904
18161	30472	12312	1984		98775	98775	74149	37634
444558	592184	147626	41564	21087	851144	755981	140590	719885
87970	142094	58539	12097	1003	294168	288173	82381	427386
87970	142094	58539	12097	1003	294168	288173	82381	427386
129112	170411	47540	9604	48513	397902	287557	104621	505092
120203	158561	44599	8771	48050	353256	242911	86151	492635

1-B-21 续表 9

行业	单位数(个)	资产总计	流动资产合计	#应收账款	#存货	#产成品
家用电力器具制造	22	3197123	2133253	464725	566223	371300
家用制冷电器具制造	2	370409	262169	27720	60026	42307
家用空气调节器制造	3	815871	643391	133659	195905	151235
家用通风电器具制造	2	265956	116242	33450	33344	26958
家用厨房电器具制造	5	652680	465611	103323	109982	73428
家用清洁卫生电器具制造	4	412129	285358	74799	80413	42216
家用美容、保健电器具制造	1					
家用电力器具专用配件制造	2	147344	109036	37965	26195	10841
其他家用电力器具制造	3	462442	217596	45454	57046	23062
照明器具制造	6	691505	457431	169712	99986	34688
电光源制造	4	251304	154977	64082	39114	19099
照明灯具制造	2	440201	302454	105630	60872	15590
计算机、通信和其他电子设备制造业	53	10496968	7582636	2848544	1294062	512919
计算机制造	3	325370	254544	159193	52938	7387
计算机整机制造	1					
计算机零部件制造	2	155156	99158	45493	23785	6030
通信设备制造	13	4480499	3580034	1022652	546681	230489
通信系统设备制造	6	3243502	2577410	749273	336691	145468
通信终端设备制造	7	1236998	1002624	273379	209990	85021
广播电视设备制造	3	219231	134477	72430	31158	3692
广播电视接收设备及器材制造	1					
应用电视设备及其他广播电视设备制造	2	140448	99131	45435	27252	2471
视听设备制造	4	537202	427350	185146	88516	30874
电视机制造	3	432689	357597	135803	73547	27657
音响设备制造	1					
电子器件制造	16	3034678	2108607	1060064	358070	142790
半导体分立器件制造	1					
集成电路制造	3	372439	193704	56453	57439	15051
光电子器件及其他电子器件制造	12	2543747	1857500	976749	292976	126125
电子元件制造	13	1841798	1053491	341862	206951	95257
电子元件及组件制造	12	1809644	1024828	323916	200801	93662
印制电路板制造	1					

单位：万元

固定资产合计	固定资产原价	累计折旧	#本年折旧	在建工程(个)	负债合计	流动负债合计	#应付账款	所有者权益合计
446770	632565	219426	45306	85747	1970198	1850828	688452	1226925
48491	53617	11977	5222	657	282707	282707	95799	87702
47420	69221	21801	4474	1742	596829	581829	125342	219042
70489	85802	27203	7259	11886	108878	98309	66577	157078
99227	124967	28927	6476	5887	252627	251589	154197	400053
86745	154318	70218	11054	19566	269650	238117	130303	142479
23507	41166	17796	3247	137	95114	94849	42278	52230
62694	89611	35839	6345	33370	309909	252772	60821	152533
128201	194817	82368	13846	19244	330504	310119	159279	361001
40670	75031	34420	7436	3297	157023	156813	65894	94281
87532	119786	47948	6410	15947	173481	153306	93385	266720
1846158	3424223	1625062	256965	146857	4792985	4543719	2204118	5687437
63898	125281	61454	8790	195	202958	202958	163194	122411
49201	81626	32426	6528	195	81460	81460	53331	73696
270195	513566	250160	40376	33713	1510378	1435357	731050	2970121
154822	253300	98478	19737	32811	927925	905197	445359	2315577
115373	260265	151681	20639	901	582453	530160	285691	654544
42504	53014	16956	3538	8825	112404	109199	27000	106828
13095	21605	8510	1289	2380	73153	71981	18173	67294
79727	153151	79963	9985	12397	370993	357750	98161	166209
48807	74796	32528	2300	8590	299837	298788	68374	132853
791049	1564800	795614	117933	45359	1663908	1613379	922387	1370770
126337	211814	95321	18149	18388	183198	168059	75536	189241
614813	1249211	645853	90922	26109	1435496	1405968	833652	1108250
565044	960821	401068	73177	46307	918210	812161	254501	907043
561637	952735	396389	72489	46307	904233	798185	242967	888865

1-B-21 续表 10

行业	单位数(个)	资产总计	流动资产合计	#应收账款	#存货	#产成品
其他电子设备制造	1					
其他电子设备制造	1					
仪器仪表制造业	14	2296972	1594448	501952	331607	103420
通用仪器仪表制造	8	1664588	1189484	370268	236487	60828
工业自动控制系统装置制造	3	767963	645354	177372	135897	21488
电工仪器仪表制造	3	608739	367304	126404	51313	32877
供应用仪表及其他通用仪器制造	2	287886	176827	66492	49277	6463
专用仪器仪表制造	3	330580	242127	95647	62641	22949
运输设备及生产用计数仪表制造	2	288923	205866	67938	60626	21640
教学专用仪器制造	1					
光学仪器及眼镜制造	3	301805	162837	36037	32479	19643
光学仪器制造	2	248136	121955	26899	15689	7057
眼镜制造	1					
其他制造业	7	1132039	774568	91097	156313	72860
日用杂品制造	7	1132039	774568	91097	156313	72860
其他日用杂品制造	7	1132039	774568	91097	156313	72860
废弃资源综合利用业	2	306470	268070	5712	133355	96698
金属废料和碎屑加工处理	2	306470	268070	5712	133355	96698
金属废料和碎屑加工处理	2	306470	268070	5712	133355	96698
电力、热力、燃气及水生产和供应业	**12**	**19338212**	**3136625**	**126848**	**87551**	**329**
电力、热力生产和供应业	8	17250643	2747450	96730	71376	
电力生产	2	1502624	259366	85456	40463	
火力发电	2	1502624	259366	85456	40463	
电力供应	6	15748018	2488083	11274	30912	
电力供应	6	15748018	2488083	11274	30912	
燃气生产和供应业	1					
燃气生产和供应业	1					
燃气生产和供应业	1					
水的生产和供应业	3	1733875	344311	16330	14193	
自来水生产和供应	3	1733875	344311	16330	14193	
自来水生产和供应	3	1733875	344311	16330	14193	

单位：万元

固定资产合　计	固定资产原　价	累计折旧	#本年折旧	在建工程(个)	负债合计	流动负债合　计	#应付账款	所有者权益合　计
293378	465830	216091	38509	55769	762345	661741	270816	1534627
118154	157643	61408	8019	54028	609408	541961	221240	1055180
35142	36450	15520	1673	18591	242020	200706	94359	525943
54826	87686	32860	4345	6614	272637	268605	114327	336101
28186	33507	13028	2001	28823	94751	72650	12554	193135
81648	177082	98824	19276	1362	88435	88409	30594	242145
77258	170337	96469	18809	1362	75195	75195	26633	213728
93576	131106	55860	11215	380	64503	31372	18982	237302
80887	104320	41763	9090	380	56867	23736	14467	191269
231302	292031	94371	19769	21403	471473	469676	76281	660566
231302	292031	94371	19769	21403	471473	469676	76281	660566
231302	292031	94371	19769	21403	471473	469676	76281	660566
11642	19496	7854	1415	6145	188691	173223	22747	117779
11642	19496	7854	1415	6145	188691	173223	22747	117779
11642	19496	7854	1415	6145	188691	173223	22747	117779
10475970	**19581917**	**9269385**	**1295914**	**2205091**	**11549628**	**6299297**	**2634712**	**7788584**
9362023	18010063	8678184	1230941	1925170	10572210	5798630	2560802	6678432
1201214	1989078	787864	83954	8370	752945	480351	166664	749680
1201214	1989078	787864	83954	8370	752945	480351	166664	749680
8160809	16020986	7890320	1146988	1916800	9819266	5318280	2394138	5928753
8160809	16020986	7890320	1146988	1916800	9819266	5318280	2394138	5928753
842387	1283805	574711	58773	252475	735284	397328	61285	998591
842387	1283805	574711	58773	252475	735284	397328	61285	998591
842387	1283805	574711	58773	252475	735284	397328	61285	998591

1-B-21 续表 11

行业	#实收资本					
		国家资本	集体资本	法人资本	个人资本	港澳台资本
总 计	**24485200**	**2539812**	**538221**	**9617235**	**5192635**	**2768399**
采矿业	**17932**	**17132**		**800**		
黑色金属矿采选业						
铁矿采选						
铁矿采选						
非金属矿采选业						
土砂石开采						
建筑装饰用石开采						
制造业	**22537871**	**924208**	**538221**	**9341027**	**5192635**	**2739719**
农副食品加工业	61584			24828	30456	
饲料加工						
饲料加工						
屠宰及肉类加工						
牲畜屠宰						
水产品加工	22516			16216		
水产品冷冻加工	22516			16216		
其他农副食品加工						
豆制品制造						
食品制造业	148235			16205	38529	
方便食品制造	98238				5037	
方便面及其他方便食品制造	98238				5037	
乳制品制造						
乳制品制造						
其他食品制造						
食品及饲料添加剂制造						
酒、饮料和精制茶制造业	235881	16664		44290	15800	34512
酒的制造	66664	16664		38000		
啤酒制造						
黄酒制造	54664	16664		38000		
饮料制造	169217			6290	15800	34512
碳酸饮料制造						
含乳饮料和植物蛋白饮料制造						
茶饮料及其他饮料制造	102312			3696	15800	34512

单位：万元

外商资本	营业收入	#主营业务收入	营业成本	#主营业务成本	营业税金及附加	#主营业务税金及附加	其他业务利润
3828898	**169677167**	**165096346**	**143813955**	**139690797**	**2724156**	**2713296**	**430503**
	339774	**335203**	**288755**	**284442**	**4092**	**4092**	
3802061	**148648880**	**144238155**	**124150665**	**120164824**	**2636636**	**2629898**	**408564**
6300	706416	700849	610624	607952	1772	1726	2438
6300	198986	195395	174504	172403	561	514	1033
6300	198986	195395	174504	172403	561	514	1033
93501	701466	661466	544398	508145	1973	1973	1981
93201	484146	455720	362677	335235	1159	1159	983
93201	484146	455720	362677	335235	1159	1159	983
124615	1782383	1729035	1257819	1140043	29357	29357	5346
12000	383651	365750	242667	226159	22893	22893	1393
	275836	275022	168936	168858	8258	8258	736
112615	1398732	1363284	1015152	913884	6463	6463	3954
48304	865737	858360	580475	572762	3237	3237	-339

1-B-21 续表 12

行　业	#实收资本	国家资本	集体资本	法人资本	个人资本	港澳台资本
烟草制品业						
卷烟制造						
卷烟制造						
纺织业	1281975	7260	512	569406	261815	316785
棉纺织及印染精加工	981986	6251	512	401319	184861	264921
棉纺纱加工	296514	6251		103381	22813	164069
棉织造加工	254701			118111	57488	51390
棉印染精加工	430771		512	179828	104559	49462
毛纺织及染整精加工						
毛条和毛纱线加工						
麻纺织及染整精加工	21038			15800	5238	
麻纤维纺前加工和纺纱	21038			15800	5238	
丝绢纺织及印染精加工	42962	1008		4299		37654
绢纺和丝织加工						
丝印染精加工						
化纤织造及印染精加工						
化纤织物染整精加工						
针织或钩针编织物及其制品制造	121341			96814	14927	9600
针织或钩针编织物织造	95241			75941	11800	7500
针织或钩针编织品制造	26100			20873	3127	2100
家用纺织制成品制造	58832			36208	18339	4286
床上用品制造	25800			12800	13000	
毛巾类制品制造						
窗帘、布艺类产品制造	13032			3408	5339	4286
非家用纺织制成品制造	35406			6000	29082	324
纺织带和帘子布制造						
篷、帆布制造	11000			6000	5000	
纺织服装、服饰业	937762		4930	324269	174061	361167
机织服装制造	807306		4930	305199	163380	260462
机织服装制造	807306		4930	305199	163380	260462

单位：万元

外商资本	营业收入	#主营业务收入	营业成本	#主营业务成本	营业税金及附加	#主营业务税金及附加	其他业务利润
126196	8288587	8190229	7164649	7082628	43494	43169	13788
124121	5972821	5905987	5199040	5142593	30038	29987	8440
	1246268	1220107	1112293	1092165	4759	4759	5861
27711	1542622	1518734	1314207	1292618	7071	7067	814
96410	3183931	3167146	2772540	2757809	18209	18161	1765
	209161	207740	177770	176754	1426	1426	406
	209161	207740	177770	176754	1426	1426	406
	269984	267508	241824	241824	789	789	2476
	949405	939696	791766	782249	7206	7176	
	805092	795383	675390	665873	6226	6196	
	144313	144313	116376	116376	980	980	
	490194	478333	408401	399214	1870	1870	2540
	172479	169598	137554	137025	565	565	2218
	195694	195230	175063	174752	591	591	153
	193214	188908	172784	168345	712	712	-74
	105927	104455	90278	88794	523	523	68
73334	5365522	5292843	4195422	4141781	32737	31385	18097
73334	3966509	3895038	2988028	2935102	26646	25294	18041
73334	3966509	3895038	2988028	2935102	26646	25294	18041

1-B-21 续表 13

行业	#实收资本	国家资本	集体资本	法人资本	个人资本	港澳台资本
针织或钩针编织服装制造	116903			8906	10681	97317
针织或钩针编织服装制造	116903			8906	10681	97317
服饰制造						
服饰制造						
皮革、毛皮、羽毛及其制品和制鞋业	423591		16843	141254	185263	25965
皮革鞣制加工	64391		8743	24476	13653	
皮革鞣制加工	64391		8743	24476	13653	
皮革制品制造	45549			30352	1750	
皮箱、包(袋)制造						
其他皮革制品制造	34531			27289	1750	
毛皮鞣制及制品加工						
毛皮服装加工						
羽毛(绒)加工及制品制造	25000			25000		
羽毛(绒)加工						
羽毛(绒)制品加工						
制鞋业	283481		8100	60532	166788	25965
皮鞋制造	283481		8100	60532	166788	25965
木材加工和木、竹、藤、棕、草制品业						
木制品制造						
木门窗、楼梯制造						
家具制造业	375674		10474	133029	58804	19764
木质家具制造	120837			37273		7371
木质家具制造	120837			37273		7371
竹、藤家具制造						
竹、藤家具制造						
金属家具制造	56922			19092	24640	3781
金属家具制造	56922			19092	24640	3781
塑料家具制造						
塑料家具制造						
其他家具制造	126375		71	36650	34164	6235
其他家具制造	126375		71	36650	34164	6235
造纸和纸制品业	959927			570754	275782	106098
造纸	949739			570754	265594	106098
机制纸及纸板制造	949739			570754	265594	106098

单位：万元

外商资本	营业收入	#主营业务收入	营业成本	#主营业务成本	营业税金及附加	#主营业务税金及附加	其他业务利润
	1326545	1325337	1148836	1148121	5856	5856	55
	1326545	1325337	1148836	1148121	5856	5856	55
54267	3268222	3249820	2670001	2654709	15902	15901	1164
17520	400175	395731	350225	346516	708	708	735
17520	400175	395731	350225	346516	708	708	735
13447	609417	607810	545320	543204	973	973	153
5492	491655	490190	449429	448397	722	722	153
	176746	176746	154083	154083	493	493	
22097	2019992	2007642	1566560	1557092	13560	13559	276
22097	2019992	2007642	1566560	1557092	13560	13559	276
153603	2115495	2084649	1725217	1698911	10011	10008	4244
76193	447086	445446	381896	381896	1709	1709	1170
76193	447086	445446	381896	381896	1709	1709	1170
9409	444010	443635	366317	365962	1951	1949	20
9409	444010	443635	366317	365962	1951	1949	20
49255	796062	788007	602061	594870	4831	4831	785
49255	796062	788007	602061	594870	4831	4831	785
7293	2122822	2048258	1740345	1686235	4532	4532	5657
7293	1869662	1795098	1522493	1468383	3592	3592	5657
7293	1869662	1795098	1522493	1468383	3592	3592	5657

1-B-21 续表 14

行业	#实收资本	国家资本	集体资本	法人资本	个人资本	港澳台资本
纸制品制造						
纸和纸板容器制造						
印刷和记录媒介复制业						
印刷						
本册印制						
文教、工美、体育和娱乐用品制造业	156107			43501	42690	22263
文教办公用品制造	58800			19835	30925	
文具制造						
笔的制造	22000			5460	8500	
教学用模型及教具制造						
乐器制造						
西乐器制造						
工艺美术品制造	27600			15835	11765	
金属工艺品制造						
珠宝首饰及有关物品制造						
其他工艺美术品制造						
玩具制造						
玩具制造						
游艺器材及娱乐用品制造						
游艺用品及室内游艺器材制造						
石油加工、炼焦和核燃料加工业						
精炼石油产品制造						
原油加工及石油制品制造						
化学原料和化学制品制造业	2006853	228752	356200	585757	462516	
基础化学原料制造	351743	96600		41411	213732	
无机酸制造						
有机化学原料制造	306743	96600		5000	205143	
农药制造	131292			40555	67919	
化学农药制造	90737				67919	
生物化学农药及微生物农药制造						

单位：万元

外商资本	营业收入	#主营业务收入	营业成本	#主营业务成本	营业税金及附加	#主营业务税金及附加	其他业务利润
47652	2793300	2780600	2390851	2390554	6690	6639	12244
8040	909072	908366	768201	768188	2194	2193	693
8040	171392	171049	141754	141754	1031	1031	342
	1043777	1032226	941119	941119	2608	2608	11551
373628	17003903	16419474	14920662	14444770	60441	60318	108718
	2619629	2451768	2283159	2161417	9439	9439	43608
	2390157	2223478	2131473	2009947	9428	9428	42643
22819	558581	531458	447496	423954	1537	1537	2985
22819	473807	447107	373605	350172	1231	1231	2671

1-B-21 续表 15

行业	#实收资本	国家资本	集体资本	法人资本	个人资本	港澳台资本
涂料、油墨、颜料及类似产品制造	248439			171739	76700	
染料制造	248439			171739	76700	
合成材料制造	857376	132152	355700	308984	44800	
初级形态塑料及合成树脂制造						
合成纤维单(聚合)体制造	817376	132152	355700	285784	28000	
专用化学产品制造	351610			11353	5188	
化学试剂和助剂制造						
专项化学用品制造						
信息化学品制造						
日用化学产品制造	66393		500	11715	54178	
肥皂及合成洗涤剂制造	21715			11715	10000	
香料、香精制造						
其他日用化学产品制造						
医药制造业	516582	114829		181148	169121	7710
化学药品原料药制造	362029	108906		115187	129608	
化学药品原料药制造	362029	108906		115187	129608	
化学药品制剂制造	98340	5923		51568	22446	
化学药品制剂制造	98340	5923		51568	22446	
中成药生产	37750			14393	15648	7710
中成药生产	37750			14393	15648	7710
生物药品制造						
生物药品制造						
卫生材料及医药用品制造						
卫生材料及医药用品制造						
化学纤维制造业	846193			460722	232330	61281
纤维素纤维原料及纤维制造						
人造纤维(纤维素纤维)制造						
合成纤维制造	801193			426972	232330	50031
锦纶纤维制造						
涤纶纤维制造	640203			390972	131593	25779
氨纶纤维制造	86092				73840	12252
其他合成纤维制造						

单位：万元

外商资本	营业收入	#主营业务收入	营业成本	#主营业务成本	营业税金及附加	#主营业务税金及附加	其他业务利润
	1484540	1484540	1251286	1251286	5418	5418	
	1484540	1484540	1251286	1251286	5418	5418	
15740	9119089	8810384	8213288	7957552	32301	32178	56380
15740	8736931	8435354	7893124	7640866	31203	31081	52729
335070	865841	864756	778475	778475	1819	1819	335
	2356224	2276569	1946958	1872086	9926	9926	5411
	1905510	1831102	1562505	1488097	6612	6612	5411
43774	3712319	3605921	2236044	2152947	31049	31044	25496
8328	2083536	1986486	1441861	1365656	12652	12647	23400
8328	2083536	1986486	1441861	1365656	12652	12647	23400
18403	1270572	1264744	594350	589745	14790	14790	892
18403	1270572	1264744	594350	589745	14790	14790	892
	206542	206224	72316	72262	2752	2752	
	206542	206224	72316	72262	2752	2752	
91860	9760130	9370474	9234367	8856174	18282	17680	20595
91860	9279568	9059710	8776507	8562917	18281	17680	15400
91860	8477166	8261173	8088460	7878129	15511	14910	15400
	442375	440069	356387	354607	1553	1553	

1-B-21 续表 16

行业	#实收资本	国家资本	集体资本	法人资本	个人资本	港澳台资本
橡胶和塑料制品业	531046	54823		88722	157937	250
橡胶制品业	424475	54823		77405	62934	
轮胎制造	361542	54823		77405		
橡胶板、管、带制造	62934				62934	
塑料制品业	106571			11317	95004	250
塑料薄膜制造						
塑料板、管、型材制造	47000			10567	36433	
塑料丝、绳及编织品制造						
塑料人造革、合成革制造						
塑料包装箱及容器制造						
日用塑料制品制造	4467			751	3466	250
其他塑料制品制造						
非金属矿物制品业	559213	33774		474311	19000	14002
水泥、石灰和石膏制造						
水泥制造						
石膏、水泥制品及类似制品制造						
砼结构构件制造						
砖瓦、石材等建筑材料制造	24080			4304		3973
建筑陶瓷制品制造	24080			4304		3973
玻璃制品制造	46236			43912		
技术玻璃制品制造						
其他玻璃制品制造						
玻璃纤维和玻璃纤维增强塑料制品制造						
玻璃纤维及制品制造						
陶瓷制品制造						
特种陶瓷制品制造						
耐火材料制品制造						
耐火陶瓷制品及其他耐火材料制造						
黑色金属冶炼和压延加工业	1153904	120820	73300	658869	298788	2128
炼钢	270820	120820			150000	
炼钢	270820	120820			150000	
钢压延加工	883084		73300	658869	148788	2128
钢压延加工	883084		73300	658869	148788	2128

单位：万元

外商资本	营业收入	#主营业务收入	营业成本	#主营业务成本	营业税金及附加	#主营业务税金及附加	其他业务利润
229314	7374136	7308219	6289898	6224857	32075	32074	2205
229314	4239036	4186487	3564113	3511101	22682	22682	908
229314	3936129	3885257	3333933	3282445	21190	21190	754
	302907	301229	230181	228656	1492	1492	154
	3135100	3121732	2725785	2713756	9393	9392	1296
	407458	395298	319847	307971	1675	1675	284
	481705	481705	379309	379309	1016	1016	
18127	1755684	1669306	1384096	1308545	9452	9452	9223
15803	557720	542888	416171	402165	2614	2614	467
15803	557720	542888	416171	402165	2614	2614	467
2324	238627	235700	193439	190849	194	194	100
	7008863	6645276	6535110	6189675	17229	17229	19625
	2184111	2100795	2024646	1955674	6258	6258	14345
	2184111	2100795	2024646	1955674	6258	6258	14345
	4824752	4544481	4510464	4234000	10971	10971	5280
	4824752	4544481	4510464	4234000	10971	10971	5280

1-B-21 续表 17

行业						
	#实收资本	国家资本	集体资本	法人资本	个人资本	港澳台资本
有色金属冶炼和压延加工业	515699	101	12224	86664	393144	4000
常用有色金属冶炼						
铝冶炼						
有色金属合金制造						
有色金属合金制造						
有色金属压延加工	454199	101	12224	34664	387644	
铜压延加工	430399	101		34664	376068	
铝压延加工						
金属制品业	520645		20	108490	278010	77362
结构性金属制品制造	187403			61300	125935	
金属结构制造	113360			39250	74110	
金属门窗制造	74043			22050	51825	
集装箱及金属包装容器制造						
集装箱制造						
金属丝绳及其制品制造	176847		20	14980	84484	77362
金属丝绳及其制品制造	176847		20	14980	84484	77362
建筑、安全用金属制品制造	17200				15200	
建筑、家具用金属配件制造	17200				15200	
金属制日用品制造	126779			29106	52390	
金属制厨房用器具制造						
金属制餐具和器皿制造	117605			29106	43216	
通用设备制造业	1194625	47985	4000	441241	436511	79998
锅炉及原动设备制造	228044	47985		82204	70440	
内燃机及配件制造						
汽轮机及辅机制造						
水轮机及辅机制造						
金属加工机械制造	72858					46980
金属切削机床制造	72858					46980
物料搬运设备制造	166713			84136	42537	
起重机制造						
生产专用车辆制造						
连续搬运设备制造						
电梯、自动扶梯及升降机制造	45050			5010		
其他物料搬运设备制造						

单位：万元

外商资本	营业收入	#主营业务收入	营业成本	#主营业务成本	营业税金及附加	#主营业务税金及附加	其他业务利润
19567	3182290	2739723	2923529	2465909	3397	3018	3381
19567	2745514	2302947	2505260	2047640	2989	2609	3381
19567	2587514	2144947	2363685	1906065	2601	2222	3381
56764	3796956	3764313	3239588	3212865	22456	22435	5770
168	2358850	2341554	2030139	2017625	17665	17644	4593
	1499586	1483234	1299707	1287892	13699	13699	4537
168	859265	858321	730432	729732	3966	3945	56
	444002	435937	398537	390687	946	946	214
	444002	435937	398537	390687	946	946	214
2000	91485	90080	76688	75497	379	379	213
2000	91485	90080	76688	75497	379	379	213
45283	765951	760969	610185	605167	3467	3467	3
45283	654975	649993	520718	515700	3080	3080	3
184889	8897899	8751295	7229879	7099711	40581	40549	6660
27416	559596	548981	408495	400597	3567	3538	89
25878	192549	192484	158470	158470	892	892	66
25878	192549	192484	158470	158470	892	892	66
40040	2122765	2102312	1664884	1646008	7359	7359	-3610
40040	1191105	1191105	850776	850776	5498	5498	-5171

1-B-21 续表 18

行业	#实收资本	国家资本	集体资本	法人资本	个人资本	港澳台资本
泵、阀门、压缩机及类似机械制造	232285		4000	99955	95312	33018
泵及真空设备制造	77188		4000	9120	61068	3000
气体压缩机械制造	108840			85155	23685	
阀门和旋塞制造	18980			5680	10559	2741
液压和气压动力机械及元件制造						
轴承、齿轮和传动部件制造	141523			33129	108394	
轴承制造						
齿轮及齿轮减、变速箱制造	70805			31329	39476	
其他传动部件制造	23518			1800	21718	
烘炉、风机、衡器、包装等设备制造	234933			141817	50829	
风机、风扇制造						
气体、液体分离及纯净设备制造						
制冷、空调设备制造	85399			66421	11800	
风动和电动工具制造	42051			4924	6826	
喷枪及类似器具制造						
包装专用设备制造						
通用零部件制造	118269				69000	
紧固件制造						
其他通用零部件制造						
专用设备制造业	420673	11000		90253	51670	224918
化工、木材、非金属加工专用设备制造	239891			6000	36600	197291
炼油、化工生产专用设备制造						
塑料加工专用设备制造						
模具制造	14800			6000	8800	
纺织、服装和皮革加工专用设备制造	98198			84253	10070	
缝制机械制造	98198			84253	10070	
农、林、牧、渔专用机械制造	38627	11000				27627
拖拉机制造						
机械化农业及园艺机具制造						

单位：万元

外商资本	营业收入	#主营业务收入	营业成本	#主营业务成本	营业税金及附加	#主营业务税金及附加	其他业务利润
	1676687	1630751	1358896	1323896	6037	6037	7115
	401256	390011	288332	278971	2091	2091	1884
	909622	878837	766909	744092	3126	3126	4148
	287057	283843	253251	250613	330	330	576
	604046	587099	505600	488682	3011	3011	2899
	281926	269346	230902	220206	1268	1268	2037
	234414	230047	198765	192543	982	982	862
42287	2206872	2174547	1889318	1857100	10127	10124	-903
7178	1413360	1391479	1229482	1203769	7379	7379	-3832
30301	301897	297788	265176	262342	990	987	821
49269	1535384	1515122	1244216	1224958	9588	9588	1004
42832	1810702	1805977	1440783	1439904	7829	7829	409
	861053	857616	651456	651456	5348	5348	
	122488	122488	103739	103739	989	989	
3875	551428	551428	448647	448647	1792	1792	
3875	551428	551428	448647	448647	1792	1792	
	134817	133529	119382	118504	174	174	409

1-B-21 续表 19

行业	#实收资本	国家资本	集体资本	法人资本	个人资本	港澳台资本
医疗仪器设备及器械制造						
医疗、外科及兽医用器械制造						
环保、社会公共服务及其他专用设备制造						
社会公共安全设备及器材制造						
汽车制造业	1941819		6752	658607	330905	566396
汽车整车制造	1060865		3717	414051	19846	491055
汽车整车制造	1060865		3717	414051	19846	491055
汽车零部件及配件制造	880954		3034	244557	311059	75341
汽车零部件及配件制造	880954		3034	244557	311059	75341
铁路、船舶、航空航天和其他运输设备制造业	711011	53323	5835	565828	3548	12925
船舶及相关装置制造	655675	13523	5835	556017	2748	8000
金属船舶制造	655675	13523	5835	556017	2748	8000
摩托车制造	49088	39800		9288		
摩托车整车制造	49088	39800		9288		
自行车制造	6248			523	800	4925
脚踏自行车及残疾人座车制造						
助动自行车制造	5725				800	4925
电气机械和器材制造业	1963139		3043	630429	645303	205137
电机制造	398164		2043	53602	145098	7000
发电机及发电机组制造						
电动机制造	169716		2043	15586	103675	
微电机及其他电机制造	207403			33840	41424	7000
输配电及控制设备制造	763896		1000	241573	315368	64882
变压器、整流器和电感器制造						
配电开关控制设备制造	279393			81778	166420	
电力电子元器件制造	13890				3762	10127
光伏设备及元器件制造	450614			143795	142185	54755
电线、电缆、光缆及电工器材制造	145210			71764	41807	31639
电线、电缆制造	145210			71764	41807	31639
电池制造	230811			38392	800	61500
锂离子电池制造						
其他电池制造	225811			38392		61500

单位：万元

外商资本	营业收入	#主营业务收入	营业成本	#主营业务成本	营业税金及附加	#主营业务税金及附加	其他业务利润
379159	9113841	8788755	7469397	7214315	89583	89490	60073
132196	3632267	3492403	3060097	2933128	67469	67376	37314
132196	3632267	3492403	3060097	2933128	67469	67376	37314
246963	5481574	5296352	4409300	4281187	22114	22114	22759
246963	5481574	5296352	4409300	4281187	22114	22114	22759
69552	3420289	3273437	3053472	2947107	15851	15848	22196
69552	2430025	2359155	2225280	2182674	3352	3349	5522
69552	2430025	2359155	2225280	2182674	3352	3349	5522
	537900	522357	453124	433340	11066	11066	211
	537900	522357	453124	433340	11066	11066	211
	452364	391926	375069	331093	1434	1434	16463
	338830	278391	283056	239080	921	921	16463
479227	14516747	14229159	11964831	11741447	58450	54871	29611
190421	3242292	3169000	2655515	2602221	17509	15477	18994
48414	1860394	1811112	1513779	1474736	7921	7857	10258
125139	1305753	1281911	1083129	1068987	8951	6984	8736
141073	4468071	4391728	3631330	3576916	15347	15345	5124
31194	2867182	2828307	2243394	2217766	12435	12433	3394
	299411	298773	288320	287779	176	176	49
109879	1151444	1114814	986913	958770	2141	2141	1480
	871266	854432	771668	756065	2395	2234	156
	871266	854432	771668	756065	2395	2234	156
130119	1152709	1140377	976573	965639	3291	3291	1399
125919	1088986	1077988	923528	913811	3080	3080	1282

1-B-21 续表 20

行业	#实收资本					
		国家资本	集体资本	法人资本	个人资本	港澳台资本
家用电力器具制造	341462			201593	116058	9777
家用制冷电器具制造	48000			8000	40000	
家用空气调节器制造	85588			76698	8890	
家用通风电器具制造	15550			12550	1500	1500
家用厨房电器具制造	101885			82497	16974	
家用清洁卫生电器具制造	39222			17646	1680	8277
家用美容、保健电器具制造						
家用电力器具专用配件制造	7830			4200	3630	
其他家用电力器具制造	38806			2	38804	
照明器具制造	83597			23505	26173	30339
电光源制造	40214			19758	16876	
照明灯具制造	43383			3747	9297	30339
计算机、通信和其他电子设备制造业	2406579	234878	44090	267276	475617	429596
计算机制造	114811					
计算机整机制造						
计算机零部件制造	88657					
通信设备制造	1016501	234878		58544	392049	215069
通信系统设备制造	688394	174420		34783	285615	193575
通信终端设备制造	328107	60457		23761	106434	21494
广播电视设备制造	41450			6826	34624	
广播电视接收设备及器材制造						
应用电视设备及其他广播电视设备制造	20300			6826	13474	
视听设备制造	56166			15004	8068	2369
电视机制造	25440			15004	8068	2369
音响设备制造						
电子器件制造	909724			102611	9238	208816
半导体分立器件制造						
集成电路制造	106461			75170		
光电子器件及其他电子器件制造	751387			27441	9238	208816
电子元件制造	251867		44090	84291	31639	3342
电子元件及组件制造	243869		44090	84291	31639	3342
印制电路板制造						

单位：万元

外商资本	营业收入	#主营业务收入	营业成本	#主营业务成本	营业税金及附加	#主营业务税金及附加	其他业务利润
14034	4084935	3987749	3343071	3262698	17232	15847	3725
	491268	461680	433568	405808	1949	627	409
	1068468	1059601	1036968	1036434	1589	1589	826
	290528	285717	176643	173052	1836	1836	1220
2414	937592	931479	649751	643312	6340	6340	140
11619	733930	693498	573341	537083	3077	3062	258
	183766	179818	148790	145715	947	899	873
	323625	320207	278140	275422	1261	1261	
3580	697474	685872	586675	577908	2677	2677	214
3580	320273	319497	260383	259736	1798	1798	129
	377201	366374	326292	318172	879	879	85
955122	12277814	12108748	9762710	9639436	53886	53849	18043
114811	999320	996256	957895	956928			2097
88657	252147	249084	240740	239773			2097
115961	3991179	3882279	2365628	2277137	34267	34253	3499
	2826848	2790215	1317599	1295563	30828	30828	370
115961	1164331	1092064	1048029	981574	3439	3425	3129
	343352	341748	282105	280938	3317	3317	40
	183647	182539	139690	138978	2750	2750	
30725	685343	678792	609172	606181	1851	1851	61
	526851	524352	461633	459324	1276	1276	61
589059	4532196	4512272	4174291	4161209	4593	4569	2968
31291	288068	283530	242553	240333	933	909	1798
505892	4160814	4146712	3863192	3853302	3046	3046	858
88505	1670222	1641477	1328963	1312598	9354	9354	9311
80507	1613592	1585539	1278112	1262276	9354	9354	9150

1-B-21 续表 21

行 业	#实收资本	国家资本	集体资本	法人资本	个人资本	港澳台资本
其他电子设备制造						
其他电子设备制造						
仪器仪表制造业	440129			86951	95059	123200
通用仪器仪表制造	253364			68184	54895	80200
工业自动控制系统装置制造	129650			17569	27081	80200
电工仪器仪表制造	68705			44452	24254	
供应用仪表及其他通用仪器制造	55009			6163	3560	
专用仪器仪表制造	95141				21397	
运输设备及生产用计数仪表制造	77881				4137	
教学专用仪器制造						
光学仪器及眼镜制造	91623			18768	18768	43000
光学仪器制造	80535			18768	18768	43000
眼镜制造						
其他制造业	138708			45167	54975	2000
日用杂品制造	138708			45167	54975	2000
其他日用杂品制造	138708			45167	54975	2000
废弃资源综合利用业	43677			1516		42161
金属废料和碎屑加工处理	43677			1516		42161
金属废料和碎屑加工处理	43677			1516		42161
电力、热力、燃气及水生产和供应业	**1929398**	**1598473**		**275408**		**28680**
电力、热力生产和供应业	1021898	937528		84370		
电力生产	409848	325478		84370		
火力发电	409848	325478		84370		
电力供应	612050	612050				
电力供应	612050	612050				
燃气生产和供应业						
燃气生产和供应业						
燃气生产和供应业						
水的生产和供应业	788000	600000		188000		
自来水生产和供应	788000	600000		188000		
自来水生产和供应	788000	600000		188000		

单位：万元

外商资本	营业收入	#主营业务收入	营业成本	#主营业务成本	营业税金及附加	#主营业务税金及附加	其他业务利润
134918	1588790	1543866	1122154	1067777	8706	8704	9061
50086	954191	929335	618233	574211	6467	6465	-55
4800	375600	369837	218072	211306	3164	3162	1128
	445959	427450	311678	274857	2585	2585	1933
45286	132633	132048	88484	88048	719	719	-3116
73744	451290	436125	362051	355936	1031	1031	9049
73744	410326	395985	333478	327401	770	770	8263
11088	183310	178407	141869	137630	1208	1208	67
	129378	124889	102848	98957	502	502	
36567	917145	901958	743580	739241	5443	5413	1824
36567	917145	901958	743580	739241	5443	5413	1824
36567	917145	901958	743580	739241	5443	5413	1824
	572514	571283	574246	573439	528	528	
	572514	571283	574246	573439	528	528	
	572514	571283	574246	573439	528	528	
26837	**20688512**	**20522989**	**19374535**	**19241531**	**83429**	**79307**	**21939**
	20252777	20094419	18994186	18864081	80786	76872	20290
	1266511	1240121	862382	851539	10912	9846	10104
	1266511	1240121	862382	851539	10912	9846	10104
	18986266	18854298	18131804	18012543	69874	67027	10187
	18986266	18854298	18131804	18012543	69874	67027	10187
	265752	258937	218068	215429	2481	2273	1560
	265752	258937	218068	215429	2481	2273	1560
	265752	258937	218068	215429	2481	2273	1560

1-B-21 续表 22

行业	管理费用	#税金	财务费用	#利息支出	投资收益	营业利润
总计	**6315747**	**285461**	**1749249**	**2215889**	**845181**	**10960644**
采矿业	**24060**	**710**	**684**	**890**	**405**	**20842**
黑色金属矿采选业						
铁矿采选						
铁矿采选						
非金属矿采选业						
土砂石开采						
建筑装饰用石开采						
制造业	**6144968**	**277337**	**1479681**	**1943585**	**834672**	**10091788**
农副食品加工业						
饲料加工						
饲料加工						
屠宰及肉类加工						
牲畜屠宰	5128	243	972	1307	108	7690
水产品加工	12621	428	1927	2830	131	523
水产品冷冻加工	12621	428	1927	2830	131	523
其他农副食品加工						
豆制品制造						
食品制造业	21760	3023	-6255	5461	10353	56271
方便食品制造	11214	2294	-9778	663	10300	46270
方便面及其他方便食品制造	11214	2294	-9778	663	10300	46270
乳制品制造						
乳制品制造						
其他食品制造						
食品及饲料添加剂制造						
酒、饮料和精制茶制造业	62086	5625	5587	11444	16215	151757
酒的制造	21902	2449	10443	8811	1812	53186
啤酒制造	1127	277	-9	106		16823
黄酒制造	20776	2172	10452	8705	1812	36364
饮料制造	40183	3176	-4856	2634	14403	98571
碳酸饮料制造						
含乳饮料和植物蛋白饮料制造						
茶饮料及其他饮料制造	22761	2363	-2214	2321	12833	15202

单位：万元

营业外收入	#补贴收入	营业外支出	利润总额	应交所得税	利税总额	应付工资总额	本年应交增值税
945032	**427681**	**459136**	**11621153**	**1778434**	**18929563**	**7713886**	**4537437**
832		**473**	**21201**	**7770**	**31378**	**10599**	**6085**
924234	**426360**	**377783**	**10812852**	**1559594**	**17357556**	**7439387**	**3857129**
1527		401	8816	27	8852	9794	8
6945	6570	319	7148	491	11452	25498	3790
6945	6570	319	7148	491	11452	25498	3790
11794	1014	1456	66608	11239	99665	41022	31084
10612	286	1082	55800	10994	80454	26446	23495
10612	286	1082	55800	10994	80454	26446	23495
9429	7719	6977	162655	41173	284597	137925	92585
4821	358	1312	56696	13719	103203	46327	23614
332		26	17128	4084	38573	15699	6810
4489	358	1286	39567	9635	64630	30628	16805
4608	7361	5665	105959	27454	181393	91598	68971
2479	495	4621	13070	3823	57276	70333	40969

1-B-21 续表 23

行业	管理费用	#税金	财务费用	#利息支出	投资收益	营业利润
烟草制品业						
卷烟制造						
卷烟制造						
纺织业	307386	17204	188835	206426	67491	500141
棉纺织及印染精加工	215837	9775	116163	131524	41507	382309
棉纺纱加工	40782	3259	20234	25512	33258	85645
棉织造加工	52481	2733	39336	36588	-2	117772
棉印染精加工	122574	3783	56593	69424	8251	178891
毛纺织及染整精加工						
毛条和毛纱线加工						
麻纺织及染整精加工	10372	358	9465	7868	4492	8163
麻纤维纺前加工和纺纱	10372	358	9465	7868	4492	8163
丝绢纺织及印染精加工	15367	970	3824	3809	2797	6328
绢纺和丝织加工						
丝印染精加工						
化纤织造及印染精加工						
化纤织物染整精加工						
针织或钩针编织物及其制品制造	29357	3289	42521	42235	15113	64491
针织或钩针编织物织造	19101	2709	37661	37861	15113	57152
针织或钩针编织品制造	10256	580	4859	4375		7340
家用纺织制成品制造	18312	1548	10364	14297	3327	22561
床上用品制造	7322	690	7344	7598	3327	6753
毛巾类制品制造						
窗帘、布艺类产品制造	7360	599	2853	3820		6036
非家用纺织制成品制造	7760	775	2963	3255	-29	3854
纺织带和帘子布制造						
篷、帆布制造	5799	677	1204	1552	-29	3447
纺织服装、服饰业	290443	16870	21168	57761	59714	518833
机织服装制造	237881	14471	8009	49456	58734	412852
机织服装制造	237881	14471	8009	49456	58734	412852

单位：万元

营业外收入	#补贴收入	营业外支出	利润总额	应交所得税	利税总额	应付工资总额	本年应交增值税
44064	21898	22586	550111	79199	861413	501679	268134
27838	20357	16469	402968	61175	637900	359928	204946
7299	2832	1050	92261	11563	133064	65126	36044
16094	13477	12035	121832	24283	175798	96543	46899
4445	4047	3385	188875	25330	329038	198260	122002
1332	466	283	9211	3797	20850	18208	10213
1332	466	283	9211	3797	20850	18208	10213
8239	262	404	14750	1657	19361	15441	3822
3335	413	3068	79955	6651	103783	47981	16652
1954	413	2945	71358	4658	91816	35383	14263
1381		123	8598	1993	11967	12599	2389
788	320	796	25970	3624	41318	27144	13477
359	320	282	10247	760	15136	11454	4323
375		285	6126	1424	11139	10546	4422
557	80	819	3592	500	8790	14951	4486
557	80	617	3387	495	8200	10851	4290
30194	2140	6953	543437	109387	773047	501631	197469
25496	1959	4660	435050	84878	638175	358120	177157
25496	1959	4660	435050	84878	638175	358120	177157

1-B-21 续表 24

行业	管理费用	#税金	财务费用	#利息支出	投资收益	营业利润
针织或钩针编织服装制造	51422	2322	9125	4474	980	98766
针织或钩针编织服装制造	51422	2322	9125	4474	980	98766
服饰制造						
服饰制造						
皮革、毛皮、羽毛及其制品和制鞋业	152967	3898	37176	44781	6743	257960
皮革鞣制加工	11951	704	2607	11160	41	26534
皮革鞣制加工	11951	704	2607	11160	41	26534
皮革制品制造	14434	220	7747	7023	2	35414
皮箱、包(袋)制造						
其他皮革制品制造	9532	171	7456	6733	2	21535
毛皮鞣制及制品加工						
毛皮服装加工						
羽毛(绒)加工及制品制造	3800	156	1757	1683	415	8765
羽毛(绒)加工						
羽毛(绒)制品加工						
制鞋业	120554	2746	23528	23378	6285	183865
皮鞋制造	120554	2746	23528	23378	6285	183865
木材加工和木、竹、藤、棕、草制品业						
木制品制造						
木门窗、楼梯制造						
家具制造业	96401	6191	32837	30557	5045	138312
木质家具制造	21094	1458	4862	11539	374	11628
木质家具制造	21094	1458	4862	11539	374	11628
竹、藤家具制造						
竹、藤家具制造						
金属家具制造	26025	1739	7949	8898	878	22929
金属家具制造	26025	1739	7949	8898	878	22929
塑料家具制造						
塑料家具制造						
其他家具制造	40033	1975	5552	3525	3793	82939
其他家具制造	40033	1975	5552	3525	3793	82939
造纸和纸制品业	97156	7184	75265	99972	303	138626
造纸	95396	7129	72647	97522	303	110424
机制纸及纸板制造	95396	7129	72647	97522	303	110424

单位：万元

营业外收入	#补贴收入	营业外支出	利润总额	应交所得税	利税总额	应付工资总额	本年应交增值税
4698	182	2293	101172	24264	127423	138598	20395
4698	182	2293	101172	24264	127423	138598	20395
9403	1697	3889	264971	40581	407430	272122	126558
1332	591	443	27423	1191	37886	20354	9756
1332	591	443	27423	1191	37886	20354	9756
814	386	524	35704	6338	55210	40137	18534
526	123	440	21621	3653	37169	27042	14826
861		92	9534	135	17125	15742	7098
5731	55	2651	188441	32117	290229	191032	88229
5731	55	2651	188441	32117	290229	191032	88229
11706	1891	8070	142401	13308	226705	175866	74296
1086	30	297	12791	3144	31852	45075	17351
1086	30	297	12791	3144	31852	45075	17351
2367	595	1866	23430	3073	42558	42547	17180
2367	595	1866	23430	3073	42558	42547	17180
1779	1190	874	83922	5549	107549	72850	18796
1779	1190	874	83922	5549	107549	72850	18796
12495	3546	6072	145049	15443	197274	82002	47693
12495	3546	5823	117096	14744	158939	78210	38251
12495	3546	5823	117096	14744	158939	78210	38251

1-B-21 续表 25

行业	管理费用	#税金	财务费用	#利息支出	投资收益	营业利润
纸制品制造						
纸和纸板容器制造						
印刷和记录媒介复制业						
印刷						
本册印制						
文教、工美、体育和娱乐用品制造业	82181	3548	43141	55429	12979	198529
文教办公用品制造	34592	1697	11663	24053	10378	62116
文具制造						
笔的制造	10379	549	4205	3688	11	4806
教学用模型及教具制造						
乐器制造						
西乐器制造						
工艺美术品制造	12786	623	21827	23469	2601	43686
金属工艺品制造						
珠宝首饰及有关物品制造						
其他工艺美术品制造						
玩具制造						
玩具制造						
游艺器材及娱乐用品制造						
游艺用品及室内游艺器材制造						
石油加工、炼焦和核燃料加工业						
精炼石油产品制造						
原油加工及石油制品制造						
化学原料和化学制品制造业	473632	17681	185697	233704	146901	1146673
基础化学原料制造	152620	5408	29995	38785	29402	142574
无机酸制造						
有机化学原料制造	131640	5020	26259	34299	27089	90986
农药制造	44939	1817	5081	3540	46873	70116
化学农药制造	39755	1328	3170	1686	38267	60961
生物化学农药及微生物农药制造						

单位：万元

营业外收入	#补贴收入	营业外支出	利润总额	应交所得税	利税总额	应付工资总额	本年应交增值税
4732	2045	24140	179132	14284	236414	119187	50643
2386	595	1444	63068	3944	81633	52774	16372
671	595	760	4727	994	6318	25958	559
2077	1439	1032	44731	9065	68092	21219	20753
156586	74787	91918	1275861	150970	1646509	502656	295034
40350	23982	8587	174337	19731	228178	198761	44402
39384	23982	6404	123966	12302	177796	188202	44402
2884	793	1517	71483	3310	79195	43154	6175
1957		1220	61697	3086	66125	36652	3197

1-B-21 续表 26

行业	管理费用	#税金	财务费用	#利息支出	投资收益	营业利润
涂料、油墨、颜料及类似产品制造	52082	1575	19005	21734	16491	122638
染料制造	52082	1575	19005	21734	16491	122638
合成材料制造	139999	5212	101603	135872	10291	672227
初级形态塑料及合成树脂制造						
合成纤维单(聚合)体制造	122309	4913	97644	130512	10291	638959
专用化学产品制造	41049	2228	22878	26005	303	2233
化学试剂和助剂制造						
专项化学用品制造						
信息化学品制造						
日用化学产品制造	42943	1443	7135	7768	43541	136884
肥皂及合成洗涤剂制造	30522	1100	4895	5771	40623	95657
香料、香精制造						
其他日用化学产品制造						
医药制造业	380502	16100	43092	50552	68786	483092
化学药品原料药制造	242369	6195	28460	34288	64384	227517
化学药品原料药制造	242369	6195	28460	34288	64384	227517
化学药品制剂制造	97131	9049	9728	11276	2700	222477
化学药品制剂制造	97131	9049	9728	11276	2700	222477
中成药生产	28916	626	155	1401	1703	29442
中成药生产	28916	626	155	1401	1703	29442
生物药品制造						
生物药品制造						
卫生材料及医药用品制造						
卫生材料及医药用品制造						
化学纤维制造业	165402	10580	91175	113237	12225	241703
纤维素纤维原料及纤维制造						
人造纤维(纤维素纤维)制造						
合成纤维制造	160735	10199	75866	88156	9705	239017
锦纶纤维制造						
涤纶纤维制造	130394	8735	68771	80758	9705	170797
氨纶纤维制造	19154	781	5090	5462		55397
其他合成纤维制造						

单位：万元

营业外收入	#补贴收入	营业外支出	利润总额	应交所得税	利税总额	应付工资总额	本年应交增值税
4721		5843	133725	26662	183350	40597	44207
4721		5843	133725	26662	183350	40597	44207
48536	48383	41070	687690	56586	858968	119129	123805
48044	47903	40779	654221	52467	815675	109616	115078
58685	1011	33448	28480	4410	36565	38171	6266
1411	618	1454	180147	40272	260253	62844	70180
1013	265	941	136353	31055	197571	51616	54607
30788	18867	15894	506809	91338	766559	323722	224601
20243	8453	12259	235511	35065	336547	169368	84452
20243	8453	12259	235511	35065	336547	169368	84452
6271	8151	2975	234586	51795	363741	102006	114365
6271	8151	2975	234586	51795	363741	102006	114365
3337	2263	450	32329	3898	59023	30449	23942
3337	2263	450	32329	3898	59023	30449	23942
33084	21409	10186	266314	23672	476028	224805	192034
32539	21409	10006	263264	23672	472978	218333	192034
29249	19473	9342	192417	14709	386627	190329	179299
1921	567	521	56797	6315	69635	13127	11285

1-B-21 续表 27

行业	管理费用	#税金	财务费用	#利息支出	投资收益	营业利润
橡胶和塑料制品业	197700	6561	64521	71426	47132	557170
橡胶制品业	120246	4714	32273	37574	37483	317384
轮胎制造	103128	4426	30891	36211	37199	270961
橡胶板、管、带制造	17119	288	1382	1363	284	46422
塑料制品业	77454	1847	32248	33853	9649	239786
塑料薄膜制造						
塑料板、管、型材制造	24759	801	4930	6418	9400	46820
塑料丝、绳及编织品制造						
塑料人造革、合成革制造						
塑料包装箱及容器制造						
日用塑料制品制造	23775	723	1761	3000	146	54825
其他塑料制品制造						
非金属矿物制品业	92840	4237	45831	64740	14247	113870
水泥、石灰和石膏制造						
水泥制造						
石膏、水泥制品及类似制品制造						
砼结构构件制造						
砖瓦、石材等建筑材料制造	20733	494	5539	18443	840	20256
建筑陶瓷制品制造	20733	494	5539	18443	840	20256
玻璃制品制造	12219	811	5449	5984	6146	26754
技术玻璃制品制造						
其他玻璃制品制造						
玻璃纤维和玻璃纤维增强塑料制品制造						
玻璃纤维及制品制造						
陶瓷制品制造						
特种陶瓷制品制造						
耐火材料制品制造						
耐火陶瓷制品及其他耐火材料制造						
黑色金属冶炼和压延加工业	189143	17779	74313	136744	21218	173384
炼钢	99070	6528	19371	77741	17725	49059
炼钢	99070	6528	19371	77741	17725	49059
钢压延加工	90073	11251	54942	59003	3492	124324
钢压延加工	90073	11251	54942	59003	3492	124324

单位：万元

营业外收入	#补贴收入	营业外支出	利润总额	应交所得税	利税总额	应付工资总额	本年应交增值税
14499	4431	19430	580264	111178	746344	306766	134007
10759	3320	17114	338907	70239	452857	241873	91268
7631	1814	16213	290258	61504	392901	221764	81453
3128	1507	900	48649	8735	59957	20109	9815
3740	1110	2316	241357	40939	293487	64894	42738
829	88	351	47298	5024	63809	17730	14837
1877	626	507	56341	7665	63427	12640	6070
15215	11524	4016	125080	13103	205565	137985	69524
1379	356	344	21291		41804	49906	17899
1379	356	344	21291		41804	49906	17899
1358	350	174	27937	6201	29124	15938	-517
13030	5174	8463	178285	13634	315711	191209	120197
3895		833	52122	3532	88049	53878	29670
3895		833	52122	3532	88049	53878	29670
9135	5174	7630	126163	10102	227662	137331	90527
9135	5174	7630	126163	10102	227662	137331	90527

1-B-21 续表 28

行业	管理费用	#税金	财务费用	#利息支出	投资收益	营业利润
有色金属冶炼和压延加工业	65396	3241	11491	51184	17495	86255
常用有色金属冶炼						
铝冶炼						
有色金属合金制造						
有色金属合金制造						
有色金属压延加工	50091	2502	8996	47344	18262	92013
铜压延加工	46717	2344	8587	46836	17457	80378
铝压延加工						
金属制品业	146036	11474	66994	66668	29145	244334
结构性金属制品制造	88044	7005	36668	36953	835	144949
金属结构制造	57901	4634	24331	31311	810	79663
金属门窗制造	30143	2372	12337	5642	25	65286
集装箱及金属包装容器制造						
集装箱制造						
金属丝绳及其制品制造	8782	524	10607	11397	1958	19391
金属丝绳及其制品制造	8782	524	10607	11397	1958	19391
建筑、安全用金属制品制造	7523	932	4360	4358	255	274
建筑、家具用金属配件制造	7523	932	4360	4358	255	274
金属制日用品制造	38314	2774	15054	13946	26097	74399
金属制厨房用器具制造						
金属制餐具和器皿制造	31241	2403	9062	7497	26449	74676
通用设备制造业	496901	15857	77892	106482	58515	815817
锅炉及原动设备制造	50426	1064	2591	3188	18922	91804
内燃机及配件制造						
汽轮机及辅机制造						
水轮机及辅机制造						
金属加工机械制造	13722	295	-2333	3221	22	6238
金属切削机床制造	13722	295	-2333	3221	22	6238
物料搬运设备制造	101214	4434	-8635	3538	11820	293666
起重机制造						
生产专用车辆制造						
连续搬运设备制造						
电梯、自动扶梯及升降机制造	63932	2299	-13725		8734	244823
其他物料搬运设备制造						

单位：万元

营业外收入	#补贴收入	营业外支出	利润总额	应交所得税	利税总额	应付工资总额	本年应交增值税
25359	22653	5093	108597	7990	134633	66175	23019
7912	5363	3954	98046	6520	120487	49569	19831
7626	5363	3686	86394	4893	104735	44119	16120
9995	2138	10125	246759	38229	363749	217732	94556
1958	138	1679	145228	24499	218396	113645	55524
1453		934	80182	18532	126715	62708	32834
505	138	745	65046	5967	91680	50937	22690
50	342	454	21286	2349	34836	27282	12605
50	342	454	21286	2349	34836	27282	12605
185		156	558	292	4166	9291	3229
185		156	558	292	4166	9291	3229
6737	717	7708	73428	6101	100092	58031	23197
5562	365	7071	73167	5919	96423	49122	20176
38607	12476	7820	858249	157734	1166163	549854	266785
3692	1200	799	94697	11243	125929	70460	27694
3444		-75	9780	1751	15647	16641	4396
3444		-75	9780	1751	15647	16641	4396
5433	3077	1250	306682	66729	402041	111985	88000
1683	98	315	255023	59560	328944	72811	68423

1-B-21 续表 29

行业	管理费用	#税金	财务费用	#利息支出	投资收益	营业利润
泵、阀门、压缩机及类似机械制造	94301	2519	310	9433	4169	157156
泵及真空设备制造	33598	982	527	2281	1769	48774
气体压缩机械制造	46645	1222	-3632	1837		68114
阀门和旋塞制造	6818	48	3562	4768	2400	19613
液压和气压动力机械及元件制造						
轴承、齿轮和传动部件制造	43620	1805	12119	11742	3384	27624
轴承制造						
齿轮及齿轮减、变速箱制造	25111	1025	4082	3881	41	11382
其他传动部件制造	17895	678	7291	7011	3343	6623
烘炉、风机、衡器、包装等设备制造	97090	2341	33282	34303	14590	142502
风机、风扇制造						
气体、液体分离及纯净设备制造						
制冷、空调设备制造	42481	1026	25240	24626	1210	83361
风动和电动工具制造	14175	488	2297	3639	63	15459
喷枪及类似器具制造						
包装专用设备制造						
通用零部件制造	96528	3399	40557	41058	5609	96829
紧固件制造						
其他通用零部件制造						
专用设备制造业	100689	3857	11679	19088	18383	188630
化工、木材、非金属加工专用设备制造	53550	1389	-1539	4812	18071	115983
炼油、化工生产专用设备制造						
塑料加工专用设备制造						
模具制造	3769	132	1966	2148	5706	14058
纺织、服装和皮革加工专用设备制造	29118	1027	11055	11012	312	42322
缝制机械制造	29118	1027	11055	11012	312	42322
农、林、牧、渔专用机械制造	8402	1123	1875	2252		750
拖拉机制造						
机械化农业及园艺机具制造						

单位：万元

营业外收入	#补贴收入	营业外支出	利润总额	应交所得税	利税总额	应付工资总额	本年应交增值税
7025	4419	1815	162366	24938	210677	124130	42274
3222	1772	924	51072	7153	71185	45482	18023
2158	1504	293	69979	13279	90465	45509	17359
929	459	247	20295	1589	25030	19872	4404
4415	772	590	33706	2853	55839	64531	19122
3964	601	312	15034	2085	27377	43927	11075
451	171	277	9054	768	17920	19373	7885
8340	2540	2943	148431	27443	199872	115604	41317
3705	652	1653	85626	18865	118513	55404	25508
824	1080	557	16046	3719	23559	19514	6527
6258	467	497	102589	22778	156160	46504	43983
9562	1692	1601	196591	23324	261713	107073	57293
5992	591	452	121522	15279	159357	38744	32486
34	9	31	14062	70	20441	9150	5390
2150	51	507	43966	5979	65271	30361	19513
2150	51	507	43966	5979	65271	30361	19513
700	376	170	1280	53	3146	11896	1693

1-B-21 续表 30

行业	管理费用	#税金	财务费用	#利息支出	投资收益	营业利润
医疗仪器设备及器械制造						
医疗、外科及兽医用器械制造						
环保、社会公共服务及其他专用设备制造						
社会公共安全设备及器材制造						
汽车制造业	551701	31015	96245	113988	58794	687175
汽车整车制造	230195	22372	21939	31727	15063	121759
汽车整车制造	230195	22372	21939	31727	15063	121759
汽车零部件及配件制造	321506	8643	74306	82261	43731	565416
汽车零部件及配件制造	321506	8643	74306	82261	43731	565416
铁路、船舶、航空航天和其他运输设备制造业	174476	8650	91207	88011	1253	53296
船舶及相关装置制造	126238	7109	81929	81008	92	-9207
金属船舶制造	126238	7109	81929	81008	92	-9207
摩托车制造	29336	963	3752	3086	1160	30121
摩托车整车制造	29336	963	3752	3086	1160	30121
自行车制造	18903	578	5526	3917		32382
脚踏自行车及残疾人座车制造						
助动自行车制造	15710	384	2555	2571		24991
电气机械和器材制造业	780710	22253	177529	195829	102176	1039075
电机制造	179812	4610	50325	38726	5934	245933
发电机及发电机组制造						
电动机制造	79725	1976	27985	24868	3650	174199
微电机及其他电机制造	94653	2380	22368	13496	2269	65997
输配电及控制设备制造	217640	6371	78176	86800	37031	361985
变压器、整流器和电感器制造						
配电开关控制设备制造	146921	3151	37493	44960	30451	302592
电力电子元器件制造	3720	328	61	691		-484
光伏设备及元器件制造	56670	2049	28312	30687	6111	54799
电线、电缆、光缆及电工器材制造	32130	747	13030	12418	2559	37578
电线、电缆制造	32130	747	13030	12418	2559	37578
电池制造	72710	2227	10958	14913	41146	92761
锂离子电池制造						
其他电池制造	66803	2179	10017	14292	41146	90253

单位：万元

营业外收入	#补贴收入	营业外支出	利润总额	应交所得税	利税总额	应付工资总额	本年应交增值税
141089	101812	45301	785242	94032	1107331	499167	225692
84402	50672	7052	199110	41635	335196	158199	68710
84402	50672	7052	199110	41635	335196	158199	68710
56687	51140	38249	586132	52397	772136	340968	156983
56687	51140	38249	586132	52397	772136	340968	156983
14722	1707	3177	64841	3433	107386	152504	10032
11703	1021	1396	1099	743	5834	92865	-13406
11703	1021	1396	1099	743	5834	92865	-13406
2136	686	1544	30713	730	54942	35269	11291
2136	686	1544	30713	730	54942	35269	11291
882		236	33029	1959	46610	24371	12148
882		236	25638	1959	35539	18005	8980
79278	41408	39448	1086777	161017	1516177	974231	372828
9271	3639	10203	248408	51105	331556	253329	66950
1865	830	1950	176475	32748	220905	115892	35852
7107	2528	8006	66145	16957	101301	127291	28172
18908	18737	12602	368761	53682	521163	268604	137057
9653	2871	3995	308250	48539	420016	198716	99333
340		936	-1079	1121	722	11494	1625
7177	15865	6691	55285	4022	88783	51364	31357
3458	810	1550	39486	4118	59055	44402	17335
3458	810	1550	39486	4118	59055	44402	17335
7336	7211	1517	98581	8448	122898	55358	21026
6583	6467	1411	95425	7578	117783	45979	19279

1-B-21 续表 31

行　　业	管理费用	#税　金	财务费用	#利息支出	投资收益	营业利润
家用电力器具制造	239053	6646	23302	39163	7818	250630
家用制冷电器具制造	18673	1304	2858	5154		12201
家用空气调节器制造	57160	837	5451	17601	3964	442
家用通风电器具制造	31800	787	561	1623	55	47418
家用厨房电器具制造	43272	1209	-1687	1846	1359	133787
家用清洁卫生电器具制造	46664	1316	5780	3454	176	32904
家用美容、保健电器具制造						
家用电力器具专用配件制造	13670	521	3010	3072	153	13282
其他家用电力器具制造	22250	510	6237	5889	2080	8906
照明器具制造	39365	1653	1739	3808	7689	50189
电光源制造	21492	380	526	1525	-716	27144
照明灯具制造	17873	1272	1213	2283	8404	23045
计算机、通信和其他电子设备制造业	749819	26463	32492	62256	20719	1239421
计算机制造	26531	1304	-1089	571	272	14823
计算机整机制造						
计算机零部件制造	11632	1304	-18	571	52	-568
通信设备制造	429256	3504	-12095	6925	16029	873954
通信系统设备制造	348533	2241	-9609	1622	4363	854974
通信终端设备制造	80724	1263	-2486	5303	11666	18980
广播电视设备制造	24872	404	4480	3901	16	19889
广播电视接收设备及器材制造						
应用电视设备及其他广播电视设备制造	20767	184	1273	1407	16	12943
视听设备制造	22690	979	13025	10037	267	24173
电视机制造	20026	756	11896	9184	267	22124
音响设备制造						
电子器件制造	127565	8315	-300	14069	1051	183808
半导体分立器件制造						
集成电路制造	23993	1280	4581	5551	-119	13953
光电子器件及其他电子器件制造	95347	6800	-4065	7675	1170	165264
电子元件制造	114757	11868	27942	26721	3085	118815
电子元件及组件制造	112730	11496	28229	26721	3085	114777
印制电路板制造						

单位：万元

营业外收入	#补贴收入	营业外支出	利润总额	应交所得税	利税总额	应付工资总额	本年应交增值税
31016	8499	11449	274191	35580	393371	289239	103333
1878	345	1565	12514	1869	18340	25908	5199
20285	1884	4521	17190	1269	31162	61546	12384
722	2121	726	49570	7872	68621	27991	17214
2775	1626	2039	134532	18734	188333	54112	47461
1656	37	1370	33258	1181	43542	45684	7223
2051	1255	539	14794	3034	20459	17936	4765
1638	1039	539	10560	1316	20903	49397	9082
9289	2512	2129	57350	8084	88134	63299	27127
2061	458	1409	27797	5277	40808	33112	11213
7228	2054	720	29553	2807	47327	30187	15914
149130	35017	16334	1375960	108302	1689012	860735	249046
1273	22	1524	14791	3840	14847	23946	56
654	22	738	-652		-596	13775	56
114743	24936	3992	984860	46078	1195066	328427	175952
106596	24032	1111	960458	42254	1154173	257074	162887
8147	904	2880	24402	3825	40893	71352	13065
2496	2274	688	21697	3497	30601	33851	5588
1766	1554	540	14169	2347	18727	22185	1808
4361	2252	2606	25928	2656	35372	25406	7593
2955	846	662	24417	2656	33286	16731	7593
10515	3883	2321	192579	29256	213263	264156	6074
3943	2022	627	17269	2325	24406	37178	6227
6512	1826	1529	170824	26489	183757	215798	145
15688	1271	3995	132919	22078	195904	174677	53515
15688	1271	3974	128902	21161	191697	170256	53325

1-B-21 续表 32

行业	管理费用	#税金	财务费用	#利息支出	投资收益	营业利润
其他电子设备制造						
其他电子设备制造						
仪器仪表制造业	151880	2149	1425	10210	5425	178012
通用仪器仪表制造	102865	1695	-358	8694	5225	125404
工业自动控制系统装置制造	48800	470	-5247	1332	24	61660
电工仪器仪表制造	36879	925	2647	4047	5035	55673
供应用仪表及其他通用仪器制造	17187	299	2242	3315	167	8072
专用仪器仪表制造	32721	213	1641	1081		31728
运输设备及生产用计数仪表制造	27418	136	1654	1081		28365
教学专用仪器制造						
光学仪器及眼镜制造	16294	241	142	435	200	20880
光学仪器制造	14701	158	222	435		8605
眼镜制造	1593	83	-80		200	12275
其他制造业	53247	2549	-2723	6651	3585	86499
日用杂品制造	53247	2549	-2723	6651	3585	86499
其他日用杂品制造	53247	2549	-2723	6651	3585	86499
废弃资源综合利用业	4662	439	-5946	6804	-3922	-5351
金属废料和碎屑加工处理	4662	439	-5946	6804	-3922	-5351
金属废料和碎屑加工处理	4662	439	-5946	6804	-3922	-5351
电力、热力、燃气及水生产和供应业	**146719**	**7414**	**268884**	**271415**	**10104**	**848014**
电力、热力生产和供应业	109265	5304	256875	256355	7411	858047
电力生产	45576	4346	39260	39856	3105	301792
火力发电	45576	4346	39260	39856	3105	301792
电力供应	63689	958	217615	216499	4306	556255
电力供应	63689	958	217615	216499	4306	556255
燃气生产和供应业						
燃气生产和供应业						
燃气生产和供应业						
水的生产和供应业	34992	2110	8539	11993	2693	-3900
自来水生产和供应	34992	2110	8539	11993	2693	-3900
自来水生产和供应	34992	2110	8539	11993	2693	-3900

单位：万元

营业外收入	#补贴收入	营业外支出	利润总额	应交所得税	利税总额	应付工资总额	本年应交增值税
28358	14620	2277	204764	33170	283937	163311	70469
26333	14013	688	151513	22889	212176	102561	54198
15816	7661	-1099	78575	12583	104634	48666	22897
4703	2986	1260	59116	8469	85809	39075	24108
5814	3366	527	13822	1837	21733	14820	7193
563		1369	30921	5549	43868	40066	11916
526		989	27902	5273	38431	35209	9759
1462	607	220	22330	4732	27893	20683	4355
1461	600	193	9874	1464	14131	13937	3756
1	7	27	12456	3268	13762	6747	600
3954	355	3037	87490	14820	128233	93681	35330
3954	355	3037	87490	14820	128233	93681	35330
3954	355	3037	87490	14820	128233	93681	35330
141	100	681	-5891	-1553	-1158	19484	4205
141	100	681	-5891	-1553	-1158	19484	4205
141	100	681	-5891	-1553	-1158	19484	4205
19966	**1321**	**80880**	**787099**	**211070**	**1540629**	**263900**	**674223**
15189	1321	80257	792979	202278	1529855	234333	660004
1165		1220	301737	75806	399759	39739	88177
1165		1220	301737	75806	399759	39739	88177
14024	1321	79038	491242	126472	1130095	194593	571827
14024	1321	79038	491242	126472	1130095	194593	571827
4604		622	82	7821	15558	27877	13203
4604		622	82	7821	15558	27877	13203
4604		622	82	7821	15558	27877	13203

1-B-22 按地区分组的规模以上

地　区	单位数(个)	资产总计	流动资产合计	#应收账款	#存货	#产成品	固定资产合计
全　省	**602**	**158411799**	**85221215**	**18136800**	**18398503**	**6971077**	**43305117**
杭州市	**126**	**31870093**	**18992473**	**4465516**	**3819342**	**1415926**	**6745527**
上城区	1						
下城区	1						
江干区	27	5942175	3930044	1127346	782424	365694	1494429
拱墅区	2	2472655	1518859	32039	243710	31615	353673
西湖区	5	688279	296363	70027	88688	38398	305510
滨江区	17	5479841	4095753	1290933	733811	246051	508542
萧山区	40	9683127	5102426	954538	1136950	397260	2185987
余杭区	14	2656620	1572791	232390	262193	155725	606108
桐庐县	4	548939	329835	93647	159706	15645	79518
建德市	2	669138	242858	20888	36449	23446	123935
富阳市	7	1286040	503821	111686	96229	40405	620589
临安市	6	1414820	840670	351455	163611	71826	147187
宁波市	**108**	**30287016**	**16776146**	**4016098**	**4235506**	**1418192**	**9714573**
海曙区	2	267446	187306	92139	36569	28857	26788
江东区	2	1733978	882812	63440	606223	25251	538833
江北区	3	572214	311905	66104	73513	19478	132739
北仑区	28	10014583	5627142	1912695	1116363	349340	3227193
镇海区	4	4928397	2476495	323207	893174	168669	2271344
鄞州区	21	4306285	2605397	526183	578663	397024	781955
象山县	6	1009391	592700	162009	150126	68419	281681
宁海县	5	2267935	836040	247366	129867	63190	1255490
余姚市	10	1136564	726771	197970	159930	83201	292744
慈溪市	22	3057855	1886865	319508	373643	184360	601985
奉化市	5	992367	642712	105477	117436	30403	303824
温州市	**41**	**7322454**	**4424329**	**1106668**	**744145**	**423358**	**1364047**
鹿城区	5	1095750	371447	88735	72857	19543	252359
龙湾区	5	261348	144378	50921	34294	17926	70673
瓯海区	5	1216244	799393	151503	84078	73093	174483

大型工业法人单位财务状况

单位：万元

固定资产原价	累计折旧	#本年折旧	在建工程(个)	负债合计	流动负债合计	#应付账款	所有者权益合计
69021438	**29227009**	**4665584**	**6673874**	**86013795**	**69943133**	**21820031**	**72394163**
10290497	**4638998**	**660808**	**1355944**	**17376066**	**14523434**	**4664847**	**14494026**
2360144	1182481	191830	133274	3549318	3122064	1364675	2392857
988510	634837	42879	40042	1432484	1288173	191911	1040171
359814	54379	10559	28289	363809	224988	46894	324470
839966	333031	51634	87421	1913775	1736838	763293	3566065
3446459	1435641	221669	361931	6192253	4950639	1441041	3490874
892221	337812	58607	53118	1470249	1320023	372278	1186371
133266	53825	8408	4009	237951	220311	110345	310988
200034	76100	12513	90491	237887	227572	49956	431251
324838	117724	26502	408904	915692	500924	38173	370348
201841	67696	14711	10825	668870	627205	230111	745950
15136055	**6237377**	**882140**	**1180116**	**16338326**	**14740968**	**5672016**	**14003876**
36312	9525	1163	16698	196531	161159	22779	70915
977641	438809	58345	114663	535509	356835	142743	1198470
195793	64848	12462	7003	224323	215414	49489	347892
5225110	2070799	310452	494131	5642930	5076422	2227355	4371654
3447733	1734270	201751	185393	2326645	2314447	1257881	2601753
1442818	690392	82005	109706	2382313	2167112	725809	1923972
277956	64641	8076	45610	708632	618117	101353	355945
1797466	542017	87731	25602	1307180	1028609	281672	960755
469335	192398	34305	30666	636307	564367	190251	500257
833552	292133	64486	130105	1609911	1483004	437140	1447944
432340	137546	21365	20539	768046	755483	235545	224320
1893753	**640260**	**114275**	**140870**	**2983833**	**2580121**	**792649**	**4323795**
285585	49302	12374	41153	387533	311172	72646	693391
103823	35781	6219	1258	127640	117640	31563	133708
204557	30077	6373	17	313184	294152	86007	903059

1-B-22 续表 1

地　区	单位数(个)	资产总计	流动资产合　计	#应收账款	#存　货	#产成品	固定资产合　计
永嘉县	7	1306378	760801	153565	177732	93498	400842
平阳县	4	294821	184839	46646	32404	17871	67368
瑞安市	5	988400	726432	196645	154710	82331	189059
乐清市	10	2159513	1437040	418654	188069	119095	209264
嘉兴市	**76**	**16431615**	**8243291**	**2103248**	**1866657**	**843996**	**5671445**
南湖区	9	2033094	1322701	311422	395547	197888	612306
秀洲区	16	2613636	1250009	531455	307415	157988	955298
嘉善县	5	2041631	1064074	359867	169588	81811	697071
海盐县	5	1307002	680901	90960	137953	43964	442067
海宁市	14	2474966	1482254	370543	310777	109500	651122
平湖市	18	2188698	1104493	267258	219184	85909	806162
桐乡市	9	3772589	1338860	171743	326193	166935	1507419
湖州市	**31**	**4211874**	**2241582**	**585780**	**556595**	**151355**	**975119**
吴兴区	7	1225670	708849	226178	224599	45371	241122
南浔区	2	499418	226799	76014	59577	27082	135244
德清县	10	908975	447976	138768	98634	44673	249620
长兴县	7	1228502	593824	65821	123308	21331	301521
安吉县	5	349309	264135	78998	50477	12898	47612
绍兴市	**93**	**25600433**	**15431885**	**2468814**	**3195259**	**1512453**	**5595150**
越城区	12	2934218	1631007	195229	484250	186439	739059
绍兴县	32	8221552	4896672	596698	1135786	603683	2274678
新昌县	8	4096071	2814062	378280	351719	183669	555203
诸暨市	21	4641503	2443980	428836	504163	212354	799938
上虞市	17	5176843	3323540	800969	628059	287776	1139886
嵊州市	3	530245	322625	68802	91283	38532	86385
金华市	**46**	**7207161**	**4520464**	**966569**	**921022**	**287781**	**1382612**
婺城区	7	2216230	1396600	293970	340340	48954	207260
金东区	1						
武义县	2	95092	70878	12946	16777	10211	21311

单位：万元

固定资产原价	累计折旧	#本年折旧	在建工程(个)	负债合计	流动负债合计	#应付账款	所有者权益合计
474962	127795	22298	27756	455914	347778	111490	850464
78253	22359	5645	23720	122207	111259	32956	172614
380261	192665	34581	15575	438808	420406	25586	549593
366312	182282	26785	31392	1138547	977713	432400	1020966
8231534	**2987146**	**518792**	**476412**	**8558045**	**7318186**	**1920183**	**7873570**
896845	331604	53722	48653	1141746	1103405	337240	891348
1556958	635371	101739	55585	1092433	862196	231769	1521204
850750	330688	66946	47400	1062482	1030662	288210	979149
582064	140042	34984	13196	790881	651955	99649	516120
932570	298173	68241	76810	1342271	1302485	414536	1132694
1463717	668976	70364	96208	1022457	869544	328339	1166241
1948631	582292	122796	138560	2105775	1497939	220441	1666814
1276115	**379279**	**78611**	**183194**	**2242190**	**1914152**	**518802**	**1969196**
352801	122865	24650	26723	642234	621200	105901	583437
167424	45288	11517	13375	245128	206270	73599	254290
328433	113754	17790	42102	444896	365575	140653	464078
358337	75708	20625	100875	660405	485679	126343	567609
69119	21665	4029	119	249527	235428	72306	99782
8626495	**3600184**	**672283**	**605285**	**13362577**	**9917937**	**2289173**	**12219249**
1133907	426831	80607	38448	1459746	1113069	189509	1474471
3680847	1539163	309228	134969	5141394	3496818	683585	3063544
930504	396783	69706	91333	1832011	1337499	330155	2264060
1219347	553824	93266	167552	2475341	1858843	549981	2164171
1524830	626369	112277	147463	2040887	1735317	444426	3135957
137061	57215	7199	25520	413199	376390	91517	117046
2173992	**897644**	**223328**	**281903**	**4241664**	**4018155**	**908988**	**2940952**
277401	88683	38673	123234	1518720	1494393	531527	697495
30140	10003	2108	1113	78806	65010	12103	16286

1-B-22 续表 2

地 区	单位数(个)	资产总计	流动资产合计	#应收账款	#存货	#产成品	固定资产合计
浦江县	1						
兰溪市	1						
义乌市	11	1418590	919310	164392	181149	61682	327004
东阳市	8	1106789	576678	205248	138889	55454	364080
永康市	15	2057162	1353314	232244	205562	95330	367977
衢州市	**12**	**4339658**	**2202679**	**226357**	**624218**	**139053**	**1449938**
柯城区	6	3714554	1826010	150768	544044	104180	1276715
衢江区	2	394354	230997	34800	48874	20679	95101
龙游县	2	153770	93965	18211	17435	7998	57142
江山市	2	76979	51707	22577	13865	6195	20981
舟山市	**9**	**5414534**	**3619997**	**836595**	**1005776**	**78485**	**1001536**
定海区	3	462267	353556	33818	152453	27215	74694
普陀区	4	1554730	824401	150299	196207	46170	336858
岱山县	2	3397537	2442040	652478	657116	5099	589984
台州市	**47**	**8544741**	**4795534**	**1176313**	**1192934**	**581092**	**1570804**
椒江区	9	2247549	1102906	265341	307064	158438	478213
黄岩区	6	1006937	516583	105015	80596	38489	164937
路桥区	10	1053736	717342	149934	219750	129998	141408
玉环县	4	788556	427984	96792	118321	60362	139709
三门县	1						
天台县	1						
仙居县	1						
温岭市	8	1354030	735909	277643	213366	90783	244462
临海市	7	1507814	957091	168602	174108	57769	264574
丽水市	**12**	**2237990**	**1603180**	**174232**	**209834**	**119387**	**280483**
莲都区	2	1256285	1026852	60431	128003	77653	99443
青田县	4	306840	221280	71791	46139	27643	67386
缙云县	3	179638	80022	34429	13950	5179	40283
遂昌县	3	495228	275026	7582	21741	8912	73372

单位：万元

固定资产原价	累计折旧	#本年折旧	在建工程(个)	负债合计	流动负债合计	#应付账款	所有者权益合计
489671	192836	56543	41167	835729	771028	97518	574877
608500	248949	45904	26367	604170	514663	174529	486074
599416	278434	58536	82702	1023994	992911	75231	1033168
2285524	**904327**	**163285**	**252431**	**2493747**	**2152373**	**516263**	**1845911**
2058248	839056	142277	231302	2148190	1840430	446109	1566364
138967	43866	13643	14601	186738	163688	33357	207616
62484	16351	5366	6320	123572	114508	17801	30199
25827	5055	2000	209	35246	33746	18996	41733
1430762	**437423**	**69008**	**27322**	**4056842**	**3568015**	**1121073**	**1357692**
139511	72642	5831	9879	324858	323557	47502	137410
540235	203497	27202	2766	1279892	1054868	350023	274839
751016	161283	35975	14677	2452093	2189590	723548	945444
2307058	**887251**	**177966**	**288758**	**4004913**	**3370406**	**966124**	**4539828**
719118	281522	51512	88152	1180917	928466	223646	1066632
247464	99203	19212	49114	479315	350250	68007	527623
206530	85718	25781	25499	542977	509093	166996	510759
176416	67501	14184	11434	347170	299853	42608	441387
372972	151570	26121	36801	549156	488820	228604	804874
399211	146057	31012	63227	605920	572152	175626	901894
394288	**195638**	**30229**	**62545**	**752404**	**699957**	**105117**	**1485026**
160896	95898	8427	35066	209369	207989	48740	1046916
65655	16999	4298	80	166158	162881	26659	140122
79458	39175	8895	7424	119247	111809	15438	60390
88280	43567	8609	19975	257630	217278	14280	237598

1-B-22 续表 3

地　　区	#实收资本						
		国家资本	集体资本	法人资本	个人资本	港澳台资本	外商资本
全　省	**24485200**	**2539812**	**538221**	**9617235**	**5192635**	**2768399**	**3828898**
杭州市	**5435603**	**713673**	**5432**	**1549377**	**1046630**	**769614**	**1350877**
上城区							
下城区							
江干区	1025629	24823		150903	70222	34165	745516
拱墅区	128051	126243					1808
西湖区	162348	60945		9678	28498	36390	26837
滨江区	1214759	234878		99913	423996	193031	262942
萧山区	1809027		5432	899604	229094	454062	220834
余杭区	223471	2548		84850	61515	50966	23593
桐庐县	196663			83092	74227		39344
建德市	97919	30000			67919		
富阳市	153587	86251		43974	23155		207
临安市	248749			177363	68004	1000	2382
宁波市	**6777360**	**334581**	**6906**	**4040389**	**495049**	**1224338**	**676099**
海曙区	22400			7720	14680		
江东区	222160			222160			
江北区	182251			27594	135608		19049
北仑区	2488662			1156003	950	800101	531608
镇海区	2118745			2006020		82000	30725
鄞州区	707188			479411	61033	116466	50278
象山县	67716		1000	41717	11281	8456	5263
宁海县	422278	325478		17700	79100		
余姚市	141525	3497	71	29887	38300	59338	10432
慈溪市	305134	5605		34561	134549	101677	28743
奉化市	99301		5835	17617	19548	56301	
温州市	**1349744**	**512448**	**13030**	**272195**	**473896**		**78174**
鹿城区	535858	500000		8000	27858		
龙湾区	50280			23216	24067		2997
瓯海区	109598			79306	26212		4080

单位：万元

营业收入	#主营业务收入	营业成本	#主营业务成本	营业税金及附加	#主营业务税金及附加	其他业务利润
169677167	**165096346**	**143813955**	**139690797**	**2724156**	**2713296**	**430503**
31808681	**30770610**	**25519821**	**24548741**	**202037**	**201304**	**118834**
8798331	8565877	7219571	6941314	33936	33934	11390
1551052	1528641	1246474	1226755	10519	10519	2692
578555	575532	438753	437292	3617	3593	1309
4763629	4662640	2605698	2531856	45090	45077	4063
9978680	9436801	8972416	8515218	84940	84676	87765
2508604	2468058	1972400	1913560	12134	12100	3688
269656	262178	203211	198394	1369	1369	
755506	728806	660980	635051	1266	1266	2671
710906	674964	624300	595897	1356	1356	1424
1474153	1453322	1281271	1262593	4025	3865	2184
39333183	**37578701**	**32634781**	**30948230**	**2097478**	**2097156**	**73363**
165072	162531	130637	130313	649	649	2218
2205496	1414205	1117490	327191	829486	829454	
1183541	816553	1112684	753029	2135	2135	2039
10402480	10125385	9116263	8863005	27686	27686	42973
13122736	13099075	11056396	11037224	1188220	1188220	1118
4066217	3969233	3412251	3334486	12069	12045	10014
516647	495400	420023	399189	1879	1879	2694
1871145	1860205	1392441	1387756	10904	10856	1879
1561626	1556754	1379187	1376007	7264	7263	484
3546419	3400784	2917718	2768886	13757	13541	6032
691806	678576	579691	571144	3429	3429	3912
6923576	**6836431**	**5449580**	**5395294**	**36951**	**35524**	**19020**
586610	579256	501606	495280	2904	2904	184
427193	426726	342717	342673	2698	2698	407
885120	883921	667280	666396	6089	6089	314

1-B-22 续表 4

地 区	#实收资本	国家资本	集体资本	法人资本	个人资本	港澳台资本	外商资本
永嘉县	188208	5978	8100	45386	128744		
平阳县	38732		4930	12818	18314		2670
瑞安市	170211			29950	103027		37234
乐清市	256858	6470		73520	145674		31194
嘉兴市	**3437509**		**19646**	**1140805**	**774376**	**335952**	**1166730**
南湖区	448797		500	121439	188499	27627	110732
秀洲区	586425			124181	38845	81797	341603
嘉善县	655340				30000	154635	470705
海盐县	162776			19114	139536	4126	
海宁市	492417		19146	278389	107767	45057	42059
平湖市	485046			139329	135304	12060	198353
桐乡市	606708			458354	134425	10651	3278
湖州市	**736679**	**33774**	**12224**	**264639**	**172269**	**77075**	**176700**
吴兴区	176264		12224	71749	90164	2128	
南浔区	51200			31200			20000
德清县	176393			67961	64248	9666	34518
长兴县	300251	33774		80138	6000	61500	118840
安吉县	32571			13591	11857	3781	3342
绍兴市	**3009389**	**177567**	**355857**	**1047803**	**1029761**	**231082**	**167320**
越城区	436064	33796		131896	163394	71219	35759
绍兴县	1065577	132152	350780	339307	143759	28325	71253
新昌县	219101	10509		88098	82840	37654	
诸暨市	623971	1109	3034	176781	381374	26620	35053
上虞市	600281		2043	269088	253215	64894	11042
嵊州市	64395			42633	5180	2369	14213
金华市	**665788**	**11000**	**44090**	**368348**	**194779**	**39299**	**8272**
婺城区	154784			113154	19496	19810	2324
金东区							
武义县	9746			1050	8696		

单位：万元

营业收入	#主营业务收入	营业成本	#主营业务成本	营业税金及附加	#主营业务税金及附加	其他业务利润
1053503	1026425	762795	748580	7902	6562	10258
398179	388676	326240	317345	1642	1642	608
1038153	1025828	831888	826918	4303	4303	6650
2534817	2505600	2017053	1998103	11414	11327	599
16001084	**15561854**	**13845270**	**13496719**	**46874**	**45194**	**59917**
2459976	2346750	2130466	2041654	5002	5002	19623
2170571	2150328	1689269	1673276	12547	12547	4251
1282053	1258992	1113198	1092922	1538	1538	2837
1096987	1082565	933056	930042	2250	2250	1252
2494974	2454928	2117103	2092346	7619	7591	6464
2153127	2109299	1774667	1755734	10817	9735	19577
4343397	4158993	4087512	3910744	7102	6532	5913
5649522	**5560605**	**4737937**	**4654078**	**21216**	**21213**	**3461**
1425670	1374467	1249463	1199711	4187	4187	-287
604639	593356	436085	424617	3331	3331	
1577402	1569255	1264006	1257438	7994	7994	785
1655207	1638228	1469656	1454785	3977	3977	2894
386604	385299	318727	317526	1728	1726	69
29588891	**29284517**	**25651203**	**25362538**	**139849**	**139125**	**49246**
2357971	2284382	1988871	1918972	13840	13609	3823
11362332	11333867	10205120	10194928	66781	66733	14622
3578940	3550711	2920701	2893965	18160	18159	19893
6946995	6830808	6036015	5898177	22056	21677	2302
4891231	4845177	4102737	4070361	18048	17984	8546
451423	439573	397759	386136	965	965	61
5928219	**5809091**	**4963230**	**4877790**	**35348**	**33336**	**21513**
1319130	1231782	1184299	1121505	6746	6746	16463
133748	133014	118570	117870	857	836	34

1-B-22 续表 5

地区	#实收资本	国家资本	集体资本	法人资本	个人资本	港澳台资本	外商资本
浦江县							
兰溪市							
义乌市	193576			120608	51280	19488	2200
东阳市	108026		44090	45086	15270		3580
永康市	155933	11000		47928	96837		168
衢州市	**390747**	**96600**	**73300**	**13316**	**153595**		**53936**
柯城区	305093	96600	73300	10255	124937		
衢江区	68936				15000		53936
龙游县	8658				8658		
江山市	8061			3061	5000		
舟山市	**601570**	**13523**		**572116**	**3231**		**12700**
定海区	34323	13523		20800			
普陀区	177516			171216			6300
岱山县	389731			380100	3231		6400
台州市	**1230616**	**58197**	**7717**	**287758**	**693692**	**45161**	**138091**
椒江区	196399	10000		61216	121308		3875
黄岩区	297193			36839	260355		
路桥区	118343		3717	10372	19961	42161	42133
玉环县	162286			78147	38856		45283
三门县							
天台县							
仙居县							
温岭市	167591	39800	4000	36165	75926	3000	8700
临海市	215204			39276	137828		38100
丽水市	**261745**		**20**	**60489**	**155357**	**45879**	
莲都区	26644			11715	14929		
青田县	70023			3794	40265	25965	
缙云县	15680				15680		
遂昌县	149399		20	44980	84484	19914	

单位：万元

营业收入	#主营业务收入	营业成本	#主营业务成本	营业税金及附加	#主营业务税金及附加	其他业务利润
1003711	991686	828299	817096	4541	4505	43
947664	934409	739406	732590	5802	5802	3289
2185790	2181266	1776181	1773108	16293	14342	1301
5294584	**5005091**	**4777237**	**4543085**	**18010**	**17987**	**51326**
4557995	4296249	4208448	3998644	14641	14641	48123
383789	360227	277055	255892	2418	2418	2398
225481	224728	190181	189600	280	280	
127319	123887	101553	98949	671	649	805
2440839	**2378899**	**2228793**	**2190661**	**3087**	**3037**	**3002**
328747	325376	288999	279538	1028	1028	406
1046904	994847	961030	937308	1372	1323	1033
1065188	1058676	978764	973815	687	687	1563
6561813	**6379376**	**5206973**	**5081434**	**47782**	**46456**	**16269**
1703729	1640276	1309906	1261866	7827	6501	3744
629435	621317	447670	440363	4904	4904	311
1288766	1265478	1179733	1158939	10661	10661	1513
523362	513039	418245	408346	2371	2371	578
1117041	1092236	880074	854007	14400	14400	2219
885704	845109	665267	659387	5639	5639	3082
3063872	**2976281**	**2526084**	**2435771**	**12231**	**12231**	**5689**
1558551	1484143	1240774	1166367	6362	6362	5411
496341	496341	390310	390310	4413	4413	
328958	328958	278881	278881	838	838	
680023	666839	616119	600213	619	619	278

1-B-22 续表 6

地　区	管理费用	#税　金	财务费用	#利息支出	投资收益	营业利润
全　省	**6315747**	**285461**	**1749249**	**2215889**	**845181**	**10960644**
杭州市	**1624874**	**51335**	**208082**	**378643**	**196358**	**2626765**
上城区						
下城区						
江干区	308218	12405	19075	42011	26401	634666
拱墅区	105553	4429	14211	64427	18283	78084
西湖区	27995	421	3713	3927	1735	33394
滨江区	510256	11405	3473	19597	23059	1054652
萧山区	334521	12632	115070	174524	42323	407987
余杭区	127043	2641	29557	47783	7523	123218
桐庐县	29329	1356	3081	3305	963	20130
建德市	34525	1212	3269	2177	38264	83314
富阳市	38600	1638	11915	12878	386	27298
临安市	70275	1931	6817	7618	19382	84463
宁波市	**1246641**	**61052**	**223896**	**339823**	**158249**	**2697764**
海曙区	8888	260	6048	6456	3473	697
江东区	64920	3205	6182	9651	14435	156443
江北区	33756	1335	-2379	3244	2106	30209
北仑区	328763	19318	40552	85032	15209	773713
镇海区	184139	9810	15464	26660	49975	692711
鄞州区	219187	10347	34860	60347	51206	303970
象山县	29036	1301	20161	19449	601	29970
宁海县	69038	4878	51626	66667	11215	314072
余姚市	75921	2371	9346	11371	2230	61255
慈溪市	183445	6372	21773	33526	7749	304334
奉化市	49551	1854	20263	17421	51	30390
温州市	**438241**	**12224**	**50967**	**78851**	**34746**	**683710**
鹿城区	46097	531	12393	10803	1177	8871
龙湾区	33598	3408	3792	3037	1961	31082
瓯海区	30789	2620	-10351	5812	1350	122828

单位：万元

营业外收入	#补贴收入	营业外支出	利润总额	应交所得税	利税总额	应付工资总额	本年应交增值税
945032	**427681**	**459136**	**11621153**	**1778434**	**18929563**	**7713886**	**4537437**
282035	**83019**	**124755**	**2818208**	**336944**	**3954628**	**1971542**	**908161**
37195	4776	21869	661959	131066	900013	551304	195305
4079		1905	80258	14203	157838	84081	67062
1819	1412	834	34412	7529	64950	41862	26945
125236	52577	5037	1187228	90544	1471093	435198	238490
55472	19467	52561	416563	40470	726744	405716	210209
12293	2898	4341	134347	14084	235147	189102	86154
2789	1481	410	22510	2820	38152	32054	14273
1844		1007	84151	9884	90732	47968	5316
33354	83	34262	26758	4900	39069	43081	10954
6633	325	1695	89977	8156	124565	72200	30724
204989	**127644**	**56514**	**2859163**	**517204**	**6031091**	**1461960**	**1065932**
178	90	135	4158		7881	8776	3074
4497	634	7750	153190	33674	1156957	31136	174313
7890	6865	910	37189	7665	50599	35278	11275
84814	62008	8742	849794	145416	1073397	543557	187077
12427	9865	6910	698228	161299	2228993	153711	342546
35057	8353	14668	324879	45939	417306	252310	80382
3323	865	3120	30643	4377	45791	41942	13269
5074	1930	1456	317690	75161	424971	64835	96425
16065	5335	7446	69875	9361	112079	80244	34941
32894	29724	4297	341281	29270	471550	206214	116728
2771	1973	1080	32237	5042	41569	43957	5903
20113	**2850**	**8035**	**697470**	**127654**	**1002586**	**496019**	**269592**
299	55	336	10208	8847	34458	51208	21346
658		123	31627	6715	51253	69885	16928
6593	365	760	128959	32030	177481	53899	42434

1-B-22 续表 7

地区	管理费用	#税金	财务费用	#利息支出	投资收益	营业利润
永嘉县	84339	1340	2602	13757	2273	111327
平阳县	14244	800	1035	1600		34241
瑞安市	60388	1152	15447	11594	67	96488
乐清市	168786	2373	26050	32249	27918	278873
嘉兴市	**741039**	**31841**	**185729**	**243124**	**68578**	**845552**
南湖区	145590	4884	16296	26601	1528	116850
秀洲区	133316	6573	18985	31376	48733	223681
嘉善县	70092	4142	9768	27577	347	62763
海盐县	38148	1265	30653	40177	337	67298
海宁市	108791	5046	39632	41178	2730	156788
平湖市	132942	4592	18005	18216	5527	148840
桐乡市	112159	5340	52390	58000	9377	69332
湖州市	**279563**	**11043**	**69258**	**74499**	**67124**	**407575**
吴兴区	47004	2017	27531	26224	17457	63315
南浔区	49803	1254	-1632	2150	1303	84545
德清县	74710	3182	19528	17647	8607	159457
长兴县	85057	3173	17577	22694	39683	81866
安吉县	22989	1416	6254	5783	74	18394
绍兴市	**848617**	**39719**	**462856**	**537193**	**162275**	**1880276**
越城区	80717	6006	44210	42998	12780	112298
绍兴县	196074	13091	198375	222399	25205	592909
新昌县	221848	7036	53253	65642	61830	294983
诸暨市	157752	5760	85645	120953	28496	442038
上虞市	169809	6327	67683	71864	33697	432236
嵊州市	22416	1499	13691	13336	267	5814
金华市	**299637**	**39155**	**122420**	**112207**	**21739**	**350711**
婺城区	53986	2120	23114	21695	13794	34377
金东区						
武义县	4427	615	1536	1264	25	5030

单位：万元

营业外收入	#补贴收入	营业外支出	利润总额	应交所得税	利税总额	应付工资总额	本年应交增值税
2536		2368	111495	17032	166008	59958	47951
832	368	384	34689	4299	48439	27860	12108
4438	1047	2034	98893	11501	138781	53607	35586
4758	1015	2031	281600	47230	386166	179602	93239
111009	**35083**	**43590**	**942197**	**142844**	**1427583**	**930567**	**438103**
5817	2650	1970	121765	13346	144333	117070	17566
5926	1072	6680	249215	47232	333076	180217	69805
30796	743	1185	92374	14962	106073	79790	12161
3649	582	1356	69592	5421	94037	41101	22195
24606	6107	13478	167994	16099	292422	160653	116838
12170	2264	13310	149491	33326	215616	207604	55810
28046	21666	5611	91767	12459	242026	144131	143728
25389	**19986**	**35610**	**401320**	**44095**	**562807**	**303354**	**140274**
3373	1940	3068	65695	8466	98101	80796	28219
1251	98	833	85828	12051	113855	32081	24696
3660	3366	25232	138906	12731	179851	78672	32952
14153	13298	4696	91326	7523	132961	76966	37658
2951	1284	1780	19565	3324	38040	34840	16750
96416	**46619**	**39662**	**1978161**	**274680**	**2750717**	**959571**	**628513**
14285	8586	8689	119052	20032	193053	133930	59411
34697	28249	7087	640097	62801	913366	308079	206536
14698	3306	4743	305526	51865	429125	140714	105441
13965	2437	8863	450036	66003	557254	168345	85541
17749	3545	9864	457031	74714	637878	191612	158926
1021	496	415	6420	-735	20042	16892	12657
55369	**26107**	**11680**	**395819**	**53703**	**575419**	**386097**	**146180**
10255	4413	3239	41392	6961	72359	60870	24220
183	135	109	5105	600	10622	13457	4681

1-B-22 续表 8

地　区	管理费用	#税　金	财务费用	#利息支出	投资收益	营业利润
浦江县						
兰溪市						
义乌市	54038	3602	32806	30843	401	56331
东阳市	88837	10857	17642	18044	1293	63305
永康市	88399	21187	42472	35182	6163	195638
衢州市	**174054**	**9307**	**55184**	**54162**	**7896**	**212336**
柯城区	149992	8089	48686	44099	7715	99427
衢江区	13434	507	1026	4592	181	76666
龙游县	4289	403	4736	5120		21953
江山市	6340	309	736	351		14290
舟山市	**121304**	**5747**	**76663**	**78815**	**8205**	**-373**
定海区	27627	441	7115	6269	4259	2715
普陀区	59192	3145	20374	27961	131	-9720
岱山县	34486	2160	49174	44585	3815	6633
台州市	**470095**	**18386**	**61683**	**84502**	**73907**	**524085**
椒江区	135564	4346	23936	23515	2921	98336
黄岩区	65579	1701	12747	13202	27552	95365
路桥区	48871	2899	1497	14790	-3382	20023
玉环县	27863	1288	10240	9808	26415	71202
三门县						
天台县						
仙居县						
温岭市	79967	2647	9027	9951	2953	82296
临海市	77183	4437	-4899	6411	12690	121118
丽水市	**71682**	**5652**	**20210**	**23400**	**42795**	**197219**
莲都区	32099	1215	711	979	40743	73839
青田县	17552	446	7413	7314	1682	55388
缙云县	13901	360	3998	3556	-1600	21475
遂昌县	8131	3631	8089	11551	1970	46517

单位：万元

营业外收入	#补贴收入	营业外支出	利润总额	应交所得税	利税总额	应付工资总额	本年应交增值税
14481	2693	1172	69639	7930	93366	72930	19139
8550	415	2511	69955	8415	114762	116268	39005
6263	2587	3938	198453	29247	266036	105258	53241
48103	**35865**	**10300**	**256987**	**48229**	**388391**	**268875**	**113417**
42165	26993	8550	133288	23427	228055	236753	80125
3106	7878	409	85965	21491	112548	10784	24165
507		1217	21243		25772	8559	4249
2325	994	125	16490	3311	22017	12779	4878
19392	**8496**	**1068**	**17952**	**2960**	**33523**	**111977**	**-2259**
775	466	254	3235	802	10346	38151	6083
13603	6570	765	3118	491	8231	48256	3790
5014	1460	48	11599	1667	14947	25570	-12131
65105	**40151**	**53097**	**536256**	**65865**	**806077**	**531389**	**223365**
10608	1966	3881	105063	13015	164438	127065	52873
5411	2754	2942	97974	9399	138188	52347	35310
17767	16839	1152	36638	3597	73761	63209	26462
1597	802	1902	70896	9931	81419	51806	8152
10859	2553	7492	85686	10401	143580	92724	43495
15577	13834	34049	102646	13047	153591	105392	45307
6540	**1863**	**1953**	**244898**	**42296**	**351328**	**144296**	**94199**
1737	989	615	115584	27164	173799	47676	51854
4059		185	59344	12317	85969	51025	22212
687	458	380	21782	481	33170	21977	10550
57	416	772	48188	2336	58390	23619	9583

1-B-23 规模以上大型工业法人单位主要产品生产和销售情况

产品名称	计量单位	本年生产量	本年销售量	本年销售金额(万元)
铁矿石原矿	吨	1095088		
铁矿石成品矿	吨	794886	290477	25328
铁精矿	吨	794886	290477	25328
化学矿	吨	21842		
硫铁矿石(折含硫35%)	吨	21842		
饲料	吨	249721	247797	207638
配合饲料	吨	249721	247797	207638
鲜、冷藏肉	吨	124351	124447	241801
冷冻水产品	吨	93232	100635	164643
方便面	吨	217001	218607	356170
乳制品	吨	55915	55919	76548
液体乳	吨	55915	55919	76548
其他液体乳	吨	55915	55919	76548
酱油	吨	65	82	95
食品添加剂	吨	6577	5835	50192
饮料酒	千升	766134	736790	318094
白酒(折65度，商品量)	千升	12242	12510	9764
啤酒	千升	527756	524469	87845
黄酒	千升	225188	198668	219054
果酒及配制酒	千升	948	1143	1431
软饮料	吨	2726078	2670451	969720
碳酸型饮料(汽水)	吨	355685	341621	165305
茶饮料	吨	259819	275122	190663
卷烟	万支	3806078	3735990	1259476
一类烟	万支	1144162	1140777	640681
二类烟	万支	1269558	1246966	513856
三类烟	万支	112932	112332	24693
四类烟	万支	414705	409265	37775

1-B-23 续表 1

产品名称	计量单位	本年生产量	本年销售量	本年销售金额(万元)
五类烟	万支	864721	826650	42470
纱	吨	332154	313272	902353
棉纱	吨	224429	209332	656132
棉混纺纱	吨	37619	35003	93123
化学纤维纱	吨	70106	68937	153098
布	万米	155482	155115	1755119
其中：色织布(含牛仔布)	万米	4622	4495	66020
其中：棉布	万米	44426	39647	828848
棉混纺布	万米	41445	45679	367096
化学纤维短纤布	万米	69611	69790	559175
印染布	万米	671109	672466	2487018
漂白布	万米	14924	14955	94549
染色布	万米	482586	482397	1553395
印花布	万米	173599	175114	839075
绒线(俗称毛线)	吨	7438	6991	94214
毛机织物(呢绒)	万米	546	512	19744
亚麻纱	吨	8667	9348	70573
亚麻布(含亚麻≥55%)	万米	421	409	9997
蚕丝	吨	1796	1263	37671
绢纺丝	吨	955	1028	28882
蚕丝及交织机织物	万米	1807	1813	61635
蚕丝及交织机织物(含蚕丝≥50%)	万米	263	250	8624
化纤长丝机织物	万米	1348	1608	69068
人造纤维长丝机织物	万米	1348	1608	69068
蚕丝被	万条	5	5	1575
毯子	条	7778739	7667557	68817
羽绒被	万条	294	295	71045
毛巾	万条	9173	8969	56088

1-B-23 续表 2

产品名称	计量单位	本年生产量	本年销售量	本年销售金额(万元)
帘子布	吨	87100	86461	176471
帐篷	万顶	186	181	69452
服装	万件	63998	63375	4687004
梭织服装	万件	33989	33471	3460263
羽绒服装	万件	707	708	113219
西服套装	万件	1249	1240	526760
衬衫	万件	3961	3870	366502
针织服装	万件	30009	29904	1226741
针织袜	万双	115811	103845	445329
针织手套	万双	29283	29759	66700
领带	万条	260	258	3400
成品革	平方米	22091554	21378605	339729
轻革	平方米	22091554	21378605	339729
皮革服装	万件	88	81	66534
衣箱、提箱及类似容器	万个	888	872	98701
手提包(袋)、背包	万个	394	406	33925
毛皮服装	万件	93	88	57860
天然毛皮服装	万件	93	88	57860
鞋	万双	15884	15625	1970694
皮革鞋靴	万双	15884	15625	1970694
家具	件	47439891	44934812	1953563
木质家具	件	6481256	6441992	338375
金属家具	件	19297298	19050233	393236
软体家具	件	9675449	9390438	904270
纸浆(原生浆及废纸浆)	吨	27973	27973	2237
机制纸及纸板(外购原纸加工除外)	吨	4772456	4868745	1891228
包装用纸及纸板	吨	1027770	1076893	385870
箱纸板	吨	1027770	1076893	385870

1-B-23　续表 3

产品名称	计量单位	本年生产量	本年销售量	本年销售金额(万元)
纸制品	吨	368881	369526	286294
瓦楞纸箱	吨	366089	366606	281797
自来水笔	万支	26325	26473	17620
圆珠笔	万支	151195	151943	43728
记号笔	万支	41442	41456	36982
西乐器	把	367865	356739	82751
硫酸(折100%)	吨	463861	265565	8939
盐酸(氯化氢，含量31%)	吨	147356	22224	632
烧碱(折100%)	吨	641517	591308	105217
离子膜法烧碱(折100%)	吨	641517	591308	105217
碳化钙(电石，折300升/千克)	吨	45068	6737	2191
乙烯	吨	1110751	275872	222378
丙烯	吨	873089	299820	258661
纯苯	吨	397019	400700	328225
精甲醇	吨	130461	40494	10951
硫磺	吨	219946	220773	17592
合成氨(无水氨)	吨	221013	24611	7091
农用氮、磷、钾化学肥料(折纯)	吨	135924	136092	53243
氮肥(折含氮100%)	吨	135924	136092	53243
尿素(折含氮100%)	吨	102620	102452	41796
化学农药原药(折有效成分100%)	吨	30494	4502	51856
杀虫剂(杀螨剂)原药	吨	688	479	24179
除草剂原药	吨	29731	3899	26027
染料	吨	165591	164512	361791
初级形态塑料	吨	1117363	1115156	1078815
低密度聚乙烯树脂(LDPE)	吨	593	593	570
线型低密度聚乙烯树脂(LLDPE)	吨	487441	487875	454985
聚丙烯树脂	吨	566355	567401	531384

1-B-23 续表 4

产品名称	计量单位	本年生产量	本年销售量	本年销售金额(万元)
聚氯乙烯树脂	吨	15685	14500	9090
合成纤维单体	吨	3354514	3171068	2560837
精对苯二甲酸(PTA)	吨	2734935	2547255	2096599
己内酰胺	吨	34580	34171	51890
乙二醇	吨	524526	522723	344144
合成纤维聚合物	吨	4183056	3372620	3628727
聚酯	吨	3136768	2323738	2190146
化学试剂	吨	51834	53900	32542
单晶硅	千克	512492	499193	28135
多晶硅	千克	5783787	5867501	283640
单晶硅片	千片	51975	49557	28135
多晶硅片	千片	523509	518627	283640
合成洗涤剂	吨	577086	569675	96428
合成洗衣粉	吨	219424	213099	14515
化学药品原药	吨	122166	101081	1522976
抗菌素(抗感染药)	吨	51238	50153	551711
消化系统用药	吨	12	9	4268
解热镇痛药	吨	52	60	3383
维生素类	吨	39173	20084	167455
抗寄生虫病药	吨	70	66	16517
中枢神经系统用药	吨	1235	1256	34739
激素类药	吨	241	164	19217
抗肿瘤药	吨	9	4	25244
心血管系统用药	吨	6436	5409	244411
抗组织胺类药及解毒药	吨	13	6	1044
生化药(酶及辅酶)	吨	1	…	306
制剂用辅料及附加剂	吨	23686	23868	454680
中成药	吨	2605	2568	209706

1-B-23 续表 5

产品名称	计量单位	本年生产量	本年销售量	本年销售金额(万元)
化学纤维	吨	9341717	9008607	10842587
人造纤维(纤维素纤维)	吨	155270	156507	185288
粘胶短纤维	吨	155270	156507	185288
合成纤维	吨	9186446	8852100	10657299
锦纶纤维	吨	70500	69100	158482
涤纶纤维	吨	8484278	8160495	8599460
涤纶短纤维	吨	332242	337784	364307
涤纶长丝	吨	6833313	6680996	7114502
氨纶纤维	吨	90308	91381	439208
橡胶轮胎外胎	条	172418283	172907474	3841121
其中：子午线轮胎外胎	条	67109805	67063103	2110596
汽车子午线轮胎外胎	条	30523618	31108292	1095998
其中：汽车橡胶轮胎外胎	条	73744489	73697787	3272228
专用车辆橡胶轮胎外胎	条	4391414	4420852	288727
非机动车橡胶轮胎外胎	条	89469919	89956297	247330
摩托车橡胶轮胎外胎	条	4812461	4832538	32837
塑料制品	吨	2088825	2053750	3073545
塑料薄膜	吨	1143040	1107582	1579331
农用薄膜	吨	90919	90666	99733
泡沫塑料	吨	1360	1360	4114
塑料人造革、合成革	吨	146813	148237	217005
日用塑料制品	吨	411707	411260	704552
硅酸盐水泥熟料	吨	969942	856082	19614
窑外分解窑水泥熟料	吨	969942	856082	19614
水泥	吨	987713	987600	24433
散装水泥	吨	797016	797016	20058
强度等级42.5水泥(含R型)	吨	629394	629394	16238
商品混凝土	立方米	823309	823309	51134

1-B-23 续表 6

产品名称	计量单位	本年生产量	本年销售量	本年销售金额(万元)
预应力混凝土桩	米	827634	827634	97038
砖	万块	11289	11289	4778
瓷质砖	平方米	68768933	67118618	542888
平板玻璃	重量箱	7750710	7801720	68550
钢化玻璃	平方米	22702780	21880800	109669
夹层玻璃	平方米	321184	310000	1674
中空玻璃	平方米	340082	350000	2975
玻璃包装容器	吨	44382	47684	9864
玻璃纤维纱	吨	575080	552883	279843
耐火材料制品	吨	230367	206523	103547
生铁	吨	10597902		
粗钢	吨	12921764	774741	224851
铸铁件	吨	12717	12717	8749
钢材	吨	13802766	13690973	5649012
铁道用钢材	吨	91806	93379	30214
轻轨	吨	74288	75861	24143
重轨	吨	17518	17518	6072
大型型钢	吨	95008	96092	38016
棒材	吨	4034363	4028201	1361640
钢筋	吨	142617	149421	44976
线材(盘条)	吨	1299889	1192330	416421
中板	吨	630528	622311	851512
冷轧薄板	吨	421359	431662	166776
中厚宽钢带	吨	3781462	3771830	1214211
热轧薄宽钢带	吨	628436	628436	202303
热轧窄钢带	吨	537002	530762	183807
无缝钢管	吨	71034	73812	311758
焊接钢管	吨	816832	812758	422627

1-B-23　续表 7

产品名称	计量单位	本年生产量	本年销售量	本年销售金额(万元)
其他钢材	吨	1252431	1259978	404751
用外购国产钢材再加工生产钢材	吨	1266984	1266220	728672
用外购钢材再加工生产钢材	吨	1266984	1266220	728672
十种有色金属	吨	77212		
原铝(电解铝)	吨	77212		
铜合金	吨	68824	65528	256474
铜材	吨	469103	467949	1970476
铝材	吨	106366	107115	182771
钢结构	吨	480000	472000	592640
金属门窗及类似制品	吨	116096	114637	145345
日常用剪刀	万把	6850	6372	31983
金属集装箱	立方米	4071303	4103913	135771
金属压力容器	吨	31200	31000	68210
金属丝	吨	393798	383744	180869
钢丝	吨	393798	383744	180869
钢丝绳	吨	70570	70783	74572
钢绞线	吨	9	11	27
锁具	万把	2765	2287	90080
不锈钢日用制品	吨	46736	46627	203919
铸铁锅	万口	2588	2514	190646
粉末冶金零件	吨	2910	1035	6208
发动机	千瓦	40193940	39483640	504211
发动机	台	523678	513703	374535
汽车用发动机	千瓦	29760540	29442040	324528
汽车用发动机	台	286386	285437	194852
船舶用发动机	千瓦	313100	281500	6129
船舶用发动机	台	1470	1311	6129
汽轮机	千瓦	3445673	3399864	273094

1-B-23 续表 8

产品名称	计量单位	本年生产量	本年销售量	本年销售金额(万元)
电站用汽轮机	千瓦	3445673	3399864	273094
燃气轮机	千瓦	53600	82700	55237
发电用燃气轮机	千瓦	53600	82700	55237
金属切削机床	台	3244	3444	92183
数控金属切削机床	台	3244	3444	92183
铸造机械	台	235	232	18011
铸造机械	吨	5875	5800	18011
工业车辆	台	1102486	1114443	580627
电动车辆(电动叉车)	台	12393	12409	57322
内燃叉车	台	62289	63600	412125
电梯、自动扶梯及升降机	台	61243	61490	923970
电梯	台	53417	53662	784026
连续运载乘客输送机	台	7826	7828	139944
自动扶梯	台	7826	7828	139944
泵	台	7011894	7254332	310768
气体压缩机	台	20186799	20316729	765672
制冷设备用压缩机	台	20000000	20130000	391747
非制冷设备用压缩机	台	186799	186729	373925
往复式压缩机	台	68096	67991	41533
空气压缩机	台	118700	118733	327294
离心式压缩机	台	3	5	5098
阀门	吨	289143	292250	1214448
气动元件	件	29987831	29724057	146505
齿轮传动轴	万套	930	279	493
齿轮	吨	45547	45430	60406
齿轮传动装置(齿轮箱)	台(套)	57449	58568	103875
离合器	万件	573	571	62902

1-B-23　续表 9

产品名称	计量单位	本年生产量	本年销售量	本年销售金额(万元)
钢铁铰接链(工业链条)	吨	116282	116400	156897
风机	台	391799	402407	39684
气体分离及液化设备	台	30	30	300324
风动手提工具	台	241240	263511	21011
电动手提式工具	台	12592619	12492226	308302
喷枪	台	201838	210430	20758
金属紧固件	吨	270437	260303	206419
矿山专用设备	台	187667	187421	51140
凿岩机	台	36158	35912	33940
冶金专用设备	台	235	232	18011
冶金专用设备	吨	5875	5800	18011
炼油、化工生产专用设备	台	30	30	20540
炼油、化工生产专用设备	吨	25626	25578	177775
塑料加工专用设备	台	25312	25253	695685
塑料加工专用设备	吨	306495	304835	695685
注塑机	台	1186	1094	22568
注塑机	吨	13807	12736	22568
服装、鞋帽加工机械	台	1319048	1235205	189553
缝纫机	台	1319048	1235205	189553
工业用缝纫机	台	1319048	1235205	189553
环境污染防治专用设备	台(套)	57	56	2522
水质污染防治设备	台(套)	57	56	2522
工业机器人	套	2410	2386	250498
汽车	辆	295193	294139	1881672
基本型乘用车(轿车)	辆	224229	223733	994868
轿车，排量≤1升	辆	4287	4287	74505
轿车，1升＜排量≤1.6升	辆	162230	162230	580279

1-B-23 续表 10

产品名称	计量单位	本年生产量	本年销售量	本年销售金额(万元)
轿车，1.6升<排量≤2.0升	辆	57712	57216	340084
多功能乘用车(MPV)	辆	6182	5929	60295
运动型多用途乘用车(SUV)	辆	19718	20217	346465
客车	辆	25777	25899	327301
大型客车(车长>10米)	辆	3421	3421	259867
轻型客车(车长≤7米)	辆	22356	22478	67434
载货汽车	辆	19287	18361	152742
轻型载货车	辆	19287	18361	152742
汽车用汽油发动机	千瓦	18908340	18892540	153889
汽车用汽油发动机	台	242042	242125	24213
汽车用柴油发动机	千瓦	10852200	10549500	170640
汽车用柴油发动机	台	44344	43312	170640
改装汽车	辆	70309	70510	393840
民用钢质船舶	载重吨	1690752	1734994	1055812
民用钢质船舶	艘	111	123	1227791
钢质机动货船	载重吨	1606402	1657402	720452
钢质机动货船	艘	39	40	814439
散货船	载重吨	1545790	1596790	669416
散货船	艘	27	28	725785
全集装箱船	载重吨	57950	57950	43303
全集装箱船	艘	4	4	80922
钢质机动非货船	载重吨	84350	77592	335360
钢质机动非货船	艘	72	83	413352
渔船	载重吨	27986	22281	38236
渔船	艘	45	57	38236
工程(工作)船	载重吨	56364	55311	297124
工程(工作)船	艘	27	26	375116

1-B-23 续表 11

产品名称	计量单位	本年生产量	本年销售量	本年销售金额（万元）
摩托车整车	辆	1010379	1011704	493065
两轮摩托车	辆	962157	965125	395069
三轮摩托车	辆	48222	46579	97996
两轮脚踏自行车	辆	5610065	5605619	135708
电动自行车	辆	2154943	2156225	345873
发电机组(发电设备)	千瓦	2296924	2173924	140453
发电机组(发电设备)	千瓦	30	30	140453
水轮发电机组	千瓦	2296924	2173924	140453
水轮发电机组	千瓦	30	30	140453
内燃发电机组	千瓦	1300	600	24
内燃发电机组	千瓦	9	4	24
电动机	千瓦	114612532	118730832	1066418
交流电动机	千瓦	15316781	15223351	474148
微电机	千瓦	26799039	26903698	267441
微电机	万台	4869	4656	272537
变压器	千伏安	3553896	3232952	42177
变压器	台	2592	2358	42177
高压开关板	面	21738	19564	67562
低压开关板	面	13112	12509	33763
配电或电器控制设备	台(套、面)	34850	32073	101325
电力控制或电力分配装置	台(套、面)	34850	32073	101325
通信及电子网络用电缆	对千米	66311	69566	63654
电力电缆	千米	950530	951779	412034
蓄电池	千伏安时	18072817	17925252	886164
蓄电池	只(自然只)	140641399	142580616	886164
锂离子电池	只(自然只)	55425676	58285752	62390
锂离子电池	千伏安时	83138	87428	62390

1-B-23 续表 12

产品名称	计量单位	本年生产量	本年销售量	本年销售金额(万元)
铅酸蓄电池	千伏安时	17989679	17837824	823774
铅酸蓄电池	只(自然只)	85215723	84294864	823774
原电池及原电池组(非扣式)	万只	201726	199924	135948
物理电池	千瓦	2130081	1777228	572856
物理电池	只(自然只)	3358128	3286487	572856
太阳能电池(光伏电池)	千瓦	1728563	1373034	425911
太阳能电池(光伏电池)	只(自然只)	3358128	3286487	572856
家用电冰箱(家用冷冻冷藏箱)	台	3589265	3408420	277934
家用冷柜(家用冷冻箱)	台	1617537	1573036	132267
房间空气调节器	台	4216327	4103269	739549
家用电风扇	台	4332566	4083425	51214
家用吸排油烟机	台	2369845	2306962	273749
电饭锅	个	8869480	8514900	122705
家用电热烘烤器具	个	16615064	16458174	178518
家用水及饮料加热器具	台	748620	741042	11152
电冷热饮水机	台	748620	741042	11152
家用食品加工电动器具	台	28217759	28041866	324474
家用洗衣机	台	5271503	5157765	535090
家用吸尘器	台	6984703	6911107	154109
家用电热取暖器具	台	1463648	1392577	21454
家用电熨烫器具	台	15507379	15530285	76082
电熨斗	台	15507379	15530285	76082
家用燃气用具	台	2346101	2308959	167618
家用燃气灶具	台	1074693	1060488	73768
家用燃气热水器	台	78969	75982	752
电光源	万只	91123	91429	484514
白炽灯泡	万只	7924	7401	57733

1-B-23　续表 13

产品名称	计量单位	本年生产量	本年销售量	本年销售金额(万元)
荧光灯	万只	36868	37140	194452
灯具及照明装置	套(台、个)	395760070	395054232	378570
电子计算机整机	台	1642163	1637730	657963
微型计算机设备	台	1642163	1637730	657963
台式微型计算机	台	22346	22270	7303
笔记本计算机	台	1619817	1615460	650660
移动通信手持机(手机)	台	40377769	37928611	750108
彩色电视机	台	4382508	4368699	512480
液晶(LCD)电视机	台	1958408	1955899	224080
半导体分立器件	万只	60137	59512	16197
集成电路	万块	129911	128564	19902
集成电路圆片	万片	160	160	91354
光电子器件	万只(片、套)	48091	47809	3522700
发光二极管(LED管)	万只	2977	2849	96980
液晶显示模组	万套	10306	10276	2670949
电子元件	万只	1439624	1354770	1273703
工业自动调节仪表与控制系统	台(套)	3971	3982	111544
电工仪器仪表	台	35414461	35278952	506407
工业仪表	台(套)	3375001	3365555	26433
流量测量仪表	台(个)	3375001	3365555	26433
水表	个	3375001	3365555	26433
环境监测专用仪器仪表	台	15526	15343	73490
伞类制品	把	36321962	33716216	148343
拉链	万米	30552	29388	10286
船舶修理	载重吨	16195433	16195433	49576
自来水生产量	万立方米	115835	104580	196010
自来水供应量	万立方米	48471	40750	74004

1-B-24 按轻重工业、登记注册类型和控股情况

项目	单位数(个)	资产总计	流动资产合计	#应收账款	#存货	#产成品
总计	4607	177382025	104204069	25344914	23872833	9499602
一、按轻重工业分						
轻工业	2542	75513349	45903107	10123082	10718835	4541548
重工业	2065	101868675	58300962	15221832	13153998	4958054
三、按登记注册类型分						
内资	3262	127267832	71952847	17020237	16625244	6843546
国有	57	3989578	535842	33317	93883	13002
集体	3	109857	50955	3485	37	35
股份合作企业	15	423484	260299	72849	93472	37350
有限责任公司	763	40295857	21212194	4838246	4546863	1670975
国有独资公司	32	3215110	1000264	197495	185234	29597
其他有限责任公司	731	37080747	20211930	4640751	4361629	1641379
股份有限公司	244	18383674	10057227	2430197	2638142	974878
私营企业	2177	64036966	39822673	9634858	9250322	4147126
私营独资	41	464826	338908	94046	68897	33586
私营合伙	6	42810	26125	7678	11257	8155
私营有限责任公司	2046	57582869	35804853	8667014	8363109	3700278
私营股份有限公司	84	5946461	3652787	866121	807060	405107
其他企业	3	28416	13658	7286	2525	180
港澳台商投资	727	27497734	18114641	4110943	4041504	1533878
与港澳台商合资经营	425	17646991	11667963	2702318	2495573	978679
与港澳台商合作经营	14	413590	305696	48808	81136	31153
港澳台商独资	274	8289768	5423055	1150830	1300258	474026
港澳台商投资股份有限公司	14	1147385	717927	208987	164538	50020
外商投资	618	22616459	14136581	4213734	3206085	1122179
中外合资经营	351	12264372	7883594	2416888	1665123	650381
中外合作经营	6	62503	43087	9944	8427	4736
外资企业	250	9457770	5658500	1552745	1451355	424675
外商投资股份有限公司	10	314238	192621	64434	54823	22421
其他外商投资	1					
四、按控股情况分						
国有控股	175	16404902	5787051	1153659	1489704	326345
集体控股	96	5143871	3390240	719254	643753	233162
私人控股	3297	115055174	69725915	16967652	15850557	6853821
港澳台商控股	493	18124925	11670263	2792438	2746236	990752
外商控股	422	15576938	9727294	2748203	2289558	744005
其他	124	7076215	3903306	963709	853025	351517

分组的规模以上中型工业法人单位财务状况

单位：万元

固定资产合计	固定资产原价	累计折旧	#本年折旧	在建工程（个）	负债合计	流动负债合计	#应付账款	所有者权益合计
46463112	**69723539**	**27769503**	**4714763**	**6562346**	**106285891**	**95977125**	**19356250**	**70950159**
18608178	28010057	11369579	1905679	2480151	45886396	41967403	7321701	29537114
27854934	41713482	16399924	2809084	4082195	60399496	54009723	12034549	41413045
33740122	49899901	19536659	3406806	4971698	77461059	69032094	12992045	49677385
3219218	5205876	2348799	389019	423941	1629661	1342071	343144	2353833
32177	48119	19720	6072	3773	27464	27464	3633	82393
123180	153769	66878	8585	39994	296841	268402	24521	126794
12583965	18581967	7208861	1142097	1949108	25607405	21633271	4581303	14676609
1861275	3352174	1794048	164169	311350	1784896	1178276	206065	1430214
10722690	15229793	5414813	977928	1637758	23822509	20454996	4375238	13246396
3508664	5266282	2076929	363695	543626	8665014	7483723	1601207	9718659
14265683	20628472	7807291	1495808	2009961	41214811	38258611	6434216	22710543
92638	180852	95513	12387	7450	268748	260574	38747	196078
14733	25018	10285	1510	35	37553	37401	8295	5257
13176721	18972267	7156329	1367883	1868396	37887147	35187010	5759881	19586028
981590	1450335	545165	114028	134079	3021364	2773626	627293	2923180
7237	15417	8180	1530	1295	19863	18553	4021	8554
6393070	9858896	4072872	661802	876089	16735107	15581414	3185553	10741007
4000474	6252134	2603435	434557	655855	10824167	10160726	2081802	6802513
89675	158573	69956	13892	1518	229100	229050	29369	184491
2122488	3199297	1297184	202498	191183	5067722	4683885	921400	3220738
180433	248892	102297	10855	27533	614119	507754	152982	533266
6329920	9964742	4159972	646155	714559	12089726	11363617	3178652	10531767
3247854	5137483	2150343	331272	312830	7172768	6746313	1618420	5099319
14541	29695	16003	2250	901	43142	43041	11351	19361
2962445	4628728	1928751	299309	387438	4644564	4357468	1478450	4810525
78554	134937	57501	11008	13390	156204	143747	29946	158034
8808659	14933207	6912791	919745	1238708	8963725	6654565	1679493	7428129
1056029	1547185	638391	103798	190575	3416097	3288036	785290	1727101
26068195	37243214	13801938	2658171	3763778	70949584	64887544	11525600	43969809
4400767	6763228	2713452	433786	639635	10730410	9824089	2154091	7392978
4551467	7111947	2994471	466286	498775	8236009	7808316	2280279	7346540
1577995	2124758	708461	132976	230875	3990066	3514575	931496	3085602

1-B-24 续表 1

项 目	#实收资本	国家资本	集体资本	法人资本	个人资本	港澳台资本
总 计	**31989431**	**1787151**	**304280**	**11519701**	**9473339**	**4239134**
一、按轻重工业分						
轻工业	13431043	318569	86592	4170660	4198392	2201662
重工业	18558388	1468583	217688	7349041	5274947	2037472
三、按登记注册类型分						
内资	20085568	1513239	273838	9126450	8929020	161694
国有	247443	196128	2186	49129		
集体	20016		20016			
股份合作企业	34715		2958	2795	28962	
有限责任公司	7320808	1173827	125522	4026995	1937673	38503
国有独资公司	850763	583861	5531	261370		
其他有限责任公司	6470045	589966	119991	3765625	1937673	38503
股份有限公司	3300016	75609	112256	1466965	1554744	49875
私营企业	9159955	67675	10847	3580567	5405079	73317
私营独资	36571			14594	21977	
私营合伙	2701			605	2096	
私营有限责任公司	8170795	67675	7847	3130802	4876770	72731
私营股份有限公司	949888		3000	434566	504236	586
其他企业	2616		53		2563	
港澳台商投资	5811156	37110	11389	1405560	267448	4039984
与港澳台商合资经营	3082648	35001	11389	1310463	241057	1453083
与港澳台商合作经营	77228			17435	3835	55958
港澳台商独资	2455164	2110		21093	1150	2412801
港澳台商投资股份有限公司	196116			56569	21407	118141
外商投资	6092706	236802	19052	987691	276871	37456
中外合资经营	2913897	236802	19052	906332	223618	35178
中外合作经营	7150			2562	1835	
外资企业	3048311			34513	8445	1378
外商投资股份有限公司	59441			19576	10956	900
其他外商投资						
四、按控股情况分						
国有控股	3095445	1706668	31029	1089721	93315	36718
集体控股	947234		151109	626991	57843	66975
私人控股	17313763	36636	115323	7381909	8933502	450329
港澳台商控股	4505605	21567	4376	699167	93990	3561355
外商控股	4493094	17499	1575	369988	121695	74358
其他	1634289	4781	868	1351924	172994	49400

单位：万元

外商资本	营业收入	#主营业务收入	营业成本	#主营业务成本	营业税金及附加	#主营业务税金及附加	其他业务利润
4665825	**187704346**	**182631631**	**161984390**	**157167399**	**1134237**	**1111073**	**431275**
2455167	78386411	75600694	66432525	63765873	397874	391199	179992
2210658	109317935	107030937	95551865	93401526	736363	719874	251284
81326	131244705	127463107	113543489	109843782	597458	584176	286420
	8750691	8706370	8406863	8326336	34271	32195	4918
	124647	124647	103858	103858	574	574	
	373813	368445	303630	300000	1660	1654	1482
18289	40475363	38051216	35394202	33023068	180603	178137	109041
	2254540	2199881	1788147	1749340	32783	32327	11434
18289	38220824	35851336	33606055	31273728	147820	145811	97607
40567	13281092	12927813	10535549	10139805	72535	71998	37082
22470	68200226	67245742	58763398	57914727	307630	299433	133896
	621311	619176	526584	525132	3260	3260	744
	54060	53924	48812	48766	353	353	91
14970	62102743	61302044	53588323	52897459	283205	275078	123496
7500	5422112	5270598	4599680	4443370	20812	20742	9566
	38874	38874	35989	35989	185	185	
49665	30581678	30090645	26773349	26362165	411033	410415	62977
31655	21189902	20875191	18661323	18398779	356679	356278	38299
	734264	731619	658843	656947	2047	2047	313
18010	7904567	7751594	6818950	6688801	49113	48896	20365
	752945	732241	634234	617639	3194	3194	4000
4534834	25877963	25077880	21667551	20961451	125746	116482	81878
1492915	13675740	13401145	11795459	11547995	67077	59299	27776
2753	96218	95844	83825	83523	285	285	71
3003975	11426530	10905710	9295336	8839658	54311	53409	53505
28009	195817	193885	155812	155114	1630	1047	124
137994	22252134	21974331	20134537	19874813	405114	401777	40093
44316	4372894	4129627	3835226	3598248	15340	15310	6926
396064	117135300	114785249	100726948	98429452	507689	497374	259457
125151	19021700	18767343	16754350	16547105	83594	83186	40752
3907979	17589331	16995375	14447636	13930510	93123	84088	66988
54322	7332987	5979706	6085692	4787271	29376	29338	17059

1-B-24 续表 2

项　　目	管理费用	#税　金	财务费用	#利息支出	投资收益	营业利润
总　计	**8443767**	**388348**	**3113074**	**3428226**	**519280**	**9197558**
一、按轻重工业分						
轻工业	3549824	191415	1480855	1580147	178807	4017594
重工业	4893944	196934	1632219	1848080	340473	5179964
三、按登记注册类型分						
内资	5869088	259944	2447339	2615855	389252	6480934
国有	414795	5673	55904	56869	405	93000
集体	4483	1428	429	486	43	5041
股份合作企业	26975	1095	9777	9705	1275	19716
有限责任公司	1637987	80191	710027	798887	119271	1807198
国有独资公司	114690	4433	49630	52146	4270	231019
其他有限责任公司	1523298	75758	660397	746741	115001	1576179
股份有限公司	879987	36764	272860	302466	118829	1078583
私营企业	2903229	134765	1398107	1447238	149429	3476417
私营独资	29717	900	11083	11111	35	40310
私营合伙	2627	165	1045	968		165
私营有限责任公司	2582107	123792	1297042	1333410	103947	3103895
私营股份有限公司	288778	9907	88937	101750	45447	332046
其他企业	1632	29	236	204		980
港澳台商投资	1210136	58823	416368	509746	56642	1227284
与港澳台商合资经营	708754	33563	275083	348321	36950	871692
与港澳台商合作经营	19198	1540	11299	11547	441	34147
港澳台商独资	433022	21968	123177	139174	10926	279580
港澳台商投资股份有限公司	49163	1752	6809	10705	8325	41865
外商投资	1364544	69581	249367	302625	73386	1489340
中外合资经营	655446	27600	203148	214488	14401	624998
中外合作经营	4739	517	1287	941	1	2139
外资企业	665977	40063	44947	83257	18678	753972
外商投资股份有限公司	19883	864	3781	3939	69	9207
其他外商投资						
四、按控股情况分						
国有控股	838732	28679	236474	262832	36464	740713
集体控股	202217	10838	73705	83682	15968	187014
私人控股	5261629	238801	2299118	2448017	402305	5990449
港澳台商控股	829388	40901	247995	306337	25615	705474
外商控股	995055	55728	151727	207760	20447	1118249
其他	316747	13403	104055	119598	18480	455659

单位：万元

营业外收入	#补贴收入	营业外支出	利润总额	应交所得税	利税总额	应付工资总额	本年应交增值税
1042436	**392713**	**378530**	**10032410**	**1531215**	**16461462**	**11032173**	**5180243**
348134	136031	170323	4248752	658637	6938222	5701320	2268042
694301	256681	208207	5783658	872578	9523240	5330853	2912202
738871	297824	244981	7104532	1046999	11359213	7471428	3570239
28602	4490	6920	114683	29518	457693	320130	310468
545		185	5401	1342	10759	16695	4783
1417	155	1225	21085	4520	35701	26105	12963
251311	121013	74031	2014752	336661	3232138	2018374	953995
39529	28481	12136	258522	65604	425908	164067	135060
211782	92533	61895	1756230	271057	2806230	1854307	818935
155947	61236	29696	1212842	164056	1693874	731562	404775
301001	110885	132867	3734800	510645	5925906	4352798	1881270
1491	262	859	41135	8345	64714	58015	20318
246	11	28	383	72	2053	8125	1317
254449	97176	112846	3314571	454200	5320017	4033667	1719965
44815	13436	19134	378711	48028	539122	252992	139670
48	45	58	971	257	3142	5765	1986
206191	62084	66652	1393336	200027	2765264	1781722	932676
75076	41990	40839	916499	133044	2010698	1030297	734195
366	231	1261	33892	5057	49942	33102	14003
124913	18712	23081	396404	56566	629917	672324	159507
5835	1150	1472	46541	5360	74707	45999	24972
97374	32805	66897	1534541	284189	2336986	1779024	677328
49667	21040	26049	652366	111471	1052698	921525	338189
256	216	43	2358	386	5074	10787	2431
45659	11238	34776	775821	169008	1145985	803952	310964
1615	250	245	10577	1347	17684	22030	6060
164912	92688	41249	864464	190003	2245087	843386	968787
42309	6616	7433	224630	33123	337222	267117	96374
559796	217626	231385	6451412	862274	10088353	7078601	3046122
145777	29221	40896	833636	129116	1330631	1218625	387859
73323	16914	46991	1156485	243704	1737755	1278500	490005
56319	29648	10577	501785	72996	722415	345944	191096

1-B-25 按行业小类分组的规模以上

行业	单位数(个)	资产总计	流动资产合计	#应收账款	#存货	#产成品
总计	**4607**	**177382025**	**104204069**	**25344914**	**23872833**	**9499602**
采矿业	**7**	**244392**	**114402**	**14362**	**14863**	**8089**
黑色金属矿采选业	1					
铁矿采选	1					
铁矿采选	1					
有色金属矿采选业	3	141786	66572	10118	5562	2390
常用有色金属矿采选	3	141786	66572	10118	5562	2390
铜矿采选	2	75631	23629	2218	2357	1570
铅锌矿采选	1					
非金属矿采选业	3	89808	35874	1232	5842	3081
土砂石开采	1					
建筑装饰用石开采	1					
石棉及其他非金属矿采选	2	58308	23074	157	5192	2571
其他未列明非金属矿采选	2	58308	23074	157	5192	2571
制造业	**4510**	**167163189**	**101918956**	**25011430**	**23707797**	**9479700**
农副食品加工业	59	2554903	1588423	222339	433973	244985
谷物磨制	1					
谷物磨制	1					
饲料加工	7	176260	107720	12053	25201	4234
饲料加工	7	176260	107720	12053	25201	4234
植物油加工	3	663688	546646	51235	73369	36429
食用植物油加工	3	663688	546646	51235	73369	36429
屠宰及肉类加工	8	312249	154828	11186	78072	31701
牲畜屠宰	2	97438	52157	2087	19904	13923
肉制品及副产品加工	6	214810	102672	9099	58168	17778
水产品加工	27	804269	492951	88657	180638	136811
水产品冷冻加工	24	738704	459647	87820	158715	126435
鱼糜制品及水产品干腌制加工	2	56123	32001	653	21743	10229
其他水产品加工	1					
蔬菜、水果和坚果加工	11	441046	215411	38879	50025	30996
蔬菜加工	7	248668	119179	14581	25246	19991
水果和坚果加工	4	192378	96231	24298	24780	11005

中型工业法人单位财务状况

单位：万元

固定资产合计	固定资产原价	累计折旧	#本年折旧	在建工程（个）	负债合计	流动负债合计	#应付账款	所有者权益合计
46463112	**69723539**	**27769503**	**4714763**	**6562346**	**106285891**	**95977125**	**19356250**	**70950159**
45298	**63273**	**31816**	**4964**	**11313**	**174896**	**164802**	**5744**	**69497**
25238	32008	19867	1344	5237	73539	70982	1709	68247
25238	32008	19867	1344	5237	73539	70982	1709	68247
23381	25752	15468	1175	5237	19493	18663	580	56138
19218	31112	11894	3564	6076	91145	83607	1486	-1337
14810	24122	9312	982	6076	90884	83346	1225	-32576
14810	24122	9312	982	6076	90884	83346	1225	-32576
39577910	**58018543**	**22232681**	**3977473**	**5614715**	**100969554**	**92685452**	**18707825**	**66047661**
573890	790962	254303	46482	71834	1625277	1467568	315376	929627
35445	60072	25627	4337	2183	107487	96478	25846	68773
35445	60072	25627	4337	2183	107487	96478	25846	68773
59953	107167	47275	5314	393	577662	558562	139690	86026
59953	107167	47275	5314	393	577662	558562	139690	86026
78596	112654	39610	7503	2779	101462	76588	14936	210787
18796	26525	7871	1918	2681	33597	30397	5371	63842
59799	86130	31740	5586	98	67865	46191	9565	146946
232140	290120	78324	16203	22388	518174	471795	67441	286096
209948	259045	69433	15322	21209	470763	427249	57562	267941
14820	22838	8027	790	1179	46087	43222	9345	10036
94517	144281	59526	10111	41881	219100	172753	24185	221946
46170	83056	41488	4826	12511	116934	88911	10654	131734
48348	61225	18039	5285	29370	102166	83841	13532	90212

1-B-25 续表 1

行业	单位数(个)	资产总计	流动资产合计	#应收账款	#存货	#产成品
其他农副食品加工	2	72674	28065	5498	7785	2781
豆制品制造	1					
其他未列明农副食品加工	1					
食品制造业	64	2289650	1292600	409040	306178	141091
焙烤食品制造	14	226862	112293	28300	18159	8130
糕点、面包制造	10	164129	83430	24002	13071	6626
饼干及其他焙烤食品制造	4	62733	28863	4298	5088	1505
糖果、巧克力及蜜饯制造	4	269368	91986	48690	21582	3272
糖果、巧克力制造	3	258781	84365	43375	19758	2021
蜜饯制作	1					
方便食品制造	3	125317	84544	27573	14110	4998
速冻食品制造	2	112736	79525	27196	11488	3608
方便面及其他方便食品制造	1					
乳制品制造	6	194672	81243	14667	34925	1902
乳制品制造	6	194672	81243	14667	34925	1902
罐头食品制造	23	298394	213317	41602	119423	83536
肉、禽类罐头制造	2	28856	20886	8595	5874	1740
水产品罐头制造	1					
蔬菜、水果罐头制造	20	247864	175882	28990	104755	79563
调味品、发酵制品制造	2	31836	14750	2772	2933	655
味精制造	2	31836	14750	2772	2933	655
其他食品制造	12	1143201	694468	245436	95046	38598
营养食品制造	1					
保健食品制造	4	125449	52010	22128	12234	1661
冷冻饮品及食用冰制造	2	90771	31143	9296	4834	3486
食品及饲料添加剂制造	4	897323	589017	207969	74376	32106
其他未列明食品制造	1					
酒、饮料和精制茶制造业	31	1367850	565276	117537	220199	63985
酒的制造	17	702449	286512	20421	155128	42517
啤酒制造	13	551411	202149	13497	92660	3790
黄酒制造	4	151038	84364	6924	62468	38728

单位：万元

固定资产合计	固定资产原价	累计折旧	#本年折旧	在建工程(个)	负债合计	流动负债合计	#应付账款	所有者权益合计
36856	39260	2915	2027	534	56258	46258	8082	16416
648750	890738	287103	50738	47172	1063407	999237	231350	1222983
77114	145746	71937	7286	221	99102	88970	27347	126188
58481	106945	48834	5916	-550	82031	73119	22362	80525
18633	38801	23102	1370	771	17071	15851	4985	45663
172735	201080	46855	13837	19340	162671	161377	58820	106696
169783	196869	45596	13550	19340	156776	156776	58562	102005
34860	62006	27176	3526	1902	67823	64623	12655	57493
29197	55616	26419	3282	1873	59413	59413	11660	53323
66445	87536	26066	5588	5742	116828	97835	27657	76169
66445	87536	26066	5588	5742	116828	97835	27657	76169
61279	92476	36025	5865	8253	217609	211739	35869	80773
6767	10528	4183	1181	421	18189	18189	4671	10666
49967	74435	28875	4251	7832	186576	181621	26784	61276
16726	28070	17388	827	1521	11606	6943	311	20229
16726	28070	17388	827	1521	11606	6943	311	20229
219592	273824	61657	13810	10195	387768	367750	68690	755434
33987	47450	13463	4109	1448	60250	60235	5808	65199
30714	46091	15390	2430	395	32424	32421	5458	58348
149427	169408	27353	6692	8311	275307	255307	52528	622016
617203	986228	403510	64460	20882	802997	732116	137408	564854
322679	543717	233378	24049	7899	408858	385689	66379	293591
266519	470720	214709	20330	6067	344676	324138	48357	206735
56160	72997	18670	3719	1832	64182	61551	18022	86856

1-B-25 续表 2

行业	单位数(个)	资产总计	流动资产合计	#应收账款	#存货	#产成品
饮料制造	12	625864	256431	92811	55941	20602
碳酸饮料制造	1					
瓶(罐)装饮用水制造	4	221102	106680	46160	27466	9322
果菜汁及果菜汁饮料制造	5	310735	100419	28832	20818	6225
含乳饮料和植物蛋白饮料制造	1					
茶饮料及其他饮料制造	1					
精制茶加工	2	39537	22333	4305	9129	866
精制茶加工	2	39537	22333	4305	9129	866
纺织业	557	18055427	11076229	2203157	2465413	1137329
棉纺织及印染精加工	362	12240357	7350959	1328161	1554603	766542
棉纺纱加工	72	2172274	1347306	246278	373457	194734
棉织造加工	96	4715077	3096066	413077	663669	384596
棉印染精加工	194	5353006	2907587	668806	517478	187213
毛纺织及染整精加工	18	543585	374465	58854	135455	34815
毛条和毛纱线加工	6	206571	148880	25257	82082	19101
毛织造加工	6	227036	161103	21541	31979	10847
毛染整精加工	6	109978	64482	12056	21395	4868
麻纺织及染整精加工	4	90280	64387	10624	15408	7246
麻纤维纺前加工和纺纱	2	63257	48120	7025	8229	3017
麻染整精加工	2	27022	16267	3599	7180	4229
丝绢纺织及印染精加工	17	531485	400017	153223	114312	44677
缫丝加工	5	199753	179735	66628	38536	7234
绢纺和丝织加工	11	327283	217252	84534	75732	37443
丝印染精加工	1					
化纤织造及印染精加工	14	329850	162617	45390	53888	23873
化纤织造加工	10	247867	127822	33288	47058	22221
化纤织物染整精加工	4	81982	34795	12102	6830	1653
针织或钩针编织物及其制品制造	71	2073443	1339926	322642	299062	139747
针织或钩针编织物织造	43	1590835	1038876	209436	241807	111682
针织或钩针编织物印染精加工	6	144978	100440	40425	8111	2623
针织或钩针编织品制造	22	337630	200610	72781	49145	25442

单位：万元

固定资产合计	固定资产原价	累计折旧	#本年折旧	在建工程(个)	负债合计	流动负债合计	#应付账款	所有者权益合计
286696	431247	165589	39179	12510	373158	330399	67759	252706
52514	118033	74320	15911	1815	122330	122091	21559	98772
191904	235396	55729	19055	9845	212423	172198	37306	98313
7829	11264	4543	1232	472	20981	16028	3271	18557
7829	11264	4543	1232	472	20981	16028	3271	18557
4723485	7923110	3557177	571922	387132	11727095	10709973	1343103	6278123
3343462	5710706	2623599	413237	223894	8066191	7282539	845942	4117512
647898	1046323	449579	72398	39942	1335131	1214549	145093	834202
815892	1620483	857063	118040	43974	3116063	2719664	274786	1557815
1879672	3043900	1316957	222798	139977	3614996	3348327	426064	1725494
118021	204100	96386	11457	16474	377623	360697	57518	165962
36258	60194	26170	3268	2316	141143	132819	30430	65429
45323	92820	48118	5452	5227	159721	154732	24343	67315
36440	51087	22098	2738	8932	76759	73146	2745	33218
21118	43283	22184	2387	449	49975	49975	4563	39796
13346	25565	12239	1600	449	33394	33394	659	29863
7772	17718	9946	787		16580	16580	3904	9933
62569	114313	59878	7871	25485	365467	341417	61196	165920
11367	20104	14076	1223	4047	168462	168256	24835	31291
50326	92596	45064	6516	21437	193726	169883	35459	133459
139566	224687	96744	21463	12496	188402	175410	21802	140988
104717	172507	76116	17257	9518	130271	117283	12443	117596
34849	52180	20627	4207	2978	58131	58127	9359	23392
483191	802991	346631	55370	45299	1166475	1077876	148065	906859
342767	599716	267845	42424	36083	896810	820702	112111	694019
29200	49322	21919	3435	1597	76206	76177	7025	68772
111224	153953	56867	9511	7618	193459	180997	28928	144068

1-B-25 续表 3

行业	单位数(个)	资产总计	流动资产合计	#应收账款	#存货	#产成品
家用纺织制成品制造	32	1237890	820146	156993	122625	57903
床上用品制造	16	769212	514613	101039	59689	22776
毛巾类制品制造	1					
窗帘、布艺类产品制造	7	268195	156461	28884	28604	19463
其他家用纺织制成品制造	8	179407	132678	24440	31210	14408
非家用纺织制成品制造	39	1008538	563713	127271	170060	62526
非织造布制造	12	483446	250298	64584	74495	30013
绳、索、缆制造	2	12841	7124	1103	4633	1515
纺织带和帘子布制造	10	252794	160471	17473	46183	17655
篷、帆布制造	6	83761	54418	8934	24533	6178
其他非家用纺织制成品制造	9	175696	91402	35178	20215	7166
纺织服装、服饰业	426	7377881	4612581	989415	1138662	525561
机织服装制造	285	4930210	3073577	615639	736196	341218
机织服装制造	285	4930210	3073577	615639	736196	341218
针织或钩针编织服装制造	111	1780883	1130710	249529	301033	145851
针织或钩针编织服装制造	111	1780883	1130710	249529	301033	145851
服饰制造	30	666788	408294	124248	101433	38493
服饰制造	30	666788	408294	124248	101433	38493
皮革、毛皮、羽毛及其制品和制鞋业	295	3845747	2718914	754220	686552	223007
皮革鞣制加工	13	552622	416650	67784	198890	45724
皮革鞣制加工	13	552622	416650	67784	198890	45724
皮革制品制造	55	604882	402377	108561	108464	46039
皮革服装制造	5	47810	37096	9661	6562	2315
皮箱、包(袋)制造	36	427605	271111	67002	77690	38611
皮手套及皮装饰制品制造	6	36511	22928	7655	7412	1912
其他皮革制品制造	8	92956	71242	24244	16801	3201
毛皮鞣制及制品加工	2	74242	62590	11091	18461	931
毛皮服装加工	2	74242	62590	11091	18461	931
羽毛(绒)加工及制品制造	16	647938	538680	111418	125143	31116
羽毛(绒)加工	1					
羽毛(绒)制品加工	15	625168	519931	103659	120421	31041

单位：万元

固定资产合计	固定资产原价	累计折旧	#本年折旧	在建工程(个)	负债合计	流动负债合计	#应付账款	所有者权益合计
221009	359793	147752	25114	27123	916217	859514	99072	329296
101192	163498	63028	9637	11233	623519	583530	70544	153319
81796	134335	53998	10330	9275	155279	140836	9975	112913
34070	56296	29013	4764	6614	121335	119063	16657	58072
334549	463238	164003	35023	35914	596746	562545	104946	411792
189037	261268	92645	20854	21855	235027	211277	47562	248419
5031	5483	1462	533	1010	7077	7077	941	5764
58175	97548	46723	7158	8894	191692	182739	26418	61102
14168	16923	5547	1071	327	64821	63323	11892	18939
68138	82017	17626	5408	3829	98129	98129	18133	77568
1400823	2127785	898334	128987	167481	4180862	3936330	709182	3186604
836819	1286866	559401	74237	122940	2737925	2585875	460575	2184094
836819	1286866	559401	74237	122940	2737925	2585875	460575	2184094
413580	617291	247459	40117	34859	1042638	1017693	196171	736021
413580	617291	247459	40117	34859	1042638	1017693	196171	736021
150425	223628	91474	14634	9683	400298	332761	52436	266488
150425	223628	91474	14634	9683	400298	332761	52436	266488
673653	1005668	387864	64051	62979	2601458	2579073	460567	1242246
83610	169439	88910	13356	996	351062	350351	71842	201560
83610	169439	88910	13356	996	351062	350351	71842	201560
114259	173194	62150	10371	9204	443133	437830	120095	161486
4234	7599	3615	645	2466	40660	37855	8650	7150
89056	133969	46850	7227	3022	314833	314833	81348	112737
5280	7584	2303	689	2242	17864	17632	1301	18647
15689	24042	9382	1810	1475	69776	67510	28797	22952
9753	10116	2978	524	2615	62634	60134	6515	11607
9753	10116	2978	524	2615	62634	60134	6515	11607
42740	60048	24627	4325	7112	526907	526907	46167	121030
39589	55636	23365	4097	7112	510634	510634	44215	114533

1-B-25 续表 4

行业	单位数(个)	资产总计	流动资产合计	#应收账款	#存货	#产成品
制鞋业	209	1966063	1298618	455366	235593	99199
纺织面料鞋制造	5	34879	14502	3579	4281	2042
皮鞋制造	174	1663532	1114830	409654	180497	70553
塑料鞋制造	2	7940	4521	2495	1171	110
橡胶鞋制造	26	255184	161510	37068	49328	26292
其他制鞋业	2	4528	3255	2570	317	202
木材加工和木、竹、藤、棕、草制品业	32	863361	518412	109080	206152	75550
木材加工	2	119047	29238	3297	19391	8745
木片加工	1					
单板加工	1					
人造板制造	9	197890	122441	36774	51763	15822
胶合板制造	7	147330	87552	22066	39098	11435
其他人造板制造	2	50560	34889	14709	12665	4387
木制品制造	14	432246	282248	41691	113746	37745
木门窗、楼梯制造	7	108353	47862	8579	16737	5297
地板制造	7	323893	234386	33112	97009	32449
竹、藤、棕、草等制品制造	7	114178	84487	27317	21253	13237
竹制品制造	7	114178	84487	27317	21253	13237
家具制造业	121	2428489	1615879	302548	445292	115733
木质家具制造	49	890326	532829	62873	160039	43271
木质家具制造	49	890326	532829	62873	160039	43271
竹、藤家具制造	1					
竹、藤家具制造	1					
金属家具制造	60	1315832	922523	195196	249828	61919
金属家具制造	60	1315832	922523	195196	249828	61919
塑料家具制造	2	36548	26560	13580	11030	4591
塑料家具制造	2	36548	26560	13580	11030	4591
其他家具制造	9	176776	130927	29894	24236	5832
其他家具制造	9	176776	130927	29894	24236	5832

单位：万元

固定资产合计	固定资产原价	累计折旧	#本年折旧	在建工程(个)	负债合计	流动负债合计	#应付账款	所有者权益合计
423291	592871	209199	35476	43052	1217722	1203850	215948	746563
12219	14698	2487	500	4928	12213	12213	3047	22666
346310	483183	172886	28121	33734	1021302	1012077	181977	640656
3147	4749	1602	335	32	4102	4102	1860	3839
60899	89300	31915	6240	4359	177301	173275	28211	77677
716	941	310	280		2804	2183	853	1724
205064	265568	87087	15626	22696	440356	420078	60273	421147
15115	28030	12915	1850	634	25429	25329	7673	93618
53134	66208	21208	3938	2051	118229	109084	18139	76451
40706	53669	16865	3144	1754	85044	75899	13464	59077
12429	12539	4343	794	297	33185	33185	4675	17374
114317	140909	43839	7920	17740	215557	204664	21171	218041
39902	49431	18662	2471	11384	51252	45359	8317	58452
74416	91478	25177	5449	6356	164305	159305	12854	159589
22498	30422	9125	1918	2270	81142	81001	13290	33037
22498	30422	9125	1918	2270	81142	81001	13290	33037
522841	716935	256504	44098	67893	1718947	1624211	336895	709392
233403	274808	90832	17198	52483	646040	602254	70919	244286
233403	274808	90832	17198	52483	646040	602254	70919	244286
246264	383348	149171	23797	13715	917829	867368	232443	398003
246264	383348	149171	23797	13715	917829	867368	232443	398003
8418	12717	4299	823		11842	11842	4298	24705
8418	12717	4299	823		11842	11842	4298	24705
28788	40095	11987	2183	1695	134727	134237	28722	41898
28788	40095	11987	2183	1695	134727	134237	28722	41898

1-B-25 续表 5

行业	单位数(个)	资产总计	流动资产合计	#应收账款	#存货	#产成品
造纸和纸制品业	74	3879149	2264048	690268	372133	162113
造纸	48	2300962	1415203	368761	247847	124539
机制纸及纸板制造	45	2163198	1329225	356786	235215	120045
手工纸制造	3	137764	85978	11975	12632	4494
纸制品制造	26	1578187	848845	321507	124287	37574
纸和纸板容器制造	18	1160240	620522	242655	83207	19608
其他纸制品制造	8	417948	228323	78853	41079	17966
印刷和记录媒介复制业	36	1425347	799261	267521	115023	48208
印刷	35	1410426	793798	265306	114358	48208
书、报刊印刷	5	228932	113736	47049	10647	1589
本册印制	3	129980	57719	14360	6941	1460
包装装潢及其他印刷	27	1051515	622343	203898	96770	45159
装订及印刷相关服务	1					
装订及印刷相关服务	1					
文教、工美、体育和娱乐用品制造业	133	2333378	1459873	294078	427908	158383
文教办公用品制造	16	283741	169035	32479	45315	22122
文具制造	12	169686	107740	20834	29824	11918
笔的制造	3	47959	34555	2972	12171	7452
教学用模型及教具制造	1					
乐器制造	4	139252	84066	11957	34413	11116
西乐器制造	2	99048	57684	8875	22844	7175
其他乐器及零件制造	2	40205	26382	3081	11570	3941
工艺美术品制造	69	1099212	690242	116583	220446	80933
雕塑工艺品制造	6	46121	23166	4340	6716	3136
金属工艺品制造	10	163783	95387	18826	28364	5533
漆器工艺品制造	2	26942	16213	817	8343	3513
花画工艺品制造	2	58625	39003	9409	3082	695
天然植物纤维编织工艺品制造	3	34381	23741	5227	3527	1866
抽纱刺绣工艺品制造	22	311927	206616	48349	33862	14482
地毯、挂毯制造	3	74523	33147	3519	18696	3711
珠宝首饰及有关物品制造	5	174716	130739	3314	95032	40752
其他工艺美术品制造	16	208194	122229	22783	22824	7246

单位：万元

固定资产合计	固定资产原价	累计折旧	#本年折旧	在建工程(个)	负债合计	流动负债合计	#应付账款	所有者权益合计
1130401	1599259	551777	110364	97067	2276268	2047377	335913	1573356
687969	1001681	366285	75036	60928	1585532	1465581	191257	715429
644515	953380	348106	68077	46965	1480417	1385708	183360	682781
43453	48302	18180	6959	13963	105115	79873	7898	32649
442432	597578	185492	35328	36140	690735	581796	144656	857926
322074	455670	151301	26728	19020	533678	429865	98900	597036
120359	141908	34191	8600	17119	157057	151931	45756	260890
363808	582426	261728	46386	53561	823996	774394	165823	601351
355678	572742	258290	45636	51676	821062	773289	165695	589364
75769	126887	56974	11255	26089	109859	109552	23287	119073
37562	59149	25977	4241	4399	56468	32229	12406	73512
242347	386707	175340	30139	21189	654735	631508	130003	396780
588783	814566	285262	52478	49438	1325472	1203705	209844	1007545
60129	98165	40669	6386	3396	154595	154567	16720	129146
39178	61272	24461	4127	3411	110478	110478	11176	59208
12419	18310	6157	1363	-14	38882	38854	5314	9076
43389	58743	15354	4070	1165	42384	36603	11229	96869
34758	46310	11552	3072	690	17954	17673	8536	81094
8631	12433	3802	999	475	24430	18930	2693	15775
276955	390851	138784	24112	20795	659214	576851	81418	439653
13667	16278	2765	959	3880	33436	26401	3378	12685
27796	42232	14835	2278	1413	111804	111531	9969	51633
9752	14206	4983	939	529	21402	21402	1242	5540
7432	7005	2439	429		38014	28014	5771	20612
4082	6698	3203	423	2919	16504	16504	4404	17877
80125	125462	51765	8001	432	198389	193765	18827	113538
34962	58289	23652	4208	384	47596	42649	4193	26927
37261	37484	7581	2242	6841	115054	63798	16534	59663
61878	83198	27560	4632	4397	77015	72788	17101	131179

1-B-25 续表 6

行业	单位数(个)	资产总计	流动资产合计	#应收账款	#存货	#产成品
体育用品制造	15	300482	181205	51385	48501	16353
球类制造	1					
体育器材及配件制造	3	58224	32469	17496	10360	2284
训练健身器材制造	7	147147	92660	16881	13382	3430
其他体育用品制造	4	89174	52367	16727	24139	10319
玩具制造	23	382631	248287	67756	60254	22694
玩具制造	23	382631	248287	67756	60254	22694
游艺器材及娱乐用品制造	6	128060	87039	13918	18979	5165
露天游乐场所游乐设备制造	3	67949	46812	6582	2034	351
游艺用品及室内游艺器材制造	1					
其他娱乐用品制造	2	39490	23754	3552	7030	3758
石油加工、炼焦和核燃料加工业	2	540004	322962	115468	159556	52364
精炼石油产品制造	2	540004	322962	115468	159556	52364
原油加工及石油制品制造	2	540004	322962	115468	159556	52364
化学原料和化学制品制造业	140	16997089	9168388	1618823	1850850	700021
基础化学原料制造	25	4065312	2002747	249960	394649	124501
无机碱制造	4	644637	159694	10254	20803	7153
无机盐制造	2	221227	183444	36129	10343	3766
有机化学原料制造	18	3161657	1643014	200608	357721	110802
其他基础化学原料制造	1					
肥料制造	4	195079	93960	18872	21513	7123
氮肥制造	3	178732	89850	17528	20225	6837
有机肥料及微生物肥料制造	1					
农药制造	10	809614	399737	79933	91910	46450
化学农药制造	8	633180	329679	73471	70062	35626
生物化学农药及微生物农药制造	2	176434	70057	6462	21848	10824
涂料、油墨、颜料及类似产品制造	26	2019659	1247292	284046	276318	135798
涂料制造	8	813579	484239	85672	91905	36533

单位：万元

固定资产合计	固定资产原价	累计折旧	#本年折旧	在建工程(个)	负债合计	流动负债合计	#应付账款	所有者权益合计
88581	97141	30772	6749	13130	160947	146592	42250	139520
23417	22199	5430	1698	1474	23538	18933	6706	34685
38104	35944	10230	2641	8474	102999	93581	18460	44132
24831	35945	14287	2215	3182	30178	30178	16985	58997
88558	133913	49865	8268	7058	232690	215825	50843	149941
88558	133913	49865	8268	7058	232690	215825	50843	149941
31171	35752	9819	2893	3893	75644	73269	7385	52416
12268	12677	4298	1078	3795	53696	53696	1356	14254
15665	16162	1773	1452	25	16011	13636	1087	23480
106251	236475	130224	13324	45658	411624	411449	196191	128380
106251	236475	130224	13324	45658	411624	411449	196191	128380
106251	236475	130224	13324	45658	411624	411449	196191	128380
5055014	6955634	2245150	508743	808049	9935991	8554982	2215377	7054025
1411030	1719614	449876	123964	166675	2450247	2199749	588938	1615066
338992	435914	119439	32338	23880	467878	360836	43238	176759
19625	28959	9661	2495	3305	185150	184683	69605	36076
1036028	1230542	312962	87409	137827	1775604	1638799	474353	1386052
52976	101385	51148	9736	32319	119446	102762	14179	75633
40961	84364	43848	8987	30677	108133	93364	12267	70599
159401	231431	86447	19881	20879	453401	408677	64682	352439
108964	159178	63441	14909	20247	350029	323746	55242	283151
50437	72253	23006	4972	632	103372	84931	9440	69288
434163	672464	292117	45743	55314	889286	801310	183255	1130373
123642	219772	97802	18441	19479	259257	256580	75914	554322

1-B-25 续表 7

行业	单位数(个)	资产总计	流动资产合计	#应收账款	#存货	#产成品
油墨及类似产品制造	4	211966	144189	67225	25832	13239
颜料制造	3	272480	122398	27456	46573	32719
染料制造	10	675711	468484	94624	103996	49814
密封用填料及类似品制造	1					
合成材料制造	40	7413391	3998571	735633	777957	241732
初级形态塑料及合成树脂制造	18	2949470	1976939	305800	314502	91308
合成橡胶制造	1					
合成纤维单(聚合)体制造	16	4056073	1859634	400078	421115	135669
其他合成材料制造	5	169975	71276	21975	22139	4961
专用化学产品制造	22	1597613	770369	176389	154000	71294
化学试剂和助剂制造	4	430152	226726	25942	32758	16786
专项化学用品制造	7	593110	298359	65349	48487	24941
信息化学品制造	9	464934	193196	75564	66149	27056
环境污染处理专用药剂材料制造	1					
其他专用化学产品制造	1					
炸药、火工及焰火产品制造	2	59779	29920	1389	5444	4346
炸药及火工产品制造	2	59779	29920	1389	5444	4346
日用化学产品制造	11	836641	625792	72602	129060	68776
肥皂及合成洗涤剂制造	3	105446	58178	11088	15140	7087
化妆品制造	6	556972	440201	32548	76493	41291
其他日用化学产品制造	2	174223	127413	28966	37427	20398
医药制造业	80	3875410	2028855	461896	550468	218543
化学药品原料药制造	39	2066211	1021828	210557	326310	136068
化学药品原料药制造	39	2066211	1021828	210557	326310	136068
化学药品制剂制造	13	512689	281105	59782	57694	32497
化学药品制剂制造	13	512689	281105	59782	57694	32497
中药饮片加工	3	56129	31682	12407	8517	4159
中药饮片加工	3	56129	31682	12407	8517	4159
中成药生产	7	669985	347872	69913	68539	11518
中成药生产	7	669985	347872	69913	68539	11518

单位：万元

固定资产合　计	固定资产原　价	累计折旧	#本年折旧	在建工程(个)	负债合计	流动负债合　计	#应付账款	所有者权益合计
47852	77250	32184	4833	5321	80423	78470	24689	131544
132331	131631	39831	8427	24321	181460	133711	31219	91020
114278	200254	94111	12216	5369	363719	328121	48168	311992
2484725	3396762	1025035	252019	380526	4709532	3971558	1122225	2700560
638527	1103754	469731	71364	97771	1706489	1665749	475098	1242981
1693479	2106757	498201	166008	222394	2772713	2117493	605981	1280732
83490	92944	33025	6772	2419	80093	70527	24969	89209
388334	621675	243955	45206	119639	835719	616799	133090	761894
39534	70125	30763	4612	12011	201904	92554	37208	228248
141945	228314	96759	16740	29841	282199	249182	28532	310911
163434	271232	107850	20924	73002	306845	252161	64565	158089
15957	27982	12025	1814	2885	30077	27372	1295	29702
15957	27982	12025	1814	2885	30077	27372	1295	29702
108429	184321	84547	10380	29812	448283	426756	107713	388358
33823	45863	17611	2399	5994	58491	58491	7081	46955
53200	111616	58425	6492	23819	290077	282061	86623	266896
21407	26843	8510	1488		99716	86205	14008	74507
1070737	1526816	571658	105335	295520	1772325	1535134	297510	2102634
547377	793379	282310	61204	199604	1048692	949931	179933	1017068
547377	793379	282310	61204	199604	1048692	949931	179933	1017068
176643	277955	116557	17336	22149	158691	148911	24441	353999
176643	277955	116557	17336	22149	158691	148911	24441	353999
10337	17037	7989	976	1612	32441	31941	8585	23688
10337	17037	7989	976	1612	32441	31941	8585	23688
204910	242174	97318	13557	63683	266860	157686	30555	403125
204910	242174	97318	13557	63683	266860	157686	30555	403125

1-B-25 续表 8

行业	单位数(个)	资产总计	流动资产合计	#应收账款	#存货	#产成品
生物药品制造	10	449355	285097	80523	74560	29236
生物药品制造	10	449355	285097	80523	74560	29236
卫生材料及医药用品制造	8	121041	61271	28714	14847	5065
卫生材料及医药用品制造	8	121041	61271	28714	14847	5065
化学纤维制造业	68	7364293	4134118	584520	896234	524736
纤维素纤维原料及纤维制造	1					
人造纤维(纤维素纤维)制造	1					
合成纤维制造	67	7345781	4120557	581128	890726	522530
锦纶纤维制造	6	929550	596545	92843	95302	60326
涤纶纤维制造	51	5263578	2885584	396598	653512	373995
腈纶纤维制造	1					
丙纶纤维制造	1					
氨纶纤维制造	6	729362	305349	52541	68964	39536
其他合成纤维制造	2	167265	145785	29373	32678	18897
橡胶和塑料制品业	187	6361118	4001297	919020	691137	296648
橡胶制品业	23	534045	339758	124404	79497	46613
轮胎制造	3	76748	39399	12862	17606	8634
橡胶板、管、带制造	7	157441	97324	31761	28507	16729
橡胶零件制造	9	195990	122652	40496	21938	14921
其他橡胶制品制造	4	103867	80384	39284	11446	6329
塑料制品业	164	5827074	3661539	794615	611640	250035
塑料薄膜制造	15	1893885	1222317	128535	114972	52042
塑料板、管、型材制造	17	759116	483276	118432	84498	44928
塑料丝、绳及编织品制造	10	234393	160985	67532	28412	16907
泡沫塑料制造	5	179757	100874	33820	20562	4525
塑料人造革、合成革制造	41	1019149	626943	120326	139843	41350
塑料包装箱及容器制造	14	490251	266444	66666	46511	20387
日用塑料制品制造	32	586911	370706	90309	78788	22335
塑料零件制造	11	256897	159158	79674	32313	17391
其他塑料制品制造	19	406715	270835	89323	65743	30171

单位：万元

固定资产合计	固定资产原价	累计折旧	#本年折旧	在建工程(个)	负债合计	流动负债合计	#应付账款	所有者权益合计
85680	134936	51786	9164	5357	202062	194126	39213	247293
85680	134936	51786	9164	5357	202062	194126	39213	247293
45790	61335	15698	3098	3115	63580	52538	14783	57461
45790	61335	15698	3098	3115	63580	52538	14783	57461
1942483	2735670	1153622	188319	404465	4405077	4105443	541642	2949215
1937669	2724708	1146941	187598	403931	4394896	4095262	541581	2940884
236772	304547	104453	19215	64033	560441	482922	60877	369108
1249549	1687250	719730	121968	327338	3170990	2982112	440589	2082586
385595	626281	281809	41866	7636	363066	330099	31408	366295
21113	28595	7554	1459	73	48256	48256	557	119008
1618131	2340363	943839	179174	198961	3942088	3666834	577273	2408822
132652	193844	84628	13262	26026	260299	246701	47774	273745
25287	34867	13766	2317	6357	35918	35918	7112	40830
39975	61493	30187	4345	5584	73167	68457	10563	84274
49989	71184	31776	4241	12952	100271	91730	21233	95719
17401	26300	8899	2360	1133	50944	50596	8866	52922
1485480	2146519	859211	165912	172935	3681789	3420133	529499	2135077
549992	722744	293806	54069	65236	1342839	1170570	179994	541924
139379	204454	75571	13115	10248	330264	315886	44058	428852
34545	54234	19933	3418	874	154527	153410	11206	78858
37002	51533	14531	2617	9673	119024	114388	24110	60732
286636	427045	166313	35966	25192	702858	660344	96194	316214
154302	241520	108007	21937	25715	277849	275301	34728	212401
138622	214609	82399	15660	16953	335557	317676	66239	251354
62098	94639	38411	7637	6045	165905	163118	43199	90992
82904	135742	60240	11493	12998	252965	249438	29772	153750

1-B-25 续表 9

行业	单位数(个)	资产总计	流动资产合计	#应收账款	#存货	#产成品
非金属矿物制品业	104	6349884	3078071	699291	524472	177158
水泥、石灰和石膏制造	36	3279638	1383114	201773	175825	24665
水泥制造	36	3279638	1383114	201773	175825	24665
石膏、水泥制品及类似制品制造	13	530108	334859	146470	50777	33320
水泥制品制造	10	432184	275259	130055	29073	19725
砼结构构件制造	2	74934	51121	11404	20356	12919
轻质建筑材料制造	1					
砖瓦、石材等建筑材料制造	4	323939	283900	81285	12850	4143
建筑陶瓷制品制造	3	238663	222072	77900	9465	3318
防水建筑材料制造	1					
玻璃制造	8	465318	183038	18493	83737	20149
平板玻璃制造	5	430038	160953	9892	74544	15790
其他玻璃制造	3	35280	22085	8601	9193	4359
玻璃制品制造	26	947684	437500	91831	121222	49971
技术玻璃制品制造	6	297021	137775	39279	39264	23260
光学玻璃制造	2	100568	25383	4093	13794	3127
日用玻璃制品制造	8	246017	149851	19057	36242	13530
玻璃包装容器制造	2	45519	14895	6858	6220	2993
玻璃保温容器制造	2	34324	19718	9889	6473	2631
制镜及类似品加工	3	165198	55604	8300	9223	3528
其他玻璃制品制造	3	59037	34274	4356	10005	902
玻璃纤维和玻璃纤维增强塑料制品制造	7	332101	185365	50165	21134	10441
玻璃纤维及制品制造	7	332101	185365	50165	21134	10441
陶瓷制品制造	2	79082	55276	27030	14530	10874
特种陶瓷制品制造	2	79082	55276	27030	14530	10874
耐火材料制品制造	5	242532	146853	54703	33480	20945
石棉制品制造	1					
耐火陶瓷制品及其他耐火材料制造	4	225298	138263	51811	30645	19280
石墨及其他非金属矿物制品制造	3	149482	68166	27541	10918	2651
石墨及碳素制品制造	3	149482	68166	27541	10918	2651

单位：万元

固定资产合计	固定资产原价	累计折旧	#本年折旧	在建工程(个)	负债合计	流动负债合计	#应付账款	所有者权益合计
1989124	3000837	1152080	172207	221134	3477998	2964652	529287	2862780
1113076	1917322	832975	102233	76681	1637525	1338308	179357	1635149
1113076	1917322	832975	102233	76681	1637525	1338308	179357	1635149
99266	150776	60331	11415	2373	300719	298904	65183	229389
67297	97965	36452	7329	427	251902	250242	51804	180282
17458	21514	5991	1484	1946	33277	33123	8678	41656
21000	26750	6875	4267	52	254716	243716	50917	69223
12238	14700	2551	1319	52	213479	203479	50917	25184
153023	177013	35358	6727	19860	261741	173625	89461	203577
140655	158440	28919	5224	19860	244843	159926	81765	185195
12367	18574	6439	1503		16899	13699	7696	18382
381191	431095	108203	29862	69467	566907	503955	65524	378636
107160	138390	34193	10012	6130	179570	144781	15635	117451
68435	74607	6173	5149	2642	33528	24807	6745	67039
53101	81767	28674	5443	4635	184536	173908	14412	59340
23797	34796	11089	2500	474	32397	32397	4839	13121
8017	11536	3670	934	1000	20410	18785	5789	13915
98497	66454	19288	4346	50904	85231	78129	10505	79967
22184	23545	5115	1478	3683	31235	31148	7599	27803
115744	141099	52428	9104	33275	199961	189914	30496	132140
115744	141099	52428	9104	33275	199961	189914	30496	132140
7139	9059	1920	320	9333	57023	32023		22059
7139	9059	1920	320	9333	57023	32023		22059
58176	83736	25916	4276	5302	117872	116373	36934	124660
55670	79144	23830	3917	1084	112332	110833	36021	112966
40510	63985	28075	4004	4791	81534	67834	11415	67948
40510	63985	28075	4004	4791	81534	67834	11415	67948

1-B-25 续表 10

行业	单位数(个)	资产总计	流动资产合计	#应收账款	#存货	#产成品
黑色金属冶炼和压延加工业	71	5784835	3911120	518614	965471	438790
炼钢	2	455484	381078	54713	65843	26047
炼钢	2	455484	381078	54713	65843	26047
黑色金属铸造	23	532429	319284	111828	81138	36590
黑色金属铸造	23	532429	319284	111828	81138	36590
钢压延加工	46	4796921	3210759	352073	818489	376153
钢压延加工	46	4796921	3210759	352073	818489	376153
有色金属冶炼和压延加工业	53	4903323	3402952	479912	909483	283823
常用有色金属冶炼	6	1230913	814351	52850	290737	60010
铜冶炼	4	816216	647671	27120	228763	36962
镍钴冶炼	2	414697	166680	25730	61974	23048
贵金属冶炼	1					
金冶炼	1					
有色金属合金制造	7	361874	282969	54057	83316	19423
有色金属合金制造	7	361874	282969	54057	83316	19423
有色金属铸造	4	42189	25623	10555	5948	3253
有色金属铸造	4	42189	25623	10555	5948	3253
有色金属压延加工	35	3242269	2267715	362450	522453	194948
铜压延加工	18	2107343	1629360	271023	367579	131783
铝压延加工	15	950300	501600	72485	128453	51172
其他有色金属压延加工	2	184626	136755	18942	26421	11993
金属制品业	216	5323621	3432779	898910	900783	370466
结构性金属制品制造	39	1252502	901108	241663	232022	90373
金属结构制造	11	527731	391262	115836	113631	51016
金属门窗制造	28	724771	509847	125827	118391	39357
金属工具制造	34	486337	316083	94120	88412	43088
切削工具制造	8	142369	85105	21264	22767	14382
手工具制造	15	177706	117784	29073	37118	17236
农用及园林用金属工具制造	5	86626	62067	19087	15481	5583
刀剪及类似日用金属工具制造	6	79635	51127	24696	13046	5887

单位：万元

固定资产合计	固定资产原价	累计折旧	#本年折旧	在建工程(个)	负债合计	流动负债合计	#应付账款	所有者权益合计
1317828	2159996	930349	166371	191590	3900095	3692073	448697	1883598
27037	42145	15759	2941	6451	405339	404689	45361	50145
27037	42145	15759	2941	6451	405339	404689	45361	50145
131530	216815	89968	15443	19975	288939	285461	74454	242490
131530	216815	89968	15443	19975	288939	285461	74454	242490
1159261	1901036	824622	147987	165164	3205817	3001923	328881	1590963
1159261	1901036	824622	147987	165164	3205817	3001923	328881	1590963
752607	1043170	381086	79434	140383	3316286	3184893	574939	1572535
121364	141188	47013	8801	33455	809589	777623	184316	421324
95644	99228	30772	5116	25193	582146	550803	153434	234071
25720	41961	16241	3684	8262	227443	226820	30883	187253
73005	91364	39953	8516	12693	150698	143414	22706	211176
73005	91364	39953	8516	12693	150698	143414	22706	211176
11607	16826	5220	1363	1473	16865	16865	3667	25325
11607	16826	5220	1363	1473	16865	16865	3667	25325
532849	780656	278474	60286	92582	2333721	2241921	364090	894046
231135	353132	143201	30070	49507	1525274	1489384	298983	582069
269554	383482	123391	27270	36277	656239	600329	57231	279559
32159	44042	11883	2946	6798	152208	152208	7877	32418
1247050	1708688	578176	112523	126159	3103240	2940881	496112	2218791
187886	273109	93440	15239	12921	744285	709009	119523	507735
57277	106499	49699	5998	2402	302642	291891	76320	225088
130608	166609	43741	9241	10519	441643	417118	43203	282646
114160	176710	71336	13138	7672	263194	260143	73584	223083
37503	56036	19852	3710	1380	79041	77761	9770	63328
39834	69654	31680	5239	2317	99160	99160	24063	78487
19868	26686	8544	2311	25	49408	49408	26831	37218
16955	24334	11260	1877	3951	35584	33814	12920	44051

1-B-25 续表 11

行业	单位数(个)	资产总计	流动资产合计	#应收账款	#存货	#产成品
集装箱及金属包装容器制造	18	941766	610329	136275	150319	78445
集装箱制造	4	323237	232867	51085	75397	53971
金属压力容器制造	6	314569	204785	50778	43959	10836
金属包装容器制造	8	303960	172677	34411	30963	13638
金属丝绳及其制品制造	4	156770	87314	19018	24066	9809
金属丝绳及其制品制造	4	156770	87314	19018	24066	9809
建筑、安全用金属制品制造	49	946634	590242	171743	179721	64167
建筑、家具用金属配件制造	23	293880	165657	49140	56472	14314
建筑装饰及水暖管道零件制造	18	532839	345615	99237	103842	35717
安全、消防用金属制品制造	8	119914	78971	23366	19407	14136
金属表面处理及热处理加工	16	197867	120211	46767	20383	8759
金属表面处理及热处理加工	16	197867	120211	46767	20383	8759
搪瓷制品制造	4	122784	98190	26940	30987	18127
建筑装饰搪瓷制品制造	2	88730	69749	20590	19358	13493
搪瓷卫生洁具制造	1					
搪瓷日用品及其他搪瓷制品制造	1					
金属制日用品制造	39	747470	466146	87194	120065	31858
金属制厨房用器具制造	6	142660	98050	13270	31236	10620
金属制餐具和器皿制造	22	425829	263694	45300	61840	14298
金属制卫生器具制造	5	105255	61844	18734	17469	5428
其他金属制日用品制造	6	73726	42558	9890	9520	1511
其他金属制品制造	13	471492	243156	75191	54808	25841
锻件及粉末冶金制品制造	5	257631	129586	41643	21155	11254
交通及公共管理用金属标牌制造	1					
其他未列明金属制品制造	7	165818	82973	20874	27742	13298
通用设备制造业	407	14905652	9567470	2738290	2245112	878549
锅炉及原动设备制造	14	1108946	767172	273349	137096	31686
锅炉及辅助设备制造	6	707461	488704	197712	90208	5406
内燃机及配件制造	5	234841	145100	37740	15988	8143
汽轮机及辅机制造	1					
水轮机及辅机制造	2	77282	54012	16850	16678	4918

单位：万元

固定资产合计	固定资产原价	累计折旧	#本年折旧	在建工程(个)	负债合计	流动负债合计	#应付账款	所有者权益合计
256346	300009	87528	20308	25232	608411	562880	80055	333355
52469	77413	24989	4605	52	198108	198108	34469	125129
99417	109220	30809	8832	4609	229344	205966	24221	85225
104461	113375	31730	6871	20571	180959	158806	21366	123001
42547	50715	8273	2372	1795	84496	83996	10648	70774
42547	50715	8273	2372	1795	84496	83996	10648	70774
233449	317585	103558	18512	25069	534318	519579	75548	412767
86634	116221	39742	7367	10686	161846	154183	19943	132485
122218	165496	49893	8699	10076	291319	284244	39203	241520
24597	35868	13923	2446	4307	81152	81152	16402	38762
57097	90440	33393	6657	1520	130910	129485	13018	66958
57097	90440	33393	6657	1520	130910	129485	13018	66958
12517	28848	16331	2589	7892	59803	59749	8927	62981
7513	19700	12187	2062	7892	40012	40012	6893	48718
210031	273786	88332	19576	24489	482345	435670	87206	265124
30923	43401	15255	2943	401	82161	75661	21118	60498
121849	167844	58153	13184	19255	291420	251245	44406	134409
31448	34107	7470	1583	1624	64478	64478	12623	40777
25811	28434	7453	1867	3209	44286	44286	9058	29440
133018	197487	75986	14133	19570	195477	180370	27603	276015
65455	116232	55325	8521	12483	107368	103297	13932	150263
53362	64425	18032	4848	6974	68157	57120	8690	97661
2900493	4278631	1656700	276247	371176	8631180	8206066	1902987	6273522
143054	175754	60859	9014	47901	702274	649258	180587	406672
49089	74049	25384	3479	6141	383678	348354	120866	323784
70326	70890	21643	4183	35105	223663	212004	35153	11178
16640	20858	10873	772	6655	43079	37079	9939	34203

1-B-25 续表 12

行业	单位数(个)	资产总计	流动资产合计	#应收账款	#存货	#产成品
金属加工机械制造	26	1163737	754797	179488	261896	90086
金属切削机床制造	9	564004	335230	79628	131752	46233
金属成形机床制造	5	149161	114663	40160	48366	9573
铸造机械制造	1					
金属切割及焊接设备制造	8	312109	222127	41830	43989	20773
机床附件制造	2	49416	29036	5901	14216	6640
其他金属加工机械制造	1					
物料搬运设备制造	47	2231165	1553773	452344	273232	91530
轻小型起重设备制造	8	124173	81079	20772	21174	4139
起重机制造	2	85732	55070	9911	23675	18336
生产专用车辆制造	4	166066	122365	41179	28346	2772
连续搬运设备制造	2	46061	27517	13965	8556	1906
电梯、自动扶梯及升降机制造	30	1740523	1207622	349704	173102	64377
其他物料搬运设备制造	1					
泵、阀门、压缩机及类似机械制造	120	3485188	2208098	680521	538671	213722
泵及真空设备制造	49	1346586	820186	269363	208782	89815
气体压缩机械制造	17	610290	427775	116579	83838	38827
阀门和旋塞制造	43	1120907	749844	229748	205421	66089
液压和气压动力机械及元件制造	11	407404	210293	64831	40630	18992
轴承、齿轮和传动部件制造	85	2881836	1580229	488252	385755	174078
轴承制造	57	2191993	1175001	381112	290891	137269
齿轮及齿轮减、变速箱制造	17	464153	247936	68583	56749	22475
其他传动部件制造	11	225690	157292	38557	38115	14334
烘炉、风机、衡器、包装等设备制造	68	2677998	1843756	416205	368782	141013
风机、风扇制造	6	325862	187207	82150	33160	13459
气体、液体分离及纯净设备制造	12	834474	671234	83250	97795	50244
制冷、空调设备制造	17	720873	443777	130614	119964	41554
风动和电动工具制造	26	611109	424383	94034	86603	30421
喷枪及类似器具制造	4	55367	29452	13456	6310	3108
包装专用设备制造	3	130314	87703	12702	24950	2227

单位：万元

固定资产合计	固定资产原价	累计折旧	#本年折旧	在建工程（个）	负债合计	流动负债合计	#应付账款	所有者权益合计
258294	399670	149143	23376	29523	638106	625094	113085	525482
150977	222729	72359	11843	15127	271271	263792	62690	292733
23543	50822	27360	2304	2310	80292	78989	13160	68869
38282	52113	20910	4258	8743	208699	208541	24928	103261
14708	30325	15617	2182	3257	34000	33661	1937	15417
327335	407650	122104	25915	48904	1352715	1312011	420396	878449
20160	38631	18781	2894	1666	68969	68621	23657	55204
17843	23936	6119	1354	26	54570	54570	12543	31162
35335	46633	14751	2873	1961	122941	114175	49702	43126
5452	8841	3482	727	92	27982	27982	7047	18079
242226	283290	78600	17751	44989	1026091	994500	310484	714432
720291	1024551	391939	68923	86841	1976272	1896391	411885	1508915
290129	457314	185937	30191	24765	695766	679373	149648	650821
137777	158551	57434	12827	29229	451105	428650	105327	159185
201700	289937	113025	19173	22640	593558	576951	139999	527349
90685	118750	35543	6733	10207	235843	211417	16913	171561
613249	1034414	457556	69463	59318	1476044	1367146	281996	1405791
422055	714625	319290	47415	37886	1056172	983852	201916	1135821
135972	230677	99018	15463	20737	286561	260359	48911	177592
55222	89112	39248	6585	695	133312	122935	31170	92378
467010	673220	240378	42883	61546	1690319	1594236	317337	987479
63272	93282	32679	4618	6367	126924	98315	26041	198938
96854	156037	59244	12498	18477	594021	585044	71808	240453
150990	195857	62515	11946	15920	434639	410196	92828	286036
119472	173211	62237	10449	16798	419529	386667	105889	191580
13537	16596	8342	1123	134	39379	39379	10964	15988
22885	38238	15362	2249	3849	75829	74635	9808	54485

1-B-25 续表 13

行　　业	单位数(个)	资产总计	流动资产合　　计	#应收账款	#存　货	#产成品
文化、办公用机械制造	7	186215	136308	44071	33715	10559
照相机及器材制造	3	111606	84477	25749	18418	1839
计算器及货币专用设备制造	3	44006	28842	16240	7524	2503
其他文化、办公用机械制造	1					
通用零部件制造	39	1162889	721759	203898	245380	125875
金属密封件制造	1					
紧固件制造	23	841950	543526	137394	200953	108539
弹簧制造	4	85059	53028	21257	9562	5840
机械零部件加工	4	102441	48615	14607	9547	3390
其他通用零部件制造	7	102043	65061	25985	20537	6758
其他通用设备制造业	1					
其他通用设备制造业	1					
专用设备制造业	151	5596785	3689611	1074799	992462	306334
采矿、冶金、建筑专用设备制造	11	506189	381750	200086	75753	24009
矿山机械制造	3	97705	66115	21494	21430	14023
石油钻采专用设备制造	3	53098	37671	10677	15895	5803
建筑工程用机械制造	3	302075	247091	153031	34112	4139
海洋工程专用设备制造	1					
建筑材料生产专用机械制造	1					
化工、木材、非金属加工专用设备制造	52	1959992	1238997	324703	378675	91845
炼油、化工生产专用设备制造	5	187409	137694	47217	54044	3166
橡胶加工专用设备制造	1					
塑料加工专用设备制造	9	411071	254729	56479	69704	13719
木材加工机械制造	1					
模具制造	36	1345524	836111	216613	251946	74330
食品、饮料、烟草及饲料生产专用设备制造	1					
食品、酒、饮料及茶生产专用设备制造	1					
印刷、制药、日化及日用品生产专用设备制造	5	101453	67205	22146	18426	10683
制药专用设备制造	3	77620	48888	14680	13242	9845
照明器具生产专用设备制造	2	23834	18317	7466	5184	838

单位：万元

固定资产合计	固定资产原价	累计折旧	#本年折旧	在建工程（个）	负债合计	流动负债合计	#应付账款	所有者权益合计
37703	74157	36489	5670	15	114204	111940	25936	72011
23593	49197	25603	3855	15	63529	61976	16653	48078
8810	14333	5523	1057		30389	29677	7896	13617
328124	482314	196767	30447	37128	678135	646880	150178	484154
226497	338578	152779	21903	25108	521922	503565	116068	320028
24143	34562	10441	2438	113	25875	23571	9228	59183
35675	44165	10031	3065	9735	47069	47069	4114	55372
22251	38988	16858	2804	1979	67573	67112	16214	33870
1137502	1709616	661530	119150	142420	3000310	2756611	714064	2597329
93467	165816	73293	12973	1130	228744	217677	49857	277370
18175	28529	11002	2226	648	57818	53515	13346	39887
12571	20760	8189	1550	186	36444	36444	1977	16653
46412	90003	43887	7550	296	121779	115014	34366	180221
445270	661145	263702	48295	66255	1031341	874155	268906	927551
21632	43147	21766	3136	1325	107329	103640	21188	78981
72906	122829	58694	7976	10178	99577	99331	38117	311493
345871	483134	176068	36595	54745	813636	664165	204927	531888
23673	31687	9571	2153	1606	63488	63059	21620	37966
18751	24612	7418	1434	1507	42422	42422	15217	35198
4922	7075	2153	718	100	21066	20637	6402	2768

1-B-25 续表 14

行业	单位数(个)	资产总计	流动资产合计	#应收账款	#存货	#产成品
纺织、服装和皮革加工专用设备制造	27	732227	507392	124436	138943	61744
纺织专用设备制造	11	433245	311986	59620	60458	29828
缝制机械制造	16	298983	195407	64816	78484	31917
电子和电工机械专用设备制造	5	107242	76767	28802	23016	5588
电工机械专用设备制造	3	71629	59494	23801	18011	5374
电子工业专用设备制造	2	35613	17273	5001	5005	214
农、林、牧、渔专用机械制造	15	517780	349284	66132	98353	43820
拖拉机制造	1					
机械化农业及园艺机具制造	13	409082	290043	37796	92624	43208
农林牧渔机械配件制造	1					
医疗仪器设备及器械制造	14	329982	211463	48722	41907	16084
医疗诊断、监护及治疗设备制造	3	89805	59470	17991	14827	6619
医疗、外科及兽医用器械制造	6	97550	58223	19143	12428	4884
机械治疗及病房护理设备制造	1					
假肢、人工器官及植(介)入器械制造	1					
其他医疗设备及器械制造	3	50216	30100	8863	5861	2428
环保、社会公共服务及其他专用设备制造	21	1242143	774001	217987	205191	44064
环境保护专用设备制造	8	794120	528383	140227	167400	30150
社会公共安全设备及器材制造	10	415304	217335	67743	32072	10625
交通安全、管制及类似专用设备制造	1					
其他专用设备制造	2	30444	26517	8840	5660	3259
汽车制造业	199	6638253	4099759	1430072	843455	395795
汽车整车制造	10	732156	373043	131706	90957	33314
汽车整车制造	10	732156	373043	131706	90957	33314
汽车零部件及配件制造	189	5906097	3726716	1298366	752499	362481
汽车零部件及配件制造	189	5906097	3726716	1298366	752499	362481
铁路、船舶、航空航天和其他运输设备制造业	80	4822090	2331935	503842	695434	92785
船舶及相关装置制造	20	3241630	1225209	205677	505879	28466
金属船舶制造	17	3137560	1145408	146363	488473	25516
船用配套设备制造	3	104070	79801	59314	17406	2950

单位：万元

固定资产合计	固定资产原价	累计折旧	#本年折旧	在建工程(个)	负债合计	流动负债合计	#应付账款	所有者权益合计
144716	252489	119915	19536	7191	388560	374296	123139	343619
70507	109590	50669	6855	5226	214596	201978	46510	218649
74209	142899	69246	12682	1965	173964	172318	76629	124970
23804	36987	13991	3169		52403	52363	26230	54839
10005	15062	5792	945		35265	35225	15134	36364
13799	21924	8200	2224		17138	17138	11095	18475
106363	137855	38997	8529	19790	358899	318035	59178	158881
77510	105873	31728	6509	15290	272160	262334	43666	136922
79349	140194	66347	9992	9561	107106	101005	33672	222876
25370	56113	30761	3642	18	25431	25431	13751	64374
23709	35715	15988	2613	3981	56954	50854	7429	40596
9570	17252	8289	1465	1036	16066	16066	6436	34151
213731	270689	69637	13856	36432	696085	683575	121428	546058
143260	173045	36816	7710	9287	476921	468533	90470	317199
67245	92971	31372	5666	27119	210889	207050	29356	204414
3163	4427	1265	475	26	8074	7792	1628	22369
1408631	1941519	735572	139154	310432	4131356	3710929	1128831	2503802
110721	165169	73289	11609	79274	559706	452010	165963	172450
110721	165169	73289	11609	79274	559706	452010	165963	172450
1297911	1776350	662283	127545	231158	3571650	3258919	962868	2331352
1297911	1776350	662283	127545	231158	3571650	3258919	962868	2331352
1762025	1999565	523781	110879	389327	3633605	3337862	517423	1187584
1516264	1630968	375810	81271	347994	2462689	2197603	338555	778941
1497017	1604672	368761	80240	347982	2400734	2136145	325363	736825
19247	26295	7049	1032	11	61954	61458	13192	42116

1-B-25 续表 15

行业	单位数(个)	资产总计	流动资产合计	#应收账款	#存货	#产成品
摩托车制造	36	861211	566397	162675	95382	35882
摩托车整车制造	3	106328	73771	25028	8517	2379
摩托车零部件及配件制造	33	754882	492626	137647	86865	33504
自行车制造	24	719250	540329	135489	94173	28437
脚踏自行车及残疾人座车制造	13	352134	272993	53501	30694	9531
助动自行车制造	11	367116	267337	81988	63479	18907
电气机械和器材制造业	532	19138121	12328206	3927176	2591160	1093548
电机制造	92	2786510	1795221	527623	435033	156206
发电机及发电机组制造	11	524928	314478	86472	126620	50549
电动机制造	31	916280	587452	177566	129296	40805
微电机及其他电机制造	50	1345301	893291	263585	179116	64852
输配电及控制设备制造	136	6481702	3878500	1416695	716582	303377
变压器、整流器和电感器制造	20	904333	657592	267876	133400	75304
配电开关控制设备制造	51	2630294	1481257	572430	234277	105682
电力电子元器件制造	40	835238	596639	220016	131910	46697
光伏设备及元器件制造	13	1428355	681037	202448	107089	54896
其他输配电及控制设备制造	12	683482	461975	153925	109906	20799
电线、电缆、光缆及电工器材制造	46	2675849	2010713	749178	429277	229976
电线、电缆制造	41	2155380	1545271	557280	357742	198361
光纤、光缆制造	4	512834	458845	187825	70151	31278
绝缘制品制造	1					
电池制造	41	1691606	1015026	366349	213066	69122
锂离子电池制造	7	206250	132660	42715	29770	10627
镍氢电池制造	4	115474	64971	16550	23419	11639
其他电池制造	30	1369882	817395	307084	159877	46856
家用电力器具制造	134	3926362	2562540	530258	552207	227615
家用制冷电器具制造	14	449799	299770	36896	83713	38014
家用空气调节器制造	6	245669	167743	58514	44098	7429
家用通风电器具制造	9	338313	222216	34814	44332	19470

单位：万元

固定资产合计	固定资产原价	累计折旧	#本年折旧	在建工程(个)	负债合计	流动负债合计	#应付账款	所有者权益合计
154845	229406	95343	17957	35806	577775	547653	79754	282535
10599	16470	5870	1170	4733	88319	87519	27004	18009
144245	212936	89472	16787	31073	489455	460134	52750	264526
90916	139192	52628	11651	5527	593141	592606	99114	126108
49738	79750	32713	6417	3895	273176	272853	25063	78957
41178	59442	19916	5234	1632	319965	319753	74051	47151
3458510	4951572	1810878	353921	687923	11955759	10926814	2589126	7202202
625277	945466	347456	71121	49888	1672888	1589168	409920	1113622
165139	219579	63880	15307	7470	322682	295430	118383	202247
217057	337256	128636	26630	16781	590501	571677	120514	325779
243082	388631	154940	29185	25637	759705	722061	171023	585596
961795	1318089	471964	94267	425082	3922210	3472619	744043	2559360
113324	176035	80266	10601	18635	546327	537169	130196	357874
266755	391337	173146	27196	67220	1445395	1285539	232513	1184898
146213	198927	74070	15647	18528	482954	479483	131472	352284
329462	427257	101282	33221	267784	1008335	767757	143235	420021
106042	124533	43201	7602	52916	439199	402671	106626	244283
422807	683984	301144	45651	51743	1772770	1680160	295603	903056
382428	597757	249541	39049	45949	1385963	1302658	199282	769394
39353	84401	50803	6446	5794	385111	375806	95012	127722
348624	464590	135729	36255	30999	910821	768966	224060	780785
52956	67852	18485	4877	3000	122199	121782	22519	84052
23982	40791	16809	2076	6040	75006	71006	13744	40468
271686	355948	100435	29302	21960	713617	576178	187798	656265
779134	1055275	376406	74524	101272	2635823	2416223	630519	1310544
77872	118785	41070	10072	2338	323234	285014	71605	147971
33986	60292	27966	2688	2447	195581	143805	32092	50088
80651	56500	16970	3780	27793	236350	208188	33901	101962

1-B-25 续表 16

行业	单位数(个)	资产总计	流动资产合计	#应收账款	#存货	#产成品
家用厨房电器具制造	38	1002269	640778	103167	126772	60999
家用清洁卫生电器具制造	20	846698	585457	155000	97359	39899
家用美容、保健电器具制造	10	128065	101392	13882	26043	10147
家用电力器具专用配件制造	16	495056	252374	64328	55000	30493
其他家用电力器具制造	21	420493	292811	63656	74891	21163
非电力家用器具制造	11	230407	150267	48661	35084	15001
燃气、太阳能及类似能源家用器具制造	4	131927	96095	30181	19806	10097
其他非电力家用器具制造	7	98480	54173	18481	15278	4904
照明器具制造	71	1337785	910398	287993	209148	92177
电光源制造	29	443153	274018	113929	60953	30332
照明灯具制造	38	861504	617303	170441	141693	61027
灯用电器附件及其他照明器具制造	4	33128	19077	3623	6503	818
其他电气机械及器材制造	1					
电气信号设备装置制造	1					
计算机、通信和其他电子设备制造业	228	7811531	5169975	1847985	1371507	469357
计算机制造	10	252603	170018	74907	47055	22073
计算机零部件制造	3	57890	41227	19385	12658	3630
计算机外围设备制造	5	104058	45733	28386	8766	3905
其他计算机制造	2	90655	83059	27136	25631	14539
通信设备制造	22	1040059	783228	325829	210866	36943
通信系统设备制造	9	669956	551425	222164	160309	21083
通信终端设备制造	13	370104	231802	103665	50558	15860
广播电视设备制造	16	783036	658552	304642	129019	73882
广播电视节目制作及发射设备制造	1					
广播电视接收设备及器材制造	12	361473	276640	105020	64137	17873
应用电视设备及其他广播电视设备制造	3	322725	307164	190831	58835	51838
视听设备制造	18	918408	819857	252895	402189	78604
电视机制造	2	488845	453845	37173	326061	34385
音响设备制造	15	143122	84863	37156	21277	7195
影视录放设备制造	1					

单位：万元

固定资产合计	固定资产原价	累计折旧	#本年折旧	在建工程(个)	负债合计	流动负债合计	#应付账款	所有者权益合计
204655	272598	100395	17468	48963	607203	567769	177765	395066
167441	240221	88976	18353	6134	596830	579703	183155	248477
20310	31884	12210	2718	678	100517	83240	26509	27548
116336	153497	43885	9811	7066	271724	244120	49365	223332
77884	121498	44935	9633	5852	304384	304384	56128	116100
45895	61278	21616	3727	10977	126841	117630	34617	103566
19403	17617	4335	1302	8757	87588	79588	19452	44339
26492	43661	17281	2425	2221	39253	38043	15164	59227
272880	419843	155611	28143	17962	909276	876917	248819	428499
106290	164787	62364	11700	3148	277034	266071	113146	166119
157184	241116	88707	15482	14808	608706	587675	131093	252788
9406	13939	4539	961	6	23535	23171	4580	9592
1342635	2287392	1011993	163826	132440	4236838	3863412	1100848	3571847
76274	153227	78629	9869	1480	110282	107508	76439	142321
15705	37741	23592	2419	1360	31060	28286	17808	26830
54523	100165	45763	6015	120	24557	24557	17175	79501
6046	15321	9274	1436		54666	54666	41455	35989
84674	184593	100241	12738	9011	657438	537796	209691	379807
42840	69890	27144	4772	8775	339255	315473	125291	327886
41834	114703	73097	7966	236	318182	222324	84400	51921
76090	118376	45504	10512	6285	484637	467143	97767	298399
54978	85233	33472	7492	5939	199462	190737	44875	162011
9465	16430	6965	1181		209226	204634	50821	113499
52474	89225	37861	11895	211	672845	611720	165588	245531
12398	23400	11596	7328	165	389381	337377	57373	99464
34788	57459	23187	3925	46	72885	72411	27130	70205

1-B-25 续表 17

行业	单位数(个)	资产总计	流动资产合计	#应收账款	#存货	#产成品
电子器件制造	48	1851326	970902	329568	230340	97413
半导体分立器件制造	6	235146	126470	49717	40298	15023
集成电路制造	7	502130	256693	71223	56144	11717
光电子器件及其他电子器件制造	35	1114049	587740	208628	133899	70673
电子元件制造	99	2592881	1544793	479335	305705	143739
电子元件及组件制造	89	2390470	1414074	427757	289079	136665
印制电路板制造	10	202411	130719	51578	16626	7074
其他电子设备制造	15	373218	222626	80810	46332	16703
其他电子设备制造	15	373218	222626	80810	46332	16703
仪器仪表制造业	103	2633852	1777570	626109	416912	165966
通用仪器仪表制造	60	1683838	1147503	438708	277036	98089
工业自动控制系统装置制造	17	445348	273728	111260	97718	32196
电工仪器仪表制造	15	637452	478654	204793	73661	30840
绘图、计算及测量仪器制造	9	173542	107872	13595	27653	14140
实验分析仪器制造	2	12345	10039	2669	3385	1429
供应用仪表及其他通用仪器制造	17	415151	277210	106390	74620	19483
专用仪器仪表制造	15	433335	290508	110568	79061	43193
环境监测专用仪器仪表制造	1					
运输设备及生产用计数仪表制造	11	293381	203067	73226	51771	31385
导航、气象及海洋专用仪器制造	1					
教学专用仪器制造	1					
电子测量仪器制造	1					
钟表与计时仪器制造	4	116999	84459	11411	11567	3024
钟表与计时仪器制造	4	116999	84459	11411	11567	3024
光学仪器及眼镜制造	22	385130	242628	61939	45898	21089
光学仪器制造	7	183248	123176	33430	24214	10325
眼镜制造	15	201882	119452	28509	21684	10764
其他仪器仪表制造业	2	14549	12472	3483	3351	572
其他仪器仪表制造业	2	14549	12472	3483	3351	572

单位：万元

固定资产合计	固定资产原价	累计折旧	#本年折旧	在建工程(个)	负债合计	流动负债合计	#应付账款	所有者权益合计
353675	604813	271102	38382	37209	786102	685329	221133	1065235
61767	112342	53672	6811	7039	124191	119784	28764	110967
51433	127535	76603	4389	654	215764	137687	45546	286366
240475	364936	140827	27182	29517	446147	427858	146822	667902
617678	1031360	447520	70837	57897	1324839	1265455	285458	1268033
563417	952382	414886	64659	56391	1202547	1149642	252651	1187923
54261	78978	32634	6177	1506	122292	115814	32807	80110
81771	105800	31137	9593	20346	200696	188461	44774	172522
81771	105800	31137	9593	20346	200696	188461	44774	172522
523984	742288	267256	50186	45145	1400822	1336490	442256	1232144
329375	439544	142296	28494	29866	865817	837866	321988	817467
133017	164299	41000	9874	16351	233125	219589	76549	212223
82862	94387	27194	8279	6491	313441	300076	138147	324011
53890	76996	27172	2850	4172	115098	115013	18620	57890
1983	3426	1482	258	33	7010	6960	3461	5335
57623	100436	45448	7232	2818	197143	196228	85212	218008
78365	128357	53838	10620	6214	222101	220629	51167	211234
59099	99718	42539	8218	4289	154307	153149	39684	139075
16238	29669	14398	2156	967	84332	81080	16438	32667
16238	29669	14398	2156	967	84332	81080	16438	32667
98174	140868	54707	8659	8063	214919	183332	50452	169881
40748	66181	25728	4317	590	60916	53920	21313	122333
57426	74688	28979	4342	7473	154003	129412	29139	47548
1832	3850	2018	257	35	13653	13584	2211	896
1832	3850	2018	257	35	13653	13584	2211	896

1-B-25 续表 18

行业	单位数(个)	资产总计	流动资产合计	#应收账款	#存货	#产成品
其他制造业	37	606632	373904	98243	108283	32680
日用杂品制造	34	518449	322905	83900	94892	29454
鬃毛加工、制刷及清扫工具制造	5	72480	60025	10801	14418	5158
其他日用杂品制造	29	445969	262880	73098	80475	24296
其他未列明制造业	3	88184	50999	14343	13390	3226
其他未列明制造业	3	88184	50999	14343	13390	3226
废弃资源综合利用业	6	473768	378008	66145	128839	84250
金属废料和碎屑加工处理	6	473768	378008	66145	128839	84250
金属废料和碎屑加工处理	6	473768	378008	66145	128839	84250
金属制品、机械和设备修理业	18	615747	210481	43118	48694	1943
铁路、船舶、航空航天等运输设备修理	17	609026	204118	41837	48694	1943
船舶修理	17	609026	204118	41837	48694	1943
电气设备修理	1					
电气设备修理	1					
电力、热力、燃气及水生产和供应业	**90**	**9974444**	**2170711**	**319122**	**150173**	**11813**
电力、热力生产和供应业	70	7512970	1354962	289044	122939	9651
电力生产	16	3393375	813051	263461	80262	4219
火力发电	13	3239210	782665	254687	79069	4219
水力发电	3	154164	30386	8774	1193	
电力供应	52	3884901	411236	13110	41019	4235
电力供应	52	3884901	411236	13110	41019	4235
热力生产和供应	2	234695	130675	12473	1659	1197
热力生产和供应	2	234695	130675	12473	1659	1197
燃气生产和供应业	3	431324	142816	1736	3752	
燃气生产和供应业	3	431324	142816	1736	3752	
燃气生产和供应业	3	431324	142816	1736	3752	
水的生产和供应业	17	2030150	672934	28343	23482	2163
自来水生产和供应	15	1782515	605313	18663	21825	2163
自来水生产和供应	15	1782515	605313	18663	21825	2163
污水处理及其再生利用	2	247634	67620	9680	1657	
污水处理及其再生利用	2	247634	67620	9680	1657	

单位：万元

固定资产合计	固定资产原价	累计折旧	#本年折旧	在建工程(个)	负债合计	流动负债合计	#应付账款	所有者权益合计
141910	212527	87866	12776	12950	406268	403238	55609	200355
125500	176941	68572	9824	12719	347038	345148	47201	171402
7944	16481	8536	1099	710	60347	60347	12675	12133
117556	160460	60036	8726	12009	286691	284801	34526	159269
16410	35587	19293	2952	231	59231	58091	8408	28953
16410	35587	19293	2952	231	59231	58091	8408	28953
76764	72353	22905	5436	1777	403845	338147	36821	69923
76764	72353	22905	5436	1777	403845	338147	36821	69923
76764	72353	22905	5436	1777	403845	338147	36821	69923
277531	412188	137370	24879	41074	318717	255483	37098	290948
277173	411628	137168	24819	41074	317709	254475	37095	285234
277173	411628	137168	24819	41074	317709	254475	37095	285234
6839904	**11641724**	**5505006**	**732326**	**936318**	**5141441**	**3126871**	**642681**	**4833002**
5592320	9761877	4693628	628893	564173	3683079	2379777	609492	3829891
2273710	4416654	2287528	211623	104717	2050702	951746	253737	1342673
2155042	4046251	2033670	196647	99530	1937214	872345	251153	1301996
118668	370403	253858	14976	5187	113487	79401	2585	40677
3224165	5190829	2346148	406055	455371	1420549	1220665	340408	2464351
3224165	5190829	2346148	406055	455371	1420549	1220665	340408	2464351
94444	154394	59952	11215	4085	211828	207367	15346	22866
94444	154394	59952	11215	4085	211828	207367	15346	22866
179908	202605	34585	10835	59961	215908	152387	7077	215416
179908	202605	34585	10835	59961	215908	152387	7077	215416
179908	202605	34585	10835	59961	215908	152387	7077	215416
1067676	1677241	776793	92598	312184	1242455	594707	26111	787695
917608	1338953	588573	70637	292493	1125406	550533	21123	657109
917608	1338953	588573	70637	292493	1125406	550533	21123	657109
150068	338289	188221	21961	19691	117048	44175	4988	130586
150068	338289	188221	21961	19691	117048	44175	4988	130586

1-B-25 续表 19

行　业	#实收资本	国家资本	集体资本	法人资本	个人资本	港澳台资本
总　计	**31989431**	**1787151**	**304280**	**11519701**	**9473339**	**4239134**
采矿业	**52949**	**10710**		**3800**	**38439**	
黑色金属矿采选业						
铁矿采选						
铁矿采选						
有色金属矿采选业	14060	6860			7200	
常用有色金属矿采选	14060	6860			7200	
铜矿采选	9060	6860			2200	
铅锌矿采选						
非金属矿采选业	37889	3850		2800	31239	
土砂石开采						
建筑装饰用石开采						
石棉及其他非金属矿采选	6650	3850		2800		
其他未列明非金属矿采选	6650	3850		2800		
制造业	**30562429**	**909046**	**277891**	**11058454**	**9417480**	**4234093**
农副食品加工业	403540	2607	2500	115839	158564	44759
谷物磨制						
谷物磨制						
饲料加工	32815			5650	23665	3500
饲料加工	32815			5650	23665	3500
植物油加工	82736		2500	5500	7000	
食用植物油加工	82736		2500	5500	7000	
屠宰及肉类加工	55269	497		22196	21110	2430
牲畜屠宰	11790	497		8542		2430
肉制品及副产品加工	43479			13654	21110	
水产品加工	118284			33211	79848	2861
水产品冷冻加工	109014			29441	74348	2861
鱼糜制品及水产品干腌制加工						
其他水产品加工	3770			3770		
蔬菜、水果和坚果加工	66331			39254	26942	
蔬菜加工	44531			39254	5142	
水果和坚果加工	21800				21800	

单位：万元

外商资本	营业收入	#主营业务收入	营业成本	#主营业务成本	营业税金及附加	#主营业务税金及附加	其他业务利润
4665825	**187704346**	**182631631**	**161984390**	**157167399**	**1134237**	**1111073**	**431275**
	250578	**249907**	**220397**	**219819**	**3842**	**3464**	**88**
	168372	168325	150856	150848	1167	789	34
	168372	168325	150856	150848	1167	789	34
	31695	31656	17107	17102	607	607	34
	46569	45946	38000	37430	2539	2539	54
	16048	15425	16234	15664	141	141	54
	16048	15425	16234	15664	141	141	54
4665466	**174890301**	**169930606**	**150160805**	**145479265**	**1075018**	**1055118**	**405973**
79272	3015643	2853280	2774477	2610349	5884	5731	4685
	314742	312584	278868	277745	991	908	97
	314742	312584	278868	277745	991	908	97
67736	1045175	902416	1021579	878028	213	213	-792
67736	1045175	902416	1021579	878028	213	213	-792
9036	347049	344329	305377	304226	1296	1227	1056
320	155949	154388	146839	146182	30	30	903
8716	191101	189941	158538	158044	1266	1197	153
2365	861691	850375	779906	764669	1931	1931	4005
2365	829892	820704	756478	742877	1840	1840	3515
	8164	8156	4155	4155			8
134	275564	274830	227140	226665	1298	1298	231
134	114076	114047	96271	96271	597	597	3
	161488	160784	130869	130394	701	701	228

1-B-25 续表 20

行业	#实收资本	国家资本	集体资本	法人资本	个人资本	港澳台资本
其他农副食品加工	10897			10028		869
豆制品制造						
其他未列明农副食品加工						
食品制造业	382008	27919	3186	86790	99284	54387
焙烤食品制造	69189	5620		11217	17007	18015
糕点、面包制造	47624	5620		6317	8707	9650
饼干及其他焙烤食品制造	21566			4900	8300	8366
糖果、巧克力及蜜饯制造	40574			3500		
糖果、巧克力制造	37074					
蜜饯制作						
方便食品制造	22297				6637	
速冻食品制造	18797				3137	
方便面及其他方便食品制造						
乳制品制造	24935			18752	6183	
乳制品制造	24935			18752	6183	
罐头食品制造	34354	2280	1000	9469	14118	780
肉、禽类罐头制造	1960		1000	720		
水产品罐头制造						
蔬菜、水果罐头制造	26691	2280		8750	13832	780
调味品、发酵制品制造	9096	2208	2186		4702	
味精制造	9096	2208	2186		4702	
其他食品制造	181564	17812		43852	50638	35592
营养食品制造						
保健食品制造	46155			17643	440	2082
冷冻饮品及食用冰制造	36350	17812				18539
食品及饲料添加剂制造	89237			24709	50198	7150
其他未列明食品制造						
酒、饮料和精制茶制造业	407830	20150	3378	147054	49979	103457
酒的制造	264325	20150	3378	73870	16201	102627
啤酒制造	242056	19650	3000	58090	10589	102627
黄酒制造	22269	500	378	15780	5612	

单位：万元

外商资本	营业收入	#主营业务收入	营业成本	#主营业务成本	营业税金及附加	#主营业务税金及附加	其他业务利润
	87209	87166	79117	79114	78	78	40
110442	2617113	2594927	2035978	2020322	12057	12057	3376
17330	276150	270605	198339	196169	2163	2163	1026
17330	196654	192098	137386	135288	1600	1600	947
	79496	78507	60953	60881	563	563	79
37074	277080	272530	212958	208670	625	625	262
37074	240452	235902	184828	180540	433	433	262
15661	93282	93102	72017	71965	508	508	43
15661	80492	80407	61684	61684	439	439	
	296719	296064	267732	267732	679	679	189
	296719	296064	267732	267732	679	679	189
6707	303207	301160	260907	258396	2071	2071	345
240	48496	48080	39674	39261	272	272	4
1049	217756	216126	189421	187323	1520	1520	342
	32542	31298	22657	22639	280	280	584
	32542	31298	22657	22639	280	280	584
33671	1338134	1330168	1001369	994751	5732	5732	926
25990	188396	186772	135238	133188	1155	1155	-437
	83942	82550	61219	60212	727	727	-25
7181	1011970	1009609	777790	775831	3246	3246	403
83812	1481480	1406468	1008260	948501	60288	59994	11761
48099	540273	515500	365852	347049	55401	55367	6006
48099	449339	424653	301032	282253	52035	52001	5977
	90935	90847	64820	64796	3366	3366	29

1-B-25 续表 21

行　业	#实收资本	国家资本	集体资本	法人资本	个人资本	港澳台资本
饮料制造	133183			63863	32778	830
碳酸饮料制造						
瓶(罐)装饮用水制造	38100			23600	13670	830
果菜汁及果菜汁饮料制造	59789			24760	5108	
含乳饮料和植物蛋白饮料制造						
茶饮料及其他饮料制造						
精制茶加工	10322			9322	1000	
精制茶加工	10322			9322	1000	
纺织业	2939337	9914	30286	917469	1089413	577100
棉纺织及印染精加工	1830331	9714	24717	562212	756643	335370
棉纺纱加工	389610	9714	2750	133625	178308	23915
棉织造加工	599772			183951	306173	60881
棉印染精加工	840949		21967	244636	272163	250575
毛纺织及染整精加工	90457			28421	15790	44839
毛条和毛纱线加工	22261			9000	3950	7904
毛织造加工	37348			18581	9609	9158
毛染整精加工	30849			840	2232	27777
麻纺织及染整精加工	11978		905	9914		754
麻纤维纺前加工和纺纱	9684			9279		
麻染整精加工	2294		905	635		754
丝绢纺织及印染精加工	92515		3000	35723	25986	10461
缫丝加工	22635			17448	5108	
绢纺和丝织加工	69080		3000	18275	20077	10461
丝印染精加工						
化纤织造及印染精加工	64135			19494	13292	22381
化纤织造加工	53047			15042	10213	18825
化纤织物染整精加工	11087			4452	3079	3556
针织或钩针编织物及其制品制造	352881	200	300	112459	122376	46414
针织或钩针编织物织造	289639			88518	91502	40798
针织或钩针编织物印染精加工	11675	100		5088	5446	414
针织或钩针编织品制造	51567	100	300	18853	25428	5202

单位：万元

外商资本	营业收入	#主营业务收入	营业成本	#主营业务成本	营业税金及附加	#主营业务税金及附加	其他业务利润
35712	881857	831618	591734	550778	4400	4141	5755
	309697	282778	197214	174507	1636	1636	4240
29921	385244	364408	256969	239980	1680	1680	203
	59350	59350	50674	50674	486	486	
	59350	59350	50674	50674	486	486	
315154	19028053	18715390	16807258	16438698	85192	84069	26788
141674	13008076	12770109	11551371	11246534	59168	58225	15229
41297	2359460	2326088	2112569	2007714	10632	10424	1884
48768	4928542	4769898	4466986	4295428	18288	17967	4479
51609	5720074	5674123	4971817	4943392	30248	29835	8866
1407	441623	413345	389787	363678	1514	1514	2223
1407	208698	191925	185991	170212	670	670	994
	146883	135625	126439	116311	566	566	1185
	86041	85795	77357	77155	278	278	44
406	106645	106477	91453	91312	438	438	
406	58874	58706	50176	50035	208	208	
	47771	47771	41277	41277	230	230	
17345	579286	572485	521623	516111	1767	1767	1250
79	250563	247044	229253	226499	603	603	765
17266	320739	317457	285331	282573	1135	1135	485
8968	575843	572815	512744	509494	2226	2226	-411
8968	480623	477595	434644	431394	1841	1841	-411
	95220	95220	78100	78100	385	385	
71132	2154027	2141947	1844507	1836399	10062	9917	3780
68821	1658148	1648312	1414750	1408452	6703	6691	3709
627	124273	123569	109354	108833	579	516	63
1684	371606	370065	320404	319113	2781	2710	8

1-B-25 续表 22

行业	#实收资本	国家资本	集体资本	法人资本	个人资本	港澳台资本
家用纺织制成品制造	275186		606	107710	93608	34399
床上用品制造	195448		606	87647	70933	21491
毛巾类制品制造						
窗帘、布艺类产品制造	53720			18689	4006	11962
其他家用纺织制成品制造	23501			1374	18669	947
非家用纺织制成品制造	221854		759	41536	61718	82482
非织造布制造	111514			28217	19562	29338
绳、索、缆制造	1500				1500	
纺织带和帘子布制造	45938		759	4800	29076	11303
篷、帆布制造	13652			4003	5518	4131
其他非家用纺织制成品制造	49250			4517	6062	37709
纺织服装、服饰业	1461003	488	6096	523812	381846	314952
机织服装制造	1036196	488	6096	416730	269242	192498
机织服装制造	1036196	488	6096	416730	269242	192498
针织或钩针编织服装制造	301812			78463	95544	86904
针织或钩针编织服装制造	301812			78463	95544	86904
服饰制造	122996			28619	17061	35550
服饰制造	122996			28619	17061	35550
皮革、毛皮、羽毛及其制品和制鞋业	691450			147600	380654	86681
皮革鞣制加工	135770			16650	60627	29260
皮革鞣制加工	135770			16650	60627	29260
皮革制品制造	84364			20216	37694	10301
皮革服装制造	6112			4777	470	
皮箱、包(袋)制造	51345			10461	25037	10112
皮手套及皮装饰制品制造	7926				6424	
其他皮革制品制造	18982			4979	5763	190
毛皮鞣制及制品加工	5560				5560	
毛皮服装加工	5560				5560	
羽毛(绒)加工及制品制造	70603			42466	4673	16617
羽毛(绒)加工						
羽毛(绒)制品加工	65790			40661	4673	13609

单位：万元

外商资本	营业收入	#主营业务收入	营业成本	#主营业务成本	营业税金及附加	#主营业务税金及附加	其他业务利润
38863	1125770	1118078	1005830	998895	5090	5090	965
14772	553985	549196	516461	510835	1478	1478	175
19064	320071	317769	277152	276228	2552	2552	582
2511	235105	234504	198650	198265	968	968	208
35360	1036783	1020136	889942	876275	4928	4893	3751
34397	529028	518558	459705	451225	1936	1936	2020
	25170	25170	21479	21479	192	192	
	212625	209657	185680	183138	1512	1482	1313
	102616	102394	85429	85384	410	410	95
963	167344	164357	137649	135050	877	873	323
233809	7660345	7506733	6397366	6262625	46934	45950	24288
151141	4847843	4719464	4050842	3936933	28003	27471	17490
151141	4847843	4719464	4050842	3936933	28003	27471	17490
40901	2205359	2189496	1844366	1830258	16233	15780	5157
40901	2205359	2189496	1844366	1830258	16233	15780	5157
41767	607143	597773	502158	495434	2698	2698	1642
41767	607143	597773	502158	495434	2698	2698	1642
76515	4845685	4831832	4213336	4204030	23412	23268	3221
29235	689477	682634	620162	614216	2791	2791	842
29235	689477	682634	620162	614216	2791	2791	842
16152	798166	796813	702770	702438	3714	3666	753
866	53740	53215	48753	48658	275	249	398
5735	522333	521680	453230	453072	2566	2564	258
1501	99556	99538	90496	90479	343	343	1
8050	122538	122380	110292	110229	529	510	96
	71498	71498	55948	55948	321	321	
	71498	71498	55948	55948	321	321	
6848	456723	455912	399853	399739	1750	1741	698
6848	434897	434144	380739	380626	1627	1619	639

1-B-25 续表 23

行业	#实收资本	国家资本	集体资本	法人资本	个人资本	港澳台资本
制鞋业	395152			68268	272100	30503
纺织面料鞋制造	11544			348	1612	9436
皮鞋制造	340629			64653	234666	17618
塑料鞋制造	2280			570	1710	
橡胶鞋制造	40595			2698	34007	3449
其他制鞋业	105				105	
木材加工和木、竹、藤、棕、草制品业	190144			44282	58024	56524
木材加工	51402			4400	16112	30890
木片加工						
单板加工						
人造板制造	49701			13030	12269	24403
胶合板制造	35478			4924	12029	18525
其他人造板制造	14223			8106	240	5878
木制品制造	73241			13241	29082	
木门窗、楼梯制造	26421			2050	17730	
地板制造	46820			11191	11352	
竹、藤、棕、草等制品制造	15799			13611	562	1231
竹制品制造	15799			13611	562	1231
家具制造业	503184		10200	133330	120865	107477
木质家具制造	196207		7200	62535	66289	40603
木质家具制造	196207		7200	62535	66289	40603
竹、藤家具制造						
竹、藤家具制造						
金属家具制造	264433		3000	47533	45417	61884
金属家具制造	264433		3000	47533	45417	61884
塑料家具制造	12469			11629		840
塑料家具制造	12469			11629		840
其他家具制造	29576			11134	9159	4150
其他家具制造	29576			11134	9159	4150

单位：万元

外商资本	营业收入	#主营业务收入	营业成本	#主营业务成本	营业税金及附加	#主营业务税金及附加	其他业务利润
24281	2829821	2824976	2434603	2431689	14836	14749	928
149	48937	48922	41070	41055	332	332	
23692	2451495	2448539	2108855	2107249	12893	12806	823
	22051	22051	19595	19595	81	81	
440	291895	290021	251763	250470	1476	1476	104
	15443	15443	13321	13321	54	54	
31314	1156284	1147205	970468	958156	10596	10587	1511
	85114	79637	74608	69469	420	420	338
…	254730	252688	220470	214177	895	886	776
…	190044	188839	163669	157518	768	758	79
	64686	63848	56801	56659	127	127	697
30918	678288	676728	565270	564389	8547	8547	397
6641	142601	142103	120649	120358	824	824	208
24277	535687	534626	444621	444032	7724	7724	189
395	138152	138152	110121	110121	733	733	
395	138152	138152	110121	110121	733	733	
131312	2201152	2184063	1834056	1820425	11223	11090	5290
19580	720775	713327	593076	589583	3953	3942	3323
19580	720775	713327	593076	589583	3953	3942	3323
106599	1311922	1305104	1096983	1090005	6461	6339	1879
106599	1311922	1305104	1096983	1090005	6461	6339	1879
	29804	29214	28428	27853	195	195	32
	29804	29214	28428	27853	195	195	32
5133	130421	128187	108742	106158	605	605	56
5133	130421	128187	108742	106158	605	605	56

1-B-25 续表 24

行业	#实收资本	国家资本	集体资本	法人资本	个人资本	港澳台资本
造纸和纸制品业	866904		8969	147397	174942	103072
造纸	285676		8969	98083	117189	48714
机制纸及纸板制造	257627		8969	92985	117189	25763
手工纸制造	28050			5098		22952
纸制品制造	581228			49314	57753	54358
纸和纸板容器制造	458862			31651	30576	9821
其他纸制品制造	122366			17663	27177	44537
印刷和记录媒介复制业	287386	20010		108777	124914	12740
印刷	275524	20010		103203	124914	12740
书、报刊印刷	61132	20010		39071	2051	
本册印制	27943			14239	13704	
包装装潢及其他印刷	186449			49893	109160	12740
装订及印刷相关服务						
装订及印刷相关服务						
文教、工美、体育和娱乐用品制造业	524965	2000	500	130904	121435	145949
文教办公用品制造	44232		500	12130	9427	13193
文具制造	33275			6599	5362	13193
笔的制造	5957			1096	4000	
教学用模型及教具制造						
乐器制造	48687			9533	9154	2511
西乐器制造	40887			7533	3354	2511
其他乐器及零件制造	7800			2000	5800	
工艺美术品制造	204102			77061	73597	34349
雕塑工艺品制造	8158			643	6558	957
金属工艺品制造	27727			16349	8208	
漆器工艺品制造	3580				3580	
花画工艺品制造	9018			3470	5548	
天然植物纤维编织工艺品制造	4171			3795	195	
抽纱刺绣工艺品制造	70819			19700	38002	4670
地毯、挂毯制造	9442			75	3007	6360
珠宝首饰及有关物品制造	33883			25391		5161
其他工艺美术品制造	37304			7638	8499	17202

单位：万元

外商资本	营业收入	#主营业务收入	营业成本	#主营业务成本	营业税金及附加	#主营业务税金及附加	其他业务利润
432524	3209975	3110439	2758616	2634699	13107	12720	12102
12721	1973341	1904853	1730031	1631123	7004	6616	6811
12721	1861191	1792703	1631689	1533449	6651	6264	6811
	112150	112150	98342	97674	352	352	
419803	1236635	1205586	1028586	1003577	6104	6104	5291
386814	920821	891965	793302	769588	3992	3992	4599
32988	315813	313621	235283	233989	2111	2111	692
20944	1146291	1125449	976793	957233	4402	4136	4071
14656	1136262	1115419	967993	948433	4303	4037	4071
	162774	153645	144041	137671	497	301	2136
	185896	183391	165375	163396	415	415	526
14656	787593	778383	658576	647366	3391	3322	1409
124177	3062897	3015436	2657255	2613284	14278	13970	4070
8983	279567	275261	233403	229463	1325	1324	435
8122	163190	159140	135227	131510	939	938	428
861	51875	51626	45585	45361	223	223	
27489	107469	105317	85229	83486	655	655	501
27489	67732	65702	54921	53295	453	453	403
	39737	39615	30308	30191	202	202	98
19095	1796715	1765773	1604998	1574799	8119	7863	1940
	44415	44415	34911	34911	246	240	
3170	91399	91274	73843	73779	967	967	58
	24551	21842	20452	17798	197	197	55
	35494	35452	25570	25547	311	311	
181	57891	57890	46122	46122	358	358	1
8448	434668	431576	387148	385361	3441	3191	1746
	49045	49038	39738	39738	204	204	7
3331	827682	802826	799132	773465	857	857	73
3966	231570	231461	178082	178077	1540	1540	1

1-B-25 续表 25

行业	#实收资本	国家资本	集体资本	法人资本	个人资本	港澳台资本
体育用品制造	79332	2000		9736	4252	27527
球类制造						
体育器材及配件制造	18224			500		17724
训练健身器材制造	36521	2000		1181	2388	3232
其他体育用品制造	24537			8055	1814	6571
玩具制造	100910			22444	14849	30824
玩具制造	100910			22444	14849	30824
游艺器材及娱乐用品制造	47702				10157	37545
露天游乐场所游乐设备制造	10157				10157	
游艺用品及室内游艺器材制造						
其他娱乐用品制造	24206					24206
石油加工、炼焦和核燃料加工业	193490			161552		31938
精炼石油产品制造	193490			161552		31938
原油加工及石油制品制造	193490			161552		31938
化学原料和化学制品制造业	2983564	137905	44800	1554076	495086	236752
基础化学原料制造	644114	84707	4701	376115	76522	84613
无机碱制造	82938	66794	1701	5938	4505	4000
无机盐制造	10806		3000	3306	4500	
有机化学原料制造	545371	17913		364521	64867	80613
其他基础化学原料制造						
肥料制造	30457	7147		18909	4400	
氮肥制造	26357	7147		15387	3823	
有机肥料及微生物肥料制造						
农药制造	139790	9946	8050	59804	57740	2250
化学农药制造	103650		8050	59804	31547	2250
生物化学农药及微生物农药制造	36140	9946			26194	
涂料、油墨、颜料及类似产品制造	284682	15000	4226	94271	58682	40885
涂料制造	90800	15000		32170	19799	

单位：万元

外商资本	营业收入	#主营业务收入	营业成本	#主营业务成本	营业税金及附加	#主营业务税金及附加	其他业务利润
35817	301327	300851	252676	252381	1443	1438	165
	51717	51515	43453	43275	477	477	…
27720	147906	147840	128816	128786	372	366	20
8097	78154	77947	61176	61088	299	299	145
32793	483710	475113	404459	397161	2184	2184	776
32793	483710	475113	404459	397161	2184	2184	776
	94110	93120	76490	75995	552	506	252
	52774	51973	42509	42102	306	259	153
	27066	27059	22092	22087	153	153	
	2648920	2648862	2305032	2305024	306401	306401	51
	2648920	2648862	2305032	2305024	306401	306401	51
	2648920	2648862	2305032	2305024	306401	306401	51
514946	19905467	19392814	17237879	16783651	65637	63697	27806
17456	5312484	5254841	4949451	4897225	32020	31974	4351
	384667	369946	335702	321936	1490	1490	2638
	91064	77402	78021	64389	568	568	30
17456	4797687	4768507	4507070	4482242	29787	29741	1683
	173345	171374	148397	146847	489	459	270
	158826	156855	137605	136055	482	452	270
2000	599131	584009	504720	496001	1318	735	1706
2000	519557	506143	440928	433585	1090	507	1575
	79575	77866	63792	62415	228	228	131
71617	1771453	1749083	1358702	1344426	9315	8188	6414
23831	730551	724008	538652	535593	3961	3379	3184

1-B-25 续表 26

行业	#实收资本					
		国家资本	集体资本	法人资本	个人资本	港澳台资本
油墨及类似产品制造	46875			11198	13898	10581
颜料制造	41752			33436	1375	6024
染料制造	71235		4226	17467	23612	24280
密封用填料及类似品制造						
合成材料制造	1422772		10263	783447	163803	87073
初级形态塑料及合成树脂制造	592943		10263	99010	91634	21485
合成橡胶制造						
合成纤维单(聚合)体制造	747983			626373	52825	65588
其他合成材料制造	28266			17477	6350	
专用化学产品制造	365605	19036	15666	175283	112526	20841
化学试剂和助剂制造	96398	18380	10666	27231	40121	
专项化学用品制造	84834		5000	54391	5300	17153
信息化学品制造	143114	656		58662	67105	3688
环境污染处理专用药剂材料制造						
其他专用化学产品制造						
炸药、火工及焰火产品制造	7000	2069	1894		3038	
炸药及火工产品制造	7000	2069	1894		3038	
日用化学产品制造	89144			46246	18375	1089
肥皂及合成洗涤剂制造	27064			19385		1089
化妆品制造	38301			11083	10375	
其他日用化学产品制造	23778			15778	8000	
医药制造业	816433	41640	6400	343603	257481	61227
化学药品原料药制造	366325	11640	5700	178112	141300	7202
化学药品原料药制造	366325	11640	5700	178112	141300	7202
化学药品制剂制造	135516	30000		61007	16104	1612
化学药品制剂制造	135516	30000		61007	16104	1612
中药饮片加工	20878		700	20178		
中药饮片加工	20878		700	20178		
中成药生产	135049			53652	54926	26471
中成药生产	135049			53652	54926	26471

单位：万元

外商资本	营业收入	#主营业务收入	营业成本	#主营业务成本	营业税金及附加	#主营业务税金及附加	其他业务利润
11198	210901	209431	157256	156627	1174	630	841
918	223790	220721	181121	180770	1189	1189	725
1650	567024	557252	450226	440951	2699	2699	1110
378187	9116618	8792590	8382640	8076696	12638	12496	14915
370551	3217650	3097915	2913709	2798245	5079	4949	422
3197	5641845	5445220	5260257	5077553	7023	7023	14460
4439	123846	121002	98519	95562	520	508	27
22252	1419319	1328672	1201776	1132755	4594	4584	1772
	449175	418112	372759	346226	1351	1351	32
2990	515497	465569	425577	391246	1934	1934	257
13004	331293	321638	301418	293261	854	844	1483
	52818	52423	31390	29223	519	519	-1771
	52818	52423	31390	29223	519	519	-1771
23434	1460299	1459823	660804	660479	4744	4742	150
6590	159435	158958	137766	137441	448	446	150
16843	1067672	1067672	320895	320895	3543	3543	
	233192	233192	202143	202143	753	753	
106082	2956550	2904696	1968409	1924543	21218	20677	8834
22371	1554346	1516810	1193976	1162346	7411	7411	6837
22371	1554346	1516810	1193976	1162346	7411	7411	6837
26793	365502	357927	182247	179192	3982	3449	715
26793	365502	357927	182247	179192	3982	3449	715
	33734	32513	29599	25207	340	340	569
	33734	32513	29599	25207	340	340	569
	479669	479409	195472	195379	5659	5659	118
	479669	479409	195472	195379	5659	5659	118

1-B-25 续表 27

行业	#实收资本	国家资本	集体资本	法人资本	个人资本	港澳台资本
生物药品制造	127901			21649	36781	21214
生物药品制造	127901			21649	36781	21214
卫生材料及医药用品制造	30765			9005	8370	4729
卫生材料及医药用品制造	30765			9005	8370	4729
化学纤维制造业	1185595	25000	520	443683	245931	212950
纤维素纤维原料及纤维制造						
人造纤维(纤维素纤维)制造						
合成纤维制造	1180262	25000	520	443683	244331	212950
锦纶纤维制造	162577	25000		63270	27608	46699
涤纶纤维制造	746071		520	311062	197217	148144
腈纶纤维制造						
丙纶纤维制造						
氨纶纤维制造	241798			60448	1506	18108
其他合成纤维制造	14209			8294	3000	
橡胶和塑料制品业	1026137		3601	239507	428984	192778
橡胶制品业	108802			35644	36826	1653
轮胎制造	37047			5400	1600	
橡胶板、管、带制造	26100			10140	15960	
橡胶零件制造	31224			17171	12400	1653
其他橡胶制品制造	14431			2934	6866	
塑料制品业	917335		3601	203863	392158	191125
塑料薄膜制造	188143		2815	30859	49118	104445
塑料板、管、型材制造	133788		786	62537	55372	14749
塑料丝、绳及编织品制造	57794			8523	49271	
泡沫塑料制造	44830			1448	25780	879
塑料人造革、合成革制造	139096			25110	102523	7563
塑料包装箱及容器制造	86454			19413	15861	3880
日用塑料制品制造	137418			12470	48588	49938
塑料零件制造	45821			18417	17218	8421
其他塑料制品制造	83991			25085	28426	1250

单位：万元

外商资本	营业收入	#主营业务收入	营业成本	#主营业务成本	营业税金及附加	#主营业务税金及附加	其他业务利润
48256	397679	393184	262584	258331	3061	3057	272
48256	397679	393184	262584	258331	3061	3057	272
8662	125620	124853	104532	104089	765	762	324
8662	125620	124853	104532	104089	765	762	324
257511	7799942	7485737	7159845	6877235	17389	16784	29165
253779	7779962	7465787	7142497	6859892	17280	16675	29140
	539367	526073	463830	459187	1404	1404	8497
89128	6162137	5862478	5721850	5444825	13376	12789	20473
161736	503274	502939	410668	410567	1754	1754	136
2914	440282	439402	417393	416557	665	649	27
161267	6119392	5941933	5221812	5061027	29449	26042	10871
34678	575626	566669	455259	448868	2630	2623	2162
30047	113509	109615	104399	101466	393	387	1040
	140231	140152	105234	105185	894	894	17
	139624	134751	102073	98729	872	871	1067
4631	182262	182150	143554	143489	471	471	39
126589	5543765	5375264	4766553	4612159	26819	23419	8708
905	1518439	1418492	1373460	1276303	5387	5386	2139
344	635540	594881	518204	481558	3011	3004	1510
	222851	221189	197000	195665	956	956	6
16722	156036	156025	130647	130647	475	475	12
3900	1289189	1281253	1149774	1143235	7633	4299	1377
47300	478789	475487	385911	383511	3194	3194	300
26421	558589	554479	457830	455178	3298	3296	1138
1765	226593	217440	177516	173965	1245	1189	821
29230	457739	456018	376212	372097	1620	1620	1407

1-B-25 续表 28

行　业	#实收资本	国家资本	集体资本	法人资本	个人资本	港澳台资本
非金属矿物制品业	1447089	193248	8010	757013	265327	134929
水泥、石灰和石膏制造	688675	193248	7500	317769	85589	60000
水泥制造	688675	193248	7500	317769	85589	60000
石膏、水泥制品及类似制品制造	73268			51620	21648	
水泥制品制造	48060			34500	13560	
砼结构构件制造	11208			3120	8088	
轻质建筑材料制造						
砖瓦、石材等建筑材料制造	22832			10000	10109	2723
建筑陶瓷制品制造	19672			10000	6949	2723
防水建筑材料制造						
玻璃制造	228231			171806	10300	38728
平板玻璃制造	218028			170000	9300	38728
其他玻璃制造	10204			1806	1000	
玻璃制品制造	242037			100133	78475	32213
技术玻璃制品制造	64507			33500	18074	12933
光学玻璃制造	39200			19200	20000	
日用玻璃制品制造	25487			4300	13112	7800
玻璃包装容器制造	23699			10000		
玻璃保温容器制造	1916			1003	913	
制镜及类似品加工	57463			32130	3000	5091
其他玻璃制品制造	29766				23377	6389
玻璃纤维和玻璃纤维增强塑料制品制造	89803		510	51025	11623	1265
玻璃纤维及制品制造	89803		510	51025	11623	1265
陶瓷制品制造	21600			20000	1600	
特种陶瓷制品制造	21600			20000	1600	
耐火材料制品制造	62141			30823	31318	
石棉制品制造						
耐火陶瓷制品及其他耐火材料制造	61341			30823	30518	
石墨及其他非金属矿物制品制造	18501			3836	14665	
石墨及碳素制品制造	18501			3836	14665	

单位：万元

外商资本	营业收入	#主营业务收入	营业成本	#主营业务成本	营业税金及附加	#主营业务税金及附加	其他业务利润
88563	4358374	4276471	3578184	3508343	26275	26136	10233
24569	2176249	2152022	1748228	1730200	15329	15329	3631
24569	2176249	2152022	1748228	1730200	15329	15329	3631
	554101	519805	471105	438640	2458	2458	1208
	403971	369674	342067	309602	1949	1949	1208
	100011	100011	84254	84254	278	278	
	369589	367106	337461	335035	1279	1279	57
	200517	198034	188191	185764	890	890	57
7398	183135	177267	155408	148558	776	776	794
	117239	115957	96384	95421	279	279	22
7398	65895	61309	59024	53137	497	497	772
31215	594407	589083	486389	483033	3365	3272	1571
	193493	193210	147865	147713	1108	1108	131
	42017	40516	35155	33665	15	15	
275	177455	176663	146480	146175	879	867	625
13699	32529	31909	26466	26291	203	203	57
	42352	41865	34275	34265	332	332	476
17241	78698	77945	70485	69998	188	188	266
	27864	26977	25662	24926	642	560	15
25381	160313	157377	129485	127841	1098	1078	1276
25381	160313	157377	129485	127841	1098	1078	1276
	53814	50475	50915	47577	58	58	…
	53814	50475	50915	47577	58	58	…
	157915	154761	116071	114338	1022	997	1421
	147429	144638	109393	107787	950	925	1186
	108851	108576	83122	83122	890	890	276
	108851	108576	83122	83122	890	890	276

1-B-25 续表 29

行　业	#实收资本					
		国家资本	集体资本	法人资本	个人资本	港澳台资本
黑色金属冶炼和压延加工业	1141832	210432		400797	270615	120577
炼钢	15888			7398	8490	
炼钢	15888			7398	8490	
黑色金属铸造	120295			51668	30780	29050
黑色金属铸造	120295			51668	30780	29050
钢压延加工	1005649	210432		341731	231345	91527
钢压延加工	1005649	210432		341731	231345	91527
有色金属冶炼和压延加工业	775142	5203	5112	469121	175355	102152
常用有色金属冶炼	278459			246451	16220	15788
铜冶炼	106836			90616	16220	
镍钴冶炼	171623			155835		15788
贵金属冶炼						
金冶炼						
有色金属合金制造	46556			19139	8372	19045
有色金属合金制造	46556			19139	8372	19045
有色金属铸造	11939				2030	9909
有色金属铸造	11939				2030	9909
有色金属压延加工	432986		5112	203531	148733	57410
铜压延加工	279620		5112	109181	95345	53870
铝压延加工	134109			75608	53388	3026
其他有色金属压延加工	19257			18743		514
金属制品业	1008712	9705	178	279598	399192	190928
结构性金属制品制造	194616			110040	81389	2027
金属结构制造	89750			67523	19940	1127
金属门窗制造	104866			42517	61449	900
金属工具制造	101234	3705	125	34303	30096	8027
切削工具制造	21936			4500	17436	
手工具制造	40780	3705	125	12221	6900	4279
农用及园林用金属工具制造	17627			9582	2564	2843
刀剪及类似日用金属工具制造	20891			8000	3195	905

单位：万元

外商资本	营业收入	#主营业务收入	营业成本	#主营业务成本	营业税金及附加	#主营业务税金及附加	其他业务利润
139411	9105642	8998154	8476599	8388675	21681	21623	30456
	770441	770441	723695	723695	2416	2416	
	770441	770441	723695	723695	2416	2416	
8798	536517	532486	446811	443850	2804	2764	172
8798	536517	532486	446811	443850	2804	2764	172
130613	7798683	7695227	7306094	7221131	16462	16443	30284
130613	7798683	7695227	7306094	7221131	16462	16443	30284
18199	8949397	8852272	8498520	8413420	11413	11369	10199
	2462457	2423953	2371060	2345299	1660	1651	3865
	1965682	1955231	1926024	1915763	866	866	190
	496774	468722	445036	429536	794	785	3675
	456258	447978	409429	400564	713	686	99
	456258	447978	409429	400564	713	686	99
	38491	38373	31007	31006	317	317	111
	38491	38373	31007	31006	317	317	111
18199	5981160	5931114	5684106	5633732	8685	8678	6125
16112	4540414	4499293	4383665	4339476	5377	5369	5124
2087	1223085	1214160	1111931	1105746	2851	2851	1001
	217661	217661	188510	188510	457	457	
129111	5414145	5357292	4579669	4516101	27338	26875	15418
1159	1270871	1258438	1075543	1039045	6265	5988	3379
1159	461830	453486	403779	378095	2053	2040	2643
	809041	804952	671764	660949	4212	3948	736
24979	537507	530935	449695	445526	2772	2766	1900
	123453	121945	94455	94113	880	880	839
13550	213676	210547	191261	188664	1067	1067	514
2638	109477	109066	90360	90190	358	358	90
8791	90900	89377	73619	72558	467	462	457

1-B-25 续表 30

行　　业	#实收资本	国家资本	集体资本	法人资本	个人资本	港澳台资本
集装箱及金属包装容器制造	148270			32088	30072	74496
集装箱制造	57025			15900	9848	20161
金属压力容器制造	40114			14979	16114	9021
金属包装容器制造	51131			1209	4110	45314
金属丝绳及其制品制造	57317			6000	2800	48517
金属丝绳及其制品制造	57317			6000	2800	48517
建筑、安全用金属制品制造	208192			57414	111074	16252
建筑、家具用金属配件制造	76709			10818	53070	4076
建筑装饰及水暖管道零件制造	114115			46596	47595	5218
安全、消防用金属制品制造	17368				10410	6958
金属表面处理及热处理加工	28695		53	398	9891	14215
金属表面处理及热处理加工	28695		53	398	9891	14215
搪瓷制品制造	22473	6000		2824	12622	1027
建筑装饰搪瓷制品制造	18000	6000		666	11334	
搪瓷卫生洁具制造						
搪瓷日用品及其他搪瓷制品制造						
金属制日用品制造	157323			19778	67115	21687
金属制厨房用器具制造	47483			5580	6455	3638
金属制餐具和器皿制造	73880			8224	47340	1383
金属制卫生器具制造	17785			3300	12300	2185
其他金属制日用品制造	18174			2674	1020	14481
其他金属制品制造	90592			16755	54133	4679
锻件及粉末冶金制品制造	37385			2264	21057	
交通及公共管理用金属标牌制造						
其他未列明金属制品制造	38825			11910	25144	809
通用设备制造业	2488282	15828	67540	804845	988323	315020
锅炉及原动设备制造	145415	8941		63391	22201	25544
锅炉及辅助设备制造	95452	7841		50711	9071	19988
内燃机及配件制造	33553			3430	7070	5556
汽轮机及辅机制造						
水轮机及辅机制造	7160	1100			6060	

单位：万元

外商资本	营业收入	#主营业务收入	营业成本	#主营业务成本	营业税金及附加	#主营业务税金及附加	其他业务利润
11614	861253	847457	745242	735094	2619	2612	2293
11116	327900	326067	294016	293693	534	534	1509
	256540	254893	221796	220248	639	638	-1864
498	276814	266498	229431	221152	1445	1439	2648
	151212	150651	140054	139665	190	190	172
	151212	150651	140054	139665	190	190	172
23452	1062360	1057678	899349	893881	6673	6611	2459
8746	370320	369566	320109	319894	3583	3521	526
14706	569809	567340	478214	476191	2379	2379	900
	122232	120773	101026	97795	711	711	1034
4138	342527	340226	303398	303094	1627	1514	1823
4138	342527	340226	303398	303094	1627	1514	1823
	101475	95500	76145	76145	1014	1014	266
	67822	62059	46415	46415	768	768	54
48743	719849	714946	606820	603701	4073	4073	1159
31810	101764	100820	84732	84105	336	336	318
16933	438747	436744	373195	372396	2744	2744	755
	87817	86024	75402	73828	352	352	44
	91521	91358	73492	73372	640	640	43
15026	367091	361461	283423	279953	2107	2107	1967
14064	175554	171653	124078	121214	1204	1204	1038
962	165309	163646	139471	138873	645	645	873
296725	13353069	13116904	10933802	10671789	64051	62850	44807
25338	774061	760260	661286	651014	3083	3083	3528
7841	451411	438566	381111	371083	2242	2242	2817
17497	200208	199822	190222	190183	228	228	347
	35729	35160	25716	25511	217	217	365

1-B-25 续表 31

行业	#实收资本					
		国家资本	集体资本	法人资本	个人资本	港澳台资本
金属加工机械制造	202391	2847	25740	35935	70779	44529
金属切削机床制造	92650	1677	25740	13578	35010	8913
金属成形机床制造	22574	1170		1810	5436	
铸造机械制造						
金属切割及焊接设备制造	57468			12806	23504	20488
机床附件制造	8432			1602	6830	
其他金属加工机械制造						
物料搬运设备制造	285390			112629	88292	33959
轻小型起重设备制造	23831			4100	11322	30
起重机制造	11161			2700	300	8161
生产专用车辆制造	22910			9179	10514	1250
连续搬运设备制造	1333			1233	100	
电梯、自动扶梯及升降机制造	222867			92128	66056	24518
其他物料搬运设备制造						
泵、阀门、压缩机及类似机械制造	595384	4040		173081	334882	32954
泵及真空设备制造	247754	3830		67050	142256	17372
气体压缩机械制造	58802			28710	12507	10008
阀门和旋塞制造	217962			72242	114543	5575
液压和气压动力机械及元件制造	70866	210		5080	65576	
轴承、齿轮和传动部件制造	569729		28800	172387	244622	32219
轴承制造	467703		28800	136754	198582	28679
齿轮及齿轮减、变速箱制造	59182			27387	27511	2318
其他传动部件制造	42845			8246	18529	1223
烘炉、风机、衡器、包装等设备制造	400211		13000	178707	142601	47597
风机、风扇制造	59099			20360	34222	490
气体、液体分离及纯净设备制造	74642			11535	36774	13690
制冷、空调设备制造	139021		13000	87063	35159	3798
风动和电动工具制造	96569			36732	29453	28749
喷枪及类似器具制造	5155			1370	2915	870
包装专用设备制造	25725			21647	4078	

单位：万元

外商资本	营业收入	#主营业务收入	营业成本	#主营业务成本	营业税金及附加	#主营业务税金及附加	其他业务利润
22562	928768	920737	735480	731620	5382	5374	3615
7733	454171	449989	362750	360127	2878	2878	1336
14159	152875	151993	111124	110931	1041	1041	414
670	224256	223287	184388	183507	766	759	79
	40024	38326	34628	34625	324	324	1647
50510	2534498	2480561	2071569	2028451	12818	12513	9181
8378	148687	146387	115840	115407	756	756	1402
	82529	73509	66118	57381	342	342	310
1967	236084	230323	196294	193654	1165	1165	2004
	46074	41664	35411	31430	257	257	150
40164	1969355	1937383	1617804	1590917	9774	9468	5315
50426	3577845	3538011	2947527	2907746	15139	14999	5933
17246	1291821	1283728	1045905	1036170	5856	5738	2427
7578	635303	613580	538353	518884	2647	2624	2189
25603	1359027	1350222	1124794	1115010	5064	5064	895
	291694	290481	238473	237682	1573	1573	422
91702	1876474	1828005	1513905	1473000	9457	9439	8547
74889	1314155	1269581	1059771	1023199	6687	6670	6861
1967	352563	350611	282197	281028	1668	1668	719
14847	209757	207812	171936	168773	1102	1101	967
18305	2299374	2261282	1833233	1737233	12897	12224	9108
4027	339247	324925	268174	246827	2705	2590	
12644	571037	558835	425379	423758	3817	3806	10364
	661930	654249	545964	476886	3106	2634	-1580
1635	585352	583737	488052	486027	2487	2413	218
	73794	73572	61018	60956	256	256	81
	68014	65965	44647	42780	526	526	25

1-B-25 续表 32

行业	#实收资本	国家资本	集体资本	法人资本	个人资本	港澳台资本
文化、办公用机械制造	38500			12391	5933	5278
照相机及器材制造	25132			4256	700	5278
计算器及货币专用设备制造	8150			8135	15	
其他文化、办公用机械制造						
通用零部件制造	247261			52325	79014	92939
金属密封件制造						
紧固件制造	175118			26404	62257	66186
弹簧制造	20528			1987	7100	9373
机械零部件加工	25368			23239	2000	
其他通用零部件制造	15409			696	7658	6543
其他通用设备制造业						
其他通用设备制造业						
专用设备制造业	964841	25270	13519	243582	291530	186108
采矿、冶金、建筑专用设备制造	71840	3757		7612	28440	2504
矿山机械制造	14190				14190	
石油钻采专用设备制造	7875	3657			2550	1668
建筑工程用机械制造	37975			7612		836
海洋工程专用设备制造						
建筑材料生产专用机械制造						
化工、木材、非金属加工专用设备制造	377847	6000	8115	79801	111582	112900
炼油、化工生产专用设备制造	37856	6000			31856	
橡胶加工专用设备制造						
塑料加工专用设备制造	102330		8115	17875	15431	36511
木材加工机械制造						
模具制造	225279			61926	64295	76389
食品、饮料、烟草及饲料生产专用设备制造						
食品、酒、饮料及茶生产专用设备制造						
印刷、制药、日化及日用品生产专用设备制造	10721			2450	3360	
制药专用设备制造	10071			2360	2860	
照明器具生产专用设备制造	650			90	500	

单位：万元

外商资本	营业收入	#主营业务收入	营业成本	#主营业务成本	营业税金及附加	#主营业务税金及附加	其他业务利润
14899	162734	144962	141782	126036	764	764	2025
14899	87629	70467	82727	67370	404	404	1805
	52243	51670	39050	38661	272	272	184
22983	1188371	1172140	1019024	1006692	4464	4407	2870
20272	898081	885408	789445	779547	2764	2757	1913
2068	77257	77191	52147	52146	602	602	16
130	75030	73030	62627	60751	372	322	125
513	118450	117392	99291	98734	636	636	382
204833	5154858	4913368	4197048	3980396	20699	20665	18565
29527	512411	506253	428453	426041	2301	2301	4415
	63901	61282	49607	48714	321	321	1727
	143800	143800	127960	127960	343	343	
29527	272113	268575	224069	222549	1361	1361	2689
59450	1360321	1344260	1054924	1045500	6502	6494	4451
	169472	168972	140195	139976	909	909	191
24398	308914	303760	218862	216713	1202	1195	2882
22670	856465	846286	673635	666668	4213	4212	1398
4911	127965	123750	93987	93984	391	391	4212
4851	93935	89723	64656	64656	246	246	4212
60	34030	34027	29331	29328	146	146	

1-B-25 续表 33

行业	#实收资本	国家资本	集体资本	法人资本	个人资本	港澳台资本
纺织、服装和皮革加工专用设备制造	141134		573	46961	33169	15865
纺织专用设备制造	57447		573	31121	19730	6023
缝制机械制造	83687			15840	13440	9841
电子和电工机械专用设备制造	28344			15088	1821	
电工机械专用设备制造	15088			15088		
电子工业专用设备制造	13256				1821	
农、林、牧、渔专用机械制造	84420			35161	14618	4963
拖拉机制造						
机械化农业及园艺机具制造	62870			35161	13468	4963
农林牧渔机械配件制造						
医疗仪器设备及器械制造	84888			1729	29960	30934
医疗诊断、监护及治疗设备制造	21538			671	2000	
医疗、外科及兽医用器械制造	13416			1058	8960	
机械治疗及病房护理设备制造						
假肢、人工器官及植(介)入器械制造						
其他医疗设备及器械制造	25024				3000	22024
环保、社会公共服务及其他专用设备制造	160647	15513	4831	52780	68580	18943
环境保护专用设备制造	100619	15513	4831	47250	31800	1225
社会公共安全设备及器材制造	50916			2050	32260	16606
交通安全、管制及类似专用设备制造						
其他专用设备制造	7112			3480	2520	1112
汽车制造业	1222265	11466		421754	372821	135167
汽车整车制造	125369			31733	35708	39354
汽车整车制造	125369			31733	35708	39354
汽车零部件及配件制造	1096895	11466		390022	337113	95814
汽车零部件及配件制造	1096895	11466		390022	337113	95814
铁路、船舶、航空航天和其他运输设备制造业	638872		68	359943	187089	12671
船舶及相关装置制造	405928			287330	83204	
金属船舶制造	392528			275696	81438	
船用配套设备制造	13400			11634	1766	

单位：万元

外商资本	营业收入	#主营业务收入	营业成本	#主营业务成本	营业税金及附加	#主营业务税金及附加	其他业务利润
44566	719791	713238	587447	583627	4370	4358	1218
	398739	393714	313244	310288	2017	2017	1661
44566	321052	319525	274203	273339	2352	2342	-444
11435	103444	103291	76520	76461	487	487	85
	74344	74341	50523	50523	418	418	
11435	29100	28950	25996	25938	69	69	85
29679	441409	436446	351010	348735	792	792	2670
9279	313964	310952	244645	242535	730	730	884
22266	303696	301044	225247	224598	1829	1829	240
18867	139487	137688	112601	112395	748	748	9
3399	77903	77510	54806	54537	518	518	124
	42972	42864	31094	31094	242	242	107
	1542892	1342412	1345867	1147856	3691	3676	1033
	1240215	1041348	1112361	915096	2328	2328	664
	270187	268602	213322	212577	1034	1034	341
	28027	28000	16811	16811	210	196	27
281056	5811353	5541032	4703771	4467799	27413	27344	26284
18575	780846	770588	693627	677527	4797	4765	776
18575	780846	770588	693627	677527	4797	4765	776
262481	5030507	4770444	4010144	3790272	22616	22579	25509
262481	5030507	4770444	4010144	3790272	22616	22579	25509
79101	2841378	2660789	2526465	2364155	10972	10911	8292
35394	1396375	1283321	1290004	1186042	4153	4092	5363
35394	1329290	1237487	1235029	1151702	3851	3790	4746
	67086	45834	54975	34340	303	303	616

1-B-25 续表 34

行　业	#实收资本					
		国家资本	集体资本	法人资本	个人资本	港澳台资本
摩托车制造	118305		68	43775	74396	
摩托车整车制造	19190			11359	7831	
摩托车零部件及配件制造	99115		68	32416	66565	
自行车制造	114639			28838	29488	12671
脚踏自行车及残疾人座车制造	72651			12088	4250	12671
助动自行车制造	41988			16750	25238	
电气机械和器材制造业	3456153	57546	51191	1193178	1454258	327198
电机制造	541361	52521	20760	176206	173530	13645
发电机及发电机组制造	167269	52521		22673	28760	
电动机制造	133422			88059	40087	4548
微电机及其他电机制造	240671		20760	65474	104684	9097
输配电及控制设备制造	1347324	5025	20208	475112	678096	75812
变压器、整流器和电感器制造	160400		12324	32104	63523	46617
配电开关控制设备制造	557822		6510	76294	435977	9371
电力电子元器件制造	146754	5025	1374	27023	71385	7999
光伏设备及元器件制造	369115			289549	61453	
其他输配电及控制设备制造	113234			50141	45758	11825
电线、电缆、光缆及电工器材制造	390782		5000	113847	115020	61855
电线、电缆制造	344868		5000	91702	107220	61855
光纤、光缆制造	44636			22145	7800	
绝缘制品制造						
电池制造	319563			159610	82856	45791
锂离子电池制造	85243			50190	4791	…
镍氢电池制造	26088			24088	2000	
其他电池制造	208232			85331	76065	45791
家用电力器具制造	642002		2100	192938	326633	99272
家用制冷电器具制造	68377		2100	32893	32898	386
家用空气调节器制造	29786			21747	7005	
家用通风电器具制造	51752			8125	29858	13769

单位：万元

外商资本	营业收入	#主营业务收入	营业成本	#主营业务成本	营业税金及附加	#主营业务税金及附加	其他业务利润
66	713168	696412	598919	588881	4766	4765	1084
	64746	64046	54907	54473	1562	1562	266
66	648422	632366	544012	534408	3204	3204	818
43642	731835	681056	637542	589232	2053	2053	1846
43642	249433	248362	216063	215978	896	896	977
	482401	432694	421480	373254	1157	1157	869
372781	20512505	18972271	17747901	16283052	77509	70200	25757
104699	2516184	2476981	2067245	2041359	12113	12113	7044
63315	508391	503457	432923	429578	2496	2496	1732
727	880214	869946	739433	734525	4217	4217	3520
40657	1127579	1103578	894889	877256	5400	5400	1792
93071	4385445	4304580	3628444	3564833	18064	17959	9050
5831	697858	693544	557818	551527	3291	3291	318
29670	1690034	1673508	1373764	1361368	7222	7197	1833
33948	914645	898388	732524	720237	5075	4995	3979
18113	605039	595727	562798	558134	914	914	468
5511	477869	443413	401540	373567	1562	1562	2452
95059	4059806	3960893	3674943	3556475	15200	8163	2358
79090	3434294	3379452	3104708	3029404	12952	5914	1512
14691	616008	571936	564717	521553	2141	2141	906
31307	3728115	2539661	3463379	2320670	7931	7901	1416
30262	242321	223104	221323	202722	331	331	732
	99109	98335	84465	83064	502	473	381
1045	3386685	2218221	3157591	2034884	7097	7097	303
21058	4144088	4022126	3520294	3413713	17381	17266	2832
100	524277	500795	463077	451895	1829	1764	164
1035	282373	248564	255412	223638	451	451	640
	337575	331696	275235	269720	2382	2353	371

1-B-25 续表 35

行业	#实收资本	国家资本	集体资本	法人资本	个人资本	港澳台资本
家用厨房电器具制造	214516			24070	153254	29444
家用清洁卫生电器具制造	124365			30603	37385	48406
家用美容、保健电器具制造	12652			2000	9872	
家用电力器具专用配件制造	95690			67972	26414	
其他家用电力器具制造	44864			5530	29948	7267
非电力家用器具制造	43128			17956	13872	3373
燃气、太阳能及类似能源家用器具制造	17434			9356	8078	
其他非电力家用器具制造	25694			8600	5794	3373
照明器具制造	171463		3123	57510	63933	27238
电光源制造	53987		30	8107	30781	9671
照明灯具制造	113987		3093	49353	29712	17566
灯用电器附件及其他照明器具制造	3490			50	3440	
其他电气机械及器材制造						
电气信号设备装置制造						
计算机、通信和其他电子设备制造业	1701766	30532	6797	670956	494456	264928
计算机制造	143591			5652		71324
计算机零部件制造	26427					8977
计算机外围设备制造	89483					62347
其他计算机制造	27682			5652		
通信设备制造	246906			75414	60910	94505
通信系统设备制造	98575			38341	52910	7324
通信终端设备制造	148331			37073	8000	87181
广播电视设备制造	74998			16092	43528	2649
广播电视节目制作及发射设备制造						
广播电视接收设备及器材制造	59698			9690	36472	808
应用电视设备及其他广播电视设备制造	11300			3602	5856	1842
视听设备制造	84497	15650		28206	28962	2794
电视机制造	40321	15650			21878	2794
音响设备制造	29176			13206	7085	
影视录放设备制造						

单位：万元

外商资本	营业收入	#主营业务收入	营业成本	#主营业务成本	营业税金及附加	#主营业务税金及附加	其他业务利润
7749	1027546	1019315	835508	828154	3927	3907	816
7971	990826	950843	861125	819676	4975	4975	219
780	210812	209563	181250	180138	739	739	132
1305	382514	375070	328801	321801	1387	1387	279
2119	388166	386281	319886	318692	1691	1690	212
7927	233139	232420	183546	183308	1240	1240	353
	98792	98606	74489	74488	307	307	101
7927	134347	133813	109056	108820	933	933	252
19660	1436162	1426046	1203158	1195801	5528	5506	2702
5398	456201	449825	398600	393656	1897	1875	1429
14262	932630	929042	765275	762888	3388	3388	1170
	47331	47179	39282	39258	243	243	104
234097	6353910	6246223	5173746	5089761	34033	33841	30130
66615	302775	297330	288891	284391	538	538	3544
17450	75218	74529	65536	65182	102	102	296
27136	95580	94900	94993	94371	240	240	59
22030	131977	127901	128363	124838	196	196	3190
16077	1052386	1035129	876764	870831	8085	8085	11031
	477789	464552	334869	331648	6659	6659	10006
16077	574598	570577	541895	539183	1426	1426	1024
12729	703475	701060	510324	508895	3944	3913	1071
12729	368081	366057	290870	289551	1989	1958	690
	234426	234414	132739	132629	1724	1724	2
8885	598228	591860	481372	477232	4361	4292	1756
	245846	241528	220827	218306	2270	2201	1796
8885	190131	188080	156511	154893	1130	1130	-40

1-B-25 续表 36

行业	#实收资本	国家资本	集体资本	法人资本	个人资本	港澳台资本
电子器件制造	517946	14883	2246	332444	110915	28081
半导体分立器件制造	73965	14883		30252	22445	6385
集成电路制造	182322			165307	3701	
光电子器件及其他电子器件制造	261658		2246	136885	84768	21696
电子元件制造	563071		4552	191822	225845	65478
电子元件及组件制造	504697		4552	165326	217757	53776
印制电路板制造	58374			26495	8088	11701
其他电子设备制造	70757			21325	24296	98
其他电子设备制造	70757			21325	24296	98
仪器仪表制造业	511040	17282	5029	130298	226433	77906
通用仪器仪表制造	371805		4756	105311	153867	62117
工业自动控制系统装置制造	89713			20454	38651	40
电工仪器仪表制造	159165		4000	69811	81729	
绘图、计算及测量仪器制造	35573			5553	500	29204
实验分析仪器制造	1500				1250	250
供应用仪表及其他通用仪器制造	85855		756	9493	31738	32624
专用仪器仪表制造	71630	16124	273	14095	41138	
环境监测专用仪器仪表制造						
运输设备及生产用计数仪表制造	51182	16124	273	14095	20690	
导航、气象及海洋专用仪器制造						
教学专用仪器制造						
电子测量仪器制造						
钟表与计时仪器制造	5240			2595	2645	
钟表与计时仪器制造	5240			2595	2645	
光学仪器及眼镜制造	61197	1158		8297	27615	15789
光学仪器制造	32868	1158		8065	450	15507
眼镜制造	28329			232	27165	282
其他仪器仪表制造业	1168				1168	
其他仪器仪表制造业	1168				1168	

单位：万元

外商资本	营业收入	#主营业务收入	营业成本	#主营业务成本	营业税金及附加	#主营业务税金及附加	其他业务利润
29378	1176561	1162280	946172	934148	5346	5332	1777
	153703	148997	115667	110990	754	740	136
13315	290878	289704	249573	248960	924	924	174
16063	731980	723579	580933	574199	3668	3668	1468
75376	2185793	2127619	1796952	1746976	10331	10288	8789
63286	2045755	1988337	1682489	1632842	9410	9367	8362
12089	140038	139282	114463	114134	922	922	427
25039	334692	330945	273270	267287	1429	1393	2162
25039	334692	330945	273270	267287	1429	1393	2162
54093	2388153	2347558	1802014	1765967	14338	14306	4705
45753	1565366	1533698	1181510	1151786	9153	9124	3336
30569	414191	408005	295762	291316	2286	2286	1451
3625	530288	514299	380934	363665	3086	3057	1273
317	157931	157591	131772	131559	1369	1369	117
	18392	17393	12878	12318	124	124	
11243	444564	436410	360164	352929	2288	2288	495
	425526	421020	312239	308714	2625	2625	586
	312849	309160	242728	239803	1679	1679	370
	70449	68022	56308	54489	553	553	49
	70449	68022	56308	54489	553	553	49
8340	314599	312977	241597	240837	1940	1936	733
7689	154237	153161	108510	107929	977	977	442
651	160361	159816	133087	132908	963	959	291
	12214	11842	10360	10141	68	68	
	12214	11842	10360	10141	68	68	

1-B-25 续表 37

行　　业	#实收资本					
		国家资本	集体资本	法人资本	个人资本	港澳台资本
其他制造业	112900			24172	48124	14495
日用杂品制造	90286			23872	36548	14235
鬃毛加工、制刷及清扫工具制造	4477			2000	580	640
其他日用杂品制造	85809			21872	35968	13595
其他未列明制造业	22614			300	11576	261
其他未列明制造业	22614			300	11576	261
废弃资源综合利用业	49712			313	26400	9272
金属废料和碎屑加工处理	49712			313	26400	9272
金属废料和碎屑加工处理	49712			313	26400	9272
金属制品、机械和设备修理业	180856	44900	10	57210	30154	
铁路、船舶、航空航天等运输设备修理	177856	44900	10	54210	30154	
船舶修理	177856	44900	10	54210	30154	
电气设备修理						
电气设备修理						
电力、热力、燃气及水生产和供应业	**1374053**	**867396**	**26389**	**457448**	**17421**	**5041**
电力、热力生产和供应业	981583	554706	20000	384057	17421	5041
电力生产	794208	460053		313935	14821	5041
火力发电	722248	388092		313935	14821	5041
水力发电	71961	71961				
电力供应	168882	94653	20000	54229		
电力供应	168882	94653	20000	54229		
热力生产和供应	18493			15893	2600	
热力生产和供应	18493			15893	2600	
燃气生产和供应业	170880	169499	1349	32		
燃气生产和供应业	170880	169499	1349	32		
燃气生产和供应业	170880	169499	1349	32		
水的生产和供应业	221590	143191	5040	73359		
自来水生产和供应	209217	138191	5040	65987		
自来水生产和供应	209217	138191	5040	65987		
污水处理及其再生利用	12373	5000		7373		
污水处理及其再生利用	12373	5000		7373		

单位：万元

外商资本	营业收入	#主营业务收入	营业成本	#主营业务成本	营业税金及附加	#主营业务税金及附加	其他业务利润
26109	671113	668516	570669	568807	3318	3318	898
15631	574494	572477	490047	488505	2873	2873	449
1257	88216	86955	70355	69225	647	647	104
14375	486278	485522	419692	419281	2227	2227	345
10478	96619	96040	80622	80301	444	444	449
10478	96619	96040	80622	80301	444	444	449
13727	759568	755287	736356	732429	5797	5797	355
13727	759568	755287	736356	732429	5797	5797	355
13727	759568	755287	736356	732429	5797	5797	355
48581	361646	359206	309222	308771	2715	2713	1987
48581	354819	352379	305544	305092	2608	2606	1987
48581	354819	352379	305544	305092	2608	2606	1987
358	**12563467**	**12451118**	**11603188**	**11468315**	**55377**	**52491**	**25214**
358	11896470	11823923	11043728	10930212	51944	49784	8449
358	2554045	2525510	2047526	2014896	16552	16483	3922
358	2443661	2416582	1966898	1934704	14656	14634	2924
	110384	108929	80628	80192	1897	1849	998
	9204092	9160128	8881554	8800668	34960	32870	4490
	9204092	9160128	8881554	8800668	34960	32870	4490
	138333	138286	114648	114648	431	431	37
	138333	138286	114648	114648	431	431	37
	214759	208030	179112	176418	898	521	2507
	214759	208030	179112	176418	898	521	2507
	214759	208030	179112	176418	898	521	2507
	452238	419165	380348	361685	2536	2186	14259
	367741	335118	288120	269726	2515	2166	14189
	367741	335118	288120	269726	2515	2166	14189
	84498	84047	92227	91959	21	21	70
	84498	84047	92227	91959	21	21	70

1-B-25 续表 38

行　业	管理费用	#税　金	财务费用	#利息支出	投资收益	营业利润
总　计	**8443767**	**388348**	**3113074**	**3428226**	**519280**	**9197558**
采矿业	**13790**	**573**	**2751**	**3381**	**489**	**7143**
黑色金属矿采选业						
铁矿采选						
铁矿采选						
有色金属矿采选业	9066	461	2449	2583	419	4471
常用有色金属矿采选	9066	461	2449	2583	419	4471
铜矿采选	7952	436	784	756	5	4827
铅锌矿采选						
非金属矿采选业	4313	105	17	513	69	450
土砂石开采						
建筑装饰用石开采						
石棉及其他非金属矿采选	4255	105	-35	435	69	-5796
其他未列明非金属矿采选	4255	105	-35	435	69	-5796
制造业	**7937795**	**373174**	**2928889**	**3228803**	**508691**	**8726091**
农副食品加工业	66593	4468	33659	42500	5792	84605
谷物磨制						
谷物磨制						
饲料加工	8198	345	3949	3588	435	13416
饲料加工	8198	345	3949	3588	435	13416
植物油加工	5687	1177	-4153	5680	2395	23079
食用植物油加工	5687	1177	-4153	5680	2395	23079
屠宰及肉类加工	12275	675	4981	6018	1590	11504
牲畜屠宰	4240	158	948	1917	-415	1172
肉制品及副产品加工	8035	518	4033	4101	2006	10332
水产品加工	23199	1186	23362	21159	1582	23638
水产品冷冻加工	19888	899	21800	19850	1566	23485
鱼糜制品及水产品干腌制加工	2502	245	1561	1300	16	-262
其他水产品加工						
蔬菜、水果和坚果加工	13155	553	4916	5078	-210	12762
蔬菜加工	6434	44	3239	3471	-229	3331
水果和坚果加工	6722	509	1677	1608	19	9432

单位：万元

营业外收入	#补贴收入	营业外支出	利润总额	应交所得税	利税总额	应付工资总额	本年应交增值税
1042436	**392713**	**378530**	**10032410**	**1531215**	**16461462**	**11032173**	**5180243**
4199	**4000**	**418**	**11343**	**1549**	**24072**	**16019**	**9265**
82		136	4836	1549	10448	6973	4823
82		136	4836	1549	10448	6973	4823
14		50	4797	1524	8467	6003	3063
4117	4000	282	4286		10632	7927	3807
4117	4000	282	-1961		-686	6134	1134
4117	4000	282	-1961		-686	6134	1134
962073	**367802**	**355592**	**9502674**	**1414567**	**15394721**	**10528653**	**4699540**
15899	7238	3672	96984	12163	131946	115186	26374
962	222	719	14233	1789	16473	14257	1318
962	222	719	14233	1789	16473	14257	1318
107	123	676	21399	1114	23387	6227	-1067
107	123	676	21399	1114	23387	6227	-1067
6469	808	419	17576	2299	22033	17642	3230
5355	141	138	6389	188	6491	4405	72
1114	667	281	11187	2111	15541	13237	3158
3241	2241	1431	25993	4421	40037	48132	12113
3172	1849	1398	25395	4401	39293	43471	12058
70	392	25	190	20	317	3309	36
2892	1785	381	15397	2331	25782	20420	9087
1240	1247	115	4579	852	8648	10192	3471
1652	539	267	10817	1479	17134	10228	5616

1-B-25 续表 39

行业	管理费用	#税金	财务费用	#利息支出	投资收益	营业利润
其他农副食品加工	2404	328	357	613		1740
豆制品制造						
其他未列明农副食品加工						
食品制造业	108662	5822	28650	33118	40567	273467
焙烤食品制造	17528	1208	854	1513	36	14470
糕点、面包制造	12402	911	1253	1320	36	3919
饼干及其他焙烤食品制造	5126	297	-399	193		10551
糖果、巧克力及蜜饯制造	11781	774	2586	3606		36816
糖果、巧克力制造	10924	732	2551	3568		36602
蜜饯制作						
方便食品制造	3346	315	2274	2001		3762
速冻食品制造	2333	261	2162	1884		3491
方便面及其他方便食品制造						
乳制品制造	7542	400	2828	2893	83	4154
乳制品制造	7542	400	2828	2893	83	4154
罐头食品制造	11621	804	8885	7654	2	10646
肉、禽类罐头制造	1446	35	474	358		3942
水产品罐头制造						
蔬菜、水果罐头制造	9859	692	7834	6981	2	3937
调味品、发酵制品制造	5304	365	306	387	210	2418
味精制造	5304	365	306	387	210	2418
其他食品制造	51540	1957	10918	15064	40237	201201
营养食品制造						
保健食品制造	8692	247	85	135		37918
冷冻饮品及食用冰制造	4083	171	-111			5702
食品及饲料添加剂制造	33978	965	11084	14849	40237	152452
其他未列明食品制造						
酒、饮料和精制茶制造业	64269	6126	11785	14980	1211	104780
酒的制造	41973	2869	6069	7819	671	27419
啤酒制造	36104	2371	4774	6446	458	20029
黄酒制造	5869	499	1294	1373	213	7390

单位：万元

营业外收入	#补贴收入	营业外支出	利润总额	应交所得税	利税总额	应付工资总额	本年应交增值税
22		46	1716	209	3486	6159	1693
17723	3045	9745	281836	39044	392567	184591	98457
3960	759	552	17888	2726	38348	45620	18298
3170	278	445	6644	1042	22079	37139	13835
791	481	108	11244	1684	16269	8482	4462
1403	113	237	38011	9568	45598	13673	6963
1317	29	220	37729	9497	43905	11380	5743
406	244	109	4060	122	8637	8826	4070
158		77	3573		7394	7211	3382
2431	503	740	5845	1635	11095	12244	4355
2431	503	740	5845	1635	11095	12244	4355
1960	713	781	12001	2988	26567	41327	12495
177	172	114	4005	1019	7086	4260	2809
1599	540	625	5087	1242	16293	34896	9686
1638	24	124	3931	196	6465	5354	2253
1638	24	124	3931	196	6465	5354	2253
5926	690	7202	200101	21809	255857	57546	50024
3577	453	411	41085	10122	53150	14405	10911
295		109	5889	1560	11147	5566	4532
1656	61	6457	147651	8750	180913	28164	30015
11184	2815	3428	112700	22143	244368	93815	71673
4540	1670	2151	29807	8144	116815	56417	31641
3433	1561	1969	21494	6142	100451	44850	26957
1106	109	183	8313	2002	16364	11567	4684

1-B-25 续表 40

行　业	管理费用	#税　金	财务费用	#利息支出	投资收益	营业利润
饮料制造	20645	3075	4271	6213	410	73824
碳酸饮料制造						
瓶(罐)装饮用水制造	6301	765	562	727	410	9622
果菜汁及果菜汁饮料制造	11063	2065	2605	4406		36576
含乳饮料和植物蛋白饮料制造						
茶饮料及其他饮料制造						
精制茶加工	1650	182	1445	948	131	3537
精制茶加工	1650	182	1445	948	131	3537
纺织业	585603	38181	456634	483327	21083	910338
棉纺织及印染精加工	378453	24986	309760	334908	11661	617380
棉纺纱加工	75507	5265	57204	58565	1129	77393
棉织造加工	89419	4911	111065	129170	6567	227376
棉印染精加工	213527	14811	141491	147173	3965	312611
毛纺织及染整精加工	22343	1002	10154	10088	1671	13510
毛条和毛纱线加工	8599	178	4915	4564	1390	7343
毛织造加工	9007	510	2988	3194	281	6072
毛染整精加工	4737	314	2251	2330		95
麻纺织及染整精加工	3265	125	3847	4944	2	7328
麻纤维纺前加工和纺纱	2071	7	1110	2171	2	5106
麻染整精加工	1194	118	2736	2773		2222
丝绢纺织及印染精加工	13521	891	13323	15837	519	23748
缫丝加工	4540	200	7096	8802	195	7349
绢纺和丝织加工	8626	692	6115	6923	324	15950
丝印染精加工						
化纤织造及印染精加工	12930	1334	9915	9562	32	33732
化纤织造加工	8546	1097	7045	6665		25588
化纤织物染整精加工	4384	237	2870	2897	32	8143
针织或钩针编织物及其制品制造	74832	4891	54451	52943	4102	140812
针织或钩针编织物织造	56256	3986	44255	42167	4028	114898
针织或钩针编织物印染精加工	4524	103	1795	3300		6459
针织或钩针编织品制造	14052	802	8401	7476	74	19455

单位：万元

营业外收入	#补贴收入	营业外支出	利润总额	应交所得税	利税总额	应付工资总额	本年应交增值税
6356	999	933	79266	13683	122150	35402	38743
3409	916	607	12444	6252	31762	8693	17683
2674	79	82	39168	3293	52809	20319	11962
288	145	343	3627	316	5402	1996	1289
288	145	343	3627	316	5402	1996	1289
47150	22699	34423	939264	134496	1553903	1218714	528089
26800	11859	21906	635374	86289	1061993	826122	365978
10110	4274	3342	86742	15977	158094	152773	60928
5400	2204	5378	232866	36041	360244	203840	107434
11289	5381	13187	315766	34271	543655	469510	197616
1754	944	442	15827	2238	26037	32882	8696
901	810	277	8692	892	12896	9167	3534
648	42	146	6855	1045	10557	15064	3135
205	92	19	280	300	2584	8651	2026
130		158	7300	1266	10302	6784	2565
130		158	5078	1266	6943	4099	1657
			2222		3359	2685	908
1054	411	1900	23291	4911	40229	30642	15107
563	317	262	7749	1671	16617	8179	8266
491	93	1638	15093	3203	22898	21465	6605
1103	245	360	34506	4463	50557	35500	13825
739	245	107	26221	4270	36707	25594	8645
363		253	8285	193	13850	9906	5180
3356	1284	5837	139106	22425	219111	137362	70088
1863	1094	4178	113181	17901	171525	91520	51653
609	34	368	6715	1565	11309	11609	4079
884	157	1291	19211	2960	36277	34233	14356

1-B-25 续表 41

行业	管理费用	#税金	财务费用	#利息支出	投资收益	营业利润
家用纺织制成品制造	39217	2288	32834	31151	530	16249
床上用品制造	18184	859	19402	18192	186	-6983
毛巾类制品制造						
窗帘、布艺类产品制造	9477	883	7157	6732		14939
其他家用纺织制成品制造	10761	489	5711	5816	343	7580
非家用纺织制成品制造	41042	2664	22352	23893	2567	57580
非织造布制造	15769	1323	9125	10134	1810	35551
绳、索、缆制造	1293	7	361	367		1306
纺织带和帘子布制造	9045	439	5915	8109	675	5700
篷、帆布制造	5671	307	3176	2368		3936
其他非家用纺织制成品制造	9264	588	3776	2916	82	11087
纺织服装、服饰业	440390	15605	150762	143606	22846	367932
机织服装制造	275254	10713	99458	97172	20350	210753
机织服装制造	275254	10713	99458	97172	20350	210753
针织或钩针编织服装制造	125117	3895	36271	32300	2460	127730
针织或钩针编织服装制造	125117	3895	36271	32300	2460	127730
服饰制造	40019	997	15034	14134	36	29450
服饰制造	40019	997	15034	14134	36	29450
皮革、毛皮、羽毛及其制品和制鞋业	199906	12168	91613	88367	6637	213500
皮革鞣制加工	24053	1805	10478	13868	301	31263
皮革鞣制加工	24053	1805	10478	13868	301	31263
皮革制品制造	34894	1316	14451	12245	535	23270
皮革服装制造	2215	20	734	649		608
皮箱、包(袋)制造	23924	964	10443	8524	528	16742
皮手套及皮装饰制品制造	3255	96	1219	1184		3184
其他皮革制品制造	5500	236	2055	1888	7	2736
毛皮鞣制及制品加工	1673	36	1949	2004	81	11333
毛皮服装加工	1673	36	1949	2004	81	11333
羽毛(绒)加工及制品制造	11377	575	16815	15730	194	14846
羽毛(绒)加工						
羽毛(绒)制品加工	11142	544	16099	14971	194	14489

单位：万元

营业外收入	#补贴收入	营业外支出	利润总额	应交所得税	利税总额	应付工资总额	本年应交增值税
4855	539	1661	19688	2950	49370	73127	24592
4056	419	934	-3698	426	3565	35827	5786
146		252	14833	766	28966	17959	11581
527	120	353	7837	1554	16031	17620	7226
8099	7418	2159	64172	9955	96304	76295	27239
1132	884	300	36900	4268	51122	32086	12286
155	60	53	1408	67	2284	3139	683
246	213	1563	4442	476	13118	14987	7194
174	121	90	4095	1128	7106	8756	2601
6392	6141	153	17326	4017	22674	17328	4475
26356	10132	21636	383435	76635	689038	964328	256663
19536	6977	11854	228283	49446	434602	646454	176186
19536	6977	11854	228283	49446	434602	646454	176186
5497	2233	7522	126458	21043	210353	255147	67974
5497	2233	7522	126458	21043	210353	255147	67974
1323	922	2261	28694	6145	44084	62727	12503
1323	922	2261	28694	6145	44084	62727	12503
4829	1506	5820	216431	33063	395909	539390	154183
424	320	1102	30907	3846	62052	30734	28354
424	320	1102	30907	3846	62052	30734	28354
1133	480	759	24190	5093	54654	100203	26798
54	15	155	507	88	2907	6631	2151
899	466	409	17770	4027	37758	71284	17423
69		71	3183	603	6778	8380	3252
111		124	2730	375	7212	13909	3972
263	46	83	11640	85	14167	4132	2205
263	46	83	11640	85	14167	4132	2205
545	80	689	14974	1849	26227	23376	9318
505	80	617	14650	1768	25094	22433	8631

1-B-25 续表 42

行　业	管理费用	#税　金	财务费用	#利息支出	投资收益	营业利润
制鞋业	127909	8437	47920	44520	5526	132788
纺织面料鞋制造	3019	93	504	427	52	2548
皮鞋制造	110563	7530	40497	36924	5446	116101
塑料鞋制造	1279	2	-23		25	1041
橡胶鞋制造	12387	802	6853	7134	3	12121
其他制鞋业	660	11	90	35		977
木材加工和木、竹、藤、棕、草制品业	55856	3321	23024	21848	6119	58730
木材加工	6323	205	502	453	6331	8508
木片加工						
单板加工						
人造板制造	13771	760	7346	5771	377	10578
胶合板制造	9245	642	6190	4608	367	10058
其他人造板制造	4526	118	1156	1163	10	520
木制品制造	28585	1841	11548	11898	581	34713
木门窗、楼梯制造	5883	199	1664	1851	28	7456
地板制造	22703	1642	9884	10048	553	27257
竹、藤、棕、草等制品制造	7178	515	3628	3726	-1171	4932
竹制品制造	7178	515	3628	3726	-1171	4932
家具制造业	129457	7242	53763	55600	1940	77004
木质家具制造	50772	2685	19098	18739	1243	19899
木质家具制造	50772	2685	19098	18739	1243	19899
竹、藤家具制造						
竹、藤家具制造						
金属家具制造	70440	3937	28447	31421	696	52905
金属家具制造	70440	3937	28447	31421	696	52905
塑料家具制造	1477	109	-33			-182
塑料家具制造	1477	109	-33			-182
其他家具制造	6047	495	6165	5353		2987
其他家具制造	6047	495	6165	5353		2987

单位：万元

营业外收入	#补贴收入	营业外支出	利润总额	应交所得税	利税总额	应付工资总额	本年应交增值税
2464	580	3188	134720	22190	238808	380944	87508
22		19	2603	450	5185	7458	2249
2114	564	2730	118085	19527	205761	327528	73039
42		61	1022	153	1863	3056	760
287	16	377	12034	2003	24662	41093	11152
		1	976	57	1337	1810	308
4429	1251	1790	61421	8676	105329	63366	33322
764	167	91	9181	861	12202	5410	2600
820	603	655	10761	1914	18278	14311	6631
534	448	525	10067	1791	16502	11017	5677
286	155	130	694	123	1776	3294	954
947	73	610	35080	4892	61764	30500	18137
461	44	433	7507	1403	13324	10603	4994
486	30	177	27573	3489	48439	19896	13143
1899	407	434	6398	1009	13086	13146	5954
1899	407	434	6398	1009	13086	13146	5954
9826	1583	11580	75971	15316	167401	254639	79897
1347	614	3318	18066	4466	49397	92139	27389
1347	614	3318	18066	4466	49397	92139	27389
4799	828	7938	50349	9719	103701	137170	46571
4799	828	7938	50349	9719	103701	137170	46571
3516	30	48	3286	816	5088	5911	1607
3516	30	48	3286	816	5088	5911	1607
165	110	276	2876	315	7742	17841	4261
165	110	276	2876	315	7742	17841	4261

1-B-25 续表 43

行业	管理费用	#税金	财务费用	#利息支出	投资收益	营业利润
造纸和纸制品业	119024	7583	92940	103703	2071	160928
造纸	65969	5498	78994	86687	1167	76372
机制纸及纸板制造	63833	5281	74382	81902	1167	70708
手工纸制造	2136	217	4611	4785		5664
纸制品制造	53055	2085	13947	17016	905	84556
纸和纸板容器制造	36151	1446	12265	14504	671	44970
其他纸制品制造	16904	639	1682	2512	233	39586
印刷和记录媒介复制业	60007	2549	18558	22244	4618	65945
印刷	59116	2498	18573	22244	4618	65691
书、报刊印刷	7510	276	736	867	1023	8540
本册印制	9440	91	1747	1668	1503	10233
包装装潢及其他印刷	42166	2132	16090	19710	2091	46918
装订及印刷相关服务						
装订及印刷相关服务						
文教、工美、体育和娱乐用品制造业	151619	6812	47551	43774	3137	116226
文教办公用品制造	16579	741	5907	5667	75	13739
文具制造	12434	484	3841	3778	75	5372
笔的制造	2399	239	1715	1534		565
教学用模型及教具制造						
乐器制造	10371	310	898	1410	123	7153
西乐器制造	6908	210	-168	362	123	2973
其他乐器及零件制造	3463	101	1067	1048		4180
工艺美术品制造	59157	3195	24444	25086	2408	65051
雕塑工艺品制造	3354	95	1013	1064	-3	2382
金属工艺品制造	7761	437	4381	5861	1992	2918
漆器工艺品制造	2140	158	872	830		183
花画工艺品制造	2971	105	1901	1700	-124	2245
天然植物纤维编织工艺品制造	1855	31	637	623		4498
抽纱刺绣工艺品制造	13162	914	7340	7130	59	17573
地毯、挂毯制造	3830	240	1190	1532	10	1248
珠宝首饰及有关物品制造	6400	419	3629	3419		15067
其他工艺美术品制造	17684	798	3481	2927	474	18938

单位：万元

营业外收入	#补贴收入	营业外支出	利润总额	应交所得税	利税总额	应付工资总额	本年应交增值税
22183	5817	6157	179327	22633	289430	156514	97384
14648	3937	3735	89214	7600	149921	87488	54090
14576	3913	3733	83480	7413	141215	83863	51471
72	24	2	5734	187	8705	3625	2619
7534	1879	2422	90112	15034	139510	69026	43294
5406	1084	1162	49600	6885	83894	49251	30302
2129	795	1260	40513	8149	55616	19775	12992
4521	3170	2316	70817	9593	106802	83229	31849
4449	3170	2248	70558	9528	105456	79254	30861
994	447	169	9411	893	12076	13477	2365
1103	967	219	11118	1128	13418	8655	1885
2352	1756	1860	50030	7507	79963	57122	26611
11574	5377	6392	122538	20320	206615	279566	69734
863	121	398	14264	1452	26962	35013	11375
767	100	334	5865	1091	13812	25438	7009
97	21	64	598	177	3307	8151	2486
1044	810	371	7826	2007	10474	13943	1993
888	810	172	3689	1016	5080	8587	938
156		199	4137	991	5395	5355	1056
4662	2568	3259	66983	11058	108560	128985	33340
105		163	2323	235	4406	7362	1842
505	21	299	3145	519	6425	15405	2313
52	81	8	309	77	1966	4188	1461
439	82	70	2615	370	5385	4080	2460
192	2	66	4623	1189	7135	4482	2154
922	295	873	17764	2954	31898	43760	10943
79	208	170	1334	305	3156	5072	1618
217	9	1095	14188	879	19900	15840	4737
2151	1869	514	20683	4531	28290	28796	5812

1-B-25 续表 44

行　业	管理费用	#税　金	财务费用	#利息支出	投资收益	营业利润
体育用品制造	24000	1041	4878	3027	375	10152
球类制造						
体育器材及配件制造	4010	193	1039	643	3	1751
训练健身器材制造	9244	470	2728	1725		1840
其他体育用品制造	9723	377	742	291	372	4466
玩具制造	33920	1239	8150	6969	45	18000
玩具制造	33920	1239	8150	6969	45	18000
游艺器材及娱乐用品制造	7592	286	3274	1615	111	2132
露天游乐场所游乐设备制造	3811	134	2310	1324	-39	1774
游艺用品及室内游艺器材制造						
其他娱乐用品制造	2785	30	711	263		174
石油加工、炼焦和核燃料加工业	22730	1157	5699	6018	79	7256
精炼石油产品制造	22730	1157	5699	6018	79	7256
原油加工及石油制品制造	22730	1157	5699	6018	79	7256
化学原料和化学制品制造业	802461	41827	203840	296504	64572	1066672
基础化学原料制造	106862	5860	45362	70180	11929	153054
无机碱制造	26449	859	9645	10858	4035	12058
无机盐制造	6988	453	1269	5732		2681
有机化学原料制造	69348	4427	33066	52130	7894	133957
其他基础化学原料制造						
肥料制造	11367	575	2558	2845	60	5567
氮肥制造	9746	501	2075	2363	60	4288
有机肥料及微生物肥料制造						
农药制造	41220	1478	11632	10434	28340	55860
化学农药制造	35597	1152	8045	7063	27591	53256
生物化学农药及微生物农药制造	5623	326	3587	3371	749	2603
涂料、油墨、颜料及类似产品制造	131167	4369	24967	27838	1839	182845
涂料制造	57302	1789	3599	6080	47	95705

单位：万元

营业外收入	#补贴收入	营业外支出	利润总额	应交所得税	利税总额	应付工资总额	本年应交增值税
2871	944	1215	11983	1755	24258	34204	10837
125	35	84	1827	512	6631	7461	4327
1932	232	978	2932	764	8076	13341	4777
815	676	153	5129	479	6611	10576	1183
1813	919	1017	19013	3622	30274	54778	9078
1813	919	1017	19013	3622	30274	54778	9078
320	17	133	2469	426	6086	12644	3112
305	15	127	1952	341	5323	4894	3112
4	2	1	177		330	5272	
24010	23025	3701	27565	14070	647680	24805	313714
24010	23025	3701	27565	14070	647680	24805	313714
24010	23025	3701	27565	14070	647680	24805	313714
108673	51380	34687	1156297	198531	1664242	510374	376010
26217	12971	11169	172736	31316	301512	95324	41403
6356		941	17473	22	31746	23101	12782
732	234	525	2888	25	6540	6361	3084
18881	12491	9581	147891	30758	257245	63800	24215
1917	1399	366	7118	657	12171	9103	4594
1820	1399	300	5808	657	10792	8023	4531
4352	842	1310	58933	4406	64321	27750	1302
2153	830	1079	54362	4046	58454	20215	233
2199	12	231	4571	360	5868	7534	1069
15383	5401	3571	195464	25328	271161	90889	67508
4453	3554	2246	97912	13620	125429	31185	24138

1-B-25 续表 45

行业	管理费用	#税金	财务费用	#利息支出	投资收益	营业利润
油墨及类似产品制造	17445	473	1117	1684	-234	21491
颜料制造	16104	443	6279	6116	1650	12431
染料制造	37059	1532	14014	13955	376	50532
密封用填料及类似品制造						
合成材料制造	207811	9600	92885	148742	13844	345662
初级形态塑料及合成树脂制造	72165	3691	16452	39651	7348	156883
合成橡胶制造						
合成纤维单(聚合)体制造	116902	5408	71153	102546	6478	170664
其他合成材料制造	9691	396	1615	2297		9112
专用化学产品制造	89219	3287	24013	27116	1385	58393
化学试剂和助剂制造	29515	994	2641	4245	1078	25082
专项化学用品制造	24122	1114	10846	11593	307	35657
信息化学品制造	24901	1015	9543	10415	1	-9201
环境污染处理专用药剂材料制造						
其他专用化学产品制造						
炸药、火工及焰火产品制造	15297	142	528	989	7115	9502
炸药及火工产品制造	15297	142	528	989	7115	9502
日用化学产品制造	199518	16517	1896	8361	60	255790
肥皂及合成洗涤剂制造	4657	348	2499	2800		9379
化妆品制造	188406	16169	-2561	2341	60	237227
其他日用化学产品制造	6455		1957	3220		9183
医药制造业	315731	10849	55599	59627	25737	233868
化学药品原料药制造	147609	5373	39517	38850	7591	95330
化学药品原料药制造	147609	5373	39517	38850	7591	95330
化学药品制剂制造	59484	2273	1961	3476	2949	27117
化学药品制剂制造	59484	2273	1961	3476	2949	27117
中药饮片加工	4279	259	986	997		573
中药饮片加工	4279	259	986	997		573
中成药生产	54558	1858	6755	9093	12793	73714
中成药生产	54558	1858	6755	9093	12793	73714

单位：万元

营业外收入	#补贴收入	营业外支出	利润总额	应交所得税	利税总额	应付工资总额	本年应交增值税
3856	183	178	25168	3326	34368	16891	8569
5259	465	321	17369	1927	29945	12288	11387
1803	1013	696	52261	6083	75942	26396	20983
31653	27323	12511	374194	59729	479835	155315	83658
7579	5434	9013	156919	23462	204046	57303	42178
22373	21217	2872	198087	33263	250742	82920	36436
1561	560	596	10077	1638	13840	9691	2963
13990	3442	2492	70603	12669	113903	58768	38716
2644	1005	755	26970	4875	39439	16199	11119
1405	1318	979	36794	4981	55469	17031	16741
8684	759	716	-1234	1657	6655	20009	7045
294		1132	8665	617	14329	9526	5145
294		1132	8665	617	14329	9526	5145
14868	3	2137	268584	63808	407009	63699	133684
236	3	218	9400	659	13555	4607	3708
14409		1800	249896	60751	377410	51157	123972
224		119	9288	2398	16045	7935	6004
34743	15204	10401	259136	40966	444311	243696	152544
13040	8414	3624	105049	15135	174921	111196	50507
13040	8414	3624	105049	15135	174921	111196	50507
5496	1494	2305	30307	5903	62464	50849	28708
5496	1494	2305	30307	5903	62464	50849	28708
859	734	136	1319		2982	3126	1324
859	734	136	1319		2982	3126	1324
12140	3037	1929	84137	14941	135940	21427	46145
12140	3037	1929	84137	14941	135940	21427	46145

1-B-25 续表 46

行　业	管理费用	#税　金	财务费用	#利息支出	投资收益	营业利润
生物药品制造	40640	747	3301	5027	2258	30993
生物药品制造	40640	747	3301	5027	2258	30993
卫生材料及医药用品制造	9162	341	3079	2184	146	6141
卫生材料及医药用品制造	9162	341	3079	2184	146	6141
化学纤维制造业	144899	14197	115412	144490	6352	346341
纤维素纤维原料及纤维制造						
人造纤维(纤维素纤维)制造						
合成纤维制造	143399	14103	114840	143910	6352	345923
锦纶纤维制造	29913	1457	15534	18828	434	24335
涤纶纤维制造	91420	11067	74832	97021	1449	249019
腈纶纤维制造						
丙纶纤维制造						
氨纶纤维制造	18981	1177	15392	16835	4469	57123
其他合成纤维制造	1368	56	1668	2281		19175
橡胶和塑料制品业	285024	16416	109687	138880	22663	365880
橡胶制品业	34352	1179	9738	9574	666	57489
轮胎制造	3861	217	1107	1120	…	1391
橡胶板、管、带制造	9806	283	3250	2902	156	16775
橡胶零件制造	13098	383	4088	3488	435	14661
其他橡胶制品制造	7587	296	1293	2064	75	24662
塑料制品业	250671	15237	99949	129306	21997	308392
塑料薄膜制造	36971	2794	31891	51170	1913	53582
塑料板、管、型材制造	42902	1876	9289	12517	12150	53136
塑料丝、绳及编织品制造	4086	648	8032	8002	683	12337
泡沫塑料制造	8311	620	3696	3895	565	6430
塑料人造革、合成革制造	43168	3692	14416	18241	2961	68224
塑料包装箱及容器制造	21555	702	5035	9121	2586	51999
日用塑料制品制造	41602	2109	11961	11668	-49	25564
塑料零件制造	17054	742	5416	5492	151	11596
其他塑料制品制造	35021	2054	10214	9199	1036	25524

单位：万元

营业外收入	#补贴收入	营业外支出	利润总额	应交所得税	利税总额	应付工资总额	本年应交增值税
3010	1146	2095	32052	4006	56413	39098	21305
3010	1146	2095	32052	4006	56413	39098	21305
199	380	314	6273	981	11591	18000	4556
199	380	314	6273	981	11591	18000	4556
15381	8664	7256	359868	33141	493936	177050	112100
15349	8664	7256	359418	33029	492597	173488	111319
3276	2034	433	27611	2682	32640	24560	3626
11285	6496	5911	259357	26384	365982	126071	88652
640	130	757	57007	3934	75279	15691	16519
120	5	2	19299		21763	4924	1816
25769	6782	16681	378562	45762	600665	383900	196023
1814	1421	2541	57191	8078	81936	45823	22083
8		61	1337	153	4384	8433	2660
457	195	178	17371	3725	22152	12619	3887
573	507	2147	13125	1877	20021	17693	6025
776	719	156	25357	2323	35378	7079	9511
23955	5361	14140	321371	37685	518730	338077	173940
9109	541	2548	60434	3996	120566	33838	54746
2487	1121	748	56223	7187	81020	36373	21794
335	58	179	12770	1227	20362	17272	6636
56	18	267	6802	1079	12877	10989	5600
1195	505	1138	68526	3084	100472	74368	27647
4955	181	4632	52394	9766	75476	33827	19888
2929	1559	896	27846	5003	48244	70909	17102
1472	1020	2302	10769	2026	21015	23864	9058
1418	360	1432	25608	4317	38698	36637	11470

1-B-25 续表 47

行　　业	管理费用	#税　金	财务费用	#利息支出	投资收益	营业利润
非金属矿物制品业	172883	12886	112824	129823	18049	362936
水泥、石灰和石膏制造	67977	6948	57762	71637	15542	250903
水泥制造	67977	6948	57762	71637	15542	250903
石膏、水泥制品及类似制品制造	20060	767	10412	10979	-47	31578
水泥制品制造	15183	466	9060	9733	51	22552
砼结构构件制造	2749	77	1067	1059	-98	8286
轻质建筑材料制造						
砖瓦、石材等建筑材料制造	4170	629	5481	5428		20162
建筑陶瓷制品制造	1985	70	3665	3612		5724
防水建筑材料制造						
玻璃制造	11058	961	5125	4622	76	8643
平板玻璃制造	8619	785	4202	4072	76	5741
其他玻璃制造	2439	176	923	550		2902
玻璃制品制造	33346	1810	19907	20907	788	33754
技术玻璃制品制造	9609	752	8900	9208	434	16871
光学玻璃制造	4546	333	1589	1698		214
日用玻璃制品制造	6542	333	7593	7702	278	13125
玻璃包装容器制造	2164	109	655	650		1159
玻璃保温容器制造	2841	6	630	412		2758
制镜及类似品加工	5068	166	-188	375	35	1502
其他玻璃制品制造	2575	110	726	864	41	-1874
玻璃纤维和玻璃纤维增强塑料制品制造	11499	450	6013	8074	305	8066
玻璃纤维及制品制造	11499	450	6013	8074	305	8066
陶瓷制品制造	1257	156	1393	1360		73
特种陶瓷制品制造	1257	156	1393	1360		73
耐火材料制品制造	12068	846	3214	3254	1341	4602
石棉制品制造						
耐火陶瓷制品及其他耐火材料制造	10306	801	2617	2664	757	2891
石墨及其他非金属矿物制品制造	11450	320	3517	3563	44	5155
石墨及碳素制品制造	11450	320	3517	3563	44	5155

单位：万元

营业外收入	#补贴收入	营业外支出	利润总额	应交所得税	利税总额	应付工资总额	本年应交增值税
62727	45746	10478	418040	75034	620787	220397	176237
48746	33393	7225	292424	57414	414383	85943	106631
48746	33393	7225	292424	57414	414383	85943	106631
570	478	360	31789	4597	52761	23993	18514
522	478	351	22724	2310	38986	17622	14314
		2	8284	2287	11334	4062	2773
71	163	207	20188	1439	30145	7417	8679
71	163	203	5755	1439	9965	4911	3321
28	94	1317	7507	1861	12099	11904	3616
14	81	1242	4666	1151	7184	7653	2037
13	12	75	2840	710	4915	4251	1579
6146	4373	704	40233	5803	64028	54484	20350
2098	506	361	18832	3216	26495	10563	6384
1743	1497	54	1902		2000	4073	83
417	105	130	13642	1160	23159	18415	8649
28		3	1184		3239	3783	1852
95	71	78	2775	401	4598	4583	1491
1761	2094	40	3708	884	5322	5776	1426
4	100	40	-1810	143	-785	7292	465
4470	5095	97	13266	2241	20372	16465	6028
4470	5095	97	13266	2241	20372	16465	6028
38		52	59		307	1989	190
38		52	59		307	1989	190
2294	1493	353	6543	761	13181	8666	5641
1992	1228	307	4577	532	10520	7300	5019
366	657	163	6032	919	13511	9538	6590
366	657	163	6032	919	13511	9538	6590

1-B-25 续表 48

行业	管理费用	#税金	财务费用	#利息支出	投资收益	营业利润
黑色金属冶炼和压延加工业	172274	13175	107319	132067	5841	266196
炼钢	16643	424	11682	11841		12959
炼钢	16643	424	11682	11841		12959
黑色金属铸造	31289	1066	10671	10074	555	37307
黑色金属铸造	31289	1066	10671	10074	555	37307
钢压延加工	124341	11685	84967	110151	5287	215929
钢压延加工	124341	11685	84967	110151	5287	215929
有色金属冶炼和压延加工业	121898	8636	81231	101319	11645	226197
常用有色金属冶炼	26292	1591	27763	30546	-5812	33601
铜冶炼	13335	1060	16615	18372	-5922	7475
镍钴冶炼	12958	530	11148	12174	110	26126
贵金属冶炼						
金冶炼						
有色金属合金制造	9587	523	7247	7094	-32	27640
有色金属合金制造	9587	523	7247	7094	-32	27640
有色金属铸造	3255	85	178	434	165	3500
有色金属铸造	3255	85	178	434	165	3500
有色金属压延加工	76685	6430	46089	63221	18607	160723
铜压延加工	46477	4424	27488	41943	11873	76134
铝压延加工	23845	1943	17193	18125	4006	63620
其他有色金属压延加工	6363	62	1408	3153	2728	20970
金属制品业	289233	13556	113719	113013	2646	290135
结构性金属制品制造	47500	3213	29199	32570	-270	100305
金属结构制造	27527	1468	9883	13454	-423	13551
金属门窗制造	19973	1745	19316	19116	153	86754
金属工具制造	43468	1077	8035	6257	1803	21510
切削工具制造	8998	199	3496	2908	2074	13629
手工具制造	16980	287	1979	2367	-284	-147
农用及园林用金属工具制造	9810	255	1340	283		3378
刀剪及类似日用金属工具制造	7681	336	1221	699	12	4650

单位：万元

营业外收入	#补贴收入	营业外支出	利润总额	应交所得税	利税总额	应付工资总额	本年应交增值税
14525	7783	10986	272102	28889	417252	207010	123527
163	126	395	12728	3182	22740	7245	7597
163	126	395	12728	3182	22740	7245	7597
3027	3083	1296	40099	7291	56250	56774	13387
3027	3083	1296	40099	7291	56250	56774	13387
11335	4574	9295	219275	18417	338262	142990	102544
11335	4574	9295	219275	18417	338262	142990	102544
58546	7444	5627	284587	31999	387828	129302	88388
49324	2588	1190	81735	3803	102800	18776	19415
48553	1833	869	55158		68715	11097	12692
772	755	321	26577	3803	34085	7679	6723
830	145	459	28011	4016	35257	20870	6560
830	145	459	28011	4016	35257	20870	6560
408	272	164	3910	721	5838	6086	1612
408	272	164	3910	721	5838	6086	1612
7962	4440	3800	170191	23459	242938	78578	60586
6231	3245	2660	84980	14851	123113	41485	32764
1635	1108	817	64468	4257	97232	30892	26429
97	87	323	20743	4351	22593	6201	1392
28915	9380	9050	311955	38129	489470	433186	148710
7682	283	1027	107229	6217	148538	82311	35321
6745	210	431	19991	1104	34557	32898	12526
936	73	596	87238	5113	113981	49414	22795
6771	3377	2213	25861	4544	48095	62939	19012
667	230	243	14131	2366	19342	12136	4331
4721	2301	1256	3033	682	12767	28366	8667
1121	693	575	3923	733	8212	8144	3475
263	154	139	4774	763	7774	14293	2539

1-B-25 续表 49

行　业	管理费用	#税　金	财务费用	#利息支出	投资收益	营业利润
集装箱及金属包装容器制造	35072	1640	12212	13578	-837	43251
集装箱制造	5718	444	4889	3530	18	14031
金属压力容器制造	11541	593	6848	6618	434	9370
金属包装容器制造	17813	603	475	3429	-1289	19850
金属丝绳及其制品制造	5250	462	2657	3266		237
金属丝绳及其制品制造	5250	462	2657	3266		237
建筑、安全用金属制品制造	59848	3562	25449	23012	-271	44006
建筑、家具用金属配件制造	22159	1355	7191	6098	-1325	8296
建筑装饰及水暖管道零件制造	27692	1972	15030	14082	927	32158
安全、消防用金属制品制造	9997	235	3228	2832	128	3551
金属表面处理及热处理加工	17921	489	5227	4756	90	11546
金属表面处理及热处理加工	17921	489	5227	4756	90	11546
搪瓷制品制造	6981	204	1920	2011		6527
建筑装饰搪瓷制品制造	5385	153	1074	1177		5853
搪瓷卫生洁具制造						
搪瓷日用品及其他搪瓷制品制造						
金属制日用品制造	43903	2022	19313	18402	119	25193
金属制厨房用器具制造	6273	547	3473	3189	5	3733
金属制餐具和器皿制造	24281	993	11244	11184		16360
金属制卫生器具制造	5754	273	2994	2762		280
其他金属制日用品制造	7595	209	1602	1268	115	4820
其他金属制品制造	29291	887	9707	9162	2011	37562
锻件及粉末冶金制品制造	16900	455	4328	4201	1708	28302
交通及公共管理用金属标牌制造						
其他未列明金属制品制造	9783	255	5303	4853	101	8692
通用设备制造业	885694	30623	234203	237030	79275	848286
锅炉及原动设备制造	55097	1729	11995	13494	9241	26733
锅炉及辅助设备制造	28755	1182	1570	4915	6084	27878
内燃机及配件制造	10795	310	10230	8287		-14742
汽轮机及辅机制造						
水轮机及辅机制造	6436	134	420	280	54	381

单位：万元

营业外收入	#补贴收入	营业外支出	利润总额	应交所得税	利税总额	应付工资总额	本年应交增值税
3071	1040	710	45974	6496	67596	61590	17544
214	8	146	14117	2146	19154	17197	3390
1420	1032	338	10795	454	15544	16272	3755
1437	…	225	21061	3896	32899	28121	10399
796	137	186	960	449	2842	7509	1692
796	137	186	960	449	2842	7509	1692
5140	2608	1794	47380	6708	85753	83305	31762
2268	1316	383	9648	2090	24344	37408	11175
2242	349	1001	33512	4039	53439	33507	17548
630	943	410	4221	579	7971	12390	3039
298	82	225	11619	1719	19852	26745	6719
298	82	225	11619	1719	19852	26745	6719
234	226	76	6728	1052	11360	6185	3617
183	183	60	5976	864	9459	3257	2716
2952	552	2305	26258	4220	52326	71383	21988
160	162	120	3939	996	7621	9035	3347
2136	276	1846	16810	2228	32545	43128	12990
574	102	214	732	263	3287	9883	2196
83	12	125	4777	732	8873	9337	3456
1972	1074	515	39947	6724	53109	31220	11055
975	399	370	29087	5650	36970	14953	6679
750	646	110	10080	945	13573	12647	2848
64873	27841	40387	920815	138434	1409554	1002491	423273
5134	1672	1698	31038	6011	54968	49896	19896
3167	876	900	30299	3422	47144	27595	14603
1214	135	673	-14201	513	-12120	10623	902
44	661	25	1116	116	3099	4242	1766

1-B-25 续表 50

行　　业	管理费用	#税　金	财务费用	#利息支出	投资收益	营业利润
金属加工机械制造	66630	3397	20896	22608	1740	54363
金属切削机床制造	29285	1936	7475	9338	3	23844
金属成形机床制造	14291	495	2072	1993	1638	14432
铸造机械制造						
金属切割及焊接设备制造	14489	522	8000	7765	98	11786
机床附件制造	2593	89	1870	1945		-112
其他金属加工机械制造						
物料搬运设备制造	168165	3792	17690	22014	17796	171646
轻小型起重设备制造	16852	414	750	935	-1	8133
起重机制造	5272	149	1225	1263		6030
生产专用车辆制造	16530	776	2231	1102	29	12617
连续搬运设备制造	4275	57	379	373	202	4221
电梯、自动扶梯及升降机制造	120069	2168	13769	18340	17565	137416
其他物料搬运设备制造						
泵、阀门、压缩机及类似机械制造	221495	8490	61572	59554	5461	246500
泵及真空设备制造	89755	3854	26953	25449	2065	94250
气体压缩机械制造	39423	1401	11000	12969	154	30015
阀门和旋塞制造	72241	2944	17694	14972	2637	102944
液压和气压动力机械及元件制造	20075	293	5925	6164	604	19290
轴承、齿轮和传动部件制造	145160	5340	49313	51604	32697	128969
轴承制造	102822	3641	32486	35052	30418	91609
齿轮及齿轮减、变速箱制造	28625	1213	11151	10935	2171	23792
其他传动部件制造	13713	485	5676	5618	107	13568
烘炉、风机、衡器、包装等设备制造	151169	4225	42340	38455	11132	173710
风机、风扇制造	19804	283	5029	4182	766	31201
气体、液体分离及纯净设备制造	43461	1123	8196	8230	4188	55326
制冷、空调设备制造	40390	979	14719	15221	5547	32637
风动和电动工具制造	33932	1472	12494	8961	83	40348
喷枪及类似器具制造	6051	163	1376	705	148	3173
包装专用设备制造	7531	205	527	1156	400	11025

单位：万元

营业外收入	#补贴收入	营业外支出	利润总额	应交所得税	利税总额	应付工资总额	本年应交增值税
4641	3190	1025	58945	9147	98903	88251	34584
1604	1251	441	25776	5026	45873	38965	17220
713	678	259	15083	2151	24519	17386	8395
1357	1016	179	12964	1183	19101	15769	5378
41	41	51	-121		1365	8421	1163
9789	6127	5988	185856	24584	290341	148378	91972
1827	1728	881	9587	946	20050	22023	9706
176	9	103	6104	885	9188	5616	2743
1444	232	1940	12121	1416	19519	13705	6233
176	166	64	4334	537	6375	5302	1784
6098	3993	2943	150473	20752	229134	96806	69192
9597	4942	5652	254469	36869	381265	258227	111797
4044	2137	2478	96981	14926	145883	107437	43164
2833	1300	1356	31821	4915	55024	45727	20579
2433	1365	1432	106188	14395	149052	86623	37801
287	140	386	19479	2633	31306	18440	10254
23777	4646	13615	163619	25616	226976	185100	53768
22438	3077	12772	122708	18919	165426	133041	36048
842	1328	512	27135	3833	38984	31568	10031
498	242	332	13777	2864	22567	20491	7690
8306	4099	7436	180012	26884	262162	164689	69765
1397	658	508	32089	3442	43773	11125	9095
2064	1274	778	61218	11721	85063	43174	20040
2533	592	1625	33544	5569	52823	45397	16484
1611	1262	4080	38274	4073	59499	46509	18812
62	283	359	3308	567	5221	7204	1657
639	29	86	11579	1513	15783	11279	3678

1-B-25 续表 51

行业	管理费用	#税金	财务费用	#利息支出	投资收益	营业利润
文化、办公用机械制造	16140	474	3206	2588	-5	-4374
照相机及器材制造	5888	190	1489	1148		-5305
计算器及货币专用设备制造	8692	188	1059	715	-5	946
其他文化、办公用机械制造						
通用零部件制造	61185	3164	27192	26713	1214	50537
金属密封件制造						
紧固件制造	36140	2306	21008	21167	372	27821
弹簧制造	8986	129	841	803	32	11306
机械零部件加工	5266	350	1962	1935	78	4812
其他通用零部件制造	9428	310	3062	2513	732	4451
其他通用设备制造业						
其他通用设备制造业						
专用设备制造业	346231	11896	71375	77728	13522	377422
采矿、冶金、建筑专用设备制造	26906	963	8857	8770	618	34936
矿山机械制造	5988	323	1571	1566	226	2849
石油钻采专用设备制造	5593	111	1642	1491		5025
建筑工程用机械制造	11237	497	5705	5662		26346
海洋工程专用设备制造						
建筑材料生产专用机械制造						
化工、木材、非金属加工专用设备制造	110460	3554	20399	24902	2767	116941
炼油、化工生产专用设备制造	12417	280	1692	1676	927	9081
橡胶加工专用设备制造						
塑料加工专用设备制造	21983	693	1095	1849	510	49183
木材加工机械制造						
模具制造	74544	2486	17329	21112	1330	57861
食品、饮料、烟草及饲料生产专用设备制造						
食品、酒、饮料及茶生产专用设备制造						
印刷、制药、日化及日用品生产专用设备制造	12906	880	793	841		10791
制药专用设备制造	10512	834	307	440		9879
照明器具生产专用设备制造	2394	47	486	402		911

单位：万元

营业外收入	#补贴收入	营业外支出	利润总额	应交所得税	利税总额	应付工资总额	本年应交增值税
1294	699	3148	-6227	336	2368	26286	7831
526	96	3071	-7850	74	-4384	13609	3062
717	574	62	1601	262	6447	10034	4574
2182	2312	1777	52798	8911	91834	80358	33274
1318	1466	1348	29236	4760	55399	50604	23406
574	570	111	11844	1662	17110	8660	4665
45	156	78	5014	1229	8282	6682	1591
213	120	227	4539	648	8326	11806	3151
46310	11097	9646	419844	59751	573140	375189	128058
751	476	699	35716	5792	50259	29372	12243
273	163	64	3282	523	6188	5898	2585
234	157	81	5178	184	7606	5514	2085
128	157	522	26063	4875	33373	15081	5950
12854	4622	3805	128032	19522	182317	141765	45025
811	248	551	9581	1544	17406	14653	6917
3780	659	530	53230	8221	60866	23925	6325
7791	3715	1831	64825	9713	102089	97094	30402
482	331	95	11177	3515	14735	13432	3166
419	331	88	10211	3272	12499	10253	2043
63		8	967	243	2236	3179	1124

1-B-25 续表 52

行　业	管理费用	#税　金	财务费用	#利息支出	投资收益	营业利润
纺织、服装和皮革加工专用设备制造	48301	2404	9915	8984	2449	55132
纺织专用设备制造	26670	825	4857	4494	2296	45315
缝制机械制造	21631	1579	5058	4490	153	9817
电子和电工机械专用设备制造	11530	281	1300	1014	4652	14455
电工机械专用设备制造	7326	164	1007	1014	4548	16503
电子工业专用设备制造	4204	117	293		105	-2049
农、林、牧、渔专用机械制造	40831	857	9402	8806	2048	25209
拖拉机制造						
机械化农业及园艺机具制造	25120	652	7976	7077	2048	25116
农林牧渔机械配件制造						
医疗仪器设备及器械制造	30691	1039	2044	3430	273	30689
医疗诊断、监护及治疗设备制造	11288	362	40	240	204	8817
医疗、外科及兽医用器械制造	8827	259	2591	2697	56	7143
机械治疗及病房护理设备制造						
假肢、人工器官及植(介)入器械制造						
其他医疗设备及器械制造	5181	154	227	461		5103
环保、社会公共服务及其他专用设备制造	60297	1825	16594	19187	716	87246
环境保护专用设备制造	33610	1226	10619	13926	315	66464
社会公共安全设备及器材制造	21628	534	5724	5035	401	15665
交通安全、管制及类似专用设备制造						
其他专用设备制造	4123	64	231	205		5101
汽车制造业	434295	12476	100997	101231	25763	381916
汽车整车制造	38992	1281	12354	10021	1745	17280
汽车整车制造	38992	1281	12354	10021	1745	17280
汽车零部件及配件制造	395302	11194	88643	91210	24018	364635
汽车零部件及配件制造	395302	11194	88643	91210	24018	364635
铁路、船舶、航空航天和其他运输设备制造业	135199	8271	75947	86166	1658	51857
船舶及相关装置制造	70972	5512	42302	49531	-2	-15714
金属船舶制造	65980	5281	40775	48001	-2	-19933
船用配套设备制造	4991	231	1527	1530		4219

单位：万元

营业外收入	#补贴收入	营业外支出	利润总额	应交所得税	利税总额	应付工资总额	本年应交增值税
19799	436	1067	75064	9255	97983	60981	17563
5308	253	636	51106	7204	66784	24326	13661
14491	183	431	23958	2051	31199	36655	3902
228	173	75	14609	1826	18532	8876	3437
88	45	55	16536	1659	19835	4027	2880
141	128	20	-1928	167	-1303	4849	556
4312	3009	717	29104	4862	34415	31324	3708
4151	2886	429	29015	4862	33951	24365	4206
2292	1067	1690	32022	5814	46040	38883	12190
177	116	387	8689	1957	13641	14711	4204
1720	694	98	9146	932	13518	10448	3853
204		1024	4284	1057	6692	5531	2166
5469	897	1416	92058	8843	125809	46018	30076
3774	339	1097	69449	5919	90251	18428	18474
1178	460	310	16979	2168	27724	23175	9711
515	98	9	5611	751	7696	2847	1889
38324	16767	13478	412792	58515	664996	486210	220166
3254	1698	966	19569	4823	84579	28677	60245
3254	1698	966	19569	4823	84579	28677	60245
35070	15069	12512	393223	53692	580417	457533	159920
35070	15069	12512	393223	53692	580417	457533	159920
15561	6217	6053	62203	14170	125444	167541	44081
11113	4113	3380	-7981	6702	12692	59414	8331
10413	3606	3262	-12782	6060	5556	53016	6298
700	507	118	4801	642	7136	6398	2032

1-B-25 续表 53

行　业	管理费用	#税　金	财务费用	#利息支出	投资收益	营业利润
摩托车制造	32694	1283	21757	23094	1155	42617
摩托车整车制造	3489	316	3232	3285	45	-436
摩托车零部件及配件制造	29204	966	18525	19809	1110	43052
自行车制造	31534	1477	11888	13542	505	24954
脚踏自行车及残疾人座车制造	13831	729	8485	9453	164	4586
助动自行车制造	17704	748	3403	4088	341	20368
电气机械和器材制造业	1030602	43921	363006	369527	63089	806662
电机制造	194877	6477	58849	55650	-2428	125754
发电机及发电机组制造	51574	1537	12974	11447	1949	1147
电动机制造	52311	2487	21510	20747	-487	44460
微电机及其他电机制造	90992	2454	24365	23456	-3891	80148
输配电及控制设备制造	301910	11000	108666	119027	44051	222638
变压器、整流器和电感器制造	41295	1904	16108	17228	2209	50307
配电开关控制设备制造	118277	4832	44613	53337	37752	117013
电力电子元器件制造	76519	1357	12794	14340	-38	54325
光伏设备及元器件制造	38226	1371	25244	24605	2331	-18112
其他输配电及控制设备制造	27592	1537	9906	9517	1797	19106
电线、电缆、光缆及电工器材制造	117939	6074	62459	65276	-1350	146716
电线、电缆制造	107461	4919	49305	52274	-1431	129122
光纤、光缆制造	9650	1144	13064	13003	82	14819
绝缘制品制造						
电池制造	77447	6132	26217	24127	4472	68395
锂离子电池制造	11972	483	3469	3424	330	12
镍氢电池制造	6478	471	2438	2470	222	2829
其他电池制造	58998	5178	20310	18234	3920	65555
家用电力器具制造	225861	10072	73163	73479	12558	159741
家用制冷电器具制造	22559	1264	5793	5676	659	15544
家用空气调节器制造	9628	722	2460	2709	508	6539
家用通风电器具制造	17427	1526	9810	9851	347	16753

单位：万元

营业外收入	#补贴收入	营业外支出	利润总额	应交所得税	利税总额	应付工资总额	本年应交增值税
3400	1494	1944	44835	3081	68881	60912	19281
510	31	483	-364	79	3528	4383	2330
2890	1463	1461	45198	3002	65353	56529	16951
1048	610	729	25349	4387	43871	47214	16469
195	163	242	4615	255	11511	23949	5999
853	448	488	20734	4133	32361	23265	10470
82587	32995	39829	863787	138932	1377717	1218215	432332
17149	6194	5888	136665	23474	225548	213749	68458
2629	1333	549	3227	1930	11580	35798	-2455
4801	2148	1018	47238	7355	80087	66219	28631
9719	2713	4321	86200	14190	133881	111732	42281
21275	10168	10218	243252	41477	386620	305883	123870
1676	337	2512	49558	7865	75748	43695	22899
6571	2928	1441	129839	18089	191590	116017	54554
2611	1949	3590	54385	9857	88533	91332	29015
5914	3848	2194	-13657	1817	-2791	26688	9953
4504	1107	482	23127	3848	33541	28151	7449
6127	3911	6213	147711	24105	210131	109052	53919
5775	3911	5993	129904	21600	176771	94068	40613
347		220	15028	1810	30050	13318	12881
13871	3430	3707	79349	11701	120694	93783	32345
1212	458	173	1056	691	2884	12285	514
624	57	112	3563	824	6780	9106	2744
12035	2916	3422	74731	10186	111030	72392	29086
17808	6109	9585	169513	25820	288411	320546	101521
1783	912	525	17311	2447	30930	30615	11765
693	278	242	7020	435	11662	16332	4192
1102	570	1234	17002	3448	31941	18696	12586

1-B-25 续表 54

行业	管理费用	#税金	财务费用	#利息支出	投资收益	营业利润
家用厨房电器具制造	71714	2513	15676	16152	3460	46180
家用清洁卫生电器具制造	37295	1510	13908	14535	1301	40834
家用美容、保健电器具制造	13574	585	3177	3203	9	4628
家用电力器具专用配件制造	27545	897	10871	9952	5616	12673
其他家用电力器具制造	26121	1055	11468	11401	659	16591
非电力家用器具制造	14612	703	4644	3858		16062
燃气、太阳能及类似能源家用器具制造	6891	236	3059	2737		6405
其他非电力家用器具制造	7721	467	1585	1121		9657
照明器具制造	96457	3410	28722	27853	5785	66763
电光源制造	28273	1096	5786	5426	1755	12323
照明灯具制造	65235	2234	21725	21312	3871	52532
灯用电器附件及其他照明器具制造	2950	81	1211	1115	159	1908
其他电气机械及器材制造						
电气信号设备装置制造						
计算机、通信和其他电子设备制造业	506506	14414	100926	110884	45192	402168
计算机制造	12799	600	1506	1170	26	-4703
计算机零部件制造	5426	82	604	237		1419
计算机外围设备制造	5826	506	1215	521	26	-8275
其他计算机制造	1547	12	-314	412		2152
通信设备制造	84148	1254	4245	8653	294	47889
通信系统设备制造	49320	630	4669	6741	273	59046
通信终端设备制造	34828	624	-424	1912	22	-11157
广播电视设备制造	53022	1420	20610	17883	367	98246
广播电视节目制作及发射设备制造						
广播电视接收设备及器材制造	28265	928	7570	5493	-78	31741
应用电视设备及其他广播电视设备制造	17650	306	10588	9603	102	61389
视听设备制造	41546	1407	16658	15595	4325	42966
电视机制造	9770	323	5082	6300	1498	4606
音响设备制造	19491	953	2868	1692	2820	7996
影视录放设备制造						

单位：万元

营业外收入	#补贴收入	营业外支出	利润总额	应交所得税	利税总额	应付工资总额	本年应交增值税
3970	1436	3038	47294	7144	72349	94483	21148
4931	480	934	44889	7429	73404	49309	23532
608	347	610	4643	761	9642	25706	4260
3079	1383	2181	13654	1325	24003	40768	8962
1642	704	821	17700	2831	34480	44637	15078
887	234	290	16718	3230	27562	20934	9605
409	219	180	6693	824	10846	7604	3847
478	15	110	10025	2406	16716	13329	5758
5300	2899	2715	70979	9124	118684	152847	42199
2773	1299	877	14720	2821	35528	62776	18934
2459	1559	1384	54547	5941	80537	84153	22602
68	42	455	1712	362	2619	5917	663
143877	22184	19865	538568	60999	757324	608273	184251
2266	199	863	-3300	1068	8895	31906	11657
556	192	535	1440	170	1542	8514	
1699		184	-6760	155	-5814	17601	706
11	7	143	2020	743	13167	5790	10951
97061	6905	2417	145361	6160	181206	86024	27382
6996	5743	548	67406	3463	92214	43919	18149
90065	1162	1869	77956	2697	88992	42104	9233
7280	2028	4507	101115	12522	132453	40231	27426
6222	1099	2061	35991	3277	47963	31284	10014
588	495	1521	60464	8546	78481	6239	16293
2561	903	1488	44134	7197	65014	41766	16589
1690	557	296	6089	2347	9609	9948	1319
856	346	290	8563	911	15042	30014	5349

1-B-25 续表 55

行 业	管理费用	#税 金	财务费用	#利息支出	投资收益	营业利润
电子器件制造	122472	3173	18377	19729	19909	59632
半导体分立器件制造	22658	455	4471	4093	-224	6133
集成电路制造	27983	380	4850	5144	10976	13375
光电子器件及其他电子器件制造	71831	2338	9057	10491	9157	40124
电子元件制造	170724	6085	39021	42669	17858	129143
电子元件及组件制造	159329	5780	34901	38655	17702	123241
印制电路板制造	11395	306	4120	4014	156	5903
其他电子设备制造	21796	475	510	5185	2415	28994
其他电子设备制造	21796	475	510	5185	2415	28994
仪器仪表制造业	217732	5588	38621	39243	6072	225206
通用仪器仪表制造	140136	2918	21218	18548	2295	155167
工业自动控制系统装置制造	47689	906	5829	5128	-84	41706
电工仪器仪表制造	43604	908	4412	4928	524	82710
绘图、计算及测量仪器制造	11056	720	5058	4487	17	3371
实验分析仪器制造	1950	42	258	125		1021
供应用仪表及其他通用仪器制造	35837	343	5661	3880	1837	26359
专用仪器仪表制造	42525	1253	8829	8553	2907	36217
环境监测专用仪器仪表制造						
运输设备及生产用计数仪表制造	27919	825	5986	5665	2224	23746
导航、气象及海洋专用仪器制造						
教学专用仪器制造						
电子测量仪器制造						
钟表与计时仪器制造	7987	111	1394	4235		3073
钟表与计时仪器制造	7987	111	1394	4235		3073
光学仪器及眼镜制造	25682	1292	6755	7453	870	31010
光学仪器制造	12631	510	1015	1354	775	28316
眼镜制造	13051	782	5740	6099	95	2694
其他仪器仪表制造业	1403	15	424	454		-261
其他仪器仪表制造业	1403	15	424	454		-261

单位：万元

营业外收入	#补贴收入	营业外支出	利润总额	应交所得税	利税总额	应付工资总额	本年应交增值税
17770	6196	4896	74156	12647	106737	145293	26962
2437	689	932	7534	1640	13519	16835	5244
6199	33	537	19037	1182	23371	29406	3389
9133	5474	3427	47584	9825	69847	99052	18329
13874	5096	4865	143066	16500	219364	234579	66010
13303	5053	4627	136672	14771	206452	217552	60413
571	44	237	6394	1729	12913	17027	5597
3066	857	830	34037	4906	43655	28474	8224
3066	857	830	34037	4906	43655	28474	8224
18278	9854	6758	239999	36668	336403	241200	81518
14261	6196	3425	167450	26045	230381	148657	53807
3899	2225	1620	44089	6221	60729	45888	14355
6232	1950	759	88652	13973	111824	42094	20115
708	513	326	3856	897	11982	15681	6757
421		2	1440	218	2394	2697	830
3002	1508	717	29414	4736	43451	42298	11749
2267	1943	2479	37181	5307	59242	35344	19436
1146	1463	2041	24012	3965	38296	25050	12606
96	15	94	3089	452	5471	10567	1829
96	15	94	3089	452	5471	10567	1829
1626	1700	612	32659	4835	41343	44419	6167
661	895	463	29041	4107	31909	16648	1797
966	806	149	3619	728	9434	27771	4370
29	…	149	-381	30	-34	2212	279
29	…	149	-381	30	-34	2212	279

1-B-25 续表 56

行业	管理费用	#税金	财务费用	#利息支出	投资收益	营业利润
其他制造业	34152	1476	16157	14980	41	26572
日用杂品制造	26433	1100	14772	13030	41	22071
鬃毛加工、制刷及清扫工具制造	7370	64	1299	970		2102
其他日用杂品制造	19063	1036	13473	12060	41	19969
其他未列明制造业	7719	376	1386	1950		4502
其他未列明制造业	7719	376	1386	1950		4502
废弃资源综合利用业	8731	720	4445	9388	-278	-1549
金属废料和碎屑加工处理	8731	720	4445	9388	-278	-1549
金属废料和碎屑加工处理	8731	720	4445	9388	-278	-1549
金属制品、机械和设备修理业	30135	1214	8945	7820	753	8617
铁路、船舶、航空航天等运输设备修理	30003	1209	8960	7820	753	5694
船舶修理	30003	1209	8960	7820	753	5694
电气设备修理						
电气设备修理						
电力、热力、燃气及水生产和供应业	**492182**	**14601**	**181433**	**196042**	**10100**	**464324**
电力、热力生产和供应业	440600	10505	152215	157855	6595	478859
电力生产	39425	3818	91156	93962	6238	377038
火力发电	39040	3642	90563	93099	6238	349771
水力发电	385	175	592	863		27267
电力供应	396462	6374	53855	53744	357	90981
电力供应	396462	6374	53855	53744	357	90981
热力生产和供应	4714	314	7205	10149		10840
热力生产和供应	4714	314	7205	10149		10840
燃气生产和供应业	8249	568	-64	190	632	18806
燃气生产和供应业	8249	568	-64	190	632	18806
燃气生产和供应业	8249	568	-64	190	632	18806
水的生产和供应业	43333	3528	29282	37997	2874	-33340
自来水生产和供应	35658	2159	24565	32948	2867	-13204
自来水生产和供应	35658	2159	24565	32948	2867	-13204
污水处理及其再生利用	7675	1369	4717	5049	6	-20136
污水处理及其再生利用	7675	1369	4717	5049	6	-20136

单位：万元

营业外收入		营业外支出	利润总额	应交所得税	利税总额	应付工资总额	本年应交增值税
	#补贴收入						
1992	653	1735	27050	4191	44814	66999	14447
1083	517	1377	21902	3371	37511	57165	12735
469	331	960	1675	342	2854	7980	532
615	186	416	20227	3029	34657	49185	12203
909	136	358	5148	820	7304	9834	1711
909	136	358	5148	820	7304	9834	1711
889	105	218	763		33901	10085	25321
889	105	218	763		33901	10085	25321
889	105	218	763		33901	10085	25321
421	50	1798	8021	2307	21949	69395	11215
421	50	1791	5105	1572	18391	68088	10680
421	50	1791	5105	1572	18391	68088	10680
76164	**20911**	**22520**	**518393**	**115099**	**1042670**	**487502**	**471438**
43746	1556	15540	507479	104462	1009232	416710	451622
18787	1065	8329	387911	73796	534458	113074	130065
18650	1066	7909	360927	71443	489743	86912	114183
137		420	26984	2354	44715	26163	15882
24903	490	7171	108713	29029	460535	299488	318605
24903	490	7171	108713	29029	460535	299488	318605
57		41	10856	1637	14240	4148	2952
57		41	10856	1637	14240	4148	2952
476	300	1656	17626	4417	21982	11657	3835
476	300	1656	17626	4417	21982	11657	3835
476	300	1656	17626	4417	21982	11657	3835
31942	19055	5325	-6712	6219	11456	59135	15982
28236	18935	4414	10629	6219	28760	51827	15965
28236	18935	4414	10629	6219	28760	51827	15965
3705	120	911	-17342		-17304	7307	17
3705	120	911	-17342		-17304	7307	17

1-B-26 按地区分组的规模以上

地　　区	单位数(个)	资产总计	流动资产合　　计	#应收账款	#存　货	#产成品	固定资产合　　计
全　省	**4607**	**177382025**	**104204069**	**25344914**	**23872833**	**9499602**	**46463112**
杭州市	**744**	**38626812**	**23429485**	**5681417**	**5170187**	**2004585**	**9143263**
上城区	10	469836	301995	77576	41661	24135	52546
下城区	5	108019	67940	42420	12038	5373	29414
江干区	84	4893622	3261610	1011078	664443	302146	972938
拱墅区	10	1591213	578404	136352	98734	33210	655641
西湖区	19	665332	490793	158942	118817	57126	101006
滨江区	30	2443781	1769493	573881	590415	106774	125656
萧山区	280	14931825	8820062	1583782	2046644	865559	3733451
余杭区	141	4460361	2804021	734974	577629	218732	1089465
桐庐县	19	997189	506357	121232	89680	38258	340696
淳安县	13	556653	243393	73869	61652	29881	156749
建德市	17	1018316	404449	67215	79329	28214	411207
富阳市	64	4347911	2904715	665121	541358	214996	969511
临安市	52	2142755	1276252	434975	247788	80181	504983
宁波市	**998**	**35750536**	**21692714**	**5427618**	**5141580**	**1967730**	**9305618**
海曙区	7	407766	169754	19344	11652	5576	158463
江东区	13	367944	248562	74129	54333	22835	70162
江北区	43	1564126	1009542	270596	309973	95993	354237
北仑区	121	7214509	3940502	1212226	937427	307927	2388173
镇海区	70	4010524	2408940	436975	696171	221441	1189528
鄞州区	231	6799222	4240947	1084932	924636	459322	1270464
象山县	44	2262816	1116795	314830	273439	75005	947859
宁海县	59	1657096	1020895	222413	230607	78806	394002
余姚市	141	4036817	2763214	569204	516122	188884	873894
慈溪市	200	6395183	4148924	1044851	1018066	435970	1368012
奉化市	69	1034534	624641	178120	169156	75973	290824
温州市	**540**	**13345831**	**8178198**	**2711085**	**1527346**	**674333**	**2343730**
鹿城区	79	1156820	634819	220915	99345	34156	235931
龙湾区	92	2293953	1468790	442574	335163	160932	483795
瓯海区	79	904566	574066	205745	124062	39097	208760
洞头县	1						
永嘉县	53	1314439	844332	318640	155660	65909	222896
平阳县	27	551132	288143	54189	79639	25604	199610

中型工业法人单位财务状况

单位：万元

固定资产原价	累计折旧	#本年折旧	在建工程	负债合计	流动负债合计	#应付账款	所有者权益合计
69723539	**27769503**	**4714763**	**6562346**	**106285891**	**95977125**	**19356250**	**70950159**
14477962	**5963311**	**957539**	**1058481**	**22432364**	**19617082**	**4207211**	**16150744**
102247	55634	5869	4778	115569	97934	47494	354135
49146	19732	5468	706	45473	43589	15102	62546
1711593	762010	116233	99360	2615336	2465593	802647	2278285
1098227	446779	45233	16014	996729	620400	106861	594484
154318	55461	10006	10005	395851	391641	149771	269481
228455	107658	20468	25826	1104187	860715	305526	1336673
5796482	2386044	386563	449607	9258580	8067195	1258524	5632925
1647304	639687	111379	221283	2591875	2276576	640500	1868256
512998	214761	30861	33545	642016	549582	78943	355172
275272	132607	30511	7299	263417	240446	45701	293138
706046	317957	46261	33116	600431	484515	78162	417886
1412641	532664	100009	114408	2876411	2644840	414295	1471499
783234	292319	48679	42533	926490	874058	263686	1216265
14530502	**6128086**	**894837**	**1169751**	**22025153**	**20108300**	**5051083**	**13713163**
168899	22324	9847	43201	204366	151252	11060	203399
129280	59834	8331	2422	236147	224317	67209	131808
491275	176759	32646	65590	871449	804936	278265	692677
4272255	2072273	216201	393318	3677072	3442363	1175391	3537268
1656415	575426	107711	110173	2854579	2513825	638148	1154845
2076593	876645	140881	91095	3776007	3538000	933568	3023216
1494683	603494	84552	71828	1394472	946152	248085	862458
546599	230974	31435	83570	1062430	945079	194081	594666
1236716	468207	74958	129687	2781898	2643784	496523	1252964
2055000	858508	158272	146343	4440806	4185115	821919	1951258
402788	183641	30005	32524	725927	713478	186832	308607
3600464	**1538480**	**257692**	**379105**	**7931326**	**7486792**	**1142360**	**5411542**
347879	141788	20937	54866	709774	690930	127695	446865
708993	281064	53716	58356	1291647	1259761	224381	1001979
329380	136777	19325	28554	599259	565512	96489	304060
339815	135659	19726	17563	701343	656680	117583	613095
268226	110701	22298	42845	312170	303932	36651	238962

1-B-26 续表 1

地　区	单位数(个)	资产总计	流动资产合　计	#应收账款	#存　货	#产成品	固定资产合　计
苍南县	21	927205	564912	162989	103309	50788	139504
文成县	1						
泰顺县	2	27803	5617	677	592	14	12427
瑞安市	87	1955127	1239292	367837	276979	139447	434477
乐清市	98	4155967	2529373	934832	347378	154385	385523
嘉兴市	**514**	**17984995**	**9869759**	**2388067**	**2620010**	**1032037**	**5819257**
南湖区	46	2073427	1123555	306945	282225	84680	632306
秀洲区	72	2156013	1218471	335914	352559	153885	724263
嘉善县	72	1742656	1058197	323453	347228	155322	477284
海盐县	42	1218699	672996	131125	150833	76037	350623
海宁市	89	3665232	1894655	470937	540605	228617	1250766
平湖市	126	4768951	2595779	485848	586542	218828	1694603
桐乡市	67	2360018	1306106	333846	360018	114668	689412
湖州市	**189**	**7673268**	**4248457**	**1107870**	**970656**	**445060**	**2214155**
吴兴区	29	1547387	965467	225099	259794	137014	378583
南浔区	30	1597108	1022124	187599	217656	112379	353699
德清县	42	1294974	752965	212640	165743	81949	343144
长兴县	46	2201464	991734	356708	210045	77215	747295
安吉县	42	1032336	516168	125823	117417	36504	391435
绍兴市	**548**	**25686177**	**15286285**	**3186320**	**3121569**	**1334713**	**6605728**
越城区	88	4602653	2763971	497997	551542	213378	1322157
绍兴县	203	9415419	5639215	938112	921980	421629	2567179
新昌县	28	907231	523794	142163	123913	44665	214802
诸暨市	97	5507433	3381212	862534	814932	331608	1086023
上虞市	82	3954312	2226435	528304	515761	258930	1084374
嵊州市	50	1299130	751658	217210	193441	64503	331194
金华市	**408**	**14107506**	**8403682**	**1589845**	**1797859**	**725778**	**3810310**
婺城区	51	1674623	980027	246027	242824	89792	420357
金东区	15	392668	263608	68072	63870	31710	88630
武义县	59	1447225	871573	167244	180297	66886	304052
浦江县	38	831315	480487	128470	99649	41048	217359
磐安县	10	185876	131151	44065	35466	15845	30726
兰溪市	47	3240429	1654119	253814	450837	174460	1133082
义乌市	79	2647906	1532413	294556	291666	146620	812850
东阳市	33	827121	444599	88179	101473	44293	277130
永康市	76	2860343	2045705	299418	331777	115124	526124

单位：万元

固定资产原价	累计折旧	#本年折旧	在建工程	负债合计	流动负债合计	#应付账款	所有者权益合计
209774	84929	16863	11231	727073	698779	63317	200131
19265	7310	1606	7039	19384	16954	4070	8419
726117	334068	59803	54222	1200364	1141654	143472	753558
615130	291106	40362	100930	2344980	2127330	324331	1810986
8204874	**2846962**	**558359**	**740005**	**10036442**	**9337185**	**2101651**	**7948089**
870797	286919	56113	68456	1004533	915111	250935	1068894
1113745	475479	77658	95254	1210421	1103080	254845	945592
677163	233718	41387	63163	826487	790476	248494	916169
498350	166634	39568	17967	659772	618338	126072	558926
1766064	587641	134150	199945	2217638	2053415	378446	1447135
2218108	649105	136200	228611	2926078	2693967	588246	1842869
1060648	447467	73284	66609	1191513	1162799	254615	1168505
3075942	**1015817**	**215081**	**539969**	**4403510**	**3871725**	**809145**	**3283754**
533624	204678	34150	69073	770096	681448	135363	774663
440271	129615	29573	97194	988776	953774	145147	608332
526038	190906	34756	26981	653329	578876	126813	663051
1038280	311609	65184	305840	1338090	1077755	271271	863375
537730	179009	51418	40882	653220	579871	130553	374333
10065963	**4424515**	**686724**	**1006133**	**15137182**	**13676852**	**2195880**	**10494236**
1875423	860449	116299	303539	2920159	2686889	577518	1682226
4293875	2014493	305925	171049	5988724	5349764	747006	3373540
316939	118616	31855	28599	486212	447203	109854	420418
1565197	584643	91545	131069	2712652	2576417	338297	2794087
1499620	613182	106862	319114	2149777	1869176	312537	1804535
514910	233133	34238	52764	879658	747404	110667	419430
5590662	**2157030**	**433564**	**420310**	**8839230**	**7740281**	**1175572**	**5246775**
655906	256771	39825	38137	929551	833361	168798	736402
115135	42923	8389	11144	248777	183232	39662	143891
432348	156046	36467	30851	988323	955491	112518	452938
290124	92854	25008	25233	450592	418741	34183	386655
42286	17531	2696	5599	127150	127150	32075	58726
1807391	776329	141704	114714	2065941	1558738	342259	1171612
1114353	371831	84447	76227	1596899	1366397	180087	1041223
378239	154709	41951	46312	474734	453808	66919	352387
754880	288038	53079	72094	1957263	1843363	199072	902940

1-B-26 续表 2

地区	单位数(个)	资产总计	流动资产合计	#应收账款	#存货	#产成品	固定资产合计
衢州市	**81**	**3811519**	**1954003**	**741640**	**513833**	**251212**	**1238882**
柯城区	10	489175	179221	45391	47522	22470	183915
衢江区	16	431181	246546	59461	91026	36429	137382
常山县	9	344299	100861	28440	45724	25389	169664
开化县	5	734514	636394	381390	135858	95798	86291
龙游县	20	795523	336436	91100	104760	42459	360109
江山市	21	1016827	454546	135858	88943	28666	301521
舟山市	**60**	**5989449**	**2580213**	**455075**	**742271**	**139570**	**2334743**
定海区	26	3265139	1642502	367540	355173	106102	1003462
普陀区	24	1485927	524280	59181	188608	30420	714859
岱山县	9	1192412	408524	26830	198175	3048	575828
嵊泗县	1						
台州市	**423**	**11210275**	**6535580**	**1680265**	**1769722**	**718634**	**2809310**
椒江区	44	1609574	850727	172116	185999	74331	322594
黄岩区	37	1095358	675701	172202	190772	85591	291519
路桥区	40	1531414	982058	193352	264639	106915	335269
玉环县	89	1745664	1061441	351627	286955	94856	409777
三门县	20	631894	374703	108005	105289	60902	188942
天台县	21	639183	362369	116117	101924	34337	177268
仙居县	21	416544	229910	65385	72792	31764	130991
温岭市	88	1479147	859082	279580	223372	84876	393488
临海市	63	2061498	1139589	221881	337980	145062	559462
丽水市	**102**	**3195657**	**2025694**	**375713**	**497800**	**205951**	**838117**
莲都区	28	737247	473267	108664	112484	39079	203820
青田县	15	923100	702752	79028	137741	50215	152355
缙云县	24	657104	425892	95366	118446	47130	164444
遂昌县	6	245936	104927	25481	36774	24934	99096
松阳县	7	201887	98378	17370	32995	13381	79401
云和县	5	78089	33049	7232	4605	2495	37205
庆元县	7	105751	54168	15100	16580	9346	33032
景宁县	1						
龙泉市	9	233363	131795	26746	38014	19372	60277

单位：万元

固定资产原价	累计折旧	#本年折旧	在建工程	负债合计	流动负债合计	#应付账款	所有者权益合计
1828465	**707755**	**134168**	**217448**	**2226083**	**1819849**	**395363**	**1586116**
319327	145181	22948	69892	354288	246706	35261	134887
185347	51369	13913	8231	243417	215268	37858	187764
256035	89129	12922	38333	181150	144603	23001	163149
116405	53377	9790	6612	475266	441677	135686	258577
449114	143831	34258	51531	462785	352777	60988	332738
502237	224868	40338	42848	509178	418818	102569	509001
2846550	**811899**	**153314**	**547874**	**4342004**	**3858362**	**754773**	**1647445**
1089275	359009	57005	427682	2553951	2350947	509574	711188
926061	219331	47437	35069	1051537	837657	161769	434389
788713	212889	46173	66360	696786	635631	77896	495626
4232702	**1674289**	**320237**	**398825**	**6899836**	**6506451**	**1268543**	**4289478**
499896	193687	34975	53063	849669	793609	133867	759905
466090	208506	35145	46570	718257	686578	113239	377101
554136	252288	40844	45113	1131832	1057348	217874	399582
646453	263149	45020	46383	1122858	1048569	199126	622806
253978	95923	16253	37583	419476	395593	86320	212406
290120	131837	17536	20484	312334	304102	103137	326849
162869	58399	12653	20981	232002	212757	33656	184542
550970	204418	39039	65576	908114	864761	157767	571032
808189	266083	78772	63072	1205294	1143136	223557	835256
1269454	**501360**	**103248**	**84445**	**2012761**	**1954248**	**254669**	**1178818**
304788	124556	32225	33116	493274	492148	59871	243783
220521	82292	15355	13232	720751	687476	87001	202349
272392	115265	19614	10616	323850	313744	49711	333254
160567	75639	13210	10660	71828	69173	16506	174109
115088	35856	10914	3814	145598	137708	9174	52402
55618	23199	3690	2483	35834	35580	5704	42254
46634	13889	2258	1304	42603	41362	8336	63148
79410	24714	4960	6018	169692	167966	14713	63671

1-B-26 续表 3

地 区	#实收资本						
		国家资本	集体资本	法人资本	个人资本	港澳台资本	外商资本
全 省	**31989431**	**1787151**	**304280**	**11519701**	**9473339**	**4239134**	**4665825**
杭州市	**6935121**	**312945**	**90084**	**3091111**	**1543849**	**926940**	**970192**
上城区	101123	2069	1894	63532	27797		5831
下城区	33927			31558	2131		238
江干区	1096906	33468	15100	342707	123803	250348	331480
拱墅区	414448		8969	301081	77259		27139
西湖区	96554		9115	31804	23100	15092	17444
滨江区	469880	20675	4374	212325	125559	80147	26800
萧山区	2495798	100050	24162	1081494	583110	316368	390613
余杭区	785503	35265		309594	206243	134165	100236
桐庐县	168870	33791		62571	36921	35587	
淳安县	97240			44404	46211		6625
建德市	185470	74779		91275	18585	830	
富阳市	558030	6848	700	360811	144780	21651	23241
临安市	431375	6000	25770	157956	128350	72753	40546
宁波市	**7049882**	**721836**	**26034**	**2113783**	**1179482**	**1274398**	**1734350**
海曙区	174103	160000		11512		2592	
江东区	71534	1158		36026	9134	25216	
江北区	292568	24883		111647	99015	33778	23245
北仑区	2288910	223903	6000	570771	43311	473801	971125
镇海区	680791	68147	10316	263412	128516	54618	155782
鄞州区	1213217		3718	591203	172187	287500	158611
象山县	429789	218880		94547	74544	20821	20997
宁海县	169390	8266	3000	33384	85385	28093	11263
余姚市	609950	11700	3000	97954	141198	190284	165813
慈溪市	972811	3273		249093	381294	146982	192169
奉化市	146819	1627		54234	44898	10715	35345
温州市	**2668646**	**40084**	**79385**	**432385**	**1954548**	**106983**	**55261**
鹿城区	243106	19975	3535	44361	167648		7588
龙湾区	478984		54500	129557	229478	44205	21244
瓯海区	196761			43863	133632	12336	6930
洞头县							
永嘉县	264453			25466	224525	11414	3049
平阳县	107674			19942	79651	5269	2813

单位：万元

营业收入	#主营业务收入	营业成本	#主营业务成本	营业税金及附加	#主营业务税金及附加	其他业务利润
187704346	**182631631**	**161984390**	**157167399**	**1134237**	**1111073**	**431275**
39870690	**38934016**	**33762171**	**32833117**	**185922**	**183499**	**133998**
461051	454064	329522	320479	2989	2989	-1693
138981	131969	122526	116533	533	532	719
5310954	5218036	3795955	3659496	20756	20121	18655
924711	895642	794479	771485	20687	20407	13871
760854	751704	585038	580968	4512	4447	1711
1749337	1728306	1329667	1319881	14387	14317	11949
15587471	15150841	13833550	13445424	53224	52293	55797
4328459	4218351	3639434	3539141	25436	25397	10760
1169816	1165655	1020521	1017807	7682	7636	1782
827673	796495	662527	635232	8221	8221	3586
1055281	1024885	848095	826099	6906	6762	1692
5614340	5477577	5205220	5069324	10844	10814	12015
1941761	1920492	1595640	1531248	9746	9562	3154
39826732	**38582402**	**34494153**	**33343914**	**443976**	**435987**	**76073**
280334	274049	239476	235325	1082	977	2119
423240	411500	362130	354137	1706	1706	3924
2064043	1985593	1835444	1766772	6032	6004	8482
10334149	10042670	9288492	9014913	311337	311337	9404
4313021	4129884	3853580	3678306	17766	10655	8587
7497997	7258661	6299156	6079194	39581	39073	13823
1930290	1902533	1557240	1535016	10131	10088	4620
1506852	1466029	1218193	1180623	10790	10720	3409
4308514	4264587	3690299	3653470	13289	13276	5013
6134780	5836256	5283559	5000223	20654	20603	15311
1033512	1010642	866586	845936	11609	11548	1380
12402067	**12307425**	**10372567**	**10288191**	**64993**	**60535**	**18938**
1179253	1172820	992585	990051	6014	5692	1716
2324372	2294507	1907815	1881789	13824	10433	3013
1108460	1102299	936463	933925	9104	9089	3425
1395214	1390924	1102197	1094968	6380	6380	1668
717538	715957	644325	643691	2811	2706	168

1-B-26 续表 4

地　区	#实收资本	国家资本	集体资本	法人资本	个人资本	港澳台资本	外商资本
苍南县	194977	3850		22221	167890	1016	
文成县							
泰顺县	999	699		300			
瑞安市	302279	8000		53189	222888	4565	13637
乐清市	872422	6960	21350	93487	722448	28178	
嘉兴市	**4032127**	**39072**	**9556**	**1389950**	**919186**	**670303**	**1004060**
南湖区	381513	9563	6	142078	149351	11846	68668
秀洲区	565635		3000	76734	132981	172407	180513
嘉善县	540272	9714	378	128941	106295	154522	140423
海盐县	276741			131886	85172	37097	22586
海宁市	756445	15810	3583	217440	199325	114209	206078
平湖市	979729	3884	344	386280	141841	125081	322299
桐乡市	531793	100	2246	306591	104222	55141	63494
湖州市	**1669674**	**117135**	**19156**	**739271**	**328257**	**279622**	**186234**
吴兴区	358911	6336	8512	163815	76654	43014	60580
南浔区	196579		2299	75779	67490	29017	21994
德清县	326789	5114	5000	89769	93065	85084	48756
长兴县	584237	80685		345458	48457	78938	30699
安吉县	203159	25000	3345	64451	42591	43568	24206
绍兴市	**3945317**	**109939**	**40243**	**1612420**	**1143985**	**715761**	**322969**
越城区	763814	36860	7915	275610	152824	157416	133189
绍兴县	1376083	13697	15352	600418	377618	302289	66709
新昌县	128834			60831	59360	6408	2236
诸暨市	788143	19451	15944	320825	297813	73976	60134
上虞市	692973	37480		297810	205257	118333	34092
嵊州市	195470	2451	1031	56926	51113	57339	26609
金华市	**2182064**	**232662**	**24073**	**851770**	**810894**	**151510**	**111155**
婺城区	371022	22808	5500	144174	72281	87442	38817
金东区	59985			24454	34831	700	
武义县	179175	9842		57072	111546	600	116
浦江县	110346	7635		33424	44016	1350	23922
磐安县	19654			15004	3478		1172
兰溪市	585569	180336	1259	184529	185185	4771	29490
义乌市	399889	1494	300	195795	157694	39971	4634
东阳市	100529	3148	17014	32226	43112	5029	
永康市	355896	7400		165094	158752	11647	13004

单位：万元

营业收入	#主营业务收入	营业成本	#主营业务成本	营业税金及附加	#主营业务税金及附加	其他业务利润
614572	609315	533063	525415	3209	3209	807
35657	34960	35093	33437	374	317	
2219402	2203751	1909782	1898652	9500	8949	5390
2763688	2739093	2283530	2258549	13311	13296	2738
18868285	**18502378**	**16467026**	**16169739**	**73554**	**71513**	**64717**
1943635	1920980	1636771	1621895	8063	7967	7658
2015884	1960158	1682454	1637765	10064	9871	10844
2007059	1988670	1728615	1717583	7632	6803	6771
1395722	1380313	1200996	1192490	8438	8275	3278
3977763	3866268	3511689	3414199	14015	13497	18535
4844671	4741584	4395771	4307373	14127	14049	10953
2683551	2644405	2310731	2278433	11215	11052	6678
11381865	**10081923**	**10093843**	**8865907**	**50959**	**50444**	**9277**
1690609	1653255	1485293	1462648	6353	6324	5657
2292681	2280542	1986284	1976837	14456	14446	2611
1682265	1655655	1448314	1435226	9509	9469	963
4226081	3002811	3901441	2724164	11118	11091	-56
1490229	1489661	1272511	1267033	9524	9113	102
28448542	**27839094**	**25134056**	**24570375**	**112282**	**110576**	**50197**
4440368	4226314	3975188	3785365	14229	14160	15515
11509218	11459497	10352056	10292575	50513	49822	14663
759699	739326	609697	590855	3691	3658	1089
6393757	6179178	5640707	5430023	19835	19302	7810
4054049	3965313	3462970	3395670	16790	16484	7371
1291452	1269466	1093440	1075887	7224	7150	3749
13187740	**13051634**	**11187276**	**10944407**	**75651**	**73749**	**13634**
1304580	1255194	1022485	972023	7350	7190	2839
335974	328872	276422	276000	1166	1166	445
1321360	1306618	1126863	1116941	16104	15815	3221
1045065	1043951	903910	868913	6998	6705	842
145002	142597	118300	116077	769	713	183
3389328	3352347	2871726	2765443	13340	12922	2407
2388292	2373081	2074862	2063414	12776	12141	2796
879686	875483	758647	733378	4935	4905	478
2378453	2373492	2034063	2032217	12214	12192	425

1-B-26 续表 5

地区	#实收资本	国家资本	集体资本	法人资本	个人资本	港澳台资本	外商资本
衢州市	**613852**	**98937**	**1200**	**214460**	**224023**	**15027**	**60206**
柯城区	112838	28403	1200	26627	56609		
衢江区	103150			44500	41380	5486	11784
常山县	78249	56389		6490	8590	6780	
开化县	62592	656		26973	28710		6254
龙游县	139009			63558	37702	2760	34988
江山市	118014	13489		46312	51033		7180
舟山市	**796903**	**73087**	**616**	**457971**	**174218**		**91012**
定海区	400376	68891	606	258760	71870		250
普陀区	161632		10	66550	78122		16950
岱山县	231502	803		132660	24226		73812
嵊泗县							
台州市	**1663714**	**26099**	**13934**	**441817**	**983748**	**81140**	**116976**
椒江区	275684	6088		71375	164456	7325	26440
黄岩区	135845			46126	87668	2052	
路桥区	213710	1412	786	53410	131860	1250	24992
玉环县	262077		756	56886	133806	52178	18450
三门县	101304	1014	12324	14003	63625		10338
天台县	100776	1987		24636	42840	828	30485
仙居县	67701			22514	35251	8878	1058
温岭市	248249			89185	150918	3063	5083
临海市	258367	15597	68	63682	173324	5566	130
丽水市	**432131**	**15356**		**174766**	**211150**	**17450**	**13410**
莲都区	65653	1304		26503	37846		
青田县	128701	1455		58568	43193	12075	13410
缙云县	81012	2335		35097	38206	5375	
遂昌县	70699	5203		15733	49763		
松阳县	21098	953		11185	8960		
云和县	18259	959		5000	12300		
庆元县	19019	1840		11149	6030		
景宁县							
龙泉市	26384			11531	14853		

单位：万元

营业收入	#主营业务收入	营业成本	#主营业务成本	营业税金及附加	#主营业务税金及附加	其他业务利润
3068747	**3020402**	**2483974**	**2450039**	**17188**	**16493**	**9235**
257109	251821	228431	223931	1724	1702	719
392213	384098	327757	323235	1866	1862	3453
282944	281785	238427	237666	1772	1769	90
479228	478532	316039	315398	2718	2718	55
639412	618762	541714	525638	2940	2289	3191
1017841	1005405	831606	824171	6169	6152	1727
4606108	**4465219**	**4231154**	**4107029**	**25412**	**25280**	**16888**
3035921	2925677	2787610	2685765	19039	18983	8688
983477	954383	917393	895442	3791	3756	6844
558216	556695	506205	505941	2475	2435	1357
10734984	**10589670**	**9082454**	**8969240**	**60042**	**59782**	**26290**
1172372	1137879	973456	944253	6102	6056	6878
921823	911683	763424	754896	5118	5104	1597
1650126	1636348	1472640	1464335	7519	7483	3214
1799907	1784448	1496454	1484028	10940	10917	1861
564472	562066	475077	473741	1936	1926	78
583718	578977	464898	459387	11821	11806	2502
378502	372595	279317	274969	2076	2076	1216
1913650	1895906	1656889	1649670	7804	7700	3548
1750413	1709769	1500300	1463962	6723	6716	5397
5308588	**5257469**	**4675716**	**4625441**	**24258**	**23217**	**12029**
959048	956445	813229	812484	3482	3400	521
1620550	1591309	1513613	1486509	4657	4610	10528
996790	990447	819246	806906	7549	7512	741
174701	170286	135440	130689	1007	1003	136
389541	386445	344248	342080	2364	1903	49
458851	458660	413071	413040	634	629	
151887	151780	127868	127791	1253	1253	
530349	525592	486719	483924	2636	2245	55

1-B-26 续表 6

地　区	管理费用	#税　金	财务费用	#利息支出	投资收益	营业利润
全　省	**8443767**	**388348**	**3113074**	**3428226**	**519280**	**9197558**
杭州市	**1949199**	**84373**	**589446**	**706590**	**209456**	**2239898**
上城区	40300	616	-1326	799	9555	81512
下城区	9528	97	816	731	7	2685
江干区	456116	25800	33315	51597	21631	441672
拱墅区	49036	688	29732	29208	25236	25874
西湖区	60842	975	7169	7383	5314	55642
滨江区	138893	2208	3425	11111	60251	200196
萧山区	546283	24534	301596	347988	26459	699586
余杭区	268710	7855	53119	63220	19790	207831
桐庐县	34863	2949	10933	11943	27671	107640
淳安县	17882	1361	7441	7721	5534	38833
建德市	46507	3009	12941	18416	1133	101908
富阳市	125921	9693	110378	131675	-724	145729
临安市	154320	4588	19908	24799	7600	130792
宁波市	**1880422**	**70683**	**541722**	**601738**	**76139**	**1734704**
海曙区	13186	482	624	610	1452	24306
江东区	27156	537	2956	2663	371	18688
江北区	101997	3367	16642	17699	3190	60910
北仑区	272849	12558	21280	65824	13803	344888
镇海区	183356	6239	78449	84743	8333	101770
鄞州区	403469	11552	99186	102316	18163	493500
象山县	78584	2603	48142	47594	1074	189117
宁海县	113338	3388	34599	32216	7752	96174
余姚市	233463	10464	96085	100144	14159	200892
慈溪市	366092	17120	122640	128891	6429	181970
奉化市	86932	2375	21120	19038	1413	22491
温州市	**687822**	**36671**	**275313**	**285761**	**66427**	**612513**
鹿城区	74611	3172	19393	18373	7061	50758
龙湾区	136341	8717	40581	42460	11863	139146
瓯海区	77229	4812	20848	18725	674	20807
洞头县						
永嘉县	74150	5025	31488	31293	5214	91101
平阳县	22148	1508	11149	11306	6	26373

单位：万元

营业外收入	#补贴收入	营业外支出	利润总额	应交所得税	利税总额	应付工资总额	本年应交增值税
1042436	**392713**	**378530**	**10032410**	**1531215**	**16461462**	**11032173**	**5180243**
383013	**84867**	**82066**	**2597337**	**390316**	**3988798**	**2196635**	**1170636**
6502	1789	575	87460	11209	106935	32897	16486
939	570	611	3140	253	7154	18806	3481
41522	5654	16097	468386	104620	736392	378499	245308
31497	752	11705	68309	18934	127388	71839	38671
3919	1542	1815	58126	9717	89195	55444	26622
106776	9704	8738	302852	14481	372878	137371	55642
60948	31685	23241	754632	122024	1199866	724547	363282
32348	14518	7768	239348	43737	401437	354254	134121
1949	766	1405	108192	8023	148643	48780	30371
5149	1917	1173	42829	11819	79775	32730	28724
10875	6669	1427	111362	12812	164039	64799	45909
67526	3609	4275	211579	15944	323611	136426	101217
13063	5693	3237	141121	16745	231486	140244	80803
195246	**99674**	**98016**	**1866507**	**343304**	**3410565**	**2482772**	**1080846**
709	424	1949	23065	5719	32218	23001	8176
2708	1488	1648	20398	3522	26029	37254	3926
13547	7463	3898	72033	10431	110972	111447	32479
59618	37585	12961	397238	73189	1132239	403251	400581
10326	5845	12295	106134	27555	179090	195911	59460
36845	15721	23932	509143	87772	722541	551380	174037
7842	2891	1562	195988	42642	291950	117877	85874
8330	2818	5273	101095	13374	166123	140464	54308
23244	15305	19350	211276	33665	312742	274996	88190
25972	6592	11764	203707	38473	369013	495873	144296
6106	3544	3384	26430	6961	67648	131320	29520
31107	**14574**	**19942**	**637129**	**106523**	**1102202**	**1076435**	**402707**
1314	372	1403	54585	9097	97688	143737	35580
6177	3260	5081	143268	28726	230338	204323	76637
2119	294	1024	22412	6033	66981	143416	35480
3293	1772	2496	93109	15327	151734	116904	52246
1281	622	1019	26639	3336	52431	48084	23086

1-B-26 续表 7

地　区	管理费用	#税　金	财务费用	#利息支出	投资收益	营业利润
苍南县	35006	1977	23869	26586	2703	8830
文成县						
泰顺县	442	…	662	671		-44
瑞安市	98996	4321	45593	46161	2850	96699
乐清市	159216	6981	80710	89076	35741	175441
嘉兴市	**861123**	**33600**	**247042**	**283747**	**30915**	**867259**
南湖区	110917	3414	23389	26791	5351	117321
秀洲区	126097	4559	34913	37903	5240	113047
嘉善县	113991	6922	19028	18700	3486	82569
海盐县	62365	2183	20817	20511	1025	76618
海宁市	163491	6439	60057	60427	9726	164389
平湖市	171561	6661	54647	82547	2454	127225
桐乡市	112701	3422	34192	36868	3633	186090
湖州市	**388826**	**25540**	**136583**	**138993**	**25995**	**467098**
吴兴区	63321	5504	31847	33131	4741	70938
南浔区	85349	3762	27622	29075	10857	117429
德清县	90729	3342	11394	11815	6976	91843
长兴县	89071	8758	29638	28433	1524	109895
安吉县	60357	4173	36082	36540	1896	76993
绍兴市	**830108**	**55453**	**548522**	**602298**	**38788**	**1533588**
越城区	149208	11733	73984	103629	5900	181367
绍兴县	228348	16936	225586	243922	5114	593242
新昌县	55910	2715	17204	16350	6380	59253
诸暨市	142318	9562	106613	110241	18747	400139
上虞市	178511	9804	85348	87971	420	246212
嵊州市	75813	4703	39789	40185	2228	53375
金华市	**645160**	**28700**	**313943**	**334863**	**21404**	**656696**
婺城区	89260	3722	30583	28882	2146	58013
金东区	21489	923	6809	6782	208	11943
武义县	65195	2553	41002	41594	1106	47855
浦江县	31384	1804	23840	23213	317	61294
磐安县	11058	361	4409	4124	233	6916
兰溪市	102245	5721	69126	80246	13012	187326
义乌市	148524	6712	53945	60345	3513	96306
东阳市	77266	1618	16914	17062	628	42379
永康市	98740	5286	67314	72616	243	144665

单位：万元

营业外收入	#补贴收入	营业外支出	利润总额	应交所得税	利税总额	应付工资总额	本年应交增值税
6310	4753	1439	13980	2718	39598	42447	22409
413		73	296	116	2735	4816	2122
3493	1811	3824	98018	14258	177330	176748	70363
6264	1691	3362	181197	26196	274438	187763	79944
98065	**53379**	**39472**	**950583**	**151960**	**1561493**	**1302688**	**499364**
21357	18308	1973	145108	25135	209526	128423	56451
9892	6285	3792	125540	21862	181953	163157	46426
8945	1557	3591	88137	13559	156771	170690	61576
7566	622	3254	81506	8501	125233	90858	35453
21410	11668	6807	182347	29023	332710	233917	136866
14034	6312	9556	135354	25639	236532	331532	47468
14861	8627	10499	192592	28241	318768	184110	115124
38395	**21644**	**22605**	**494871**	**77735**	**807331**	**422961**	**261033**
11941	9048	2858	80051	11673	122972	58832	36598
4039	659	1688	129462	17346	198719	63493	54811
4733	2002	10478	86775	14217	149716	100128	53472
11529	6664	5828	117114	18680	190572	103683	61383
6154	3270	1753	81470	15821	145353	96825	54769
77746	**24123**	**33672**	**1591456**	**200781**	**2369260**	**1219641**	**650755**
17629	6295	5460	198293	28956	297581	194006	85128
24352	3881	9494	612579	47142	953912	470438	290899
7384	3414	1205	66258	10144	96719	60150	26803
13191	1995	7441	406296	60929	553343	196957	127605
11480	6173	5285	252754	44018	360314	205346	75538
3708	2366	4786	55277	9591	107391	92744	44781
78407	**41835**	**22815**	**716327**	**96713**	**1224447**	**795359**	**431529**
15715	12987	2561	71356	12780	128247	109845	49467
1676	1353	468	14026	1429	30883	31360	15691
7016	2820	2155	53159	7487	121888	112910	52914
2784	876	761	63551	8870	100316	75403	30060
1072	668	163	8142	1531	16865	17238	8009
24355	13866	11098	200940	28308	324564	96171	109001
17522	6318	2625	112292	13726	179025	158947	54593
4404	930	653	46450	4551	76968	56020	24706
3864	2019	2332	146412	18031	245691	137466	87088

1-B-26 续表 8

地　区	管理费用	#税　金	财务费用	#利息支出	投资收益	营业利润
衢州市	**158763**	**9893**	**85722**	**83747**	**1101**	**228339**
柯城区	14663	1263	11708	12477	-158	-6808
衢江区	21305	917	7452	8196	237	23450
常山县	11063	1309	7661	6977	45	16433
开化县	34987	879	22318	20723	78	85633
龙游县	30759	3090	15562	16308	88	26844
江山市	45987	2435	21021	19067	811	82787
舟山市	**156622**	**10358**	**84731**	**93306**	**4315**	**70751**
定海区	71590	4875	46290	49137	3128	82194
普陀区	53499	2985	32061	31735	602	-28222
岱山县	24246	2428	5223	11272	585	18447
嵊泗县						
台州市	**672921**	**26846**	**223313**	**224256**	**44433**	**458274**
椒江区	96481	3252	29954	30046	9184	49390
黄岩区	77513	3057	27039	27055	416	20837
路桥区	74432	3624	28613	32144	3279	36632
玉环县	114931	3243	37391	32832	7440	79446
三门县	27708	1652	12704	13572	1130	22876
天台县	45226	1371	10208	9209	2190	41441
仙居县	39304	910	10926	10161	2466	33599
温岭市	91678	2976	27100	26759	1707	91288
临海市	105648	6763	39379	42478	16621	82766
丽水市	**212800**	**6232**	**66737**	**72926**	**308**	**328439**
莲都区	41762	1690	14666	18872	-774	72634
青田县	29509	1277	21333	22121	550	40703
缙云县	53364	1465	15385	16197	1641	120826
遂昌县	19636	407	2115	2461	-1585	7954
松阳县	45941	540	4513	4228	1	26180
云和县	2759	96	370	491	40	38708
庆元县	5114	139	2660	2660	18	8327
景宁县						
龙泉市	9588	573	5569	5768	418	14449

单位：万元

营业外收入	#补贴收入	营业外支出	利润总额	应交所得税	利税总额	应付工资总额	本年应交增值税
25845	**10406**	**13814**	**241354**	**38282**	**386552**	**172804**	**128706**
4730	649	228	-1741	3370	11653	17987	11692
2551	1601	898	25467	5015	39924	27758	12596
2515	131	534	18414	3944	31694	24234	11511
2501	375	3083	85065	12207	116246	9772	28463
4388	2686	2331	28942	3147	51058	42489	19827
9160	4963	6741	85207	10600	135976	50563	44617
30879	**14180**	**12549**	**90888**	**30464**	**216366**	**207040**	**90283**
15328	9991	7515	90271	22446	192984	89230	82065
10049	3441	2919	-20031	799	-4571	75862	3454
3441	748	1849	20520	7186	26881	37411	3926
69742	**22635**	**26198**	**507979**	**71916**	**906775**	**890836**	**338253**
19576	3245	2664	66832	7684	105868	107213	32786
8166	4017	3594	25879	6389	66269	89758	35286
5511	2906	2497	40566	7332	84643	99396	36028
6007	1047	3494	82372	12767	149935	177189	56646
2575	1042	945	25276	5056	45745	40953	18542
5133	2131	1454	45214	5889	86983	46311	29964
4008	2660	3136	34528	4781	55046	40887	18442
6580	1347	5803	93149	12305	157781	163733	56932
12184	4240	2610	94162	9714	154505	125397	53627
13992	**5397**	**7382**	**337979**	**23222**	**487675**	**265004**	**126132**
2286	2729	588	76018	2415	102867	57228	23450
2023	525	2520	40206	6757	75721	48071	30905
3246	666	1544	123088	6997	147961	62838	17014
779	40	1158	7624	1000	18242	19612	9615
763	61	141	26864	826	39430	26493	10663
1398	1230	167	39940	1524	54373	13611	13805
1182		454	9063	1158	17069	13843	6754
935	145	738	15209	2521	29387	17216	11933

1-B-27 规模以上中型工业法人单位主要产品生产和销售情况

产品名称	计量单位	本年生产量	本年销售量	本年销售金额(万元)
铁矿石原矿	吨	362588	359584	31637
铜金属含量	吨	81277	71278	292153
铅金属含量	吨	36720	36720	39639
锌金属含量	吨	28931	29012	23758
化学矿	吨	51198	51438	2018
硫铁矿石(折含硫35%)	吨	51198	51438	2018
小麦粉	吨	243874	237599	66438
饲料	吨	674997	670657	243150
配合饲料	吨	570632	566049	198214
混合饲料	吨	18874	18739	9679
宠物食品	吨	14785	14352	63303
食用植物油	吨	261740	262850	195850
精制食用植物油	吨	106093	107606	74662
鲜、冷藏肉	吨	95655	95318	154268
熟肉制品	吨	4217	4447	57775
冷冻水产品	吨	241700	240991	516327
冷冻蔬菜	吨	24013	23436	29832
豆腐及豆制品	吨	68092	73378	36689
糕点	吨	28670	28872	111186
面包	吨	7147	7147	34459
饼干	吨	11237	11267	27089
膨化食品	吨	19919	19718	31507
糖果	吨	11324	11190	43511
速冻食品	吨	53794	55115	108717
速冻米面食品	吨	53794	55115	108717
乳制品	吨	346698	346452	579497
液体乳	吨	292895	293080	248332
灭菌乳	吨	48283	47566	33370
巴氏杀菌乳	吨	33531	34565	34911
酸牛乳	吨	102088	102183	86938
其他液体乳	吨	108993	108766	93113

1-B-27 续表 1

产品名称	计量单位	本年生产量	本年销售量	本年销售金额(万元)
固体及半固体乳制品	吨	53803	53372	331165
婴幼儿配方乳粉	吨	46737	46830	291934
乳粉	吨	53803	53372	331165
罐头	吨	503507	496242	389447
味精(谷氨酸钠)	吨	19368	19059	20262
酱油	吨	910	910	137
醋及醋代用品	吨	1646	1646	210
食醋	吨	1646	1646	210
复合调味品	吨	227	233	345
鸡精	吨	227	233	345
营养、保健食品	吨	3796	3467	60970
冷冻饮品	吨	74712	72819	82049
食品添加剂	吨	176436	167455	534238
饲料添加剂	吨	11775	11783	30438
饮料酒	千升	2144886	2048877	469793
白酒(折65度，商品量)	千升	1767	1421	1286
啤酒	千升	1976182	1949582	414785
黄酒	千升	166937	97875	53700
软饮料	吨	3855732	3794882	890984
碳酸型饮料(汽水)	吨	170116	170116	42529
包装饮用水	吨	2442360	2389998	230716
果汁和蔬菜汁类饮料	吨	871512	863244	358708
蛋白饮料	吨	188610	188366	113213
含乳饮料	吨	188610	188366	113213
精制茶	吨	33057	29751	53847
纱	吨	626699	600534	1446558
棉纱	吨	353412	344290	894266
棉混纺纱	吨	147469	136341	339822
化学纤维纱	吨	125818	119903	212469
棉线	吨	958	928	3620
缝纫线	吨	43340	43338	137516

1-B-27 续表 2

产品名称	计量单位	本年生产量	本年销售量	本年销售金额(万元)
布	万米	525485	515566	4699010
其中：色织布(含牛仔布)	万米	17629	16717	258326
其中：棉布	万米	119312	115979	1150514
棉混纺布	万米	81968	79229	642421
化学纤维短纤布	万米	324206	320357	2906075
印染布	万米	1632303	1618338	4787136
漂白布	万米	77158	75900	214011
染色布	万米	1143845	1131538	2874279
印花布	万米	411300	410900	1698845
毛条	吨	1687	1640	31843
绒线(俗称毛线)	吨	8257	8149	130455
毛机织物(呢绒)	万米	884	855	49460
亚麻纱	吨	1540	1626	10039
蚕丝	吨	2565	2374	90965
绢纺丝	吨	2111	1988	46075
蚕丝及交织机织物	万米	2106	1648	80866
蚕丝及交织机织物(含蚕丝≥50%)	万米	1676	1576	76759
化纤长丝机织物	万米	48724	48605	200084
合成纤维长丝机织物	万米	17083	17029	73987
床褥单	万条	690	664	10462
枕套	万件	3151	3126	46659
蚕丝被	万条	52	49	12145
被罩	万个	632	624	10072
床罩	万个	921	888	40097
毯子	条	24163435	23239186	111888
羽绒被	万条	401	406	215725
棉被	万条	1271	1270	185226
毛巾	万条	22602	22069	64447
无纺布(无纺织物)	吨	98962	92267	175664
纤维纺制线、绳、索、缆	吨	2907	2880	12767
帘子布	吨	50518	49328	83743

1-B-27 续表 3

产品名称	计量单位	本年生产量	本年销售量	本年销售金额(万元)
帐篷	万顶	528	524	81084
毡呢	吨	4011	3680	13383
服装	万件	139696	137897	6338437
梭织服装	万件	53618	53305	3672918
羽绒服装	万件	1489	1418	186324
西服套装	万件	2347	2331	419676
衬衫	万件	9386	9448	414202
运动服类服装	万件	296	302	27782
针织服装	万件	86077	84592	2665519
针织运动类服装	万件	1112	1085	64332
针织袜	万双	244188	236182	843618
针织手套	万双	9134	9134	9769
围巾	万条	91	88	1470
领带	万条	6719	6769	121616
帽子	万个	271	271	3807
成品革	平方米	61789791	56863387	700603
轻革	平方米	41757796	37296728	577858
皮革服装	万件	486	474	49561
衣箱、提箱及类似容器	万个	2763	2794	233351
手提包(袋)、背包	万个	2604	2627	138286
毛皮服装	万件	6	6	19582
天然毛皮服装	万件	6	6	19582
鞋	万双	59257	58687	2520345
纺织面鞋	万双	2872	2878	90933
皮革鞋靴	万双	47622	47213	2213858
塑料鞋	万双	187	189	10257
胶鞋	万双	8431	8292	198602
人造板	立方米	569826	570226	183643
胶合板	立方米	472160	473843	170304
纤维板	立方米	200	200	56
刨花板	立方米	3000	3000	105

1-B-27 续表 4

产品名称	计量单位	本年生产量	本年销售量	本年销售金额(万元)
人造板表面装饰板	平方米	16578789	16171667	80363
细木工板	立方米	94466	93183	13179
实木木地板	平方米	4818884	4869165	171332
复合木地板	平方米	16393245	16143002	255615
竹地板	平方米	922838	932134	14174
家具	件	78453696	76540332	1920026
木质家具	件	6612128	6604940	494214
金属家具	件	62359670	60481485	1072453
软体家具	件	1175647	1172104	98027
机制纸及纸板(外购原纸加工除外)	吨	4042911	4074811	1599430
卫生用纸原纸	吨	14925	14835	11851
包装用纸及纸板	吨	412578	420050	193942
箱纸板	吨	91717	94513	78645
包装纸	吨	195731	197188	79126
纸制品	吨	2682499	2616504	1199647
瓦楞纸箱	吨	2076097	2061702	821059
卫生用纸制品	吨	29086	28546	60500
单色印刷品	令	249875	274320	1155
多色印刷品	对开色令	12577002	13188418	95859
本册	万本	34593	32313	154514
自来水笔	万支	1994	1787	638
圆珠笔	万支	7270	6990	4234
记号笔	万支	12312	12244	6923
墨水	吨			
西乐器	把	117044	115192	33296
机制地毯、挂毯	平方米	8554034	8533013	27143
室内训练健身器材	台	1656748	1661205	84479
硫酸(折100%)	吨	256025	236513	3300
盐酸(氯化氢，含量31%)	吨	225000	120457	2137
浓硝酸(折100%)	吨	114890	109264	16567
烧碱(折100%)	吨	789540	760835	144802

1-B-27 续表 5

产品名称	计量单位	本年生产量	本年销售量	本年销售金额（万元）
离子膜法烧碱(折100%)	吨	789540	760835	144802
纯碱(碳酸钠)	吨	258639	223774	26501
丙烯	吨	28578	28219	24809
甲醛	吨	134941	134601	16051
精甲醇	吨	21344	20779	7226
过氧化氢(双氧水)	吨	38356	38282	3589
合成氨(无水氨)	吨	403974	142751	39094
农用氮、磷、钾化学肥料(折纯)	吨	157718	153270	29195
氮肥(折含氮100%)	吨	157718	153270	29195
化学农药原药(折有效成分100%)	吨	134836	107866	516386
杀虫剂(杀螨剂)原药	吨	17107	17270	106929
杀菌剂原药	吨	5980	5828	48502
除草剂原药	吨	109246	82210	298556
涂料	吨	136695	127304	286126
建筑涂料	吨			
油墨	吨	69527	68505	163831
颜料	吨	43655	43576	150079
有机颜料	吨	43655	43576	150079
染料	吨	163552	149396	385118
初级形态塑料	吨	2981903	2963606	3264290
聚丙烯树脂	吨	620665	618809	643300
聚氯乙烯树脂	吨	300207	302548	185458
ABS树脂	吨	388794	383030	467928
合成橡胶	吨	58560	50338	108588
合成纤维单体	吨	3902306	3909058	2540818
精对苯二甲酸(PTA)	吨	2803998	2814804	1888211
合成纤维聚合物	吨	2056605	1815026	1761217
聚酯	吨	922240	742554	738576
化学试剂	吨	35271	35380	28922
塑料助剂	吨	97202	97257	95311
单晶硅	千克	165520	153800	14805

1-B-27 续表 6

产品名称	计量单位	本年生产量	本年销售量	本年销售金额(万元)
多晶硅	千克	110480	110000	3044
单晶硅片	千片	7342	8068	5141
多晶硅片	千片	46119	52087	25417
炸药	吨	85889	87121	49263
肥(香)皂	吨	78731	78731	71457
合成洗涤剂	吨	103190	102439	44309
合成洗衣粉	吨	32295	32295	9691
香料	吨	1	1	86
化学药品原药	吨	62184	56782	1065513
抗菌素(抗感染药)	吨	15450	14246	575051
消化系统用药	吨	745	1087	6423
解热镇痛药	吨	19441	15629	74760
维生素类	吨	2875	2913	52872
中枢神经系统用药	吨	33	29	2713
激素类药	吨	250	258	113659
抗肿瘤药	吨	480	405	9211
心血管系统用药	吨	4389	3735	135414
呼吸系统用药	吨	17	18	584
泌尿系统用药	吨			
诊断用原药	吨	1913	1923	64203
生化药(酶及辅酶)	吨	150	111	2092
制剂用辅料及附加剂	吨	16440	16429	28533
中成药	吨	10269	10286	298747
兽用药品	吨	1419	1525	16817
化学纤维	吨	5757817	5524384	6608789
人造纤维(纤维素纤维)	吨	62636	62167	90279
粘胶纤维长丝	吨	9522	9057	19500
合成纤维	吨	5695181	5462217	6518510
锦纶纤维	吨	179427	159909	334930
涤纶纤维	吨	5040004	4849220	5217397
涤纶短纤维	吨	426138	424972	412756

1-B-27 续表 7

产品名称	计量单位	本年生产量	本年销售量	本年销售金额(万元)
涤纶长丝	吨	4270253	4090804	4478012
腈纶纤维	吨	77761	62125	93838
氨纶纤维	吨	102839	102456	539614
橡胶轮胎外胎	条	12648274	12505838	27543
专用车辆橡胶轮胎外胎	条	966865	867435	8466
非机动车橡胶轮胎外胎	条	11681409	11638403	19077
塑料制品	吨	2971021	2888104	4190886
塑料薄膜	吨	739423	725324	980626
农用薄膜	吨	13305	11983	15123
泡沫塑料	吨	22106	20451	18808
塑料人造革、合成革	吨	556941	533889	1381762
日用塑料制品	吨	193560	181090	381342
硅酸盐水泥熟料	吨	38528864	13961911	376685
窑外分解窑水泥熟料	吨	35266332	11840437	325136
水泥	吨	57768906	57833878	1628668
散装水泥	吨	44616267	44628427	1238273
强度等级42.5水泥(含R型)	吨	10724458	10838335	289583
强度等级52.5水泥(含R型)	吨	195151	195341	5296
商品混凝土	立方米	7192297	7200077	256543
水泥混凝土排水管	千米	242	213	564
水泥混凝土压力管	千米	213	199	39774
水泥混凝土电杆	根	164127	214888	26335
预应力混凝土桩	米	7100215	6952039	78918
混凝土轨枕及铁道用混凝土制品	根	1003535	951846	22771
瓷质砖	平方米	33031401	32442130	198034
平板玻璃	重量箱	13394127	12955219	82529
钢化玻璃	平方米	21012704	20234735	105592
夹层玻璃	平方米	183191	179458	1205
中空玻璃	平方米	340951	340951	5863
日用玻璃制品	吨	193833	186190	75402
玻璃包装容器	吨	172845	176139	87942

1-B-27 续表 8

产品名称	计量单位	本年生产量	本年销售量	本年销售金额(万元)
玻璃保温容器	万个	642	642	35190
玻璃纤维纱	吨	12735	234	196
玻璃纤维布	米	45323200	43183700	15594
石棉制品	吨	1391	507	679
耐火材料制品	吨	226680	223079	77152
石墨及炭素制品	吨	5646	5613	35263
粗钢	吨	2464301	434367	714553
铸铁件	吨	373323	366794	332888
铸钢件	吨	113405	109016	113777
钢材	吨	12822801	12544366	7129410
中小型型钢	吨	598359	599165	220868
棒材	吨	2671256	2674739	1189824
线材(盘条)	吨	1210429	1218441	992550
冷轧薄板	吨	2472637	2515319	1740519
热轧薄宽钢带	吨	237209	229936	258669
热轧窄钢带	吨	188112	188112	177017
冷轧窄钢带	吨	228595	227524	103891
镀层板(带)	吨	3369941	3141397	1151617
涂层板(带)	吨	229579	230999	117359
电工钢板(带)	吨	133365	72107	67334
无缝钢管	吨	516543	513857	533095
焊接钢管	吨	723983	706318	300073
其他钢材	吨	242793	226453	276595
用外购国产钢材再加工生产钢材	吨	8591490	8401259	4712887
用外购钢材再加工生产钢材	吨	8591490	8401259	4712887
十种有色金属	吨	206802	206972	940506
精炼铜(电解铜)	吨	206802	206972	940506
黄金	千克	7646	7266	209116
白银(银锭)	千克	221411	216299	86863
铝合金	吨	63441	63398	104817
锌合金	吨	108391	109582	193151

1-B-27 续表 9

产品名称	计量单位	本年生产量	本年销售量	本年销售金额(万元)
铜材	吨	906929	893414	4210379
铝材	吨	706584	691636	1231176
钢结构	吨	161344	140356	115504
金属门窗及类似制品	吨	1076277	1066920	243271
金属制门及其框架、门槛	吨	215128	214522	87048
金属切削工具	万件	6927	6948	62086
通用手工具	万把	32140	32232	98163
日常用剪刀	万把	1473	1335	9391
日常用刀	万把	17595	18810	22858
金属集装箱	立方米	3060504	3015029	111783
金属压力容器	吨	1216677	1208789	150780
金属包装容器	吨	102110	102110	102110
金属丝	吨	52621	49072	83869
钢丝	吨	52621	49072	83869
钢丝绳	吨	33037	33792	55730
钢绞线	吨	38168	38318	65406
裸电线	吨	5383	5508	25206
锁具	万把	59755	59250	189133
保险箱、柜、库门及钱箱	个	398853	407753	36149
搪瓷制品	吨	15925	15329	14641
不锈钢日用制品	吨	51011	51010	165227
锻件	吨	47417	45561	42247
粉末冶金零件	吨	40867	40566	108226
焊条	吨	3972	3921	36259
电站锅炉	蒸发量吨	11756	12188	196631
工业锅炉	蒸发量吨	6043	5431	41651
船用蒸汽锅炉	蒸发量吨	808581	787889	14129
发动机	千瓦	14314089	14013907	137880
发动机	台	827029	823394	170651
汽车用发动机	千瓦	9132440	8831358	41343
汽车用发动机	台	110488	106849	5871

1-B-27 续表 10

产品名称	计量单位	本年生产量	本年销售量	本年销售金额(万元)
船舶用发动机	千瓦	115911	116811	20580
船舶用发动机	台	114	118	88823
汽轮机	千瓦	1553308	1528966	79553
工业用汽轮机	千瓦	1553308	1528966	79553
水轮机	千瓦	337605	482205	27357
电站水轮机	千瓦	337605	482205	27357
金属切削机床	台	35798	36500	417966
数控金属切削机床	台	23013	22966	363162
金属成形机床	台	12673	14636	250586
数控金属成形机床(数控锻压设备)	台	247	246	8483
铸造机械	台	625	610	30254
铸造机械	吨	10721	10299	30254
电焊机	台	1563391	1511862	82557
轻小型起重设备	吨	2934542	2899410	84083
轻小型起重设备	台	2033531	2032232	84083
手动葫芦	吨	18875	17667	11477
手动葫芦	台	309233	313502	11477
电动葫芦	吨	166	167	988
电动葫芦	台	3455	3678	988
千斤顶	吨	1805647	1816049	48258
千斤顶	台	1246167	1258059	48258
汽车举升机	吨	118350	118710	11871
汽车举升机	台	26300	26380	11871
起重机	吨	102338	100493	98492
起重机	台	2852	2812	98492
工业车辆	台	662286	660429	119826
电动车辆(电动叉车)	台	8368	8530	25557
内燃叉车	台	9884	9801	63041
连续搬运设备	吨	37244	35673	31777
连续搬运设备	台	855	805	31777
输送机械(输送机和提升机)	吨	37244	35673	31777

1-B-27 续表 11

产品名称	计量单位	本年生产量	本年销售量	本年销售金额(万元)
输送机械(输送机和提升机)	台	855	805	31777
电梯、自动扶梯及升降机	台	43899	41838	508521
电梯	台	36906	34849	423781
乘客电梯	台	21562	19650	227475
载货电梯	台	3219	3225	35772
连续运载乘客输送机	台	6992	6988	84736
自动扶梯	台	3834	3854	40602
自动人行道	台	855	863	8451
升降机	台	1	1	4
立体(高架)仓库存储系统	台(套)	25354	25354	51296
泵	台	18049272	18147720	664983
真空泵	台	470654	450139	29976
气体压缩机	台	18320115	19062440	339312
制冷设备用压缩机	台	16758790	17537884	225423
冰箱压缩机	台	16758790	17537884	225423
非制冷设备用压缩机	台	1561325	1524556	113889
空气压缩机	台	1561283	1524541	112272
工艺压缩机	台	42	15	1617
阀门	吨	1689807	1591758	1550542
龙头	只(套)	52355682	51894021	183876
水龙头(水嘴)	只(套)	6164413	6019069	31631
液压元件	件	7716881	7154378	188949
气动元件	件	9452905	9477557	47088
滚动轴承	万套	283610	282724	935542
球轴承	万套	30231	30645	39815
滚子轴承	万套	2509	2530	47625
齿轮	吨	65648	63148	112120
齿轮传动装置(齿轮箱)	台(套)	553334	555859	81212
变速器(机、箱)	台	61208	64650	27535
离合器	万件	290	287	15006
钢铁铰接链(工业链条)	吨	63543	62449	91636

1-B-27 续表 12

产品名称	计量单位	本年生产量	本年销售量	本年销售金额(万元)
工业电炉	台	63	63	7628
风机	台	278238	277217	193585
离心式通风机	台	62363	62527	5012
鼓风机	台	32372	32000	2915
轴流式通风机	台	67942	66571	8007
气体分离及液化设备	台	1528	1471	66593
利用温度变化加工机械	台	1898	1757	17722
冷却设备	台	1898	1757	17722
冷却塔	台	1898	1757	17722
发动机燃油、进气过滤器	台	43138462	42710755	46688
工商用制冷、空调设备	台(套)	40554	37325	63828
工商用制冷设备	台(套)	32508	29175	19188
中央空调冷水/热泵机组	台(套)	8046	8150	44640
风动手提工具	台	2970908	2948685	44590
电动手提式工具	台	44800343	44450456	651739
喷枪	台	24388519	23640280	49008
衡器(秤)	台	5197486	5308670	24413
包装专用设备	台	135	135	32070
照相机	台	236628	246545	1873
数码照相机	台	236628	246545	1873
金属密封件	万件	151	153	832
机械密封件	万件	2578	2566	18715
金属紧固件	吨	744236	740477	681375
弹簧	吨	37361	36763	48586
减速机	台	492126	491209	53678
矿山专用设备	台	280216	285758	49114
石油钻探、开采专用设备	台(套)	1626	1599	10004
石油钻井设备	台(套)	1626	1599	10004
建筑工程用机械	台	4264	4294	187789
挖掘、铲土运输机械	台	4264	4294	187789
挖掘机	台	3286	3316	160038

1-B-27 续表 13

产品名称	计量单位	本年生产量	本年销售量	本年销售金额(万元)
装载机	台	978	978	27751
建筑材料及制品专用生产机械	吨	9315	9315	14579
建筑材料及制品专用生产机械	台	36	36	14579
冶金专用设备	台	625	610	30254
冶金专用设备	吨	10721	10299	30254
炼油、化工生产专用设备	台	14683	14665	129918
炼油、化工生产专用设备	吨	69674	71098	129918
塑料加工专用设备	台	67402	65415	211711
塑料加工专用设备	吨	822712	788607	198933
注塑机	台	1411	1361	33446
注塑机	吨	489452	455340	33446
木材加工、处理机械	台	151352	152323	15672
模具	套	106272	108916	192869
塑料用模具	套	206	206	3487
酒及饮料加工机械	台	612	612	15694
制药专用设备	台	3255	2365	15599
纺织专用设备	台	20961	20209	174149
服装、鞋帽加工机械	台	1531871	1522722	156389
缝纫机	台	1347280	1338230	113517
家用型缝纫机	台	1010588	1004676	35962
工业用缝纫机	台	336692	333554	77555
电工机械专用设备	台	1284	1257	4261
电子工业专用设备	台	150590	140655	17553
空气净化设备	台	800	800	50
拖拉机	台	27690	27570	106558
中型拖拉机	台	27690	27570	106558
机械化农业及园艺机具	台	1374065	1371691	205853
土壤耕整机械	台	589634	601202	33331
整地机械	台	589634	601202	33331
种植施肥机械	台	421	1131	2396

1-B-27 续表 14

产品名称	计量单位	本年生产量	本年销售量	本年销售金额(万元)
栽植机械	台	421	1131	2396
水稻插秧机	台	421	1131	2396
自走履带式谷物联合收获机(全喂入)	台	14364	11609	81702
半喂入联合收割机	台	96	73	1241
收获机械	台	22917	19507	124264
谷物收获机械	台	22786	19306	122445
医疗仪器设备及器械	台	7743867	7522541	64930
一次性注射器	万支	14634	15822	6318
环境污染防治专用设备	台(套)	1657	1665	496816
大气污染防治设备	台(套)	1606	1615	492026
水质污染防治设备	台(套)	45	45	162
固体废弃物处理设备	台(套)	6	5	4628
灭火器	台	15501654	14883338	86991
汽车	辆	39940	38738	375043
基本型乘用车(轿车)	辆	13823	13823	118863
轿车，1升＜排量≤1.6升	辆	12563	12563	108028
轿车，1.6升＜排量≤2.0升	辆	1260	1260	10835
运动型多用途乘用车(SUV)	辆	846	735	6370
客车	辆	5123	5052	151557
大型客车(车长＞10米)	辆	2428	2396	86758
中型客车(7米＜车长≤10米)	辆	1762	1759	51094
轻型客车(车长≤7米)	辆	933	897	13705
载货汽车	辆	20148	19128	98253
轻型载货车	辆	20148	19128	98253
汽车用汽油发动机	千瓦	9132440	8831358	41343
汽车用汽油发动机	台	110488	106849	5871
改装汽车	辆			
民用钢质船舶	载重吨	3017653	3016553	1209257
民用钢质船舶	艘	141	141	1205155
钢质机动货船	载重吨	2904712	2903723	1169469

1-B-27 续表 15

产品名称	计量单位	本年生产量	本年销售量	本年销售金额(万元)
钢质机动货船	艘	81	82	1165367
散货船	载重吨	2121000	2121000	768773
散货船	艘	31	31	768773
全集装箱船	载重吨	327300	327300	233385
全集装箱船	艘	13	13	229283
钢质机动非货船	载重吨	112941	112830	39788
钢质机动非货船	艘	60	59	39788
渔船	载重吨	59206	59206	12851
渔船	艘	23	23	12851
工程(工作)船	载重吨	53624	53624	26937
工程(工作)船	艘	36	36	26937
钢质非机动船	载重吨			
钢质非机动船	艘			
摩托车整车	辆	231059	230398	73907
两轮摩托车	辆	229479	229074	73123
三轮摩托车	辆	1580	1324	784
摩托车用发动机	千瓦	5065738	5065738	75957
摩托车用发动机	台	716427	716427	75957
两轮脚踏自行车	辆	4031635	4052088	102709
电动自行车	辆	2425152	2355220	420023
发电机组(发电设备)	千瓦	2401565	2387700	234820
发电机组(发电设备)	千瓦	26078	26100	234820
水轮发电机组	千瓦	82026	86826	3534
水轮发电机组	千瓦	21	19	3534
汽轮发电机组	千瓦	125	125	20914
汽轮发电机组	千瓦	1767800	1705300	20914
风力发电机组	千瓦	408000	445000	156138
风力发电机组	千瓦	259	273	156138
内燃发电机组	千瓦	362400	371500	50597
内燃发电机组	千瓦	362400	371500	50597

1-B-27 续表 16

产品名称	计量单位	本年生产量	本年销售量	本年销售金额(万元)
电动机	千瓦	25555535	25246018	475961
直流电动机	千瓦	226450	238391	15250
交流电动机	千瓦	22759691	22498627	296246
微电机	千瓦	646300	625595	101014
微电机	万台	14989	14946	94000
变压器	千伏安	32251641	30460408	249941
变压器	台	304248	303524	219764
电力变压器	千伏安	17102334	16865830	114008
电力变压器	台	12588	11926	83831
电力变压器，额定容量≥8000kVA	千伏安	13075743	12808244	74002
电力变压器，额定容量≥8000kVA	台	3777	3240	49558
电力变压器，额定容量≥8000kVA，电压≥500kV	千伏安	13075743	12808244	74002
电力变压器，额定容量≥8000kVA，电压≥500kV	台	3777	3240	49558
电力变压器，5000kVA<额定容量<8000kV	千伏安	1189363	1201761	6943
电力变压器，5000kVA<额定容量<8000kV	台	354	304	4650
电力变压器，额定容量≤5000kVA	千伏安	2837228	2855825	33063
电力变压器，额定容量≤5000kVA	台	8457	8382	29623
互感器	台	6454464	6488589	12378
电力电容器	千乏	1179555	1214490	1734
高压开关板	面	10630	10857	56139
低压开关板	面	310456	306521	281485
高压开关设备(11万伏以上)	台	2283	2367	41794
全封闭组合电器(GIS)	台	599	628	2755
全封闭组合电器(GIS)，126kV	台	599	628	2755
六氟化硫断路器	台	1684	1739	39039
六氟化硫断路器，126kV	台	1684	1739	39039
配电或电器控制设备	台(套、面)	1026775	950714	409793
低压开关、保护控制装置	台(套、面)	705689	633336	72169
电力控制或电力分配装置	台(套、面)	321086	317378	337624
绝缘电线	吨	108576	106392	578623

1-B-27 续表 17

产品名称	计量单位	本年生产量	本年销售量	本年销售金额(万元)
通信及电子网络用电缆	对千米	3457328	3141846	209146
电力电缆	千米	283058	281470	811765
光纤	千米	5947490	3294847	17126
光缆	芯千米	19525234	20227696	279610
绝缘制品	吨	81873	79467	107496
蓄电池	千伏安时	66332905	66519409	1833895
蓄电池	只(自然只)	127397167	132201506	1830305
锂离子电池	只(自然只)	39038699	41850503	93686
锂离子电池	千伏安时	28089703	27677851	93686
铅酸蓄电池	千伏安时	38152690	38748469	1708441
铅酸蓄电池	只(自然只)	69831861	70483032	1708410
用于启动活塞发动机铅酸蓄电池	千伏安时	799916	799916	76624
用于启动活塞发动机铅酸蓄电池	只(自然只)	8091270	8091270	76624
电动自行车用铅酸蓄电池	千伏安时	853360	794000	50241
电动自行车用铅酸蓄电池	只(自然只)	3555000	3738000	50241
碱性蓄电池	只(自然只)	16256169	17581571	5349
碱性蓄电池	千伏安时	32390	34967	5349
原电池及原电池组(非扣式)	万只	401125	401073	199486
物理电池	千瓦	2034265	2023490	581475
物理电池	只(自然只)	242150732	241824348	581241
太阳能电池(光伏电池)	千瓦	1817265	1806490	529461
太阳能电池(光伏电池)	只(自然只)	241933732	241607348	529227
家用电冰箱(家用冷冻冷藏箱)	台	5043890	5053017	490857
家用冷柜(家用冷冻箱)	台	2223808	2158018	199921
房间空气调节器	台	1241885	1244413	186048
家用空气湿度调节装置	台	640000	610000	7345
家用电风扇	台	1766040	1748812	13265
家用吸排油烟机	台	1877465	1866636	166588
电饭锅	个	10343843	9981766	138860
家用电热烘烤器具	个	22896170	21899459	149513

1-B-27 续表 18

产品名称	计量单位	本年生产量	本年销售量	本年销售金额(万元)
家用水及饮料加热器具	台	11447141	11619355	192192
电冷热饮水机	台	5065775	5090455	165858
家用食品加工电动器具	台	3876118	3705699	41614
家用洗衣机	台	10750615	10820438	563618
家用电热水器	台	779443	777932	67903
家用吸尘器	台	2711931	2487520	36579
家用电热取暖器具	台	7223311	7208011	71227
电暖气	台	4821480	4865750	18880
家用电熨烫器具	台	5322332	5292708	42318
电熨斗	台	4846216	4838821	35753
家用燃气用具	台	1627975	1605028	165418
家用燃气灶具	台	1595430	1574003	157978
家用燃气热水器	台	32545	31025	7440
太阳能热水器	平方米	136994	115811	28756
电光源	万只	86215	85646	315303
荧光灯	万只	35632	35498	147960
灯具及照明装置	套(台、个)	152024692	147819078	516491
室内照明灯具	套(台、个)	14340885	14374811	88642
户外照明用灯具及装置	套(台、个)	35223549	32874991	23269
车辆专用照明、信号及其装置	套(台、个)	22988538	23007230	45194
硬盘存储器	台	295900	315900	11968
路由器	台	410684	410684	122500
程控交换机	线	1122951	1189723	9960
数字程控交换机	线	1037489	1088856	9484
移动通信手持机(手机)	台	13989935	13960151	362662
彩色电视机	台	1613218	1608938	151270
显像管彩色(CRT)电视机	台	6195	11239	506
液晶(LCD)电视机	台	1607023	1597699	150765
组合音响	台	422100	422200	17070
电视接收机顶盒	台			

1-B-27 续表 19

产品名称	计量单位	本年生产量	本年销售量	本年销售金额(万元)
半导体分立器件	万只	1394293	1369342	61279
传感器	万只	1000	900	10779
集成电路	万块	203164	185080	182668
光电子器件	万只(片、套)	348196	333820	319454
遥控器	万只	582	571	12966
发光二极管(LED管)	万只	308106	293846	65264
液晶显示屏	万片	32	31	21245
液晶显示模组	万套	80	80	11751
电子元件	万只	1501929	1465210	918821
电声器件	万只	8123	8048	98901
射频元器件	万只	8265	8528	10027
印制电路板	平方米	3178749	3124010	103626
工业自动调节仪表与控制系统	台(套)	3284392	3246294	256031
电工仪器仪表	台	34269926	34219982	446036
电能表	台	4150520	4687667	71934
量具	台	24363924	23829926	21086
工业仪表	台(套)	58423	40900	11798
分析仪器及装置	台(套)	1658	1540	4834
色谱仪器	台(套)	1658	1540	4834
执行器	台	58423	40900	11798
汽车仪器仪表	台	3820568	3857098	48405
表	只	920360	980330	11889
光学仪器	台(个)	3439458	3380134	84012
眼镜成镜	副	118778390	121701481	137399
伞类制品	把	102813686	101335212	222275
拉链	万米	49774	42283	27242
打火机	万个	32110	32447	33222
船舶修理	载重吨	49259593	49044516	308936
自来水生产量	万立方米	125192	117456	227478
自来水供应量	万立方米	14587	20871	36287

1-B-28 按轻重工业、登记注册类型和控股情况

项目	单位数(个)	资产总计	流动资产合计	#应收账款	#存货	#产成品
总计	**34344**	**268421717**	**161024438**	**46674986**	**35625196**	**14310861**
一、按轻重工业分						
轻工业	16649	103712347	65917800	17201335	15850795	6610359
重工业	17695	164709370	95106638	29473651	19774400	7700503
三、按登记注册类型分						
内资	29350	208917769	124637932	37675676	27641642	11323189
国有	53	1456671	373849	43649	50282	16498
集体	73	286212	187417	57918	35746	18567
股份合作企业	321	4067316	1089760	311238	159008	64711
联营企业	2	5762	3270	1860	467	166
集体联营	1					
其他联营	1					
有限责任公司	4453	58749366	30040529	8490812	7124477	2340552
国有独资公司	83	6287935	2972134	304148	1251682	103581
其他有限责任公司	4370	52461431	27068395	8186663	5872795	2236971
股份有限公司	325	7037472	3783022	978803	669319	290479
私营企业	24114	137300296	89149096	27785131	19600183	8591084
私营独资	1387	3593021	2536451	1038427	472537	218035
私营合伙	342	906296	629482	257730	126901	49960
私营有限责任公司	22072	129733630	83964977	25875988	18560996	8122923
私营股份有限公司	313	3067349	2018185	612987	439749	200166
其他企业	9	14675	10990	6264	2160	1133
港澳台商投资	2492	30350345	19730982	4441241	4152760	1611428
与港澳台商合资经营	1368	17379560	11653874	2526872	2287176	915717
与港澳台商合作经营	37	734591	335726	94004	85815	24687
港澳台商独资	1055	11618731	7328464	1757851	1676031	622276
港澳台商投资股份有限公司	28	573470	381908	54486	98866	46368
其他港澳台投资	4	43993	31011	8029	4872	2382
外商投资	2502	29153603	16655524	4558069	3830795	1376244
中外合资经营	1369	15785176	9238064	2417091	2000440	789340
中外合作经营	38	548296	324471	65991	52499	17203
外资企业	1076	12438750	6934872	2015189	1755138	558613
外商投资股份有限公司	14	265234	78077	29263	14830	8636
其他外商投资	5	116147	80039	30536	7888	2454
四、按控股情况分						
国有控股	477	29383067	9313698	1651096	2634206	377390
集体控股	434	4108616	2784011	782706	627770	272859
私人控股	29539	185945854	120792621	37050603	26151308	11376379
港澳台商控股	1731	21019080	13350007	3008909	2867586	1098081
外商控股	1686	19098070	10955741	3146699	2681613	922403
其他	477	8867030	3828361	1034973	662713	263750

分组的规模以上小微工业法人单位财务状况

单位：万元

固定资产合计	固定资产原价	累计折旧	#本年折旧	在建工程（个）	负债合计	流动负债合计	#应付账款	所有者权益合计
71692842	**105666482**	**40971251**	**7020263**	**10061460**	**169944911**	**150298355**	**27550721**	**97533270**
25673805	37226831	13975399	2530183	3149724	66746595	61394634	10152752	36485495
46019037	68439651	26995852	4490080	6911736	103198316	88903721	17397969	61047775
55015504	80434928	31134461	5413370	8168037	136813159	120570881	21593878	71572779
980113	1961826	1045319	107542	95203	680007	577502	92181	776531
70225	138331	79599	7539	12538	156178	147498	39891	129202
241484	410571	185750	27219	27874	2793812	2224957	112598	1270854
2042	3422	1380	260	4	4403	2628	1633	1359
19825629	30062484	12654453	1776819	4165221	36900345	27757097	5475677	21692432
2737758	3828663	1318730	183276	301751	3057467	1855782	484485	3230467
17087870	26233822	11335724	1593543	3863470	33842879	25901316	4991192	18461965
1660791	2283766	765959	142070	332800	3573664	3013053	702753	3459991
32231820	45569137	16399961	3351463	3534397	92695076	86838487	15167300	44237409
846119	1285508	493760	94973	53034	2558153	2404302	530703	1011966
218495	340552	139090	26194	19963	629367	604172	106329	271855
30539805	43086340	15471848	3163328	3391248	87664790	82130318	14263690	41720397
627400	856737	295263	66968	70153	1842767	1699696	266578	1233192
3401	5391	2039	457		9674	9659	1846	5001
7058109	10574177	4055743	684743	923871	17866173	16193047	2833808	12193080
3510080	5362167	2137787	360686	555993	10730186	9663694	1519618	6436760
340178	660554	325588	39646	16485	249171	229636	57786	482656
3072076	4368390	1531796	272977	344004	6530512	5959535	1230722	5018003
124095	161372	50560	9652	7388	326354	310973	23564	241618
11681	21692	10012	1782	1	29950	29209	2118	14043
9619229	14657377	5781047	922150	969552	15265579	13534428	3123035	13767411
4835721	7550596	2965168	464591	391209	8599778	7771969	1503774	7109319
184443	504753	334091	21104	16879	211250	197618	34665	336653
4395691	6328522	2408690	418202	552578	6227665	5363738	1562109	6166945
176360	240943	65887	16332	8150	147996	124615	17355	117238
27014	32563	7211	1922	736	78891	76488	5133	37256
15341309	24748122	11035286	1330424	3154362	16678866	8783849	2047285	12705235
853039	1466110	701225	90666	93405	2468775	2203089	514103	1605306
42619370	60670253	22216570	4384885	5171804	123192008	114863076	20026693	62216345
5164081	7405573	2689177	471206	625528	11940673	10724388	1989584	8801901
6220765	9272253	3610914	614514	656717	9830272	8742774	2212336	9176641
1494278	2104172	718079	128569	359644	5834318	4981180	760720	3027841

1-B-28 续表 1

项　　目	#实收资本					
		国家资本	集体资本	法人资本	个人资本	港澳台资本
总　计	**57817793**	**4547366**	**415444**	**16629743**	**22059109**	**6878944**
一、按轻重工业分						
轻工业	20334715	504828	158621	5506832	8544328	3008522
重工业	37483078	4042538	256824	11122911	13514781	3870422
三、按登记注册类型分						
内资	38524745	3383320	287466	13515755	21225595	45095
国有	416503	404161	3231	9110		
集体	38894	1273	28920	4921	3780	
股份合作企业	225215	915	2423	81374	140504	
联营企业	468		100		368	
集体联营						
其他联营						
有限责任公司	12104127	2735234	173004	5716427	3434371	13407
国有独资公司	932227	475786	300	451595	4545	
其他有限责任公司	11171900	2259448	172704	5264831	3429826	13407
股份有限公司	1476910	197156	30657	632627	610012	5663
私营企业	24260443	44581	49131	7070647	17035025	26025
私营独资	363209	120	20	65492	297578	
私营合伙	93468	515		12876	79670	406
私营有限责任公司	23197807	42750	44885	6767922	16281597	25619
私营股份有限公司	605959	1196	4226	224357	376180	
其他企业	2186			650	1536	
港澳台商投资	8955896	138633	71029	1503414	487880	6693436
与港澳台商合资经营	4318956	25656	59989	1345700	463238	2404801
与港澳台商合作经营	317926	108598	7480	97306	4276	100266
港澳台商独资	4177347	4379		41833	6242	4083342
港澳台商投资股份有限公司	123320		3560	18480	14023	87218
其他港澳台投资	18346			96	100	17809
外商投资	10337152	1025413	56950	1610573	345633	140414
中外合资经营	4701677	1022733	54426	1454493	322102	23371
中外合作经营	177510	2680	1533	94310	8146	
外资企业	5328302			58767	11756	116925
外商投资股份有限公司	103055		991	775	228	
其他外商投资	26609			2228	3401	119
四、按控股情况分						
国有控股	7260143	4429554	28394	2574169	48472	77456
集体控股	781114	17739	216116	389358	82441	35359
私人控股	33917007	53534	114097	11222746	21552696	497690
港澳台商控股	6917353	4256	22398	638437	147269	6017489
外商控股	7436502	30895	13753	689243	79839	163012
其他	1505674	11389	20687	1115790	148392	87939

单位：万元

外商资本	营业收入	#主营业务收入	营业成本	#主营业务成本	营业税金及附加	#主营业务税金及附加	其他业务利润
7287187	**270478402**	**265241122**	**232032170**	**227376130**	**2889572**	**2860362**	**542276**
2611584	113321558	110780821	96672955	94347026	2095818	2080363	222990
4675603	157156845	154460301	135359215	133029104	793754	779999	319286
67514	215777107	211807959	185169338	181540905	2622774	2598748	323670
	1507084	1486631	1317161	1304364	7105	6800	7258
	405383	398324	347938	344734	3563	3503	1319
	1298271	1293385	1128457	1126123	7112	7086	2301
	7646	7611	7301	7301	58	58	35
31684	49266903	46966627	40453175	38274543	1797948	1792366	104298
	5055129	3537645	2790882	1277455	1548958	1548371	5324
31684	44211774	43428982	37662293	36997087	248991	243995	98974
795	5815184	5752822	5043073	4987242	21990	21603	9671
35035	157452742	155878702	136851370	135475749	784930	767266	198764
	6111869	6089445	5372592	5352765	36336	35861	3439
	1328815	1323526	1164243	1156060	7974	7736	619
35035	146859070	145507609	127660716	126499824	724763	707999	191453
	3152989	2958122	2653819	2467100	15857	15670	3252
	23894	23857	20864	20850	68	68	23
61504	27934192	27264303	24350256	23757238	115406	112830	66518
19572	15301127	15022578	13339588	13094224	63281	61673	33858
	1467832	1462313	1278882	1267220	5026	5012	882
41552	10709601	10337898	9350228	9026907	44436	43502	28474
40	437093	422993	365341	352770	2609	2588	3298
341	18539	18521	16217	16118	55	55	7
7158169	26767103	26168860	22512577	22077988	151392	148783	152089
1824552	14444034	14038269	11872024	11588215	73082	71289	113207
70841	622114	615239	516969	513605	3146	3072	3497
5140854	11441307	11277198	9901475	9774237	74245	73504	34420
101060	187718	185939	167043	165733	645	645	254
20862	71931	52215	55066	36198	274	274	712
102098	21212598	19517912	16011984	14373646	1676229	1671770	42972
40102	4424913	4353713	3868868	3825121	19517	18960	11440
476244	202832305	200452241	175964774	173882681	987380	967086	299043
87504	18799114	18270265	16360144	15900624	78868	77453	49214
6459761	17973571	17545624	15290451	14995305	107005	104713	129312
121478	5235902	5101368	4535949	4398753	20573	20379	10295

1-B-28 续表 2

项　目	管理费用	#税　金	财务费用	#利息支出	投资收益	营业利润
总　计	**12035876**	**554447**	**5415927**	**5729053**	**682794**	**13254597**
一、按轻重工业分						
轻工业	4765540	224623	2270316	2282196	318703	5233737
重工业	7270336	329824	3145611	3446857	364091	8020860
三、按登记注册类型分						
内资	9358000	423176	4440898	4647641	434637	10412959
国有	95563	3146	6119	7523	518	96880
集体	22894	1029	3030	3420	1694	24083
股份合作企业	86355	4785	13322	136060	383	96686
联营企业	236	1	-1	5		27
集体联营						
其他联营						
有限责任公司	2203561	116167	1125782	1211236	174633	2849524
国有独资公司	191044	6796	71273	84791	23244	365851
其他有限责任公司	2012516	109372	1054509	1126445	151390	2483673
股份有限公司	268455	13905	82741	103780	106773	373541
私营企业	6679831	284113	3209630	3185363	150637	6971475
私营独资	209738	8725	82861	80483	1372	317395
私营合伙	52356	2004	19340	18144	271	61998
私营有限责任公司	6253640	266285	3048883	3028302	142353	6417559
私营股份有限公司	164097	7099	58547	58434	6641	174522
其他企业	1105	30	274	255		744
港澳台商投资	1234553	61810	539234	600577	50133	1224941
与港澳台商合资经营	673067	32005	342171	371304	28585	633346
与港澳台商合作经营	31490	1386	9589	9448	449	133057
港澳台商独资	507676	27248	172173	203454	19865	434362
港澳台商投资股份有限公司	20707	1160	13800	14975	1234	25325
其他港澳台投资	1613	10	1501	1397		-1149
外商投资	1443323	69462	435795	480835	198024	1616697
中外合资经营	736083	35898	288704	316507	177883	1173239
中外合作经营	22756	942	6296	8863	6081	64064
外资企业	665834	32094	133760	147731	14005	374700
外商投资股份有限公司	14696	252	3825	4689	55	-1577
其他外商投资	3954	276	3211	3045		6271
四、按控股情况分						
国有控股	731157	57382	498726	557788	110556	2198512
集体控股	219356	8930	60096	74384	20290	189199
私人控股	8902324	379584	4195790	4226153	424006	9044114
港澳台商控股	873886	46057	343813	395299	43683	805831
外商控股	1025872	48293	221846	253546	75114	767140
其他	283281	14200	95657	221884	9145	249802

单位：万元

营业外收入		营业外支出	利润总额	应交所得税	利税总额	应付工资总额	本年应交增值税
	#补贴收入						
1135001	**504592**	**632395**	**13953687**	**2131971**	**24378325**	**14843750**	**7422279**
327490	122471	244722	5395333	805794	10646485	6962274	3117063
807511	382122	387673	8558354	1326177	13731840	7881476	4305216
920612	436440	451912	11040933	1599173	19761844	11765342	6039333
10073	7343	7155	100320	6580	153041	132324	45921
2002	1540	1082	25319	3431	43090	29030	14268
7738	2181	7283	97936	6959	146234	112618	40389
9		6	30	1	341	943	253
370963	223828	118673	3145536	593577	6782270	2366430	1791447
15524	10121	18922	366421	82568	2286664	134653	371397
355439	213707	99751	2779115	511009	4495606	2231777	1420050
53256	19545	15762	415089	35833	577416	219818	139862
476569	182004	301857	7256053	952703	12058159	8901974	4006619
8805	2316	8749	318351	42980	521873	372723	166929
2428	985	2104	62542	8760	110119	100974	39819
441695	171914	284461	6676751	879522	11136434	8278279	3724218
23642	6789	6542	198409	21441	289733	149999	75652
2		94	651	88	1293	2206	575
108212	31977	81687	1271806	228338	2041304	1426596	642974
67253	16610	45237	666070	109370	1072064	783005	337415
2942	77	686	135457	31845	183303	29412	42834
34187	12847	35248	442414	80418	744534	592214	251917
3711	2432	503	28898	6656	41779	19724	10207
119	11	12	-1032	49	-376	2241	601
106178	36176	98796	1640948	304460	2575177	1651812	739972
60782	21267	49086	1185948	182005	1746365	897139	458634
1416	157	780	70744	16977	97047	19201	23232
43573	14392	48336	379545	104057	718516	723407	250651
165	77	497	-1833	467	4585	7954	5612
242	283	97	6545	955	8664	4112	1845
228049	152021	80452	2352048	418530	5179909	677213	1093643
21304	10467	10024	206545	34348	357638	238835	131903
733279	290668	412511	9512170	1279065	15711183	11510055	5183816
58327	21237	50158	830237	150208	1345977	989138	427734
64731	19830	62039	787638	204175	1370967	1157098	459586
29311	10370	17212	265050	45645	412651	271412	125597

1-B-29 按行业小类分组的规模以上

行业	单位数(个)	资产总计	流动资产合计	#应收账款	#存货	#产成品
总计	**34344**	**268421717**	**161024438**	**46674986**	**35625196**	**14310861**
采矿业	**136**	**1185999**	**513931**	**90914**	**74670**	**42358**
煤炭开采和洗选业	1					
褐煤开采洗选	1					
褐煤开采洗选	1					
黑色金属矿采选业	3	13653	8139	1563	1240	1236
铁矿采选	3	13653	8139	1563	1240	1236
铁矿采选	3	13653	8139	1563	1240	1236
有色金属矿采选业	15	119195	56193	2825	23387	18357
常用有色金属矿采选	7	38835	25162	1479	8170	6419
铜矿采选	1					
铅锌矿采选	6	37378	24729	1568	7950	6199
贵金属矿采选	1					
银矿采选	1					
稀有稀土金属矿采选	7	77365	30055	1346	14967	11719
钨钼矿采选	7	77365	30055	1346	14967	11719
非金属矿采选业	117	1050877	447979	85754	49646	22368
土砂石开采	106	987077	412859	78918	42358	20846
石灰石、石膏开采	20	194659	70758	12642	9182	4769
建筑装饰用石开采	33	311944	119171	27017	13290	7132
耐火土石开采	19	101948	55879	16165	8995	5206
粘土及其他土砂石开采	34	378525	167051	23095	10891	3740
化学矿开采	1					
化学矿开采	1					
石棉及其他非金属矿采选	10	52019	25860	6312	4517	1235
其他未列明非金属矿采选	10	52019	25860	6312	4517	1235
制造业	**33822**	**241295758**	**154160630**	**45584940**	**34601088**	**14240896**
农副食品加工业	720	4377318	2733187	658871	945412	519812
谷物磨制	52	289732	198720	43438	52175	19923
谷物磨制	52	289732	198720	43438	52175	19923

小微工业法人单位财务状况

单位：万元

固定资产合计	固定资产原价	累计折旧	#本年折旧	在建工程(个)	负债合计	流动负债合计	#应付账款	所有者权益合计
71692842	**105666482**	**40971251**	**7020263**	**10061460**	**169944911**	**150298355**	**27550721**	**97533270**
297197	**391286**	**158822**	**35345**	**66024**	**802317**	**699225**	**87571**	**389727**
2474	6245	3771	639		4598	4471	452	9056
2474	6245	3771	639		4598	4471	452	9056
2474	6245	3771	639		4598	4471	452	9056
12796	22236	11942	2164	1823	75842	74531	5804	39860
5775	9595	5523	631	1421	27485	26885	3676	10882
4751	8446	4853	555	877	26778	26178	3591	10132
6657	11960	6103	1447	402	47445	46734	2049	26895
6657	11960	6103	1447	402	47445	46734	2049	26895
281375	362091	142539	31972	64198	719106	617452	81170	341309
270182	348152	138069	30606	60106	672639	571845	72007	324777
55414	74700	27527	5595	12602	163755	159972	19028	43065
105284	112135	43678	10129	35706	163688	112469	17314	147063
18352	28103	12001	3570	2285	62921	59540	13544	39117
91133	133214	54862	11313	9512	282276	239864	22121	95532
9063	11427	4089	1069	3591	38597	37738	8971	12621
9063	11427	4089	1069	3591	38597	37738	8971	12621
55604077	**79901477**	**29548425**	**5636278**	**7126621**	**153694770**	**142128710**	**26162027**	**86659171**
1102938	1410393	466220	90189	186291	2691103	2408809	333342	1653180
59884	81060	24085	4589	3568	190530	180759	16195	99874
59884	81060	24085	4589	3568	190530	180759	16195	99874

1-B-29 续表 1

行业	单位数(个)	资产总计	流动资产合计	#应收账款	#存货	#产成品
饲料加工	125	788444	540365	164442	143384	38024
饲料加工	125	788444	540365	164442	143384	38024
植物油加工	28	229557	154754	16278	62898	35626
食用植物油加工	25	222527	149505	15139	61346	34850
非食用植物油加工	3	7030	5249	1139	1552	777
制糖业	1					
制糖业	1					
屠宰及肉类加工	85	413979	249185	62260	80809	44385
牲畜屠宰	17	63841	31672	4165	1141	450
禽类屠宰	2	7576	4764	224	787	105
肉制品及副产品加工	66	342562	212749	57870	78882	43830
水产品加工	268	1720026	1071530	230032	433546	308073
水产品冷冻加工	199	1348665	825326	177244	332119	242180
鱼糜制品及水产品干腌制加工	34	198436	139184	28746	56212	32784
水产饲料制造	28	141750	89983	20216	37814	29861
鱼油提取及制品制造	1					
其他水产品加工	6	24517	11163	2672	3083	1162
蔬菜、水果和坚果加工	127	663703	384731	102439	128113	55778
蔬菜加工	69	428251	240185	55783	87019	39300
水果和坚果加工	58	235452	144546	46656	41094	16478
其他农副食品加工	34	268509	132202	39801	43217	17170
淀粉及淀粉制品制造	6	68924	36928	15181	14190	5365
豆制品制造	13	116611	47159	13837	15245	5262
蛋品加工	5	18771	11087	1769	4652	3768
其他未列明农副食品加工	10	64203	37028	9013	9130	2775
食品制造业	265	2129129	1313025	356381	401367	166371
焙烤食品制造	37	158928	83515	21220	24321	7559
糕点、面包制造	20	77172	35944	10343	12179	3438
饼干及其他焙烤食品制造	17	81756	47571	10877	12142	4121

单位：万元

固定资产合　计	固定资产原　价	累计折旧	#本年折旧	在建工程(个)	负债合计	流动负债合　计	#应付账款	所有者权益合计
157092	244823	99994	15583	17110	486756	425446	92725	296458
157092	244823	99994	15583	17110	486756	425446	92725	296458
45352	65427	27762	11443	12354	146821	122787	9330	82736
43583	62805	26433	11245	11890	141346	118368	9643	81181
1768	2622	1329	198	464	5475	4420	-313	1554
115769	135759	42987	10067	28698	239143	213298	32239	176241
24644	26799	8668	1601	5784	39288	38702	3737	24540
1802	2097	295	51	931	3387	2137	1395	6952
89324	106864	34024	8415	21984	196468	172459	27108	144749
449884	543170	162017	30868	77865	1127237	1029281	122715	582572
349799	418867	126709	22360	67304	883215	798249	95486	454543
47990	65585	19903	4437	2351	135797	125030	18687	62640
42003	45314	11772	2977	8199	87900	85713	6129	54550
9405	12379	3295	990	11	15910	15910	2317	8599
187705	226083	71551	11981	36819	371209	328481	35847	285731
138298	160093	51269	8422	33123	248445	211252	24374	173061
49407	65990	20282	3559	3696	122764	117230	11473	112670
85697	111186	36484	5361	9864	126198	105546	23400	129411
9669	17529	7860	1219		36443	26044	6872	19580
54088	72394	19787	2924	1570	48732	47878	12382	67880
7532	9511	2182	244	82	9578	9301	1256	9193
14408	11752	6655	975	8212	31445	22323	2890	32758
559191	763973	267507	54506	65423	1209124	1130428	181841	913941
48906	66329	20528	5295	2356	89735	82789	8902	69132
22023	27678	7668	2168	730	55035	50555	4915	22138
26884	38651	12860	3127	1627	34700	32234	3988	46995

1-B-29 续表 2

行业	单位数(个)	资产总计	流动资产合计	#应收账款	#存货	#产成品
糖果、巧克力及蜜饯制造	19	139826	117461	25941	19128	8960
糖果、巧克力制造	8	52986	40707	8902	6828	3461
蜜饯制作	11	86840	76753	17038	12300	5499
方便食品制造	31	246582	145183	76179	36572	19108
米、面制品制造	6	13476	5564	1133	2394	1157
速冻食品制造	11	53424	31754	11135	15911	6801
方便面及其他方便食品制造	14	179682	107865	63911	18267	11150
乳制品制造	10	73088	37875	5994	12378	7273
乳制品制造	10	73088	37875	5994	12378	7273
罐头食品制造	40	273879	167316	40504	67281	38306
水产品罐头制造	2	10878	6686	1867	3580	2086
蔬菜、水果罐头制造	36	248378	151127	37820	61189	34994
其他罐头食品制造	2	14623	9503	817	2512	1226
调味品、发酵制品制造	23	272941	179766	45156	69894	12334
味精制造	6	22304	13988	2066	3572	1042
酱油、食醋及类似制品制造	8	168741	112197	16547	57858	8678
其他调味品、发酵制品制造	9	81897	53582	26542	8464	2615
其他食品制造	105	963883	581908	141388	171795	72830
营养食品制造	13	136091	76283	27171	24022	6611
保健食品制造	18	156883	104140	27038	25976	11718
冷冻饮品及食用冰制造	5	36226	12044	6529	3347	718
盐加工	3	29511	21134	2224	14373	9767
食品及饲料添加剂制造	61	580846	352075	75221	99139	42547
其他未列明食品制造	5	24326	16233	3205	4938	1469
酒、饮料和精制茶制造业	185	1964965	1104010	230509	394435	139671
酒的制造	38	547625	278508	28572	164923	63845
酒精制造	1					
白酒制造	4	24290	13765	1289	7649	1688
啤酒制造	8	281438	112630	21994	52814	11513
黄酒制造	23	210389	138875	11186	96911	46196
其他酒制造	2	30501	12370	-6302	7406	4388

单位：万元

固定资产合计	固定资产原价	累计折旧	#本年折旧	在建工程(个)	负债合计	流动负债合计	#应付账款	所有者权益合计
19261	28709	12380	1884	3492	82579	82549	9983	56826
10345	18169	7883	1304	725	15701	15701	5446	37285
8916	10540	4497	581	2767	66878	66848	4537	19541
63963	102435	40764	7442	4837	129567	117562	28344	115138
6290	7675	1885	663	200	6975	6975	1729	6492
18011	27659	9648	2158		32516	31832	14527	21560
39662	67101	29231	4622	4637	90077	78755	12088	87086
25985	42582	18620	2795	3369	44811	43821	9649	28277
25985	42582	18620	2795	3369	44811	43821	9649	28277
52210	78734	34661	5970	5569	215125	212803	20392	58688
3507	5786	2279	417	1	5637	5637	207	5241
45058	68627	31580	5307	4795	198643	196321	18650	49668
3645	4321	803	246	774	10845	10845	1535	3778
78063	98193	25701	5040	3521	148415	132779	10901	124253
5510	5956	2352	364	911	13421	12496	-68	8609
46596	56069	10672	2224	1656	97306	83989	3855	71435
25958	36168	12678	2451	955	37688	36294	7115	44209
270803	346992	114853	26080	42280	498893	458125	93671	461628
46334	60961	21793	5389	9528	65715	60982	15142	70377
38659	52144	17463	3780	5931	79383	71063	13102	77499
21172	30586	9467	2087	53	20900	18756	2186	15327
4264	7192	2928	515	460	12295	12295	7963	17215
154502	189165	61533	13852	26274	308315	282905	53812	269168
5872	6944	1670	458	34	12284	12124	1465	12042
588655	891206	341279	47821	31913	985143	919841	199998	946261
201341	303786	110496	14242	9188	349448	337193	53674	197880
8497	21828	13398	676	67	4443	3154	1219	19846
146960	217578	74320	9506	4314	180967	172508	28350	100471
42917	59631	20997	3804	3483	137060	134575	21020	73033
2835	4292	1457	234	1324	26246	26225	3003	4256

1-B-29 续表 3

行业	单位数(个)	资产总计	流动资产合计	#应收账款	#存货	#产成品
饮料制造	41	721083	345380	67010	36642	10491
碳酸饮料制造	4	54579	27751	1262	2372	155
瓶(罐)装饮用水制造	6	65754	29894	20286	4213	1330
果菜汁及果菜汁饮料制造	13	327659	145727	16087	13955	4548
含乳饮料和植物蛋白饮料制造	8	135703	87942	2564	8052	454
固体饮料制造	4	31625	13987	2239	4088	2165
茶饮料及其他饮料制造	6	105764	40079	24573	3963	1839
精制茶加工	106	696257	480122	134927	192870	65335
精制茶加工	106	696257	480122	134927	192870	65335
烟草制品业	2	2261046	1582412	111274	1124950	46990
卷烟制造	1					
卷烟制造	1					
其他烟草制品制造	1					
其他烟草制品制造	1					
纺织业	4353	25603458	16261601	4402532	3943542	1999642
棉纺织及印染精加工	1811	12344367	7536884	1855437	1773357	938606
棉纺纱加工	542	3565927	2242066	445293	601225	305231
棉织造加工	947	6231380	3842888	1054519	933098	539953
棉印染精加工	322	2547060	1451930	355625	239034	93422
毛纺织及染整精加工	187	1202931	809840	199659	247333	118174
毛条和毛纱线加工	87	583553	402809	106894	145669	71403
毛织造加工	66	494927	343875	63819	89004	41576
毛染整精加工	34	124451	63157	28945	12659	5195
麻纺织及染整精加工	15	74505	48015	12733	15360	8756
麻纤维纺前加工和纺纱	9	40977	24711	7248	11009	5917
麻织造加工	6	33528	23305	5485	4351	2839
丝绢纺织及印染精加工	313	1504232	989726	258034	317846	154397
缫丝加工	57	241195	159322	31623	57896	25038
绢纺和丝织加工	226	1085153	724502	194891	232726	114188
丝印染精加工	30	177885	105903	31520	27225	15171

单位：万元

固定资产合计	固定资产原价	累计折旧	#本年折旧	在建工程（个）	负债合计	流动负债合计	#应付账款	所有者权益合计
243244	404352	168942	23508	8527	204066	183094	22712	484638
20308	26459	7202	1601	1269	19617	16173	1958	9378
30985	33461	3386	2071	647	26002	26002	4232	39742
98741	167699	72222	8342	2082	61113	53504	5747	266391
41280	66987	26100	4999	2908	37913	36769	5327	97790
10401	12876	3162	1020	229	12405	7590	3062	12590
41530	96870	56870	5476	1392	47017	43056	2385	58746
144070	183069	61840	10072	14198	431629	399554	123612	263743
144070	183069	61840	10072	14198	431629	399554	123612	263743
320079	621394	302008	45814	37945	402005	401855	256916	1859041
6702388	10237414	4021014	741724	486912	17037878	16042337	2260356	8428772
3370302	5225058	2104678	378622	240034	8264852	7652163	918010	4015417
975237	1397433	486080	103729	94104	2538405	2366422	248260	1031975
1571646	2510572	1052060	189445	84059	4037286	3765141	404450	2167057
823419	1317054	566538	85448	61872	1689162	1520600	265300	816385
303835	494486	213920	31511	26708	783190	752959	156310	416260
147165	237116	107126	14551	11867	358397	351298	91404	222508
105821	181120	80106	11688	10710	330942	312328	40656	163153
50849	76250	26688	5271	4131	93852	89333	24249	30599
17349	28165	12324	1999	1756	44672	44203	12546	29833
8310	13401	5447	853	394	25734	25734	9604	15243
9039	14764	6876	1147	1362	18938	18470	2942	14590
297910	491942	220986	35469	40551	922738	881112	150945	572586
36356	79450	46711	6073	2924	176011	167048	19407	65184
209503	331320	143158	24084	24317	638955	612298	106683	439567
52052	81172	31116	5313	13309	107771	101766	24854	67835

1-B-29 续表 4

行业	单位数(个)	资产总计	流动资产合计	#应收账款	#存货	#产成品
化纤织造及印染精加工	283	1308300	832211	288131	198885	112519
化纤织造加工	257	1137795	746641	245754	184866	108457
化纤织物染整精加工	26	170504	85570	42376	14020	4062
针织或钩针编织物及其制品制造	946	5286882	3493714	1084976	821920	418936
针织或钩针编织物织造	803	4519320	3039185	920142	725418	373494
针织或钩针编织物印染精加工	35	211633	107889	43912	18535	8479
针织或钩针编织品制造	108	555929	346640	120921	77967	36962
家用纺织制成品制造	443	1835684	1243072	332170	291854	123751
床上用品制造	216	814080	553722	154734	144023	58375
毛巾类制品制造	16	90079	54057	19552	15133	6429
窗帘、布艺类产品制造	127	609533	419992	94420	87199	40630
其他家用纺织制成品制造	84	321992	215301	63465	45499	18317
非家用纺织制成品制造	355	2046558	1308138	371394	276988	124504
非织造布制造	163	994097	639641	201043	125603	65641
绳、索、缆制造	21	71822	44222	13381	12664	4626
纺织带和帘子布制造	68	403122	272087	79548	59725	28446
篷、帆布制造	52	260097	180333	33710	51994	15324
其他非家用纺织制成品制造	51	317420	171855	43712	27001	10468
纺织服装、服饰业	2090	8671850	5866041	1529336	1366856	546190
机织服装制造	1143	4584415	3118312	838881	712334	299822
机织服装制造	1143	4584415	3118312	838881	712334	299822
针织或钩针编织服装制造	712	2938425	2009296	506336	482404	174042
针织或钩针编织服装制造	712	2938425	2009296	506336	482404	174042
服饰制造	235	1149011	738433	184120	172119	72327
服饰制造	235	1149011	738433	184120	172119	72327
皮革、毛皮、羽毛及其制品和制鞋业	1460	4777124	3340457	962904	841686	264494
皮革鞣制加工	80	661955	456065	82561	193342	50596
皮革鞣制加工	80	661955	456065	82561	193342	50596
皮革制品制造	396	1307815	881983	245963	243642	96387
皮革服装制造	115	520298	358473	75266	102179	43563

单位：万元

固定资产合计	固定资产原价	累计折旧	#本年折旧	在建工程(个)	负债合计	流动负债合计	#应付账款	所有者权益合计
342194	516722	189876	40587	23406	859464	837412	136662	447293
283403	430005	157569	34363	18168	743767	728181	114414	392521
58791	86717	32307	6224	5238	115697	109231	22248	54772
1368413	1993586	718742	146989	79386	3594039	3416881	457909	1663255
1129234	1648383	595959	124511	71393	3090092	2966193	377273	1406067
69668	116818	51428	8112	3979	156303	121858	21476	53373
169512	228385	71355	14366	4013	347643	328830	59161	203815
412690	576975	199980	39037	37269	1223841	1165371	237512	591657
178904	247395	88779	15618	21290	546124	531851	118526	266937
24277	32168	9365	2476	1260	52333	51511	7651	37697
135440	194165	66827	14332	9941	400981	362595	66439	189497
74070	103247	35010	6612	4778	224403	219415	44896	97526
589694	910480	360509	67510	37803	1345082	1292235	190462	692472
283833	473781	204344	36783	16004	645244	614978	81140	348788
24604	29709	10560	2408	1666	39070	34860	8844	32751
110095	160800	55350	10858	2225	292260	285997	36432	109931
52432	71234	22783	4317	7628	193873	186089	42186	65472
118731	174957	67472	13144	10280	174634	170311	21860	135530
1904789	2800661	1056779	182180	193917	5860479	5425049	1085784	2749009
1005869	1474681	538830	91251	96016	3064474	2785269	586283	1466322
1005869	1474681	538830	91251	96016	3064474	2785269	586283	1466322
626253	926831	362580	62067	58073	1972600	1848471	356244	957549
626253	926831	362580	62067	58073	1972600	1848471	356244	957549
272667	399149	155368	28862	39828	823405	791309	143258	325138
272667	399149	155368	28862	39828	823405	791309	143258	325138
965301	1357228	475039	89302	107278	3365309	3220249	605869	1396743
116215	177025	73212	12350	20470	466522	458033	54701	194764
116215	177025	73212	12350	20470	466522	458033	54701	194764
288838	403136	138683	27808	41517	919415	875919	231943	386100
109861	148892	46947	10033	19552	380727	372310	85317	139313

1-B-29 续表 5

行业	单位数(个)	资产总计	流动资产合计	#应收账款	#存货	#产成品
皮箱、包(袋)制造	216	529116	349113	118710	86814	37480
皮手套及皮装饰制品制造	38	105515	72882	23400	20620	6792
其他皮革制品制造	27	152887	101516	28587	34029	8552
毛皮鞣制及制品加工	72	262009	205299	75690	48276	8495
毛皮鞣制加工	11	69244	53087	20191	11022	1746
毛皮服装加工	13	64440	51218	10666	17620	3852
其他毛皮制品加工	48	128325	100994	44833	19634	2897
羽毛(绒)加工及制品制造	55	626510	504793	140270	134429	31772
羽毛(绒)加工	20	189418	152803	54055	44586	10396
羽毛(绒)制品加工	35	437091	351990	86215	89843	21376
制鞋业	857	1918835	1292318	418421	221998	77243
纺织面料鞋制造	50	127553	92683	34742	21009	6707
皮鞋制造	617	1296974	890163	288169	139494	40735
塑料鞋制造	56	111316	68870	25708	8774	3741
橡胶鞋制造	115	305361	183665	60736	44916	23104
其他制鞋业	19	77631	56937	9067	7805	2955
木材加工和木、竹、藤、棕、草制品业	455	2128950	1386580	325507	511558	213112
木材加工	39	130945	89559	27581	27102	14507
锯材加工	13	38233	20627	8162	8232	3805
木片加工	10	20010	17365	6978	5149	3498
单板加工	13	66781	48192	10535	13157	6940
其他木材加工	3	5921	3376	1906	565	264
人造板制造	150	675231	456441	100179	178318	66600
胶合板制造	87	384045	263222	67182	112222	38283
纤维板制造	17	112384	74063	16235	25568	14933
刨花板制造	2	6074	1476	472	709	583
其他人造板制造	44	172729	117680	16290	39819	12802
木制品制造	179	1007086	651394	147149	246401	109622
建筑用木料及木材组件加工	13	52734	34767	8849	10474	3819
木门窗、楼梯制造	43	177475	104522	29746	24999	9903

单位：万元

固定资产合计	固定资产原价	累计折旧	#本年折旧	在建工程(个)	负债合计	流动负债合计	#应付账款	所有者权益合计
128075	180761	64391	13097	15308	378474	354612	113639	149172
21217	31209	12049	2106	4704	61368	60293	13962	44737
29685	42274	15296	2573	1953	98846	88704	19026	52878
43345	59827	22858	4021	2747	192746	188846	34237	69264
13639	21405	8225	1202	459	52029	50009	11678	17216
9147	13653	6041	920	329	39112	37363	8394	25328
20559	24769	8592	1898	1959	101605	101474	14164	26720
73263	95994	31019	5047	7776	483732	473903	57884	142757
19161	22987	4964	623	338	152074	144740	17723	37324
54101	73007	26055	4425	7437	331658	329163	40162	105434
443640	621246	209267	40076	34768	1302894	1223547	227103	603858
25104	37647	13887	2490	917	78238	75310	27276	49057
281961	406849	140579	26023	17144	889691	859533	132818	404875
33283	42561	13657	3333	3050	77872	73494	18411	33107
89499	112924	33637	6738	12403	199714	177458	38543	102985
13793	21266	7508	1492	1254	57379	37753	10056	13834
501227	712370	253920	48948	48491	1286011	1194409	208547	831750
21404	28602	7979	1542	262	89557	85740	10664	40900
7694	11043	3519	528	169	14088	13107	3037	23705
1249	1757	508	166		18511	18511	2642	1499
10327	13164	3448	691	93	52597	49760	3921	14137
2134	2638	503	157		4362	4362	1064	1559
156140	260804	113855	18886	12653	408109	364074	58446	263025
83855	129317	49621	8299	4994	229237	204689	28010	150710
27671	64812	40608	5479	4180	71313	67147	11925	41071
4098	4601	505	500	2	579	284	127	5495
40516	62075	23121	4608	3477	106981	91954	18383	65748
232893	313600	98963	22680	21079	601641	565240	114245	399254
13747	18337	6022	1887	1228	33522	31748	6200	19211
48315	62793	18512	4120	4538	99504	95830	15234	75556

1-B-29 续表 6

行业	单位数(个)	资产总计	流动资产合计	#应收账款	#存货	#产成品
地板制造	67	549911	370344	65139	182334	82512
木制容器制造	20	109845	75346	26556	5542	1686
软木制品及其他木制品制造	36	117122	66414	16860	23053	11702
竹、藤、棕、草等制品制造	87	315688	189186	50598	59737	22383
竹制品制造	68	259261	147975	44261	43970	17980
藤制品制造	3	2666	2247	828	1286	810
草及其他制品制造	16	53760	38965	5510	14481	3593
家具制造业	558	2992034	1956748	448066	488574	159246
木质家具制造	212	1271995	786955	145168	243899	80477
木质家具制造	212	1271995	786955	145168	243899	80477
竹、藤家具制造	13	89161	75230	7258	8618	2755
竹、藤家具制造	13	89161	75230	7258	8618	2755
金属家具制造	194	908734	626215	154536	135607	42468
金属家具制造	194	908734	626215	154536	135607	42468
塑料家具制造	30	164189	99289	19708	22727	8360
塑料家具制造	30	164189	99289	19708	22727	8360
其他家具制造	109	557956	369060	121397	77724	25187
其他家具制造	109	557956	369060	121397	77724	25187
造纸和纸制品业	805	6669025	4358054	1504402	690524	325499
纸浆制造	1					
木竹浆制造	1					
造纸	398	4131916	2694553	891385	427909	228925
机制纸及纸板制造	370	3976306	2589592	860094	413969	222608
手工纸制造	3	43788	35367	9348	4119	1882
加工纸制造	25	111822	69594	21944	9821	4435
纸制品制造	406	2531680	1662645	613065	262061	96060
纸和纸板容器制造	277	1702074	1154686	472957	150557	41724
其他纸制品制造	129	829605	507959	140108	111504	54336
印刷和记录媒介复制业	462	3031330	1824586	560273	240310	80636
印刷	449	2949022	1780219	548092	234234	79104

单位：万元

固定资产合计	固定资产原价	累计折旧		在建工程（个）	负债合计	流动负债合计		所有者权益合计
			#本年折旧				#应付账款	
125531	173990	55955	12962	6873	319060	295537	46233	229857
11659	15150	4500	1016	1519	71259	70847	34251	37681
33642	43331	13975	2694	6922	78296	71277	12327	36949
90790	109364	33123	5840	14497	186705	179355	25192	128571
78790	89708	25241	4667	14378	147018	140256	21703	111832
266	472	224	40		1937	1349	524	730
11734	19184	7658	1133	119	37750	37750	2966	16010
715344	915517	272228	61002	90132	1970164	1845680	345232	1007842
324954	423395	123163	25723	26925	810865	763837	113508	455880
324954	423395	123163	25723	26925	810865	763837	113508	455880
9092	11168	3842	722	1579	73712	73672	7376	15449
9092	11168	3842	722	1579	73712	73672	7376	15449
208323	259520	81087	18208	32196	603956	556174	118130	300900
208323	259520	81087	18208	32196	603956	556174	118130	300900
52530	63595	17234	5713	7763	102660	100317	18944	61184
52530	63595	17234	5713	7763	102660	100317	18944	61184
120445	157838	46903	10636	21669	378971	351679	87274	174429
120445	157838	46903	10636	21669	378971	351679	87274	174429
1606857	2380456	898226	172211	134012	4628147	4292477	733594	2028115
935026	1409097	553597	104086	88843	2880577	2604216	418458	1240175
894457	1356671	538927	99942	87948	2766067	2496834	397077	1199389
7504	11209	4118	1049	79	36931	35577	3418	6857
33065	41216	10552	3095	816	77580	71805	17963	33929
667565	967183	344475	68032	44926	1741440	1682130	314830	788641
432897	636976	240558	43510	27668	1172956	1134200	223345	528238
234669	330207	103917	24522	17257	568483	547930	91485	260404
909744	1470538	616954	101199	131102	1866786	1710843	328748	1158644
880877	1430237	602975	99037	128607	1807961	1654689	325714	1135161

1-B-29 续表 7

行业	单位数(个)	资产总计	流动资产合计	#应收账款	#存货	#产成品
书、报刊印刷	50	363533	199377	43727	28193	12265
本册印制	24	120866	65292	12350	13445	4497
包装装潢及其他印刷	375	2464624	1515551	492015	192597	62342
装订及印刷相关服务	12	56296	30728	11375	4204	987
装订及印刷相关服务	12	56296	30728	11375	4204	987
记录媒介复制	1					
记录媒介复制	1					
文教、工美、体育和娱乐用品制造业	1057	5311119	3266183	838257	914292	388651
文教办公用品制造	199	809070	464592	139814	105641	32978
文具制造	95	445884	254918	80278	55341	16450
笔的制造	83	280539	161094	41844	38722	11669
教学用模型及教具制造	7	30305	19694	5603	3020	1507
墨水、墨汁制造	1					
其他文教办公用品制造	13	48887	27169	11664	7876	2983
乐器制造	19	98132	55378	13272	16706	5118
西乐器制造	11	62340	29637	5326	11675	3660
电子乐器制造	2	13541	5909	1314	1642	578
其他乐器及零件制造	6	22251	19832	6632	3390	881
工艺美术品制造	516	2999139	1895646	479268	589637	277083
雕塑工艺品制造	54	311405	158964	39695	77815	38327
金属工艺品制造	58	250058	142371	34302	28886	8960
漆器工艺品制造	22	50426	31367	7638	4887	332
花画工艺品制造	11	53739	27963	7886	8212	5583
天然植物纤维编织工艺品制造	33	121335	79046	19902	16755	5466
抽纱刺绣工艺品制造	132	795953	493697	141470	112860	46283
地毯、挂毯制造	35	247797	154854	37985	57038	33032
珠宝首饰及有关物品制造	32	705004	535082	119121	222093	116058
其他工艺美术品制造	139	463423	272304	71269	61091	23043
体育用品制造	144	732775	444760	92888	112132	41420
球类制造	14	44263	30308	7059	10906	3285

单位：万元

固定资产合计	固定资产原价	累计折旧	#本年折旧	在建工程(个)	负债合计	流动负债合计	#应付账款	所有者权益合计
132683	214503	98983	13343	35846	230626	207551	33724	132763
39250	60000	21461	4141	249	72573	60078	12029	48292
708944	1155734	482530	81554	92512	1504761	1387061	279960	954106
22999	32749	12295	2095	2495	35445	33568	2693	20851
22999	32749	12295	2095	2495	35445	33568	2693	20851
1348039	1765255	568850	103692	167421	3263509	3045989	489789	2024262
227865	327325	119161	19495	23449	509434	493587	84468	292440
111529	161904	59468	10067	16076	291794	280245	45387	150445
87757	127532	46792	7297	4598	178458	174831	29485	98530
7940	11604	3992	484	133	13422	12765	2395	16883
19317	24844	8789	1575	2643	23425	23411	6490	25462
34202	48340	15978	2437	1804	45761	34009	9125	52371
28761	38530	9813	1706	9	30576	18824	4952	31764
3693	5962	4065	451	1796	6340	6340	287	7202
1748	3848	2100	280		8846	8846	3887	13405
719287	894254	272938	51322	92505	1804877	1662793	252406	1184074
109720	109014	13551	3409	13288	103200	81252	14491	207452
86536	93686	20980	4691	16485	151528	139668	23542	95611
14669	22242	8025	1139	1349	34604	34540	8954	15823
17904	21489	8390	1236	611	34977	33092	6294	19579
24962	36881	12781	2123	5080	70494	62711	11885	50744
212122	322304	121115	20295	7533	521487	466312	67188	273279
79433	74261	24213	5541	26222	169665	163762	35168	76260
56678	70715	16939	4009	6236	411333	384557	38443	290105
117264	143664	46945	8880	15701	307589	296901	46443	155222
207584	264752	80825	14992	28257	475495	444625	66225	249944
11056	17983	7262	863	439	31657	29997	5832	12606

1-B-29 续表 8

行业	单位数(个)	资产总计	流动资产合计	#应收账款	#存货	#产成品
体育器材及配件制造	36	176109	106045	20718	20470	10058
训练健身器材制造	66	398778	246923	52776	57440	21045
运动防护用具制造	11	32069	17785	4461	6668	2820
其他体育用品制造	17	81556	43700	7875	16649	4212
玩具制造	138	454516	269601	78676	61978	21871
玩具制造	138	454516	269601	78676	61978	21871
游艺器材及娱乐用品制造	41	217488	136204	34339	28198	10182
露天游乐场所游乐设备制造	18	154953	90586	24979	16452	7398
游艺用品及室内游艺器材制造	17	49571	36614	8601	10136	2314
其他娱乐用品制造	6	12964	9004	758	1610	469
石油加工、炼焦和核燃料加工业	43	1056900	663289	216863	92318	34316
精炼石油产品制造	43	1056900	663289	216863	92318	34316
原油加工及石油制品制造	41	1044956	654456	214363	90354	33337
人造原油制造	2	11944	8833	2500	1964	979
化学原料和化学制品制造业	1462	18903415	11095104	2951258	2157977	962739
基础化学原料制造	283	4831342	2587071	509300	368731	173507
无机酸制造	18	190357	98283	15907	13932	7239
无机碱制造	3	16032	14982	7923	358	79
无机盐制造	42	346764	213612	53755	29359	11441
有机化学原料制造	174	3132194	1711041	319214	261896	135865
其他基础化学原料制造	46	1145995	549154	112501	63186	18884
肥料制造	16	108960	73855	11439	18176	8877
氮肥制造	2	30860	20245	1130	1702	708
复混肥料制造	10	51447	37431	5437	12188	7018
有机肥料及微生物肥料制造	3	7502	3594	787	1144	390
其他肥料制造	1					
农药制造	44	591074	374493	78158	95267	59218
化学农药制造	40	552588	352164	74064	91205	56556
生物化学农药及微生物农药制造	4	38486	22329	4094	4062	2662

单位：万元

固定资产合计	固定资产原价	累计折旧	#本年折旧	在建工程(个)	负债合计	流动负债合计	#应付账款	所有者权益合计
55830	68024	14457	3321	2222	101403	88014	15551	70114
98813	120069	39561	7127	22989	262391	248381	30524	135267
10848	15315	5174	1299	649	22264	21672	3658	9805
31037	43361	14371	2382	1958	57781	56561	10660	22153
122160	180246	65319	11561	10567	304243	290012	59556	151756
122160	180246	65319	11561	10567	304243	290012	59556	151756
36941	50338	14629	3885	10840	123698	120962	18009	93677
26782	34256	8354	2557	9286	82851	81474	10508	72008
7635	12833	5436	1018	1547	32473	31115	5467	17080
2523	3249	839	310	7	8374	8374	2034	4590
239096	218435	75339	15074	148311	816200	741672	202069	236490
239096	218435	75339	15074	148311	816200	741672	202069	236490
236929	216000	74784	14915	148311	808010	737775	201093	232736
2168	2435	555	160		8190	3897	976	3754
5570051	7755418	2759014	565788	594525	11264219	10102462	2092102	7619787
1589110	2288772	776681	176042	135577	2806281	2442800	461459	2026248
52913	86048	36337	6076	19426	101384	81173	9504	88973
995	3266	2271	311	66	6888	6888	-383	9144
104199	139298	54817	10069	24322	181351	158517	38031	165959
908661	1303178	443154	103557	74315	1962106	1759091	306666	1170736
522342	756982	240102	56030	17448	554552	437131	107642	591436
26360	37194	12067	2461	796	70311	69338	15098	38659
9435	12643	3208	485	11	25414	25414	1899	5446
10369	13481	3737	703	134	29983	29410	8220	21474
2801	4627	1826	320	43	2458	2058	-1	5044
120142	187330	94607	13427	17847	382199	347422	55048	208655
114063	170818	83315	12519	16992	361901	328157	53246	190468
6079	16512	11293	909	855	20299	19265	1802	18187

1-B-29 续表 9

行业	单位数(个)	资产总计	流动资产合计	#应收账款	#存货	#产成品
涂料、油墨、颜料及类似产品制造	271	2173017	1511711	546092	322962	142741
涂料制造	134	822452	551526	241862	90286	31317
油墨及类似产品制造	20	116012	82801	24925	10823	4729
颜料制造	31	242152	163275	51503	41060	20634
染料制造	74	944388	679131	212114	173833	82386
密封用填料及类似品制造	12	48013	34977	15688	6959	3677
合成材料制造	277	6216862	3445425	858310	763952	315309
初级形态塑料及合成树脂制造	208	3940834	2225103	654072	436105	171930
合成橡胶制造	13	365133	145830	14200	46010	23617
合成纤维单(聚合)体制造	33	1544272	876357	135938	240279	101051
其他合成材料制造	23	366623	198136	54100	41559	18712
专用化学产品制造	466	4127092	2531551	813113	472720	204643
化学试剂和助剂制造	256	2208361	1399991	464871	242427	98130
专项化学用品制造	74	574090	362872	104642	66341	33016
林产化学产品制造	19	94588	56453	12917	19497	8879
信息化学品制造	48	767035	424308	132557	71013	28384
环境污染处理专用药剂材料制造	11	107974	68047	23234	13235	1629
动物胶制造	6	90904	51346	12839	22747	16293
其他专用化学产品制造	52	284141	168533	62053	37460	18313
炸药、火工及焰火产品制造	7	72493	37762	8452	7910	3450
炸药及火工产品制造	7	72493	37762	8452	7910	3450
日用化学产品制造	98	782576	533237	126394	108260	54993
肥皂及合成洗涤剂制造	18	100127	62202	12088	19198	12148
化妆品制造	50	222857	135035	39562	30034	14857
口腔清洁用品制造	2	6828	6254	1208	3520	2122
香料、香精制造	13	399088	300318	64250	47998	22614
其他日用化学产品制造	15	53676	29429	9286	7510	3252
医药制造业	340	4275912	2598002	736642	634810	307910
化学药品原料药制造	106	1297736	746847	153691	220432	105621
化学药品原料药制造	106	1297736	746847	153691	220432	105621

单位：万元

固定资产合计	固定资产原价	累计折旧	#本年折旧	在建工程(个)	负债合计	流动负债合计	#应付账款	所有者权益合计
457975	676598	274631	52452	58520	1238683	1200229	246435	933410
166045	224471	82472	14503	22767	441605	414422	93247	380955
21904	31327	11539	2325	2099	60908	60869	8833	55022
53678	79544	34825	6971	10215	149061	146723	28714	92473
206882	326369	139936	27590	22618	560184	551626	108453	384001
9465	14888	5859	1064	820	26925	26590	7188	20959
2012384	2686168	977601	186991	265323	3864811	3474098	786791	2336602
1164055	1572855	579822	107413	186149	2398057	2124163	544490	1527310
188590	229042	46429	20051	6771	234903	193606	24207	130230
538357	740499	321492	50036	66956	983236	947262	185974	561004
121382	143772	29858	9492	5447	248615	209067	32120	118058
1160507	1575903	499182	113559	91194	2413783	2137657	445017	1711033
584766	767327	223800	50616	45492	1368126	1188637	185698	841541
162206	246020	90573	18007	13898	285380	252133	45296	286587
21743	28009	8772	1684	2993	56350	55234	9677	38194
253731	348584	111292	29171	14546	432585	387612	154329	333165
26466	37207	11552	2220	2921	54572	52046	11796	53402
33559	52711	20985	5169	1779	44376	44376	8789	46528
78036	96044	32207	6692	9566	172395	157620	29434	111616
24070	40563	17409	2925	1145	48305	32951	2607	24189
24070	40563	17409	2925	1145	48305	32951	2607	24189
179504	262891	106834	17930	24125	439847	397967	79647	340992
22949	36078	14250	3324	423	59099	56402	8209	41028
50210	75163	27812	5063	4344	125503	122065	31911	95617
503	1397	1022	305		3199	3199	1115	3629
85149	125991	59418	7760	19075	214233	178489	31984	184854
20694	24262	4333	1478	283	37813	37813	6428	15863
1024386	1440351	555513	100801	174178	2447814	2239623	306455	1779707
366187	522269	201214	38573	53366	759814	686491	110217	497335
366187	522269	201214	38573	53366	759814	686491	110217	497335

1-B-29 续表 10

行业	单位数(个)	资产总计	流动资产合计	#应收账款	#存货	#产成品
化学药品制剂制造	42	1145045	778682	241032	147796	79310
化学药品制剂制造	42	1145045	778682	241032	147796	79310
中药饮片加工	34	245208	163796	58952	55958	28517
中药饮片加工	34	245208	163796	58952	55958	28517
中成药生产	31	556798	316998	108866	83051	33033
中成药生产	31	556798	316998	108866	83051	33033
兽用药品制造	16	131326	83668	22479	20872	10091
兽用药品制造	16	131326	83668	22479	20872	10091
生物药品制造	48	547822	308227	73937	67567	30846
生物药品制造	48	547822	308227	73937	67567	30846
卫生材料及医药用品制造	63	351979	199785	77685	39134	20492
卫生材料及医药用品制造	63	351979	199785	77685	39134	20492
化学纤维制造业	486	6216405	4158613	684755	890850	510826
纤维素纤维原料及纤维制造	17	216577	129497	31418	27301	14833
化纤浆粕制造	2	8256	6148	2545	296	154
人造纤维(纤维素纤维)制造	15	208321	123349	28873	27005	14678
合成纤维制造	469	5999828	4029116	653337	863549	495993
锦纶纤维制造	47	1024524	716289	90694	175102	110172
涤纶纤维制造	245	3664062	2460125	378614	505930	275385
腈纶纤维制造	3	98391	61393	18188	19077	10567
维纶纤维制造	1					
丙纶纤维制造	13	73042	57428	13582	9935	5361
氨纶纤维制造	15	318947	178843	26541	38724	25002
其他合成纤维制造	145	810603	547163	125020	108364	64631
橡胶和塑料制品业	2129	13223909	8549040	2559751	1624356	700691
橡胶制品业	244	1404447	895899	276586	172612	87987
轮胎制造	23	243233	147145	31726	22245	10300
橡胶板、管、带制造	73	419050	280446	98860	51914	25515
橡胶零件制造	59	276506	189500	68791	36055	21113
再生橡胶制造	12	135396	75045	14693	15145	5954
日用及医用橡胶制品制造	21	86682	54881	18081	18772	11124
其他橡胶制品制造	56	243579	148883	44437	28481	13981

单位：万元

固定资产合计	固定资产原价	累计折旧	#本年折旧	在建工程（个）	负债合计	流动负债合计	#应付账款	所有者权益合计
247274	335388	114854	23210	31467	815537	751919	41730	329461
247274	335388	114854	23210	31467	815537	751919	41730	329461
35507	45882	14734	2780	5716	115696	110780	38186	127591
35507	45882	14734	2780	5716	115696	110780	38186	127591
123722	184619	92829	11430	34482	278809	241351	20088	274077
123722	184619	92829	11430	34482	278809	241351	20088	274077
26918	44950	20796	2896	2646	66479	62783	9282	63990
26918	44950	20796	2896	2646	66479	62783	9282	63990
125924	171291	59454	11890	29842	208865	201238	52994	338886
125924	171291	59454	11890	29842	208865	201238	52994	338886
98854	135953	51632	10022	16658	202614	185062	33959	148365
98854	135953	51632	10022	16658	202614	185062	33959	148365
1423394	2211584	925096	151362	121784	4341157	4085275	352869	1864817
54475	109830	55775	8428	2198	104262	99773	9471	112314
1800	2315	514	190	214	6818	6818	305	1438
52674	107516	55261	8238	1985	97445	92955	9166	110876
1368919	2101753	869321	142933	119586	4236895	3985503	343398	1752503
215843	313998	129948	20976	20074	777150	729707	71369	247104
779096	1176418	464497	79628	65165	2518883	2382979	199305	1138594
35249	76642	41393	5363		49686	46592	1331	48705
12101	18726	6775	1136	7	53319	53319	5108	19723
117471	219787	130755	12315	21498	218201	198023	12122	100746
206963	291310	93275	23025	12842	607546	562773	53031	199482
3191398	4765426	1897831	342815	339403	8485791	7975528	1149369	4718932
335449	482605	168953	32097	46504	887325	842278	162506	518710
68218	80382	14895	3371	11290	152565	135263	23845	89884
92600	133341	46902	10014	11316	265467	262022	56555	157388
58483	105172	48542	7105	9632	178915	165319	37294	97169
33594	42938	13711	3118	2190	72750	72450	6408	62646
19356	28714	11896	1723	4573	63846	63658	10264	22836
63199	92060	33007	6767	7502	153782	143566	28141	88787

1-B-29 续表 11

行业	单位数(个)	资产总计	流动资产合计	#应收账款	#存货	#产成品
塑料制品业	1885	11819462	7653141	2283165	1451743	612704
塑料薄膜制造	195	2082024	1218739	257160	213090	80237
塑料板、管、型材制造	286	2182922	1487772	437430	294581	161189
塑料丝、绳及编织品制造	147	465186	298946	129901	68988	39766
泡沫塑料制造	85	431045	309792	116612	46257	25789
塑料人造革、合成革制造	169	1676079	1145761	256953	262532	77667
塑料包装箱及容器制造	165	1228694	753236	210533	94840	35169
日用塑料制品制造	358	1472764	921214	269091	210340	78314
塑料零件制造	215	1001858	661656	271992	104446	44607
其他塑料制品制造	265	1278890	856026	333495	156669	69967
非金属矿物制品业	1409	14424214	9317652	3567832	1612435	811858
水泥、石灰和石膏制造	177	2241907	1149704	260935	172208	62122
水泥制造	151	2074546	1033165	243220	146904	46317
石灰和石膏制造	26	167360	116539	17715	25304	15805
石膏、水泥制品及类似制品制造	603	6825931	5107890	2413166	827933	458981
水泥制品制造	549	6264827	4768279	2283220	759683	408693
砼结构构件制造	28	351109	242485	86018	50230	39838
石棉水泥制品制造	1					
轻质建筑材料制造	21	158662	72814	27645	15252	9238
其他水泥类似制品制造	4	45709	22503	15341	2715	1199
砖瓦、石材等建筑材料制造	139	1003377	547667	198162	115457	66562
粘土砖瓦及建筑砌块制造	53	278815	129151	54802	22681	14818
建筑陶瓷制品制造	7	52185	26620	4021	13309	8877
建筑用石加工	11	67175	48187	17304	9974	4658
防水建筑材料制造	34	330238	203470	81738	35798	23730
隔热和隔音材料制造	14	157119	78785	26133	20227	6423
其他建筑材料制造	20	117846	61454	14163	13468	8057
玻璃制造	46	1194439	569755	86980	104291	27658
平板玻璃制造	9	826944	353255	28766	47255	4721
其他玻璃制造	37	367496	216500	58215	57036	22937

单位：万元

固定资产合计	固定资产原价	累计折旧	#本年折旧	在建工程(个)	负债合计	流动负债合计	#应付账款	所有者权益合计
2855949	4282821	1728878	310718	292899	7598466	7133251	986863	4200222
616061	932968	378150	61168	60051	1373468	1242053	75182	700199
428841	621833	270459	43420	53254	1326295	1207494	187994	856324
114047	160464	53569	10767	11309	289054	283292	36538	175065
84279	130205	49392	9327	8726	296655	285240	62613	133306
399740	627365	270238	52098	32155	1280300	1216668	150557	391613
275027	413538	168611	31584	33164	570382	551122	71164	656934
417002	599733	221798	42101	44670	977981	937856	141272	492292
228080	371803	157576	28243	19151	640674	610805	122913	360230
292873	424912	159085	32010	30419	843657	798722	138629	434259
3355464	5365569	2273796	399756	278540	9618325	8481806	2139982	4588506
849494	1387231	622060	72655	82766	1314077	1170713	298125	926481
817574	1346375	608654	68991	78454	1199876	1062509	273513	873503
31921	40856	13406	3664	4312	114201	108204	24612	52978
1214623	2136895	995132	191937	75558	4944503	4781713	1375925	1867862
1062976	1926443	918319	174947	50790	4579022	4441500	1279806	1672669
62835	98497	39358	9083	9623	262043	245927	76705	88666
64938	75048	24300	5197	15021	80958	72415	11331	77674
21087	33719	12755	2503	123	19053	18442	7295	26656
309163	416090	135646	32379	26992	597493	542887	111572	412368
122513	163470	47568	12587	5523	182656	153399	30337	103262
21767	33687	14317	2522	1594	41302	33496	3533	10882
16371	23724	8452	1880	1124	39010	35631	2705	28165
51792	79499	33378	6817	2946	192872	188823	50335	137176
62440	66304	14233	4572	10614	79854	74431	13623	77265
34279	49405	17698	4001	5191	61799	57106	11040	55618
90888	142261	59363	10358	6886	843520	218260	28631	153004
9267	14484	5361	1260	144	619371	11997	2155	10201
81621	127778	54002	9098	6742	224150	206263	26476	142803

1-B-29 续表 12

行业	单位数(个)	资产总计	流动资产合计	#应收账款	#存货	#产成品
玻璃制品制造	148	1255807	757405	184349	149586	76524
技术玻璃制品制造	39	527600	306960	81591	62302	34093
光学玻璃制造	7	67131	28140	6329	9959	4489
玻璃仪器制造	1					
日用玻璃制品制造	56	329561	196980	43904	36635	19731
玻璃包装容器制造	10	64133	40379	16527	11075	5236
玻璃保温容器制造	3	5435	3731	897	755	435
制镜及类似品加工	14	134255	92011	16563	14989	5669
其他玻璃制品制造	18	121949	86338	16408	13350	6582
玻璃纤维和玻璃纤维增强塑料制品制造	87	582053	330170	104876	71781	39948
玻璃纤维及制品制造	50	372525	194264	62850	45640	25292
玻璃纤维增强塑料制品制造	37	209528	135906	42026	26141	14656
陶瓷制品制造	50	354759	226291	58414	62481	24913
卫生陶瓷制品制造	25	131563	80137	23186	24927	12648
特种陶瓷制品制造	14	184824	123595	29395	27707	9152
日用陶瓷制品制造	1					
园林、陈设艺术及其他陶瓷制品制造	10	34942	20898	5705	9531	3023
耐火材料制品制造	101	619434	428102	195918	63708	38349
石棉制品制造	1					
云母制品制造	1					
耐火陶瓷制品及其他耐火材料制造	99	604803	421831	191719	63330	38251
石墨及其他非金属矿物制品制造	58	346507	200667	65032	44990	16802
石墨及碳素制品制造	12	64126	35176	16546	8841	1135
其他非金属矿物制品制造	46	282381	165492	48486	36150	15668
黑色金属冶炼和压延加工业	934	7742331	5328397	1332010	1267906	596504
炼铁	1					
炼铁	1					
炼钢	10	134612	101820	10677	43383	33827
炼钢	10	134612	101820	10677	43383	33827

单位：万元

固定资产合计	固定资产原价	累计折旧	#本年折旧	在建工程(个)	负债合计	流动负债合计	#应付账款	所有者权益合计
365022	507751	183090	38458	41014	743135	679107	87552	501845
166531	201088	68741	16337	29945	344095	309462	44773	183505
31476	39211	7848	1723	5298	41745	40544	6457	25386
96191	135156	43206	9253	4476	187500	171407	21695	134236
18659	31055	12396	3438	558	30858	20697	5283	30874
1396	2274	1208	188		3215	3016	1254	2220
19672	43991	24916	3586	192	64528	63482	1970	69727
29342	51347	22900	3679	546	67816	67852	5409	53533
203961	293635	99912	20708	12794	409503	360634	72317	172546
147143	223807	82811	15809	8273	244376	199878	37375	128146
56819	69828	17101	4899	4521	165128	160757	34942	44400
90991	131151	44159	8273	7165	185103	171076	35060	169302
36561	49826	14514	3052	451	84793	76155	15436	46770
42624	67961	26338	4285	2695	75589	70212	12956	109235
10562	11928	3116	768	3963	22937	22924	6572	11652
130064	194201	71894	13879	14382	377665	369213	97988	241954
123700	187777	71384	13587	13940	366898	360946	94971	238089
101257	156355	62541	11109	10984	203325	188204	32813	143144
18639	39750	22796	2231	2072	39639	39638	6546	24488
82618	116605	39745	8878	8913	163686	148566	26267	118657
1773366	2574199	972736	205559	156789	5455379	5247154	640592	2282368
27032	39367	14070	1993	173	77093	57150	6730	57480
27032	39367	14070	1993	173	77093	57150	6730	57480

1-B-29 续表 13

行业	单位数(个)	资产总计	流动资产合计	#应收账款	#存货	#产成品
黑色金属铸造	295	1465813	926607	396500	193367	114963
黑色金属铸造	295	1465813	926607	396500	193367	114963
钢压延加工	613	5989393	4173982	876592	1010082	434077
钢压延加工	613	5989393	4173982	876592	1010082	434077
铁合金冶炼	15	150122	123974	46625	20677	13637
铁合金冶炼	15	150122	123974	46625	20677	13637
有色金属冶炼和压延加工业	737	7543719	5608783	1297083	1264687	484912
常用有色金属冶炼	59	815305	692413	101248	162741	50755
铜冶炼	13	286212	258508	7800	92556	22381
铅锌冶炼	10	70795	55238	7572	11310	4984
镍钴冶炼	11	339727	288528	57350	45769	19437
锡冶炼	2	4163	3632	786	1340	51
铝冶炼	20	92757	73859	26181	7276	3348
镁冶炼	1					
其他常用有色金属冶炼	2	17515	10519	704	4207	482
贵金属冶炼	10	262515	187533	-12095	122548	93959
金冶炼	4	198969	140137	-16471	88601	77025
银冶炼	4	35370	29968	1768	20226	7634
其他贵金属冶炼	2	28176	17428	2608	13721	9300
稀有稀土金属冶炼	5	73531	53009	24036	8712	5249
钨钼冶炼	2	14440	12816	1805	3373	1439
稀土金属冶炼	3	59091	40193	22231	5340	3810
有色金属合金制造	87	963495	659849	163492	155806	50135
有色金属合金制造	87	963495	659849	163492	155806	50135
有色金属铸造	11	98566	64472	15760	17321	10944
有色金属铸造	11	98566	64472	15760	17321	10944
有色金属压延加工	565	5330308	3951509	1004643	797559	273871
铜压延加工	270	3033690	2420735	592088	471284	139904
铝压延加工	212	1528618	993272	245138	203526	68476
贵金属压延加工	10	130959	106736	26650	11297	5402
稀有稀土金属压延加工	18	193085	132823	41107	25595	12231
其他有色金属压延加工	55	443957	297943	99660	85858	47858

单位：万元

固定资产合计	固定资产原价	累计折旧		在建工程(个)	负债合计	流动负债合计		所有者权益合计
			#本年折旧				#应付账款	
400802	618195	245278	44020	32160	989428	958094	166802	476090
400802	618195	245278	44020	32160	989428	958094	166802	476090
1328691	1892325	703266	157703	121929	4287719	4142086	447123	1697425
1328691	1892325	703266	157703	121929	4287719	4142086	447123	1697425
16464	23936	10046	1817	2528	99442	88246	19708	50679
16464	23936	10046	1817	2528	99442	88246	19708	50679
1182211	1618150	584105	118834	159842	5397971	5183031	609699	2102267
85908	116069	37260	10386	14687	582831	558313	65353	215952
17450	28783	11518	2445	3638	169784	156803	19132	100519
9866	12661	3555	1924	748	52568	43379	1543	18227
34631	45410	14609	3605	8090	266145	266139	37580	73582
242	450	208	56	3	2978	2978	316	1184
16098	19929	5662	1676	1717	74418	72206	4947	17726
6029	6852	1217	552	393	14549	14420	1068	2965
23547	24883	10268	1427	8542	182302	179302	3061	80213
10447	12568	5434	781	2666	134941	134941	348	64028
4236	7986	3795	497	301	25086	25086	2362	10285
8865	4329	1039	149	5575	22275	19275	352	5901
11219	16336	5388	1212	137	41230	41230	9231	32300
697	2076	1516	74	137	7687	7687	1897	6753
10522	14260	3872	1138		33544	33544	7334	25547
219168	248401	65362	17197	24106	612335	602719	70479	349037
219168	248401	65362	17197	24106	612335	602719	70479	349037
27452	42811	16492	3185	417	71748	69210	7162	26818
27452	42811	16492	3185	417	71748	69210	7162	26818
814917	1169650	449335	85426	111953	3907525	3732256	454414	1397948
355757	515236	214300	37853	65679	2337395	2256862	269025	678376
332306	476979	172681	33750	32086	1045538	969463	106856	476165
5108	8904	3827	839	6653	90909	90908	10102	40050
23259	47566	24334	4547	2209	138060	134690	29073	55024
98487	120966	34193	8437	5326	295623	280333	39359	148332

1-B-29 续表 14

行业	单位数(个)	资产总计	流动资产合计	#应收账款	#存货	#产成品
金属制品业	2128	12289131	8160934	2299825	1826484	704869
结构性金属制品制造	353	2564978	1809319	460608	398893	162870
金属结构制造	158	1071465	769901	266054	177785	77813
金属门窗制造	195	1493513	1039418	194554	221108	85057
金属工具制造	312	1482878	951398	256825	205081	84853
切削工具制造	67	369625	218882	70383	55794	25307
手工具制造	124	553386	351943	93508	83887	36519
农用及园林用金属工具制造	58	253287	184134	36051	31149	11301
刀剪及类似日用金属工具制造	10	51346	32331	6631	8114	3518
其他金属工具制造	53	255234	164109	50252	26138	8208
集装箱及金属包装容器制造	90	754987	457356	132878	106669	43239
集装箱制造	1					
金属压力容器制造	33	238016	167854	48763	42795	19989
金属包装容器制造	56	514960	287899	84044	63333	23241
金属丝绳及其制品制造	133	698324	472570	143240	73971	29085
金属丝绳及其制品制造	133	698324	472570	143240	73971	29085
建筑、安全用金属制品制造	463	2422585	1553772	480250	429197	166990
建筑、家具用金属配件制造	189	686078	434602	112420	121291	45947
建筑装饰及水暖管道零件制造	217	1485664	969848	315748	278271	110247
安全、消防用金属制品制造	38	169369	103450	33875	20604	7551
其他建筑、安全用金属制品制造	19	81474	45872	18206	9031	3244
金属表面处理及热处理加工	197	1111514	704036	237309	151948	54249
金属表面处理及热处理加工	197	1111514	704036	237309	151948	54249
搪瓷制品制造	27	109229	72652	17529	21026	8825
生产专用搪瓷制品制造	1					
建筑装饰搪瓷制品制造	1					
搪瓷卫生洁具制造	11	44068	27996	7572	8912	3841
搪瓷日用品及其他搪瓷制品制造	14	51110	36002	6407	10742	4106

单位：万元

固定资产合计	固定资产原价	累计折旧	#本年折旧	在建工程(个)	负债合计	流动负债合计	#应付账款	所有者权益合计
2942745	4061747	1381016	284477	306548	7937824	7567232	1094555	4360191
536548	714166	223593	50702	35858	1568072	1442066	215824	1015807
220649	289167	91635	20001	20128	707245	665911	103128	371200
315899	424999	131958	30701	15730	860827	776155	112696	644607
374237	543234	197838	38466	56952	945827	903846	161039	538235
100066	153941	58778	11991	23645	217196	205220	23471	151814
145125	216940	82294	14512	12987	352169	338427	67402	201130
46544	66014	22116	4952	8817	173932	171304	23773	80876
13261	18137	5260	933	604	30235	28806	8284	21110
69241	88202	29391	6077	10899	172295	160089	38109	83305
228540	311359	93990	18318	14698	450570	419038	84493	304416
48467	68557	22461	3997	6449	159748	155079	32837	78267
179666	242354	71484	14317	8249	289447	262584	51528	225512
151857	230341	87498	16020	13762	487759	477434	57830	209854
151857	230341	87498	16020	13762	487759	477434	57830	209854
581863	804416	286833	54005	77240	1414362	1360415	185492	992615
185779	252520	84887	15225	13731	424334	401686	68481	253809
335371	465562	170754	32723	52254	838547	817823	90060	640976
34128	45873	16880	2923	10392	104784	101947	16173	63053
26584	40461	14312	3134	863	46697	38960	10779	34777
307181	430009	146136	33026	26228	788656	745863	96415	334954
307181	430009	146136	33026	26228	788656	745863	96415	334954
28243	33798	9394	2493	2272	79841	79026	12358	29385
9585	10902	3089	1425	1385	31992	31178	4705	12072
13261	15910	4562	797	887	38077	38077	6084	13033

1-B-29 续表 15

行业	单位数(个)	资产总计	流动资产合计	#应收账款	#存货	港澳台资本
金属制日用品制造	320	1658840	1108109	261825	227386	79599
金属制厨房用器具制造	56	352983	263929	70607	61951	26004
金属制餐具和器皿制造	159	933411	609752	118442	108802	31316
金属制卫生器具制造	36	120503	74212	25759	19063	6075
其他金属制日用品制造	69	251943	160217	47017	37570	16205
其他金属制品制造	233	1485796	1031720	309362	212314	75160
锻件及粉末冶金制品制造	120	760531	523784	164794	101272	39279
交通及公共管理用金属标牌制造	12	93821	72554	16430	15600	5217
其他未列明金属制品制造	101	631444	435382	128138	95441	30664
通用设备制造业	3332	21016219	13747311	4491248	3130269	1171744
锅炉及原动设备制造	106	1315107	826867	240372	187333	51119
锅炉及辅助设备制造	41	464354	306142	90826	78962	20578
内燃机及配件制造	37	455595	258394	88493	45623	20643
汽轮机及辅机制造	17	269955	195997	40964	41825	8362
水轮机及辅机制造	9	111895	58417	17997	20117	1334
风能原动设备制造	2	13309	7917	2092	807	201
金属加工机械制造	252	1650938	1066440	302166	312278	97472
金属切削机床制造	82	703071	454043	135485	134613	41167
金属成形机床制造	49	314018	208686	40734	80269	27619
铸造机械制造	31	127119	80062	26054	21557	6305
金属切割及焊接设备制造	45	260230	166173	52227	40174	10961
机床附件制造	18	122340	82817	24165	19349	5640
其他金属加工机械制造	27	124161	74659	23502	16316	5780
物料搬运设备制造	276	2229004	1481813	492309	319295	115739
轻小型起重设备制造	48	308202	203480	80811	54714	15369
起重机制造	41	430778	303352	97570	67390	21995
生产专用车辆制造	35	287821	190236	69111	55476	16706
连续搬运设备制造	33	139719	93174	37595	23153	6359
电梯、自动扶梯及升降机制造	104	968861	632744	183293	101516	49151
其他物料搬运设备制造	15	93624	58827	23930	17045	6158

单位：万元

	固定资产原价	累计折旧		在建工程(个)	负债合计	流动负债合计		所有者权益合计
外商资本			#本年折旧				#应付账款	
398416	510642	156644	36277	47509	1171382	1138048	169694	481856
71238	92391	28034	5768	5640	275835	269203	54535	73977
226306	286983	84558	21025	27729	654941	638885	69125	276423
30526	43772	14370	2873	2392	88021	80113	17003	32109
70346	87496	29681	6611	11749	152585	149848	29032	99347
335861	483783	179089	35169	32030	1031357	1001497	111411	453070
190077	280168	115516	21578	23555	529809	507103	60750	229526
14536	22584	8423	1275	1451	68866	68568	3585	24955
131248	181031	55151	12316	7024	432682	425825	47076	198589
4699900	6698672	2476771	475361	670819	12731670	11904310	2710095	8258018
271515	354255	103095	26002	121119	825881	746105	200462	489145
105824	139460	34579	8907	9759	259029	239916	93883	205325
65430	89248	29549	6892	97126	319264	300221	60159	136330
57588	68259	21485	5315	8162	152635	133491	28668	117310
37951	48448	12491	4132	6072	87791	66135	17127	24104
4723	8840	4991	755		7163	6343	626	6076
379970	523971	178901	35922	54830	927613	882227	198676	722603
137358	173445	55869	11987	24704	404050	396368	88202	298331
79840	109157	36790	7381	9920	149644	138658	38734	164373
35168	53355	18690	3648	3741	76641	71828	17738	50478
59292	88295	34200	6345	14028	167452	154437	27291	92777
34272	55504	22758	3720	1885	43083	39984	9895	79257
34041	44217	10595	2841	551	86743	80952	16816	37388
365899	487003	168588	33759	62580	1302529	1175554	307953	919418
62035	91759	33740	5906	1709	191826	188148	41026	115806
65175	90809	31575	6177	13219	268935	241795	55971	161849
66433	80731	24384	5880	9639	179431	172919	54532	106768
31370	37614	13850	2747	7254	84318	76146	20181	55330
116766	156299	56798	11305	28256	519112	439143	116928	447713
24120	29792	8241	1746	2502	58907	57403	19314	31952

1-B-29 续表 16

行业	单位数(个)	资产总计	流动资产合计	#应收账款	#存货	港澳台资本
泵、阀门、压缩机及类似机械制造	1046	5300550	3518994	1312525	791875	267283
泵及真空设备制造	246	1420264	940265	342121	200518	67941
气体压缩机械制造	81	517503	351296	116613	102178	44675
阀门和旋塞制造	593	2608158	1756842	682442	384905	113685
液压和气压动力机械及元件制造	126	754625	470591	171349	104275	40983
轴承、齿轮和传动部件制造	510	3801033	2375433	711786	482490	196908
轴承制造	328	2423981	1591577	485098	309830	136319
齿轮及齿轮减、变速箱制造	123	932874	524979	146675	112503	37850
其他传动部件制造	59	444178	258877	80014	60157	22739
烘炉、风机、衡器、包装等设备制造	420	3061122	2106134	579686	466861	199616
烘炉、熔炉及电炉制造	12	292927	237071	27607	40925	14553
风机、风扇制造	40	260321	163136	62386	21720	7616
气体、液体分离及纯净设备制造	78	746334	534787	149436	151877	80134
制冷、空调设备制造	99	651186	432969	145269	111151	50017
风动和电动工具制造	131	842086	571788	149652	101237	36151
喷枪及类似器具制造	20	85602	46600	17819	10610	2383
衡器制造	10	47756	37556	7035	5289	1101
包装专用设备制造	30	134910	82227	20481	24052	7662
文化、办公用机械制造	57	372646	226704	63692	55199	16776
电影机械制造	1					
幻灯及投影设备制造	1					
照相机及器材制造	13	56901	31395	9064	9630	1122
复印和胶印设备制造	17	141251	74884	18607	18049	4845
计算器及货币专用设备制造	19	139910	101294	32753	21015	9084
其他文化、办公用机械制造	6	26737	16537	2815	5455	1651
通用零部件制造	625	3067926	2003679	746371	477688	214374
金属密封件制造	38	264662	162584	62134	36640	14711
紧固件制造	345	1631002	1080519	396953	271133	125675
弹簧制造	35	238021	148303	53331	33280	22421
机械零部件加工	108	465068	305295	115998	72808	28959
其他通用零部件制造	99	469172	306978	117956	63827	22608

单位：万元

外商资本	固定资产原价	累计折旧	#本年折旧	在建工程(个)	负债合计	流动负债合计	#应付账款	所有者权益合计
1179964	1709731	640260	123461	121282	3013338	2868829	639715	2280384
271558	411879	163659	28143	30782	798624	767576	192160	620417
107766	164788	64354	11311	7050	340269	331700	90937	177195
598071	830601	304097	61021	65114	1470182	1426226	264404	1133739
202569	302463	108149	22987	18336	404262	343327	92215	349032
1034626	1431560	555133	99758	140834	2584077	2357539	550169	1220432
581380	862401	341482	60150	44968	1740194	1652296	406871	687092
315510	381734	138086	26961	70090	591943	479128	92045	340498
137737	187425	75565	12647	25776	251940	226116	51253	192842
592523	827007	289074	55125	96871	1776227	1695151	394683	1275677
31677	41433	11366	2320	3382	83896	82222	17776	209031
66497	90747	25554	5269	3138	163631	150634	31958	96690
116016	151463	49043	10937	27961	454634	420484	111877	292119
149604	209488	73845	13547	19343	392631	366954	88055	255298
162108	241958	95538	16799	37606	529903	524412	110949	305915
22082	35790	14376	2534	189	42853	42833	9164	42749
7348	11484	4650	888	71	34755	34750	2604	13001
37192	44644	14702	2831	5182	73925	72862	22301	60875
66457	95653	35576	7006	11707	214956	204427	31067	157689
5914	10049	4159	1032	4582	37829	30329	8069	19072
32629	52318	21037	3994	2264	95074	93607	8488	46177
21486	23579	5848	1261	3623	64025	62535	8489	75885
3893	7677	3801	579	1	12868	12796	5701	13869
755567	1188004	476274	89622	57938	1952154	1844860	363093	1109774
74649	111555	42152	8198	9027	142948	130450	27734	121713
399397	661712	282108	50700	28331	1032573	992241	190237	595272
54670	83805	33958	5668	5371	154709	151632	26923	83312
113434	158340	54238	12377	8524	294472	253199	54805	168362
113417	172593	63818	12680	6685	327453	317338	63394	141116

1-B-29 续表 17

行业	单位数(个)	资产总计	流动资产合计	#应收账款	#存货	
						港澳台资本
其他通用设备制造业	40	217893	141248	42340	37251	12457
其他通用设备制造业	40	217893	141248	42340	37251	12457
专用设备制造业	1423	10270777	6533336	2020001	1586453	517394
采矿、冶金、建筑专用设备制造	118	1392971	717253	200286	140999	58288
矿山机械制造	42	299059	192294	68133	44516	21061
石油钻采专用设备制造	14	139483	85850	26157	17859	10245
建筑工程用机械制造	23	164953	99093	35075	24293	7778
海洋工程专用设备制造	3	465141	115311	637	1731	
建筑材料生产专用机械制造	22	195040	135421	37567	31813	11367
冶金专用设备制造	14	129295	89285	32718	20786	7837
化工、木材、非金属加工专用设备制造	438	3341674	2119119	687619	521255	155939
炼油、化工生产专用设备制造	32	240095	156916	47951	46361	10492
橡胶加工专用设备制造	8	47894	32112	7575	7150	2959
塑料加工专用设备制造	131	1185149	811689	260815	232901	71901
木材加工机械制造	4	17835	6525	1384	877	528
模具制造	257	1814449	1086380	361246	227781	67976
其他非金属加工专用设备制造	6	36251	25498	8648	6185	2084
食品、饮料、烟草及饲料生产专用设备制造	49	267601	150671	37961	50971	16254
食品、酒、饮料及茶生产专用设备制造	33	196972	111838	27624	37243	12339
农副食品加工专用设备制造	6	25258	13133	2957	5032	778
烟草生产专用设备制造	6	24204	11591	3664	3651	1861
饲料生产专用设备制造	4	21166	14109	3716	5045	1275
印刷、制药、日化及日用品生产专用设备制造	103	485144	310551	91582	86690	33893
制浆和造纸专用设备制造	12	60829	45163	8105	16948	3511
印刷专用设备制造	43	237613	142087	41896	40750	19105
日用化工专用设备制造	1					
制药专用设备制造	31	118011	81249	29110	19670	8125
照明器具生产专用设备制造	6	14531	12016	2898	3032	723
玻璃、陶瓷和搪瓷制品生产专用设备制造	3	5184	3106	1392	1439	135
其他日用品生产专用设备制造	7	41578	21311	5738	4410	2047

单位：万元

外商资本	固定资产原价	累计折旧	#本年折旧	在建工程(个)	负债合计	流动负债合计	#应付账款	所有者权益合计
53379	81488	29871	4706	3658	134895	129617	24278	82896
53379	81488	29871	4706	3658	134895	129617	24278	82896
2431982	3369559	1140399	235019	451879	6257662	5869813	1334121	3975619
365237	434445	101973	25696	201192	892198	833148	197691	498526
61063	79930	30821	6234	11881	210175	202666	47883	87673
23140	33382	11863	2702	5050	92306	91691	14774	47177
38332	48232	13574	3689	10501	96379	83858	32066	68574
179017	177849	13577	6642	171215	313238	279885	74779	151903
36017	51783	16448	3258	1209	107031	105948	17938	86973
27668	43270	15691	3172	1337	73068	69101	10250	56227
810467	1237476	490899	91409	112698	1982632	1877273	452663	1356884
50316	78190	30099	5826	8387	156774	150272	24500	84864
11612	21086	9649	1131	372	17361	16058	6225	30534
221742	343647	141012	24164	38058	716634	687924	206710	464517
6747	8562	2875	430	1909	9232	6733	1832	8603
512858	777209	304779	59177	62685	1056318	989974	207123	758429
7191	8783	2486	681	1288	26313	26312	6274	9938
80009	95324	31020	9191	9656	175268	171705	21961	92332
59381	63932	18289	7227	7715	135995	133199	16666	60977
8632	14204	6214	740	245	11824	11824	1529	13434
7330	11015	4873	778	1189	14102	13335	815	10102
4666	6173	1644	447	507	13347	13347	2952	7819
117531	159206	53755	10829	11376	271409	258340	56604	210119
13718	20645	7550	1337	459	41711	40658	6491	19118
59175	83170	29559	5619	5456	113670	107146	29770	123943
25336	34657	11976	2573	3077	73501	71088	10525	43178
2072	2692	660	231	73	11345	10944	3319	2863
1854	2815	1152	175	193	3938	3938	1039	1246
13821	13675	2017	795	2119	25488	22810	4741	14130

1-B-29 续表 18

行　业	单位数(个)	资产总计	流动资产合计	#应收账款	#存　货	港澳台资本
纺织、服装和皮革加工专用设备制造	278	1648337	1127755	329721	272121	90680
纺织专用设备制造	154	919381	614967	189165	144602	43077
皮革、毛皮及其制品加工专用设备制造	8	67365	50153	9651	17653	7899
缝制机械制造	115	659644	461010	129409	109864	39701
洗涤机械制造	1					
电子和电工机械专用设备制造	35	207165	138925	44520	26127	10847
电工机械专用设备制造	18	136035	93991	29135	14536	5195
电子工业专用设备制造	17	71130	44934	15385	11591	5652
农、林、牧、渔专用机械制造	106	545878	376215	119375	103165	41351
拖拉机制造	13	111835	93872	36362	24282	7962
机械化农业及园艺机具制造	65	334948	226733	57586	64469	26532
营林及木竹采伐机械制造	1					
畜牧机械制造	2	3921	3168	1733	133	11
渔业机械制造	2	7420	6069	1260	2055	785
农林牧渔机械配件制造	18	56237	32173	17656	7620	3630
棉花加工机械制造	1					
其他农、林、牧、渔业机械制造	4	16109	9279	2098	3744	1836
医疗仪器设备及器械制造	84	572228	377279	90609	87078	23799
医疗诊断、监护及治疗设备制造	11	115954	78383	17634	33722	4578
口腔科用设备及器具制造	9	31418	17097	5984	5163	1637
医疗实验室及医用消毒设备和器具制造	2	14196	10473	1035	3808	1989
医疗、外科及兽医用器械制造	36	225479	147508	40714	22005	7978
机械治疗及病房护理设备制造	8	77966	53864	12304	8433	3048
假肢、人工器官及植(介)入器械制造	2	12490	7891	1805	1548	379
其他医疗设备及器械制造	16	94725	62064	11133	12399	4190
环保、社会公共服务及其他专用设备制造	212	1809780	1215567	418329	298048	86344
环境保护专用设备制造	109	1211433	858655	290851	209262	61831
地质勘查专用设备制造	2	103452	26025	13141	9275	2054
邮政专用机械及器材制造	1					

单位：万元

外商资本	固定资产原价	累计折旧	#本年折旧	在建工程（个）	负债合计	流动负债合计	#应付账款	所有者权益合计
370815	523724	177425	38562	35890	1037687	980689	234564	584772
230673	303296	92225	23961	22983	567516	545380	127020	345169
12745	20076	9036	1413	20	37262	35658	8238	30626
127073	199980	76116	13154	12887	431077	397819	98697	208862
35537	50625	17223	3653	10599	134740	130773	29816	69051
21725	29214	9597	2033	7439	88324	87847	15126	46117
13812	21411	7626	1620	3160	46415	42926	14690	22934
116940	160321	52215	12260	13567	355030	339233	78293	190186
13512	27001	14268	2409	1088	74778	74778	15609	37057
70828	90107	25738	6405	8611	212997	201204	47626	121324
237	347	109	54		3013	3013	1299	908
935	2194	1258	62		6324	6324	2037	1095
17354	23982	7377	1756	2919	41094	37533	10502	15143
5164	7526	2371	712	949	9733	9289	639	6343
123212	176437	63292	11825	10327	285473	270829	59626	287674
22436	30786	11272	1857	4018	53767	47495	8595	62187
10228	13841	3941	865	273	19408	18972	3116	12010
2972	5784	2813	489	1	3425	3411	693	10771
51423	78294	29636	5097	2128	113149	109642	29017	112330
13470	15784	5729	1089	2954	42267	39071	7028	35699
973	1286	406	147	145	1315	1315	531	11174
21710	30662	9496	2280	809	52143	50924	10648	43503
412236	532001	152598	31594	46575	1123226	1007824	202903	686074
212316	287542	94074	19049	33068	735861	703928	143499	475221
73054	76895	4026	1011		89285	15681	8149	14167

1-B-29 续表 19

行业	单位数(个)	资产总计	流动资产合计	#应收账款	#存货	港澳台资本
商业、饮食、服务专用设备制造	3	4162	2471	270	1407	231
社会公共安全设备及器材制造	59	254878	168777	64461	39581	11149
交通安全、管制及类似专用设备制造	3	12413	10396	5112	2132	1241
水资源专用机械制造	9	67438	36597	8742	13796	3377
其他专用设备制造	26	152659	109743	35135	22346	6343
汽车制造业	1377	11853539	5690424	1936577	1071648	428837
汽车整车制造	30	706881	363238	62866	75289	17594
汽车整车制造	30	706881	363238	62866	75289	17594
改装汽车制造	12	157814	98355	20345	35810	9667
改装汽车制造	12	157814	98355	20345	35810	9667
低速载货汽车制造	1					
低速载货汽车制造	1					
汽车车身、挂车制造	6	43198	22696	3001	5133	420
汽车车身、挂车制造	6	43198	22696	3001	5133	420
汽车零部件及配件制造	1328	10911525	5180637	1846812	949718	397902
汽车零部件及配件制造	1328	10911525	5180637	1846812	949718	397902
铁路、船舶、航空航天和其他运输设备制造业	518	4823691	2993804	793918	817168	262830
铁路运输设备制造	17	261553	197050	68969	16001	8315
铁路机车车辆配件制造	8	194176	141678	45444	10445	6357
铁路专用设备及器材、配件制造	9	67377	55372	23525	5556	1958
船舶及相关装置制造	138	2584677	1458525	309341	536045	162577
金属船舶制造	87	1876833	1059417	219633	368334	83913
娱乐船和运动船制造	11	47441	27525	9052	9134	1986
船用配套设备制造	35	426698	254444	58722	85040	11991
船舶改装与拆除	5	233705	117139	21934	73537	64688
航空、航天器及设备制造	7	68334	42924	25126	6780	2538
飞机制造	3	17752	13314	10686	94	22
航空、航天相关设备制造	3	44611	24169	11083	6231	2355
其他航空航天器制造	1					

单位：万元

外商资本	固定资产原价	累计折旧	#本年折旧	在建工程(个)	负债合计	流动负债合计	#应付账款	所有者权益合计
1689	1851	752	168		3273	3273	758	889
71716	105460	37057	7102	2775	163327	161668	28476	91422
1758	2694	1055	258	52	7266	7266	3275	5148
24845	21453	5283	1239	7511	37410	31725	6021	30028
26416	35581	10251	2726	3170	84026	81506	12198	68632
2222988	3037906	1018025	217946	288368	7618552	6679779	1168882	4219355
108796	140201	40194	10056	10291	613883	478602	92868	91538
108796	140201	40194	10056	10291	613883	478602	92868	91538
40130	46535	14070	2470	6376	110481	105617	18994	47332
40130	46535	14070	2470	6376	110481	105617	18994	47332
16342	11732	5491	754	7190	26679	23099	5404	13513
16342	11732	5491	754	7190	26679	23099	5404	13513
2057403	2838593	957730	204601	264511	6836665	6041617	1046344	4063695
2057403	2838593	957730	204601	264511	6836665	6041617	1046344	4063695
1194888	1535570	461887	89017	225624	3343316	3128691	548937	1471667
23236	40810	17720	3070	1920	101422	98125	29826	160131
14035	24862	10973	1700	1853	72636	69966	21468	121540
9201	15948	6747	1370	68	28786	28159	8358	38591
737185	880719	206847	47046	153715	1836243	1676084	296552	741740
545099	647631	152510	33146	90015	1369210	1264065	253893	501838
13646	16584	4608	1239	2638	33297	27474	4384	13236
130911	167370	40652	10328	3760	268294	219663	29459	158404
47529	49134	9076	2332	57302	165443	164881	8816	68262
15854	22729	6875	1868	25	36199	34868	4229	32135
3172	5484	2311	485		13570	12570	460	4182
12152	16202	4051	1266	25	20200	19869	2929	24411

1-B-29 续表 20

行业	单位数(个)	资产总计	流动资产合计	#应收账款	#存货	港澳台资本
摩托车制造	188	988135	658490	236007	123502	41243
摩托车整车制造	26	288053	219257	69484	46911	12230
摩托车零部件及配件制造	162	700082	439233	166523	76592	29013
自行车制造	144	835887	580681	137584	122746	45944
脚踏自行车及残疾人座车制造	85	445372	308245	88534	57759	26434
助动自行车制造	59	390514	272436	49050	64987	19509
非公路休闲车及零配件制造	14	53846	35035	10251	6858	1477
非公路休闲车及零配件制造	14	53846	35035	10251	6858	1477
潜水救捞及其他未列明运输设备制造	10	31261	21099	6639	5236	736
潜水及水下救捞装备制造	2	9004	4939	1367	1098	368
其他未列明运输设备制造	8	22257	16160	5272	4138	368
电气机械和器材制造业	3207	23764642	15956846	6033411	2965060	1231590
电机制造	441	3124927	2020714	759517	391539	123417
发电机及发电机组制造	58	616059	423960	183350	94056	20028
电动机制造	165	1153008	708484	272655	133658	44517
微电机及其他电机制造	218	1355860	888270	303513	163825	58872
输配电及控制设备制造	1038	8299225	5620826	2456485	994210	421431
变压器、整流器和电感器制造	155	1551481	1044252	480020	228287	106310
电容器及其配套设备制造	26	155984	109220	46214	12473	5848
配电开关控制设备制造	476	3607528	2601352	1183553	400541	176544
电力电子元器件制造	218	1090025	781496	324341	155345	50086
光伏设备及元器件制造	94	1392191	741225	267882	138876	65976
其他输配电及控制设备制造	69	502016	343281	154476	58688	16668
电线、电缆、光缆及电工器材制造	544	5315745	3565030	1488242	622712	314024
电线、电缆制造	471	4078178	2892415	1182336	491358	229061
光纤、光缆制造	24	924272	475737	228116	100224	72863
绝缘制品制造	27	181917	124003	47875	18152	7457
其他电工器材制造	22	131379	72874	29915	12977	4643
电池制造	92	1125699	684757	200030	140854	59180
锂离子电池制造	17	281730	180746	31735	39738	11929
镍氢电池制造	6	33548	12645	5706	1502	159
其他电池制造	69	810421	491366	162589	99615	47091

单位：万元

外商资本	固定资产原价	累计折旧	#本年折旧	在建工程(个)	负债合计	流动负债合计	#应付账款	所有者权益合计
225637	338369	137383	21779	33554	706676	684582	108972	279644
39639	59723	22987	3330	2695	213403	213403	53442	74117
185998	278646	114397	18449	30860	493273	471180	55530	205527
169179	217966	79080	13313	35315	599560	571948	99093	236127
95775	129866	49493	8159	13149	322192	295747	51531	123265
73404	88100	29588	5154	22166	277369	276201	47562	112862
15395	22247	9637	1181	221	39853	39744	4540	13993
15395	22247	9637	1181	221	39853	39744	4540	13993
8401	12730	4345	759	874	23364	23341	5726	7897
3096	4516	1420	232	754	6925	6902	1222	2079
5305	8214	2926	527	120	16438	16438	4504	5818
4427687	6134821	2144323	434970	702694	15067646	13928671	3103529	8593160
563247	807256	299876	57307	86212	1931254	1808608	474553	1199211
75728	100621	34507	6879	21630	392600	384924	117113	222865
228064	307138	102838	22023	34989	662000	636708	157647	494823
259455	399497	162531	28405	29593	876655	786976	199793	481524
1463189	1978015	659017	138919	329782	4840138	4458498	1148033	3381530
263131	358265	117581	20961	63722	866422	815626	204465	679693
31628	46341	19447	3195	4425	74289	59612	26944	81695
496269	701246	255458	47306	89567	2053525	1838662	504453	1489564
191752	274776	103732	20918	34732	683686	668300	167742	404733
409120	490936	121102	39184	123659	894751	821887	164586	492536
71289	106452	41698	7355	13677	267465	254412	79843	233308
952088	1317852	476109	92797	110160	3363323	3079652	414551	1950101
649733	938697	368772	71551	75817	2605479	2497022	337545	1471950
229365	289127	81893	13806	23049	564384	400193	50211	358829
38727	44437	13294	3324	10019	121577	114327	15241	60556
34263	45591	12151	4117	1275	71883	68109	11554	58766
283505	347819	88949	27847	39851	719928	596015	146725	394053
74663	93404	21260	6701	10148	163131	158008	48687	118393
20195	25010	5072	2304	110	16127	13902	4000	17572
188647	229405	62617	18842	29593	540670	424105	94038	258088

1-B-29 续表 21

行业	单位数(个)	资产总计	流动资产合计	#应收账款	#存货	港澳台资本
家用电力器具制造	471	2907300	2047199	503372	397353	145231
家用制冷电器具制造	25	243307	184906	47543	42372	20685
家用空气调节器制造	36	345276	264505	44133	49067	14670
家用通风电器具制造	39	238679	182568	41412	39401	15207
家用厨房电器具制造	104	586193	425174	98697	69071	21231
家用清洁卫生电器具制造	54	478514	263109	63467	56154	23489
家用美容、保健电器具制造	49	158506	95173	25394	27339	9090
家用电力器具专用配件制造	77	479963	382499	121543	60707	22502
其他家用电力器具制造	87	376861	249264	61182	53242	18357
非电力家用器具制造	72	309230	182620	45947	48340	21823
燃气、太阳能及类似能源家用器具制造	52	226218	128279	33303	35370	16410
其他非电力家用器具制造	20	83012	54342	12644	12970	5413
照明器具制造	517	2577739	1765709	554688	354398	140888
电光源制造	177	884943	618996	236728	127370	64447
照明灯具制造	273	1451716	978244	265547	194921	63946
灯用电器附件及其他照明器具制造	67	241080	168470	52413	32107	12494
其他电气机械及器材制造	32	104778	69992	25130	15654	5598
电气信号设备装置制造	18	47959	29792	8945	7572	2359
其他未列明电气机械及器材制造	14	56819	40199	16185	8082	3238
计算机、通信和其他电子设备制造业	929	7322266	4797740	1539502	827275	303635
计算机制造	39	346458	263393	83957	52245	14140
计算机整机制造	1					
计算机零部件制造	9	41873	34102	11293	5027	1781
计算机外围设备制造	17	181914	129806	41810	33490	7516
其他计算机制造	12	117827	94642	26801	13721	4842
通信设备制造	111	1195379	756459	245979	98932	38344
通信系统设备制造	71	815968	517803	179606	62688	21892
通信终端设备制造	40	379412	238656	66374	36244	16452

单位：万元

外商资本	固定资产原价	累计折旧	#本年折旧	在建工程(个)	负债合计	流动负债合计	#应付账款	所有者权益合计
525668	776153	303705	53561	68274	2143122	1984634	408736	751898
37485	54176	20019	4439	1045	197954	152155	24377	40686
47821	69066	25570	4701	13604	229686	214649	38289	115590
39551	63963	28271	4607	2376	183506	181148	26012	55173
106664	148176	53445	10692	18790	459164	448102	103782	122846
77571	106852	40218	6579	11815	370883	312078	60385	104229
46005	59948	20454	4066	7241	107903	106551	25415	50539
79579	145125	68518	9397	3917	313282	299438	73444	166166
90993	128847	47210	9080	9486	280746	270512	57032	96669
83537	114658	37598	8687	6192	201583	191397	27535	107086
63821	87997	29652	6396	5260	140494	131536	19457	85623
19716	26661	7946	2292	932	61089	59861	8078	21462
529629	757320	269859	53383	60605	1794795	1738193	469377	778007
180916	246998	85430	19760	19795	607615	581825	199296	271943
297832	425692	148715	26911	33268	1010839	983081	230840	441578
50881	84630	35713	6713	7542	176342	173287	39241	64485
26824	35750	9211	2469	1617	73502	71673	14020	31276
11737	15625	3895	987	1182	29497	28103	6675	18462
15087	20124	5315	1482	435	44006	43571	7345	12814
1351968	1973615	765627	144475	212773	4100176	3831160	889812	3196307
56281	80644	29893	5721	9959	152943	124050	44948	194885
6533	10478	4367	1168	17	28606	28278	9984	14223
37651	48958	15317	3247	9719	88503	60159	23468	93825
12097	21206	10208	1306	223	33552	33331	10988	84275
161121	201152	73820	14790	42354	550798	545425	143442	645531
88464	137640	55462	10781	12945	383210	378705	105933	432949
72657	63512	18358	4009	29409	167587	166720	37509	212581

1-B-29 续表 22

行业	单位数(个)	资产总计	流动资产合计	#应收账款	#存货	港澳台资本
广播电视设备制造	41	216770	144144	67238	23359	7748
广播电视节目制作及发射设备制造	5	15562	9485	2640	1826	780
广播电视接收设备及器材制造	27	111634	66390	24764	15463	5384
应用电视设备及其他广播电视设备制造	9	89574	68269	39834	6070	1584
雷达及配套设备制造	1					
雷达及配套设备制造	1					
视听设备制造	67	647595	404194	87314	89082	26130
电视机制造	9	323990	205240	32866	31093	7284
音响设备制造	46	197537	108498	33342	30643	10425
影视录放设备制造	12	126068	90456	21105	27346	8421
电子器件制造	144	1111877	733739	237008	164643	70533
电子真空器件制造	5	34396	25314	10637	5051	2447
半导体分立器件制造	31	260738	164468	54609	49501	19608
集成电路制造	19	202412	124265	24685	36962	17737
光电子器件及其他电子器件制造	89	614331	419692	147077	73129	30741
电子元件制造	476	3246364	2097149	755054	349103	119784
电子元件及组件制造	429	2925677	1895494	677413	316738	103668
印制电路板制造	47	320687	201655	77641	32365	16116
其他电子设备制造	50	327159	222872	53854	46177	24159
其他电子设备制造	50	327159	222872	53854	46177	24159
仪器仪表制造业	491	3296253	2126658	795368	447980	158677
通用仪器仪表制造	303	2137847	1450507	556989	312310	97042
工业自动控制系统装置制造	121	1010018	667513	250029	155168	44596
电工仪器仪表制造	49	386436	290514	127007	45252	17667
绘图、计算及测量仪器制造	18	70833	43346	7786	9953	5534
实验分析仪器制造	20	56556	41751	13941	8854	1891
试验机制造	8	31422	24476	6480	7933	2110
供应用仪表及其他通用仪器制造	87	582583	382907	151747	85150	25244
专用仪器仪表制造	84	691784	431152	155656	71398	30507
环境监测专用仪器仪表制造	5	97811	82790	37265	12269	7745

单位：万元

外商资本	固定资产原价	累计折旧	#本年折旧	在建工程(个)	负债合计	流动负债合计	#应付账款	所有者权益合计
46810	76230	30112	4328	1652	137362	134299	39632	79775
4128	6962	3240	454	476	6987	6987	2421	8575
33808	53625	20067	2821	1157	74997	73946	20252	37004
8874	15643	6806	1053	19	55378	53366	16960	34196
84736	122909	44035	7166	4124	417358	386516	75617	227067
7752	11847	4095	717	638	190167	161738	12792	130654
53876	72804	24295	4556	3180	131354	129316	38428	66183
23108	38258	15645	1893	306	95838	95462	24397	30230
247924	388005	159656	29239	45886	626942	549567	148163	464646
5573	9111	3538	2073	1931	18054	18004	6274	16329
68825	118798	56770	8100	18311	117540	111497	34179	143198
42203	76313	34585	4946	4547	124185	118181	21039	78233
131323	183783	64763	14120	21097	367164	301885	86670	226887
681146	1017660	401223	76807	92314	1827881	1715177	397838	1415848
588946	892431	355325	66450	82451	1596917	1500712	354937	1326128
92200	125229	45897	10357	9864	230964	214465	42901	89720
73729	85397	25490	6382	16484	217153	206389	35044	107630
73729	85397	25490	6382	16484	217153	206389	35044	107630
649056	914525	327927	61610	102380	1797675	1702512	445910	1497188
381878	561679	200523	40684	36439	1068588	1017744	323295	1068022
184782	252033	80715	18139	24865	462726	428090	151085	546941
54845	90070	35964	7185	3194	195308	191924	69335	191101
21312	30166	9235	1596	117	42659	42659	9440	28174
13243	20488	7878	1537	653	27660	26166	11294	28896
5072	9915	5408	577	198	19523	19317	2265	11899
102623	159007	61323	11650	7413	320713	309587	79876	261012
122901	154728	64124	10498	29603	401361	384392	69125	290555
4644	6651	2099	424	102	53252	51418	12775	44559

1-B-29 续表 23

行业	单位数(个)	资产总计	流动资产合计	#应收账款	#存货	港澳台资本
运输设备及生产用计数仪表制造	34	319663	164208	46316	23704	10127
导航、气象及海洋专用仪器制造	5	30147	19931	8009	5329	3586
农林牧渔专用仪器仪表制造	1					
地质勘探和地震专用仪器制造	2	11727	10109	5959	3525	1149
教学专用仪器制造	18	104639	62857	23909	10801	3148
电子测量仪器制造	7	56590	37227	13459	6218	1725
其他专用仪器制造	12	68345	53723	20680	9354	3027
钟表与计时仪器制造	10	39313	16851	5714	6117	2641
钟表与计时仪器制造	10	39313	16851	5714	6117	2641
光学仪器及眼镜制造	80	380358	193367	62774	50520	24274
光学仪器制造	18	82569	53590	16529	13596	5351
眼镜制造	62	297790	139777	46246	36925	18923
其他仪器仪表制造业	14	46951	34781	14235	7635	4213
其他仪器仪表制造业	14	46951	34781	14235	7635	4213
其他制造业	287	1969901	911869	231719	175718	65103
日用杂品制造	247	944783	628125	179215	131932	53505
鬃毛加工、制刷及清扫工具制造	35	132065	82966	15680	18689	5604
其他日用杂品制造	212	812718	545159	163535	113243	47901
煤制品制造	4	868452	180562	17540	20037	3372
煤制品制造	4	868452	180562	17540	20037	3372
其他未列明制造业	36	156666	103183	34964	23750	8227
其他未列明制造业	36	156666	103183	34964	23750	8227
废弃资源综合利用业	143	1049110	807523	132018	327200	135336
金属废料和碎屑加工处理	111	777062	638162	105366	291430	124366
金属废料和碎屑加工处理	111	777062	638162	105366	291430	124366
非金属废料和碎屑加工处理	32	272048	169362	26652	35770	10970
非金属废料和碎屑加工处理	32	272048	169362	26652	35770	10970
金属制品、机械和设备修理业	35	336077	122422	36847	16987	811
通用设备修理	2	6917	5961	3265	1265	181
通用设备修理	2	6917	5961	3265	1265	181

单位：万元

外商资本	固定资产原价	累计折旧	#本年折旧	在建工程（个）	负债合计	流动负债合计	#应付账款	所有者权益合计
72318	85989	37936	5826	21388	213175	199300	25394	106488
6351	6643	3025	446	2732	11193	10464	3832	19682
1257	2193	936	163		5981	5981	2038	5746
17618	24161	9801	1332	3201	54992	54948	12758	49647
8368	11443	3884	1357	1241	26471	25985	5549	30119
10723	15445	5861	831	939	34168	34168	6529	33581
19676	20592	5709	1364	4853	23291	23100	5614	15822
19676	20592	5709	1364	4853	23291	23100	5614	15822
117036	164186	51681	7950	30963	273934	247877	41029	106339
21886	36458	14798	2127	626	46759	40694	14145	35803
95150	127728	36883	5823	30337	227176	207183	26884	70536
7566	13341	5890	1115	522	30501	29399	6847	16450
7566	13341	5890	1115	522	30501	29399	6847	16450
495309	646635	168292	35178	376848	1377555	922698	180759	579531
231609	328127	109020	21119	11489	622557	579047	92060	314498
42390	58688	17173	3674	1434	92579	90955	12663	39234
189220	269438	91847	17445	10055	529978	488092	79396	275264
228748	267722	40787	10389	361835	664694	257394	70768	203757
228748	267722	40787	10389	361835	664694	257394	70768	203757
34952	50786	18485	3670	3524	90303	86257	17931	61276
34952	50786	18485	3670	3524	90303	86257	17931	61276
129741	154913	47376	13387	42110	828666	732708	139692	223141
70990	77518	27065	8376	30385	652211	574566	126031	127947
70990	77518	27065	8376	30385	652211	574566	126031	127947
58751	77396	20311	5011	11725	176454	158142	13661	95194
58751	77396	20311	5011	11725	176454	158142	13661	95194
73896	97978	33331	6264	92369	241516	166621	22582	94560
883	1347	464	143		4776	4759	2474	2141
883	1347	464	143		4776	4759	2474	2141

1-B-29 续表 24

行业	单位数(个)	资产总计	流动资产合计	#应收账款	#存货	港澳台资本
专用设备修理	1					
专用设备修理	1					
铁路、船舶、航空航天等运输设备修理	27	300072	99180	28742	14349	72
船舶修理	27	300072	99180	28742	14349	72
电气设备修理	3	17877	7868	855	888	421
电气设备修理	3	17877	7868	855	888	421
其他机械和设备修理业	2	7809	6417	1882	46	
其他机械和设备修理业	2	7809	6417	1882	46	
电力、热力、燃气及水生产和供应业	**386**	**25939960**	**6349878**	**999133**	**949437**	**27607**
电力、热力生产和供应业	216	19926493	4237486	839913	815850	13253
电力生产	170	18723710	3937729	764676	794545	11678
火力发电	88	9828212	2568869	591003	222667	5107
水力发电	55	2260631	311398	53658	7890	6227
核力发电	3	5945945	928904	101533	561146	
风力发电	10	286629	33308	4365	1082	344
其他电力生产	14	402293	95251	14117	1761	…
电力供应	12	424687	44652	1027	6467	1480
电力供应	12	424687	44652	1027	6467	1480
热力生产和供应	34	778095	255104	74211	14838	96
热力生产和供应	34	778095	255104	74211	14838	96
燃气生产和供应业	62	1767409	691968	84297	102669	9469
燃气生产和供应业	62	1767409	691968	84297	102669	9469
燃气生产和供应业	62	1767409	691968	84297	102669	9469
水的生产和供应业	108	4246058	1420424	74922	30919	4886
自来水生产和供应	72	2988456	1132594	44740	24700	4748
自来水生产和供应	72	2988456	1132594	44740	24700	4748
污水处理及其再生利用	36	1257603	287830	30183	6219	138
污水处理及其再生利用	36	1257603	287830	30183	6219	138

单位：万元

外商资本	固定资产原价	累计折旧	#本年折旧	在建工程(个)	负债合计	流动负债合计	#应付账款	所有者权益合计
69497	91511	31256	5650	91554	220339	145567	17930	79734
69497	91511	31256	5650	91554	220339	145567	17930	79734
2589	3791	1201	314	780	9933	9841	838	7944
2589	3791	1201	314	780	9933	9841	838	7944
813	1163	356	144	6	4018	4003	1076	3791
813	1163	356	144	6	4018	4003	1076	3791
15791568	**25373719**	**11264004**	**1348640**	**2868816**	**15447824**	**7470420**	**1301123**	**10484372**
12788428	21495954	9978190	1138353	2229108	11591408	5207287	936866	8333569
11993379	20162339	9396386	1046510	2144260	10993396	4753628	833708	7728798
6697043	12040750	5528721	635622	206695	5326646	3249239	580971	4501565
1889472	3117339	1257823	102967	32607	1230479	445693	115901	1029445
2990706	4413928	2434749	275267	1883524	4072607	939913	103476	1873339
228272	309067	81047	15428	16087	158297	24424	12288	128332
187886	281255	94046	17225	5347	205368	94360	21071	196117
341328	608912	291272	43044	45958	123418	104802	44130	301269
341328	608912	291272	43044	45958	123418	104802	44130	301269
453721	724702	290532	48799	38890	474594	348857	59027	303502
453721	724702	290532	48799	38890	474594	348857	59027	303502
766982	969979	258511	48381	241093	1047169	704361	146614	719651
766982	969979	258511	48381	241093	1047169	704361	146614	719651
766982	969979	258511	48381	241093	1047169	704361	146614	719651
2236158	2907787	1027302	161906	398615	2809247	1558772	217643	1431152
1456552	1884582	696045	98825	267262	2008593	1148967	87111	974204
1456552	1884582	696045	98825	267262	2008593	1148967	87111	974204
779605	1023205	331257	63081	131354	800654	409805	130532	456949
779605	1023205	331257	63081	131354	800654	409805	130532	456949

1-B-29 续表 25

行 业	#实收资本	国家资本	集体资本	法人资本	个人资本	港澳台资本
总 计	**57817793**	**4547366**	**415444**	**16629743**	**22059109**	**6878944**
采矿业	**284327**	**20560**	**488**	**82373**	**131421**	**8927**
煤炭开采和洗选业						
褐煤开采洗选						
褐煤开采洗选						
黑色金属矿采选业	5100	500		3994	606	
铁矿采选	5100	500		3994	606	
铁矿采选	5100	500		3994	606	
有色金属矿采选业	32679		120	4036	28522	
常用有色金属矿采选	11198			500	10698	
铜矿采选						
铅锌矿采选	10448			500	9948	
贵金属矿采选						
银矿采选						
稀有稀土金属矿采选	20681			2980	17701	
钨钼矿采选	20681			2980	17701	
非金属矿采选业	246049	20060	368	74343	101793	8927
土砂石开采	238211	20030	368	70625	97703	8927
石灰石、石膏开采	50426	3930	368	20930	1650	
建筑装饰用石开采	68851	15200		10837	25150	1949
耐火土石开采	20680			12025	8655	
粘土及其他土砂石开采	98255	900		26834	62248	6979
化学矿开采						
化学矿开采						
石棉及其他非金属矿采选	4220	30		2100	2090	
其他未列明非金属矿采选	4220	30		2100	2090	
制造业	**50495173**	**571583**	**390743**	**14311345**	**21766572**	**6530864**
农副食品加工业	775034	8151	13919	253052	420039	21812
谷物磨制	66803	650	40	39406	26267	440
谷物磨制	66803	650	40	39406	26267	440

单位: 万元

外商资本	营业收入	#主营业务收入	营业成本	#主营业务成本	营业税金及附加	#主营业务税金及附加	其他业务利润
7287187	**270478402**	**265241122**	**232032170**	**227376130**	**2889572**	**2860362**	**542276**
40558	**1241920**	**1240129**	**987615**	**985300**	**31168**	**30669**	**-216**
	37777	37777	33787	33787	138	138	
	37777	37777	33787	33787	138	138	
	37777	37777	33787	33787	138	138	
	148715	148315	118542	118517	2956	2956	
	53731	53331	45596	45571	506	506	
	50221	49821	42788	42763	477	477	
	92309	92309	71729	71729	2342	2342	
	92309	92309	71729	71729	2342	2342	
40558	1048428	1047038	829520	827230	28071	27571	-216
40558	1000795	999459	794416	792726	26968	26469	-270
23548	123394	122151	78217	77188	7076	6715	-127
15715	277061	277061	214826	214205	8875	8744	
	114993	114939	93391	93391	1127	1119	-181
1295	485348	485308	407982	407942	9891	9891	38
	37473	37419	26570	25969	1040	1040	54
	37473	37419	26570	25969	1040	1040	54
6924066	**255423853**	**250346688**	**220171899**	**215597187**	**2769351**	**2742790**	**488206**
58062	6952486	6863316	6278874	6193594	19179	18528	6958
	631166	623558	601349	594727	1498	1426	499
	631166	623558	601349	594727	1498	1426	499

1-B-29 续表 26

行　业	#实收资本					
		国家资本	集体资本	法人资本	个人资本	港澳台资本
饲料加工	130436			53530	60853	3420
饲料加工	130436			53530	60853	3420
植物油加工	47271			23952	16902	517
食用植物油加工	46219			23952	15850	517
非食用植物油加工	1052				1052	
制糖业						
制糖业						
屠宰及肉类加工	100493	6821	50	29922	47776	2828
牲畜屠宰	9504	775	50	6761	1918	
禽类屠宰	1610			500	1110	
肉制品及副产品加工	89379	6046		22661	44747	2828
水产品加工	283373	634	12638	56771	191544	12164
水产品冷冻加工	200462	300	10230	26185	145807	9988
鱼糜制品及水产品干腌制加工	40091	334		13950	21993	2176
水产饲料制造	31921		388	12356	19177	
鱼油提取及制品制造						
其他水产品加工	8399		2020	1780	4567	
蔬菜、水果和坚果加工	101341		1191	40314	54065	195
蔬菜加工	73511		1191	34309	32239	195
水果和坚果加工	27831			6004	21826	
其他农副食品加工	44818	46		9158	22133	2248
淀粉及淀粉制品制造	8021				1822	
豆制品制造	16400	46		3368	7952	
蛋品加工	1550			1000	550	
其他未列明农副食品加工	18847			4790	11809	2248
食品制造业	493205	7120	6653	135710	179351	48832
焙烤食品制造	44349		590	3168	18608	5119
糕点、面包制造	18402		590	952	14966	
饼干及其他焙烤食品制造	25947			2216	3642	5119

单位：万元

外商资本	营业收入	#主营业务收入	营业成本	#主营业务成本	营业税金及附加	#主营业务税金及附加	其他业务利润
12632	1787645	1776368	1630885	1622842	2698	2553	803
12632	1787645	1776368	1630885	1622842	2698	2553	803
5900	503459	501754	455532	454074	1484	1471	512
5900	489294	487622	443062	441603	1408	1394	479
	14165	14132	12470	12470	77	77	33
13096	749933	745266	678585	675088	2462	2282	612
	313645	312473	300051	299404	306	295	-28
	15410	15410	13418	13418	13	13	
13096	420879	417383	365116	362266	2144	1974	639
9624	2089525	2031094	1898234	1838767	5402	5200	3044
7952	1584971	1544199	1443824	1400748	3764	3705	2254
1639	247683	230358	219687	203360	1070	1063	725
	208927	208703	194568	194568	397	261	18
33	42210	42210	36747	36747	171	171	
5577	822704	820887	702363	701396	3860	3820	227
5577	504781	503195	430573	429865	2242	2229	54
	317923	317693	271790	271531	1618	1591	172
11233	362472	358806	306631	301405	1740	1740	1261
6199	115770	113035	93429	91084	373	373	389
5035	108790	108651	87399	87368	799	799	108
	39470	39470	34934	34934	111	111	
	98441	97650	90869	88019	457	457	765
115539	2249620	2232587	1838405	1826650	11857	11468	2096
16865	184928	183994	149490	148961	1064	1056	234
1894	95637	94898	76123	75667	466	466	126
14971	89292	89096	73367	73294	598	590	108

1-B-29 续表 27

行业	#实收资本					
		国家资本	集体资本	法人资本	个人资本	港澳台资本
糖果、巧克力及蜜饯制造	23041	606	473	1950	12893	3640
糖果、巧克力制造	9577	606	463		1453	3640
蜜饯制作	13465		10	1950	11440	
方便食品制造	62250			14495	19771	3015
米、面制品制造	4625			2495	2130	
速冻食品制造	16893			5114	3405	416
方便面及其他方便食品制造	40731			6886	14236	2599
乳制品制造	9903			5040	4863	
乳制品制造	9903			5040	4863	
罐头食品制造	57448		2151	7867	37601	620
水产品罐头制造	2067			622	782	
蔬菜、水果罐头制造	52264		2151	6728	34219	620
其他罐头食品制造	3118			518	2600	
调味品、发酵制品制造	55198			16070	11857	14464
味精制造	4190			1538	2652	
酱油、食醋及类似制品制造	13888			6591	5990	1100
其他调味品、发酵制品制造	37120			7941	3215	13364
其他食品制造	241016	6514	3439	87120	73759	21974
营养食品制造	28921			17152	10516	1046
保健食品制造	51471			8143	16814	12081
冷冻饮品及食用冰制造	14855			12172	1000	1683
盐加工	6318	5318		1000		
食品及饲料添加剂制造	134551	1196	3439	48353	40830	7165
其他未列明食品制造	4900			300	4600	
酒、饮料和精制茶制造业	519485	7667	954	183357	91049	67393
酒的制造	178395	7317	94	34317	19820	46673
酒精制造						
白酒制造	11535			1100	500	
啤酒制造	122203	5846		18817		44168
黄酒制造	38499	1471	94	9400	18162	2506
其他酒制造	6000			5000	1000	

单位：万元

外商资本	营业收入	#主营业务收入	营业成本	#主营业务成本	营业税金及附加	#主营业务税金及附加	其他业务利润
3479	116008	113522	93357	90989	619	605	103
3415	63554	61070	50813	48445	324	324	116
64	52454	52453	42545	42545	295	282	-14
24969	243971	243671	198720	198601	1703	1465	176
	31742	31742	27823	27823	192	192	
7958	77119	77018	66512	66434	533	533	24
17011	135110	134911	104386	104345	978	740	152
	110366	109418	95783	95023	282	282	188
	110366	109418	95783	95023	282	282	188
9209	229669	228610	205581	204913	1052	1052	392
663	22574	22573	20914	20914	64	64	1
8546	201550	200490	179768	179100	951	951	391
	5546	5546	4900	4900	37	37	
12807	256610	255868	186587	186221	1932	1932	106
	26033	25588	21191	21011	205	205	1
207	151813	151792	100060	100050	1357	1357	5
12600	78764	78488	65336	65161	370	370	101
48210	1108068	1097503	908887	901941	5206	5075	899
207	206410	206132	173924	173793	859	859	-3
14434	222420	222420	181202	181202	1276	1276	
	51231	50019	44528	43449	220	220	72
	29584	27540	19032	17388	149	145	355
33569	562035	555012	457748	453665	2582	2455	474
	36389	36381	32452	32444	120	120	
169066	1818150	1771281	1470336	1442612	23209	22841	18925
70175	360440	352649	279427	274257	17297	16947	967
9935	22659	22594	15222	15176	1061	1053	4
53373	164607	157919	131751	127191	10206	10205	559
6867	160016	158978	121466	120902	5147	4805	404
	9043	9043	7378	7378	863	863	

1-B-29 续表 28

行业	#实收资本	国家资本	集体资本	法人资本	个人资本	港澳台资本
饮料制造	226061			100076	13915	13717
碳酸饮料制造	6930			4435	1000	
瓶(罐)装饮用水制造	22689			22689		
果菜汁及果菜汁饮料制造	105697			22122	7628	11847
含乳饮料和植物蛋白饮料制造	34208			16360	3500	
固体饮料制造	11764			9000	1787	423
茶饮料及其他饮料制造	44774			25470		1447
精制茶加工	115029	350	860	48964	57315	7003
精制茶加工	115029	350	860	48964	57315	7003
烟草制品业	69040			64010	3630	1400
卷烟制造						
卷烟制造						
其他烟草制品制造						
其他烟草制品制造						
纺织业	5075580	8806	22775	1262463	2360217	850356
棉纺织及印染精加工	2403958	5441	6398	737869	1138835	336371
棉纺纱加工	659540		2126	153746	366270	111853
棉织造加工	1179483		782	433102	589179	91108
棉印染精加工	564935	5441	3490	151021	183386	133410
毛纺织及染整精加工	273309	1350	1075	37339	97786	99805
毛条和毛纱线加工	153599		296	8142	51871	72260
毛织造加工	93150	1350	647	25102	29578	22823
毛染整精加工	26560		132	4096	16337	4722
麻纺织及染整精加工	17624			2563	4316	10745
麻纤维纺前加工和纺纱	5700			2563	2328	809
麻织造加工	11925				1988	9936
丝绢纺织及印染精加工	288046		3398	74441	113764	44019
缫丝加工	36861			11622	24775	61
绢纺和丝织加工	208261		3398	42637	74034	38398
丝印染精加工	42925			20182	14956	5560

单位：万元

外商资本	营业收入	#主营业务收入	营业成本	#主营业务成本	营业税金及附加	#主营业务税金及附加	其他业务利润
98354	606134	569333	459027	438579	3363	3362	17621
1495	48025	48020	41558	41558	271	271	5
	84735	84509	62805	62489	340	340	18
64101	193740	186557	143167	136358	1304	1303	232
14348	124785	124596	91898	91881	710	710	
554	21067	21033	19521	18665	66	66	6
17857	133784	104618	100078	87629	672	672	17360
537	851576	849299	731883	729776	2549	2533	337
537	851576	849299	731883	729776	2549	2533	337
	3924728	2458997	1935634	469253	1539270	1539117	291
570964	30440681	30263264	27176034	27038524	134870	132259	35236
179044	13804485	13727190	12412936	12352572	61762	60944	12663
25544	3647180	3611972	3280577	3250668	15492	15042	3397
65312	7538409	7507727	6831295	6807925	31825	31604	5580
88187	2618895	2607491	2301065	2293979	14445	14298	3686
35953	1210085	1196483	1085526	1075405	6074	5829	3307
21031	718143	709314	652053	646253	2616	2450	2934
13650	372285	368275	327326	323698	2163	2118	297
1272	119656	118895	106147	105454	1295	1261	76
	72061	71168	62215	61286	411	411	-13
	38498	38484	32907	32877	177	177	7
	33562	32684	29307	28409	233	233	-20
52425	1935813	1912545	1728945	1714113	8619	8480	9407
404	359163	355278	331002	327659	1886	1836	933
49794	1389438	1371667	1236229	1225847	5855	5766	7793
2227	187213	185600	161714	160607	879	879	681

1-B-29 续表 29

行　业	#实收资本	国家资本	集体资本	法人资本	个人资本	港澳台资本
化纤织造及印染精加工	230062		270	41558	144902	17035
化纤织造加工	194115		270	32732	120130	14687
化纤织物染整精加工	35947			8826	24773	2348
针织或钩针编织物及其制品制造	988293	315	3914	208320	481547	205733
针织或钩针编织物织造	853590	311	2793	175629	408927	189841
针织或钩针编织物印染精加工	28712	4	593	12267	14692	563
针织或钩针编织品制造	105990		529	20424	57928	15329
家用纺织制成品制造	404031		72	74894	172132	96416
床上用品制造	178452			28114	104290	33436
毛巾类制品制造	23852			1266	6353	15835
窗帘、布艺类产品制造	121134			26800	35082	35333
其他家用纺织制成品制造	80593		72	18715	26407	11812
非家用纺织制成品制造	470258	1700	7648	85479	206934	40232
非织造布制造	186546	1700	7648	31677	117735	8349
绳、索、缆制造	20044			3730	8077	1153
纺织带和帘子布制造	83912			27323	30752	12943
篷、帆布制造	45738			11335	18320	10690
其他非家用纺织制成品制造	134019			11414	32050	7097
纺织服装、服饰业	1727294	11814	9759	359950	693399	344094
机织服装制造	989519	7982	9519	206126	343378	200863
机织服装制造	989519	7982	9519	206126	343378	200863
针织或钩针编织服装制造	509745	3541	240	120814	209099	109236
针织或钩针编织服装制造	509745	3541	240	120814	209099	109236
服饰制造	228030	292		33010	140921	33995
服饰制造	228030	292		33010	140921	33995
皮革、毛皮、羽毛及其制品和制鞋业	904071		1935	167967	514407	97663
皮革鞣制加工	125377		25	24966	64560	3993
皮革鞣制加工	125377		25	24966	64560	3993
皮革制品制造	277722		101	35626	142845	55297
皮革服装制造	109361		101	14234	57584	29700

单位：万元

外商资本	营业收入	#主营业务收入	营业成本	#主营业务成本	营业税金及附加	#主营业务税金及附加	其他业务利润
26296	2040370	2031953	1800536	1791988	8644	8449	534
26296	1849172	1841154	1634301	1627706	7685	7609	371
	191198	190798	166234	164282	959	839	163
88464	6597206	6564133	5909417	5882388	28899	28171	6233
76090	5776750	5745557	5195707	5170360	24478	23796	5799
593	172418	171930	149896	149536	1167	1130	71
11781	648037	646647	563814	562492	3253	3245	363
60517	2422294	2409130	2141889	2133910	9982	9827	1721
12612	1117157	1112257	979889	977015	4981	4887	543
399	102179	102103	87465	87439	550	503	10
23919	808553	802055	721224	717006	2878	2866	559
23587	394405	392715	353312	352449	1573	1572	608
128266	2358367	2350661	2034571	2026862	10479	10149	1386
19438	1229063	1223609	1048591	1042377	5267	5008	926
7084	133606	133145	114596	114393	498	498	35
12893	466755	465910	414771	414015	1936	1877	-35
5393	289006	288479	253403	253130	1405	1404	304
83458	239937	239518	203210	202948	1373	1362	156
308278	10031906	9935450	8744851	8664638	55533	53870	14526
221651	5406234	5348430	4696834	4647278	31414	30323	6740
221651	5406234	5348430	4696834	4647278	31414	30323	6740
66815	3336515	3312229	2924353	2905110	17890	17531	4584
66815	3336515	3312229	2924353	2905110	17890	17531	4584
19812	1289158	1274792	1123663	1112251	6229	6017	3203
19812	1289158	1274792	1123663	1112251	6229	6017	3203
122098	6557950	6525757	5766015	5739680	35087	33721	5924
31834	632200	619981	567324	556567	3637	2893	1059
31834	632200	619981	567324	556567	3637	2893	1059
43854	1818702	1806397	1591161	1581398	10514	10231	1932
7742	617999	612348	545942	541401	3442	3316	1243

1-B-29 续表 30

行业	#实收资本	国家资本	集体资本	法人资本	个人资本	港澳台资本
皮箱、包(袋)制造	103561			11015	55925	21263
皮手套及皮装饰制品制造	34276			3453	19398	145
其他皮革制品制造	30524			6924	9939	4190
毛皮鞣制及制品加工	48775			6902	23859	13073
毛皮鞣制加工	7395			1500	3885	1935
毛皮服装加工	21288			1826	8136	11055
其他毛皮制品加工	20091			3576	11838	83
羽毛(绒)加工及制品制造	94454		713	24075	37180	12476
羽毛(绒)加工	19508			3078	15934	
羽毛(绒)制品加工	74947		713	20997	21247	12476
制鞋业	357743		1097	76399	245963	12825
纺织面料鞋制造	23381			1348	9907	8530
皮鞋制造	259199		997	62391	175329	4170
塑料鞋制造	15052			1268	13603	
橡胶鞋制造	51133			9470	41449	125
其他制鞋业	8979		100	1923	5676	
木材加工和木、竹、藤、棕、草制品业	445087		750	144502	201010	59235
木材加工	31868			6006	17798	8064
锯材加工	19267			3470	8236	7561
木片加工	3280			1088	2192	
单板加工	8721			999	7220	502
其他木材加工	600			450	150	
人造板制造	155036		750	70109	50833	13307
胶合板制造	88178		750	35040	28439	12126
纤维板制造	29416			10541	9531	1129
刨花板制造	3560				3560	
其他人造板制造	33882			24527	9302	52
木制品制造	207261			52094	104709	32930
建筑用木料及木材组件加工	10528			3997	6406	
木门窗、楼梯制造	44449			12064	24625	4601

单位：万元

外商资本	营业收入	#主营业务收入	营业成本	#主营业务成本	营业税金及附加	#主营业务税金及附加	其他业务利润
15359	870595	868592	760949	759489	5020	4931	508
11281	164692	164227	143578	143380	959	917	42
9472	165416	161230	140691	137127	1093	1067	138
4941	314654	314415	280320	280202	1258	1252	55
75	106900	106783	98964	98846	259	253	5
271	56471	56409	48115	48115	254	254	2
4595	151284	151224	133241	133241	745	745	48
20010	700386	698828	636875	635775	2883	2857	400
497	233683	233504	221641	221641	695	695	69
19514	466703	465324	415234	414134	2188	2163	331
21459	3092007	3086136	2690336	2685739	16795	16488	2478
3595	191603	191533	169080	169063	1125	1122	44
16312	2201719	2196713	1910587	1906673	11707	11459	2289
182	179375	179275	158640	158554	867	860	50
89	444821	444344	386100	385721	2737	2689	49
1281	74490	74272	65929	65729	359	359	46
39590	3265554	3252652	2847816	2836953	28219	27567	2377
	192730	192229	172401	171972	1046	1045	-39
	52956	52900	45923	45923	363	363	
	43959	43959	42313	42313	183	183	
	77280	77197	68556	68404	399	399	-70
	18535	18173	15609	15333	101	100	31
20037	1042208	1035150	926148	920283	5627	5430	704
11823	627220	621760	562169	558524	2864	2671	852
8215	135358	135248	122006	121935	631	631	-175
	14810	13810	12477	11068	104	102	
	264820	264332	229497	228755	2028	2027	27
17527	1589550	1586060	1374986	1372644	17284	17111	878
125	90900	90899	79324	79324	556	491	1
3158	254247	253361	210787	210071	1934	1932	643

1-B-29 续表 31

行业	#实收资本					
		国家资本	集体资本	法人资本	个人资本	港澳台资本
地板制造	88334			23171	49711	7202
木制容器制造	26784			2816	8728	15240
软木制品及其他木制品制造	37166			10045	15239	5888
竹、藤、棕、草等制品制造	50922			16293	27670	4934
竹制品制造	44850			15112	23301	4810
藤制品制造	155			5	150	
草及其他制品制造	5917			1176	4219	124
家具制造业	733488		4070	171608	265870	149688
木质家具制造	311452		3215	75300	122623	73556
木质家具制造	311452		3215	75300	122623	73556
竹、藤家具制造	13038			2775	2388	7876
竹、藤家具制造	13038			2775	2388	7876
金属家具制造	237845		855	53409	86559	22110
金属家具制造	237845		855	53409	86559	22110
塑料家具制造	30086			10573	14674	2247
塑料家具制造	30086			10573	14674	2247
其他家具制造	141066			29551	39627	43900
其他家具制造	141066			29551	39627	43900
造纸和纸制品业	1168490	14560	16607	286086	657968	131004
纸浆制造						
木竹浆制造						
造纸	690050	10470	13899	204945	395794	42611
机制纸及纸板制造	653132	10470	13899	195772	378105	32555
手工纸制造	9836			2350		7486
加工纸制造	27082			6823	17689	2570
纸制品制造	478320	4091	2708	81021	262174	88393
纸和纸板容器制造	286412	1856	203	50379	152014	59201
其他纸制品制造	191908	2235	2505	30642	110160	29192
印刷和记录媒介复制业	592033	9863	3470	192982	272728	82178
印刷	575045	9563	3470	184887	265170	81144

单位：万元

外商资本	营业收入	#主营业务收入	营业成本	#主营业务成本	营业税金及附加	#主营业务税金及附加	其他业务利润
8250	923956	922465	800524	799632	13285	13180	-223
	183777	183142	164236	163767	739	738	246
5994	136669	136194	120114	119849	770	770	211
2026	441067	439213	374281	372054	4263	3980	835
1628	365588	364222	309240	307446	3611	3329	840
	8550	8549	8070	8070	34	34	
397	66929	66443	56971	56538	617	617	-5
142252	3041448	3028959	2555849	2543979	17703	17349	1877
36758	1144250	1141559	960620	958552	6730	6505	23
36758	1144250	1141559	960620	958552	6730	6505	23
	61172	58638	51333	48966	262	258	9
	61172	58638	51333	48966	262	258	9
74912	978783	975440	832232	827693	5593	5549	604
74912	978783	975440	832232	827693	5593	5549	604
2592	196446	195951	155361	155077	1193	1185	148
2592	196446	195951	155361	155077	1193	1185	148
27989	660796	657372	556304	553691	3925	3852	1093
27989	660796	657372	556304	553691	3925	3852	1093
62265	6205951	6101456	5365629	5282176	37086	35824	15469
22331	3628624	3556657	3130943	3071781	21691	20953	8696
22331	3464949	3394082	2983169	2924511	21130	20411	8269
	48146	48115	44727	44727	121	121	32
	115529	114460	103046	102543	440	420	396
39934	2575164	2542635	2232675	2208385	15388	14865	6773
22760	1672130	1655061	1452817	1441896	10753	10406	5223
17174	903034	887574	779858	766489	4635	4459	1549
30811	2388010	2366245	2013659	1996120	12853	12491	6843
30811	2340182	2318700	1976597	1959093	12467	12105	6672

1-B-29 续表 32

行业	#实收资本	国家资本	集体资本	法人资本	个人资本	港澳台资本
书、报刊印刷	72501	1913	200	26802	37787	5800
本册印制	23665	395		5198	16614	1003
包装装潢及其他印刷	478880	7255	3270	152888	210770	74340
装订及印刷相关服务	11488	300		3095	7058	1035
装订及印刷相关服务	11488	300		3095	7058	1035
记录媒介复制						
记录媒介复制						
文教、工美、体育和娱乐用品制造业	1032916	1425	2025	307989	468786	120607
文教办公用品制造	187151		1517	56120	84547	15661
文具制造	108376			34740	39075	10776
笔的制造	57451			14763	35608	3368
教学用模型及教具制造	8834			4628	4206	
墨水、墨汁制造						
其他文教办公用品制造	11489		1517	1989	4658	1517
乐器制造	21656			6273	2267	127
西乐器制造	16974			4989	1287	44
电子乐器制造	1500			1000	500	
其他乐器及零件制造	3183			284	480	83
工艺美术品制造	505302	585	508	167077	229546	53417
雕塑工艺品制造	44872	100	508	12541	29953	493
金属工艺品制造	52173			13829	20848	4644
漆器工艺品制造	9399			2741	4882	1776
花画工艺品制造	11840			965	9717	
天然植物纤维编织工艺品制造	21280			7987	10590	627
抽纱刺绣工艺品制造	121177			35749	58807	14006
地毯、挂毯制造	55271			15514	13951	9522
珠宝首饰及有关物品制造	101314	396		58042	27146	15730
其他工艺美术品制造	87977	89		19709	53652	6620
体育用品制造	166457	840		41375	73669	30393
球类制造	8194			2786	4510	414

单位：万元

外商资本	营业收入	#主营业务收入	营业成本	#主营业务成本	营业税金及附加	#主营业务税金及附加	其他业务利润
	209566	205183	173854	172247	1044	986	1758
454	109625	107408	92149	90204	767	767	273
30357	2020990	2006109	1710595	1696642	10657	10353	4640
	45586	45381	35918	35884	345	345	93
	45586	45381	35918	35884	345	345	93
132083	6056292	6033322	5146128	5129993	35764	35188	4975
29305	925647	920708	789697	786255	4888	4748	1777
23785	466910	464261	403447	400779	2385	2339	453
3711	366171	364428	308720	308246	2060	1967	1148
	27531	27406	21674	21625	117	117	7
1809	61746	61324	53434	53182	306	306	169
12990	105991	105628	92862	92593	582	582	95
10654	57653	57291	50375	50106	262	262	95
	11086	11086	9232	9232	95	95	
2336	37252	37251	33254	33254	225	225	
54168	3244105	3234819	2748220	2740720	20133	19912	1259
1277	299292	299283	197527	197527	2692	2692	8
12853	248159	247232	207182	206430	1481	1460	101
	79429	79227	66039	65971	745	738	126
1158	39669	39660	31091	30495	380	380	
2076	145007	144893	121271	121220	1184	1098	-419
12615	983079	980282	877708	875857	5666	5645	538
16283	278444	275384	245985	242733	791	791	39
	585023	584394	509846	509478	3690	3690	239
7907	586003	584464	491569	491009	3505	3417	627
20180	774940	770625	645145	643418	5043	4971	1128
485	79544	79128	67936	67603	498	491	1

1-B-29 续表 33

行　业	#实收资本					
		国家资本	集体资本	法人资本	个人资本	港澳台资本
体育器材及配件制造	37364	840		13131	18293	1109
训练健身器材制造	89912			12868	43723	28870
运动防护用具制造	9742			2608	3700	
其他体育用品制造	21244			9982	3443	
玩具制造	77540			14604	41053	10122
玩具制造	77540			14604	41053	10122
游艺器材及娱乐用品制造	74811			22540	37704	10887
露天游乐场所游乐设备制造	60742			20604	30467	9671
游艺用品及室内游艺器材制造	10761			1475	4390	1216
其他娱乐用品制造	3308			461	2847	
石油加工、炼焦和核燃料加工业	179635		700	94476	31573	14361
精炼石油产品制造	179635		700	94476	31573	14361
原油加工及石油制品制造	178735		700	93876	31273	14361
人造原油制造	900			600	300	
化学原料和化学制品制造业	4796772	180734	47757	1129116	1144715	693404
基础化学原料制造	1311565	140429	2301	369342	189753	218705
无机酸制造	49028			26561	17810	
无机碱制造	2150				2150	
无机盐制造	128809	373	111	68539	14973	19390
有机化学原料制造	741323	110626	2190	192370	118414	159361
其他基础化学原料制造	390255	29430		81872	36406	39954
肥料制造	18057	237		5403	11635	
氮肥制造	2889	237		1456	1196	
复混肥料制造	11339			3572	6986	
有机肥料及微生物肥料制造	1518			375	1143	
其他肥料制造						
农药制造	125662			49402	61707	4469
化学农药制造	109424			49402	49607	331
生物化学农药及微生物农药制造	16238				12100	4138

单位：万元

外商资本	营业收入	#主营业务收入	营业成本	#主营业务成本	营业税金及附加	#主营业务税金及附加	其他业务利润
3991	202329	200587	169871	169246	1318	1316	541
4452	373022	371176	304057	303464	2349	2285	506
3434	36896	36670	32523	32359	297	297	14
7818	83151	83065	70758	70747	582	581	67
11760	728079	724767	638525	635419	3975	3832	718
11760	728079	724767	638525	635419	3975	3832	718
3680	277530	276774	231680	231589	1144	1144	…
	156857	156133	129527	129473	619	619	
3680	91049	91018	77326	77297	392	392	…
	29624	29624	24827	24820	133	133	
38525	1452452	1441995	1326121	1317251	50375	50370	550
38525	1452452	1441995	1326121	1317251	50375	50370	550
38525	1424457	1414000	1300057	1291188	50331	50326	550
	27995	27995	26064	26064	44	44	
1601046	22036871	21399330	19425797	18840003	83606	82576	38228
391035	5855242	5613010	5149871	4927339	18767	18629	15002
4657	139129	135314	118441	114978	1098	1098	1308
	27903	27903	23628	23628	353	353	
25423	358905	344229	285327	272851	1870	1849	2205
158362	4366261	4156367	3894982	3696835	12330	12289	6594
202593	963045	949197	827493	819047	3116	3041	4895
781	100442	100029	90483	89380	551	551	58
	17634	17248	15961	14861	199	199	56
781	60507	60482	55225	55222	180	179	
	7647	7646	6530	6530	40	40	2
10084	621409	613881	534670	524435	1350	1320	850
10084	594198	586744	511896	501660	1201	1170	775
	27210	27136	22775	22775	149	149	74

1-B-29 续表 34

行业	#实收资本					
		国家资本	集体资本	法人资本	个人资本	港澳台资本
涂料、油墨、颜料及类似产品制造	426280	2221	19563	80666	167008	81314
涂料制造	170564	2221	10368	25845	80393	25760
油墨及类似产品制造	35995			12540	6273	17086
颜料制造	51256			12429	29082	4205
染料制造	159788		9130	27330	47050	34236
密封用填料及类似品制造	8677		65	2523	4210	28
合成材料制造	1731858	20675	9771	271702	332744	287653
初级形态塑料及合成树脂制造	1107885	10623	5399	114101	253129	227005
合成橡胶制造	136026			101207	11508	23311
合成纤维单(聚合)体制造	405439	10052	4372	42253	45991	10994
其他合成材料制造	82507			14141	22116	26343
专用化学产品制造	1001205	14077	16122	336510	303966	95002
化学试剂和助剂制造	483615	2000	428	146549	146919	24803
专项化学用品制造	142290	5	2000	53187	23553	34608
林产化学产品制造	20354			11115	9239	
信息化学品制造	207895	6917	13194	87570	84299	15615
环境污染处理专用药剂材料制造	47466	5135	500	18582	13769	484
动物胶制造	38077			5682	246	
其他专用化学产品制造	61508	20		13825	25941	19492
炸药、火工及焰火产品制造	7493	1140		1860	4493	
炸药及火工产品制造	7493	1140		1860	4493	
日用化学产品制造	174652	1955		14231	73409	6261
肥皂及合成洗涤剂制造	21169			2521	17519	
化妆品制造	56315			5679	30858	4280
口腔清洁用品制造	2100			2000	100	
香料、香精制造	81677	1955		1520	19247	1982
其他日用化学产品制造	13391			2510	5686	
医药制造业	933744	12061	25602	392539	223140	101504
化学药品原料药制造	276400	300	6937	96845	85492	40052
化学药品原料药制造	276400	300	6937	96845	85492	40052

单位：万元

外商资本	营业收入	#主营业务收入	营业成本	#主营业务成本	营业税金及附加	#主营业务税金及附加	其他业务利润
75508	2479229	2453928	2040948	2017854	13471	13125	3648
25977	936334	931345	759171	755978	5617	5307	745
95	117127	115712	93874	92861	613	605	396
5541	265098	262126	224823	219628	1426	1419	241
42043	1100542	1085320	912666	899605	5492	5472	2163
1851	60128	59426	50414	49782	323	323	103
809314	7494421	7215673	6954270	6689931	15443	15332	11769
497629	4392296	4209106	4023035	3852603	11657	11568	10059
	439258	437611	392253	390272	504	504	-100
291779	2315842	2225676	2248424	2160032	1632	1630	1773
19906	347025	343280	290559	287024	1650	1630	38
235528	4677774	4597496	4014698	3952828	26725	26340	6981
162916	2890781	2867037	2499609	2480675	11586	11494	4257
28938	747682	707248	641430	611640	10014	9891	749
	120946	120795	104801	104643	994	938	
300	432496	420390	370473	360532	1894	1845	1687
8995	113678	111007	89354	87269	635	573	119
32149	78901	78887	58980	58980	157	157	14
2230	293289	292132	250052	249089	1445	1442	154
	74810	74730	54233	53185	521	519	-575
	74810	74730	54233	53185	521	519	-575
78797	733544	730584	586624	585052	6778	6761	496
1129	168070	167564	147435	147331	899	898	182
15499	250240	249017	197289	196503	3630	3620	-9
	13515	13508	10272	10265	45	45	
56974	236734	235622	176213	175537	1928	1924	231
5195	64986	64872	55415	55415	276	274	92
178898	3578936	3485709	2447713	2415357	19929	19515	67361
46774	1120257	1100061	924034	898776	5825	5608	1702
46774	1120257	1100061	924034	898776	5825	5608	1702

1-B-29 续表 35

行　　业	#实收资本	国家资本	集体资本	法人资本	个人资本	港澳台资本
化学药品制剂制造	226172	10635	7714	101588	21333	15331
化学药品制剂制造	226172	10635	7714	101588	21333	15331
中药饮片加工	61221	975		16403	10522	3432
中药饮片加工	61221	975		16403	10522	3432
中成药生产	133263	151	8017	84154	11561	24275
中成药生产	133263	151	8017	84154	11561	24275
兽用药品制造	28229			16142	8994	
兽用药品制造	28229			16142	8994	
生物药品制造	130140		2634	41442	55348	11918
生物药品制造	130140		2634	41442	55348	11918
卫生材料及医药用品制造	78320		300	35966	29890	6496
卫生材料及医药用品制造	78320		300	35966	29890	6496
化学纤维制造业	1287760	34121	2556	286104	477655	362754
纤维素纤维原料及纤维制造	55848	21825		1106	13552	5432
化纤浆粕制造	1288			144	1144	
人造纤维(纤维素纤维)制造	54560	21825		962	12408	5432
合成纤维制造	1231912	12296	2556	284998	464103	357322
锦纶纤维制造	152440	4296		42966	78795	22086
涤纶纤维制造	701281			175294	289946	177417
腈纶纤维制造	110376			8800		101576
维纶纤维制造						
丙纶纤维制造	10874			715	6074	4085
氨纶纤维制造	83056			19798	32690	14249
其他合成纤维制造	172606	8000	2556	36529	56214	37910
橡胶和塑料制品业	2661325	4525	13285	669037	1386835	332420
橡胶制品业	255699		4532	42211	157315	9493
轮胎制造	49413		3231	4880	16054	8072
橡胶板、管、带制造	83221			9561	67032	994
橡胶零件制造	39383			8351	21963	
再生橡胶制造	19405			5780	13625	
日用及医用橡胶制品制造	15396			5048	5457	338
其他橡胶制品制造	48882		1301	8591	33183	90

单位：万元

外商资本	营业收入	#主营业务收入	营业成本	#主营业务成本	营业税金及附加	#主营业务税金及附加	其他业务利润
69572	895252	834580	481105	480845	3606	3580	59588
69572	895252	834580	481105	480845	3606	3580	59588
29889	248628	244301	194031	193678	703	703	4177
29889	248628	244301	194031	193678	703	703	4177
5105	412455	411455	212750	211938	4165	4056	650
5105	412455	411455	212750	211938	4165	4056	650
3093	138824	138301	106265	105814	597	597	44
3093	138824	138301	106265	105814	597	597	44
18798	420167	417037	271139	268034	3026	3022	975
18798	420167	417037	271139	268034	3026	3022	975
5668	343353	339974	258389	256272	2006	1948	226
5668	343353	339974	258389	256272	2006	1948	226
124570	7073045	6992835	6490518	6415888	20499	20200	6599
13933	201875	201449	170806	170562	1313	1313	347
	10106	10076	9671	9671	17	17	25
13933	191769	191373	161135	160892	1296	1296	323
110637	6871170	6791386	6319713	6245326	19186	18887	6252
4297	871044	858972	798076	786097	2357	2300	778
58624	4389566	4334074	4032284	3980152	11965	11847	3992
	121875	121768	111106	111106	363	363	107
	82695	82454	75881	75688	405	405	11
16319	166620	162268	147195	143469	784	661	619
31397	1236474	1228953	1152637	1146303	3285	3282	765
255225	13920871	13691227	12087110	11886324	67402	66431	21486
42149	1328888	1303206	1116267	1092443	7487	7433	1970
17176	155290	154529	131002	130343	943	943	117
5634	443943	436723	380649	373761	2117	2074	529
9069	258546	252151	211602	205903	1783	1778	673
	109465	108199	88214	87525	653	653	577
4553	115003	106421	99233	90516	624	624	-38
5717	246641	245183	205567	204394	1368	1361	112

1-B-29 续表 36

行业	#实收资本	国家资本	集体资本	法人资本	个人资本	港澳台资本
塑料制品业	2405626	4525	8752	626826	1229520	322927
塑料薄膜制造	448947		2346	111797	186667	104660
塑料板、管、型材制造	527337	4309	2020	157871	276600	54302
塑料丝、绳及编织品制造	121088	202	1055	11663	101954	1225
泡沫塑料制造	65179		800	14678	32724	9142
塑料人造革、合成革制造	261746		1660	34585	185835	38539
塑料包装箱及容器制造	264378			91184	81858	28813
日用塑料制品制造	292823		461	75062	168585	34841
塑料零件制造	167270	14	75	45445	86879	14820
其他塑料制品制造	256859		336	84542	108419	36585
非金属矿物制品业	2669929	96999	29032	932138	1124477	240077
水泥、石灰和石膏制造	476730	50961	11542	257837	133642	20000
水泥制造	455473	50261	11542	252063	119107	20000
石灰和石膏制造	21257	700		5774	14535	
石膏、水泥制品及类似制品制造	1157626	37703	15802	374888	592287	96204
水泥制品制造	1015050	27703	10362	356481	550375	53834
砼结构构件制造	56173	10000	5441	6997	24974	8761
石棉水泥制品制造						
轻质建筑材料制造	61297			10541	12928	33610
其他水泥类似制品制造	22926			870	1830	
砖瓦、石材等建筑材料制造	242638		60	69911	101608	20406
粘土砖瓦及建筑砌块制造	78173			18578	44205	4100
建筑陶瓷制品制造	19154				7533	5426
建筑用石加工	22740			7023	11820	3897
防水建筑材料制造	49152		60	21387	22888	2288
隔热和隔音材料制造	39124			8236	7623	81
其他建筑材料制造	34296			14687	7540	4614
玻璃制造	62333			12017	49840	
平板玻璃制造	6006				6006	
其他玻璃制造	56327			12017	43834	

单位：万元

外商资本	营业收入	#主营业务收入	营业成本	#主营业务成本	营业税金及附加	#主营业务税金及附加	其他业务利润
213076	12591983	12388021	10970844	10793881	59916	58998	19516
43477	2060783	2002524	1894125	1841510	5226	5169	4338
32236	2116173	2076027	1801291	1777977	10228	10046	5765
4990	620457	615892	559962	553915	3116	3099	181
7835	509444	502291	448945	441398	2380	2262	609
1128	1881778	1874804	1672040	1670496	8324	8324	2530
62524	950218	925781	788006	764435	4894	4815	880
13875	1736665	1722931	1483950	1466830	11776	11674	1860
20037	1022819	1011942	850388	841512	6222	5905	1670
26976	1693644	1655830	1472137	1435811	7750	7703	1684
247206	12980767	12903598	11053509	10987106	72847	71385	11384
2748	2495041	2464508	2194698	2167528	11062	11017	2161
2500	2258404	2227904	1993927	1967623	9716	9676	2132
248	236636	236604	200771	199905	1345	1342	29
40741	6331858	6318553	5444904	5430933	34775	34654	5075
16297	5883882	5871876	5070263	5056791	33099	32980	4689
	258007	257793	226406	226285	1128	1128	-291
4218	143174	142935	107824	107687	327	326	73
20226	42290	41443	36422	36178	199	199	603
50654	837627	826918	675756	666417	5980	4906	1069
11290	212498	211408	158299	158240	771	756	210
6195	38209	38209	33260	33260	345	345	
	72052	68878	57295	53861	528	528	
2529	275657	275192	235608	234416	2346	1434	293
23183	101345	100264	77377	76870	591	560	566
7456	137866	132967	113919	109770	1398	1283	
476	395107	393494	344650	343432	2001	1940	381
	148332	148296	133735	133733	988	932	
476	246776	245198	210915	209699	1013	1008	381

1-B-29 续表 37

行业	#实收资本					
		国家资本	集体资本	法人资本	个人资本	港澳台资本
玻璃制品制造	256374			77109	93318	61584
技术玻璃制品制造	111705			31311	41206	22151
光学玻璃制造	11398			8248	3150	
玻璃仪器制造						
日用玻璃制品制造	63265			21553	28069	8739
玻璃包装容器制造	11583			1933	4127	5395
玻璃保温容器制造	1018				1018	
制镜及类似品加工	12023			4870	7038	115
其他玻璃制品制造	43461			9194	6790	25185
玻璃纤维和玻璃纤维增强塑料制品制造	194513			35235	42209	12943
玻璃纤维及制品制造	138064			10753	14918	11601
玻璃纤维增强塑料制品制造	56449			24482	27291	1342
陶瓷制品制造	81680		916	22389	39429	13498
卫生陶瓷制品制造	36520			9268	10625	13498
特种陶瓷制品制造	29882		800	695	26069	
日用陶瓷制品制造						
园林、陈设艺术及其他陶瓷制品制造	13677		116	12426	1135	
耐火材料制品制造	133157	6535	711	44391	48328	14582
石棉制品制造						
云母制品制造						
耐火陶瓷制品及其他耐火材料制造	131359	6535	711	43891	47030	14582
石墨及其他非金属矿物制品制造	64878	1800		38361	23816	859
石墨及碳素制品制造	23127			19135	3950	
其他非金属矿物制品制造	41752	1800		19226	19866	859
黑色金属冶炼和压延加工业	1501973	21791	5670	371880	804314	176141
炼铁						
炼铁						
炼钢	18982			2288	9565	7129
炼钢	18982			2288	9565	7129

单位：万元

外商资本	营业收入	#主营业务收入	营业成本	#主营业务成本	营业税金及附加	#主营业务税金及附加	其他业务利润
24364	1117564	1112318	938523	934297	6112	6059	1716
17038	361663	358493	299608	297223	1250	1231	875
	45695	45610	37744	37697	271	271	
4904	376431	374950	322700	321644	2222	2189	734
128	91050	90896	74141	73536	854	854	3
	11737	11652	10145	10145	101	101	85
	127766	127643	110465	110448	894	894	16
2294	95838	95691	77487	77372	459	459	1
104126	500351	493821	429282	428201	2622	2601	432
100791	313495	307591	264424	263818	1639	1628	405
3334	186856	186230	164857	164383	984	973	27
5448	300156	298638	246521	244471	1763	1762	338
3130	148232	147961	129219	128361	974	974	97
2318	110693	109447	82679	81617	518	516	241
	37639	37639	31500	31371	238	238	
18609	665314	659525	509739	504451	5840	5778	235
18609	644265	638544	492020	486793	5787	5725	229
41	337750	335825	269438	267377	2693	2669	-22
41	80677	79918	67339	66696	348	348	115
	257073	255907	202098	200681	2345	2321	-138
122177	10851308	10654742	9984114	9797778	33880	33509	22616
	213699	213690	196688	196687	559	536	
	213699	213690	196688	196687	559	536	

1-B-29 续表 38

行业	#实收资本	国家资本	集体资本	法人资本	个人资本	港澳台资本
黑色金属铸造	264831	700	1033	64965	158004	12491
黑色金属铸造	264831	700	1033	64965	158004	12491
钢压延加工	1199271	21091	4740	301577	624554	156521
钢压延加工	1199271	21091	4740	301577	624554	156521
铁合金冶炼	18589		-104	2750	12191	
铁合金冶炼	18589		-104	2750	12191	
有色金属冶炼和压延加工业	1228684	1579	5104	463829	588709	112206
常用有色金属冶炼	135551	79	16	69631	49887	8690
铜冶炼	34453			8649	20370	5434
铅锌冶炼	13643			5388	8255	
镍钴冶炼	67273	79		52624	7381	3114
锡冶炼	950				950	
铝冶炼	11472		16	2970	8486	
镁冶炼						
其他常用有色金属冶炼	7471				4299	
贵金属冶炼	24676		26	7000	16450	1200
金冶炼	13846		26	3500	10320	
银冶炼	5750			3500	1050	1200
其他贵金属冶炼	5080				5080	
稀有稀土金属冶炼	27917			19000	4996	3921
钨钼冶炼	6000			3000	3000	
稀土金属冶炼	21917			16000	1996	3921
有色金属合金制造	182219		2850	80595	66450	11838
有色金属合金制造	182219		2850	80595	66450	11838
有色金属铸造	12339			5602	2667	4071
有色金属铸造	12339			5602	2667	4071
有色金属压延加工	845981	1500	2212	282001	448259	82487
铜压延加工	425905		470	147540	248965	20051
铝压延加工	293863		1550	98295	129201	49109
贵金属压延加工	22613			4756	17732	125
稀有稀土金属压延加工	24686		192	5197	7254	12043
其他有色金属压延加工	78915	1500		26214	45106	1159

单位：万元

外商资本	营业收入	#主营业务收入	营业成本	#主营业务成本	营业税金及附加	#主营业务税金及附加	其他业务利润
27637	1595804	1577464	1402546	1386739	8327	8204	1298
27637	1595804	1577464	1402546	1386739	8327	8204	1298
90788	8765977	8588815	8135668	7965891	24140	23924	21016
90788	8765977	8588815	8135668	7965891	24140	23924	21016
3752	271095	270041	245068	244316	850	843	303
3752	271095	270041	245068	244316	850	843	303
57258	11871991	11271100	11071045	10487550	29067	28476	17414
7248	1060134	1049582	960663	950421	1930	1898	857
	557965	557366	504665	504599	904	904	425
	78916	73932	68974	63895	174	168	227
4075	242118	241411	220299	219589	314	314	-3
	9674	9668	9303	9301	3	3	3
	151672	150894	139193	138292	479	452	209
3173	10964	7486	10918	7435	18	18	-5
	789933	789263	755153	754723	1190	1190	240
	707807	707276	676629	676292	1059	1059	195
	71878	71739	69409	69316	91	91	46
	10248	10248	9115	9115	41	41	
	70949	62853	63833	57389	174	174	1636
	11036	10998	9758	9741	29	29	6
	59913	51854	54075	47647	145	145	1631
20487	1165679	1134821	1058329	1022223	3004	2964	2045
20487	1165679	1134821	1058329	1022223	3004	2964	2045
	64186	63737	55286	55011	230	229	154
	64186	63737	55286	55011	230	229	154
29522	8721109	8170845	8177782	7647782	22539	22022	12482
8879	5827592	5325317	5547872	5070929	13348	13190	7824
15707	2010516	1967444	1832160	1783294	6162	5993	3975
	198592	198583	187319	187318	250	250	7
	181618	180059	160422	159787	912	754	516
4936	502792	499442	450008	446456	1869	1835	161

1-B-29 续表 39

行　　业	#实收资本	国家资本	集体资本	法人资本	个人资本	港澳台资本
金属制品业	2551784	32978	5610	664419	1285465	359306
结构性金属制品制造	557002	29000	1318	188606	271028	48398
金属结构制造	264054	29000	1318	79477	116947	30066
金属门窗制造	292948			109130	154081	18332
金属工具制造	277259			52406	153341	33333
切削工具制造	65887			14635	39654	9094
手工具制造	96648			21542	40931	8123
农用及园林用金属工具制造	49134			10497	22574	9607
刀剪及类似日用金属工具制造	10568			1468	8926	174
其他金属工具制造	55021			4265	41256	6336
集装箱及金属包装容器制造	227286	2216	260	54311	76262	58512
集装箱制造						
金属压力容器制造	47134	2216	33	15114	28921	166
金属包装容器制造	179652		227	39197	46841	58346
金属丝绳及其制品制造	159881			31903	105626	18636
金属丝绳及其制品制造	159881			31903	105626	18636
建筑、安全用金属制品制造	535042	50	2352	122602	266456	94862
建筑、家具用金属配件制造	172418		955	23689	89971	36987
建筑装饰及水暖管道零件制造	298535	50	1397	87443	154985	37661
安全、消防用金属制品制造	42997			8989	13213	11454
其他建筑、安全用金属制品制造	21093			2480	8286	8760
金属表面处理及热处理加工	202153	32	110	33053	128589	29430
金属表面处理及热处理加工	202153	32	110	33053	128589	29430
搪瓷制品制造	20870			4743	12098	2006
生产专用搪瓷制品制造						
建筑装饰搪瓷制品制造						
搪瓷卫生洁具制造	6552			2977	1798	1777
搪瓷日用品及其他搪瓷制品制造	9160			1766	5142	229

单位：万元

外商资本	营业收入	#主营业务收入	营业成本	#主营业务成本	营业税金及附加	#主营业务税金及附加	其他业务利润
204006	13939567	13763051	12042862	11898479	66482	64921	23763
18652	2861795	2827030	2428371	2400094	12953	12603	4341
7247	1177549	1150522	1036369	1014343	5594	5377	3510
11404	1684246	1676508	1392002	1385751	7359	7226	831
38179	1462038	1453939	1220256	1215996	7968	7866	2416
2504	323037	322079	257088	256528	1857	1764	528
26053	607702	602679	515390	512575	3346	3345	1091
6457	247364	245798	207359	207000	1291	1291	422
	43630	43556	35617	35610	241	241	67
3165	240306	239827	204802	204283	1232	1225	308
35725	658161	645083	563658	554369	3208	3154	2946
684	197641	194922	163081	161969	1412	1411	1300
35041	457548	447389	398152	389974	1782	1730	1647
3716	994604	958445	915407	881549	3126	3101	1412
3716	994604	958445	915407	881549	3126	3101	1412
48721	2983746	2969520	2572784	2561880	15288	15128	3549
20816	883215	878015	772236	767061	4790	4734	1666
16998	1745537	1740704	1495108	1491698	8385	8319	461
9340	213665	212247	181441	180707	1383	1346	259
1567	141330	138555	123998	122415	730	730	1163
10940	1349941	1341673	1196684	1189642	6391	6119	1385
10940	1349941	1341673	1196684	1189642	6391	6119	1385
2023	106360	105673	87949	87884	660	660	118
	45812	45436	37456	37426	284	284	
2023	47505	47194	40151	40115	276	276	118

1-B-29 续表 40

行业	#实收资本	国家资本	集体资本	法人资本	个人资本	港澳台资本
金属制日用品制造	282669			103637	123010	32795
金属制厨房用器具制造	60964			15056	25600	13375
金属制餐具和器皿制造	139268			66046	67903	3802
金属制卫生器具制造	20279			5844	7025	2583
其他金属制日用品制造	62158			16691	22482	13035
其他金属制品制造	289623	1680	1570	73159	149056	41334
锻件及粉末冶金制品制造	140795	1680		33862	72716	26543
交通及公共管理用金属标牌制造	20507			6013	12233	
其他未列明金属制品制造	128321		1570	33284	64107	14791
通用设备制造业	4854880	21463	40182	1255185	2204631	557296
锅炉及原动设备制造	327928	13550	100	152245	81595	47283
锅炉及辅助设备制造	119333		100	58017	33961	17229
内燃机及配件制造	118408	6000		58637	10448	22139
汽轮机及辅机制造	57706	2550		24397	28562	1606
水轮机及辅机制造	24817	5000		11194	8623	
风能原动设备制造	7665					6309
金属加工机械制造	399285	17	1161	81520	138823	75392
金属切削机床制造	150840	…	998	40337	49536	15022
金属成形机床制造	100182			16435	25785	42178
铸造机械制造	28203	17	163	5730	13640	1163
金属切割及焊接设备制造	61607			5079	39023	
机床附件制造	32683			4248	3136	15666
其他金属加工机械制造	25771			9692	7703	1364
物料搬运设备制造	577743	15	20457	107574	315683	82014
轻小型起重设备制造	76353			7567	47514	7628
起重机制造	104093	15	7482	22326	49337	10708
生产专用车辆制造	65344			18263	28908	7652
连续搬运设备制造	36647			5374	24275	3901
电梯、自动扶梯及升降机制造	269374		12975	42533	159429	44789
其他物料搬运设备制造	25933			11511	6221	7336

单位：万元

外商资本	营业收入	#主营业务收入	营业成本	#主营业务成本	营业税金及附加	#主营业务税金及附加	其他业务利润
23227	1708265	1692576	1443416	1433660	9264	8713	4685
6933	299849	297819	251462	250142	1661	1456	498
1517	903393	893830	751175	746191	4943	4803	3975
4828	164007	163543	139678	139594	886	886	6
9950	341016	337384	301101	297734	1775	1568	206
22824	1814656	1769114	1614338	1573406	7624	7577	2911
5994	664368	637313	559795	535280	3233	3219	1902
2261	104344	98974	90063	84882	1270	1249	50
14569	1045944	1032826	964481	953244	3121	3109	959
776124	19447385	19230939	16306120	16127880	101479	98818	41024
33156	930794	905773	781151	757093	3754	3690	2903
10025	414520	394911	345563	329588	1858	1795	2183
21184	255137	251207	226040	218360	765	764	337
591	180644	179737	140747	140351	874	874	210
	58229	57780	49572	49567	222	222	47
1356	22264	22137	19228	19228	35	35	127
102372	1405974	1386979	1154399	1141306	6867	6760	4703
44947	585257	579104	474770	470981	2934	2931	1331
15784	249054	244687	197416	194728	1200	1177	1759
7491	122413	120943	101596	100589	743	738	408
17505	256427	251742	220184	215988	1012	946	481
9633	85065	84546	66839	66548	623	614	273
7012	107759	105957	93595	92472	356	354	450
52001	2163294	2146600	1821416	1807883	11248	10914	3697
13643	294067	291948	245534	244437	1252	1249	855
14225	385277	381767	311172	309680	2347	2142	1553
10522	385373	380666	334257	330725	1728	1728	677
3097	175710	175376	148169	148141	976	976	235
9648	827261	821569	702612	698256	4324	4198	471
866	95606	95275	79673	76644	622	622	-93

1-B-29 续表 41

行　业	#实收资本					
		国家资本	集体资本	法人资本	个人资本	港澳台资本
泵、阀门、压缩机及类似机械制造	1323020	683	6302	351690	716761	100966
泵及真空设备制造	341324		137	63122	198524	24796
气体压缩机械制造	90305	503		23908	42689	2310
阀门和旋塞制造	725787		1134	215094	395601	63049
液压和气压动力机械及元件制造	165604	180	5030	49566	79946	10811
轴承、齿轮和传动部件制造	751773	3997	9280	204230	282865	88311
轴承制造	436599	1868	1009	124691	162361	44439
齿轮及齿轮减、变速箱制造	217601	329	612	54279	95581	19074
其他传动部件制造	97573	1800	7659	25260	24923	24798
烘炉、风机、衡器、包装等设备制造	654906	2102		193199	286737	83703
烘炉、熔炉及电炉制造	42642			18260	20905	
风机、风扇制造	65993			19661	31903	3230
气体、液体分离及纯净设备制造	131225	1203		46082	80661	
制冷、空调设备制造	185015	699		45984	52081	34887
风动和电动工具制造	168062	200		53994	62474	37374
喷枪及类似器具制造	18494			3852	13383	
衡器制造	8477			50	7888	
包装专用设备制造	34997			5316	17443	8212
文化、办公用机械制造	106139	100		15013	74040	12971
电影机械制造						
幻灯及投影设备制造						
照相机及器材制造	10591			4807	4943	375
复印和胶印设备制造	23388	100		6202	14476	250
计算器及货币专用设备制造	59280			2084	43661	12346
其他文化、办公用机械制造	10880			920	9960	
通用零部件制造	653578		2882	142752	270823	58040
金属密封件制造	64565			9632	26511	7832
紧固件制造	382130		2751	72973	143985	33811
弹簧制造	49931			8317	21090	10369
机械零部件加工	86767		10	34191	42019	2219
其他通用零部件制造	70185		121	17638	37219	3810

单位：万元

外商资本	营业收入	#主营业务收入	营业成本	#主营业务成本	营业税金及附加	#主营业务税金及附加	其他业务利润
146620	5467928	5438109	4510516	4490990	29629	28942	7163
54745	1389569	1383271	1115646	1110789	7689	7577	1686
20895	496015	484719	407309	399361	2469	2455	959
50908	2913971	2907448	2466086	2462774	14900	14369	2644
20072	668373	662670	521475	518066	4571	4541	1874
163090	2959204	2913652	2543051	2494725	14482	14267	9506
102231	1833279	1803175	1606269	1571204	8237	8180	6182
47727	692261	686099	572840	567195	4165	4057	2172
13132	433664	424377	363942	356326	2080	2029	1152
89165	2678052	2643677	2201109	2177462	16413	15719	5663
3477	75808	73935	58847	57387	791	777	335
11199	192361	190358	154744	153529	1679	1679	570
3280	611077	603943	478791	476146	4450	3916	1547
51364	652472	639468	545422	533343	3505	3443	1190
14021	879339	871739	747247	742464	4160	4110	1419
1259	101817	101511	85772	85752	582	557	282
539	34660	34352	27922	27705	241	234	72
4026	130519	128371	102364	101135	1006	1005	248
4015	371561	369877	303415	302623	1999	1988	704
467	73572	73087	63035	62606	431	431	65
2360	115812	115560	90500	90497	838	837	136
1188	142356	141580	117090	116757	507	497	417
	32961	32853	27277	27251	209	209	25
179081	3293983	3261195	2844543	2820464	16165	15619	6435
20591	183721	182234	141590	141347	1261	1230	250
128610	1855729	1830695	1630703	1610936	8572	8097	4573
10155	190094	189532	159706	159342	883	879	205
8328	537310	535552	455781	454714	2881	2848	676
11397	527129	523182	456763	454126	2568	2566	731

1-B-29 续表 42

行业	#实收资本					
		国家资本	集体资本	法人资本	个人资本	港澳台资本
其他通用设备制造业	60508	1000		6963	37304	8616
其他通用设备制造业	60508	1000		6963	37304	8616
专用设备制造业	2355024	23894	15805	620747	994188	370130
采矿、冶金、建筑专用设备制造	379047	10500		148607	104028	27505
矿山机械制造	62493			9052	50900	1797
石油钻采专用设备制造	25495	3500		5635	12453	494
建筑工程用机械制造	50285	7000		8235	11572	17920
海洋工程专用设备制造	182600			114500		
建筑材料生产专用机械制造	43112			10618	15042	6861
冶金专用设备制造	15061			567	14061	433
化工、木材、非金属加工专用设备制造	729366	594	1702	162149	248402	206381
炼油、化工生产专用设备制造	64574	360		20729	29969	13094
橡胶加工专用设备制造	10055			2198	3470	248
塑料加工专用设备制造	242575	234		51282	76429	95287
木材加工机械制造	6104		100	174	5200	631
模具制造	397933		1602	83217	130124	97121
其他非金属加工专用设备制造	8125			4550	3210	
食品、饮料、烟草及饲料生产专用设备制造	48830			16603	28158	1580
食品、酒、饮料及茶生产专用设备制造	33827			9778	21305	752
农副食品加工专用设备制造	7738			5175	1736	828
烟草生产专用设备制造	3785				3288	
饲料生产专用设备制造	3480			1650	1830	
印刷、制药、日化及日用品生产专用设备制造	129852			29915	70066	20104
制浆和造纸专用设备制造	12994				9316	
印刷专用设备制造	74126			18144	33683	19277
日用化工专用设备制造						
制药专用设备制造	25880			4589	18328	
照明器具生产专用设备制造	2850			1994	754	
玻璃、陶瓷和搪瓷制品生产专用设备制造	1086				258	828
其他日用品生产专用设备制造	10916			3189	7728	

单位：万元

外商资本	营业收入	#主营业务收入	营业成本	#主营业务成本	营业税金及附加	#主营业务税金及附加	其他业务利润
6625	176595	165077	146521	135334	921	920	249
6625	176595	165077	146521	135334	921	920	249
330261	8520042	8434789	6950738	6882870	49692	48478	22936
88407	867755	857689	730835	719502	3612	3553	-271
744	249019	248130	206056	203830	1242	1220	575
3414	110203	106591	89791	86796	561	561	60
5559	129868	127999	106018	105685	598	598	1480
68100	156224	156224	149428	149428	18	18	
10591	125063	123779	105013	101289	612	576	-2595
	97378	94967	74529	72475	582	582	210
110138	2612090	2569129	2090893	2057394	17193	16671	11628
421	172307	171065	138397	137795	1087	1060	617
4138	56180	55537	46113	45754	350	350	206
19344	868475	854147	700904	692165	5406	5091	4510
	21574	21574	17908	17908	458	419	
85869	1464050	1437426	1163174	1139471	9823	9683	6268
365	29504	29380	24399	24301	69	69	27
2490	240927	238277	194883	193976	1865	1782	1469
1993	179049	176793	146741	145873	1508	1463	1359
	18181	17969	13993	13993	72	72	
497	20414	20235	16131	16092	184	147	107
	23283	23281	18018	18018	101	101	2
9767	464382	461094	364847	361989	3090	3053	760
3678	52399	50919	43875	42078	248	248	152
3023	205390	204308	157008	156344	1506	1503	411
2963	131778	131543	102216	102128	946	945	146
102	13213	12942	11441	11289	60	60	
	8790	8787	7319	7318	25	25	2
	44486	44269	35864	35707	258	254	50

1-B-29 续表 43

行 业	#实收资本					
		国家资本	集体资本	法人资本	个人资本	港澳台资本
纺织、服装和皮革加工专用设备制造	326753		22	81104	181190	40012
纺织专用设备制造	202824			45727	120465	25745
皮革、毛皮及其制品加工专用设备制造	13011			2605	6114	2632
缝制机械制造	110818		22	32772	54512	11635
洗涤机械制造						
电子和电工机械专用设备制造	46014			15199	26931	630
电工机械专用设备制造	24372			5948	17788	
电子工业专用设备制造	21642			9251	9143	630
农、林、牧、渔专用机械制造	127588	70	307	20068	65915	21549
拖拉机制造	21374			5451	15840	
机械化农业及园艺机具制造	87841	70	307	12128	37603	21549
营林及木竹采伐机械制造						
畜牧机械制造	800			300	500	
渔业机械制造	736				736	
农林牧渔机械配件制造	11281			2188	5680	
棉花加工机械制造						
其他农、林、牧、渔业机械制造	3350				3350	
医疗仪器设备及器械制造	144915		6690	22651	74277	16927
医疗诊断、监护及治疗设备制造	20368			3031	15317	
口腔科用设备及器具制造	7241			300	2837	1692
医疗实验室及医用消毒设备和器具制造	3939			1248		
医疗、外科及兽医用器械制造	54775		6000	3871	33838	569
机械治疗及病房护理设备制造	27245			2510	3878	14666
假肢、人工器官及植(介)入器械制造	9588			6668	2920	
其他医疗设备及器械制造	21760		690	5023	15488	
环保、社会公共服务及其他专用设备制造	422660	12730	7085	124451	195220	35441
环境保护专用设备制造	283210	7280	6835	87478	127206	25844
地质勘查专用设备制造	5008	450			4558	
邮政专用机械及器材制造						

单位：万元

外商资本	营业收入	#主营业务收入	营业成本	#主营业务成本	营业税金及附加	#主营业务税金及附加	其他业务利润
24424	1617273	1610547	1378151	1370552	9058	8860	2882
10887	896960	891503	765319	759643	4107	3970	2482
1661	40955	40832	34905	34833	273	271	49
11877	676790	675645	575471	573621	4669	4610	350
3253	193140	192686	160015	159413	725	696	191
636	126271	126174	106779	106237	406	406	77
2618	66869	66512	53236	53176	319	290	114
19679	607172	603791	515085	512632	2156	2149	352
83	129596	129290	111433	111258	339	339	67
16183	359029	356499	305588	303345	1291	1290	172
	14917	14886	12947	12947	13	13	
	6201	6201	5500	5500	35	35	
3413	69077	68624	58267	58235	291	291	54
	16794	16794	12704	12704	87	87	
24370	427737	426256	305591	304512	3438	3294	940
2020	62188	61632	38398	38383	505	505	395
2412	31550	31346	23614	23608	289	289	197
2691	5772	5721	3420	3414	39	39	44
10497	180819	180620	132537	131700	1634	1545	91
6191	36804	36404	29023	28814	313	295	182
	5041	5041	2188	2188	35	29	
559	105565	105492	76410	76405	622	592	31
47733	1489567	1475320	1210439	1202901	8555	8419	4985
28567	902618	891823	731411	726140	5079	4947	4218
	20276	20276	14030	14030	259	259	

1-B-29 续表 44

行业	#实收资本	国家资本	集体资本	法人资本	个人资本	港澳台资本
商业、饮食、服务专用设备制造	401				401	
社会公共安全设备及器材制造	60683			11718	34019	5669
交通安全、管制及类似专用设备制造	3225			510	2715	
水资源专用机械制造	21336	5000		5000	7408	3928
其他专用设备制造	47780		250	19745	17895	
汽车制造业	2084517	7577	1272	784434	679410	228893
汽车整车制造	200444			152975	40733	4522
汽车整车制造	200444			152975	40733	4522
改装汽车制造	58344	3878		35164	4230	900
改装汽车制造	58344	3878		35164	4230	900
低速载货汽车制造						
低速载货汽车制造						
汽车车身、挂车制造	11515			320	5480	
汽车车身、挂车制造	11515			320	5480	
汽车零部件及配件制造	1809215	3699	1272	590976	628967	223471
汽车零部件及配件制造	1809215	3699	1272	590976	628967	223471
铁路、船舶、航空航天和其他运输设备制造业	1014624	10443	2007	289832	580299	68068
铁路运输设备制造	41249		616	4562	36072	
铁路机车车辆配件制造	20651			4326	16325	
铁路专用设备及器材、配件制造	20598		616	236	19747	
船舶及相关装置制造	570151	9277	1080	183464	341150	20487
金属船舶制造	434836	7177	1080	119012	291041	16080
娱乐船和运动船制造	12639			4076	4790	1155
船用配套设备制造	78520	2100		29876	31663	3252
船舶改装与拆除	44156			30500	13656	
航空、航天器及设备制造	20050			7729	12321	
飞机制造	1980				1980	
航空、航天相关设备制造	16570			7729	8841	
其他航空航天器制造						

单位：万元

外商资本	营业收入	#主营业务收入	营业成本	#主营业务成本	营业税金及附加	#主营业务税金及附加	其他业务利润
	14967	14967	12206	12206	60	60	
9277	328234	326785	273625	272901	1764	1764	704
	45307	45307	40956	40956	252	252	
	48585	48412	38862	38862	297	297	7
9890	127069	125472	97639	96205	819	815	-71
382931	8069449	7972016	6736030	6668278	43195	42444	27925
2213	335132	319890	289825	287784	3862	3641	9660
2213	335132	319890	289825	287784	3862	3641	9660
14172	172514	168610	151632	148783	852	847	677
14172	172514	168610	151632	148783	852	847	677
5715	63555	63000	58016	57707	398	228	246
5715	63555	63000	58016	57707	398	228	246
360831	7429319	7353127	6169073	6107925	38078	37724	17208
360831	7429319	7353127	6169073	6107925	38078	37724	17208
63975	3343730	3300183	2921047	2887925	18610	17811	3606
	126866	126046	97736	97103	813	805	137
	77041	76894	58339	58312	391	391	66
	49825	49152	39397	38791	422	414	70
14693	1342388	1314022	1221958	1200958	5533	5468	-858
446	806075	800876	751970	749386	3442	3416	-2603
2618	49274	48359	40857	40155	295	295	27
11629	253245	234819	210733	194151	1141	1115	1718
	233794	229968	218398	217266	656	643	
	56176	55647	44107	43886	269	269	4
	22557	22529	19558	19532	100	100	3
	20370	19870	13871	13676	85	85	2

1-B-29 续表 45

行业	#实收资本	国家资本	集体资本	法人资本	个人资本	港澳台资本
摩托车制造	170269	1166	155	58122	104937	
摩托车整车制造	49521	246		26415	22860	
摩托车零部件及配件制造	120748	920	155	31707	82077	
自行车制造	196335		157	30983	75086	47476
脚踏自行车及残疾人座车制造	104242		76	13311	33419	31461
助动自行车制造	92094		81	17672	41668	16015
非公路休闲车及零配件制造	10099			4648	4691	
非公路休闲车及零配件制造	10099			4648	4691	
潜水救捞及其他未列明运输设备制造	6471			325	6042	105
潜水及水下救捞装备制造	828			225	528	76
其他未列明运输设备制造	5643			100	5514	29
电气机械和器材制造业	5433815	6743	91142	1603526	2772850	546939
电机制造	688359		563	259673	295871	69397
发电机及发电机组制造	168166		51	123774	33849	985
电动机制造	268664		30	63211	154931	24410
微电机及其他电机制造	251530		482	72688	107091	44002
输配电及控制设备制造	2214004	3175	60788	508720	1395084	147166
变压器、整流器和电感器制造	432599		17349	91470	261501	8284
电容器及其配套设备制造	37474	3080		4128	27471	2052
配电开关控制设备制造	916254	95	36388	203341	623390	33674
电力电子元器件制造	285638		1000	51024	183909	38445
光伏设备及元器件制造	384088			126177	192234	51967
其他输配电及控制设备制造	157952		6050	32579	106579	12744
电线、电缆、光缆及电工器材制造	1147824	2758	13499	453102	513128	85986
电线、电缆制造	882747	1170	11858	279244	473329	72309
光纤、光缆制造	209697	950	541	161569	22220	1246
绝缘制品制造	42697			8556	10511	12287
其他电工器材制造	12683	638	1100	3733	7069	144
电池制造	311537	325	6102	132032	98991	45860
锂离子电池制造	111410		1130	61420	19905	6765
镍氢电池制造	22865			500	2014	20351
其他电池制造	177262	325	4972	70112	77072	18743

单位：万元

外商资本	营业收入	#主营业务收入	营业成本	#主营业务成本	营业税金及附加	#主营业务税金及附加	其他业务利润
5890	969531	963127	816444	810620	8119	7458	1746
	291146	289473	249939	248731	3767	3538	216
5890	678385	673655	566504	561890	4352	3920	1530
42633	765369	758502	670467	665216	3377	3334	2248
25975	407869	405435	357034	354960	2076	2037	1247
16658	357501	353066	313433	310257	1301	1297	1000
760	46387	46123	38543	38404	267	247	112
760	46387	46123	38543	38404	267	247	112
	37012	36716	31794	31738	230	230	219
	6055	6029	5081	5077	57	57	
	30958	30687	26713	26661	173	173	219
412615	22717073	22418547	19504938	19237368	101645	99213	35996
62856	2850526	2816056	2396121	2372568	13225	12872	7493
9507	387007	375017	311729	303607	1912	1911	406
26081	1073350	1063632	922404	916315	5445	5283	2234
27268	1390169	1377407	1161989	1152646	5868	5678	4853
99072	6889243	6802256	5766207	5695298	34192	33541	16377
53994	1187919	1154104	958636	930774	6539	6410	5363
743	153504	151248	124785	122552	925	925	-35
19365	3131203	3107378	2606414	2588085	17001	16651	5175
11261	1147084	1135163	972720	963293	4776	4700	2957
13710	895880	881713	799179	786527	2833	2773	2738
	373653	372650	304473	304067	2118	2082	179
79351	5987511	5889108	5345129	5246438	17821	17518	3738
44838	5028886	5005460	4511214	4485340	14923	14678	1668
23170	651168	578897	574042	504051	1572	1558	2307
11343	129900	127523	107909	105235	674	630	-262
	177558	177228	151963	151812	652	652	25
28227	1044502	1022845	915580	895674	4559	4534	618
22190	219529	218133	180751	179711	1072	1065	295
	21445	21445	22739	22739	125	125	
6037	803528	783267	712089	693224	3362	3344	323

1-B-29 续表 46

行业	#实收资本					
		国家资本	集体资本	法人资本	个人资本	港澳台资本
家用电力器具制造	470686		2333	110179	184767	79078
家用制冷电器具制造	24057		200	6067	11093	166
家用空气调节器制造	68084			28013	20570	6573
家用通风电器具制造	35979		1977	9418	10870	11623
家用厨房电器具制造	104572			15803	41554	20376
家用清洁卫生电器具制造	65365			11702	35323	17805
家用美容、保健电器具制造	29632			3042	13427	7739
家用电力器具专用配件制造	89506		156	29494	25413	4914
其他家用电力器具制造	53491			6640	26518	9882
非电力家用器具制造	77198			27571	39760	3779
燃气、太阳能及类似能源家用器具制造	63083			23197	33215	3779
其他非电力家用器具制造	14115			4374	6545	
照明器具制造	497183	486	7859	100826	236968	114585
电光源制造	142595			31638	69617	38975
照明灯具制造	316208		7859	61244	147210	66790
灯用电器附件及其他照明器具制造	38380	486		7944	20141	8821
其他电气机械及器材制造	27024			11423	8280	1088
电气信号设备装置制造	12613			6740	3639	
其他未列明电气机械及器材制造	14412			4683	4641	1088
计算机、通信和其他电子设备制造业	1877701	33761	14533	612416	681995	258034
计算机制造	85856	5000		26536	26266	2558
计算机整机制造						
计算机零部件制造	9395			1904	5091	828
计算机外围设备制造	42726			17756	10906	1731
其他计算机制造	31735	5000		6876	8270	
通信设备制造	429316	888		148094	184007	38358
通信系统设备制造	269088	888		120979	118632	12259
通信终端设备制造	160228			27115	65375	26099

单位：万元

外商资本	营业收入	#主营业务收入	营业成本	#主营业务成本	营业税金及附加	#主营业务税金及附加	其他业务利润
94328	3004044	2968334	2582029	2550894	14339	13908	4642
6531	228735	226421	187357	185292	905	905	208
12929	247639	246330	204075	203184	1499	1464	373
2092	221033	218259	182884	181172	1298	1222	871
26839	574414	571774	484798	482951	3237	3160	865
534	329544	325258	279354	274944	2002	1835	1114
5424	202147	201828	171192	171159	1155	1139	87
29529	786556	768652	723968	707304	2179	2122	734
10451	413977	409813	348402	344888	2064	2062	390
6088	351959	350410	294016	293221	1769	1726	653
2892	260721	259792	219131	218871	1081	1055	558
3195	91238	90618	74885	74351	688	671	95
36459	2480727	2461608	2116034	2093923	15107	14527	2457
2365	818930	811572	703575	697076	5081	4658	1148
33105	1386047	1375516	1179129	1167051	7853	7734	1118
989	275750	274520	233330	229796	2173	2134	190
6234	108562	107931	89823	89352	635	588	19
2234	57997	57962	47030	46997	374	373	17
4000	50565	49969	42794	42355	261	215	2
276964	6371821	6279943	5264619	5196266	29178	28269	25511
25496	343103	331413	276273	268375	1507	1480	2727
1573	59558	58686	52326	51637	160	154	183
12334	183836	173492	147507	140594	782	761	2430
11590	86005	85530	63191	62896	546	546	113
57969	931865	921401	745271	736261	4631	4157	5183
16330	543363	536556	410423	401890	3365	2892	4339
41640	388502	384845	334848	334372	1266	1266	844

1-B-29 续表 47

行 业	#实收资本	国家资本	集体资本	法人资本	个人资本	港澳台资本
广播电视设备制造	65122	1600		11366	12853	32515
广播电视节目制作及发射设备制造	5528	1600		2804	856	268
广播电视接收设备及器材制造	26989			7462	9989	2750
应用电视设备及其他广播电视设备制造	32605			1100	2008	29497
雷达及配套设备制造						
雷达及配套设备制造						
视听设备制造	107731	193		45695	33498	14268
电视机制造	31449			16023	14480	
音响设备制造	46472	193		9572	12142	11433
影视录放设备制造	29811			20100	6876	2835
电子器件制造	333904	5774		90479	92239	81362
电子真空器件制造	11180	3200			7980	
半导体分立器件制造	115736	2351		18134	18657	32212
集成电路制造	61996			20394	15048	17980
光电子器件及其他电子器件制造	144991	224		51950	50554	31170
电子元件制造	717372	20306	11610	230286	288307	75696
电子元件及组件制造	645305	20000	11610	201503	266157	73952
印制电路板制造	72067	306		28783	22150	1744
其他电子设备制造	87446		2923	10490	44826	11792
其他电子设备制造	87446		2923	10490	44826	11792
仪器仪表制造业	783395	4793	4806	229840	419174	62913
通用仪器仪表制造	541813	3675		164885	282285	46046
工业自动控制系统装置制造	277713	2000		74270	131678	41098
电工仪器仪表制造	109220			38636	67220	768
绘图、计算及测量仪器制造	14828			2621	4328	958
实验分析仪器制造	10658			4203	5468	
试验机制造	12399	1675		4639	4342	
供应用仪表及其他通用仪器制造	116995			40515	69249	3222
专用仪器仪表制造	133994		2956	34686	93438	1017
环境监测专用仪器仪表制造	12112			9137	2711	

单位：万元

外商资本	营业收入	#主营业务收入	营业成本	#主营业务成本	营业税金及附加	#主营业务税金及附加	其他业务利润
6788	292098	283431	241200	239723	1033	957	7270
	15371	15203	12322	12240	136	136	85
6788	120398	118789	102268	100905	708	708	325
	156330	149439	126610	126579	188	113	6859
14078	569522	545462	491520	470028	2028	1930	895
946	237659	218502	213275	194839	244	244	37
13133	232658	229231	195064	192777	1290	1193	805
	99205	97729	83181	82412	493	493	53
64050	853208	843482	678180	670724	3983	3918	5536
	27724	26744	21704	21640	191	191	889
44382	188850	187801	149804	149463	846	839	595
8574	136099	132093	101698	99983	521	521	3298
11094	500536	496843	404974	399637	2426	2367	755
91167	2960020	2934425	2472530	2452075	14654	14491	3647
72084	2660138	2635509	2216889	2196822	13552	13389	3327
19084	299882	298916	255641	255253	1102	1102	320
17415	303029	301353	250700	250135	1343	1335	253
17415	303029	301353	250700	250135	1343	1335	253
61870	2624735	2596944	2063022	2044088	16824	16371	5112
44922	1880682	1859760	1487153	1472406	11027	10640	4358
28666	824994	814627	644091	637942	4946	4738	2659
2596	349255	346109	280461	277684	1920	1900	296
6921	77987	77451	64748	64548	396	372	294
987	65652	65438	49564	49487	490	490	22
1743	35429	35240	26576	26332	192	168	122
4009	527364	520896	421715	416414	3082	2972	966
1898	413144	409491	300860	298442	3406	3355	-46
265	43585	43546	22050	22044	296	296	

1-B-29 续表 48

行业	#实收资本	国家资本	集体资本	法人资本	个人资本	港澳台资本
运输设备及生产用计数仪表制造	47904		156	5787	41728	
导航、气象及海洋专用仪器制造	12460		2800	5100	4560	
农林牧渔专用仪器仪表制造						
地质勘探和地震专用仪器制造	1650				1650	
教学专用仪器制造	33198			2795	30403	
电子测量仪器制造	12530			4741	6197	250
其他专用仪器制造	13641			7126	5690	767
钟表与计时仪器制造	11236			329	5807	4977
钟表与计时仪器制造	11236			329	5807	4977
光学仪器及眼镜制造	77965	1118		29341	27732	9631
光学仪器制造	12797	1118		6759	2675	1239
眼镜制造	65168			22582	25057	8392
其他仪器仪表制造业	18386		1850	600	9911	1242
其他仪器仪表制造业	18386		1850	600	9911	1242
其他制造业	435709	5216	166	259129	125888	28433
日用杂品制造	187283	2093	166	44072	106381	21832
鬃毛加工、制刷及清扫工具制造	33962			5679	12352	12780
其他日用杂品制造	153320	2093	166	38393	94029	9052
煤制品制造	208623	3123		204400	1100	
煤制品制造	208623	3123		204400	1100	
其他未列明制造业	39803			10657	18407	6601
其他未列明制造业	39803			10657	18407	6601
废弃资源综合利用业	210622			85996	87463	22283
金属废料和碎屑加工处理	144880			33607	78505	17888
金属废料和碎屑加工处理	144880			33607	78505	17888
非金属废料和碎屑加工处理	65742			52389	8958	4395
非金属废料和碎屑加工处理	65742			52389	8958	4395
金属制品、机械和设备修理业	97557	3500	2598	37028	25340	21441
通用设备修理	700			600	100	
通用设备修理	700			600	100	

单位：万元

外商资本	营业收入	#主营业务收入	营业成本	#主营业务成本	营业税金及附加	#主营业务税金及附加	其他业务利润
234	145531	143552	116672	115402	868	868	-233
	23977	23790	19064	19056	773	739	22
	11479	11428	6377	6377	104	104	51
	97055	96732	77457	77376	545	530	81
1342	40798	40766	28213	28173	282	282	-8
58	48784	47743	29282	28270	533	531	41
124	42589	42481	34906	34803	402	402	5
124	42589	42481	34906	34803	402	402	5
10143	249382	246315	207911	206260	1794	1778	767
1006	65877	65334	51067	50823	504	489	78
9137	183505	180981	156844	155437	1290	1290	690
4783	38940	38897	32192	32177	195	195	27
4783	38940	38897	32192	32177	195	195	27
16878	1556809	1552248	1359604	1353689	7038	6882	332
12740	1078742	1074854	931607	926240	5857	5701	304
3152	145920	145525	124679	124557	701	693	123
9588	932821	929329	806928	801683	5156	5008	181
	301108	301098	276651	276647	315	315	
	301108	301098	276651	276647	315	315	
4138	176960	176296	151347	150802	867	867	28
4138	176960	176296	151347	150802	867	867	28
14881	1987744	1983763	1874834	1871786	5300	5228	635
14881	1727884	1725601	1652073	1650394	3974	3902	605
14881	1727884	1725601	1652073	1650394	3974	3902	605
	259860	258163	222761	221393	1327	1327	31
	259860	258163	222761	221393	1327	1327	31
7650	146482	140444	122926	117130	1675	1673	232
	8142	8140	6704	6704	61	61	
	8142	8140	6704	6704	61	61	

1-B-29 续表 49

行业	#实收资本	国家资本	集体资本	法人资本	个人资本	港澳台资本
专用设备修理						
专用设备修理						
铁路、船舶、航空航天等运输设备修理	89294	3500	535	33228	23240	21441
船舶修理	89294	3500	535	33228	23240	21441
电气设备修理	4363		2063	300	2000	
电气设备修理	4363		2063	300	2000	
其他机械和设备修理业	2200			2200		
其他机械和设备修理业	2200			2200		
电力、热力、燃气及水生产和供应业	**7038293**	**3955223**	**24214**	**2236025**	**161116**	**339154**
电力、热力生产和供应业	5708241	3102176	16455	1960418	111496	292294
电力生产	5501269	3056285	13959	1834013	104115	277299
火力发电	3350022	1650438	7480	1271970	42880	250201
水力发电	798163	240315	4559	430453	32268	5522
核力发电	1121338	1121338				
风力发电	100690	44194	1920	46465	1436	3175
其他电力生产	131056			85124	27532	18400
电力供应	24899	21753	1668	1478		
电力供应	24899	21753	1668	1478		
热力生产和供应	182073	24138	828	124928	7380	14996
热力生产和供应	182073	24138	828	124928	7380	14996
燃气生产和供应业	543786	363392	3100	72519	27599	24018
燃气生产和供应业	543786	363392	3100	72519	27599	24018
燃气生产和供应业	543786	363392	3100	72519	27599	24018
水的生产和供应业	786266	489656	4659	203088	22021	22841
自来水生产和供应	503176	377579	4359	90605	8271	4631
自来水生产和供应	503176	377579	4359	90605	8271	4631
污水处理及其再生利用	283090	112077	300	112483	13750	18210
污水处理及其再生利用	283090	112077	300	112483	13750	18210

单位：万元

外商资本	营业收入	#主营业务收入	营业成本	#主营业务成本	营业税金及附加	#主营业务税金及附加	其他业务利润
7350	111858	105893	96340	90574	1093	1091	193
7350	111858	105893	96340	90574	1093	1091	193
	14599	14564	11846	11822	371	371	11
	14599	14564	11846	11822	371	371	11
	7541	7541	5096	5096	116	116	
	7541	7541	5096	5096	116	116	
322563	**13812630**	**13654304**	**10872657**	**10793643**	**89053**	**86903**	**54287**
225403	10337309	10256934	7827952	7792940	76008	75542	29726
215599	8861570	8794742	6494777	6467654	70317	70059	23404
127052	6981573	6929762	5315649	5295094	43991	43861	18240
85047	549676	547369	307210	305241	6285	6264	236
	1199344	1193401	799497	795973	18845	18738	1151
3501	47380	47300	21812	21811	486	486	79
	83597	76911	50608	49535	709	709	3698
	893680	891085	866774	862648	3587	3413	462
	893680	891085	866774	862648	3587	3413	462
9804	582059	571107	466401	462638	2104	2070	5860
9804	582059	571107	466401	462638	2104	2070	5860
53158	2690692	2647101	2456214	2438640	7509	7313	17096
53158	2690692	2647101	2456214	2438640	7509	7313	17096
53158	2690692	2647101	2456214	2438640	7509	7313	17096
44002	784628	750270	588491	562063	5536	4048	7465
17731	523652	493797	383545	360555	5139	3820	4547
17731	523652	493797	383545	360555	5139	3820	4547
26270	260977	256473	204946	201509	397	228	2918
26270	260977	256473	204946	201509	397	228	2918

1-B-29 续表 50

行　业	管理费用	#税　金	财务费用	#利息支出	投资收益	营业利润
总　计	**12035876**	**554447**	**5415927**	**5729053**	**682794**	**13254597**
采矿业	**70406**	**3491**	**24427**	**24578**	**898**	**103714**
煤炭开采和洗选业						
褐煤开采洗选						
褐煤开采洗选						
黑色金属矿采选业	1145	23	275	268		2114
铁矿采选	1145	23	275	268		2114
铁矿采选	1145	23	275	268		2114
有色金属矿采选业	7226	103	2084	2075	95	15996
常用有色金属矿采选	4086	80	1230	1232	95	1593
铜矿采选						
铅锌矿采选	3633	48	1230	1232	95	1373
贵金属矿采选						
银矿采选						
稀有稀土金属矿采选	2688	22	788	776		13614
钨钼矿采选	2688	22	788	776		13614
非金属矿采选业	61868	3361	21672	21845	803	85555
土砂石开采	59785	3294	19611	19445	487	81302
石灰石、石膏开采	16252	665	4697	4490	95	7488
建筑装饰用石开采	21487	2183	4770	4883		22717
耐火土石开采	5318	221	2034	1969	386	8995
粘土及其他土砂石开采	16728	225	8111	8103	5	42102
化学矿开采						
化学矿开采						
石棉及其他非金属矿采选	1759	23	1571	1906	317	3780
其他未列明非金属矿采选	1759	23	1571	1906	317	3780
制造业	**11487775**	**502424**	**4846701**	**5114834**	**629270**	**11302830**
农副食品加工业	179357	11604	102320	104814	4950	244643
谷物磨制	8809	488	7072	7362	217	7502
谷物磨制	8809	488	7072	7362	217	7502

单位：万元

营业外收入	#补贴收入	营业外支出	利润总额	应交所得税	利税总额	应付工资总额	本年应交增值税
1135001	**504592**	**632395**	**13953687**	**2131971**	**24378325**	**14843750**	**7422279**
3572	**1131**	**2961**	**104733**	**11937**	**199088**	**47973**	**63687**
			2114	31	2945	847	694
			2114	31	2945	847	694
			2114	31	2945	847	694
42	40	42	15996	1149	30076	8300	11124
		16	1577	56	5134	3549	3051
		16	1357	56	4499	2978	2665
40	40		13654	901	23730	4465	7733
40	40		13654	901	23730	4465	7733
3526	1091	2912	86577	10758	165979	38786	51830
3261	1089	2021	82630	10304	157078	36916	47979
269	92	215	7542	1742	23852	7720	9595
593	14	690	22625	1674	44022	9295	12653
1144	47	97	10078	1485	17355	5045	6158
1255	935	1020	42385	5403	71849	14856	19573
265	2	675	3689	342	7960	1773	3232
265	2	675	3689	342	7960	1773	3232
911106	**343968**	**563998**	**11837989**	**1783847**	**21334171**	**14329790**	**6651584**
27375	10810	15505	261060	28289	377288	222173	95180
2286	728	484	9717	757	16637	8069	5272
2286	728	484	9717	757	16637	8069	5272

1-B-29 续表 51

行业	管理费用	#税金	财务费用	#利息支出	投资收益	营业利润
饲料加工	41467	2537	12990	15072	1534	60687
饲料加工	41467	2537	12990	15072	1534	60687
植物油加工	10219	3057	4426	5422	319	26058
食用植物油加工	9684	3032	4244	5238	319	25546
非食用植物油加工	535	26	182	184		512
制糖业						
制糖业						
屠宰及肉类加工	22871	1229	9689	9787	1199	19118
牲畜屠宰	4672	253	1566	1703	572	3391
禽类屠宰	576	13	10	17		794
肉制品及副产品加工	17623	964	8113	8067	627	14933
水产品加工	53820	2207	46466	46777	2678	54141
水产品冷冻加工	36835	1496	37262	37676	3106	40334
鱼糜制品及水产品干腌制加工	8972	394	4986	4925	-447	6795
水产饲料制造	4583	213	2512	2644	56	6275
鱼油提取及制品制造						
其他水产品加工	1706	104	1301	1160	-37	776
蔬菜、水果和坚果加工	27399	1419	18106	16795	-1643	51308
蔬菜加工	20011	1096	11705	10515	-1647	25069
水果和坚果加工	7388	323	6402	6281	4	26239
其他农副食品加工	14623	666	3474	3496	647	25839
淀粉及淀粉制品制造	4689	242	696	786	3	12415
豆制品制造	6449	237	1288	1280	66	7730
蛋品加工	1019	20	502	393		2475
其他未列明农副食品加工	2466	167	989	1037	578	3219
食品制造业	118573	5737	38698	40860	2282	161118
焙烤食品制造	11996	352	3669	3606	6	6633
糕点、面包制造	6445	152	1528	1540		3240
饼干及其他焙烤食品制造	5551	200	2141	2066	6	3393

单位：万元

营业外收入	#补贴收入	营业外支出	利润总额	应交所得税	利税总额	应付工资总额	本年应交增值税
3470	1066	1834	63564	7757	91012	44373	24896
3470	1066	1834	63564	7757	91012	44373	24896
1610	1218	987	27075	1295	33618	6802	5072
1597	1212	987	26551	1211	32623	6342	4678
13	6		525	84	995	460	394
3147	2556	1879	21050	2232	35358	27248	11764
1404	1438	338	4735	251	5338	7888	300
240	43	31	1002	5	1119	713	105
1503	1075	1510	15313	1977	28900	18646	11360
10919	3377	7354	59773	7908	94445	85344	27556
8493	2247	6225	44908	5400	69403	64925	18873
902	674	847	6583	1416	14853	13701	7207
1267	340	217	7347	830	8257	4694	650
148	116	55	873	262	1870	1615	826
4885	1566	1235	53731	6418	71415	33524	13787
4249	1262	999	27063	2585	35886	24550	6519
636	304	236	26668	3833	35529	8974	7268
1041	281	1731	26139	1923	34590	16556	6667
520	101	325	12994	291	16118	3198	2751
380	68	215	7895	1130	10812	9527	2073
17	3	38	2453	202	2854	783	290
124	110	1153	2796	301	4806	3049	1553
11732	5847	7620	166367	27214	254446	111712	75920
1208	113	489	7353	1384	14583	17207	5544
606	5	408	3439	263	6837	9166	2917
602	108	82	3914	1121	7747	8041	2628

1-B-29 续表 52

行业	管理费用	#税金	财务费用	#利息支出	投资收益	营业利润
糖果、巧克力及蜜饯制造	6829	288	2478	3006	11	7364
糖果、巧克力制造	3484	57	-176	313		7033
蜜饯制作	3345	231	2654	2693	11	331
方便食品制造	11885	1109	3084	2837	393	16211
米、面制品制造	1163	132	306	307		842
速冻食品制造	4522	145	437	361	85	2045
方便面及其他方便食品制造	6200	833	2341	2169	308	13324
乳制品制造	6241	84	1496	1651	118	4593
乳制品制造	6241	84	1496	1651	118	4593
罐头食品制造	8875	514	7501	6638	26	2469
水产品罐头制造	480	34	351	329		409
蔬菜、水果罐头制造	8064	481	6979	6145	21	1704
其他罐头食品制造	330		170	164	5	356
调味品、发酵制品制造	16479	790	7208	7599	95	34155
味精制造	1202	22	139	322	14	2706
酱油、食醋及类似制品制造	8914	436	5671	5762	50	29810
其他调味品、发酵制品制造	6363	332	1399	1515	31	1638
其他食品制造	56269	2599	13262	15524	1632	89694
营养食品制造	6236	302	1147	1292	-689	20425
保健食品制造	8342	356	3717	3583	345	19303
冷冻饮品及食用冰制造	2122	183	382	339	39	-803
盐加工	2886	90	-9			5594
食品及饲料添加剂制造	35895	1647	7489	9867	1705	43213
其他未列明食品制造	787	21	536	443	232	1962
酒、饮料和精制茶制造业	63024	4864	26165	28325	50932	227590
酒的制造	25783	2060	4697	7932	79	13334
酒精制造						
白酒制造	2163	128	46	124	5	2685
啤酒制造	11025	1165	-941	2343	1	1165
黄酒制造	10783	679	5253	5125	72	10618
其他酒制造	1725	88	312	313		-1353

单位：万元

营业外收入	#补贴收入	营业外支出	利润总额	应交所得税	利税总额	应付工资总额	本年应交增值税
610	138	199	7790	1728	12935	7711	4525
201	6	166	7071	1547	10336	4239	2942
409	132	33	719	180	2599	3472	1584
1321	205	1569	15955	2625	27609	12904	10189
109	21	53	898	187	2329	2111	1239
154	8	67	2123	117	5171	4068	2515
1057	176	1448	12934	2322	20109	6725	6436
628	306	129	5091	495	7049	5018	1677
628	306	129	5091	495	7049	5018	1677
1528	645	2181	1836	1398	8344	12622	5409
48	48	4	454	111	768	729	251
1180	299	2163	740	1227	6740	10918	5002
300	298	14	643	61	835	975	156
1899	1421	388	35722	4249	50591	11153	12938
36		21	2720	663	3777	1199	852
1145	1037	233	30772	2877	41194	3583	9065
719	384	133	2229	710	5621	6371	3021
4539	3019	2665	92622	15336	133335	45098	35639
1577	605	219	21783	4758	33920	5195	11278
249	203	381	19559	1885	28043	7291	7208
565	115	48	-286	-2	1849	2325	1915
338	82	85	5848	1472	7282	2025	1290
1478	1941	1871	43487	6761	59219	27046	13278
331	72	62	2231	462	3022	1216	671
12077	3517	5716	234965	35777	314519	73188	55112
1212	188	480	14197	2345	44811	24349	13667
58		79	2670	347	4753	1505	1030
767	69	273	1711	143	17756	11193	5840
361	119	111	10940	1780	22396	10445	6650
27		17	-1343		-428	1079	53

1-B-29 续表 53

行 业	管理费用	#税 金	财务费用	#利息支出	投资收益	营业利润
饮料制造	15683	1577	4238	4494	48998	158143
碳酸饮料制造	1058	262	136	247	1025	5458
瓶(罐)装饮用水制造	2970	242	459	452		14216
果菜汁及果菜汁饮料制造	5925	320	1963	2324	42813	78848
含乳饮料和植物蛋白饮料制造	2412	357	1016	920	5161	29708
固体饮料制造	1072	28	503	406		188
茶饮料及其他饮料制造	2245	369	160	144		29726
精制茶加工	21558	1227	17231	15900	1854	56113
精制茶加工	21558	1227	17231	15900	1854	56113
烟草制品业	111096	3950	-3520	859	22089	287911
卷烟制造						
卷烟制造						
其他烟草制品制造						
其他烟草制品制造						
纺织业	913926	48323	611149	601140	30133	1257371
棉纺织及印染精加工	370148	20274	295923	293985	12670	548688
棉纺纱加工	98339	5618	94270	96829	2861	129817
棉织造加工	166447	8478	146741	140882	6222	300977
棉印染精加工	105362	6178	54913	56275	3587	117895
毛纺织及染整精加工	41953	2814	20872	24776	2238	47322
毛条和毛纱线加工	17843	1282	9420	12939	1339	33143
毛织造加工	18043	1223	8648	8957	218	12018
毛染整精加工	6068	308	2804	2880	680	2161
麻纺织及染整精加工	3093	183	1576	1397	660	3620
麻纤维纺前加工和纺纱	1823	89	904	802	614	2003
麻织造加工	1269	95	672	596	46	1617
丝绢纺织及印染精加工	56394	2701	30625	31651	725	99194
缫丝加工	9789	368	3557	4858	201	10954
绢纺和丝织加工	39198	2095	24819	24682	1380	74816
丝印染精加工	7407	239	2248	2111	-856	13424

单位：万元

营业外收入	#补贴收入	营业外支出	利润总额	应交所得税	利税总额	应付工资总额	本年应交增值税
5006	1686	1112	162254	27015	192769	23824	25552
352	327	140	5674	822	7738	1416	1794
488	320	159	14545	2741	19476	3915	4488
1406	1038	520	79946	10547	90330	8694	8002
906	1	103	30511	7146	36752	4142	5531
34		48	174	23	591	1344	-7
1820		143	31404	5736	37882	4313	5744
5859	1643	4125	58514	6417	76939	25015	15893
5859	1643	4125	58514	6417	76939	25015	15893
1304	1190	13953	275262	63170	2128789	46979	314410
56365	17222	57807	1278649	161756	2104935	1548660	687315
24067	8465	22203	559997	73009	935860	683201	311203
8998	1994	7231	134025	18515	221334	185512	71001
8699	3661	9657	303041	40044	498682	305102	162109
6370	2810	5315	122930	14450	215843	192587	78093
3149	905	3016	48334	8491	85518	69000	31355
1695	478	2154	32852	5659	52166	29597	16864
930	417	578	12401	2193	23380	27653	8861
524	10	284	3081	639	9972	11749	5630
634	74	299	4584	940	7533	5035	2538
41	1	19	2639	442	3729	3131	913
593	73	280	1945	498	3803	1904	1625
2980	1398	1931	100871	6808	148810	113266	39374
1134	280	332	11964	539	23341	23964	9541
1475	1022	1033	76445	5733	107361	72170	25066
370	96	567	12462	537	18107	17133	4767

1-B-29 续表 54

行 业	管理费用	#税 金	财务费用	#利息支出	投资收益	营业利润
化纤织造及印染精加工	53357	2324	31465	29357	3042	132296
化纤织造加工	43484	1915	28475	26599	3018	120340
化纤织物染整精加工	9873	408	2990	2758	24	11955
针织或钩针编织物及其制品制造	195864	9870	132069	126655	4896	243378
针织或钩针编织物织造	161340	8146	113828	108739	4272	205625
针织或钩针编织物印染精加工	11985	347	5170	5099	201	2158
针织或钩针编织品制造	22539	1377	13070	12817	424	35595
家用纺织制成品制造	92044	4542	47276	39974	5200	71457
床上用品制造	40590	1995	22315	19547	240	34873
毛巾类制品制造	4541	309	3151	2956	574	4432
窗帘、布艺类产品制造	30322	1552	14045	10214	54	25725
其他家用纺织制成品制造	16591	686	7765	7256	4333	6427
非家用纺织制成品制造	101073	5615	51344	53345	702	111416
非织造布制造	42588	2222	28186	27716	121	81097
绳、索、缆制造	5988	73	1717	1759		8079
纺织带和帘子布制造	21149	963	8736	9299	37	11664
篷、帆布制造	14591	689	7672	6894	1	5265
其他非家用纺织制成品制造	16758	1668	5034	7677	543	5312
纺织服装、服饰业	512605	18915	196852	187829	19260	313587
机织服装制造	287685	10750	100920	97332	3924	141799
机织服装制造	287685	10750	100920	97332	3924	141799
针织或钩针编织服装制造	165754	6369	63101	60759	18084	128138
针织或钩针编织服装制造	165754	6369	63101	60759	18084	128138
服饰制造	59166	1796	32831	29738	-2748	43649
服饰制造	59166	1796	32831	29738	-2748	43649
皮革、毛皮、羽毛及其制品和制鞋业	299980	12955	116332	112005	3759	213523
皮革鞣制加工	22221	1546	17343	17856	644	18022
皮革鞣制加工	22221	1546	17343	17856	644	18022
皮革制品制造	91495	2764	28329	25176	693	55873
皮革服装制造	33763	734	10333	10520	258	16551

单位：万元

营业外收入	#补贴收入	营业外支出	利润总额	应交所得税	利税总额	应付工资总额	本年应交增值税
3148	658	9469	126631	15751	174009	87548	38929
2422	633	6054	117349	14409	158824	72757	33866
725	25	3416	9282	1342	15185	14792	5063
12764	2974	13152	247377	32182	424895	297732	148371
11267	2473	11038	210119	27580	358779	233956	123892
863	413	267	2799	500	12616	22179	8684
634	89	1848	34459	4102	53499	41597	15795
4148	1132	3867	77221	11450	146387	152801	58013
2040	209	1653	35624	6857	68113	69565	27313
124	120	102	5012	396	8710	8193	3195
1158	502	1656	25393	3072	47069	48849	17942
826	301	457	11192	1125	22495	26195	9563
5476	1617	3869	113633	13126	181925	140078	57533
2361	783	2426	81399	8383	116284	60980	29428
258	57	108	8282	605	11470	7125	2671
1282	331	530	12568	2664	26534	28110	12088
855	139	616	5523	869	12919	24674	5849
720	307	189	5861	605	14719	19190	7496
24609	8104	21535	316180	53092	687140	994357	314886
14933	3775	8768	149604	27761	362237	564919	181408
14933	3775	8768	149604	27761	362237	564919	181408
7495	3043	9462	127150	20376	244798	333448	99073
7495	3043	9462	127150	20376	244798	333448	99073
2181	1286	3305	39426	4955	80106	95991	34405
2181	1286	3305	39426	4955	80106	95991	34405
9154	2006	11602	228790	34265	473315	648580	210241
1627	399	1667	18387	2972	42896	36535	21617
1627	399	1667	18387	2972	42896	36535	21617
2631	702	5039	54001	9323	122048	182290	57519
1185	221	1201	16555	2672	39168	56719	19296

1-B-29 续表 55

行业	管理费用	#税金	财务费用	#利息支出	投资收益	营业利润
皮箱、包(袋)制造	43048	1308	11671	9037	436	23937
皮手套及皮装饰制品制造	8299	448	2486	2264		5783
其他皮革制品制造	6384	274	3839	3355		9603
毛皮鞣制及制品加工	10398	462	6327	6089	227	12843
毛皮鞣制加工	2530	116	1312	1409		2804
毛皮服装加工	2565	78	1337	1138	2	3590
其他毛皮制品加工	5303	269	3678	3541	224	6449
羽毛(绒)加工及制品制造	16046	1097	19050	20325	22	14500
羽毛(绒)加工	2320	83	4259	4226	11	3884
羽毛(绒)制品加工	13726	1014	14791	16099	11	10616
制鞋业	159820	7085	45283	42560	2174	112284
纺织面料鞋制造	9649	276	2006	1905	-19	6311
皮鞋制造	114899	5628	31258	28651	1990	79077
塑料鞋制造	8220	271	2655	2338	105	6527
橡胶鞋制造	21426	811	7729	7756	56	20723
其他制鞋业	5626	99	1636	1910	43	-354
木材加工和木、竹、藤、棕、草制品业	97046	5689	52682	51151	628	178498
木材加工	4893	218	2219	2694		9085
锯材加工	1847	100	479	504		3723
木片加工	542	5	360	322		388
单板加工	2157	95	1188	1667		2983
其他木材加工	348	18	193	201		1992
人造板制造	32465	2274	14508	13579	170	45011
胶合板制造	16941	1475	9217	8200	226	26261
纤维板制造	6861	251	1657	1568	-186	1321
刨花板制造	162	8	50	50		1957
其他人造板制造	8501	540	3585	3761	130	15471
木制品制造	42644	1909	25767	25236	449	97479
建筑用木料及木材组件加工	2602	150	1938	1731		4553
木门窗、楼梯制造	8818	348	4249	4052	10	22591

单位：万元

营业外收入	#补贴收入	营业外支出	利润总额	应交所得税	利税总额	应付工资总 额	本年应交增值税
962	362	711	24704	3738	54855	97323	25018
331	104	142	5973	818	13198	15629	6214
152	14	2985	6769	2095	14827	12618	6990
299	43	242	13124	950	22764	16304	8387
77	30	61	2820	229	5077	4706	2004
27	2	118	3498	191	5563	4699	1810
195	11	63	6805	530	12124	6899	4573
889	204	1357	14038	3012	31992	21343	14843
89	65	94	3879	433	8680	2163	4106
801	139	1264	10160	2579	23312	19180	10736
3709	659	3296	129240	18009	253616	392107	107876
141	36	152	6311	1178	14671	22613	7238
2659	207	2346	80004	11916	167089	280776	75613
59	3	185	6401	1056	13191	21667	5931
540	156	567	20782	3573	40002	56986	16531
309	256	47	15742	286	18663	10065	2562
7262	4768	3299	184755	19842	292049	150103	79602
41		95	9032	828	13567	8930	3490
14		60	3677	299	5287	2268	1248
10		3	394	151	1627	1942	1050
17		32	2969	360	4231	4189	862
			1992	18	2422	531	330
4495	3357	1247	49690	5749	83689	46891	28569
1761	858	797	27528	3164	44514	25956	14315
968	1254	248	3031	344	8351	7882	4689
		…	1957	3	2779	207	721
1766	1244	203	17174	2238	28045	12846	8844
1742	596	1163	98619	10126	150166	68086	34311
18	282	213	4635	551	7329	5535	2202
164	23	64	22691	2403	30726	15177	6104

1-B-29 续表 56

行　　业	管理费用	#税　金	财务费用	#利息支出	投资收益	营业利润
地板制造	21389	927	14982	14789	119	55092
木制容器制造	2851	147	1500	1825	18	13155
软木制品及其他木制品制造	6983	338	3098	2838	303	2088
竹、藤、棕、草等制品制造	17044	1288	10188	9642	9	26923
竹制品制造	13774	1086	8496	8017	8	23446
藤制品制造	293	14	…			96
草及其他制品制造	2978	189	1693	1625	1	3381
家具制造业	158879	9776	80349	69862	856	114064
木质家具制造	58894	3767	31571	30773	655	43838
木质家具制造	58894	3767	31571	30773	655	43838
竹、藤家具制造	2989	116	2952	2667		1912
竹、藤家具制造	2989	116	2952	2667		1912
金属家具制造	51776	3305	25621	20739	133	29935
金属家具制造	51776	3305	25621	20739	133	29935
塑料家具制造	13328	812	3419	2481		11182
塑料家具制造	13328	812	3419	2481		11182
其他家具制造	31892	1776	16786	13203	68	27197
其他家具制造	31892	1776	16786	13203	68	27197
造纸和纸制品业	253792	13698	175125	187198	3297	251808
纸浆制造						
木竹浆制造						
造纸	138976	8468	120429	131040	994	158896
机制纸及纸板制造	132569	8052	117312	128185	994	155676
手工纸制造	1054	91	940	674		1251
加工纸制造	5354	324	2177	2181	…	1970
纸制品制造	114681	5230	54692	56154	2303	92904
纸和纸板容器制造	70404	3237	36300	37504	1266	62319
其他纸制品制造	44277	1994	18392	18650	1037	30585
印刷和记录媒介复制业	135306	4945	59184	63456	2759	119421
印刷	132194	4655	56186	60356	2759	117328

单位：万元

营业外收入	#补贴收入	营业外支出	利润总额	应交所得税	利税总额	应付工资总额	本年应交增值税
490		208	55415	6207	87753	28255	19159
296	77	191	13279	568	16336	5497	2319
773	214	488	2600	397	8022	13622	4528
985	815	794	27414	3138	44627	26196	13233
825	774	540	24007	2709	38985	19451	11649
19		2	113	34	293	1166	146
141	41	252	3294	396	5348	5579	1437
6755	2810	4756	117022	20623	220399	254024	84923
2536	578	1808	45323	6724	83839	102421	31924
2536	578	1808	45323	6724	83839	102421	31924
197	143	38	2071	501	3927	5318	1598
197	143	38	2071	501	3927	5318	1598
2577	1240	1230	31187	7325	63162	84004	26387
2577	1240	1230	31187	7325	63162	84004	26387
487	561	559	11309	2414	19049	15316	6014
487	561	559	11309	2414	19049	15316	6014
958	288	1121	27133	3658	50422	46966	19000
958	288	1121	27133	3658	50422	46966	19000
26262	10188	18845	262240	33422	474408	321176	176207
17185	6290	12650	164324	17751	298856	168573	113578
16699	6047	12370	160933	17457	290481	160789	109135
30		61	1221	1	2706	1882	1365
455	244	219	2170	293	5669	5902	3078
9069	3890	6195	97900	15671	175485	152435	62586
7331	2831	4208	66733	9797	121601	101852	44344
1738	1059	1987	31168	5874	53884	50583	18242
11150	3887	5350	127306	22197	220407	183664	79822
10951	3103	5297	124354	21765	211969	178586	74722

1-B-29 续表 57

行业	管理费用	#税金	财务费用	#利息支出	投资收益	营业利润
书、报刊印刷	16054	647	6497	7427	91	8667
本册印制	6762	146	2131	2116	398	5147
包装装潢及其他印刷	109378	3863	47558	50812	2271	103514
装订及印刷相关服务	2483	177	1744	1857		3200
装订及印刷相关服务	2483	177	1744	1857		3200
记录媒介复制						
记录媒介复制						
文教、工美、体育和娱乐用品制造业	271331	13221	131135	119715	4465	324841
文教办公用品制造	51305	2902	21063	19426	906	33050
文具制造	25072	1769	11814	10736	481	11481
笔的制造	20004	902	8078	7655	400	16885
教学用模型及教具制造	2070	100	339	331	26	2609
墨水、墨汁制造						
其他文教办公用品制造	3640	130	779	653		1953
乐器制造	4282	143	1453	1558	4	4675
西乐器制造	3087	130	788	989	4	1553
电子乐器制造	261	6	287	272		1008
其他乐器及零件制造	934	8	378	297		2115
工艺美术品制造	121810	6218	69903	64725	2795	214310
雕塑工艺品制造	13469	686	4441	3855	27	73026
金属工艺品制造	13758	581	5589	5330	679	14050
漆器工艺品制造	5311	169	1740	1284		2026
花画工艺品制造	3997	115	2116	1937	556	1370
天然植物纤维编织工艺品制造	7140	246	3279	2879	-150	6909
抽纱刺绣工艺品制造	27128	1701	19093	18667	7	38428
地毯、挂毯制造	10122	739	5252	4622		9837
珠宝首饰及有关物品制造	8830	731	15858	15266	32	39858
其他工艺美术品制造	32055	1249	12533	10884	1644	28807
体育用品制造	49570	2291	20853	17975	680	29386
球类制造	4007	142	1667	1579		3811

单位：万元

营业外收入	#补贴收入	营业外支出	利润总额	应交所得税	利税总额	应付工资总额	本年应交增值税
1692	846	238	10361	604	18240	21133	6893
344	18	85	5568	588	10091	10447	3757
8914	2239	4974	108426	20573	183638	147007	64072
132	71	53	3280	432	8595	4692	4971
132	71	53	3280	432	8595	4692	4971
15325	5642	8230	333628	42296	515390	436659	146378
3157	2628	1270	35539	5334	64423	83614	24103
1432	1703	720	12520	2604	26501	40723	11609
1284	574	485	17973	2089	30161	35475	10221
82	73	11	2666	132	3527	1954	744
358	279	51	2260	479	3800	5010	1233
148	20	48	4780	977	8360	8157	2998
129	14	25	1662	393	3291	5190	1367
			1008	40	1296	837	194
19	5	23	2110	544	3773	2130	1438
5096	1428	4783	215099	27264	310075	202606	74987
1233	171	218	74183	8469	87238	29499	10341
423	110	204	14300	1409	22055	21944	6295
117	40	65	2085	569	7448	9447	4626
233	36	21	1582	162	3179	5417	1217
730	74	330	7244	1337	12108	11291	3766
478	248	887	38092	5437	65487	48910	21750
304	107	334	9870	1464	14964	13717	4248
710	35	1471	39107	3747	48902	11467	6105
869	608	1254	28636	4671	48695	50914	16642
4384	616	801	33161	4179	60652	61967	22436
108	81	22	3905	296	5845	6001	1449

1-B-29 续表 58

行　业	管理费用	#税　金	财务费用	#利息支出	投资收益	营业利润
体育器材及配件制造	12657	718	5389	4430	59	7766
训练健身器材制造	24698	1127	10262	8515	615	17701
运动防护用具制造	2394	82	617	449	5	-309
其他体育用品制造	5814	222	2919	3001		417
玩具制造	31133	1023	12274	11026	20	25952
玩具制造	31133	1023	12274	11026	20	25952
游艺器材及娱乐用品制造	13231	644	5590	5007	60	17469
露天游乐场所游乐设备制造	6884	490	3262	3075	60	11504
游艺用品及室内游艺器材制造	5056	117	1781	1604		4287
其他娱乐用品制造	1292	38	548	328		1678
石油加工、炼焦和核燃料加工业	20921	1668	20392	23562	127	25785
精炼石油产品制造	20921	1668	20392	23562	127	25785
原油加工及石油制品制造	20249	1620	20073	23356	127	25908
人造原油制造	672	48	319	206		-123
化学原料和化学制品制造业	852650	38255	302989	371485	56845	1001358
基础化学原料制造	204687	9005	62265	96142	8126	328934
无机酸制造	7515	424	3317	3598	402	5427
无机碱制造	526		390	389		2994
无机盐制造	18991	883	8028	8165	-47	31291
有机化学原料制造	128603	5880	45769	64964	6979	237156
其他基础化学原料制造	49052	1817	4761	19027	791	52067
肥料制造	4848	414	2424	2581	-9	2172
氮肥制造	1401	43	1343	1549	-20	259
复混肥料制造	1769	71	482	535	11	1493
有机肥料及微生物肥料制造	616	1	104	69		292
其他肥料制造						
农药制造	39704	2360	12709	12641	568	24758
化学农药制造	37846	2245	11744	11409	187	24333
生物化学农药及微生物农药制造	1858	115	965	1232	381	425

单位：万元

营业外收入	#补贴收入	营业外支出	利润总额	应交所得税	利税总额	应付工资总额	本年应交增值税
431	161	246	7967	1540	15855	14119	6537
3482	312	330	20981	1828	34001	27884	10685
27	52	36	-278	30	1346	4792	1327
336	11	167	587	485	3605	9171	2437
2019	853	979	27333	2471	45419	61639	14254
2019	853	979	27333	2471	45419	61639	14254
522	98	350	17716	2071	26461	18677	7601
395	92	117	11855	1546	17382	9674	4908
110	2	105	4293	330	6707	7150	2022
17	4	127	1568	196	2372	1853	671
6885	5670	1293	31726	8780	100190	14440	17894
6885	5670	1293	31726	8780	100190	14440	17894
6885	5670	1275	31866	8657	99905	14185	17512
1		18	-141	123	285	254	381
83527	22221	47351	1048619	186224	1608449	633154	466484
23078	5266	7171	347405	65843	496140	132495	126279
759	416	441	6345	1218	11136	6563	3693
805		9	3790	20	6171	1083	2028
1228	516	993	31576	3651	44537	15709	11113
15283	2858	3924	250409	50617	352939	84957	90009
5003	1477	1804	55285	10338	81357	24183	19437
103	47	230	2025	225	4257	5002	1681
25	25	125	137	23	1264	1313	927
34	23	81	1446	218	1990	2346	365
38		13	317	35	484	548	128
2848	1087	918	27430	3765	38400	26366	9373
2829	797	824	26411	3656	36609	25081	8751
19	290	94	1019	109	1791	1285	623

1-B-29 续表 59

行　业	管理费用	#税　金	财务费用	#利息支出	投资收益	营业利润
涂料、油墨、颜料及类似产品制造	132924	5332	44084	47916	222	181263
涂料制造	54916	2268	12868	15080	-448	71696
油墨及类似产品制造	8013	329	1876	2372	67	9970
颜料制造	12062	545	5777	5889	159	16956
染料制造	54027	2103	22433	23494	421	80957
密封用填料及类似品制造	3906	88	1130	1081	23	1684
合成材料制造	182399	10875	86736	121412	40537	191036
初级形态塑料及合成树脂制造	111676	6782	35451	69784	35367	166876
合成橡胶制造	14179	537	7894	7680	1676	20222
合成纤维单(聚合)体制造	38526	2884	34431	33904	3485	-16866
其他合成材料制造	18018	672	8960	10045	9	20804
专用化学产品制造	235148	8697	81609	79366	5177	199457
化学试剂和助剂制造	126343	4685	49040	44760	702	124909
专项化学用品制造	35830	1701	9372	10732	-393	27773
林产化学产品制造	5807	167	2257	2111	3	4153
信息化学品制造	31191	833	13098	13630	4741	14414
环境污染处理专用药剂材料制造	8375	270	1733	1525	...	9836
动物胶制造	8679	494	770	983	6	8588
其他专用化学产品制造	18923	548	5339	5627	119	9784
炸药、火工及焰火产品制造	10344	309	1661	2049	9	6489
炸药及火工产品制造	10344	309	1661	2049	9	6489
日用化学产品制造	42597	1262	11502	9378	2216	67249
肥皂及合成洗涤剂制造	5562	205	2713	2768	20	7863
化妆品制造	16932	539	4804	4325	548	16755
口腔清洁用品制造	1141	11	...			242
香料、香精制造	14188	316	2949	1393	1489	39817
其他日用化学产品制造	4774	191	1036	893	159	2573
医药制造业	317783	10674	60386	69331	8171	305445
化学药品原料药制造	88866	2837	28044	26763	609	59137
化学药品原料药制造	88866	2837	28044	26763	609	59137

单位：万元

营业外收入	#补贴收入	营业外支出	利润总额	应交所得税	利税总额	应付工资总额	本年应交增值税
7533	1931	5236	183661	28029	273119	105984	76333
3267	959	1786	72532	12522	107437	43107	29598
184	8	149	10081	2679	14506	6508	3820
635	134	512	17143	1377	26507	12550	7945
3396	818	2707	82240	11085	120854	39664	33142
50	13	81	1666	366	3816	4156	1828
19847	6033	16168	199194	40299	334139	143949	113417
10756	3591	13564	165883	27101	265881	93595	88386
1236	52	229	22903	4055	27724	12974	-1836
5804	1343	1236	-11357	4731	9203	24263	18929
2052	1048	1138	21764	4413	31331	13117	7937
27530	7262	16366	213613	35752	350123	166334	109719
8008	3235	6186	128987	23313	205952	90957	65380
13478	539	4388	37017	4982	64561	24149	17653
625	413	160	4705	218	7627	4726	1929
3639	2587	4018	14305	3127	27531	20775	11376
170	102	202	9831	1209	13908	5407	3202
165	31	958	7816	1366	11354	5630	3381
1445	355	454	10950	1537	19191	14690	6798
275	163	529	6275	1030	11235	9132	4441
275	163	529	6275	1030	11235	9132	4441
2313	432	734	69017	11283	101037	43892	25241
523	48	241	8146	1722	13413	6601	4369
574	164	175	17194	2415	30643	21389	9830
5		20	226	38	654	555	383
1060	94	216	40795	6869	51906	9770	9187
152	126	83	2656	238	4421	5577	1474
23758	9935	10168	321621	62131	510639	283253	168978
6651	3003	3066	64200	9685	107968	71942	38160
6651	3003	3066	64200	9685	107968	71942	38160

1-B-29 续表 60

行业	管理费用	#税金	财务费用	#利息支出	投资收益	营业利润
化学药品制剂制造	86346	3016	5921	17316	250	48564
化学药品制剂制造	86346	3016	5921	17316	250	48564
中药饮片加工	11051	646	3267	3078	1003	29137
中药饮片加工	11051	646	3267	3078	1003	29137
中成药生产	50581	1764	5454	5338	5072	73554
中成药生产	50581	1764	5454	5338	5072	73554
兽用药品制造	10799	414	2472	2753	...	10522
兽用药品制造	10799	414	2472	2753	...	10522
生物药品制造	41540	933	7364	6751	1232	62599
生物药品制造	41540	933	7364	6751	1232	62599
卫生材料及医药用品制造	28601	1065	7863	7332	6	21931
卫生材料及医药用品制造	28601	1065	7863	7332	6	21931
化学纤维制造业	129802	10493	134249	157955	2691	264041
纤维素纤维原料及纤维制造	7041	615	3964	4095	31	15966
化纤浆粕制造	85	10	207	213		121
人造纤维(纤维素纤维)制造	6956	605	3757	3883	31	15845
合成纤维制造	122760	9878	130285	153860	2660	248075
锦纶纤维制造	15007	1286	27276	29633	-370	22138
涤纶纤维制造	73944	5898	72626	90248	2147	180118
腈纶纤维制造	3093	342	1876	2278		3656
维纶纤维制造						
丙纶纤维制造	1624	151	2276	2261	14	1857
氨纶纤维制造	8529	631	4889	7155	50	5758
其他合成纤维制造	19802	1569	20765	21718	819	35590
橡胶和塑料制品业	624710	29159	295596	300207	140228	702087
橡胶制品业	80992	2264	33370	32581	489	58625
轮胎制造	7607	303	5252	5430	14	8336
橡胶板、管、带制造	22407	611	11136	10644	188	17153
橡胶零件制造	20969	507	5446	5535	174	11236
再生橡胶制造	6989	133	3162	3126	82	7819
日用及医用橡胶制品制造	5778	200	2666	2585		3992
其他橡胶制品制造	17242	511	5708	5261	31	10090

单位：万元

营业外收入	#补贴收入	营业外支出	利润总额	应交所得税	利税总额	应付工资总额	本年应交增值税
4283	1238	1590	51278	23670	116400	111140	61057
4283	1238	1590	51278	23670	116400	111140	61057
1465	318	456	30225	2368	35639	11327	4710
1465	318	456	30225	2368	35639	11327	4710
6786	2767	989	79608	11975	108116	24203	24453
6786	2767	989	79608	11975	108116	24203	24453
350	674	178	11197	2093	16540	8915	4746
350	674	178	11197	2093	16540	8915	4746
2599	1620	1713	63587	8960	89398	29921	22749
2599	1620	1713	63587	8960	89398	29921	22749
1623	315	2178	21526	3380	36578	25805	13104
1623	315	2178	21526	3380	36578	25805	13104
10279	3436	8375	273236	39927	395280	174130	99719
465	195	811	15757	4015	26157	8706	9087
…		…	121	30	221	179	83
464	195	810	15636	3985	25935	8527	9004
9815	3241	7564	257479	35912	369124	165424	90632
2366	327	390	24344	4647	34888	20374	8244
5229	2127	2886	188829	25039	261446	99929	60574
227		49	3833	326	7061	2839	2865
23	3	14	1867	152	3528	2447	1256
111	52	2033	3849	1384	7131	7774	916
1815	695	2193	35754	4365	55770	31621	16509
41959	18984	31442	723120	91147	1159934	816593	369515
5467	2829	3227	62353	9843	113936	105546	44150
388	28	156	8593	1549	14616	9423	5080
1662	842	705	18774	3345	33984	29379	13136
1109	725	781	11802	2142	23088	28195	9509
1202	415	650	8411	188	12794	6856	3730
341	133	317	4108	581	9242	9219	4511
765	686	619	10665	2038	20211	22475	8185

1-B-29 续表 61

行业	管理费用	#税金	财务费用	#利息支出	投资收益	营业利润
塑料制品业	543718	26895	262227	267627	139739	643462
塑料薄膜制造	60573	3588	45092	55087	6181	40336
塑料板、管、型材制造	98787	4370	51304	52259	1615	95440
塑料丝、绳及编织品制造	21364	1422	12253	11548	445	15925
泡沫塑料制造	21235	979	10651	11418	365	18872
塑料人造革、合成革制造	64501	5680	32331	35529	368	90222
塑料包装箱及容器制造	42639	2193	19529	17842	127864	199882
日用塑料制品制造	93480	2883	40797	36440	362	56921
塑料零件制造	70330	2447	17684	17162	2125	50758
其他塑料制品制造	70809	3334	32587	30344	414	75106
非金属矿物制品业	520112	26449	269067	278996	22663	624937
水泥、石灰和石膏制造	69841	5513	37160	39354	7460	128476
水泥制造	64116	5370	33207	35327	7459	109103
石灰和石膏制造	5725	143	3953	4026	…	19372
石膏、水泥制品及类似制品制造	228006	11806	126450	133358	9593	266963
水泥制品制造	208857	10724	116339	122334	9054	244173
砼结构构件制造	9694	490	5704	6758	520	10242
石棉水泥制品制造						
轻质建筑材料制造	7202	347	4086	3896	19	10921
其他水泥类似制品制造	1884	202	314	358		1642
砖瓦、石材等建筑材料制造	44129	2180	22010	21557	1655	57949
粘土砖瓦及建筑砌块制造	15379	837	7565	7269	189	9097
建筑陶瓷制品制造	2427	174	2002	1778		-1191
建筑用石加工	3191	376	1893	1893		5142
防水建筑材料制造	10739	307	4933	4731	1242	24793
隔热和隔音材料制造	7207	190	3340	3131	-45	9438
其他建筑材料制造	5186	297	2277	2755	268	10670
玻璃制造	16847	1354	13276	14114	1174	7330
平板玻璃制造	5129	864	3232	3215		-1190
其他玻璃制造	11718	490	10044	10899	1174	8519

单位：万元

营业外收入	#补贴收入	营业外支出	利润总额	应交所得税	利税总额	应付工资总额	本年应交增值税
36491	16155	28215	660767	81304	1045999	711047	325365
3858	1606	3097	45178	5355	96881	69724	46512
5877	2109	2110	99856	16660	161089	93013	50807
1587	330	519	17187	2380	40084	49606	19789
1579	883	842	19986	3249	34626	25693	12378
3417	561	8237	85868	5843	136091	102641	41625
8439	5853	2816	205940	16098	238649	57963	27865
3548	1504	2809	58627	10038	118968	133387	48655
4207	1759	4608	51141	9702	96805	88034	39759
3980	1550	3177	76984	11979	122805	90986	37976
69376	41103	28219	683670	114639	1240964	609901	482151
28090	19893	6566	154751	30432	250560	84688	84366
27517	19567	6300	135033	27936	224242	79730	79108
573	325	266	19719	2496	26318	4958	5258
24072	12396	13263	287295	48051	591981	269059	269895
21919	12024	12216	263283	44823	554639	242371	258240
1533	55	709	11110	948	19021	17168	6783
509	245	269	11161	989	15158	7417	3672
80	72	68	1726	1286	2976	2014	1052
6365	4488	1870	64543	7093	96707	52728	27258
4867	3456	589	14695	859	19659	19827	4208
192	13	347	-1346	55	178	3940	1179
50	6	69	5123	857	7335	3675	1684
934	459	611	25458	2515	39372	14035	12480
274	544	121	10027	650	13880	5109	3293
48	11	132	10586	2157	16283	6142	4414
1758	788	591	8506	2614	18588	23647	8139
		1	-1201	269	3768	9257	4037
1758	788	590	9707	2346	14821	14390	4102

1-B-29 续表 62

行　业	管理费用	#税　金	财务费用	#利息支出	投资收益	营业利润
玻璃制品制造	50029	2037	29739	30012	397	68371
技术玻璃制品制造	20012	760	13822	13588	-264	18981
光学玻璃制造	2419	142	1561	1578	3	2992
玻璃仪器制造						
日用玻璃制品制造	11596	624	7742	7306	-36	23408
玻璃包装容器制造	6520	77	1013	924	472	5438
玻璃保温容器制造	636	21	241	220	25	344
制镜及类似品加工	2947	154	2274	3267	190	10095
其他玻璃制品制造	5597	223	2985	2993	8	6692
玻璃纤维和玻璃纤维增强塑料制品制造	30906	1036	13488	13668	626	2250
玻璃纤维及制品制造	21154	691	6862	7533	626	3872
玻璃纤维增强塑料制品制造	9752	346	6627	6135		-1622
陶瓷制品制造	18849	722	6327	5982	171	16941
卫生陶瓷制品制造	5910	206	3502	2938	18	4830
特种陶瓷制品制造	10450	317	2082	2316	153	10785
日用陶瓷制品制造						
园林、陈设艺术及其他陶瓷制品制造	2298	199	642	645		1304
耐火材料制品制造	41421	1320	12056	12485	27	52335
石棉制品制造						
云母制品制造						
耐火陶瓷制品及其他耐火材料制造	40676	1304	11647	12181	27	50645
石墨及其他非金属矿物制品制造	20086	481	8563	8466	1560	24322
石墨及碳素制品制造	4441	115	1359	1100	1350	3898
其他非金属矿物制品制造	15645	366	7204	7366	210	20425
黑色金属冶炼和压延加工业	257872	16038	176381	190603	4308	308028
炼铁						
炼铁						
炼钢	3390	179	3265	3675		7790
炼钢	3390	179	3265	3675		7790

单位：万元

营业外收入	#补贴收入	营业外支出	利润总额	应交所得税	利税总额	应付工资总额	本年应交增值税
2903	590	3117	68242	9141	99854	66065	25487
1577	109	2137	18495	3046	26420	20731	6694
23	20	18	2996	130	3975	3202	708
361	205	609	23163	3094	33951	22195	8533
666	193	114	5990	1241	10183	7821	3339
28	28	41	330	121	802	934	370
88	8	98	10092	761	13488	4663	2502
159	26	100	6751	739	10396	5884	3186
1405	382	811	3691	1930	17398	36827	8116
911	155	641	4777	1542	13749	25585	4354
494	226	170	-1086	388	3649	11242	3762
1435	1203	593	18018	2128	29044	23181	9196
447	217	61	5325	1004	9803	8240	3437
898	888	262	11527	1022	16310	10169	4267
90	82	270	1128	101	2648	4695	1282
2508	1082	651	54216	8384	88985	32239	28923
2193	1007	565	52222	8384	86906	30555	28890
840	281	756	24407	4868	47849	21469	20772
257	218	113	4041	393	13456	6032	9067
584	63	643	20366	4475	34393	15436	11705
25793	5878	15417	321570	41133	547371	349172	190986
299		109	7981	881	12159	3385	3643
299		109	7981	881	12159	3385	3643

1-B-29 续表 63

行　　业	管理费用	#税　金	财务费用	#利息支出	投资收益	营业利润
黑色金属铸造	78573	3313	35068	34791	893	55487
黑色金属铸造	78573	3313	35068	34791	893	55487
钢压延加工	168859	12170	134382	148534	3215	232149
钢压延加工	168859	12170	134382	148534	3215	232149
铁合金冶炼	6803	346	3593	3529	200	12412
铁合金冶炼	6803	346	3593	3529	200	12412
有色金属冶炼和压延加工业	209747	14256	181316	203998	5407	323816
常用有色金属冶炼	18366	1790	21810	24667	1071	47931
铜冶炼	3064	387	10183	10915	832	33292
铅锌冶炼	2209	66	3009	3054	-19	4131
镍钴冶炼	6879	764	4089	5915	258	9550
锡冶炼	86	8	105	107		142
铝冶炼	3995	491	3420	3729	1	2898
镁冶炼						
其他常用有色金属冶炼	1365	52	937	881		-2369
贵金属冶炼	5680	290	7654	7921	-203	19102
金冶炼	4310	222	5808	5855	-206	18943
银冶炼	1109	42	1231	1384	3	-56
其他贵金属冶炼	261	26	615	682		215
稀有稀土金属冶炼	2455	273	971	982		4021
钨钼冶炼	394	57	82	82		640
稀土金属冶炼	2061	216	889	900		3381
有色金属合金制造	35534	1549	18289	19044	-1368	41091
有色金属合金制造	35534	1549	18289	19044	-1368	41091
有色金属铸造	4106	184	3466	3735	28	657
有色金属铸造	4106	184	3466	3735	28	657
有色金属压延加工	143607	10169	129126	147648	5880	211015
铜压延加工	63587	5540	72135	82899	2581	114905
铝压延加工	49766	3188	37116	41880	179	65076
贵金属压延加工	3284	315	4020	4558	796	6766
稀有稀土金属压延加工	8878	189	4276	6308	2304	7628
其他有色金属压延加工	18091	938	11580	12004	20	16640

单位：万元

营业外收入	#补贴收入	营业外支出	利润总额	应交所得税	利税总额	应付工资总额	本年应交增值税
6260	2291	3861	58474	9442	111823	128513	44733
6260	2291	3861	58474	9442	111823	128513	44733
19077	3491	11362	242442	28523	405139	211320	137881
19077	3491	11362	242442	28523	405139	211320	137881
157	95	85	12484	2285	17878	5439	4550
157	95	85	12484	2285	17878	5439	4550
50450	7135	40525	336468	38636	546116	224176	179450
4538	865	485	53219	4655	75974	17534	20699
1404	225	142	35768	3342	46807	3130	10135
179	161	83	4227	523	5461	2257	990
273	136	169	9674	501	17058	5701	6988
18	15	5	154	39	179	115	21
596	314	83	3411	175	6222	5108	2359
2058	15	3	-314		-265	654	31
494	131	2889	16620	835	19374	3461	1464
478	117	2863	16469	627	18777	2320	1250
16	14	26	-63	208	180	760	53
			215		416	381	161
407	…	56	4372	1156	5531	1747	986
…	…	4	636	134	868	761	203
407		52	3736	1022	4664	986	784
4468	2365	1236	44989	3273	70178	30751	21348
4468	2365	1236	44989	3273	70178	30751	21348
705	253	102	1285	238	2854	4973	1340
705	253	102	1285	238	2854	4973	1340
39838	3521	35758	215983	28479	372205	165710	133614
32422	2049	32852	115146	17417	211989	71882	83329
2852	1180	1813	65400	6260	102547	66000	30891
276	39	128	7710	1505	9924	2775	1964
243	26	235	7652	776	12423	8318	4017
4046	228	731	20075	2522	35322	16736	13412

1-B-29 续表 64

行业	管理费用	#税金	财务费用	#利息支出	投资收益	营业利润
金属制品业	596121	29971	306339	299073	7468	662056
结构性金属制品制造	108303	5642	61967	61224	585	201808
金属结构制造	54794	2450	25816	25273	105	28653
金属门窗制造	53510	3192	36152	35951	480	173155
金属工具制造	83389	3519	36205	34699	1112	78927
切削工具制造	19905	994	8600	8207	287	28285
手工具制造	34338	1262	13099	13264	124	26224
农用及园林用金属工具制造	14028	761	6588	6341	25	11510
刀剪及类似日用金属工具制造	3218	48	1200	1171	300	2760
其他金属工具制造	11901	455	6718	5715	377	10148
集装箱及金属包装容器制造	37286	1946	9410	11479	1774	23503
集装箱制造						
金属压力容器制造	16529	973	4222	4019	186	6778
金属包装容器制造	20604	972	5136	7408	1587	16664
金属丝绳及其制品制造	28671	2161	18676	19734	43	18520
金属丝绳及其制品制造	28671	2161	18676	19734	43	18520
建筑、安全用金属制品制造	124327	6844	63281	57864	-127	144948
建筑、家具用金属配件制造	41804	1942	17018	16168	122	32199
建筑装饰及水暖管道零件制造	65077	4378	38729	35727	-288	99667
安全、消防用金属制品制造	10956	255	5196	4048	37	8951
其他建筑、安全用金属制品制造	6490	270	2338	1921	2	4131
金属表面处理及热处理加工	52992	2266	24168	25422	477	54645
金属表面处理及热处理加工	52992	2266	24168	25422	477	54645
搪瓷制品制造	6449	603	3546	3372	3	4084
生产专用搪瓷制品制造						
建筑装饰搪瓷制品制造						
搪瓷卫生洁具制造	2899	461	1039	964		2341
搪瓷日用品及其他搪瓷制品制造	2528	76	1799	1684	3	1125

单位：万元

营业外收入	#补贴收入	营业外支出	利润总额	应交所得税	利税总额	应付工资总额	本年应交增值税
33589	11686	23070	676940	90429	1075433	838400	326573
5050	2007	3578	203102	15760	275408	154310	59624
2942	1445	1502	30201	4723	62571	70140	26914
2107	562	2077	172901	11037	212837	84170	32710
5038	2011	2873	81287	11759	128436	122335	38666
1296	735	381	29249	3665	40104	29101	9091
2624	694	1211	27744	4131	46689	51183	15601
631	310	917	11241	2029	20332	18561	7799
204	101	43	2921	315	5440	4169	2278
283	172	321	10132	1619	15871	19320	3897
3695	664	1224	27716	6232	46463	41417	15560
686	353	439	7210	1227	14112	15445	5490
3009	310	785	20445	4989	32161	25695	9954
1951	727	1263	19296	2216	36792	32519	14395
1951	727	1263	19296	2216	36792	32519	14395
5158	1645	5603	144512	23958	230680	174166	67635
1888	302	833	33034	4194	59750	69642	21983
2097	1049	4408	97569	17718	148907	81857	39614
912	104	255	9622	1483	14816	14726	3848
261	191	107	4288	563	7207	7941	2190
4750	1522	2174	57636	8050	97520	82514	33694
4750	1522	2174	57636	8050	97520	82514	33694
388	30	568	3907	757	8044	11433	3478
35		34	2342	455	4290	3350	1663
323	30	535	916	247	2551	6663	1360

1-B-29 续表 65

行　业	管理费用	#税　金	财务费用	#利息支出	投资收益	营业利润
金属制日用品制造	79003	3786	49832	44562	952	83700
金属制厨房用器具制造	15017	596	11228	9766	564	11630
金属制餐具和器皿制造	40033	2224	29479	26483	152	54227
金属制卫生器具制造	9040	360	3053	2691	84	6840
其他金属制日用品制造	14914	607	6072	5622	153	11003
其他金属制品制造	75700	3205	39253	40718	2649	51922
锻件及粉末冶金制品制造	38764	1388	22433	22389	231	29984
交通及公共管理用金属标牌制造	4874	162	3625	3293	703	1216
其他未列明金属制品制造	32062	1655	13195	15036	1716	20722
通用设备制造业	1247587	44320	397624	391441	28953	947389
锅炉及原动设备制造	67767	2379	17843	17975	13093	60316
锅炉及辅助设备制造	32989	1120	4048	4897	1894	24594
内燃机及配件制造	14427	759	7246	6761	505	6056
汽轮机及辅机制造	15514	363	3149	3032	10695	27251
水轮机及辅机制造	4055	112	3069	2938		651
风能原动设备制造	782	25	331	348		1765
金属加工机械制造	102214	2890	25752	28437	2350	79449
金属切削机床制造	39192	972	13784	14371	1767	36923
金属成形机床制造	21529	636	3688	3963	-70	18490
铸造机械制造	10605	230	1679	2054	…	5033
金属切割及焊接设备制造	17370	844	4274	4732		7135
机床附件制造	7192	231	313	845	7	8196
其他金属加工机械制造	6326	-23	2016	2472	646	3672
物料搬运设备制造	132293	3973	37847	38970	3811	101763
轻小型起重设备制造	19717	537	7769	7338	2679	14563
起重机制造	27154	647	7417	7457	103	22356
生产专用车辆制造	20314	849	8669	8877	-9	12895
连续搬运设备制造	10660	253	2825	2792	196	7448
电梯、自动扶梯及升降机制造	48070	1547	9252	10734	786	40281
其他物料搬运设备制造	6378	141	1915	1772	57	4219

单位：万元

营业外收入	#补贴收入	营业外支出	利润总额	应交所得税	利税总额	应付工资总额	本年应交增值税
3125	813	3244	83860	11800	148342	130515	55747
724	109	443	11912	1823	25360	25143	11992
1285	488	1551	54084	7303	88457	66849	29549
342	99	577	6702	1078	12901	13860	5313
775	117	674	11162	1596	21624	24664	8894
4434	2268	2542	55626	9897	103748	89191	37775
2705	1128	1664	31269	5062	56500	46909	20957
141	1	183	1174	672	4491	4239	2065
1588	1140	695	23183	4164	42757	38042	14753
71202	28414	42561	989646	163353	1657920	1498207	563805
3131	1387	1708	62630	9075	90902	66460	22031
1724	731	385	26152	4494	40619	26388	12672
297	77	504	6455	1258	11377	17172	1607
887	455	363	27830	3072	35093	17050	6389
163	62	456	369	140	1614	5102	1024
61	61		1825	111	2199	748	339
6850	2537	1852	86935	15061	136114	108912	41967
4305	1215	838	42037	6358	63359	40539	18135
599	206	322	18790	3739	27790	20359	7707
302	133	152	5189	591	9596	11141	3669
1087	613	285	7951	1812	16411	19170	7433
382	208	133	8546	2052	11948	9177	2788
174	163	122	4422	508	7011	8526	2235
6785	2735	3000	106904	17708	178243	126694	60341
813	443	447	15056	1541	25863	22594	9558
466	238	512	22550	3576	36956	20784	12264
2553	914	487	15045	3416	24603	16838	7775
593	48	459	7591	1402	13919	12989	5353
1724	940	767	42081	7123	69480	47311	23201
637	151	328	4581	649	7422	6179	2190

1-B-29 续表 66

行 业	管理费用	#税 金	财务费用	#利息支出	投资收益	营业利润
泵、阀门、压缩机及类似机械制造	372561	13824	105389	96831	5013	314743
泵及真空设备制造	106490	3391	24836	24360	2504	91095
气体压缩机械制造	37388	1216	10286	9809	1555	26805
阀门和旋塞制造	165827	7350	57348	50255	402	149328
液压和气压动力机械及元件制造	62856	1867	12919	12407	552	47515
轴承、齿轮和传动部件制造	177969	6831	80163	82091	1415	100367
轴承制造	104694	3825	52760	55053	1183	40396
齿轮及齿轮减、变速箱制造	49277	1976	16814	16621	85	38073
其他传动部件制造	23998	1030	10590	10417	147	21898
烘炉、风机、衡器、包装等设备制造	187725	6270	53786	55770	1755	139483
烘炉、熔炉及电炉制造	11352	411	-2299	1442	159	4364
风机、风扇制造	19236	707	6777	7014	59	-307
气体、液体分离及纯净设备制造	49732	1383	10899	11483	139	44028
制冷、空调设备制造	42554	988	12769	12462	23	28802
风动和电动工具制造	42675	1971	21029	19094	1266	50021
喷枪及类似器具制造	7647	322	1686	1365	56	3520
衡器制造	3082	139	939	849		1296
包装专用设备制造	11447	348	1987	2060	55	7758
文化、办公用机械制造	27976	708	7140	6568	-260	16812
电影机械制造						
幻灯及投影设备制造						
照相机及器材制造	5954	69	833	488	-344	366
复印和胶印设备制造	10151	314	2917	2848		7032
计算器及货币专用设备制造	8642	216	2337	2439	84	8369
其他文化、办公用机械制造	2778	84	778	563		797
通用零部件制造	167291	6694	65815	60988	1735	126697
金属密封件制造	16737	411	5565	5050		11426
紧固件制造	82549	3659	32843	30438	930	58823
弹簧制造	10816	510	5927	5141	676	7651
机械零部件加工	27440	1062	9315	8845	-107	33989
其他通用零部件制造	29750	1052	12165	11513	235	14808

单位：万元

营业外收入	#补贴收入	营业外支出	利润总额	应交所得税	利税总额	应付工资总额	本年应交增值税
18646	6588	9653	326446	48481	533467	464168	177415
6920	2171	3482	94799	13828	154498	113300	52036
1476	714	1394	27982	5080	49066	44085	18608
5992	2339	2747	153353	19920	248859	235481	80659
4258	1363	2030	50311	9653	81045	71302	26112
9651	4122	5551	106020	19672	194915	253025	73401
5829	2562	4098	42839	9502	95037	162209	42925
2475	780	964	39951	6603	63193	59805	19052
1348	780	489	23231	3567	36685	31011	11425
10595	5850	9996	142576	22250	241846	206858	82977
1664	1133	478	5550	1509	10629	6616	4303
820	287	362	200	921	8425	17085	6546
2876	637	937	46018	7553	73224	45325	23271
2035	1201	2353	28735	5019	47755	49976	15141
2460	2366	5140	49240	5479	76754	61328	23290
168	109	396	3420	496	7351	9444	3374
12		22	1286	202	2764	3618	1245
562	116	308	8127	1071	14944	13467	5809
2581	1615	728	18907	3251	31122	29394	10227
957	724	274	1049	316	2503	7465	1023
1013	556	89	8085	1108	12945	9839	4023
231	288	346	8367	1592	12643	8305	3779
316	25	11	1101	186	2529	3193	1220
11652	3164	8903	131318	26094	236259	226646	89225
2519	805	696	13314	2007	20962	19986	6417
5501	1754	5731	59483	12788	117001	112351	49386
340	63	977	7691	1710	15297	14558	6728
1711	339	647	35100	6836	51925	39108	13916
1581	204	853	15730	2753	31074	40643	12778

1-B-29 续表 67

行业	管理费用	#税金	财务费用	#利息支出	投资收益	营业利润
其他通用设备制造业	11793	752	3890	3812	41	7760
其他通用设备制造业	11793	752	3890	3812	41	7760
专用设备制造业	668084	21130	181296	178141	14280	437441
采矿、冶金、建筑专用设备制造	63551	2422	23480	21706	102	24203
矿山机械制造	16683	701	5969	5720	13	10483
石油钻采专用设备制造	9763	235	3754	3903	2	3291
建筑工程用机械制造	10917	550	3514	3045	43	2854
海洋工程专用设备制造	5230	521	5353	3756		-3902
建筑材料生产专用机械制造	8788	296	2899	3214	49	5142
冶金专用设备制造	12171	119	1991	2068	-5	6336
化工、木材、非金属加工专用设备制造	227762	6003	60276	60205	6651	145487
炼油、化工生产专用设备制造	17281	640	6138	6262	78	3169
橡胶加工专用设备制造	5058	137	303	468		3355
塑料加工专用设备制造	71909	1995	18094	18472	1342	38097
木材加工机械制造	859	116	477	477		1402
模具制造	129952	3055	34373	33611	5232	98586
其他非金属加工专用设备制造	2704	60	892	915		879
食品、饮料、烟草及饲料生产专用设备制造	18289	556	5109	5031	38	12412
食品、酒、饮料及茶生产专用设备制造	12819	378	3631	3551	9	7743
农副食品加工专用设备制造	1372	152	599	601	30	1341
烟草生产专用设备制造	2215	1	295	302		1350
饲料生产专用设备制造	1883	25	584	577		1978
印刷、制药、日化及日用品生产专用设备制造	45918	1208	5241	6295	125	28641
制浆和造纸专用设备制造	4636	111	-348	847		2952
印刷专用设备制造	20313	725	2324	2268	24	14643
日用化工专用设备制造						
制药专用设备制造	13881	252	1945	1950	122	8753
照明器具生产专用设备制造	1280	40	334	327		-106
玻璃、陶瓷和搪瓷制品生产专用设备制造	1129	23	80	50		-107
其他日用品生产专用设备制造	4341	56	845	792	-20	2008

单位：万元

营业外收入	#补贴收入	营业外支出	利润总额	应交所得税	利税总额	应付工资总额	本年应交增值税
1311	418	1171	7912	1762	15054	16050	6221
1311	418	1171	7912	1762	15054	16050	6221
45795	22959	21450	474305	78316	785021	681857	260681
4545	2260	1459	28002	6225	56076	58895	24518
1204	415	231	11514	2132	21707	13882	8973
950	152	281	3973	714	7631	12137	3098
617	835	148	3952	878	8486	11771	3936
63		150	-3990		-3391	3534	579
720	512	304	5613	1074	10164	8863	3975
993	346	344	6940	1427	11479	8709	3957
15440	8433	8910	157036	30061	266992	243307	93178
1030	531	233	4243	1359	11947	15271	6644
612	136	254	3740	793	5605	4205	1515
4770	2993	2030	42214	9287	74249	74365	26862
165			1567	75	2679	1151	693
8779	4723	6378	104323	18530	171055	145701	57025
85	50	14	950	16	1457	2613	438
491	511	434	12883	1636	22707	19469	7961
292	490	261	8158	1120	15938	13958	6236
111		26	1456	163	1901	1832	373
67		74	1343	270	2284	1972	794
21	21	74	1926	83	2584	1708	557
2030	873	873	30310	3405	51480	43930	18093
85	22	104	2943	185	4697	3567	1506
803	632	410	15531	2010	25905	20393	8872
939	140	268	9434	1099	15885	13436	5506
176	40	11	43	30	505	1636	378
3	4	9	-109	30	492	1268	577
25	35	71	1970	51	3241	3252	1016

1-B-29 续表 68

行业	管理费用	#税金	财务费用	#利息支出	投资收益	营业利润
纺织、服装和皮革加工专用设备制造	95847	3428	31566	31574	1539	72691
纺织专用设备制造	52936	1965	18199	18882	857	39455
皮革、毛皮及其制品加工专用设备制造	3805	94	405	503	377	576
缝制机械制造	39028	1369	12961	12190	305	32643
洗涤机械制造						
电子和电工机械专用设备制造	16380	428	3936	3857	310	7362
电工机械专用设备制造	7860	227	2668	2712	89	5932
电子工业专用设备制造	8520	201	1268	1145	221	1430
农、林、牧、渔专用机械制造	37459	1330	12134	11084	37	24379
拖拉机制造	4626	176	2677	2665		8408
机械化农业及园艺机具制造	23575	912	7122	6139	6	11352
营林及木竹采伐机械制造						
畜牧机械制造	701	3	134	63		310
渔业机械制造	381	29	79	209	30	94
农林牧渔机械配件制造	5044	160	1144	1028		2387
棉花加工机械制造						
其他农、林、牧、渔业机械制造	2109	23	666	663		676
医疗仪器设备及器械制造	49877	1430	7903	7548	4765	40504
医疗诊断、监护及治疗设备制造	10726	398	1606	1549	2246	5551
口腔科用设备及器具制造	4183	115	562	387	600	1017
医疗实验室及医用消毒设备和器具制造	2435	6	150	160	79	-1162
医疗、外科及兽医用器械制造	18844	506	2092	1876	361	18714
机械治疗及病房护理设备制造	2973	113	2007	1964	1479	782
假肢、人工器官及植(介)入器械制造	824	3	122	131		1943
其他医疗设备及器械制造	9894	290	1364	1481		13658
环保、社会公共服务及其他专用设备制造	113001	4325	31651	30841	714	81763
环境保护专用设备制造	66007	2494	20574	19930	495	52593
地质勘查专用设备制造	3842	8	289	289		486
邮政专用机械及器材制造						

单位：万元

营业外收入	#补贴收入	营业外支出	利润总额	应交所得税	利税总额	应付工资总额	本年应交增值税
5907	3898	1919	78532	11522	133193	105544	45802
3586	2985	1184	42987	5960	73984	53094	27027
154	10	44	1062	200	2853	4650	1520
2167	903	692	34465	5360	56263	47646	17188
968	435	384	7731	579	12028	12933	3349
294	97	316	5911	344	8470	6501	1903
674	338	68	1821	234	3559	6432	1446
2062	351	564	26061	3499	37595	44592	8973
26	6	6	8429	1157	9512	5773	687
1028	241	388	12127	1645	18850	27339	5079
33		13	331	41	426	671	82
6		10	120	4	408	1219	253
653	65	96	2944	476	5117	7225	1882
232	39	40	885	102	1197	1315	225
4605	2903	3610	44653	6315	66555	52747	18580
2411	996	75	7914	649	12422	8321	4003
57	228	142	1760	316	2568	5268	515
…	151	6	-937		-895	1872	-21
618	326	1372	18414	2778	28280	22957	8321
94	143	112	2372	128	4356	3843	1689
742	742	131	2555		2983	1450	400
683	317	1773	12576	2444	16841	9036	3672
9747	3295	3298	89098	15075	138395	100440	40228
5748	1877	2613	56287	10818	86753	55007	24994
1821	8	65	2242	167	3633	2132	1133

1-B-29 续表 69

行　业	管理费用	#税　金	财务费用	#利息支出	投资收益	营业利润
商业、饮食、服务专用设备制造	1322	47	64	23		797
社会公共安全设备及器材制造	20496	869	5316	5670	87	18859
交通安全、管制及类似专用设备制造	1582	215	570	560		1414
水资源专用机械制造	4826	288	1335	1245	3	1423
其他专用设备制造	14674	404	3285	2914	129	5998
汽车制造业	564960	22786	158393	276527	31978	436433
汽车整车制造	27602	1311	8820	8779	688	-1524
汽车整车制造	27602	1311	8820	8779	688	-1524
改装汽车制造	13210	652	3195	3505	...	-3534
改装汽车制造	13210	652	3195	3505	...	-3534
低速载货汽车制造						
低速载货汽车制造						
汽车车身、挂车制造	2955	119	458	473	-3	975
汽车车身、挂车制造	2955	119	458	473	-3	975
汽车零部件及配件制造	520067	20656	145050	263075	30563	441881
汽车零部件及配件制造	520067	20656	145050	263075	30563	441881
铁路、船舶、航空航天和其他运输设备制造业	178061	7045	81200	90173	3253	80910
铁路运输设备制造	9722	200	2604	3915	1794	13569
铁路机车车辆配件制造	6173	190	1374	2750	1783	9677
铁路专用设备及器材、配件制造	3548	10	1230	1166	11	3892
船舶及相关装置制造	65968	2228	31805	40182	711	1440
金属船舶制造	40459	1214	12370	20357	480	-9345
娱乐船和运动船制造	4416	227	845	794		1579
船用配套设备制造	17288	652	12850	13289	105	7719
船舶改装与拆除	3804	134	5740	5743	127	1488
航空、航天器及设备制造	6297	139	1136	890	13	2660
飞机制造	1197	18	31	35	13	1128
航空、航天相关设备制造	3630	116	1020	769		986
其他航空航天器制造						

单位：万元

营业外收入	#补贴收入	营业外支出	利润总额	应交所得税	利税总额	应付工资总额	本年应交增值税
9		12	794	190	1236	1471	382
884	310	308	19523	2288	28926	23110	7612
4	1	11	1409	359	2283	1350	622
161	137	48	1558	234	3265	4736	1320
1116	958	163	7167	1018	12023	12197	4033
40175	13283	27341	457022	73471	733714	666741	229027
3962	2704	427	2100	1373	13315	18519	7574
3962	2704	427	2100	1373	13315	18519	7574
390	116	433	-3564	84	…	11141	1276
390	116	433	-3564	84	…	11141	1276
798	3	59	1714	1	2343	2461	370
798	3	59	1714	1	2343	2461	370
34987	10460	26361	457430	72013	718677	633861	219776
34987	10460	26361	457430	72013	718677	633861	219776
9912	2252	9028	82632	20966	184876	212137	81261
1124	146	126	14593	1800	20793	8412	5394
894	39	72	10499	1363	14267	5340	3377
231	107	54	4094	437	6525	3072	2017
3002	390	5312	-214	6756	29651	58764	21346
1867	256	4541	-11509	4456	9431	36333	15350
111	39	17	1668	251	2620	4965	657
896	95	290	8349	2043	15312	15116	5836
128		465	1277	6	2288	2350	-497
550	216	95	3128	1081	5014	4168	1616
86	7	88	1140	279	1824	1773	584
272	209	7	1251	617	2100	1318	765

1-B-29 续表 70

行　业	管理费用	#税　金	财务费用	#利息支出	投资收益	营业利润
摩托车制造	54767	2314	24095	23885	629	43025
摩托车整车制造	14715	712	6154	6247		10059
摩托车零部件及配件制造	40052	1602	17942	17638	629	32966
自行车制造	36286	1930	18911	18981	106	18622
脚踏自行车及残疾人座车制造	20726	1235	11575	11359	20	8908
助动自行车制造	15560	695	7336	7622	86	9714
非公路休闲车及零配件制造	2529	196	1669	1485		1403
非公路休闲车及零配件制造	2529	196	1669	1485		1403
潜水救捞及其他未列明运输设备制造	2494	37	980	835		191
潜水及水下救捞装备制造	445	6	255	239		29
其他未列明运输设备制造	2049	31	725	597		162
电气机械和器材制造业	1304086	49566	485045	491067	61434	857636
电机制造	181731	6160	64750	63216	14304	137903
发电机及发电机组制造	25474	716	9963	8803	15	21967
电动机制造	60660	2745	22535	22074	1813	40787
微电机及其他电机制造	95597	2699	32252	32339	12476	75149
输配电及控制设备制造	478430	15430	130464	134221	25018	315053
变压器、整流器和电感器制造	85332	2350	25553	25572	2879	70112
电容器及其配套设备制造	10780	441	1811	1983	1	11690
配电开关控制设备制造	222192	8050	51537	54304	19220	169642
电力电子元器件制造	74941	1939	21869	21438	1526	46624
光伏设备及元器件制造	51935	1851	23058	24363	1250	864
其他输配电及控制设备制造	33251	801	6637	6560	142	16121
电线、电缆、光缆及电工器材制造	210946	10858	133505	138344	3694	199560
电线、电缆制造	169716	8736	99207	103021	2263	168018
光纤、光缆制造	22941	1505	27197	28340	2482	18273
绝缘制品制造	10469	294	4335	4307	-1051	2574
其他电工器材制造	7821	323	2766	2676		10696
电池制造	47300	1654	24590	24056	812	32220
锂离子电池制造	15466	462	6078	6034	36	12436
镍氢电池制造	1903	24	770	657	16	-4505
其他电池制造	29931	1168	17742	17365	760	24289

单位：万元

营业外收入	#补贴收入	营业外支出	利润总额	应交所得税	利税总额	应付工资总额	本年应交增值税
2766	692	1568	44322	7076	82815	77673	31010
991	235	299	10751	1703	24188	13270	9879
1775	457	1269	33572	5373	58627	64403	21131
2140	706	1746	19053	3851	40777	55790	18295
971	505	1455	8449	1873	21936	35407	11358
1169	202	291	10604	1978	18841	20383	6937
165	76	95	1474	312	3230	3714	1509
165	76	95	1474	312	3230	3714	1509
165	26	88	276	91	2597	3618	2090
16	13	1	44	13	401	883	300
149	13	87	233	78	2196	2736	1790
99370	33235	53213	928502	138551	1609514	1415845	567769
22120	7130	6827	162578	17538	258526	208101	82552
1211	464	1359	21819	2028	37495	24809	13743
3846	3077	1732	45437	5487	80733	74435	29972
17063	3588	3736	95322	10023	140298	108857	38838
36566	11683	18066	340425	56994	589686	476051	214114
5854	3307	3137	74373	12081	119141	69211	38358
755	538	176	12269	2327	18435	9630	5240
19984	3723	6731	185514	26485	299885	236238	97578
3334	1158	5577	46344	10185	78611	86418	27202
4811	2314	1977	4445	3015	42393	44907	34232
1828	644	469	17479	2900	31221	29648	11504
13520	4681	7015	209672	24537	337223	191783	109144
9297	3940	5348	173840	19310	278282	160851	88939
3115	287	639	23430	3836	34468	13975	9414
458	241	748	1333	532	5193	8796	3230
651	214	279	11069	859	19282	8160	7560
7626	4543	2714	38412	2902	59900	45317	6718
1590	1163	889	13946	856	17338	10636	-4332
674	273	209	-4040	156	-3397	2008	-3059
5362	3107	1616	28507	1891	45960	32672	14108

1-B-29 续表 71

行业	管理费用	#税金	财务费用	#利息支出	投资收益	营业利润
家用电力器具制造	183252	8278	64227	67936	16493	90653
家用制冷电器具制造	14179	1303	5737	8500	465	12204
家用空气调节器制造	16522	1155	5074	5649	-188	12015
家用通风电器具制造	18245	863	5411	6014	442	2438
家用厨房电器具制造	40339	1353	14972	13856	-187	16482
家用清洁卫生电器具制造	26144	1155	11092	9720	15270	12593
家用美容、保健电器具制造	14304	387	4220	3667	471	4889
家用电力器具专用配件制造	25948	996	8225	12006	135	18731
其他家用电力器具制造	27572	1066	9495	8526	87	11300
非电力家用器具制造	22045	753	7134	6655	86	16934
燃气、太阳能及类似能源家用器具制造	16829	585	4676	4483	83	11576
其他非电力家用器具制造	5216	168	2458	2172	3	5358
照明器具制造	167497	6307	58069	54603	1019	65877
电光源制造	54575	1637	15581	14504	811	22305
照明灯具制造	93479	4027	35487	33365	207	35553
灯用电器附件及其他照明器具制造	19443	644	7001	6734	1	8019
其他电气机械及器材制造	12885	126	2306	2037	9	-564
电气信号设备装置制造	6649	55	1147	1037	5	724
其他未列明电气机械及器材制造	6235	71	1158	1000	4	-1288
计算机、通信和其他电子设备制造业	508669	13600	111410	120010	85755	385589
计算机制造	29995	852	2093	3207	1255	21848
计算机整机制造						
计算机零部件制造	3588	318	868	677		1398
计算机外围设备制造	16056	367	1226	1657	1218	11834
其他计算机制造	10243	116	-2	873	37	8243
通信设备制造	85276	2043	12689	15799	18565	57538
通信系统设备制造	62210	1553	8482	11040	17925	43480
通信终端设备制造	23066	490	4207	4759	640	14058

单位：万元

营业外收入	#补贴收入	营业外支出	利润总额	应交所得税	利税总额	应付工资总额	本年应交增值税
8819	1812	9439	92320	18475	182449	232995	76066
-308	-417	637	11787	3103	17944	14050	5233
853	326	1026	11635	1255	17683	17286	4583
712	212	640	2855	1441	14301	19541	10187
1670	428	1478	16748	4034	37515	52239	17607
1199	254	1877	13138	1297	22203	30326	7214
856	176	657	5220	1416	11647	22267	5246
2793	367	1787	19753	3821	33885	38872	12010
1045	467	1337	11184	2108	27272	38414	13987
1412	737	937	17602	3027	28227	24232	8899
1233	606	798	12097	1999	19219	15317	6068
179	131	139	5506	1028	9008	8916	2832
8899	2473	8087	67702	14602	150688	225801	67842
2308	1244	1498	23855	3651	55817	80405	26921
6002	1111	5781	35993	9122	77667	116104	33706
589	119	808	7854	1829	17204	29292	7216
407	176	129	-208	476	2815	11567	2434
226	67	61	932	215	2793	6576	1486
181	109	68	-1141	261	22	4991	947
42908	23444	20683	412778	53439	616122	480049	170656
5708	2806	703	26942	3958	36444	26014	7951
166	30	97	1468	485	2875	2752	1252
3975	1999	478	15420	2067	19664	14100	3413
1481	691	128	9596	1407	13014	9098	2873
7329	2709	1745	64411	8608	95061	58416	26296
3452	1326	1343	46173	5394	68749	40974	19487
3877	1383	402	18238	3214	26313	17441	6809

1-B-29 续表 72

行 业	管理费用	#税 金	财务费用	#利息支出	投资收益	营业利润
广播电视设备制造	30260	530	4387	3649	191	6260
广播电视节目制作及发射设备制造	2239	87	143	146	146	223
广播电视接收设备及器材制造	8750	316	2861	2473	3	3107
应用电视设备及其他广播电视设备制造	19271	127	1383	1030	42	2931
雷达及配套设备制造						
雷达及配套设备制造						
视听设备制造	35265	1174	12857	16268	38	15465
电视机制造	7933	208	6634	10363	...	4967
音响设备制造	18477	799	2727	2295	35	10011
影视录放设备制造	8855	167	3496	3610	3	487
电子器件制造	97908	2280	14641	15592	13804	51644
电子真空器件制造	4231	24	374	450	462	569
半导体分立器件制造	20320	746	2904	3621	30	11267
集成电路制造	24110	336	2217	2856	12970	17368
光电子器件及其他电子器件制造	49247	1174	9147	8666	342	22441
电子元件制造	203646	6191	56648	54671	50866	212523
电子元件及组件制造	186393	5366	49872	48460	50866	199615
印制电路板制造	17253	825	6775	6211		12908
其他电子设备制造	25731	490	6897	7022	1036	12108
其他电子设备制造	25731	490	6897	7022	1036	12108
仪器仪表制造业	247466	6637	45662	46432	5247	161082
通用仪器仪表制造	169451	4249	29148	28996	3991	119276
工业自动控制系统装置制造	80508	2181	10751	10553	2797	60488
电工仪器仪表制造	27329	747	4072	4624	122	21330
绘图、计算及测量仪器制造	5459	220	1459	1087	40	3702
实验分析仪器制造	8687	135	849	558	49	2354
试验机制造	4951	122	666	661		1941
供应用仪表及其他通用仪器制造	42516	844	11352	11514	983	29462
专用仪器仪表制造	48025	1294	7521	8980	2031	34160
环境监测专用仪器仪表制造	7788	38	1128	980		8220

单位：万元

营业外收入	#补贴收入	营业外支出	利润总额	应交所得税	利税总额	应付工资总额	本年应交增值税
1208	213	657	6923	653	13400	24974	5483
422	64	7	638	128	1583	2410	809
237	130	378	3078	445	6699	13273	2913
549	18	272	3208	80	5118	9291	1760
1568	587	1162	16105	3077	27828	33212	9253
431	223	240	5246	1508	8895	6100	3346
690	258	489	10311	1309	16775	20897	4790
447	107	433	548	260	2158	6215	1117
9854	7357	9267	52667	9504	79819	87360	22699
200		66	703	109	2533	2850	1639
2090	752	7826	5685	2495	12618	18109	6090
2841	2707	152	20113	2912	23635	18918	2765
4723	3898	1223	26166	3988	41034	47483	12205
15811	8930	6064	224054	24014	333755	225362	92170
15005	8670	5244	211160	22410	312958	202531	86214
806	260	820	12894	1604	20797	22832	5956
1431	843	872	13686	2426	21822	24060	6800
1431	843	872	13686	2426	21822	24060	6800
23698	11562	5399	183480	26853	296197	244075	96248
16455	8551	3050	135975	20173	213837	154381	67147
6634	4117	1188	68243	8984	98694	66293	25661
1244	642	203	22438	3868	35851	21229	11488
111	66	68	3809	620	6653	7718	2471
753	695	111	3067	287	6326	7941	2770
230	102	17	2154	277	3549	3809	1227
7483	2929	1462	36264	6137	62765	47392	23530
5534	2392	1447	40311	4772	60890	43156	17224
1275	280	172	9428	1136	11983	5743	2259

1-B-29 续表 73

行　业	管理费用	#税　金	财务费用	#利息支出	投资收益	营业利润
运输设备及生产用计数仪表制造	15081	601	2703	4257	1795	5641
导航、气象及海洋专用仪器制造	1708	3	262	272	96	1212
农林牧渔专用仪器仪表制造						
地质勘探和地震专用仪器制造	1528	21	171	174	1	3163
教学专用仪器制造	8055	420	2249	2182		3806
电子测量仪器制造	5706	71	489	575	139	4479
其他专用仪器制造	8053	104	499	520	2	7583
钟表与计时仪器制造	3531	194	938	920	-1272	1609
钟表与计时仪器制造	3531	194	938	920	-1272	1609
光学仪器及眼镜制造	22299	837	7053	6636	506	6392
光学仪器制造	7715	261	886	968	435	4578
眼镜制造	14584	576	6166	5668	71	1814
其他仪器仪表制造业	4160	64	1003	900	-10	-354
其他仪器仪表制造业	4160	64	1003	900	-10	-354
其他制造业	69196	4342	35932	35109	392	56569
日用杂品制造	54340	3077	21019	20441	292	44838
鬃毛加工、制刷及清扫工具制造	8118	496	3324	3149	7	4923
其他日用杂品制造	46222	2581	17694	17291	284	39914
煤制品制造	4868	923	11251	11332		4907
煤制品制造	4868	923	11251	11332		4907
其他未列明制造业	9989	343	3662	3337	100	6824
其他未列明制造业	9989	343	3662	3337	100	6824
废弃资源综合利用业	38990	1724	11216	17837	4665	30675
金属废料和碎屑加工处理	30436	1356	7195	13936	3491	11899
金属废料和碎屑加工处理	30436	1356	7195	13936	3491	11899
非金属废料和碎屑加工处理	8554	368	4022	3901	1173	18776
非金属废料和碎屑加工处理	8554	368	4022	3901	1173	18776
金属制品、机械和设备修理业	16044	636	5738	5676	-4	-2823
通用设备修理	1037	28	57	57		192
通用设备修理	1037	28	57	57		192

单位：万元

营业外收入	#补贴收入	营业外支出	利润总额	应交所得税	利税总额	应付工资总额	本年应交增值税
1532	865	903	7886	676	13944	16302	5190
230	2	121	1323	26	2519	2305	458
31		4	3190	18	4088	1119	794
351	333	116	4292	623	8140	7410	3318
716	354	13	5270	1081	7321	3721	1769
1400	559	118	8866	1196	12774	6473	3377
189		51	475	126	2244	4060	1367
189		51	475	126	2244	4060	1367
1468	609	800	7072	1630	18185	36291	9311
901	528	543	4896	474	7537	10557	2129
567	81	257	2176	1156	10649	25735	7183
52	10	52	-354	152	1040	6186	1199
52	10	52	-354	152	1040	6186	1199
4368	932	1848	58954	7895	101878	123256	13633
3464	644	1358	46808	5729	81817	101128	29309
644	34	157	5415	664	10704	13627	4597
2819	609	1201	41393	5064	71113	87501	24713
383	278	334	4956	783	6885	9670	-20796
383	278	334	4956	783	6885	9670	-20796
522	10	156	7191	1383	13176	12458	5119
522	10	156	7191	1383	13176	12458	5119
18204	5638	1927	50262	5309	95089	42837	39286
12023	993	1603	25629	1847	61864	33075	32046
12023	993	1603	25629	1847	61864	33075	32046
6181	4644	324	24633	3463	33225	9762	7240
6181	4644	324	24633	3463	33225	9762	7240
491	211	471	-2784	704	6379	30293	7474
9	5	8	199	51	799	1571	539
9	5	8	199	51	799	1571	539

1-B-29 续表 74

行业	管理费用	#税金	财务费用	#利息支出	投资收益	营业利润
专用设备修理						
专用设备修理						
铁路、船舶、航空航天等运输设备修理	11504	583	5306	5264	14	-4115
船舶修理	11504	583	5306	5264	14	-4115
电气设备修理	1599	2	257	238	-18	249
电气设备修理	1599	2	257	238	-18	249
其他机械和设备修理业	1194	21	40	39		830
其他机械和设备修理业	1194	21	40	39		830
电力、热力、燃气及水生产和供应业	**477695**	**48532**	**544799**	**589642**	**52626**	**1848053**
电力、热力生产和供应业	344171	41259	462549	489296	42713	1674279
电力生产	273953	27310	437038	462685	42362	1604817
火力发电	179796	19048	249748	264558	3323	1189851
水力发电	30481	654	69284	71906	588	131285
核力发电	54109	6559	98091	108645	22810	241829
风力发电	1304	101	9344	9363	697	15334
其他电力生产	8263	949	10571	8213	14945	26519
电力供应	47627	12116	4730	4786		9572
电力供应	47627	12116	4730	4786		9572
热力生产和供应	22591	1833	20780	21825	351	59890
热力生产和供应	22591	1833	20780	21825	351	59890
燃气生产和供应业	46818	2217	18416	19558	2697	147487
燃气生产和供应业	46818	2217	18416	19558	2697	147487
燃气生产和供应业	46818	2217	18416	19558	2697	147487
水的生产和供应业	86706	5056	63834	80789	7217	26287
自来水生产和供应	67669	3535	44595	53943	6885	6901
自来水生产和供应	67669	3535	44595	53943	6885	6901
污水处理及其再生利用	19037	1522	19239	26846	332	19386
污水处理及其再生利用	19037	1522	19239	26846	332	19386

单位：万元

营业外收入	#补贴收入	营业外支出	利润总额	应交所得税	利税总额	应付工资总额	本年应交增值税
291	34	424	-4235	432	2256	22947	5383
291	34	424	-4235	432	2256	22947	5383
4	2	16	236	14	1320	3866	713
4	2	16	236	14	1320	3866	713
18		20	828	207	1544	1368	599
18		20	828	207	1544	1368	599
220323	**159493**	**65436**	**2010966**	**336187**	**2845066**	**465987**	**707008**
197423	148330	59358	1816285	308268	2573991	340405	642921
190265	146132	56436	1742320	291158	2443712	283518	592204
44362	22000	49835	1187840	207067	1624699	236434	357602
1857	115	2247	130949	26928	178449	26784	41236
129463	114912	3891	367401	53903	574349	9148	188210
2862	1715	51	18303	1660	22871	1945	349
11722	7390	414	37827	1601	43345	9207	4808
1036		403	10204	2817	48767	28928	35151
1036		403	10204	2817	48767	28928	35151
6122	2198	2518	63762	14292	81512	27960	15566
6122	2198	2518	63762	14292	81512	27960	15566
2736	280	2809	147482	15181	193092	33519	37388
2736	280	2809	147482	15181	193092	33519	37388
2736	280	2809	147482	15181	193092	33519	37388
20164	10882	3269	47200	12738	77982	92063	26700
13150	6945	1982	21831	10475	51965	72682	26278
13150	6945	1982	21831	10475	51965	72682	26278
7014	3937	1287	25368	2263	26017	19381	422
7014	3937	1287	25368	2263	26017	19381	422